2023～2024

東京近郊攻略
完全制霸地圖本

執行主編_周麗淑　　地圖繪製_墨刻編輯部&蕭又禎

地圖索引

港區未來21

往横濱麵包超人博物館方向
美術廣場
横濱美術館
港區未來駅 ④
③
MARK is ⑤

往横濱中央批發市場YOKOHAMA MARKET方向, Helicopter Night Cruising搭乘處
YOKOHAMA Grand Intercontinental
Pier21
Sea Bus乘船處
新港碼頭

Pacifi横濱Bay東急
Queen Square

横濱港

三菱みなとみらい技術館
横濱Cosmo World
萬葉俱樂部
新港公園
新港碼頭客船總站

横濱地標塔
合味道紀念館 横濱
新港公園入口
JICA横濱國際中心

横濱Royal Park
日本丸紀念公園
YOKOHAMA World Porters
Circle Walk
舊横濱港火車月台

日本丸
運河公園
赤レンガ公園

SKY DUCK
横濱紅磚倉庫2號館
横濱紅磚倉庫1號館

首都高横羽線
北仲橋
ピア赤レンガ

大岡川
郵船大樓
象鼻公園

Hotel Terrace 横濱
① ②
ampm
④ ⑥
縣警察本部

③
野毛小路たべもの横丁
③
① ④ ⑤
⑦
日本郵船歷史博物館

野毛小路
①
神奈川縣立歷史博物館

野毛町
Hotel Edit YOKOHAMA
往横濱市開港記念館

往桐の谷水道方向
N

横濱駅周邊

往三ツ沢下町駅
往反町駅
高速巴士中心
往神奈川駅

往新横濱拉麵博物館方向
往横濱KIRIN啤酒工廠、SPRING VALLEY BREWERY Yokohama方向

COMELOT JAPAN HOTEL
往らくスパ鶴見

TOWER RECORD
横濱MORE'S

Excel東急飯店
横浜BAY QUARTER

横濱市營地下鐵
CIAL
新田間川

横濱Bay Sheraton
The diamond地下街

東京建物大樓
西口
横濱駅
LUMINE

横濱タカシマヤ(横濱高島屋)
SOGO横濱店

新田間川
JOINUS
PORTA

內海橋
東口

幸川
横濱西口名重座
0101City

VIVRE
崎陽宜本店

南幸川
横濱廣場飯店
首都高横羽線

ヨドバシカメラ Yodobashi-Yokohama
惟子川

Bic Camera
日產自動車

相鐵Movil
原鐵道模型博物館
N

往戶塚駅
市營地下鐵
往高島町駅
往橫濱未來線

鎌倉

N

A | B

1

白雲庵
正統院
寿徳院
如意庵
松嶺院
明月院道
石かわ珈琲
光泉
圓覚寺
茶寮風花
喫茶ミンカ
葉祥明美術館
半僧坊
東慶寺
Takeru Quindici
明月院
にちりん製パン
鎌倉五山
浄智寺
正統院
回春院
去来庵
Cafe Evergreen
建長寺
たからの庭
三日月堂花仙
禅居院

2

円応寺
海蔵寺
日野俊基之墓
薬王寺
鎌倉街道
新宮神社
妙傳寺
鏑木清方
記念美術館
鶴岡八幡宮
銭洗弁財天
(宇賀福神社)
護国寺
平家池
源氏山公園
川喜多映画記念館
鎌倉国宝館
MARIA café

3

小町通り
往 imbiss方向↗
gram
鎌倉茶々本店
Romi-Unie
Confiture
鎌倉
てづくり屋
鎌倉野菜工房
鎌倉紅谷
源氏池
旭屋本店
金沢街道
鎌倉まめや
いも吉本店
湯浅物産館
雪ノ茶屋
蒟蒻しゃぼん
巽神社
キャラウェイ
大佛次郎邸跡
はちみつ工房
段葛こ寿々
夢見屋
源吉兆庵本店
鎌倉壱番屋
(手焼きせんべい)
鎌倉いとこ
中山牛乳店
SEITA PLUS
東勝寺跡
ca ca o
豊島屋本店
紀ノ国屋
江ノ電
Goods Shop
鎌倉五郎本店
江ノ電
Garden
House

4

源吉兆庵本店
/吉兆庵美術館
鎌倉市観光服務中心
日影茶屋
江之電
服務中心
i-ZA鎌倉
段葛二の
鳥居
本覚寺
妙本寺
鎌倉
豊島屋
どんぐり共和国

往 HOA CAFÉ、Guest House亀時間

A | B

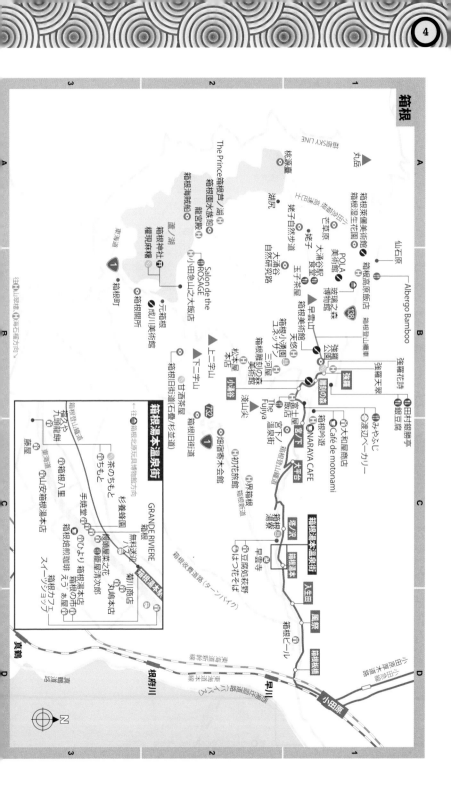

箱根

4

A

B

C

D

1

2

3

Albergo Bamboo

仙石原

箱根ラリック美術館

箱根湿生花園 🏢

箱根強羅公園 🏢

丸岳

桃源台

湖尻

箱根水族館 🏢

The Prince 箱根芦ノ湖 🏢

箱根園 🏢

箱根園水族館 🏢

龍宮殿 🏢

箱根神社 🏯

櫻頑麻糬

🚻小田急山之木飯店

Salon de the ROSAGE

⏺元箱根

⏺成川美術館

蘆ノ湖

東海道

🚐箱根町

🏯箱根關所

POLA 美術館

芒草原

仙石原

箱根登山纜車

大涌谷駅

姥子自然步道

玉子茶屋

早雲山

箱根美術館

箱根玻璃之森

玻璃之森博物館

大涌谷

自然研究路

王子茶屋

箱根強羅公園 🏢

箱根雕刻之森

美術館

天悠

三河屋

松本屋

小涌谷

浅山先

甘酒茶屋

⏺畑宿寄木会館

⏺初花旅館

箱根登山鉄道

🚻界箱根

箱根新道

強羅花詩

田村銀勝亭 🏢

箱根豆腐

強羅天翠

強羅

🏢みやふじ

🏢渡辺ベーカリー

雕刻の森

強羅

🏢大和屋商店

Café de motonami

富士屋飯店 宮ノ下

The Fujiya

富士屋温泉街 🏢

箱根温泉街

NARAYA CAFE

大平台

🏢大涌谷遊覧

箱根登山鉄道

箱根湯本温泉街

塔之沢

箱根湯本

入生田

風祭

箱根板橋

🏢豆腐処萩野

箱根湯寮

箱根市

箱根収費道路

早雲寺

⏺はつ花そば

箱根啤酒

箱根ビール

東海道本線

東海道新幹線

🏢小田原箱根道路

小田原

早川

箱根登山鉄道／杉並逆向

💧箱根山麓玩具博物館方向

箱根旧街道

箱根旧街道（石畳／杉並逆）

🍵茶のちもと

🍡ちもと

手繰屋源平 🏢

杉養蜂園

饅頭屋菜之花 🏢

箱根湯之花

GRANDE RIVIERE 箱根

無料送迎

八雲

🏢ひより 箱根湯本店

🏢箱根湯寮次郎

菊川商店

天嶋本店

箱根登山鉄道

箱根旭丼

箱根八里

湯本富士屋飯店

箱根湯本店

箱根湯本

箱根焙煎珈琲

箱根の市

えう

🏢ある屋

スイーツショップ

箱根本店

🏢山安箱根湯本店

箱根旧街道

藤屋

真鶴

🚇箱根湯本温泉街

🚇入生田

🚇風祭

🚇箱根板橋

🏢箱根湯本菜之花

箱根収費道路（ターンパイク）

真鶴道路

根府川

早川

東海道本線

東海道新幹線

真鶴道路

N

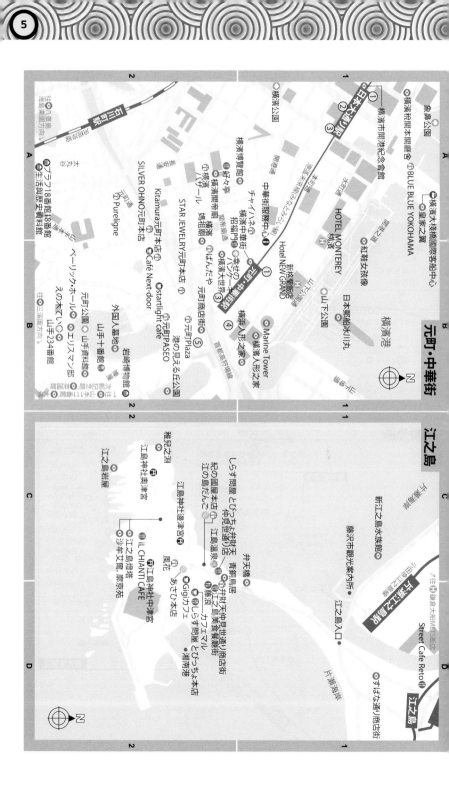

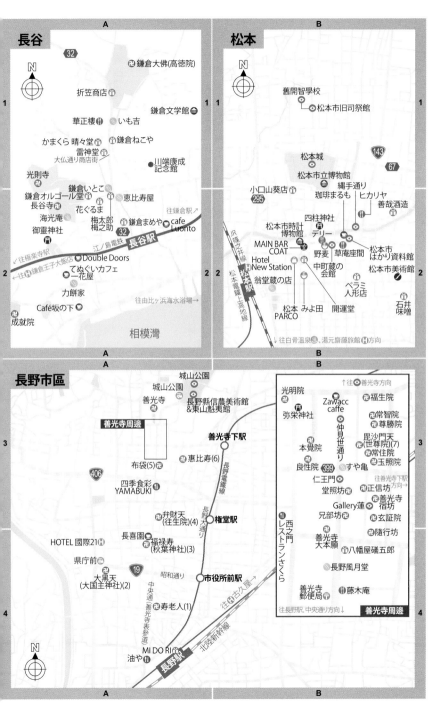

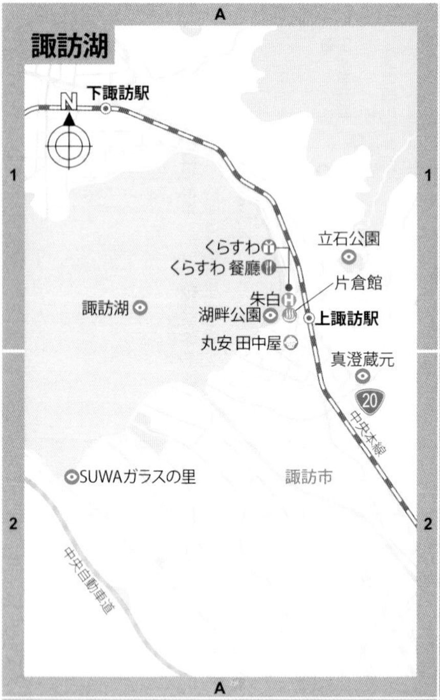
A
諏訪湖
下諏訪駅
N
1
くらすわ
くらすわ 餐廳
立石公園
片倉館
朱白
湖畔公園
上諏訪駅
諏訪湖
丸安 田中屋
真澄蔵元
20
中央本線
SUWAガラスの里
諏訪市
2
中央自動車道
A

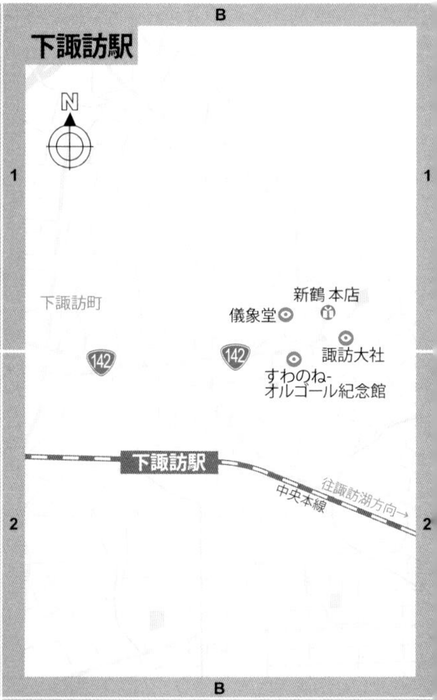
B
下諏訪駅
N
1
下諏訪町
新鶴 本店
儀象堂
142
142
諏訪大社
すわのね-
オルゴール紀念館
下諏訪駅
往諏訪湖方向→
中央本線
2
B

A
川越
氷川神社
51
市立
博物館
市立美術館
蘭山記
念美術館
大沢家
市役所
菓子屋横丁
蔵の街
時之鐘
松陸製菓
星巴克
翠扇亭
かすが
大八勝山
川越城
本丸御殿
鐘つき通り
3
ぽっちり
右門
開運亭
川越椿の蔵
龜屋
小江戸OHANA
川越紅茶館
大正浪漫夢通り
井口甘納豆
シマノコーヒー
大正館
川越歴史
博物館
喜多院
小江戸蔵里
仙波東照宮
2
1
39
川越新富町商店街
中院
川越市駅
本川越駅
4
川越八幡宮
八幡通り
三番場通り
西武新宿線
東武東上線
JR川越線
川越駅
39
N
A

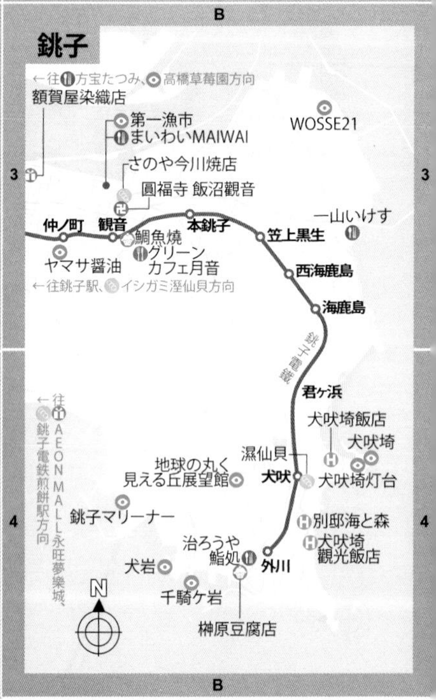
B
銚子
←往 方宝たつみ、 高橋草莓園方向
額賀屋染織店
WOSSE21
第一漁市
まいわいMAIWAI
さのや今川焼店
3
圓福寺 飯沼觀音
一山いけす
仲ノ町
観音
本銚子
笠上黒生
鯛魚焼
グリーン
カフェ月音
ヤマサ醤油
西海鹿島
←往銚子駅、 イシガミ涯仙貝方向
海鹿島
銚子電鐵
君ヶ浜
←往 AEON MALL永旺夢樂城、 銚子電鉄煎餅駅方向
犬吠埼飯店
犬吠埼
濕仙貝
地球の丸く
見える丘展望館
犬吠
犬吠埼灯台
銚子マリーナー
別邸海と森
4
治ろうや
鮨処
犬吠埼
觀光飯店
外川
犬岩
千騎ケ岩
N
榊原豆腐店
B

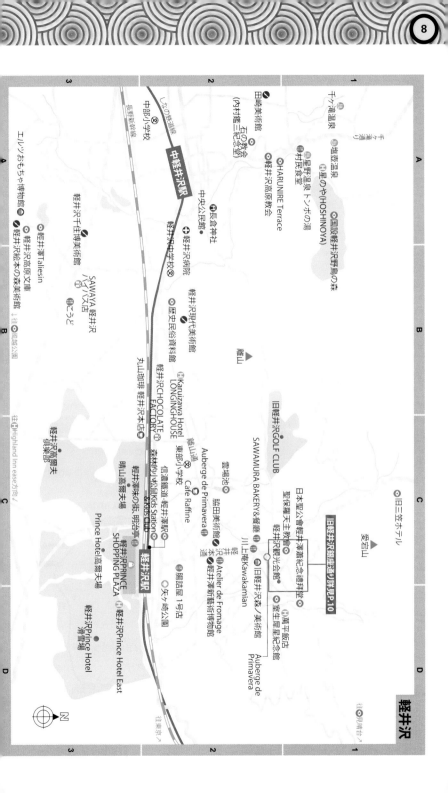

軽井沢

A1
千ヶ滝温泉
⑪塩壺温泉
⑪星のや(HOSHINOYA)
⑪星野温泉 トンボの湯
⑪村民食堂
○国設軽井沢野鳥の森
○HARUNIRE Terrace
○軽井沢高原教会

A2
田崎美術館
○石の教会
(内村鑑三記念堂)

A3
エルツおもちゃ博物館⑪
○軽井沢絵本の森美術館
○軽井沢タリアセン
軽井沢高原文庫
⑪こども

中軽井沢駅

B2
中央公民館・
⑪長倉神社
○軽井沢病院
軽井沢中学校⊗

B3
軽井沢現代美術館
○歴史民俗資料館
SAWAYA 軽井沢
ハゼバス店

しなの鉄道線
長野新幹線

離山▲

C2
旧軽井沢GOLF CLUB
SAWAMURA BAKERY&森羅
①Karuizawa Hotel
LONGINGHOUSE
軽井沢CHOCOLATE
FACTORY
離山通
○Auberge de Primavera
雲場池
○脇田美術館
⊗東部小学校
○Cafe Raffine
信濃鉄道・軽井沢駅
森林公園Kids Station
&Kids Club
軽井沢味の街 明治亭

C3
丸山珈琲 軽井沢本店
軽井沢高原倶楽部
○軽井沢PRINCE
SHOPPING PLAZA
Prince Hotel高爾夫
軽井沢Prince Hotel East

C1
○旧三笠ホテル
▲愛宕山

D2
日本聖公会軽井沢蕭處記念礼拝堂
聖保羅天主教会
軽井沢観光会館
川上庵Kawakamian
○Atelier de Fromage
①旧軽井沢森ノ美術館
軽井沢新藝新博物館
軽井沢銀座通り
本通
○腸詰屋 1号店
矢ヶ崎公園

D1
旧軽井沢銀座通り詳見P.10
⑪萬平飯店
⑪萬平屋星紀念館
Auberge de
Primavera

D3
①軽井沢Prince Hotel
滑雪場

往○風越公園↓ 往⑪Highland Inn ease方向↓ 往○碓冰台↓ 往東京↓

N

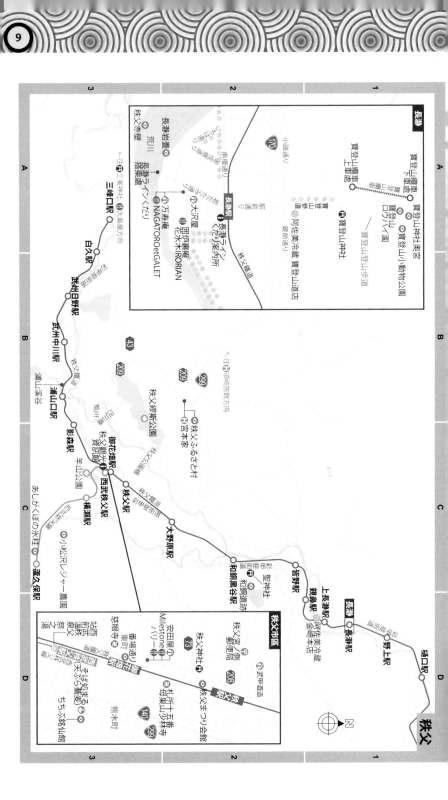

長瀞

秩父鉄道

寶登山ロープウェイ
寶登山ロープウェイ山麓駅
寶登山神社奥宮
寶登山小動物公園
寶登山神社
寶登山登山歩道
阿佐美冷蔵 寶登山道店

長瀞駅
長瀞ライン（舟）案内所
大沢屋
田沼園庵
花水木IRORIAN
NAGATOROetGALET
万寿庵

70

長瀞岩畳
長瀞ライン下り
岩畳乗船場

秩父赤壁

三峰口駅

←往①三峰口方面
↑往①大滝温泉方面

白久駅
武州日野駅
武州中川駅

秩父鉄道
浦山渓谷
浦山口駅

影森駅
羊山公園

御花畑駅
秩父観光情報館
西武秩父駅

横瀬駅

秩父鉄道

小松沢レジャー農園

あしがくぼの氷柱
蘆久保駅

43
209
299

秩父ミューズパーク
宮本家

往①御花畑駅方面

秩父鉄道
荒川橋

秩父鉄道

秩父ミューズパーク

秩父ミューズパーク
秩父鉄道

大野原駅

和銅黒谷駅

聖神社
和銅遺跡

皆野駅
親鼻駅

上長瀞駅

長瀞
金崎本店

長瀞駅

野上駅

樋口駅

秩父

N

秩父市區

武甲酒造
秩父今宮神社

秩父まつり会館

番場通り
安田屋

Milestone
バリー

73
208
299

慈眼寺
秩父神社

秩父表参道

子ども旅する杜
母巣山少林寺

そば処わらび座
ちちぶ銘仙館

熊木町

140
299

祭の湯
秩父観音温泉
駅前温泉

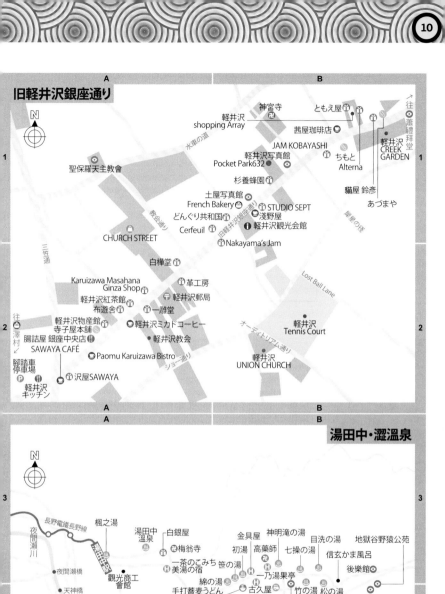

旧軽井沢銀座通り

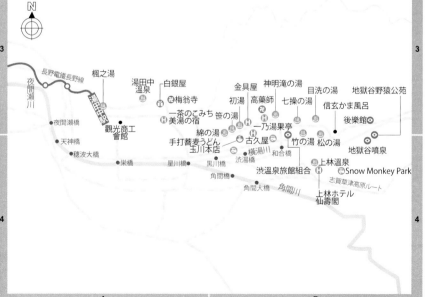

湯田中・澁温泉

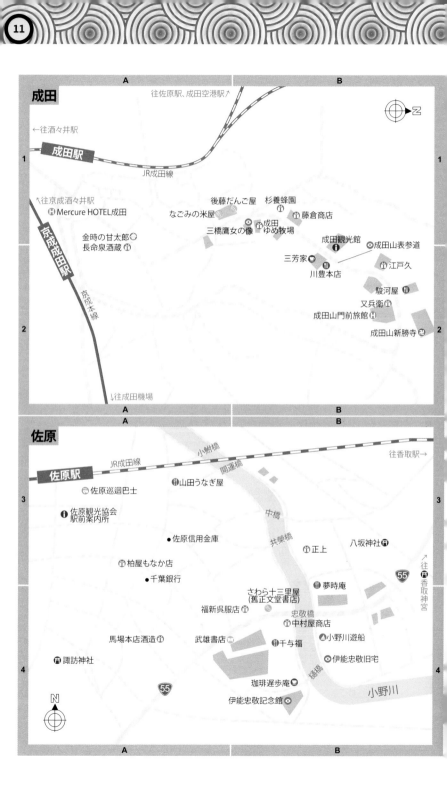

成田

成田駅

←往酒々井駅

往佐原駅、成田空港駅↗

JR成田線

1

へ往京成酒々井駅

Ⓗ Mercure HOTEL成田

京成成田駅

金時の甘太郎Ⓞ
長命泉酒蔵🍴

京成本線

後藤だんご屋　杉養蜂園🍴

なごみの米屋　🍴藤倉商店

三橋鷹女の像　成田
ゆめ牧場

成田観光館
ⓘ

🍴江戸久

🍴成田山表参道

三芳家🍴
川豊本店🍴

駿河屋🍴

又兵衛🍴

成田山門前旅館Ⓗ

成田山新勝寺🅿

2

↘往成田機場

佐原

佐原駅

JR成田線

小鮒橋

開運橋

往香取駅→

🚌佐原巡迴巴士

🍴山田うなぎ屋

3

ⓘ 佐原観光協会
駅前案内所

中橋

共樂橋

🍴正上

八坂神社🈁

● 佐原信用金庫

🅿

🍴柏屋もなか店

夢時庵🍴

往香取神宮↗

● 千葉銀行

さわら十三里屋
(舊正文堂書店)

忠敬橋

福新呉服店🍴

🍴中村屋商店

馬場本店酒造🍴

武雄書店

🍴千与福

🛶小野川遊船

🍴珈琲遅步庵

🅿諏訪神社

忠敬橋

Ⓞ伊能忠敬旧宅

伊能忠敬記念館Ⓞ

小野川

4

N

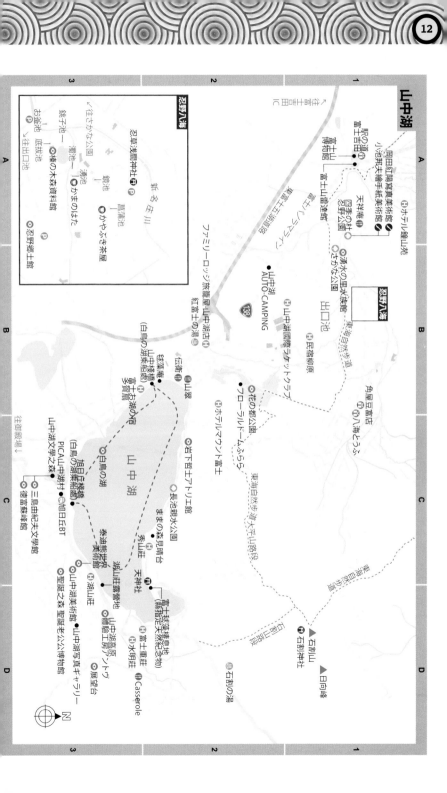

山中湖

忍野八海

（↑往富士吉田IC）

駅の杜
岡田紅陽写真美術館
小池邦夫絵手紙美術館
富士山
博物館
富士吉田道路

天祥庵
四季の杜
忍野公園
Ⓗ ホテル鏡山苑

ⓒさがな公園

忍草浅間神社Ⓣ
新名庄川
鏡池
富士山縷道館
忍野八海
湧池
菖蒲池
濁池
ⓕかやぶき茶屋

銚子池
〈往さかな公園
お釜池
底抜池
〈往出口池
Ⓟ緑の木森資料館
Ⓟ忍野郷土館

湧水の里水族館
出口池
Ⓗ山中湖国際フォトクラブ
Ⓗ山中湖温泉Ⓗ
紅富士の湯Ⓗ
ファミリーロッジ旅籠屋山中湖店

山中湖
AUTO-CAMPING

東海自然歩道
Ⓗ民宿柳原

角屋豆富店
Ⓜ八海とうふ

138

Ⓗホテルマウント富士

東海自然歩道 大平山路段

石割山路段

花の都公園
フローラルドームふらら

伝琉庵Ⓗ
Ⓗ山翠
球琅庵（白鳥の湖来船店）
夢農場
Ⓗお大の宿

岩下荘富士ドリエ館
長池親水公園

山中湖

まなの森見晴台
秀山荘
Ⓗ
天神社
湖山荘露營地

PICA山中湖村
（白鳥の湖来船店）
山中湖文學之森
旭日丘桟橋
Ⓗ旭日丘BT
三島由紀夫文學館
徳富蘇峰館
聖誕之森
聖誕老公博物館

石割山
Ⓜ石割神社

▲日向峰

▲石割山
Ⓜ石割の湯

山中湖美術館
山中湖写真キャラリー
Ⓗ山中湖富園フント
Ⓗ富士重荘
Ⓜ水明荘
展望台
ⒽCasserole

N

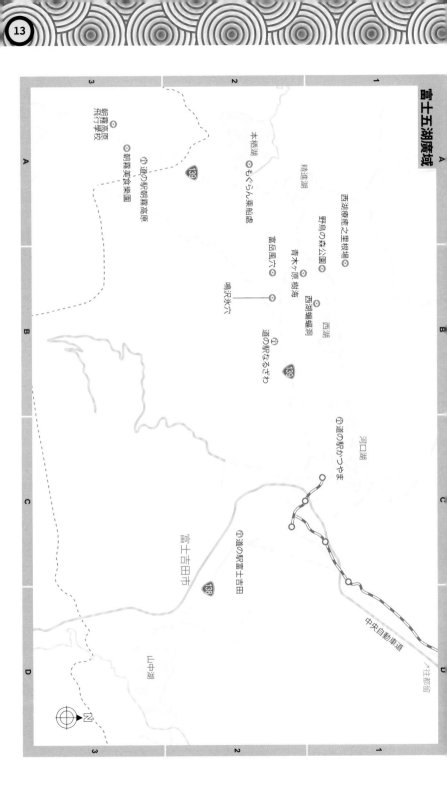

富士五湖廣域

139

朝霧高原
飛行學校
◎朝霧美食樂園
❻道の駅朝霧高原

本栖湖
◎もぐらん乘船處

精進湖
西湖療癒之里根場◎
野鳥の森公園◎
青木ヶ原樹海
富岳風穴◎
西湖蝙蝠洞◎
鳴沢氷穴 ◎

西湖
❻道の駅なるさわ
139

河口湖
❻道の駅かつやま

中央自動車道
大往郡留

富士吉田市
❻道の駅富士吉田
138

山中湖

N

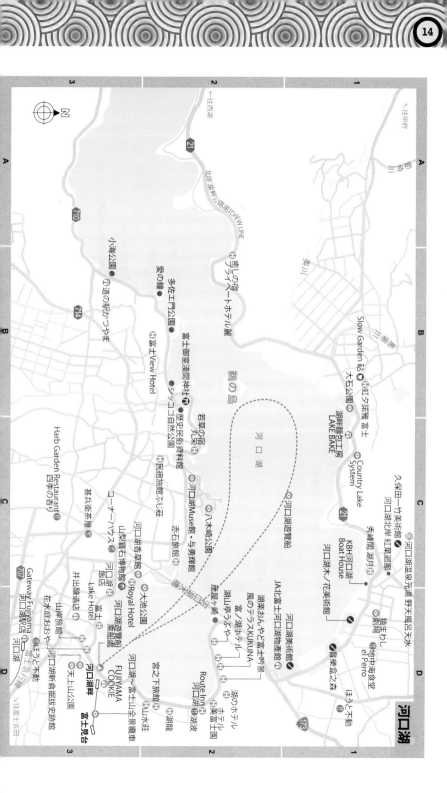

河口湖

往西湖→

都留市→

節刀ヶ岳

21

奥川

北岸湖観光巡遊VIEW LINE

710

714

小海公園

道の駅かつやま

愛の鐘

多佐エ門公園

癒しの宿ブライトンホテル富士

鵜の島

富士御室浅間神社

若草の宿丸栄

湖畔癒浴工房Slow Garden 站

大石公園

虹ヶ諾雅富士

湖畔麺包工房LAKE BAKE

Country Lake System

河口湖

ジッコ自然公園

歴史民俗資料館

富士View Hotel

民宿旅館ぶじ荘

河口湖Muse館

八木崎公園

河口湖遊覧船

赤石旅館

河口湖音楽館

甚兵衛茶屋

コーナーハウス

山梨貴石博物館

大池公園

飯店

河口湖

Lake Hotel

Royal Hotel

Harb Garden Restaurant 四季の香り

井出醸造店

河口湖遊覧船館

河口湖美術館

富士

Gateway Fujiyama 河口湖駅店

山梨旅館

花水庭おおや

河口湖駅

ほうとう不動

天上山公園

FUJIYAMA COOKIE

宮之下旅館

河口湖新館

富士見台

河口湖～富士山全景纜車

21

久保田一竹美術館

河口湖温泉元湯 野天風呂天水

河口湖北岸 紅葉迴廊

秀峰閣湖月

まきやし

河口湖美術館

KBH河口湖 Boat House

JA北富士河口湖物産館

湖楽おんやど富士吟景

風のテラスKUKUNA

富士ノ湖ホテル

湖山亭うぶや

重厳ヶ崎

河口湖美術館

河口湖温泉元湯 野天風呂天水

慕石や

el Perro

中ノ海食堂

ほうとう不動

湖のホテル

ホテル富士波

湖龍

Route Inn 河口湖

河口湖～富士山全景纜車

山水荘

湖畔 富士見台

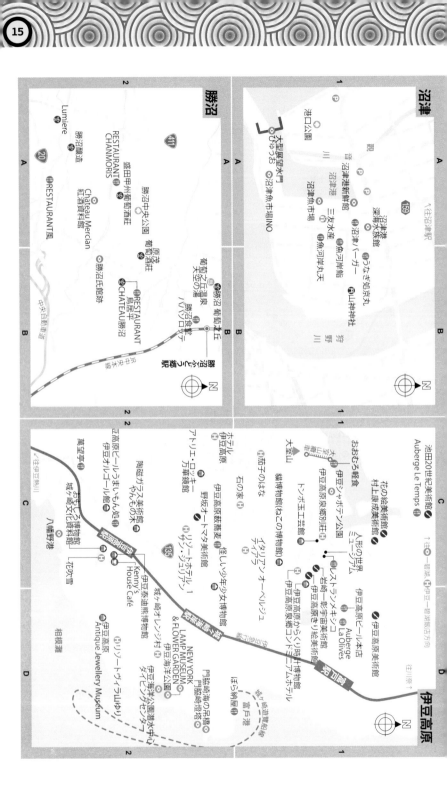

富士吉田

N

A | B

河口湖大橋

1

湖山亭うぶや
ホテル美富士園
Route Inn河口湖

河口湖

富士Lake Hotel
FUJIYAMA COOKIE
河口湖遊覽船乘船處
富士見台
河口湖畔
天上山公園
カチカチ山纜車
入山うどん
新倉山
浅間公園

寿駅

葭池温泉前駅

新倉屋
下吉田駅
下吉田倶楽部

河口湖駅

富士急河口湖線
中央自動車道

137

月江寺駅

月江寺懷舊道路
べんけい

天下GO!麺

2

うどん工房
富士急ハイランド駅
富士急樂園
海の家
富士吉田City Hotel
糸力

美也川

139

ふじや
富士山駅
Q-STA
金鳥居
NADAYA
山崎家

富士山温泉
HIGHLAND RESORT
Hotel & SPA
FUJIYAMA
MUSEUM
舊戸川家住宅
麺許皆伝
白須うどん

麺'ズ富士山
御師の宿 筒屋
シフォン富士

3

浅間茶屋
北口本宮冨士浅間神社

サファイ屋
ホテル鐘山苑

道の駅 富士吉田
富士山雷達館
富士山博物館

岡田紅陽寫真美術館・
小池邦夫繪手紙美術館

立石茶屋
忍野温泉旅館

富士北麓公園

4

東富士五湖道路

忍野観光飯店

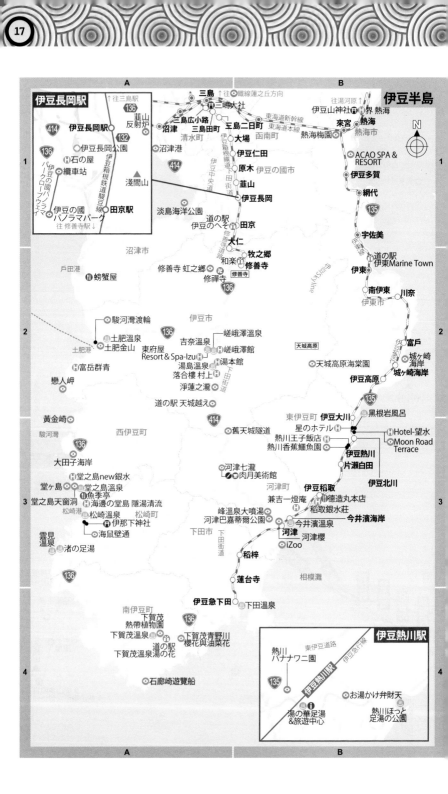

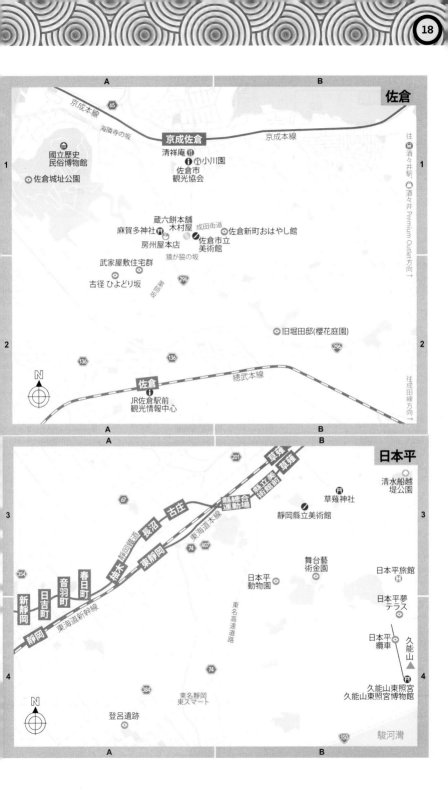

中伊豆・修善寺

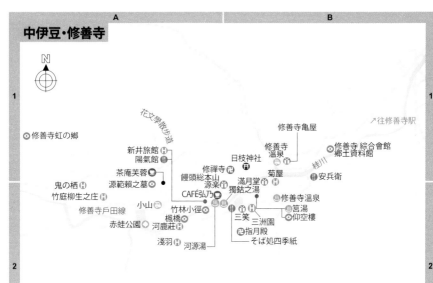

N

	A	B
1		
2		

◎修善寺虹の郷

↗往修善寺駅

修善寺亀屋

修善寺温泉

修善寺 綜合會館
郷土資料館

新井旅館 🅷
陽氣館 🍴

日枝神社

茶庵芙蓉 🍴
源範頼之墓

修禪寺

菊屋

🍴安兵衛

鬼の栖 🅷
竹庭柳生之庄 🅷

饅頭総本山
源楽

滿月堂
獨鈷之湯

⛨修善寺温泉
🅷宮湯
◎仰空樓

修善寺戸田線

小山

CAFÉ弘乃

竹林小徑

三洲園

楓橋

三笑

赤蛙公園 河鹿荘

🍴指月殿

淺羽 🅷
河源湯

そば処四季紙

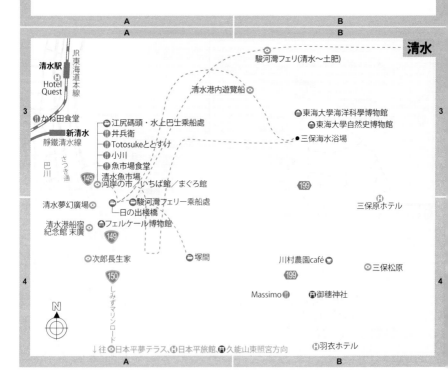

清水

N

	A	B
3		
4		

JR
東海道本線

清水駅
🅷 Hotel Quest

◎駿河灣フェリ(清水～土肥)

清水港內遊覽船 ◎

🍴かね田食堂

新清水
静鐵清水線

🏛東海大學海洋科學博物館
🏛東海大學自然史博物館

🚢江尻碼頭・水上巴士乘船處

• 三保海水浴場

巴川

さつき通

🍴丼兵衛
🍴Totosukeととすけ
🍴小川
🍴魚市場食堂

清水魚市場
149 河岸の市／いちば館／まぐろ館

三保原ホテル 🅷

清水夢幻廣場
🚢駿河灣フェリー乘船處
日の出棧橋

川村農園café ◎

◎三保松原

清水港船宿
紀念館 末廣

🏛フェルケール博物館
149

◎次郎長生家

• 塚間

199

150
しみずマリンロード

Massimo 🍴

🏛御穗神社

↓往 ◎日本平夢テラス、🅷日本平旅館、🏛久能山東照宮方向

🅷羽衣ホテル

御殿場

往 麒麟威士忌御殿場蒸餾所
138
246

荒井園

オギノ御殿場 御殿場郵便局
御殿場店
469 中央公園
御殿場
PREMIUM OUTLETS
御殿場駅
浅間神社
虎屋
虎屋工房
東山旧岸邸
御殿場温泉
金太郎蕎麥麵
138
平和公園

南御殿場駅

往乙女峠

富士岡駅
御殿場
高爾夫倶樂部
尾張峠

駒門風穴
箱根Sky Line

御殿場高原啤酒餐廳 麦畑
ホテル時之栖
時之栖燈海

御殿場高原時之栖

湖尻峠

N

靜岡市區

往瀬名

雅正庵 千代田本店

靜岡駅周邊

吳服町TOWN、
蔦屋書店
駿府城公園
往音羽町
別館21F-富士山展望室
locomani
新靜岡
日吉町
靜岡縣廳
新靜岡cenova
靜岡茶町
BANDAI HOBBY CENTER
吳服町通り
靜岡市役所
ANNEX伊勢丹
靜岡縣廳
長沼
伊勢丹
百貨
Nanaya 靜岡店
東急百貨
靜岡
淺間神社
大燒芋
柚木
Maruzen Tea
竹茗堂茶店
丸井百貨
往東靜岡
駿府城公園
音羽町
春日町
小山園茶店
松坂屋 巴士總站-北口
日吉町
MARK IS靜岡
田丸屋
PARCO
Hotel ASSOCIA
靜岡
青葉通公園
靜岡市美術館
PARCHE
靜岡縣廳
新靜岡
青葉橫丁
喫茶一茶
靜岡市役所
三河屋
靜岡
Hobby
茶町KINZABURO
青葉黑輪街
昭和通
靜岡中央郵便局
Square
靜岡的味 三久
ASTY
靜岡科學館
Premier 蛋糕屋
往安倍川
靜岡市觀光案內所

N
1

往清水

邦治庵

體驗工房 駿府匠宿
靜岡市登呂博物館

丁字屋

誓願寺
東海道

往 丸子峠鯛魚燒、羽織屋方向
往藤枝
往掛川
往燒津

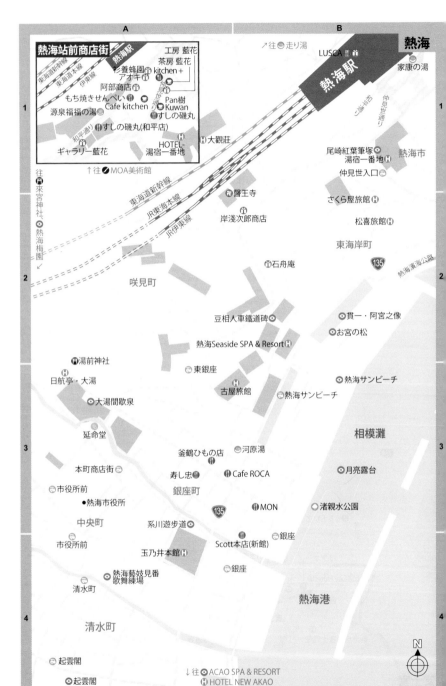

熱海

熱海站前商店街

熱海駅

東海道新幹線
東海道本線
伊東線

工房 藍花
茶房 藍花
kitchen +

杉養蜂園
アオキ
阿部商店
もち焼きせんべい
Cafe kitchen
源泉福福の湯

Pan樹
Kuwan
すしの磯丸

すしの磯丸(和平店)

ギャラリー藍花

HOTEL-
湯宿一番地

↑往 MOA美術館

往 来宮神社、熱海梅園

往 走り湯
LUSCA
家康の湯

熱海駅

熱海市

東海道新幹線
JR東海道本線
JR伊東線

覚王寺
岸淺次郎商店

尾崎紅葉筆塚
湯宿一番地
仲見世入口

さくら屋旅館
松喜旅館
東海岸町

石舟庵

咲見町

豆相人車鐵道碑

貫一・阿宮之像
お宮の松

熱海Seaside SPA & Resort

湯前神社
日航亭・大湯

東銀座

大湯間歇泉

古屋旅館
熱海サンビーチ

熱海サンビーチ

相模灘

延命堂

本町商店街

釜鶴ひもの店

河原湯

月亮露台

寿し忠
銀座町

Cafe ROCA

市役所前
●熱海市役所

中央町

135
MON
渚親水公園

市役所前

系川遊歩道

銀座

Scott本店(新館)

玉乃井本館

銀座

熱海藝妓見番
歌舞練場

清水町

熱海港

清水町

起雲閣

N

起雲閣

↓往 ACAO SPA & RESORT
HOTEL NEW AKAO

朝霧高原

↑往 ◎朝霧美食樂園　↖往本栖湖
◎道の駅 朝霧高原
◎朝霧高原飛行傘學校方向　◎もちや遊園地　71
猪之頭公園
陣馬の滝 ◎　414　⑪甘味そば処　人穴富士講遺跡
　　　　　　　さゝみ乃　　　　　75
　　　　　　　　　　　　　⛩富士淺間神社

　●猪之頭露營場

東海
自然歩道　◎小田貫濕原
　　　　　　　　　　　⑪ニュー富士高原
　　　　　◎田貫神社
　　　　　田貫湖キャンプ場　　　139
　　　　　田貫湖
　　　⑪　　　　　●峠の茶屋 ◎馬飼野牧場
田貫湖
ふれあい自然塾

休暇村富士　　　　　　◎小田急西富士高爾夫倶樂部

　　　　　　　　　　　　　414

白山神社⛩　　◎白糸の滝◎ ◎音止の滝

　　　　↗往 ◎水ヶ塚公園 ◎富士山Sky Line方向

朝霧高原

◎音止の滝
白糸の滝
●
白糸自然公園

◎狩宿の下馬桜

139

75

414

●池田公園

外神東公園 ●

469

富士宮道路

⑪
ゆぐち

⑪
GUCHIPAN

184

⑪うるおいてい

潤井川

すぎ本　⛩富士山本宮
　　　　　淺間大社
富士宮City Hotel ⑪
　　　　　お宮横丁
JR　西富士宮
身延線　**富士宮**　⑪富士宮富士急飯店
　　　　　　　　　　　　　⛩小泉八幡宮
　　　　　　　　源道寺
割烹旅館富士見荘 ⑪
　　　　　　　　　　　↘往 ◎岳南電車方向

富士宮

N

濱松・濱名湖

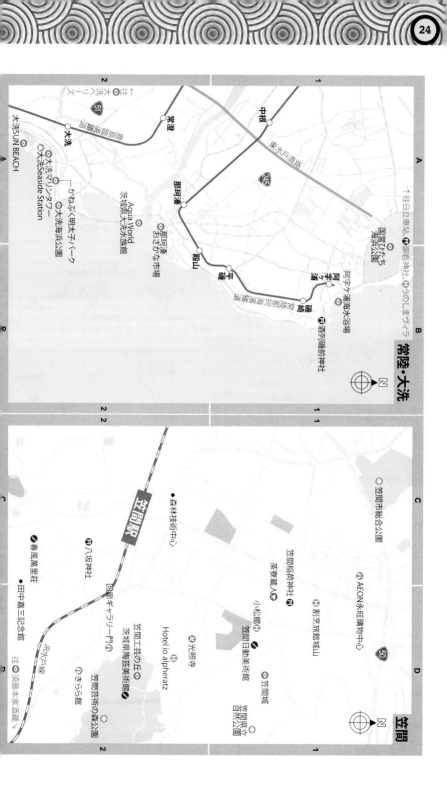

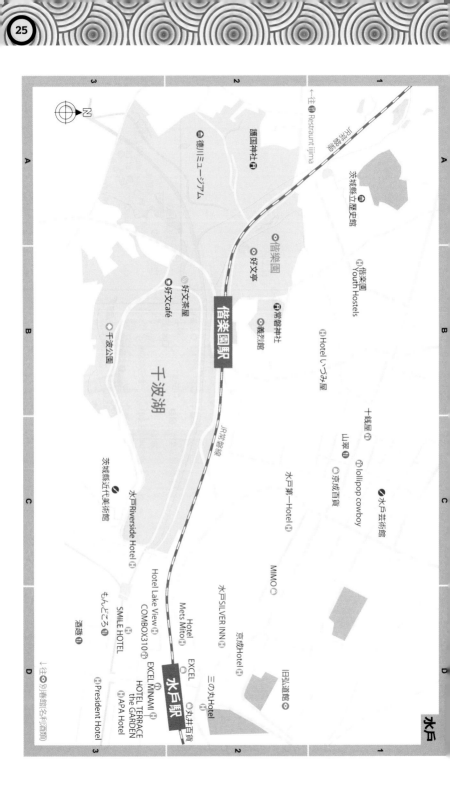

水戸

N

←往⑩ Restraunt iijima

JR常磐線

茨城縣立歴史館

⑪偕楽園 Youth Hostels

⑯德川ミュージアム

護國神社

◎偕樂園

◎好文亭

好文café

好文茶屋

⑰常磐神社

◎義烈館

⑪千波公園

⑪Hotelいづみ屋

千波湖

JR常磐線

茨城縣近代美術館

偕楽園駅

◎水戸芸術館

⑪lollipop cowboy

⑩十銭屋

山翠⑪

◎京成百貨

水戸第一Hotel⑪

MIMO◎

京成Hotel⑪

旧弘道館◎

水戸Riverside Hotel⑪

Hotel Lake View⑪

COMBOX310⑰

もんどころ⑪

酒趣⑪

SMILE HOTEL

EXCEL MINAMI⑪

⑪President Hotel

HOTEL TERRACE the GARDEN

⑪APA Hotel

Hotel Mets Mito⑪

EXCEL

水戸SILVER INN⑪

三の丸Hotel

◎丸井百貨

水戸駅

↓往◎別春館/名ぼ/酒類

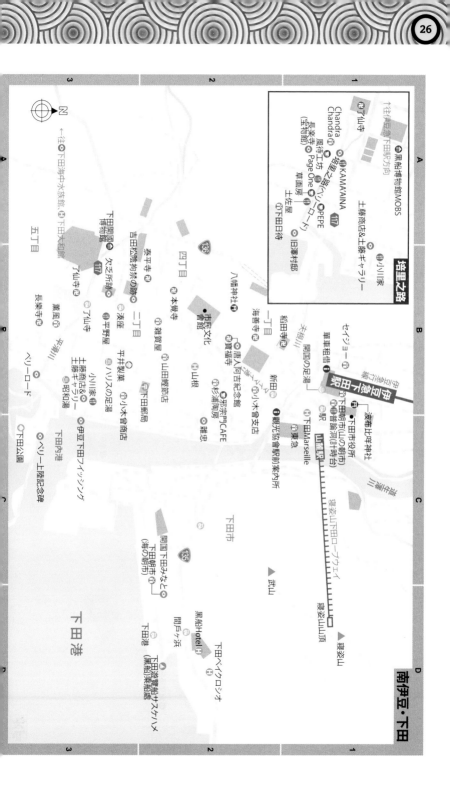

南伊豆・下田

培里之路

A

- ⓘ黒船博物館MOBS
- 往伊豆急下田駅方向
- ⓣ了仙寺
- ⓣⓘKAMA'AINA
- Chandra
- Chandra ⓘ
- 長楽寺 ⓘⓟPEPE
- 風待工坊
- (宝物館) Page One ⓘ
- 草画房
- 土佐屋
- ⓘ小川家
- ⓘ下田待
- 土藤商店&土藤ギャラリー
- ⓘ旧澤村邸

B

- 泰平寺ⓣ
- 吉田松陰拘禁の跡ⓘ
- ⓣ了仙寺
- 欠之上所ⓘ
- 薫風ⓘ
- 四丁目
- ⓘ本郷
- 市民文化
- 唐人阿吉紀念館ⓘ
- ⓣ山田鰹節店
- ⓘ湊座
- ⓘ平野屋
- 三丁目
- ⓘ雑賀屋
- ⓘ平井製菓
- ⓘ下田郵局
- ⓘ小川家
- ⓘ土藤商店&
- 土藤ギャラリー
- ⓘ昭和湯
- 八幡神社ⓣ
- ⓘ稲荷寺
- 一丁目
- ⓘ海善寺
- ⓘ寶福寺
- ⓣ眞福寺
- ⓘ杉浦陶房
- ⓘ那宗門CAFE
- ⓘ小木曽支店
- 雑忠ⓘ
- ⓘ山根
- ⓘハリスの足湯
- 五丁目
- 長楽寺ⓣ
- ベリーロード
- 平滑川
- 伊豆下田フィッシング
- 下田内港
- ベリーロード
- ベリー上陸記念碑
- ⓘ下田公園

C

- 波布比咩神社ⓣ
- ⓘ下田市役所
- ⓘ下田朝市(山の朝市)
- ⓘ開国の足湯
- セイジョー ⓘ
- 鰹車担当ⓘ
- ⓘ下田朝市(8番台)
- 駅
- ⓘ東急
- ⓘ下田Marseille
- 稲生沢川
- 新田
- ⓘ観光協會駅前案内所
- 伊豆急下田駅

D

- 寝姿山下田ロープウェイ
- 寝姿山山頂
- 寝姿山
- 下田市
- ▲武山
- 下田朝市(海の朝市)
- ⓘ開国下田みなと
- 135
- ▲下田ベイクロシオ
- 間戸ヶ浜
- 下田港
- 下田Hotel Ⓗ
- 下田遊覧船サスケハナ
- 下田港(黒船乗船處)

← 往下田海中水族館・ⓘ下田大滝

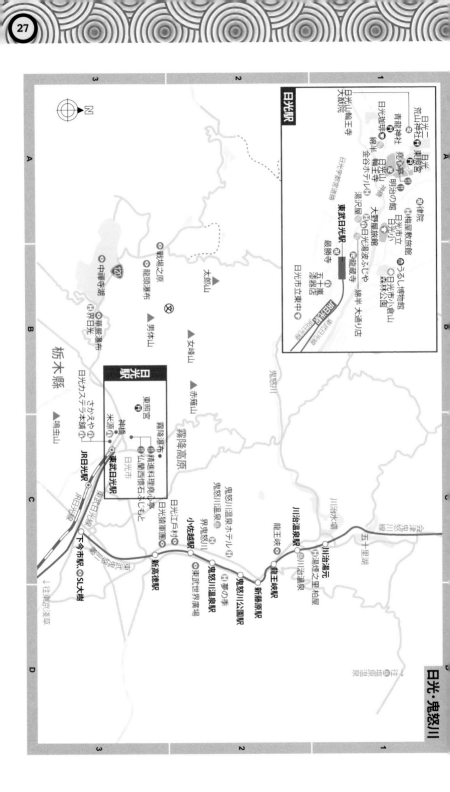

日光・鬼怒川

N

栃木県

日光駅

①律院
⑤梅屋敷旅館
日光市立
日光川
うるし博物館
日光市小倉山
森林公園
大野屋旅館
⑥日光湯波ふじや
龍蔵寺
⑩日光珈琲
明治の館
神橋
金谷ホテル⑪
湯沢屋⑪
綿半 大通り店
五十里湖
漆器店

東武日光駅
最勝寺

日光市立東中

荒山神社
日光
東照宮
日光
二荒山神社
青龍神社
日光山
輪王寺
日光加斯山
綿半
金谷ホテル⑪
日光山輪王寺
大猷院
苑心寺

日光宇都宮道路

男体山
太郎山
女峰山
赤薙山

戦場之原
龍頭滝布
⑧中禅寺湖
⑪裏日光
⑪華厳滝布

霧降滝布
霧降高原
日光市

東照宮
神橋
米源⑩
さかえや
日光カステラ本舗⑩
精進料理魚要⑨
仏蘭西懐石なにも
JR日光駅
東武日光駅

龍王城
川治温泉
新高徳駅
日光江戸村
⑪日光逍遥園
小佐越駅
界鬼怒川
鬼怒川温泉ホテル⑪
鬼怒川温泉郷
鬼怒川公園駅
夢の季
鬼怒川温泉駅
新藤原駅
東武世界廣場
龍王峡駅
川治温泉駅
⑪湯元之里柏屋
川治湯元
川治湯元駅
川治水滝

下今市駅 ⑨SL大樹

↑往東京浅草

鳴虫山

↑往塩原温泉郷

五十里湖

会津鬼怒川線

120

那須高原

↑往◉那須自然研究路　　↑往◉那須動物王國方向

A | **B**

1

平成の森 ◉
◉八幡崎

殺生石 ◉

温泉神社 ⊕　　⑱鹿の湯

⑱那須湯本温泉

◉那須ゴルフ倶楽部　　◉那須御用邸
こころのおやど 自在荘 ⊕

🍴一軒茶屋前

松川屋 ⊕　　🍴水車の里 瑞穂蔵

南ヶ丘牧場 ◉　　🍴ジャム工房ベリー
Gioia Mia義式餐廳 🍴

2

◉那須國際C.C.

ASIAN OLD BAZAAR ◉

◢那須ステンドグラス美術館

⊕那須キッチンリゾート
高原のキャセロール

Dining cafe Borage ◉

◉NASU SHOZO
CAFE

Epinards
那須温泉飯店 ⊕　　🏛那須泰迪熊博物館

COUNTRY HOUSE
PADDINGTON ⊕　　りんどう湖 ◉

映像Café ◉
ミルフォニープラスDOG ◉

🍴廣谷地　　りんどう湖 ⊕
ロイヤルホテル

友愛の森 ◉

🍴🏬Cheese Garden

◉お菓子の城 那須ハートランド

3

661st. 🍴
那須高原ビール ◉

東北新幹線
JR東北本線

東北自動車道

黒磯駅

N

往◉那須庭園購物中心 ✈

A | **B**

4

伊香保温泉

A

B

1

伊香保露天風呂 ◉河鹿橋

伊香保神社⛩

勝月堂⛩
山白屋 ● 藥師堂
横手館Ⓗ ⛩

Ⓗ岸権旅館

石段街◉ Ⓗ千明仁泉亭

伊香保ロープウェイ

和心の宿オーモリⒽ

諸国民芸てんてまり⛩ ♨石段の湯
茶房てまり◉

巴士總站◉ ◉伊香保關所

文学の小径◉

伊香保温泉
観光協会
ℹ

Ⓗホテル木暮
ハワイ王国
公使別邸◉

🏛
德富蘆花
紀念文學館

伊香保温泉
夢二紀念館 ●

2

Ⓢ群馬銀行

ⒽPINON

A

B

A

B

草津温泉郷

←往♨西之河原町露天風呂、◉西之河原公園、
◉草津滑國際雪場、◉草津白根山＆湯釜

往Ⓗ草津温泉飯店村→

Ⓗ草津ホテル
◉片岡鶴太郎美術館

3

清物処
又来屋
Ⓗ草津煎餅本舗
⛩
草津ガラス蔵
西之河源通

松むら饅頭
ぐーてらいぜ
茶房
Ⓗ千代の湯

草津山本館Ⓗ奈良屋
益成屋Ⓗ Ⓗ山本館
ホテル一井Ⓗ

Ⓗての字屋

Ⓗ喜びの宿 高松

♨大滝乃湯

♨―――湯畑＆湯けむり亭

熱の湯◉
白旗の湯◉
御座之湯◉ 湯路広場
光泉寺◉

⛩頼朝
♨本家ちちや
♨月乃井
♨地蔵の湯

292

⊕巴士總站＆旅遊中心
中央通

4

⛩清月堂

N

とん香

A

B

高崎

↑ 往🛕榛名神社

←往◎大門屋

信越本線

上越新幹線

日本茶喫茶・
藏のギャラリー棗
高崎城址◎

高島屋🛈

達摩鐵道便當

高崎駅

Hotel Metropolitan 🏨
いろは

🛈E'site

🛈BIC CAMERA

高崎城跡◎

Italian Bar La Famiglia 🍴

N

⑰

高崎市美術館&旧井上房一郎邸◎

上信電鐵

上高地

女文澤

上高地温泉旅館🏨
山の神社🛕

五千尺木屋（ロッヂ）
日本山岳會

上高地西系屋山荘

上高地
活動中心公園・

日本阿爾卑斯
（アルプス）
觀光飯店🏨

往岳澤↗

梓川

上高地訪客中心

↙往焼岳

穂高橋
田代橋

上高地帝国飯店🏨

河童橋

24

🛈

上高地觀光旅館組合案内所

治山林道（梓川左岸）

治山林道（梓川右岸）

國立公園管理局事務所

往◎明神池・🛕穂高神社方向↘

田代池◎

帝国飯店（ホテル）◎

24

上高地巴士總站🚌

日本阿爾卑斯
（アルプス）
觀光賣店

六百澤

奥六百澤

◎大正池

中千丈澤

↙往佐渡停車場、松本市方向

N

Memo

wagamama
no.065

東京近郊

攻略

完全制覇

2023~2024

MOOK

東京近郊攻略
完全制霸
2023～2024
contents

本書所提供的各項可能變動性資訊，如交通、時間、價格(含票價)、地址、電話、網址，係以2023年5月所收集的為準；特別提醒的是，COVID-19疫情期間這類資訊的變動幅度較大，正確內容請以當地即時標示的資訊為主。如果你在旅行中發現資訊已更動，或是有任何內文或地圖需要修正的地方，歡迎隨時指正和批評。你可以透過下列方式告訴我們：

寫信：台北市104中山區民生東路二段141號9樓MOOK編輯部收
傳真：02-25007796
E-mail：mook_service@hmg.com.tw
FB粉絲團：「MOOK墨刻出版」
www.facebook.com/travelmook

掌握東京近郊
輕鬆玩樂沒煩惱
精選9大分區44

旅遊情報

處人氣區域

東京近郊攻略
完全制霸
2023～2024

contents

本書所提供的各項可能變動性資訊，如交通、時間、價格(含票價)、地址、電話、網址，係以2023年5月前所收集的為準；特別提醒的是，COVID-19疫情期間這類資訊的變動幅度較大，正確內容請以當地即時標示的資訊為主。如果你在旅行中發現資訊已更動，或是有任何內文或地圖需要修訂的地方，歡迎隨時指正和批評。你可以透過下列方式告訴我們：

寫信：台北市104中山區民生東路二段141號9樓MOOK編輯部收
傳真：02-25007796
E-mail：mook_service@hmg.com.tw
FB粉絲團：「MOOK墨刻出版」www.facebook.com/travelmook

頁碼　區域小地圖。

分區名稱與英日文拼音

御殿場◆富士宮◆**朝霧高原**◆静岡市

神奈川◆山梨

朝霧高
あさぎりこうげん
Asakirikouh

静岡◆朝霧高原

長野◆埼玉◆千葉◆栃木◆茨城◆群馬

全面普查的完整精確資訊。

看一眼就知道的符號說明

◎ **田貫湖**

🅰別冊P.22B1 🚌富士宮駅搭乘富士宮静岡巴士，往豬の頭或休暇村方向車程約45分，至「田貫湖キャンプ場」或「休暇村富士」站下車 🅿富士宮市

位 在富士山西側的朝霧高原，以上百所農場而聞名，除了興盛的酪農業之外，來到這裡更可以近距離仰望雄偉的富士山麓，也是戶外活動的聖地。想要來此感受晨白霧、高原上體驗自然之美，不管是從富士宮、或是河口湖來這裡都不算太遠，適合作為順遊的景點之一。在林野下山徑露營、健走、窟探險，拜訪這座充有圍牆的天然博物館，富士山腳下自行光合作用、野放大自然。

交通路線&出站資訊

電車
富士宮駅◎JR東海–身延線
前往朝霧高原以巴士為主要接駁工具；先搭新幹線至岡駅，轉搭JR特急ふじかわ直達富士宮駅後再轉搭巴士前往。

出站便利通
◎抵達富士宮駅出站轉乘往新富士～富士宮～河口湖方向的静岡巴士。
◎在河口湖～富士宮～新富士駅間，有静岡巴士運行中，路線眾多可轉搭巴士至想去的景點，方便。
◎如欲往田貫湖方向可搭乘「休暇村富士」方向巴士；往朝霧高原、邊の駅朝霧高原方向可往在「豬の頭」方向巴士。

[逆富士、鑽石富士]

映照在田貫湖水面上下對稱的逆富士美景，還有太陽經過山巔煥發晨曦的鑽石富士，是田貫湖與朝霧高原的著名美景，也是人氣拍照景點，天然絕景怎麼拍都超好看！

可以行至景的

清楚列出鐵路及其他交通工具資訊。

🅰 與本書地圖別冊對位，快速尋找景點或店家。

⏰ 不小心東西忘在店裡面，可立刻去電詢問。

❓ 若店家均位於同一棟大樓，僅列出大樓名稱與所在樓層。

L.O.（Last Order指的是最後點餐時間）

🈯 如果該店家無休假日就不出現。

🈺 日文料理菜名括號詳列中文翻譯，輕鬆手指點餐。

🅰 在大區域範圍內詳細標明如何前往景點或店家的交通方式。

🆙 出發前可上網認識有興趣的店家或景點。

💡 各種與店家或景點相關不可不知的訊息。

①地圖上出現車站實際出口名稱。

地圖ICONS使用說明

◎景點		和菓子	
神社		甜點、麵包	
博物館		酒吧	
美術館		劇院	
公園		飯店	
購物		寺廟	
百貨公司		溫泉	
書店		美容	
麵食		公車站	
日式美食		國道	
西式美食		現場演唱	
咖啡茶館		機場	

書中資訊ICONS使用說明

清楚分別美食、購物、景點、住宿等機能，一眼就能夠找到旅遊需求。

編輯認為值得推薦的景點或店家。

右頁邊欄上標出索引名稱，翻閱更輕鬆。

附近的音止瀑布也可當順遊景點。高低差的瀑流蔚為奇變。

小田貫溼原

小田貫湿原

◎別冊P.22B1　◎富士宮駅搭乘富士宮靜岡巴士，往休暇村方向車程約45分，至「田貫湖南」站下車徒步15分
◎富士宮市猪の頭　ⓦfujinomiya.gr.jp

沿田貫湖北邊由田貫神社旁的木棧道前行，會接至富士山西麓唯一的溼地「小田貫溼地」，走過針葉林來到溼地。其原由東側、中央與西側組成，面積最大的西側由81個池塘組成、中央由44個池塘組成，山嶺環抱下的小田貫溼原在夏季草長馬壯時期，還見得到這裡獨有的溫帶溼原種青蛙與蜻蜓等等。

走在富士山腳下的唯一一片溼原，觀近最原始的大自然。

無造作的自然美景，讓人流連忘返。

湖

◎富士宮駅搭乘富士往豬の師或休暇村方向「田貫湖キャンプ場」士」站下車　◎富士宮市

高原上的田貫茅，是藤、三萬年前經由火成的窪地，為堰塞湖之後而來是以後攀登為公園，全長約4公里的大水塘，造就今時倒映湖面的富士山極為美麗。

四季分明的自然生態，也是仰望富士山的最棒景點！

天氣暖和時也可以選擇露，體驗一披雨帳蓬就是富士山的驚艷感受。

朝霧高原的牧場巡禮
佔地廣大的朝霧高原是處寓教於樂的高原牧場，有新鮮牛奶製成的霜淇淋，還能與可愛動物面對面，超適合親子遊。

白絲瀑布

白糸の滝

◎別冊P.22B2　◎富士宮駅前搭乘往白糸の滝的路線巴士，至「權現橋」站下車徒步5分。自駕可由國道139線抵達　◎0544-27-5240(富士宮市觀光協會)　◎富士宮市上井出　◎自由參觀　ⓦfujinomiya.gr.jp

橫跨200公尺環形黑熔岩壁所流洩而下的白絲瀑布，襯著攀藤在岩壁上夏日的暢綠、秋野的松楓，如絲絹又如銀白的頷髮一般蕩漾，在湛藍池心激起一片虹彩；白絲瀑布最特別的是其水流不是從崖上傾瀉而下，而是從崖壁間滲出，才由飄渺的消瘦之姿，這也是富士山經過多次噴發，多層次的火山堆積物所造就的地貌。

全國名瀑百選之一，優雅迴盪在山間的消細美瀑。

馬飼野牧場

まかいの牧場

◎別冊P.22B2　◎搭乘河口湖駅~富士宮駅的富士急巴士，於「まかいの牧場前」站下車。自駕可由國道139線抵達　◎0544-54-0342
◎富士宮市內野1327-1　◎9:30~17:30(10月21日~2月20日　9:30~16:30)　◎12~3月中的週三、四　◎大人¥1,200~1,000、3歲以上小孩¥900~700(依季節收費不同)　ⓦwww.makaino.com

馬飼野牧場位於富士山麓的朝霧高原，來到這裡可以貼近青山綠意，在大片青草地上盡情奔跑。園內飼養乳牛、綿羊、馬兒等動物，並讓遊客體驗騎馬、剃羊毛，甚至帶著山羊嚮導在園內散步。餐廳中用各種農場鮮摘的蔬菜烹調成美味料理，令人食指大動，至於飯後當然要來一支鮮奶霜淇淋，香濃滋味齒頰留香。

與動物親密接觸、貼近大自然的開心牧場。

不同樣式的BOX分別介紹每一景點或店家的豆知識

清楚標示出景點所在的地圖頁碼及座標值，可迅速找出想去的地方。

紅色粗字清楚列出此店家或景點的特色。

東京近郊全圖

關 東位於日本本州的東邊以「東京」為首，是日本核心地帶，人口密度是日本平均值3倍。嚴格來說關東地區包括東京都、神奈川、千葉、埼玉、茨城、群馬、栃木的1都6縣；但由於交通路線的發達，靜岡、長野、山梨等原應被劃在中部地區的多處風景區，也被包括在廣義大範圍的關東地區。

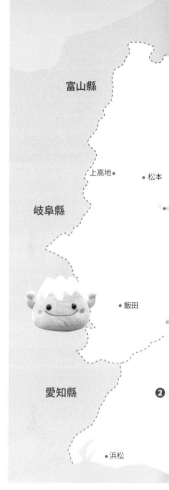

① 長野

長野市是由善光寺為起點，周圍的參拜之道衍生出今天長野市熱鬧的中心點。這裡擁有豐富的文化與歷史，四周環山且擁有四季分明的大自然。

★必玩！輕井澤、善光寺

② 靜岡

靜岡因有熱海、伊豆半島多處溫泉，使這裡成為東京人放鬆休閒的好去處。而富士宮等地因位在富士山腳，也是許多人想仰望壯大富士山時會造訪的城鎮。

★必玩！伊豆半島、熱海

③ 山梨

甲府是山梨縣最主要的城市，縣屬機關都在此，商業也相當發達。境內的富士山也為周邊縣市帶來不少觀光效益，所有大自然賦予的美景，你一定要親自體驗才能瞭解。

★必玩！河口湖、富士山

④ 神奈川

位在東京都心西南方的神奈川，一直是東京近郊旅行的不二首選，繁華的港都橫濱、衝浪愛好者的湘南海岸、鎌倉古都等，都是讓人留連忘返的熱門旅行地。

★必玩！鎌倉、江之島、箱根

⑥ 埼玉

埼玉位在東京的北邊，也是關東地區的中央內陸部分；被稱為「武藏國一之宮」擁有2400年歷史的冰川神社、小江戶之稱的川越等，及新興旅遊地秩父。

★必玩！川越、秩父

⑤ 群馬

群馬縣三面環山，東南部則是廣闊平原；境內山脈丘陵起伏，擁有80多個溫泉地，可說是東日本名符其實的溫泉之鄉。

★必玩！草津溫泉

新潟縣

福島縣

那須高原

鬼怒川温泉

湯田中

長野市

草津温泉

❺群馬縣

❼栃木縣

日光

宇都宮

伊香保温泉

水戸・偕楽園

常陸

大洗

笠間

前橋

❽茨城縣

茨城空港

高崎

輕井澤

長野縣

❻埼玉縣

佐原

秩父

川越

成田

甲府

勝沼

八王子

東京

東京都

佐倉

成田空港

銚子

東京迪士尼渡假區

❸山梨縣

河口湖

富士吉田

❹神奈川縣

千葉

羽田空港

山中湖

橫浜

❾千葉縣

朝霧高原

富士山

御殿場

鎌倉

江之島

橫須賀

富士宮

箱根

勝浦

縣

沼津

三島

熱海

清水

南房総

靜岡市

修善寺

靜岡空港

西伊豆

伊豆高原

伊豆半島

河津

下田

❼ 栃木

栃木縣無靠海，流經境內的渡良川、鬼怒川、那珂川等，為境內帶來豐沛的觀光產業，日光東照宮擁有悠長的歷史文化，是文化、自然皆美的觀光勝地。

★*必玩*！日光東照宮、鬼怒川溫泉

❽ 茨城

隨著茨城機場的開航，現在來到茨城除了鐵路，也多了飛機航班可以撰擇。境內的偕樂園是日本三大名園之一，筑波山、霞ヶ浦等地更是自然景觀取勝。

★*必玩*！偕樂園、常陸海濱公園

❾ 千葉

位在東京都旁邊的千葉，是許多在東京都內工作人的居住首選地。進出東京的成田機場，及必訪的東京迪士尼樂園都位在千葉境內。

★*必玩*！東京迪士尼、成田山新勝寺

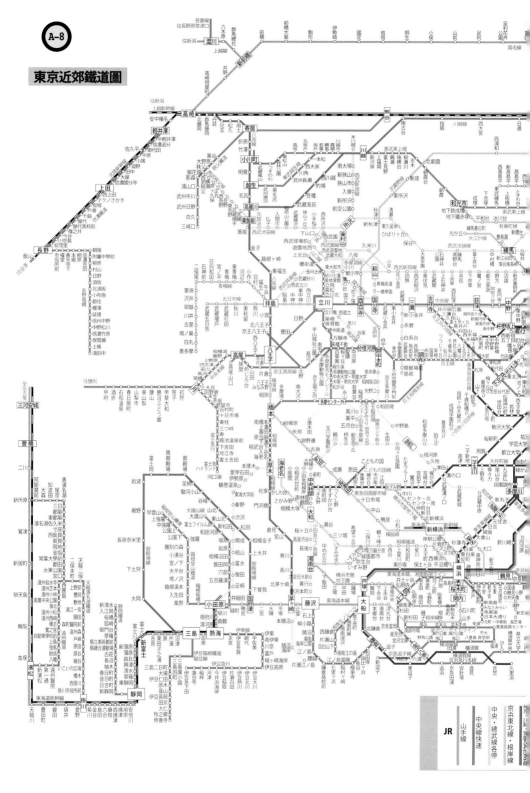

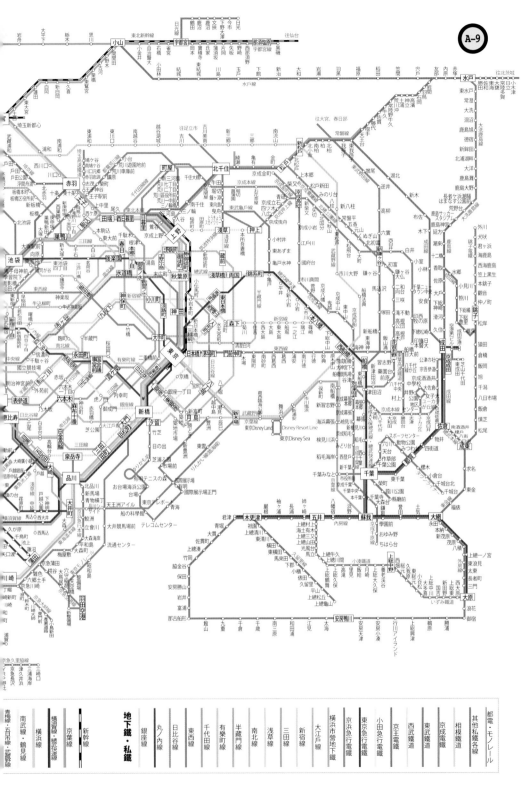

如何前往東京近郊

往 東京周邊近郊各縣旅遊，仍以東京為最主要入口城市，從台北到東京，不只桃園機場有直飛成田，松山機場也能直飛羽田，十分方便。另外廉價航空加入，讓航班種類有更多選擇。而在高雄則也有多家航空公司直飛成田，方便南部的朋友赴東京區域遊玩。

另外周邊亦有茨城縣的茨城機場、或是期間限定的靜岡空港包機，也都是可依行程需求而納入考量的選項。

飛航空司	松山機場(TSA)→羽田機場(HND)	桃園機場(TPE)→成田機場(NTR) / →羽田機場(HND)	小港機場(KHH)→成田機場(NTR)	桃園機場(TPE)→茨城機場(IBR)
中華航空(CI)	◎	◎ / X	◎	
長榮航空(BR)	◎	◎ / X	◎	
全日空(NH)	◎	◎ / X	◎	
日本航空(JL)	◎	◎ / X	◎	
虎航(IT)		◎ / ◎	◎	◎
星宇航空(JX)		◎ / X		
樂桃航空(MM)		◎ / ◎		

備註：從台灣不論是從松山、桃園、高雄都有航班前往，惟因疫情期間，本書截至2023年5月出刊前，各航空公司的航班及班表變動幅度較大，詳細而正確的航班資訊及航線，請洽各大航空公司或上網進一步查詢確認。

✈ 航空公司資訊

中華航空(CI)
◎電話：02-412-9000
◎網址：www.china-airlines.com/tw/zh

長榮航空(BR)
◎電話：02-2501-1999
◎網址：www.evaair.com/zh-tw/

全日空(NH)
◎電話：02-2521-1989
◎網址：www.ana.co.jp/asw/wws/tw/ch/

日本航空(JL)
◎電話：02-8177-7006
◎網址：www.jal.co.jp/tw/zhtw/

台灣虎航(IT)
◎電話：02-5599-2555
◎網址：www.tigerairtw.com/zh-tw

樂桃航空(MM)
◎電話：02-8793-3209(客服中心)
◎網址：www.flypeach.com/tw

星宇航空(JX)
◎電話：02-2791-1199
◎網址：www.starlux-airlines.com/zh-TW

由機場進入東京

目 前由台灣飛東京的航線為「台北松山－羽田機場」及「台北桃園－成田機場」二段，飛羽田的好處是離都心近，交通省時又省錢；而選擇飛成田的好處是航班多，選擇的時段也多。以下先介紹兩大機場，再介紹從兩個機場進入東京市區、或直達近郊各景點的交通選項全攻略。

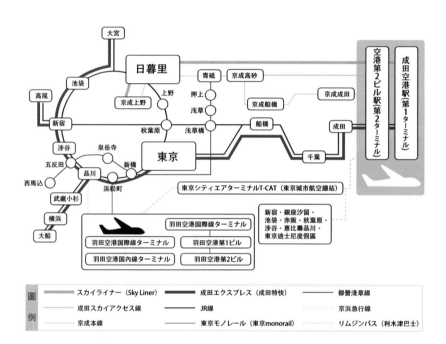

圖例					
──	スカイライナー（Sky Liner）	──	成田エクスプレス（成田特快）	──	都營淺草線
──	成田スカイアクセス線	──	JR線	──	京浜急行線
──	京成本線	──	東京モノレール（東京monorail）	┈┈	リムジンバス（利木津巴士）

成田機場→東京市區及近郊

成田機場位於千葉縣，距離東京市區有一定距離。但因為長時間作為主要聯外機場使用，各交通設施十分完備，路線也標得很清楚。進入市區主要的交通方式有JR、京成電鐵和利木津巴士，平均交通時間大概是1小時到1個半小時；如果轉乘高速巴士前往近郊，平均交通時間約2個小時至2個半小時。

➔JR東日本

◎網址：www.jreast.co.jp（有提供中文繁體網站）

JR東日本提供兩條路線往返機場與市區，一條是成田特快列車N'EX，另一條是時間較長、票價也較便宜的總武本線快速列車。一般觀光客較常利用的是省時舒服、也方便大型行李的成田特快列車N'EX。

路線與價格指南

路線名	目的地	時間	價格
成田特快列車 N'EX	東京	約59分	￥3,070
	品川	約70分	￥3,250
	澀谷	約78分	￥3,250
	新宿	約83分	￥3,250
	池袋	約90分	￥3,448
	千葉	約40分	￥2,170
	橫濱	約95分	￥4,370
	大船	約110分	￥4,700

優惠套票：N'EX東京去回車票

成田特快列車N'EX推出針對外國觀光客的特別組合套票，內容為N'EX來回票。一般光搭乘普通車廂來回票為￥6,140，但N'EX東京去回車票只要￥4,070即能在14天內搭乘去程與回程各一趟。

◎價格：N'EX東京去回車票￥4,070；6~12歲兒童半價

◎購買地點：抵達日本後可在成田機場第一和第二航廈的JR東日本旅遊服務中心，出示護照和回程機票後購買。或上網購買

◎網址：www.jreast.co.jp/multi/zh-CHT/pass/nex.html

◎注意：若目的地並非N'EX停靠站，只要不出站，即可另外轉乘JR普通車至指定區域中任一站下車。(範圍在大東京區域，詳見官網)

➜ 京成電鐵

◎網址：www.keisei.co.jp (有提供中文繁體網站)

京成電鐵的Skyliner是連結成田機場與市區的特急列車，既便利又舒適，最高時速可達160km/h，由成田機場至都心區最快只需36分。除了Skyliner，不論是能直接前往押上(SKYTREE)、淺草、東銀座、日本橋的ACCESS特急(アクセス特急)，或是班次選擇多又較便宜的京成本線特急列車，都能符合乘客的各式需求，快速地前往市區。

利用Skyliner之訪日觀光客，可持護照至Skyliner售票處換取上網ID及密碼，登入後可在Skyliner車廂中、及全國24萬個熱點連續上網六小時，沿線多個標有KEISEI FREE Wi-Fi圖示的車站，則不須帳密便可直接連線上網。

路線與價格指南

路線名	目的地	時間	價格
Skyliner	日暮里	約36分	¥2,570
	上野	約52分	¥2,570
ACCESS特急	押上	約49分	¥1,190
	日暮里	約50分	¥1,270
	上野	約54分	¥1,270
	淺草	約60分	¥1,310
	品川	約80分	¥1,550

優惠套票：Keisei Skyliner& Tokyo Subway Ticket

此套票可分為Skyliner單程、去回兩種，再各自搭配一天、二天、三天地下鐵乘車券，價格不同，讓人可以依自己的行程搭配使用。可在Skyliner售票窗口售票處購買，部分台灣旅行社也有代售。

◎價格：「Skyliner單程+地下鐵」1日券¥2,890，2日券¥3,290，3日券¥3,590。「Skyliner來回+地下鐵」1日券¥4,880，2日券¥5,280，3日券¥5,580。6~12歲兒童半價

◎購買地點：抵達日本後可在成田機場第一和第二航廈的Skyliner售票處，出示護照即可購買

◎注意：於台灣旅行社購買的票券，需先至Skyliner售票處換成搭車時用的車票

➜利木津巴士(リムジンバス)

◎網址：webservice.limousinebus.co.jp/web/

　利木津巴士連接成田空港(第一~第三航廈)，與新宿車站、東京車站、東京城市航空總站和橫濱巴士航空總站，並直達新宿、東京、池袋、銀座、汐留、渋谷、品川、赤坂等各地的主要車站和特約飯店。不過依照交通狀況，所需時間較不固定。

路線與價格指南

路線名	目的地	時間	價格
利木津巴士	新宿地區	約85~145分	￥3,200
	東京站·日本橋	約80~110分	￥3,200
	池袋地區	約75~140分	￥3,200
	銀座·汐留地區	約75~130分	￥3,200
	渋谷地區	約75~125分	￥3,200
	惠比壽·品川地區	約60~155分	￥3,200
	港區未來21	約100~130分	￥3,700
	東京迪士尼度假區	約55~95分	￥1,900

※運行時間視道路情況而調整。

優惠套票：Limousine & Subway Pass

　東京Metro、都營地下鐵一日和利木津巴士單程或來回票的組合套票。

◎價格：「單程+地下鐵」1日券￥3,400；「來回+地下鐵」2日券￥5,700、3日券￥6,000。6~12歲兒童半價
◎購買地點：可在成田機場抵達大廳的利木津巴士案內所，1日券另外在新宿車站西口、新宿高速巴士總站的利木津巴士櫃台也可購買

➜其他公司巴士

　成田空港第一ビル、空港第二ビル駅除了利木津巴士，也有京成巴士、千葉交通、成田機場交通巴士等前往近郊神奈川、山梨、靜岡、埼玉、群馬、栃木、茨城等縣市，如是帶著大型行李的旅人，可考慮利用巴士直達目的地，但搭乘時間較長，可衡量票價與時間再做選擇。

路線名	目的地	時間	價格
京成巴士	*三井OUTLET PARK木更津	2小時	￥1,750
	*富士急樂園、河口湖駅、富士山駅	4小時	￥4,800
	*沼津駅、新富士駅	4小時	￥4,600~5,100
千葉交通	川越站西口	2小時	￥3,400
	JR桐生駅南口、東武足利市駅	3小時	￥4,700
	JR日光駅、JR宇都宮駅西口	3小時50分	￥4,300~4,800
	水戶駅、大洗	1小時30分	￥3,000
	日立駅中央口	3小時30分	￥3,400
	勝沼	3小時	￥4,200
成田機場交通	長野站(夜行高速巴士)一日一班 20:45~6:33	一日一班 20:45~6:33	￥7,000~7,500

※運行時間視道路情況而調整。(*)巴士路線因疫情暫停中，最新情報出發前請再查詢。

◎京成巴士(京成バス)：www.keiseibus.co.jp/
◎千葉交通：www.chibakotsu.co.jp/
◎成田機場交通(成田空港交通)：www.nariku.co.jp/

羽田機場→東京市區及近郊

　　2010年10月底正式與台北松山對飛的羽田機場位於東京市內，距離JR山手線上的轉運車站僅13分。嶄新的羽田國際線航廈不但充滿設計感，交通上也只要13分鐘就能抵達山手線的車站，比起成田機場，離市區近上不少。主要的交通選項有東京單軌電車、京急電鐵和利木津巴士，也可轉搭各路高速巴士前往近郊景點。

➡東京單軌電車(東京モノレール)

◎網址：www.tokyo-monorail.co.jp/tc (中文)

　　連接羽田機場與JR山手線上濱松町駅；分為機場快速線、區間快速線與普通車三種，價格都一樣，搭乘機場快速線由國際線廈到到濱松町駅最短時間為13分。

路線與價格指南

路線名	目的地	時間	價格
機場快速線	濱松町	約13分	¥500
區間快速線	濱松町	約15分	¥500
	天王洲アイル	約10分	¥350
普通車	濱松町	約18分	¥500

優惠套票：モノレール&山手線內割引きっぷ

　　週末例假日及特定假日發售，從羽田機場到JR山手線上的任一站下車。

◎價格：大人¥500、小孩¥250(限程程一次)
◎購買地點：從機場內的自動售票機即可購買

茨城機場也有直飛囉！

從台灣前往茨城縣有兩個方式，一個是直接飛抵茨城機場，再轉巴士進市區。另一個則飛往成田機場，成田機場其實相當靠近茨城縣，從這裡也有巴士直接抵達水戶市中心。

2018年3月起，虎航每週皆有1~2航班往返台北桃園機場與茨城機場間。從茨城空港有巴士聯絡水戶駅，單程約40~65分鐘。

➡京急電鐵

◎網址：www.haneda-tokyo-access.com/tc (中文)

　　連接羽田機場與JR山手線上的品川駅，因為與都營地下鐵直通運行，因此也可以不換車一路前往新橋、日本橋、淺草。至品川最短時間為13分。

路線與價格指南

路線名	目的地	時間	價格
京急電鐵	品川	約13分	¥300
	橫濱	約21分	¥340
	淺草	約39分	¥530
	押上(東京晴空塔)	約43分	¥530
	東京	約30分	¥480
	新宿	約40分	¥510
	池袋	約57分	¥580

優惠套票：京急羽得きっぷ＆Tokyo Subway Ticket(京急羽田＆地下鐵優惠套票)

　　利用這張優惠套票可以搭乘京急線、從羽田機場到東京市區的泉岳寺駅(來回)，再搭配東京地鐵全線、都營地下鐵全線自由搭乘，共分24、48、72小時三種選擇。

◎價格：24小時套票¥1,300；48小時套票¥1,700；72小時套票¥2,000。兒童半價
◎購買地點：至京急旅遊服務中心購買，購買時需出示護照
◎備註：京急線的機場來回票使用期間9天內。地下鐵啟用後，則依照購買時數起算

➜利木津巴士(リムジンバス)

◎網址：www.limousinebus.co.jp/ch2 (中文)

　利木津巴士連接羽田機場與新宿車站、東京車站、東京城市航空總站，並直達新宿、池袋、銀座、渋谷、品川、赤坂等各地的特約飯店；也可轉乘巴士直接前往近郊各車站及景點。

路線名	目的地	時間	價格
利木津巴士	*東京	約55分	¥930
	淺草區	約60分	¥1,100
	新宿地區	約60分	¥1,300
	池袋地區	約75分	¥1,300
	台場	約20分	¥700
	東京迪士尼樂園度假區	約30分	¥1,000
	*南大澤駅·京王多摩中心	約55~140分	¥1,540~1,650
	本川越駅·川越駅西口	約65~125分	¥1,900
	高崎駅東口	約3小時	¥3,900
	日立駅中央口·水戸駅南口	約1小時30分~3小時	¥3,700~4,200
	JR宇都宮駅西口·東武宇都宮駅西口	約85分~5小時	¥3,900

※運行時間視道路況而調整。(*)巴士路線因疫情暫停中，最新情報出發前請再查詢。

優惠套票：Limousine & Subway Pass

　東京Metro、都營地下鐵一日和利木津巴士單程或來回票的組合套票。

◎價格：單程+地下鐵1日券¥1,800、來回+地下鐵2日券¥3,200、來回+地下鐵3日券¥3,500；6~12歲兒童半價

◎購買地點：可在羽田機場抵達大廳的巴士售票處(二、三日券的套票日本只在機場販售)、新宿駅西口和T-CAT 3樓的利木津巴士櫃台購買。

➜京濱急行巴士

◎網址：hnd-bus.tw (中文)

　從羽田機場出境後可以選擇京濱急行巴士前往各地區，巴士上備有行李放置區，如果帶著大件行李的人，不妨可選擇搭乘此巴士直達目的地。

◎購買地點：羽田機場國際線客運大樓 2樓巴士售票處

路線名	目的地	時間	價格
京濱急行巴士	東京駅	約1小時	¥1,000
	川崎駅	約45分	¥280
	横濱駅(YCAT)	約35分	¥500
	東京迪士尼度假區	約35分	¥1,000
	山下公園、港區未來21、紅磚倉庫	1小時	¥800
	新横濱駅	1小時	¥900
	北千住駅(轉乘東武日光線至東武日光駅或東武鬼怒川駅)	1小時10分	¥1,100
	大船駅、藤沢駅、鎌倉駅	1小時~1小時30分(※8:15、11:25班次終站為鎌倉駅，其他班次終站為藤沢駅)	大船駅¥1,350藤沢駅、鎌倉駅¥1,500
	勝沼	搭乘往甲府駅、竜王方向巴士，一天四班次，車程約2小時40分鐘	¥2,950
	箱根桃源台、御殿場	·一日4-8班，到箱根桃源台約3小時30分；到御殿場駅2小時 ·其中部分車次終點站是御殿場駅、部分則延長終點至箱根桃源台	箱根桃源台¥2,600御殿場駅¥2,300
	河口湖駅、富士山駅(行經富士急樂園)	一日4班，約2小時30分 ※12:25班次夏季運行至富士山五合目	河口湖駅、富士山駅¥2,520富士山五合目(僅限夏季運行)¥3,390

※運行時間視道路況而調整。巴士路線因疫情減班中，最新情報出發前請再查詢。

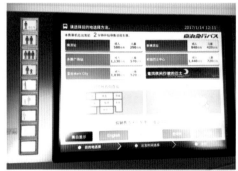

東京近郊交通完全攻略

前 往東京近郊各地可將東京都心作為出發點，利用鐵道來做跨區連結，從都心出發最常用到的鐵道交通系統為JR鐵路和其他私營系統，主要出發車站有東京、池袋、新宿、浅草等串連跨縣市路線，及抵達各分區後利用當地鐵道做景點串連，以下將就主要路線、特殊票券和方便的SUICA／PASMO深入剖析，讓你第一次遊東京近郊就上手。

鐵道路線介紹

➡JR東日本(JR East)

◎網址：www.jreast.co.jp

JR(Japan Rail)原本是指的是日本國營鐵路，但政府不堪長期的虧損，於是將JR民營化，而依日本各個區域，分別成立JR東日本、JR東海、JR西日本、JR北海道、JR九洲、JR四國等幾個民營公司。

1-上越新幹線

重要車站：東京、上野、大宮、熊谷、高崎、上毛高原、越後湯沢、長岡、新潟

於1982年開始運行的上越新幹線，為連接本州地區太平洋沿岸與日本海沿岸的新幹線，從東京出發，行經埼玉大宮、群馬高崎，駛越後山脈、三國山脈等抵達稻府之鄉新潟。抵達高崎駅可轉搭吾妻線至長野原草津口駅，接著再轉巴士至草津溫泉。

2-北陸新幹線

重要車站：東京、上野、大宮、熊谷、高崎、輕井澤、佐久平、上田、長野、飯山、上越妙高、富山、金澤

目前北陸新幹線起於東京、終於金澤，未來將發展至敦賀(2023年底)、京都、大阪等地，係由JR東日本與JR西日本共同營運，JR東日本運行範圍起於東京，行經群馬、長野，過了上越妙高進入新潟糸魚川、富山、石川等屬JR西日本。於1997年首先　用東京至長野路段因此又稱長野新幹線，搭乘淺間號(あさま，Asama)前往長野、輕井澤等地的最快方式。

3-東北新幹線

重要車站：東京、上野、大宮、宇都宮、那須塩原、福島、仙台、盛岡、新青森

始於1982年的東北新幹線，橫跨東京、埼玉、茨城、栃木、福島、宮城、岩手、青森8大區，是JR東日本轄區內距離最長的新幹線，沿線經過埼玉大宮、栃木宇都宮、那須塩原等站。抵達宇都宮駅後可轉搭日光線至日光駅。

4-京浜東北線

重要車站：大宮、埼玉新都心、上野、秋葉原、東京、品川、新子安、橫濱

串連埼玉大宮、東京都心與神奈川橫濱的鐵路京浜東北線，為近郊與都心的重要通勤鐵路之一。至終站橫濱站與根岸線銜接，開往櫻木町、磯子、大船方向，大船站可連接至橫須賀線、湘南新宿線至鎌倉駅。

5-中央・総武線

重要車站：千葉、東京、飯田橋、新宿、中野、吉祥寺、三鷹

有著橘色線條車箱外觀，中央総武線是來往於東京都三鷹市與千葉站的捷徑，橫跨城區的路線，也是往來千葉與東京上班族的通勤電車。於東京駅轉乘総武本線潮騷號(しおさい，Shiosai)直達銚子駅。

6-埼京線

重要車站：大崎、恵比寿、渋谷、新宿、池袋、大宮

同樣也是通勤列車之一的埼京線，行經東京都心各大重

要區域比寿、渋谷、新宿、池袋等,是往來東京、埼玉兩地上班族的直通電車。抵達大宮駅後可再轉車至川越線川越駅。

7-東海道線

重要車站:東京、品川、川崎、橫濱、大船、藤沢、小田原、湯河原、熱海

東海道線是連接東京至靜岡縣熱海區域的主要路線,其行經路線橫跨東京都心、神奈川至靜岡,是前往熱海最快的交通方式,至東京駅搭乘JR特急舞孃號(踊り子),約1小時20分即可抵達;再至熱海駅轉搭伊東線或伊豆急行線至各景點。

8-常磐線

重要車站:品川、東京、上野、水戶、日立

常磐線自上野駅駛出,經由千葉縣西部、茨城、福島沿岸,終站為宮城縣岩沼駅,是東京近郊前往茨城最快的交通路線,搭上特急列車只需1小時20分即可抵達。

9-橫須賀線

重要車站:東京、品川、橫濱、北鎌倉、鎌倉

橫須賀線為串連東京都心和神奈川縣橫濱、鎌倉的最重要鐵道路線,車程花約25~40分鐘即可輕鬆往返兩地,適合規劃小旅行時簡單搭乘的選擇。抵達橫濱後可再轉みなとみらい線(港未來線),或是鎌倉再轉江之電至各景點。

10-湘南新宿ライン

重要車站:高崎、宇都宮、大宮、池袋、新宿、渋谷、恵比寿、橫濱、鎌倉、小田原

湘南新宿線(湘南新宿ライン)從中心點新宿駅串連神奈川、埼玉、茨城、栃木、群馬等地區,是連結北關東與南關東的重要鐵路之一。其運用現用鐵路整合多條線路,列車於埼玉大宮駅與神奈川大船駅分為兩條路線,大宮駅後將分為高崎線(往高崎)、宇都宮線(往宇都宮);大船駅後分為橫須賀線(往鎌倉)、東海道線(往小田原),讓運駛時間大幅縮短。例如從新宿搭往橫濱直達車只需30分鐘即達。

11-中央本線

重要車站:東京、新宿、大月、勝沼ぶどう鄉、甲府、富士見、上諏訪、下諏訪、塩尻

中央本線起於東京,沿線經過神奈川、山梨、長野、岐阜至愛知縣名古屋,路線分別為東京－塩尻由JR東日本營運,塩尻－名古屋由JR東海營運。東京－塩尻路段經過山梨大月駅,可於此轉搭富士急行大月線至富士山駅與河口湖線河口湖駅。

JR東海

◎網址:jr-central.co.jp

隸屬於JR鐵路之一的JR東海,原名為東海旅客鐵道,主要服務區域為東海道新幹線至近畿地方,山梨、長野、新潟等內陸地區,以及靜岡熱海、三島、掛川、濱松,及神奈川縣部份普通鐵路;東日本與東海雖同屬JR鐵路,但路線不同,周遊PASS也不通用,使用時需多注意。

1-東海道新幹線

重要車站:東京、品川、新橫濱、小田原、熱海、三島、新富士、靜岡、掛川、濱松、豐橋、名古屋、京都、新大阪

東海道新幹線為連接東京至新大阪的鐵路,也是日本第一條高速鐵路,因大部份列車與山陽新幹線直通車重疊,將之合稱為東海道山陽新幹線。其線路橫跨東京、神奈川、靜岡、愛知、岐阜、滋賀、京都、大阪等8個地區,關東地區停靠站皆為大型轉運點至當地各景點;新橫濱駅可轉至橫濱市營地下鐵;小田原駅可轉至小田急小田原線、伊豆箱根鐵道、箱根登山鐵道;熱海駅可轉至伊東線;三島駅可轉伊豆箱根鐵道駿豆線;靜岡駅轉至靜岡鐵道靜岡清水線;掛川駅可轉至天 浜名湖鉄道天龍浜名湖線;濱松駅可轉至遠州鉄道等。

2-東海道本線

重要車站:熱海、三島、沼津、吉原、富士、清水、靜岡、掛川、濱松

此鐵道分別由三間公司營運,東京－熱海由JR東日本、熱海－米原由JR東海、米原－神戶由JR西日本;東海道本線主以靜岡地區車站為主,含熱海、三島、清水、靜岡、掛川、濱松等大型轉運站,欲前往大井川鐵道可在金谷駅轉車;前往岳南電車可於吉原駅轉乘;富士駅則可轉往身延線前往富士駅、甲府駅;沼津駅可轉御殿場線前往御殿場駅。

➡️私營電車

1-東急東橫線
◎網址：www.tokyu.co.jp

重要車站：渋谷、代官山、中目黑、自由が丘、橫濱

來往東京都內與郊區橫濱之間的東急東橫線，連結了兩個總是走在時尚尖端的區域「渋谷」與「港區21」，而沿途盡是高級住宅區，要看東京時尚一族，搭這線就對了。抵達橫濱後可轉搭みなとみらい線(港未來線)，前往市區各景點。

2-東武スカイツリーライン・伊勢崎線
◎網址：www.tobu.co.jp

重要車站：浅草、東京晴空塔、北千住、東武動物公園、館林、伊勢崎

從東京都的淺草，經由栃木，再到群馬東部的伊勢市。東武伊勢崎線是東武鐵道最早開業的一條路線，一開始只有北千住到久喜間，其中經過多次擴建才有現今的規模。從東京都內搭此線至東武動物公園，可轉搭東武日光線，前往東武日光駅，或至上今市駅轉往鬼怒川方向的鬼怒川溫泉駅。

3-東武東上線
◎網址：www.tobu.co.jp

重要車站：池袋、川越、寄居

東武東上本線為連接東京與埼玉兩地的鐵道路線，由池袋發車，行經北池袋、下板橋，和光市進入埼玉縣，經川越至終站寄居；於川越駅可轉搭JR東日本川越線，川越市駅可轉搭西武鐵道西武新宿線，終站寄居可轉至秩父鉄道。

4-西武-池袋線
◎網址：www.seiburailway.jp/

重要車站：池袋、練馬、所沢、飯能、西武秩父

從東京都內西北部延伸至埼玉縣西北部的西武池袋線，沿途大多都是住宅區域，較沒有觀光景點。但由池袋線可以轉乘西武各線，更可轉至川越等地。而從池袋駅也有「Laview(ラビュー)」特急列車，只要80分鐘就能到西武秩父駅。

5-西武-新宿線
◎網址：www.seiburailway.jp/

重要車站：西武新宿、高田馬場、所沢、本川越

西武新宿線為連接新宿與埼玉川越市的主要鐵路，起站在西武新宿，終點站本川越，是距離小江戶川越最近的站。徒步距離內也可到川越市駅、川越駅轉乘東武鐵道東上本線，或是在川越駅轉乘JR川越線。

6-小田急-小田原線
◎網址：www.odakyu.jp

重要車站：新宿、下北澤、新百合ヶ丘、相模大野、小田原

小田急小田原線連接新宿至神奈川西部的小田急，而要到東京近郊最具人氣的景點「箱根」，也可至小田原駅搭箱根纜車，直達箱根各個著名景點。另外從相模大野駅可轉乘江ノ島線，與神奈川縣的南部做串聯。

車班種類

除了地下鐵和東京Metro是每站皆停之外，不管是JR還是各大私鐵，幾乎都會依照電車運行速度(或停靠站多寡)來區分出電車的種類：

➜各停／普通列車

類似台灣說的慢車，每一站皆停靠之意。優點是不易坐過站，但缺點就是浪費時間。

➜快速／急行／準急列車

這些種類的列車都是屬於快車，並非每站都停。大多會停靠的都是轉運站。如果目的地是有名的大車站或終點

直通運轉

在研究東京的地鐵電車時，常會看到「直通運轉」這個詞，一查才知道，原來這指的是不同鐵路公司或不同車班的路線相互連接，擴大鐵道使用範圍的情況。舉例來說，半藏門線的終點站是澀谷，但仍以直通運轉的方式，原車到澀谷後直接變成東急列車，沿著東急田園都市線的路線繼續前進。

站，可以放心搭乘沒有關係；但如果是大站與大站間的小站，那麼還是事先看清楚月台上的車種表或是向駅員詢問，以免搭錯車白白浪費更多時間。

➜JR特急列車

JR特急列車是比一般的快速列車更快能到達目的地的列車，相對的停靠的站數就更少了。要搭乘JR特急列車除了進出車站的乘車券之外，還需要另外購買特急券或指定席券，所以看到特急列車不要一股勁就衝上車，以免在車上被車掌要求補票。

➜新幹線

時速200~300公里的超快速列車，適合做長距離移動時的交通工具。沿途可享受在速度感下欣賞各地景色，雖然票價高昂，但能在時間有限的行程中以金錢換取時間，也不失是一種聰明玩法。

Suica& PASMO

東京都內的各交通系統從2000年開始就陸續合作，現在有JR發行的Suica（西瓜卡）、和地下鐵與私鐵系統發行的PASMO兩張卡片可以選擇。2013年開始，這兩張儲值卡與日本其它鐵道交通儲值卡，如Kitaca、TOICA、manaca、ICOCA、PiTaPa、SUGOCA、nimoca等，在乘車功能上可互相通用，一張卡幾乎就可以玩遍日本。如果是到近郊旅行不妨考慮購買鐵路通票，另需注意像是銚子電鐵、秩父鐵道等地方私鐵，則無法使用交通儲值卡。

Suica：www.jreast.co.jp/tc/pass/suica.html

PASMO：www.pasmo.co.jp/visitors/tc/

智慧手機也能使用Suica卡喔

因應行動支付、無紙化及疫情期間減少接觸等因素，Suica卡除了一般實體卡，也跟台北的悠遊付一樣，有推出電子支付的虛擬卡，購買、儲值都可以線上完成，儲值也能在當地購票機的機台完成，但目前此功能只有蘋果ios系統能支應。設定及使用方法請上【MOOK玩什麼：西瓜卡2023最強攻略】YouTube頻道，教你怎麼簡單設定完成。

立即掃描QR Code

特色

為類似台灣捷運悠遊卡的儲值卡，同時並能作為電子錢包使用。雖然票價並沒有優惠，但因為可以自由換乘各線，乘坐區間廣，還能幫使用者直接算好複雜票價，因此仍廣泛受觀光客和本地人利用。

坐多遠

SUICA和PASMO均可在首都圈自由搭乘地下鐵、JR、公車等各種交通工具，另外還可用於JR九州、JR西日本、JR北海道、福岡交通局、沖繩等區域。詳細使用區間請參考：www.jreast.co.jp/suica/area

哪裡買

Suica在JR東日本各車站的自動售票機和綠色窗口都能購買。自動購票機並非每台有售，要找有標明「Suica發売」或「カード」(卡)的機器購買。

PASMO在各私鐵、地下鐵和公車站均可購買，自動售票機的話，一樣找有標明「PASMO發売」或「カード」(卡)者。

多少錢

Suica、PASMO都包括￥1,000、￥2,000、￥3,000、￥4,000、￥5,000、￥10,000幾種金額，一樣內含￥500的保證金。

如何加值

在各車站有寫PASMO／Suicaチャージ(charge)的自動售票機都可以按指示插入紙鈔加值，最高可加值￥20,000。

如何退票

在JR東日本各站綠色窗口(Suica)和各地下鐵和私鐵辦公室(PASMO)可辦理退票。取回金額是餘額扣除￥220手續費後再加上￥500保證金。如果餘額低於￥210就直接拿回￥500。但由於卡片是10年都沒用才會失效，所以許多人都不退票，而是把卡片留著，等下一次赴東京旅遊時再繼續使用。

東京近郊交通實戰攻略

前 看完密密麻麻的交通圖，沒有去過的人大概都會有種望之生怯的感覺，但只要把握住幾個原則，從山手線的主要車站出發像是東京、澀谷、新宿、池袋、上野各站，掌握主要鐵路路線、車票和幾個搭車的基本原則與技巧，靠自己勇闖東京近郊並非難事！

先搞懂這張表

　　大東京地區不只都心好玩，近郊著名景點也是數不完。要離開都心完善的交通網路，向近郊玩去，的確是比較高階旅人的玩法，點與點的移動看似復雜，但説穿了，只要把握好鐵路與巴士的基本搭乘方法，再加上時刻的正確掌握，要離開東京都心到近郊旅行一點也不難。

東京都心往近郊鐵路

目的地		鐵路交通方式	所需時間	車資
千葉縣	千葉市	從東京駅可搭「JR總武線快速」直達千葉駅。	約40分	¥660
		從京成上野駅搭乘「京成本線(特急)」至京成津田沼駅,轉乘「京成千葉線(普通)」至京成千葉駅。	約35分+15分	¥610
	成田	從東京駅可搭「JR總武線快速 (快速·成田空港行き)」至成田駅。	約1小時15分	¥1,170
		從上野駅可搭「JR常磐線」,至我孫子駅轉乘JR成田線,直達成田駅。	約1小時20分	¥940
		從京成上野駅可搭「京成本線特急(成田空港行き)」直達京成田駅。	約1小時14分	¥850
	佐原	從東京駅搭乘「JR總武線快速 (快速·成田空港行き)」至成田駅,轉乘「JR成田線(普通)(銚子行き)」至佐原駅。	約1小時10分+30分	¥1,690
神奈川縣	橫濱	從渋谷駅可搭「東急東橫線」,可直達橫濱、未來港區、中華街等地。	至橫濱約30分	¥310
		從東京駅可搭「JR東海道本線」、「JR橫須賀線」、「JR京浜東北線」直達。	約25~40分	¥490
		從新宿駅可搭「JR湘南新宿Line」直達。	約35分	¥580
	鎌倉	從橫浜駅可搭「JR橫須賀線」、「JR湘南新宿Line」直達鎌倉駅。	約25~30分鐘	¥360
		從新宿駅可搭「JR湘南新宿Line」直達。	約60分	¥950
		從東京駅可搭「JR橫須賀線」直達。	約60分	¥950
	箱根	從新宿駅搭乘「小田急特急列車浪漫號(ロマンスカー)」或「超級箱根號(スーパーはこね)」可直達箱根湯本駅。	約1小時20分	¥2,470
		從東京駅可搭「山陽新幹線」直達小田原駅。	約35分	¥3,280
		從東京駅可搭「JR東海道本線」直達小田原駅。	約1小時25分	¥1,520
		從小田原駅到箱根,可搭箱根登山鐵道線至箱根湯本駅。	約15分	¥360
靜岡縣	熱海	從東京駅可搭「山陽新幹線」直達熱海駅。	約36分	¥3,740
		從東京駅、品川駅可搭「JR特急舞孃號(踊り子)」直達熱海駅。	約1小時20分	¥3,560
		從東京駅、品川駅搭「JR東海道本線」可直達熱海駅。	約1小時50分	¥1,980
	伊豆	從熱海駅搭乘JR伊東線,在伊東駅續行,變成伊豆急行線,至各景點下車。	至伊豆高原駅約54分	¥1,010
		從東京駅、品川駅可搭「JR特急舞孃號(踊り子)」直達伊豆高原駅或下田駅等站。	至伊豆高原駅約2小時	¥5,170

目的地		鐵路交通方式	所需時間	車資
山梨縣	甲府	從新宿站可搭「JR特急Super Azusa(スーパーあずさ)」直達甲府站。	約1小時30分	¥3,890
	河口湖	從新宿站搭乘「富士回遊號」，在河口湖站下車。或搭中央線快速線，至大月站轉乘富士急行(普通)即達。	約1小時56分、2小時30分	¥4,130
長野縣	長野市	從東京站、上野站可搭「長野新幹線淺間號(あさま)」直達長野站。	約1小時50分	¥7,810
	輕井澤	從東京站、上野站可搭「長野新幹線淺間號(あさま)」直達輕井澤站。	約1小時10分	¥5,490
	湯田中 澀溫泉	從長野站可搭「長野電鐵(特急)」至湯田中站	約44分	¥1,290
栃木縣	日光	從東京站搭乘「東北新幹線」至宇都宮站，轉搭「JR日光線」至日光站。	約55分+45分	¥5,150
		從淺草站搭乘「東武鐵道特急列車(Kegon)」至東武日光站。	約1小時47分	¥3,050
		從JR新宿站搭乘「日光號」直達東武日光站。或搭「鬼怒川號」至新鹿沼轉搭「東武日光線」。	約1小時56分、2小時3分	¥4,090、¥3,880
		從池袋搭乘特急「日光號」(JR與東武日光共線)，可直達東武日光站。	約1小時50分	¥3,960
	鬼怒川	從淺草站可搭「東武鐵道特急列車リバティきぬ」直達東武的鬼怒川溫泉站。	約2小時	¥3,240
		從新宿站可搭「東武スペーシア」至「下今市」，轉乘「東武鬼怒川線」至鬼怒川溫泉站。	約2小時30分	¥4,090
埼玉縣	川越	從新宿站可搭「JR埼京快速線」直達川越站。	約1小時	¥770
		從池袋站可搭「東武東上線(急行)」直達川越站。	約30分	¥490
		從西武新宿站可搭「西武新宿線-急行」直達本川越站。	約1小時	¥520
		東京地下鐵Metro有樂町線、副都心線都有直通運轉的車次。	**	**
茨城縣	水戶・偕樂園	從上野站可搭「JR特急ひたち」直達水戶站。	約1小時10分	¥3,890
		從上野站可搭「JR常磐線」直達水戶站。	約2小時20分	¥2,310
群馬縣	高崎	從東京站搭乘「特急Maxたにがわ」、「特急Maxとき」、「長野新幹線淺間號(あさま)」等都能直達群馬的主要車站高崎站。	新幹線約55分	¥4,490
	草津溫泉	從上野站搭乘「JR特急草津號」到長野原草津口站轉乘「JR巴士」，至草津溫泉站下車。	約2小時15分(鐵道)+約35分(巴士)	¥5,570(鐵道)+¥700(巴士)
		從東京、上野站搭乘「長野新幹線淺間號(あさま)」至輕井沢站，轉搭「草輕交通巴士」、「西武高原巴士」，至草津溫泉站下車。	約1小時3分(鐵道)+約1小時20分(巴士)	¥5,490(鐵道)+¥2,240(巴士)
	伊香保溫泉	在高崎站搭乘「JR上越線」、「JR吾妻線」到渋川站轉乘「關越交通巴士」，至伊香保溫泉站下車。	約25分(鐵道)+40分(巴士)	¥420(鐵道)+¥620(巴士)

※本表所列鐵道路線為2023年5月之資料，實際車資、時間請出發前再次查詢。
※本表所列特急列車、新幹線的車資皆為自由席。
※本表所列交通方式為最容易了解的方式，並非唯一方式。
※疫情期間，鐵道路線或有調整，出發前請上網再確認。

東京都心往近郊高速巴士

　　高速巴士和市區巴士不同，大多為縣與縣之間的長距離移動，且需要事先訂位。雖然現場有位子的話還是可以買票，但因為沒有站席，所以最好還是預先透過網路訂票，再到便利商店付款取票，或是線上刷卡列印訂單比較保險，有的路線早買還能享有折扣，現在很多交通票券也都提供網路電子票券，對事前規畫準備也方便許多，而部分路線提供深夜巴士，也對行程移動提供多元選擇。

目的地		巴士交通方式	巴士公司	所需時間	車資
千葉縣	佐原	在東京駅八重洲口搭乘高速巴士「利根ライナー号 銚子駅行」的佐原路線，可直達佐原駅北口。	千葉交通巴士、京成巴士	約1小時42分	¥1,900
		在東京駅八重洲口搭乘高速巴士「あそう号」的所路線，可直忠敬橋。	関鉄グリーンバス	約1小時20分	¥1,900
	銚子	在東京駅八重洲口搭乘高速巴士，往佐原路線、往大栄‧旭路線，可直達銚子駅。	千葉交通巴士、京成巴士	約2小時30分	¥2,700
神奈川縣	橫濱駅	從羽田空港搭乘京浜急行的空港利木津巴士可直達。	京浜急行	約30分	¥590
		從成田空港搭乘開往「橫浜駅」的巴士可直達。	利木津巴士、京成巴士、京浜急行	約2小時	¥3,700
	箱根	在新宿西口35號乘車處搭乘小田急箱根高速巴士的「箱根線」，沿路可達箱根的各大景點。	小田急箱根	至箱根仙石約2小時15分	¥1,940
		*在羽田機場、橫濱駅搭乘小田急箱根高速巴士的「羽田線」，沿路可達箱根的各大景點。	小田急箱根	至箱根仙石所約2小時40分~2小時	從羽田機場出發¥2,500、從橫濱出發¥2,100
		在羽田機場、橫濱駅東口搭乘「箱根湯本エアライナー」，沿路可達箱根的各大景點。	小田急箱根、京浜急行	至箱根湯本駅約2小時	從羽田機場出發¥2,500、從橫濱出發¥2,100
靜岡縣	靜岡駅	在新宿高速巴士總站、渋谷Mark City搭乘「渋谷‧新宿ライナー靜岡号」可直達。	東海巴士、京王巴士	約3小時30分	從新宿出發¥3,400

	目的地	巴士交通方式	巴士公司	所需時間	車資
山梨縣	甲府駅	於羽田空港搭乘開往「甲府駅、竜王」的巴士可直達甲府駅。	山梨交通、京浜急行	約3小時	¥3,150
		從新宿高速巴士總站搭乘「新宿~甲府線」可直達甲府駅。	富士急巴士、京王巴士、山梨交通	約2小時10分	¥2,500
	河口湖	在東京駅八重洲南口、六本木之丘搭乘「河口湖~東京・市が尾線」巴士可直達。	JR巴士、富士急行	約2小時	¥2,000
		於渋谷駅マークシティ搭乘開往「河口湖駅」可直達。	東急巴士	約2小時45分	¥2,100
		於羽田空港搭乘開往「河口湖駅」的巴士可直達。	富士急行、京浜急行	約2小時45分	¥2,520
長野縣	長野市	於池袋駅東口搭乘「長野線」可直達長野駅。	ALPICO交通、長電巴士	約3.5小時	¥3,700
	輕井澤	於池袋駅東口搭乘「千曲線(輕井澤線)」可直達。	西武巴士、千曲巴士、西武高原巴士	約3小時	¥2,900
		從橫濱駅東口、渋谷マークシティ可搭乘高速巴士「橫濱~輕井澤線」直達輕井澤駅前。	京浜急行、東急巴士	從橫濱出發約4小時，從澀谷約3小時15分	從橫濱出發¥4,000、從渋谷出發¥3,100
埼玉縣	川越	羽田機場搭乘開往「川越駅・本川越駅」的巴士可直達川越駅西口。	東京空港交通、西武巴士	約1.5小時	¥1,900
茨城縣	水戶・偕樂園	在東京駅八重洲南口搭乘「みと号」可直達水戶駅北口、南口與水戶市內。	JR巴士、茨城交通、關東鐵道	約2小時	¥2,250
		羽田機場搭乘開往「水戶駅、日立駅」的巴士可直達水戶駅南口。	京浜急行、利木津巴士、日立電鐵、茨城交通	約2小時	¥3,700
群馬縣	草津溫泉	在新宿駅新南口搭乘「上州ゆめぐり号」可直達。	JR巴士	約4小時10分	¥4,000
	伊香保溫泉	在新宿駅新南口搭乘「上州ゆめぐり号」可直達。	JR巴士	約2小時30分4	¥3,000

※本表所列巴士路線為2023年5月之資料，實際車資、時間請洽巴士公司。
※本表所列巴士車資皆為單程，依不同路線會有早鳥優惠、來回票優惠，請洽巴士公司。
※本表所列交通方式為最容易了解的方式，並非唯一方式。
※疫情期間，部分巴士路線調整或暫停，出發前請上網再確認。

東京近郊優惠票券

針對外國人的PASS一般都是在海外購買，可以透過有代理的旅行社買到。在台灣會先買到一張兌換券，要到抵達日本後，在JR的綠色窗口兌換成可以使用的車票。最後，這類型的PASS大多是針對大範圍移動才會真正划算。如果你只打算在某地(例如東京)定點旅遊，那麼地鐵一日券等可能比較適合你喔！

JR周遊券改版大進化囉

因應疫情期間減少人員接觸等因素，JR周遊券從以往的折式證明卡，須每次給站務人員檢查後進站的方式，也改成是一張車票的形式，直接插入票夾就能進站。購買方式也更進化，不論在台灣先買，也能到日本後直接找可以購票的指定機台，刷護照就能直接購買JR PASS，不用再到服務中心大排長龍。使用方式及購買方式請上【MOOK玩什麼：如何購買JR PASS | 2023新規定】YouTube頻道，教你輕鬆完成購票。

立即掃描QR Code

➜JR東京廣域周遊券(JR TOKYO Wide Pass)

◎網址：www.jreast.co.jp/tc/kantoareapass

疑問	説明
多少錢？	連續3天成人¥10,180，兒童(6~11歲)¥5,090
誰能買？	持有外國護照的旅客，不限滯留期。
哪裡買？	1-於JR東日本網路訂票系統購買，抵日後再依規範兌換周遊券。 2-台灣指定合作旅遊公司預先購買，再依換票證(E-ticket)至日本兌換。 3-可持護照在羽田機場、成田機場、東京JR各大車站、JR EAST Travel Service Center或View Plaza直接購買。需出示護照與換票證兌換。或是可以掃描讀取護照的綠色售票機，也可以購買。
怎麼用？	1-持JR TOKYO Wide Pass可連續三天自由搭乘「自由乘坐區間」內的JR東日本線、富士急行全線、伊豆急行全線、東京單軌電車全線、上信電鐵全線、埼玉新都市交通線(New Shuttle)的「大宮~鐵道博物館間」之特快(含新幹線、快速、普通列車)之普通車廂指定座席。 2-自由乘坐區間包括河口湖、伊豆、草津、輕井澤、那須高原、日光、水戶等著名觀光景點。 3-持JR TOKYO Wide Pass**不可搭乘東海道新幹線、JR巴士**。 4-搭乘新幹線「隼(Hayabusa)」號、「小町」號、GranClass(特快)時需另購特急券、GranClass車廂費用。 5-搭乘富士急行線「富士山特急」、「富士登山電車」皆需另付車資。
建議	此券適合以東京都心為主，想至近郊做一日小旅行的旅客。

※2023年5月的資訊。

日本交通有PASS、玩樂門票也有「NIPPON PASS(日本樂行通)」!

自從疫情後,很多票券都開始更大量運用電子票券型態,日本首發、席捲日本全國地區的周遊通行證「NIPPON PASS(日本樂行通)」強勢誕生!

通過官方網站,在臺灣足不出戶就能搜索即將前往區域的精彩景點設施,預先計畫進行預約。不但能享有PASS得格外優惠價外,還能免除無法在海外上網刷卡消費的麻煩。而且能夠使用的景點票券設施涵蓋全日本各地,像是橫濱地標塔69F觀景台、箱根的溫泉設施等。「NIPPON PASS(日本樂行通)」提供3天、5天和10天共3種PASS,可依據自己的旅行計畫進行選擇購入。通行證一券在手,溫泉、水族館、動物園、美術館、野奢露營、主題樂園等設施都能免費入場遊玩。此外,還有專線客服(會員限定)為您提供服務,隨時解答您旅行前和旅行中的疑問和煩惱,即使是第一次來日本也可以安心享受旅程。

◎期限:連續使用3天、5天、10天 ◎價格:依使用日數不同,詳見官網
◎網址:www.nippon-pass.com/

> 拋開麻煩的步驟,有智慧手機在手就能一站搞定。

掃描QRCode進入官方網站後,根據使用日數的需求購買PASS進行會員登錄。

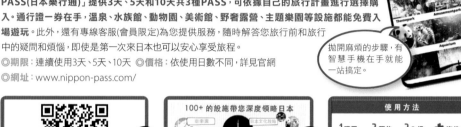

從100+的加盟設施陣容中任意挑選你想去的地方。

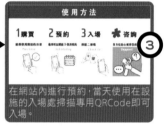

在網站內進行預約,當天使用在設施的入場處掃描專用QRCode即可入場。

🔜 日本鐵路通票(JAPAN RAIL PASS)

◎網址:www.japanrailpass.net/zh

常聽到的JR PASS指的是一張通用JR全線、能在期間內無限次搭乘日本全國JR列車的車票,由全日本各區域的6家JR公司聯合推出,是JR系統給外國旅客的特別優惠。

疑問	說明				
多少錢?	類型	綠色車廂用		普通車廂用	
	效期	成人	兒童 (6~11歲)	成人	兒童 (6~11歲)
	7天	¥44,810 (★¥70,000)	¥22,400	¥33,160 (★¥50,000)	¥16,800
	14天	¥72,310 (★¥110,000)	¥36,150	¥52,960 (★¥80,000)	¥26,480
	21天	¥91,670 (★¥140,000)	¥45,830	¥66,200 (★¥100,000)	¥33,100
差在哪?	持綠證的JR PASS可以搭乘「Green列車」(類似頭等艙),而普通則是只能搭乘指定席、自由席等。				
誰能買?	持「短期滯在」身份入境日本的外國遊客。(一般免簽入境日本觀光的旅客皆是)				
哪裡買?	在日本境內無法購買JR PASS。必須在抵達日本前透過授權經銷商或代理店購買換票證。台灣可洽各大旅行社。				
怎麼換?	抵達日本後,可至成田機場、羽田機場、關西機場與各大JR車站的綠色窗口或JR EAST Travel Service Center、旅行服務中心(View Plaza)出示護照與換票證兌換。JR PASS只限本人使用,使用時應隨身帶著護照。				
怎麼用?	1-由於JR PASS為連續使用式的票券,所以最好配合行程決定哪天開始用才划算。 2-只要出示JR PASS給車站人員看著,就能在期限內無限搭乘JR列車(東海道、山陽、九州新幹線「希望(Nozomi)」號、「瑞穗(Mizuho)」號除外)、JR巴士部分路線與JR渡輪(宮島~宮島口一段)。 3-要搭乘特急、新幹線的指定席時,最好事前至JR綠色窗口出示JR PASS即可免費兌換指定券。若無指定券,就只能憑JR PASS搭乘自由席。 4-如果搭乘JR列車與其它私營鐵道的直通線路時,就必須再支付該區間的乘車費用。				
建議	要在全日本做大範圍移動的人,比較適合使用此一優惠券。				

※2023年5月資訊,在台灣平台預購會更便宜一些。
❶2023年10月起,PASS售價★將全部調漲約5成,搭乘規則也部分調整,最終訂價&搭乘規範請於官網再確認。

➡JR東日本鐵路周遊券(JR EAST PASS) 長野‧新潟地區

◎網址：www.jreast.co.jp/tc/eastpass_n

疑問	説明		
多少錢？	類型	普通車廂	
	效期	大人(12歲以上)	兒童(6~11歲)
	連續5天通票	¥18,000	¥9,000
誰能買？	持「短期滯在」身份入境日本的外國遊客。(一般免簽入境日本觀光的旅客皆是)		
哪裡買？	1-於JR東日本網路訂票系統購買，抵日後再依規範兌換周遊券。 2-台灣指定合作旅遊公司預先購買，再依換票證(E-ticket)至日本兌換。 3-可持護照在羽田機場、成田機場、東京JR各大車站、JR EAST Travel Service Center或View Plaza直接購買。需出示護照與換票證兌換。或是可以掃描讀取護照的綠色售票機，也可以購買。		
怎麼用？	1-JR EAST PASS(長野‧新潟地區)為連續性的車票，從兌換日起須連續5天使用，只有推出普通車廂票券，沒有提供綠色車廂的通票。且一次的旅行中每人只限購一張。 2-購買JR EAST PASS(長野‧新潟地區)，就能在期限內無限搭乘JR東日本(包含區域內的新幹線)、東京單軌電車、伊豆急行全線、北越急行全線、與東武鐵道直通的列車、區域內的JR巴士(不含高速巴士)等。 3-但要注意的是，**東海道新幹線與部分區間路段無法搭乘。** 4-要搭乘指定席時，最好事前至JR綠色窗口、旅行服務中心(View Plaza)出示JR EAST PASS即可免費兌換指定券，部分列車也可以從網頁上預訂。若無指定券，就只能憑JR EAST PASS搭乘自由席。		
建議	除了長野‧新潟地區，另也有能與東北各縣串聯的通票： JR東日本鐵路周遊卷(JR EAST PASS) 東北地區 價格：大人¥20,000、兒童¥10,000 網址：www.jreast.co.jp/tc/eastpass_t/		

※2023年5月資訊。

➜青春18旅遊通票(青春18きっぷ)

◎網址：www.jreast.co.jp/tc/pass/seishin18.html

疑問	説明		
多少錢？	一券5格￥12,050，平均一格￥2,410		
使用期？		春季	夏季	冬季
	販售期	2月底~3月底	7月初~8月底	12月初~12月底
	使用期	3月初~4月初	7月中~9月初	12月初~1月初
	註：每年販售、使用期不一，詳洽JR官網		
誰能買？	不管未滿18、年滿18、超過18，無論國籍誰都能買		
哪裡買？	日本JR綠色窗口、東日本主要車站售票機&售票處		
怎麼用？	1-一張青春18車票有5格，每用一次會在一格上蓋章，在使用期間內可使用5次。可以一個人分別用5次，也可以多人在同一天共用(最多5人)，要獨行或與朋友同遊，都是不錯的選擇。 2-使用時出示青春18車票，站務員會在上面蓋上當天日期，該當日期間可無限搭乘JR的普通、快速列車自由席。 3-**持青春18車票不可搭乘特急、新幹線等對號車，及JR巴士。**		
建議	適合長時間旅行，有時間卻沒太多資金的背包客和學生。因為只能搭乘普通車，在無法使用新幹線、特急的情況下，長途移動光乘車時間會拉很長。		

※2023年5月資訊

日本美妝健康小物攻略

經典商品搶先關注！

日本大大小小的藥妝店實在太好逛，
推陳出新的新商品
更是令人眼花撩亂，
不過有幾樣口碑持續發燒的美妝及
健康小物可千萬別錯過，
鎖定後快速下手準沒錯！

＊商品價格皆為含稅價

ロイヒ™クリームフェルビ
ROIHI™ CREAM FELBI 第2類医薬品
ニチバン株式会社
¥2,695 / 80g

ROIHI系列推出了塗抹型新產品！
3顆不鏽鋼滾珠設計、好塗不沾手的滾珠型產品！
成分含3%聯苯乙酸，可直接舒緩肩頸僵硬、腰痛的「痠痛」根源。溫熱型的藥劑為乳液狀，因此可輕鬆推開，大範圍塗抹也不滴落！
宛如按摩一般滾動塗抹，溫和舒適！
購買時請認明「ROIHI-TSUBOKO™」的「ROIHI博士」圖案！

TM: trademark

ピップエレキバン
MAX200　24粒
蓓福磁力貼 管理医療機器
MAX200 24顆
ピップ株式会社
¥1,580 / 24顆

蓓福磁力貼是一款貼在身體痠痛部位的小型圓形磁力治療貼布。
磁力會在貼上的瞬間開始對體內成分發揮功效，改善血液循環。透過排出體內「廢物」，緩解僵硬痠痛的不適症狀。
貼布使用具伸縮性的不織布材料，無異味、不致敏、不刺激肌膚、不寒不燥，建議持續貼著約2至5天。
如果時常感到僵硬痠痛，推薦使用磁通密度200mT的MAX200。

救心カプセルF
救心膠囊 F 第2類医薬品
救心製薬株式会社
¥1,650 / 10顆
¥4,510 / 30顆

「救心膠囊F」是由天然生藥製成，可有效舒緩心臟泵血功能減弱造成的「心悸」、血液循環不暢因而無法帶給全身充足氧氣所導致的「呼吸困難」，以及眩暈、站起來時發暈、注意力無法集中、「意識模糊」等症狀。救心膠囊F為小型膠囊，不僅方便服用，也可以迅速吸收藥效成分。製造工廠使用最新設備，並擁有嚴格品質管理規範。

ハミケア　グレープ風味

Hamikea Grape Flavor

丹平製薬株式会社
¥648 / 25g

本產品可幫助小朋友開始長牙後，在刷牙後或睡覺前，隨時隨地做好口腔防護。

噴霧型液狀食品的產品特色讓小小孩也可安心使用，只要在口中輕輕一噴即可，不需漱口；有小朋友喜歡的水果口味，還有草莓及水蜜桃口味。木糖醇的天然甜味會導致蛀牙，本產品中不含此種糖類。

龍角散ダイレクト®スティック ミント・ピーチ

龍角散®清喉直爽顆粒　第3類医薬品

株式会社龍角散
顆粒型：
¥770 / 16包
口含片型：
¥660 / 20錠

在日本熱銷超過200年的咽喉藥「龍角散」經過改良，設計成可直接服用的條狀包裝。

有薄荷與水蜜桃口味的顆粒製劑，在口中會如薄雪般迅速融化。同系列產品中也有口含錠型，為芒果加薄荷的香醇清涼口味。

本產品可改善因咳痰、咳嗽、喉嚨發炎引起的聲音沙啞、喉嚨痛及喉嚨不適等症狀。

無需配水服用，細微粉末的生藥成分，直接作用於咽喉黏膜，發揮效果。

エキバンA

EKIBAN A　第3類医薬品

タイヘイ薬品株式会社
¥968

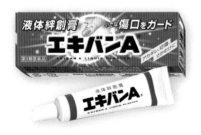

與傳統OK繃不同，既不引人注目也不會有壓迫感，液體OK繃能不受阻礙地自由活動。將傷口清理好後適量塗上即可，全面隔離細菌並保護傷口。塗上的瞬間雖會感到一點刺刺的，卻非常便利。具有防水效果，就算被水弄濕了也不用擔心。

推薦店鋪

藥妝店

マツモトキヨシ
サンドラッグ
ダイコクドラッグ
ドン・キホーテ
ツルハ
ウェルシア
スギ
ココカラファイン

精選10處東京近郊遊樂園&購物中心

只有美麗景點不夠看，
東京近郊有哪些必玩遊樂園，
讓大人小孩都能玩得盡興？
玩還不夠，
搭配購物中心更能讓整個行程
多采多姿到不行！

① 嚕嚕米主題樂園
ムーミンバレーパーク
MOOMIN VALLEY PARK

綠色帽子義大利麵(綠の帽子パスタ)，以角色阿金作為發想，綠色麵條是加入菠菜製成，醬汁底為昆布茶與蒜頭。

2019年3月16日於埼玉縣飯能市、全新開幕的「嚕嚕米主題樂園」，是亞洲第一間以嚕嚕咪為主角的遊樂園，走一趟主題樂園，就能貼近這位來自芬蘭的可愛吉祥物！園區內分為Metsä Village及Moomin Valley Park兩大區塊，Metsä Village為免費入場，這區以芬蘭度假風格為主，裡面有著不同的商店及市集，各種來自北歐的食物、雜貨及手工藝品統統有；Moomin Valley Park則需入場費，區域內又可分為四個部份：POUKAMA(ポウカマ)、MUUMILAAKSO(ムーミン谷エリア)、KOKEMUS(コケムス)及YKSINÄISET VUORET(おさびし山エリア)，這裡有著各樣遊樂器材、展覽表演及體驗工坊等，還有超多嚕嚕米相關的周邊商品，讓嚕嚕米迷愛不釋手。

ACCESS
◎西武池袋線「飯能駅」北口1號月台：搭乘往「Metsä(メッツァ)」直達巴士、或「メッツァ經由武藏高萩駅」路線巴士，在「メッツァ停留所」下車。
◎JR八高線「東飯能駅」東口2號月台：搭乘往「Metsä(メッツァ)」直達巴士。

INFO
🏠埼玉縣飯能市宮澤327-6
🕐Metsä Village：10:00~18:00、週末例假日~19:00，Moomin Valley Park：10:00~17:00、週末例假日~18:00(票券販售至閉園前1小時)
💲大人(中學生以上)¥3,200，小孩(4歲以上小學生以下)¥2,000，3歲以下免費；園區內部份施設需額外付費
🌐metsa-hanno.com/moominvalleypark

② 八景島海島樂園
八景島シーパラダイス
YOKOHAMA HAKKEIJIMA SEA PARADISE

「八景島海島樂園」號稱是日本最大的海洋主題樂園，遊樂設施方面，不論是搭上驚險刺激的「波浪雲霄飛車Leviathan」、體驗全日本最高的「自由落體」衝向蔚藍海面，或是進入「巨海」立體迷宮，多樣的遊樂設施，讓你體驗一場海底冒險遊記。還可透過園區內的四大主題館「海族之館」、「海豚夢幻館」、「海洋親密館」、「海洋莊園」等，親近大海。每年不定期舉辦的「花火交響曲」，更為海島樂園帶來夜晚的驚喜，煙火與海面相映成浪漫又美麗的景色，讓人一眼難忘、回味再三。

ACCESS
◎橫濱駅搭乘京浜急行至金澤八景駅，轉乘Seaside Line八景島駅即達。
◎橫濱駅搭乘JR根岸線至新杉田駅，轉乘Seaside Line八景島駅即達。
◎從橫浜駅（YCAT）6號月台搭乘直行巴士，約45分鐘可達八景島，每天2班次。

INFO
🏠 神奈川縣橫濱市金澤區八景島
☎ 045-788-8888
🕐 10:00~17:00，週末例假日~19:00(營業時間依季節而異，建議出發前先至官網查詢)
💲 One day一票到底成人￥5,600，中小學生￥4,000，兒童￥2,300
🌐 www.seaparadise.co.jp/

③ 橫濱麵包超人博物館

橫浜アンパンマンこどもミュージアム
YOKOHAMA ANPANMAN MUSEUM

這裡有許多人偶與塑像，進入這裡就好像真的進入卡通之中，是孩子們的最愛區域。

孩子們心目中的大英雄「麵包超人」，不只除暴安良，也設有博物館在橫濱與孩子們同樂！橫濱麵包超人博物館共可分為3層區域，1F除了有賣場也有讓孩子們靜下心來看的麵包超人劇場，一天有4次可以欣賞博物館內獨家播映的卡通影片，還能與麵包超人來個近距離接觸。而2F與3F則是以麵包超人家族為主題的遊樂區域，除此之外，這裡也有能與大哥哥大姐姐帶動唱的兒童區、動手體驗的工作教室等，不只玩樂，也兼顧了教育。

玩累了還有一旁的購物商場，衣服、雜貨、甚至是理髮廳、麵包店等，都還原成卡通場景，商品也結合各個人物角色，絕對能讓喜歡麵包超人的大小朋友驚呼連連。

ACCESS
◎JR橫濱駅：東口徒步約10分。
◎みなとみらい線：新高島駅3號出口、徒步約3分。

INFO
🏠 神奈川縣橫濱市西區みなとみらい6-2-9
☎ 045-227-8855
🕐 博物館9:00~17:00(最後入場16:00)、商店餐廳10:00~18:00
💤 1/1
💲 博物館：1歲以上 ¥2,200~2,600(依日期價格不同)。購物商場：免費入場
🌐 www.yokohama-anpanman.jp

④ 川崎市 藤子·F·不二雄博物館

川崎市 藤子. F. 不二雄ミュージアム
FUJIKO. F. FUJIO MUSEUM

位在川崎市藤子·F·不二雄博物館,讓喜愛哆啦A夢的人為之瘋狂!由於藤子·F·不二雄移居來川崎市多摩區50多年,至1996年辭世之前都不間斷創作,將歡樂的漫畫帶給支持他的讀者們。不只是人氣王哆啦A夢(ドラえもん),像是小鬼Q太郎(オバケのQ太郎)、小超人帕門(パーマン)等,都帶給於許多讀者夢想、希望與勇氣。這裡收藏了藤子·F·不二雄聞名世界的多部鉅作,包含作品原稿與書信,大約有5萬多件,而現在開放給大家看的大約有130件,會依主題做更換,讓喜歡藤子·F·不二雄作品的人們,每次來都能有不同的展覽內容。

展示室1(1F)

收集哆啦A夢、小鬼Q太郎、小超人帕門、奇天烈大百科等多部鉅作的珍貴手稿。牆面上有著藤子·F·不二雄的自畫像,讓整個展示室感覺較為溫馨。這裡還有個很有趣的「漫畫的形成(まんがができるまで)」單元,用獨特的立體動畫解說漫畫的工序,生動地帶大家了解漫畫是如何形成的。

大師的房間(1F)

入內首先是藤子·F·不二雄大師的辦公桌，不但可以看到大師的工作情況，一個抬頭，還有個高8.5公尺的大天井，裡頭有大師約1萬部的私人藏書，另外像是大師收集的鐵道模型、恐龍化石等，讓人更了解藤子·F·不二雄私底下的一面。

孩童遊樂區(2F)

館方貼心提供學齡前孩童一個玩樂的場所，裡面有哆啦A夢的塑像，讓孩子手腳並用爬上爬下也沒關係。

展示室2(2F)

這裡展示藤子·F·不二雄的手稿畫作。2011年開館至今，展示的為大師作品的「第一話」，共有85項作品，想看哆啦A夢的第一話長什麼樣子的朋友可不能錯過了。

大眾廣場(2F)

大眾廣場有著寬廣舒適的空間之外，也可以體驗先進科技的互動遊戲，還有限定在川崎市 藤子·F·不二雄博物館發售的扭蛋。

咖啡廳(3F)

藤子·F·不二雄的咖啡廳裡有許多可愛的餐點，像是人人想要的「記憶吐司」等。

F劇院(2F)

這裡定時播放藤子·F·不二雄沒有公開過的動畫短片，片長約10分鐘，一次可容納約100名觀眾，是館內熱門點之一。

漫畫區(2F)

在大眾廣場旁設置了閱讀專區，在這裡可以靜下心來仔細閱讀藤子·F·不二雄的出版漫畫。

賣店(3F)

在賣店販賣的商品有8成都是博物館限定商品，除了玩偶、文具，還推出許多讓人莞爾一笑的產品，比如「胖虎CD」，其次是金幣巧克力，給收到禮物的人一個大驚喜。

ACCESS

◎JR南武線或小田急線至登戶駅下車，至博物館巴士乘車處，可搭乘川崎市巴市經營的博物館接駁巴士，一次￥220(兒童半價)。9:24起約10分就有一班車。

◎JR南武線至宿河原駅，徒步約15分可達。

◎小田急線至向ヶ丘遊園駅，徒步約16分可達。

INFO

🏠 神奈川縣川崎市多摩區長尾2-8-1

☎ 0570-055-245

🕐 10:00~18:00(在10:00~16:00間，每整點開放一梯次入場，一天共有7梯次入館，請在指定時間開始的30分內(ex:10:00~10:30)入館，離館時間自由

🛌 週二，年末年始

$ 成人、大學生￥1000，國中、高中生￥700，4歲以上~小學生￥500，3歲以下幼兒免費

🖥 fujiko-museum.com

● 館內不能拍照與飲食，而3F與2F的戶外廣場可以拍照留念。

預約方式：入場2個月前可以上網預約，或是到日本便利商店「LAWSON」，使用店內的Loopi系統購票之後列印，並至櫃台付款，取得預約券。詳情參考

🛒 l-tike.com/fujiko-m

⑤ 清水夢幻廣場
S-PULSE DREAM PLAZA

面臨海港的清水夢幻廣場，輪轉的摩天輪十分引人注目。商場結合電影院、主題樂園、購物、餐廳等複合功能，包括小丸子博物館以及壽司博物館。清水壽司橫丁內則集合全國的壽司名店；而駿河土產橫丁則有從茶類到櫻花蝦等靜岡特產，特別是琳瑯滿目的小丸子商品，更是別地方找不到的。

清水壽司橫丁(1F)
🕐11:00~21:00

以江戶、明治時代的街區造景，光在這處集合了7家壽司店圍繞的廣場上環繞一圈，都覺得好有趣。以清水港的新鮮魚產提供美味壽司的夢幻美食處，嚐得到傳統老舖的江戶壽司、平價的迴轉壽司、壽司便當等各種型態的壽司店。與2樓壽司博物館出口串聯，想一起放入遊樂名單的話，記得先吃完壽司再去博物館，因為拿用餐單據買博物館門票可享半價。

清水彈珠汽水博物館／清水ラムネ博物館(1F)
🕐10:00~20:00

空間迷你的博物館，大約只有一間普通店舖的大小，視覺卻相當吸睛，裡面最大亮點當然是集合超過55種特色彈珠汽水，從復古包裝到新穎包裝、季節限定等通通都有。也有大正、昭和時期彈珠汽水製作器具、製造過程影片、海報及古早樣式的彈珠汽水等展示區。

伴手禮購物區(1F)
🕙 10:00~20:00

從定番的靜岡特色伴手禮到農產、海鮮乾物、綠茶、地酒等，幾乎蒐羅完備，整個1F將不同商品依品項，分成駿河みやげ橫丁、駿河みのり市場、清水かんづめ市場等數個區域，簡直會讓人逛到無法自拔。

清水壽司博物館(2F)
🕙 11:00~18:00　💲大人￥500、4歲~小學生￥200(清水壽司橫町用餐收據可半價入場)

由「鄉土料理研究家」日比野光敏先生所監修的這處壽司博物館，可說是日本首處的壽司主題博物館，不僅兼具知識性與分門別類的壽司細節雜學，更是再現穿街弄巷般的江戶、明治時代的清水橫丁。

CRAFT MARKET(2F)
🕙 10:00~20:00

位於2樓的這區CRAFT MARKET手創廣場，主要集結超過150名以上的手作創作者的各式作品，包含飾品、衣服、布小物、木工、花飾、兒童衣飾、包包、手織品等，琳瑯滿目的各式作品，是不想跟別人用一樣東西者的尋寶好去處。裡面也闢有一處DIY體驗空間，直接由創作者親自教授，你也能做個獨一無二的專屬小物。

摩天輪
🕙 4~9月10:00~21:00、10~3月10:00~20:00　💲大人￥600(15歲以上購票者1人，可攜帶3名兒童)、0~2歲免費

清水夢幻廣場的標誌性地標，就是這座高達52公尺的摩天輪，轉一周大約13分鐘，可以一覽日本三大美港之一的清水港，還能遠眺三保松原、富士山、廣闊的駿河灣等景致，天氣晴朗時整個周邊的日本平、北邊的南阿爾卑斯山等壯闊山景都全部收納眼底。

小丸子商品SHOP(3F)
🕙 11:00~20:00

可愛的面膜實用又搞笑！

緊鄰著小丸子樂園的這處商品區，從衣服、手帕、玩具、面膜、手機吊飾、手機殼、餅乾、糖果、汽水飲料、杯墊、杯子應有盡有，2019年還推出全新馬賽克風格小丸子系列新商品。除了買，也有拍照機台可以跟小丸子一家自拍合照，其他像是玩DIY彩繪、小丸子郵筒也可以寄張明信片給自己喔。

小丸子樂園(3F)
🕙 11:00~20:00(最後入館19:30)　💲大人￥1,000、3歲~小學生￥700

來到清水怎能忘記這位胡塗又可愛的角色─櫻桃小丸子呢！位在清水夢幻廣場3F的小丸子樂園，重現動畫中常見的教室、公園、客廳、房間場景，櫻桃小丸子迷絕對不能錯過！

ACCESS
◎JR清水駅、靜鐵新清水駅可搭乘免費接駁巴士至夢幻廣場，車程5分。每日9:40~22:00，一小時約2~4班。

INFO
🏠 靜岡縣靜岡市清水區入船町13-15
☎ 054-354-3360
🕙 各店鋪營業時間不同，約10:00~20:00、餐廳11:00~21:00
🌐 www.dream-plaza.co.jp/

⑥ 三麗鷗彩虹樂園
Sanrio Puro Land

來東京怎可以不去拜訪凱蒂貓的家呢！喜歡Hello Kitty、Kikirara或肉桂狗等三麗鷗家族夥伴的大人小孩們，一定得來多摩市拜訪這個迷人又浪漫的城堡。讓所有凱蒂貓迷狂叫不已的彩虹室內主題樂園，是日本第一個室內樂園，在這兒不論晴天或雨天，都可以和凱蒂貓、大眼蛙、酷企鵝等一同進入童話王國。整個園區圍繞著智慧之木展開，遊行歌舞秀也是以此為起點。樂園中最吸引人的就是由卡通人物載歌載舞、領銜主演的動態表演秀。此外還有360度電影秀、凱蒂貓的家等遊樂設施，齊全的的凱蒂貓商品以及樂園限定商品，都能在這裡找到！

ACCESS
◎搭乘京王線往橋本的快速列車在多摩センター駅下車，另外也可搭乘小田急多摩、多摩モノレール，同樣在多摩センター駅下車，出站後徒步約5分即達。

INFO
⌂東京都多摩市落合1-31
☎042-339-1111
⏰8:30~17:00(時間依日期、季節不同)
休不定休，見官網
$一日通用passport，大人￥3,600~4,900，兒童(3~17歲)￥2,500~3,800。票價依日期不同
🌐www.puroland.co.jp
●請不要攜帶食物與飲料入園，園內請勿吸煙

看完KITTY貓馬上接著血拼！

⑦ 伊藤洋華堂 多摩中心店
イトーヨーカドー 多摩センター店

位在購物商場丘之上PLAZA(丘の上のプラザ)中的「伊藤洋華堂」，距離多摩中心駅只有2分鐘路程，且離三麗鷗彩虹樂園也非常近，看完KITTY後再到伊藤洋華堂大採購，結束一天滿足的行程。賣場內分為一樓的食品賣場，新鮮蔬果、加工食品、酒類、日用品、泡麵等應有盡有，要採購伴手禮來這裡準沒錯。二樓為女性服飾、配件及化妝品等，三樓為男性用品、內衣等，四樓販售兒童用品、玩具。從食到玩讓你一次購足，同時也能辦理免稅手續，十分方便。

ACCESS
◎京王電鐵、小田急電鐵、多摩都市單軌電車「多摩センター駅」徒步約2分，距三麗鷗彩虹樂園徒步約5分。

INFO
⌂東京都多摩市落合1-44
☎042-374-6111
⏰1F(食用品)10:00~21:00、2~4F10:00~20:00
🌐www.itoyokado.co.jp/

⑧ 三井OUTLET PARK木更津

三井アウトレットパーク 木更津

2012年年初開幕的OUTLET PARK木更津，位置在千葉縣內，是首都圈規模最大的Outlet，從東京車站搭乘直行巴士前往約45分鐘，交通相當便利。這裡進駐的店舖數量多達248間，除了聚集了世界知名品牌外，餐飲的選擇也相當豐富多元，有可以容納1,200人的美食廣場，還有淺草今半、KUA`AINA等人氣美食，可以在此逛上一整天。

ACCESS
◎JR袖ヶ浦駅搭乘路線巴士約10分(平均每小時約4班)、JR木更津駅搭乘路線巴士約20分(平均每小時約1~2班)。或可利用直行高速巴士，可從東京車站八重洲口、新宿車站西口等處搭車。

INFO
🏠千葉縣木更津市金田東3-1-1
📞03-5446-5148、0120-355-231
🕐購物10:00~20:00、餐廳11:00~21:00、美食廣場10:30~21:00
🛑不定休
🌐mitsui-shopping-park.com/mop/kisarazu/

⑨ 多摩南大澤OUTLET

三井アウトレットパーク 多摩南大沢
MITSUI OUTLET PARK

對喜歡敗家又想看緊荷包的人來説，OUTLET可説是一個買物天堂，不但品牌眾多，種類豐富又齊全，讓你下次還想再去！位於東京近郊的八王子，距離新宿只有40分鐘的車程，就有一家可以讓你驚呼買到賺到的OUTLET「三井OUTLET PARK 多摩南大澤」。正好鄰近首都大學，由於位處郊區，空間寬闊，有別於熱鬧的東京都區，逛起來給人焕然一新的感覺。整體區域以南法普羅旺斯的山丘上、居住的一家四口為主題故事來設計規劃，不僅可以看到法國鄉村的街景，還有不定期的活動舉行，外牆壁面上的彩繪更充滿了藝術性，每個星期會有戶外演唱會，是一個讓一家大小可以休閒一整天的地方。

ACCESS
◎新宿搭乘京王相模原線，約40分後在南大澤駅下車，徒步約3分即達。

INFO
🏠東京都八王子南大澤1-600
📞042-670-5777
🕐商店10:00~20:00、餐廳11:00~22:00
🌐mitsui-shopping-park.com/mop/tama/

⑩ 輕井澤王子購物廣場
輕井澤プリンスショッピングプラザ

讓人瘋狂血拼的王子Outlet購物廣場就位於輕井澤車站旁,購物中心分為5大區,EAST主要為運動及戶外用品,NEWEAST以流行服飾或飾品為主,例如大受台灣、香港觀光客歡迎的BEAMS。而WEST則是世界各國雜貨,NEWWEST為女性喜愛的品牌,日本年輕女生最愛的包包專賣店Samantha Thavasa NeXT page,就在此開了唯一一家Outlet。

輕井澤味の街
🕐 11:00~20:00

區域廣大的購物廣場,不花個半天還真的逛不完,當然體力很重要,購物廣場鄰近輕井澤車站南側就有一處「輕井澤味の街」,集結數家美食名店,像是可嚐到信州牛的御曹司、人氣炸豬排老舖明治亭等,加上串聯隔壁的FOOD COURT,美食一次大串聯。

NEW WEST(NW)

離輕井澤車站步行稍遠的NEW WEST區,多以日本服飾或是雜貨品牌為主,像女生們最愛的GLOBAL WORK、LOWRYS FARM,眼鏡品牌JINS,或是已進駐台灣的niko and…等等。

TREE MALL(TM)

在TREE MALL的部份最引人注目的是廣大的綠色草地，這區是屬於寵物友善的園地，假日時可以看到許多可愛的小狗們；此區也進駐MICHAEL KORS、COACH、GUCCI等國際品牌。

CENTER MALL(CM)

做為購物商場大門的CENTER MALL，除了是輕井澤味の街的所在地，購物商場的遊客服務中心也在此，也有便利商店、café comme ca咖啡廳。

EAST(E)

戶外運動控請先來EAST區報到！NIKE、adidas最大OUTLET，商品、款式超齊全；戶外用具品牌Timberland、THE NORTH FACE、Columbia等，樣樣都不少！

NEW EAST(NE)

想找服飾、配件來NEW EAST吧！GAP OUTLET可以找到超多兒童服飾，還有日系雜貨控別錯過的BEAMS也在這區，另外還有VANS、Paul Smith、LANVIN等品牌。

GARDEN MALL(GM)

想找更多國際大牌嗎，來GARDEN MALL就對了！BVLGARI、ARMANI、TOD'S、JIMMY CHOO等都在這裡，另外推薦化妝品專賣店THE COMETICS COMPAY STORE，倩碧、BOBBI BROWN、TOMFORD等品牌齊全。一到晚上，園區內的大草坪上也能看到美麗的浪漫燈飾。

ACCESS
◎輕井澤駅南口徒步3分。

INFO
🏠 輕井澤町輕井澤
☎ 0267-42-5211
🕐 購物10:00～19:00、美食街10:00~19:00、餐廳11:00~20:00，時間依季節、店家而異
🈺 不定休
🔗 www.karuizawa-psp.jp

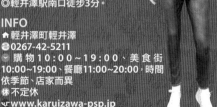

東京迪士尼度假區

東京ディズニーリゾート・Tokyo Disney Resort

近東京、位於千葉縣的東京迪士尼度假區,是旅客造訪東京時最喜愛的景點之一。1983年,東京迪士尼樂園成立,2000年7月「伊克斯皮兒莉」購物商城與「迪士尼大使大飯店」落成,2001年全世界唯一以海洋為主題的迪士尼樂園「東京迪士尼海洋」隆重開幕,同時間成立「東京迪士尼海洋觀海景大飯店」。由兩座主題樂園、夢幻住宿飯店、精采餐廳和購物商城結合而成,總面積廣達200公頃的東京迪士尼度假區,由環狀單軌電車「迪士尼度假區線」串連起來,成為帶給無數人夢想與歡樂時光的迪士尼魔法王國。

ACCESS
車站電車路線對應
◎JR京葉線、武藏野線➔JR舞濱駅
從東京駅搭乘JR,約15分鐘即可到達東京迪士尼度假區所在的舞濱駅,單程票¥220。
◎東京迪士尼度假區線╱DISNEY RESORT LINE
迪士尼度假區線是逆時針行走的單軌電車,串連度假區內的各大設施,是暢遊園區各處最方便的交通工具。除了可從高處一覽度假區全貌,車內還處處可見米奇的耳朵造型,十分有趣。度假區線的單程票¥260、半票(6-11歲)¥130,另有1~4日車票與回數券。

INFO
東京迪士尼度假區
🏠 千葉縣浦安市舞濱1-1
☎ 0479-310-0733(英、日文)
🕐 最長8:00~22:00(依季節日期有所變動,請隨時上網確認)
💲 請見右頁各類票券價目表
🖥 www.tokyodisneyresort.jp/tc/index

「快速通行FASTPASS」退場、官方APP新登場!

以往樂園內有部分熱門設施,會設有「快速通行」發券機,抽到後只需在指定時間抵達,就不用浪費時間排隊。最新改變是樂園內已取消「快速通行」券,改以官方APP來統整。裏頭包含園區地圖及各設施目前排隊即時時間等,透過APP也可以線上免費抽當日釋放出的「預約等候卡Standby pass」(包括商店或遊樂設施,當日釋放的項目不一定);或是付費的「DPA(迪士尼尊享卡)」,類似快速通行的概念,數量也是有限,一次¥2,000。APP大部分功能雖然必須在園區內才有作用,但可在台灣先下載熟悉一下介面。詳細最新功能請上官網查看。

失落河三角洲

發現港

美人魚礁湖

神秘島

東京迪士尼海洋

地中海港灣

美國海濱

東京迪士尼海洋觀海景大飯店

票券種類	備註	全票	12~17歲學生	4~11歲
一日護照	須從東京迪士尼樂園或東京迪士尼海洋擇一入場	￥7,900~9,400	￥6,600~7,800	￥4,700~5,600
*兩日護照	可在東京迪士尼樂園與東京迪士尼海洋各玩一天	￥13,200	￥11,600	￥8,600
*三日魔法護照	連續使用三天，每天暢遊一座園區	￥17,800	￥15,500	￥11,500
*四日魔法護照	連續使用四天，每天暢遊一座園區	￥22,400	￥19,400	￥14,400
平日傍晚護照	週一~五17:00後入園(可暢遊2座樂園)	￥4,500~5,400		
午後護照	週末、例假日15:00後入園(僅可選其中1座樂園入場)	￥6,500~7,400		

票券種類	12歲以上	4~11歲	65歲以上
*兩園全年護照	￥93,000	￥60,000	￥79,000
*東京迪士尼樂園全年護照 *東京迪士尼海洋全年護照	￥63,000	￥41,000	￥53,000

備註：1-(*)截至2023.05出刊前，因Covide疫情，部份票種尚未開放售票，最新可購票種開放進度及最新價格，請出發前查詢官網。
　　　2-新式票價改為浮動制，且依日期不同，當日票價請見官網。
　　　3-門票預售制：必須上官網事先預購，也可在台灣其他旅遊平台購買。

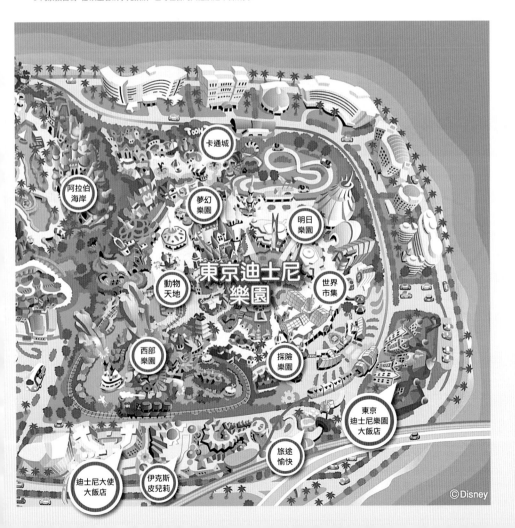

東京迪士尼樂園

東京ディズニーリゾート・Tokyo Disney Resort

🅐 P. A-43明日樂園

巴斯光年星際歷險

Buzz Lightyear's Astro Blasters

在恐怖的札克大王率領下，宇宙最邪惡的壞蛋們竟然一同入侵了！快加入巴斯光年的正義陣營，登上太空遊艇進行維持宇宙和平的任務吧。一邊操縱飛艇，一邊使用雷射槍攻擊敵人、機械兵與札克大王的秘密武器，最後還可以知道自己在宇宙騎兵隊裡的總成績喔！

🅐 P. A-35夢幻樂園

幽靈公館

HauntedMansion

古老的哥德式紅磚宅邸，即使在大太陽下也透露著陰森的氣息。搭上名為惡運的巡遊車緩緩經過室內房間，無人彈奏的鋼琴傳出琴聲、鏡子中浮現了女人的臉孔、空蕩的大廳浮現了透明群舞的幽靈…離開前看看鏡子，到底還有誰坐在你旁邊？

🅐 P. A-43遊行路徑

夜間遊行「東京迪士尼樂園電子大遊行～夢之光」

Dreamlights

💿每日19:00開始，全程約45分。詳細時間以官網公布為準。

迪士尼的夜間遊行行之有年，也一直被列為前來迪士尼必看的精采大秀之一。在熟悉的迪士尼歌曲聲中，從愛麗絲夢遊仙境、白雪公主到怪獸電力公司、海底總動員裡的卡通明星們一次到齊，配合著繽紛燈光和絢爛場景，讓大家再次享受迪士尼的美麗與夢幻。

2022年 新設施！

🅐 P. A-45卡通城

美女與野獸「城堡奇緣」

Enchanted Tale of Beauty and the Beast

2022年迪士尼樂園裡全新開放的新設施，在野獸迤居住的城堡裡，座入搖擺轉動的魔法杯中前進，隨著一道一道的城堡內大門的開啟，跟著電影中動人的音樂、及一幕幕的劇情進展，進入一個個的經典的電影場景中，一起感受這充滿魔法的愛情故事。

🅐 P. A-43夢幻樂園

米奇魔法交響樂

Mickey's PhilharMagic

歡迎來到夢幻樂園音樂廳！可愛的米奇在這裡擔任樂團指揮，沒想到正式演出前，幫倒忙的唐老鴨卻鬧出了意外。和唐老鴨一同在混亂中穿越「美女與野獸」、「幻想曲」、「小美人魚」、「獅子王」、「小飛俠」、「阿拉丁」等膾炙人口的迪士尼動畫音樂世界，到底最後米奇能不能順利的完成演出呢？

⚫ P. A-43 明日樂園

太空山
SpaceMountain

迪士尼人氣指數最高的太空山於2008年4月重新改裝，在這棟被神秘光束籠罩的雄偉建築裡，一艘載滿未知能量的最新型太空梭正緩緩抵達。在這裡換搭儲飽能源的小型太空船，以光速邁進宇宙，徜徉浩瀚無垠的太空，來趟充滿驚險刺激的高速銀河旅行吧。

⚫ P. A-43 遊行路徑

日間遊行「迪士尼眾彩交融！」

🔴 每日14：00開始(依季節調整)，全程約45分。詳細資訊以官網公布為準。

以融入迪士尼電影的夢幻世界，將奇幻元素與迪士尼人氣明星們結合出一場精彩萬分的遊行表演，觀眾也能一起開心的遨遊在夢想與創意交織出的美好遊行。

⚫ P. A-43 明日樂園

怪獸電力公司「迷藏巡遊車」
Monsters, Inc. Ride&Go Seek！

夜深人靜的怪獸電力公司裡，各種怪獸和大家的老朋友阿布、毛怪蘇利文和大眼仔麥克，正準備和遊客們玩一場歡樂的捉迷藏。快登上巡遊車，準備好你的手電筒，一起找找看怪獸們到底躲在哪裡吧！

⚫ P. A-43 世界市集

世界市集
World Bazaar

來到迪士尼豈有兩手空空回家的道理？位於東京迪士尼樂園入口處的世界市集，數間商店販賣各式各樣的迪士尼獨家商品，有玩偶、餅乾、巧克力等不勝枚舉，每種設計都可愛不得了。別忘了替家人、朋友和自己購買紀念品喔！

⚫ P. A-43 明日樂園

星際旅行：冒險續航
Star Tours：The Adventures Continue

東京迪士尼的遊樂設施「星際旅行」，以電影「星際大戰」的宇宙為場景，實現了遊客遨遊天際的夢想。2013年5月改裝升級後重新登場，新設施更名為「星際旅行：冒險續航」，將結合3D的虛擬實境以及多條嶄新的星際航線，組合出50種以上不同的故事情節和冒險內容，帶給遊客更加新鮮驚奇的冒險體驗。

⚫ P. A-43 探險樂園

加勒比海盜
Pirates of the Caribbean

乘坐獨木舟徐徐前行，一探神秘七海的加勒比海盜生活。途中有海盜船的歡樂宴會、兩船對峙砲彈飛舞、還有海盜們的秘密藏寶地。在電影神鬼奇航中大受歡迎的傑克船長也在海盜群中，可以找找神出鬼沒的傑克船長到底出現了幾次。

⚫ P. A-43 夢幻樂園

小熊維尼獵蜜記
Pooh's Hunny Hunt

東京迪士尼樂園內人氣超旺的小熊維尼獵蜜記，入口處就以一本超大的故事書來迎接每一個人，坐上獨特的蜂蜜甕，隨著可愛的小熊維尼和好朋友跳跳虎、咿唷與小豬，一同到維尼居住的百畝森林採集美味可口的蜂蜜吧！

東京迪士尼海洋
東京ディズニーシー・Tokyo DisneySea

🔵 P. A-42美國海濱

玩具總動員瘋狂遊戲屋

Toy Story Mania!

　　玩具總動員系列電影延燒了十年熱潮，全新的遊樂設施「玩具總動員瘋狂遊戲屋」在2012年7月9日於東京迪士尼海洋隆重開幕。這裡以安弟的房間為場景，帶領遊客走進玩具總動員主角們的世界裡。透過3D映像，遊客可以和卡通人物互動，挑戰丟雞蛋、射飛鏢、套圈圈等小遊戲，這也是東京迪士尼度假區首座採用3D影像的乘坐式遊樂設施。

🔵 P. A-42失落河三角洲

忿怒雙神

Raging Spirits

　　在神秘的失落河三角洲，考古學家們挖掘出兩座古代神像，奇怪的事情也開始接二連三地發生。乘坐雲霄飛車體驗復活的神像們所引起的燃燒火焰、瀰漫的蒸氣，再加上連軌道都發生360度大翻轉的奇怪現象。喜愛刺激的人快來挑戰！

🔵 P. A-42美國海濱

驚魂古塔

Tower of Terror

　　故事發生在1912年紐約，某間飯店的主人，由於神秘面具的作怪，竟無故消失了，遊客搭上飯店的電梯，前往最上層的主人房間便能一窺事件發生的原貌。前往途中，電梯卻發生了奇異的現象，到底電梯中發生了什麼事，請務必前來親身體驗。

🔵 P. A-42神秘島

地心探險之旅

Journey to the Center of the Earth

　　天才科學家發現無人見過的地底世界。乘坐地底行走車進入神秘世界，看到閃閃發光的水晶洞窟、巨大蘑菇森林、棲息在地底的稀有發光生物，突然間火山開始震動，地底行走車又誤入未知的世界，再加上火山爆發，能否幸運度過難關呢？

◉ P. A-42 阿拉伯海岸

辛巴達傳奇之旅

Sindbad's Storybook Voyage

　説到海上的英雄,七航妖海的辛巴達可是家喻戶曉的一號人物。快搭上小船,在迪士尼動畫配樂大師的精采樂章中,和辛巴達與小老虎一起悠游海域,穿梭戰場,追尋至高無上的海上祕寶!

◉ P. A-42 美人魚礁湖

美人魚礁湖劇場

Mermaid Lagoon Theater

　在海底王國長眠的沈船就是美人魚礁湖劇場的入口,小美人魚艾莉兒將和同伴們帶來一齣充滿勇氣與友情的精采歌舞劇「海底世界」。看艾莉兒和海底的同伴如何對抗巫婆烏蘇拉,及彷彿真的置身海中的夢幻光影與精采表演。

◉ P. A-42 阿拉伯海岸

神燈劇場

The Magic Lamp Theater

　「世界上最偉大的魔術師」夏龐首次的個人秀就在今天舉辦,為了怕神燈精靈搶走風采,於是將神燈精靈鎖在箱中,但夏龐的助理阿斯姆卻將精靈偷偷地救了出來。當古靈精怪又搞笑的神燈精靈一出現,也讓魔術秀正式進入下一個高潮。

◉ P. A-42 阿拉伯海岸

茉莉公主的飛天魔毯

Jasmine's Flying Carpets

　慶祝東京迪士尼海洋十週年登場的茉莉公主的飛天魔毯,帶領遊客一同坐上神奇的魔毯,緩緩飛到空中,悠閒欣賞藍天白雲和茉莉公主美麗的皇家花園景緻。飛毯上的乘客,還可以自由控制飛毯的角度和高度,適合各個年齡層的小朋友遊玩。

◉ P. A-42 神秘島

海底兩萬哩

20,000 Leagues Under the Sea

　想不想加入尼莫船長一行,協助調查失落亞特蘭提斯的秘密呢?搭乘高科技的潛水艇潛入海底兩萬哩,眼前的探射燈所照出的,會是怎麼樣奇特詭麗、充滿驚奇與冒險的海底風景?

◉ P. A-42 失落河三角洲

印第安納瓊斯冒險旅程: 水晶骷髏頭魔宮

Indiana Jones Adventure: Temple of the Crystal Skull

　2008年再度重拍上映的熱門電影印第安納瓊斯是永遠的冒險經典,現在,遊客們可以和瓊斯博士一同踏上尋找青春之泉的冒險之旅。深入古老魔宮後,不小心誤觸了魔宮守護神水晶骷髏頭的詛咒,各種陷阱和危機接踵而至……和印第安納瓊斯一起冷靜地化險為夷吧!

◉ P. A-42 發現港

海底巡遊艇: 尼莫&好友的海洋世界

Nemo & Friends Searider

　「海底巡遊艇:尼莫&好友的海洋世界」以探究神奇海洋為主題,搭乘可縮小成魚兒尺寸的海底巡遊艇,與電影主角尼莫、多莉一起冒險,途中將會遇上什麼奇特的海底生物令人期待,一場大海探險記正式開始!

住宿&購物
Hotels & Shops

旅途愉快
BON VOYAGE

P. A-42 8:00~22:00(依樂園營運時間而更動)

www.tokyodisneyresort.jp/tdr/facility/bv.html

旅途愉快是位於舞濱駅旁邊的巨型商店,外觀源自於美國1930年代正興起旅遊風時所盛行的皮箱與帽箱。除了有東京迪士尼度假區內的商品之外,以旅遊為主題的商品亦是一大特色。度假區內買不夠,就到這裡繼續採購吧!

東京迪士尼樂園大飯店
TOKYO DISNEY LAND HOT

P. A-42 www.tokyodisneyresort.jp/tc/hotel/tdh.html

座落在東京迪士尼樂園前方,2008年7月8日開幕,是度假區中規模最大的迪士尼飯店。有9層樓高,705間客房。房內的裝潢典雅,但也有可愛米奇的蹤跡出現,外觀則採用華特迪士尼先生所生長的維多利亞年代風格,氣派非凡。

迪士尼大使大飯店
DISNEY AMBASSADOR HOTEL

P. A-43

www.tokyodisneyresort.jp/tc/hotel/dah.html

東京迪士尼度假區首座的迪士尼飯店,擁有五百多間融合裝飾藝術及迪士尼色彩的房間,房內處處可見隱藏的米奇圖案,讓人沈浸於迪士尼的世界。在飯店的「Chef Mickey大廚米奇」餐廳用餐,還有機會遇到可愛的卡通明星。

伊克斯皮兒莉
IKSPIARI

P. A-42 10:00~22:30(各店營時不一)

www.ikspiari.com

位於JR舞濱駅正對面,以九大特色主題所構成的購物商城,擁有140家商店以及4層樓的世界美食街,除了各種迪士尼商品也有日本及世界品牌。在每週六可以親臨現場播出的廣播節目,假日期間還有街頭表演,是一間多采多姿的魅力商場。

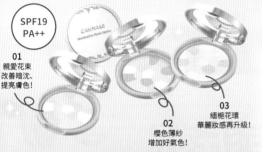
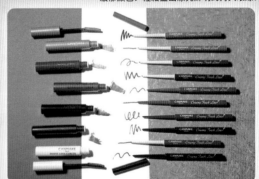
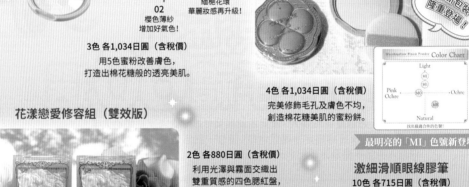

靜岡市
靜岡茶

富士山的伏流水與起伏的丘陵地，造就靜岡成為日本第一的茶產區，在靜岡現代化的都市大街中，仍然可感受到茶町的細膩風情。

鎌倉
鴿子餅乾
鳩サブレー

鎌倉必買商品是從明治時代就有的鎌倉豐島屋鴿子餅乾，以鴿子圖案為特色，沒有任何添加物，僅以奶油製作出香脆濃郁的口味。

笠間
笠間燒

笠間市以誕生於18世紀的笠間而聞名，市內共有約130家的窯戶還有陶藝美術館，每年春秋兩季進行的盛大陶器市集，吸引了許多陶藝愛好者聚首。

東京近郊
必買伴手禮60選

東京近郊涵蓋區域廣大，鎌倉古都要買什麼？草津溫泉鄉必入手什麼？快速掃描定番購買清單，讓你一到當地就能瞄準下手，輕鬆入手伴手禮及旅途紀念品！

箱根
月之兔

和菓子菜的花的月之兔皮薄餡多，饅頭中放入糖煮栗子，一口咬開像是明亮的月娘探頭出來跟人打招呼，是箱根湯本的人氣伴手禮。

長野市
八幡屋礒五郎

創業兩百年的八幡屋礒五郎是獨一無二的辣椒調味粉專門老舖，小辣、中辣、大辣、麻辣應有盡有，湯麵都少不了的一味，是參拜完善光寺的最佳伴手禮。

鎌倉
鎌倉野菜工房

小巧圓弧透明玻璃罐裝著色彩鮮豔的季節蔬菜，將蔬菜處理後浸泡醬汁中，完全不添加任何人工防腐劑，買回後冷藏保存最多達兩個月。

鎌倉
大佛観見煎餅

惠比壽屋擁有200年以上的悠久歷史，以高德院的大佛與長谷寺的觀音形象烤出來的仙貝，口感香脆，是神奈川縣的指定銘菓。

鎌倉
Romi-UnieConfiture

料理研究家五十嵐路美，依水果的特性獨家調配的果醬，甜度控制得宜，更健康也讓美味加分。

鎌倉
力餅

力餅家的力餅分為求肥與麻糬兩種，求肥較香軟，而麻糬則較Q彈。求肥力餅需要當天食用完畢，而麻糬力餅則可擺放2~3天、可帶回國當作伴手禮。

箱根
箱根布丁

利用當地品牌「長壽蛋」所製成的布丁，口感偏硬、滋味十分濃郁。由於雞蛋外型十分可愛，吃完還能拿來裝小東西。

河口湖
富士山餅乾

Fujiyama Cookie的富士山形狀餅乾，原料選用國產麵粉與富士山蜂蜜，手工烘烤讓餅乾保有食材的甜味與香氣，有香草、紅茶、草莓、抹茶與巧克力5款口味。

箱根
箱根啤酒
箱根ビール

利用不含鐵質的「箱根百年水」軟水與捷克產的麥芽製成，每天販售的都是新鮮釀製品，喝起來香味芳醇無比順口。

箱根
強羅麻糬
強羅もち

石川菓子舖使用白玉粉與水飴製成的求肥，Q軟中帶點彈性及柚子香，混著切細的羊羹，口感清爽。

箱根
箱根溫泉饅頭

丸嶋本店的溫泉饅頭在麵皮中揉入黑蜜，再包入細緻紅豆泥，是創業百年來從未改變過的箱根好口味。

河口湖
富士山波蘿麵包

あまの屋剛出爐的富士山波蘿麵包，外皮酥脆，內部麵包體鬆軟有彈性，配上撒在山頂的可可粉，不只好看、吃來更是美味。

河口湖
富士山肥皂
FUJIYAMA SEKKEN

由FUJIYAMA COOKIE與松山油脂合作、設計製作的富士山肥皂,含保濕甘油的成分,將富士山的純正自然用於呵護肌膚。

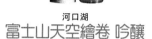

河口湖
富士山空氣

要呼吸富士山頂的新鮮空氣,打開罐頭就可以!不管有沒有登上富士山頂的旅客,只要來到五合目都會買上一瓶做為紀念。

河口湖
富士山天空繪卷 吟釀

井出酒造以「甲斐の開運」為名釀造了一系列清酒,使用山梨產的ひとごいち米、加上富士山伏流水所釀的吟釀酒,嚐來香氣足入喉順。

御殿場
四季の富士

虎屋獨家商品將寒天溶解加入白雙糖,以麥牙糖凝結的琥珀羹作為天空,粉紅琥珀襯著富士白雪,以四季富士為意象,讓甜點充滿風雅。

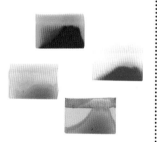

勝沼
葡萄酒

山梨縣的葡萄酒產量為日本第一,其以勝沼地區釀製場最為興盛,從種植葡萄開始到釀造,製作出與眾不同的葡萄酒。

清水
小丸子周邊商品

靜岡縣清水市是櫻桃小丸子的故鄉,在清水夢幻廣場裡有「小丸子園地」,讓小朋友親近卡通裡的人物之外,更多周邊商品更是讓人買不完!

修善寺
黑胡麻饅頭

修禪寺的門前名物黑胡麻饅頭,使用香純的黑芝麻當成內餡,滑順不膩口,外皮使用竹炭與葛粉,與內餡配的黃金比例更是讓人讚不絕口。

修善寺
櫻花蝦餅

月堂將捕自駿河灣的櫻花蝦,和新鮮蔬菜、海藻混合,手工做成5種香鬆蝦餅,是許多遊客到修善寺必買的伴手禮。

修善寺
山葵味噌

將伊豆產的特級山葵切碎,拌入龜屋家傳味噌,短時間熟成讓味道更圓融,放在熱騰騰的白飯上,山葵的嗆與味噌的甘味,融合出讓人上癮的味覺感受。

修善寺
小菊饅頭
小菊まんじゅう

和楽將香軟蛋糕體裡包著卡士達醬，嚐來輕輕軟軟毫無負擔，是修善寺才買得到的地道伴手禮。

修善寺
山葵燒酎
わさび酒

万大醸造將酒加入山葵調味，讓大人味的燒酎更添清新香氣，加上天城深層水調和比例，嚐來特別甘醇、入喉爽快。

熱海
金目鯛一夜干

採用傳統工法製作的魚乾，完全不添加任何化學成分。釜鶴干物店裡有金目鯛、烏賊、鯖魚、秋刀魚等乾貨，還分成「一夜干」、「味淋干」等口味。

輕井澤
布丁果醬

Cerfeuil最受歡迎的布丁果醬分為四種，口感濃郁、香甜誘人，可以現場試吃再購買。另外草莓、蘋果等口味也都是定番熱銷商品。

輕井澤
草莓果醬

輕井澤的人氣果醬店SAWAYA使用新鮮水果製作的各式果醬，其中最有人氣、賣得最好的便是草莓果醬，是日本人家庭必備的夢幻果醬。

輕井澤
義大利麵醬

輕井澤Farmers Gift的義大利麵醬，分有洋風與和風口味，洋風口味使用炭燒蔬菜與香草調製，適合配麵、煎蛋，和風口味使用菌菇與洋蔥、大蒜，可作麵、漢堡排醬汁。

松本
山葵漬
わさび漬け

小口山葵店醃漬的新鮮山葵有辛辣的香氣，卻不會在口中留有辣口的後勁，是來到松本的旅客人氣伴手禮。

松本
白鳥の湖

開運堂開發多款洋菓子，其中最受歡迎為西班牙杏仁酥餅Polvorones的白鳥の湖，在餅上刻印上白鳥印記，希望藉由這款小點心將幸福傳遞出去。

松本
女鳥羽の泉

善哉酒造最有人氣的商品，是使用被選為百大平成名泉的女鳥羽の泉、製成的清冽日本酒，有大吟醸、純米吟醸等，清冽的喉韻令人回味。

松本
味噌羊羹
味噌ようかん

石井味噌除了一般調味品，還把味噌融入甜點玩出新花樣，獨特的創意跟口味，讓商品被電視節目報導後一炮而紅。

松本
紫福餅

齋藤旅館湯元的紫福餅，將古代米(紫米)做成外皮，內餡是高雅的甜味，再拍上一層白色粉衣，秘境溫泉鄉的風雅都融化在口中。

銚子
YAMAZA醬油

ヤマサ醬油工廠最推薦「鮮度の一滴」或是「丸大豆」特選系列，這系列醬油開封後的保存期限只有90天到半年，卻是極高的美味。

銚子
溼仙貝
ぬれ煎餅

把烘到微焦前一刻的煎餅，一片片浸入甜鹹的銚子產醬油，完成半濕柔軟的ぬれ煎餅。煎餅選用上質粳米，搭配銚子盛產的醬油，獨特口感傳香了70個年頭。

銚子
鯖魚咖哩罐頭
サバカレー

信田缶詰曾被選為千葉縣當地美食第一名的罐頭咖哩，使用鯖魚入菜並以獨特的程序消除魚腥味，大受好評。

銚子
萬祝旗

萬祝旗為慶祝第一次出海時送給船主的慶賀漁旗，額賀屋為銚子地區製作「萬祝式大漁旗」的老店家，皆採純手工繪製每幅萬祝漁旗。

水戶
幸田商店地瓜乾

茨城是日本地瓜最重要的產地，香甜的地瓜乾是當地人常吃的零食，做法是將地瓜蒸熟後切片烤成乾，讓地瓜濃稠甜香更聚縮，吃起來軟中帶Q。

銚子
鯖魚銚子漬
さば銚子漬け

銚子東洋使用鮮魚，搭配銚子產的醬油醃漬，經過24小時的醃漬，讓醬油的濃厚與鮮美，完全滲入魚肉中製成銚子漬。

水戶
梅子酒

水戶市也是梅子盛產地，造就茨城縣這個清酒製造大縣的酒廠，也推出風味獨特的梅酒。明利酒類的百年梅酒，屢獲評比大獎，不要錯過。

草津溫泉
溫泉煎餅

據說喝溫泉水可以養顏美容，草津煎餅本舖老闆便突發奇想將它加入麵糊裡作成煎餅。溫泉煎餅好吃又健康，所以深受遊客喜愛。

草津溫泉
草津溫泉物語

草津地區限定的當地啤酒，依照釀造的方式不同，分別有氣泡較少的Ale啤酒、低溫發酵的拉格啤酒，以及酒精濃度較烈的黑啤酒三種。

伊香保溫泉
山椒煎餅
さんしょ煎餅

佐久間煎餅的每片煎餅都是手工烤製，山椒葉也是從山上摘來，味道特別香，吃在嘴裡香氣四溢，是伊香保溫泉的名物之一。

草津溫泉
花豆甘納豆
花いんげん甘納豆

草津清月堂選用當地高原栽種的花豆製成甘納豆，將煮過的花豆外層裹上糖粉蜜漬，深受年長者們及女性的喜愛。

草津溫泉
溫泉饅頭

松むら販售的溫泉饅頭，內餡是店家自豪的美味關鍵，細緻紅豆加入砂糖，外皮加入黑糖，聞起來香氣十足。

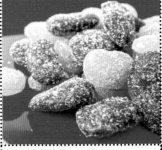

草津溫泉
山菜粕漬

利用當地山產野菜製作漬物的又 屋，所有的產品都是依照氣候條件且遵古法煉製，做出對自然與材料最愛惜的誠意美食。

川越
亀の最中

龜屋的最中外皮使用新潟產的白米製成，內餡則來自北海道，龜殼外型更是討喜，是送禮的不二首選。

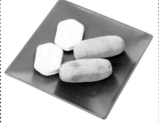

高崎
達摩不倒翁

高崎名物達摩不倒翁是作為祈願的吉祥物，購買後對不倒翁祈願先畫上右眼，等願望實現再塗黑左眼。除了傳統形式造型外，也多了不同造型與顏色。

川越
地瓜之戀
いも恋

菓匠右門的「いも恋」用山藥與麻糬製成的外皮，薄薄地包覆有機紅豆泥與一塊完整地瓜，外層Q彈、餡料鬆綿。

秩父
秩父銘酒

百年老字號釀酒屋武甲酒造,使用武甲山伏流水製出有名的秩父銘酒,店內除了正宗日本酒,還研發結合柚子、桃子、梅子等風味酒。

秩父
漬菜
しゃくし菜

百年老舖万寿庵為販售秩父當地名產的老店舖,選用產自埼玉縣的農作物,自製成各式菓子、漬菜,最受歡迎的しゃくし菜口感爽脆,和白飯天生絕配。

日光
地酒

片山酒造釀製的清酒入口辛冽清爽,讓人讚嘆。而口味淡雅的日光路啤酒,順口不澀,與清酒的組合最適合拿來送禮。

日光
金箔蜂蜜蛋糕

日光カステラ本舖使用上質的洋槐蜜引出香氣,九州米製成的麥芽糖調整甜味,密實的蛋糕入口即化,令人感到懷舊的好滋味就在這裡。

日光
酒饅頭

湯沢屋獨創的酒饅頭是在麵粉中加入酒麴與米漿發酵,蒸熟之後帶著淡淡的酸香味。

日光
一口塩羊羹

綿半是日光的老字號名店,一口塩羊羹是將名物塩羊羹切成一口的大小,用竹葉包起,一口一個份量剛好。

日光
炸湯波饅頭
揚げゆばまんじゅう

用優質豆醬與製成香Q緊實的麵皮,包上特選紅豆泥後裹上麵衣油炸,衝突的視覺卻又展現和協的美味,讓人一吃上癮。

那須高原
那須高原啤酒
那須高原ビール

採用那須岳的雪溶水和那須產的小麥所釀造,口味濃美甘醇,帶有一種獨特的芳香,還曾經在德、美、日三國舉辦的品評會中榮獲金牌獎。

那須高原
乳製品

那須高原空氣清新、無汙染的廣大區域內所生產的牛奶,脂質濃厚,做成各式乳製品都相當廣受好評,尤其是起士類,更是絕對值得品嚐。

東京近郊最強

行程表

想 要享受城市精彩購物，又想體驗日本四季風情，不妨將腳步向外延伸，往關東近郊走會發現更多在地風情，為此精選出3條一泊二日與4條四泊五日的路線，不但可做為參考，更能自由搭配行程，結合東京都內美食購物，將整個大關東的美好都納入行程計劃中。

最美「日光」秘湯行

日光的諸多景勝中以東照宮最為知名，四季皆有從世界各地湧入的人潮，只為一睹其精湛的木工技藝、珍貴國寶，每到秋日處處點綴著豔麗楓紅，更是令人屏息。

交通

◎JR東京駅、上野駅可搭乘東北新幹線列車到達宇都宮駅後，轉乘JR日光線至日光駅，車程約2小時。

◎JR新宿駅搭乘特急列車「日光號」，與東武鐵道直通運行，不用換乘便能抵達東武日光駅，車程約2小時。抵達日光後利用東武巴士來做點與點之間的接駁。

Day 1

東京駅
↓
日光駅
↓
中禪寺湖遊覽船
↓
Ⓐ 戰場之原
↓
Ⓑ 龍頭瀑布
↓
Ⓓ 住宿：界 日光

Ⓒ 中禪寺湖遊覽船
Ⓐ 戰場之原
Ⓑ 龍頭瀑布
Ⓓ 住宿：界 日光

Ⓐ 戰場之原
大片濕草原在四季呈現不同景色，不但沿路舖設步道，更可邊走邊看到日本對生態保育的重視。(見P.8-8)

Ⓒ 中禪寺湖遊覽船
奧日光男體山噴發時的火山熔岩形成的中禪寺湖，四周樹林茂密，風景優美，入秋後紅楓錦簇最是優美。(見P.8-9)

Ⓑ 龍頭瀑布
位在中禪寺湖通往湯　的必經路上，由於形狀特殊且四季景色優美，是中禪寺湖一帶的必遊景點。(見P.8-9)

Ⓓ 界 日光
入住優雅格子工藝之宿，坐擁中禪寺湖畔美景，享受一晚露天溫泉美湯和極尊貴的和風旅宿。

Day 2
Ｅ華嚴瀑布➡Ｆ明治の館➡Ｇ二社一寺➡Ｈ日光珈琲➡
日光駅➡東京駅

Ｆ 明治の館
無論是裝潢還是服務人員的打扮，皆為古色古香的明治時代色彩。(見P.8-7)

Ｅ 華嚴瀑布
是日本三大瀑布之一，寬7公尺，高低差達100公尺，氣勢磅礡。(見P.8-9)

Ｇ 二社一寺
分別為東照宮、二荒山神社、輪王寺，三處都位在同一區域，走路就能串聯。(見P.8-5)
◎東照宮：大關東地區的世界遺產，除了富士山外，最值得一訪的便是日光東照宮。
◎輪王寺：一到秋季，輪王寺的楓紅炫爛至極。
◎日光二荒山神社：綠意環繞著神社，更添一股神祕能量。

Ｈ日光珈琲
改建自老米店的御用邸通店的古民家氣氛滿點，點份招牌刨冰，舒服得讓人想在這裡賴上一整天。(見P.8-8)

海濱極東之境「銚子」

如想找點不一樣的樂子，搭上地方電車「銚子電鐵」一站站拜訪銚子的生活風景，嚐嚐當地海味，最不一樣的極東小鎮之旅從這裡開始。

交通

東京駅搭乘中央總武本線特急列車潮騷號(しおさい号)，不用換車便能直達銚子。車程約1小時50分，銚子駅可以直接換乘銚子電鐵的列車。

Day 1

東京駅↓銚子駅(銚子電鐵)→Ⓐヤマサ醬油工場↓Ⓑ圓福寺 飯沼觀音↓Ⓒ佐野屋今川燒店↓Ⓓ溼仙貝↓Ⓔ犬吠埼灯台↓Ⓕ住宿：別邸海和森

Ⓑ 圓福寺 飯沼觀音
聽說飯沼觀音求到的戀愛籤也相當靈驗！拜完還可以拍拍貓真。(見P.6-23)

Ⓐ ヤマサ醬油工場
參觀完還可以買隻以醬油製成的霜淇淋￥250，甜中帶點鹹味，甜味優雅。(見P.6-19)

Ⓓ 溼仙貝
犬吠駅裡販售的溼仙貝可以買來當作伴手禮外，一定要現場嚐看。(見P.6-22)

Ⓔ 犬吠埼灯台
門口設置了一處白色圓型郵筒，全日本只有這裡才有。(見P.6-26)

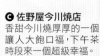

Ⓒ 佐野屋今川燒店
香甜今川燒厚厚的一個讓人大飽口福，下午茶時段來一個超級幸福。(見P.6-23)

Ⓕ 別邸海和森
入住旅館享受溫泉美景，以及豐盛的會席料理晚餐。(見P.6-26)

Day 2 G 外川駅(銚子電鐵)➡H 治ろうや鮨処➡I 榊原豆腐店➡
Port Center➡J WOSSE 21➡銚子駅➡東京

J WOSSE 21
最新鮮的魚市場、乾貨全部聚集一方,不時舉辦活動,不但有得玩,有得買還有得吃!(見P.6-21)

G 外川駅
保存大正時期的木製建築,復古的白底黑字站牌沉穩地置於屋簷上。(見P.6-24)

H 治ろうや鮨
每天由當地的外川港口進貨,將品質最鮮的海產製成握壽司。(見P.6-24)

I 榊原豆腐店
百年豆腐專賣店,不能錯過店家自製的豆漿布丁。(見P.6-24)

古都「鎌倉」散策輕旅

說起東京近郊的美好風景，一定不能錯過鎌倉，它代表了都市人心中理想桃花源的原型，樸實無華卻充滿豐沛心靈的無限可能。

交通

◎從品川駅搭乘直達普通車至北鎌倉駅，車程約45分。

◎東京駅發車的JR橫須賀線，是前往鎌倉最簡單的交通路線，在山手線沿線停靠東京、新橋、品川三站，可以依東京住宿的遠近選擇進出點。

Day 1

F 小町通り → 住宿：鎌倉王子大飯店

B 三日月堂 花仙 → **C** 建長寺 → **D** 鶴岡八幡宮 → **E** 段葛 こ寿々 →

品川駅 → 北鎌倉駅 → **A** 明月院 → 葉祥明美術館 →

A 明月院
以梅雨季時盛開的紫陽花聞名的明月院，若選在初夏前來可得要有人擠人的心理準備。(見P.1-57)

D 鶴岡八幡宮
鎌倉最重要地方信仰日本三大八幡宮之一，從第三鳥居隔著太鼓橋望向本殿可是定番拍照角度。(見P.1-50)

E 段葛 こ寿々
改裝自昭和初期時代的木造建築，是當地知名的蕎麥麵店，用餐時間排隊人潮多，注意早點去。(見P.1-50)

B 三日月堂 花仙
在銅鑼燒知名的和菓子老舖，與花朵共進四季風味甜品。(見P.1-56)

F 小町通り
短短500公尺的街道卻聚集了鎌倉地區最多最精彩的店家，可以一路慢慢逛、慢慢買。(見P.1-43)

C 建長寺
鎌倉五大古寺之一，春天粉櫻、秋天楓紅則更添風華。(見P.1-59)

Day 2 江之電➡**G**江之島➡**H**鎌倉高校前駅➡**I**御靈神社➡
Jcafé坂の下或**K**一花屋➡**L**鎌倉大佛高德院➡**M**長谷寺➡
鎌倉駅➡品川駅

F 江之島
以江島神社貫穿，除了文化外，江之島岩屋、
稚兒之淵等可以看到美麗海景也是十分推
薦。(見P.1-72)

G 鎌倉高校前
鎌倉高校前駅的湘南海岸，是許多灌籃高手迷
一定要造訪的地點。(見P.1-71)

H 御靈神社
鳥居前有江之電通過的風景，真是太美啦！(見
P.1-65)

I café坂の下
樸實的餐點處處透露著主人高雅品味，中午
在這裡好好休息，品味鎌倉的老屋咖啡文化。
(見P.1-68)

J 一花屋
充滿昭和氛圍的古民房咖啡廳，引入滿室綠意，納人心涼。(見P.1-67)

K 鎌倉大佛高德院
鎌倉的必遊景點，繞到大佛的背後，還可進入大佛身體內參觀。
(見P.1-66)

L 長谷寺
以十一面觀音聞名、也是鎌倉的賞花名所，一年四季皆有不同花卉盛
開。(見P.1-61)

「溫泉勝地」泡美湯，
慢遊避暑勝地「輕井澤」

不論想泡的是美人湯、或具有療效的硫磺泉，走在日本文學名
著誕生的舞台、品嚐Q彈美味的溫泉饅頭，放鬆平時匆忙的腳
步，享受慢活悠閒時光！

交通

◎東京駅搭乘JR上越長野新幹線，至高崎轉搭群馬巴士前往伊香保溫泉、草津溫泉。或上野
駅搭JR特急草津號，直達長野原草津口駅，再轉搭JR巴士到草津溫泉。
◎東京駅八重洲南口、新宿駅新南口搭乘「上州ゆめぐり号」，途中經過伊香保溫泉、長野
原草津口，終點站草津溫泉巴士站。
◎草津溫泉前往輕井澤，可以搭乘草輕交通巴士。(資訊詳見P.4-4)

Day 1

東京➡Ⓐ石段街(伊香保溫泉)➡豆腐茶房段段➡Ⓑ
伊香保神社➡Ⓒ伊香保露天溫泉➡住宿：木暮飯
店(伊香保)

Ⓐ 石段街
走在石段街上逛逛買買各式土產，享受溫泉街風情。(見
P.9-13)

Ⓒ 伊香保露天溫泉
位在湧泉口旁的伊香保露
天溫泉，位在大片樹林之
中，空氣新鮮、氣氛寂靜，
正好洗去旅程的一身疲
憊。(見P.9-14)

Ⓑ 伊香保神社
位於石段街最頂端的伊香
保神社，氣氛莊嚴寧靜，可
自由參拜。(見P.9-14)

Day 2

Ⓓ石段之湯➡Ⓔ伊香保關所➡Ⓕ舊夏威夷王國公
使別邸➡草津溫泉區➡住宿：草津飯店

Ⓓ 石段之湯
當地人排隊也願意的公共
浴池，但要記得來此泡湯
需要自備毛巾。

Ⓔ 伊香保關所
走進關所，彷彿親身體驗
過往來到伊香保通關的流
程與心情。(見P.9-15)

Ⓕ 舊夏威夷王國公使別邸
過去駐日夏威夷王國代表Robert Walker Irwin的公使別
邸，現作為史蹟博物館供遊客參觀。(見P.9-16)

Day 3

G草津玻璃藏➡**H**湯畑➡**I**西之河原公園➡とん香➡湯田中澀溫泉區(長野縣)→住宿：金具屋 (湯田中澀溫泉)

G 草津玻璃藏
預約最早的時段，前來體驗手作玻璃的樂趣。(見P.9-8)

H 湯畑
顧名思義為溫泉之田的意思，在這裡還可以採集到溫泉結晶。(見P.9-5)

I 西之河原公園
不同於常見公園的綠色景觀，這公園有溫泉流經，也有任何人都能享受的大露天風呂。(見P.9-9)

Day 4

J地獄谷野猿公苑➡手打蕎麥烏龍 玉川本店➡**K**雲場池(輕井澤)➡**L**輕井澤Taliesin➡住宿：Highland Inn ease(輕井澤)

J 地獄谷野猿公苑
這裡是野生猴子都可以自在泡溫泉的公園。(見P.4-38)

K 雲場池
另一個名字為白鳥湖，池周圍有步道可供遊客散步，順道欣賞四周美景。(見P.4-8)

L 輕井澤Taliesin
集合了許多博物館的遊憩區，展示許多不同作家與藝術家的作品。(見P.4-21)

Day 5

M愛爾茲玩具博物館➡**N**繪本之森美術館→輕井澤駅➡東京

M 愛爾茲玩具博物館
來到玩具博物館可以一睹許多來自歐洲各地各式木製玩偶、玩具。(見P.4-20)

N 繪本之森美術館
隱身於森林中的美術館，隨季節舉辦各種不同的展覽。
(見P.4-21)

「箱根」季節限定美景，
賞富士絕景「河口湖」

大東京地區範圍廣、景點多，但只有5天4夜該怎麼安排呢？想賞花、想望山、又想去遊湖的你，不妨參考這個行程。

 交通

◎新宿駅搭乘JR中央線至大月駅、轉搭富士急特急至河口湖駅，約2.5小時；或搭乘特急「富士回遊」可直達河口湖駅，約2小時。

◎從河口湖、山中湖前往御殿場，可搭乘富士急巴士到御殿場駅及OUTLETS。

◎欲前往箱根，可至御殿場駅搭乘小田急高速巴士或箱根登山巴士。

Day 1

東京➡️ A 河口湖➡️ B 河口湖～富士山全景纜車➡️ C 久保田一竹美術館➡️河口湖音樂盒之森美術館➡️住宿：富ノ湖ホテル(河口湖)

Day 2

河口湖遊覽船➡️ D 西湖療癒之里 根場➡️野鳥之森公園➡️山中湖➡️ E 山中湖文學之森➡️ F 遊覽船「天鵝湖」➡️住宿：紅富士の湯(山中湖)

D 西湖療癒之里 根場
富士山旁茅草蓋成的合掌屋聚落，與自然景觀融為一體，還有手作體驗，推薦給喜愛傳統民居者前往一遊。(見P.2-22)

A 河口湖
河口湖四周自然環境豐富，變化萬千，櫻花季、薰衣草節、花火節、紅葉祭等，四季皆有迷人風貌。(見P.2-8)

F 遊覽船「天鵝湖」
美麗天鵝造型的山中湖遊覽船，以富士山為背景，成為山中湖最熱門的拍照點之一。(見P.2-16)

B 河口湖～富士山全景纜車
先將行李暫寄河口湖附近寄物櫃，即前往搭乘全景纜車欣賞湖光山景。(見P.2-10)

C 久保田一竹美術館
美術館內收藏的華麗和服及庭園設計都值得一看。(見P.2-12)

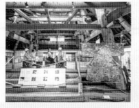

E 山中湖文學之森
小山路上共有15座刻有名家作品的石碑，文學園內更收集了三島由紀夫的完整作品。(見P.2-17)

Day 3

山中湖➡御殿場➡**G**キリン威士忌蒸餾所➡**H**箱
根海盜船➡箱根神社➡**I**箱根空中纜車➡玉子茶
屋➡住宿：姥子溫泉區(箱根)

G キリン威士忌蒸餾所
這裡的威士忌都是用純淨的富士山天然水，
可進入工廠見學，品嚐富士山湧泉水蒸餾的
威士忌，加深味覺記憶。(見P.3-6)

H 箱根海盜船
多艘華麗造型的海盜船，內部寬敞舒適，邊遊蘆之湖、邊
遠眺富士山及箱根神社美景，好不愜意。(見P.1-99)

I 箱根空中纜車
隨著登山纜車向上攀升，從不同高度、視角欣賞壯麗的
富士山。(見P.1-99)

Day 4

J箱根美術館➡**K**強羅公園➡**L**雕刻之森美術館
➡田むら 銀かつ亭→住宿：宮ノ下溫泉街(箱根)

J 箱根美術館
箱根地區歷史最悠久的美術館，以滿佈紅葉的庭園聞
名。(見P.1-97)

K 強羅公園
園區內櫻花、杜鵑、繡球花、玫瑰等花卉依時開放，園區
內也有體驗工房，遊客可參與體驗各式活動。(見P.1-96)

L 雕刻之森美術館
由於是座室外美術館，展出各式大型雕塑，遊客可以親
手觸摸到展示品。(見P.1-97)

Day 5

宮ノ下溫泉➡**M**箱根湯本溫泉街
➡**N**饅頭屋菜之花➡小田原駅➡
東京

M 箱根湯本溫泉街
溫泉饅頭、手燒仙貝，各式伴手禮就
在這裡買！(見P.1-90)

N 饅頭屋菜之花
最後一站了，千萬別錯過溫泉街上必
買的傳統招牌點心。(見P.1-93)

海天風光「伊豆半島」自由行

想同時欣賞大自然動人風光、博物館及美術館的藝術洗禮、享受療癒溫泉及大啖新鮮海味美食，不妨就以伊豆為主要目標區域，來趟好玩又好吃的半島旅行！

┌───┐
交通

◎東京駅搭乘JR東海道新幹線，僅須50分鐘即可抵達熱海。
◎伊豆半島幅原廣大，原則上各大景點都有鐵道列車相連，交通還算方便。但到了當地後，除了在車站周邊用徒步行動外，也可利用巴士進行景點的串聯。
◎鐵道部份可以利用伊豆急行線或伊豆箱根鐵道，來做點與點之間的串聯。
└───┘

Day 1

東京➡熱海駅➡A熱海梅園➡B仲見世通り&和平通り➡C延命堂➡住宿：湯宿 一番地(熱海)

A 熱海梅園
從明治19年開園，種植60種、469棵樹齡超過百年的古梅樹，白、桃紅、杏粉各種梅花熱情盛開。(見P.3-81)

B 仲見世通り&和平通り
熱海最熱鬧好逛的商店街區，聚集伴手禮、餐廳、溫泉饅頭、煎餅等小吃。(見P.3-78)

C 延命堂
大正時代開店至今的老店，以來自北海道的紅豆內餡聞名的熱海招牌溫泉饅頭。(見P.3-82)

Day 2

熱海駅➡伊豆高原駅➡D伊豆仙人掌動物公園➡E大室山纜車➡F大室山➡住宿：伊豆 一碧湖飯店(伊豆高原)

D 伊豆仙人掌動物公園
與可愛動物一起並肩散步，還有不能錯過冬季限定超可愛水豚泡湯！(見P.3-38)

E 大室山纜車
搭上大室山纜車，一覽沿途最棒的景觀。(見P.3-41)

F 大室山
標高580公尺的大室山，從山頂可以將伊豆高原到伊東海岸、相模灣上的大島等景色一覽無遺。(見P.3-41)

Day 3

Ⓖ一碧湖➡池田20世紀美術館➡Ⓗ培里之路(下田)➡住宿：下田 大和館

Ⓖ 一碧湖
有伊豆之瞳之稱的一碧湖，湖畔四周有野鳥保護林，自然景觀豐富，四季風貌亦皆不同。(見P.3-42)

Ⓗ 培里之路
沿著下田平滑川設置的石板步道延伸至港口，沿途水畔柳枝搖擺、復古小橋，感受濃濃復古風情，周邊的咖啡廳、雜貨小店也不能錯過！(見P.3-63)

Day 4

Ⓘ寢姿山➡修善寺溫泉區➡Ⓙ修禪寺➡Ⓚ竹林小徑➡住宿：新井旅館(修善寺溫泉)

Ⓘ 寢姿山
搭乘纜車登頂後，清晰可見以往停泊黑船的下田港，若天晴時，還可盡覽伊豆七島。(見P.3-60)

Ⓙ 修禪寺
幽靜的古剎，秋季時可來此欣賞紅葉美景。(見P.3-51)

Ⓚ 竹林小徑
長270公尺的竹林小徑，風吹動竹葉沙沙作聲，林間綠意盎然，也是遊客必遊的景點。(見P.3-53)

Day 5

Ⓛ修善寺虹之鄉➡修善寺駅➡東京

Ⓛ 修善寺虹之鄉
融合多國特色的主題樂園，園區內花卉豔麗綻放，就像是世界各地風采的精華版，來此一遊宛如環遊世界一般。(見P.3-54)

「北關東」三縣走透透，
網羅美食與美景

北關東三縣茨城、栃木、群馬，彼此距離不遠，但特有的地理環境也造就獨特風情與美食。茨城靠海擁有各式新鮮海產；群馬縣群山環繞，地產豐沛，高地蔬菜更是美味；栃木除了日光東照宮，日本皇家度假地的那須高原也不容錯過！

◎上野駅搭乘JR特急「ときわ (TOKIWA)号」，約1小時15分能達水戶駅，再從水戶駅搭乘鹿島臨海鐵道，約15分即能抵達大洗。
◎要至常陸景點則得先搭乘常磐線至勝田駅，轉乘ひたちなか海浜鐵道(常陸那珂海濱鐵道)至各景點。

Day 1

上野駅➡水戶駅➡ Ⓐ常陸海濱公園➡Sea Side Cafe➡ Ⓑ
大洗Aqua World➡Ⓒ酒趣➡住宿：HOTEL TERRACE the
GARDEN MITO(水戶)

Ⓑ 大洗Aqua World
日本數一數二的超人氣水族館，有可愛的企鵝、海豚等，更擁有日本品種數最多的鯊魚水槽。(見P.7-12)

Ⓒ 酒趣
茨城地產美味又豐富，來到水戶市區的居酒屋，也能嚐到玫瑰豬肉、常陸牛等夢幻肉品，一定要試試！(見P.7-8)

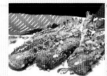

Ⓐ 常陸海濱公園
春夏秋冬不同花季風情，讓常陸海濱公園近幾年早已躍居關東人氣熱門景點。(見P.7-13)

Day 2

千波湖➡️**D**偕樂園➡️Restaurant iijima餐廳➡️**E**笠間稻荷神社➡️**F**石切山脈➡️結城紬館・結城紬資料館➡️住宿：宇都宮 東武ホテルグランデ

Day 3

大谷資料館(宇都宮)➡️那須高原➡️**G**友愛之森➡️**H**那須動物王國➡️殺生石➡️**I**住宿：こころのおやど 自在荘(那須高原)

D 偕樂園
這處迴游式庭園以梅花景致知名，每年2月三千餘株梅樹綻放時節，繽紛璀璨。(見P.7-5)

E 笠間稻荷神社
日本三大稻荷神社、歷史已超過1300多年，充滿建築淬鍊之美的殿寺建築與雕刻是參觀重點。(見P.7-16)

F 石切山脈
IG打卡爆紅景點，使這處私人花崗岩採石場大方開放，被切割的高聳石壁與水池倒影形成夢幻景致，來到笠間遊覽時不妨順訪。(見P.7-12)

G 友愛之森
友愛之森是那須高原上人氣地點，不時也有音樂活動在戶外舉辦，來這用餐外也有機會參與許多精彩活動。(見P.8-14)

H 那須動物王國
高原上的人氣動物園，有戶外動物區、室內動物館區及各種精彩表演外，許多可愛動物都能近距離接觸。(見P.8-14)

I こころのおやど 自在荘
高原上以日式風情為主的溫泉旅館，女將的細緻問候與款待，讓只有15間住房的旅館，多一層溫暖氛圍。(見P.8-18)

Day 4

J 栃木市 藏の街 ➡ パーラーとちぎ Cafe ➡ **K** 足利花卉公園 ➡
L 住宿：伊香保溫泉 岸権旅館

K 足利花卉公園
喜歡紫藤的人，一生必要來一
次足利花卉公園，多達350棵紫
藤，盛開時面積驚人，成為一
片夢幻紫色世界。

J 栃木市藏の街
仍保留江戶時代通往東京(江戶城) 的
古運河，如今成了觀光遊船搭乘處，可
以搭上遊船或悠閒散步街道，欣賞有
藏的街之稱的栃木市。

L 住宿：伊香保溫泉 岸権旅館
從室町時代開業至今，悠長的歷史與
謹守的優質泉景，讓這裡成為伊香保
最棒的溫泉旅館之一，許多影視藝人
也都愛入住這裡。(見P.9-18)

Day 5

M 河鹿橋 ➡ **N** 榛名湖・榛名神社 ➡ **O** 日本茶喫茶・藏のギャラ
リー棗 ➡ **P** E'site高崎→東京

O 日本茶喫茶・
藏のギャラリー棗
江戶時期的石藏
建築，現在改為喫
茶處對外開放。
(見P.9-19)

M 河鹿橋
伊香保經典景致之一的河鹿橋，小小一座橋深藏在林道中，尤其楓紅
時節加上夜間彩燈照耀，更加美麗夢幻。(見P.9-15)

N 榛名湖・榛名神社
擁有1400多年歷史的神社就位在榛名山上，分散在15公頃境內的多
處寺殿，宛如遊走林間步道般充滿能量。鄰近的高原湖-榛名湖也可順
遊。(見P.9-20)

P E'site高崎
位處高崎車站內，每天大量人潮往來，商場也
特別精彩豐富，尤其針對旅人需求，絕對讓你
一站採購大滿足。(見P.9-20)

神奈川
かながわ

神奈川怎麼玩

鄰東京都心的神奈川縣位在關東地區西南部,坐上各路電車、巴士只需1~2小時就能體驗到截然不同的生活節奏,像是日本年輕人最愛的約會聖地橫濱、名剎聚集地古都鎌倉、悠閒海島生活江之島,或是連日本人都讚不絕口的溫泉鄉箱根,都是值得深入探遊的地方。

箱根(P.1-84)

位於富士山與伊豆半島之間的箱根,是日本人引以為傲的國家公園,也是國際間極具知名度的觀光景點。箱根涵蓋區域廣闊,元箱根與箱根町有著濃厚歷史氣息;大涌谷的火山與湛藍的蘆之湖優美而浪漫;藝術之森、玻璃之森美術館等精采的美術館,則集中在強羅、仙石原一帶。

江之島(P.1-72)

位於江之電沿線的江之島,有供奉女神弁財天的江島神社而著稱,從江戶時代即是吸引日本全國遊客參拜兼行樂的觀光勝地。出了江之島駅後沿著跨海大橋走至島上,延途的海鮮店家,還有人來人往的神社參道,都帶著輕鬆的度假步伐。

橫濱(P.1-4)

　　橫濱是東京的外港,也是日本最大的國際貿易港,這個每日航運熱絡的都市在商船帶來的洋風薰陶下,散發出東京所沒有的港都風情。橫濱車站是市中心,山下公園和港區未來21則有著悠閒的生活節奏,元町一帶的美麗街道與時髦小店,以及日本三大中華街之一的橫濱中華街,展現出橫濱的多元化。

鎌倉(北鎌倉・長谷寺)(P.1-40)

　　主宰日本歷史141年的幕府所在地「鎌倉」,有著古都特有的寧靜,清幽的寺院讓人忘卻都市的塵囂,隨著寺院發展的老舖,從精進料理到甜蜜和菓子,還有各家擁有庭園景觀的美景餐廳,讓鎌倉有著特有的古都韻味。

神奈川
橫濱

山梨◆靜岡◆長野◆埼玉◆千葉◆茨城◆栃木◆群馬

橫濱
よこはま Yokohama

橫濱是東京的外港，也是日本最大的國際貿易港。這個每日航運熱絡的都市在商船帶來的洋風薰陶下，散發出東京所沒有的港都風情：橫濱駅附近熱鬧的購物中心、山下公園和港區未來21一帶新舊交錯的港灣風景、街頭隨處可見的歐風建築、元町一帶的美麗街道與時髦小店，以及日本三大中華街之一的橫濱中華街等，一同構築成這兒無拘無束而充滿層次的文化港灣魅力。

交通路線＆出站資訊

電車
橫濱駅⇨JR東日本-東海道線、橫須賀線、湘南新宿ライン、京濱東北線、根岸線、橫濱線、成田特快線(成田エクスプレス)
櫻木町駅⇨JR東日本-根岸線、京濱東北線、橫濱線
石川町駅⇨JR東日本-根岸線
橫濱、生麦駅⇨京濱急行電鐵-京急本線
橫濱駅⇨東京急行電鐵-東急東橫線
橫濱、みなとみらい駅、馬車道駅、元町・中華街駅⇨橫濱高速鐵道-みなとみらい(港區未來)線
橫濱駅⇨相模鐵道-相鐵本線
橫濱駅、櫻木町駅⇨橫濱市營地下鐵-3號線
八景島駅⇨シーサイドライン(Seaside Line)

出站便利通
・橫濱駅周邊
◎橫濱駅東口⇨有SOGO、O101CITY、LUMINE、地下街PORTA和BAY QUARTER等百貨，通通都與車站連結。
◎橫濱駅西口⇨則有高島屋、CIAL等百貨和大型電器量販店YODOBASHI CAMERA、Bic Camera和TOKYU HANDS等購物地。
・港區未來21周邊
◎みなとみらい駅5號出口⇨與最有名的購物城Queen Square(皇后廣場)連結，一整排高層大廈通通都是可以用餐、逛街、購物的複合式大樓。

◎5號出口⇨從出站看到的最高建築物就是Landmark Tower(橫濱地標塔)，從Landmark Tower前沿著みなとみらい大通，可一路散步到歷史建築物群聚的馬車道駅、日本大通駅。
◎Queen Square往港灣方向⇨可以看到大型摩天輪，是橫濱最受情侶歡迎的遊樂園コスモワールド(橫濱宇宙世界遊樂場)。
◎みなとみらい駅3號出口⇨要前往話題商場MARK is，從3號出口就能直結。
・元町中華街周邊
◎みなとみらい線元町中華街駅的5號出口⇨一出車站就是元町商店街入口，長700公尺的購物街道可一路逛到JR石川町駅。
◎元町中華街駅5號出口⇨循著指示牌，沿著各條坂道走上充滿洋館聚集的山手地區，感受橫濱最迷人的歐洲異國氛圍。
◎元町中華街駅的1號出口⇨出站就是中華街東門入口，穿過華麗的朝陽門(東門)牌樓就進入熱鬧繁榮的中華街。

優惠交通套票
◎JR橫濱港未來通票⇨憑式於1日內無限搭乘根岸線(橫濱駅～新杉田駅之間)的普通列車(含普快，限普通車廂自由座席)，以及橫濱高速鐵道線(港未來線)。
⊕成人￥530，兒童￥260
⊛JR各站售票處(自動售票機、綠色窗口等)
⊗www.jreast.co.jp/multi/zh-

CHT/pass/yokohama_minatomirai.html (中文)
◎港未來線1日乘車票⇨可1日無限搭乘港未來線，並享有部分設施、商店的折扣。
⊕成人￥460，兒童￥230
⊛港未來線全線車站售票機
◎港灣漫遊車票(みなとぶらりチケット)⇨1日內可任意搭乘市營巴士、市營地下鐵及觀光巴士「あかいくつ」(紅鞋號)，並享有約80處觀光景點與店舖的折扣。若需要串聯新幹線，則可選買還可在市營地下鐵新橫浜駅自由上下站的廣域票券(搭乘規範同上)。
⊕成人￥500，兒童￥250。(廣域票成人￥550，兒童￥280)
⊛市營地下鐵(橫浜・高島町・櫻木町・關內・伊勢佐木長者町)、櫻木町駅觀光案內所、市內主要飯店購票
◎Seaside Line單日車票⇨此票券可無限乘坐Seaside Line，欲前往橫濱南部地區以及八景島可購買此票券。
⊕成人￥680，兒童￥340
⊛Seaside Line全線車站售票機。可提前購票、6個月內皆可使用

山梨♦靜岡♦長野♦埼玉♦千葉♦茨城♦栃木♦群馬

橫濱驛周邊

橫濱驛是東京與東海道的交通轉運中心，也是橫濱最熱鬧繁華的區塊，附近百貨公司林立，商店街、辦公大樓與各式專賣店也不少。如果時間不夠可以利用轉車時在百貨公司裡逛逛，若有空還能從這裡搭水上巴士(Sea Bus)至港區未來21，玩遍全橫濱！

橫濱驛觀光案內所

從JR橫濱驛出票口旁即可看到橫濱驛觀光服務中心，在這裡可拿到橫濱目前最新的活動資訊，有提供繁體中文、韓、英等版本的橫濱觀光指南地圖與手冊。

[KSGG神奈川 志工導遊協會]

KSGG(Kanagawa Systematized Goodwill Guide Club)成立於1989年，是由一群翻譯志工設立的非營利外語導遊協會，幫助國外遊客更加瞭解神奈川地區的歷史與文化背景，提供觀光導遊、觀光資訊詢問、商務翻譯等。

· 服務地區：主以橫濱、鎌倉、川崎地區為主，神奈川其他市需事先與協會聯繫
· 服務語言：中、英、韓、泰、法、西班牙文等
⊙ 導覽行程免費，需上網提前預約
⊕ volunteerguide-ksgg.jp；facebook.com/ ksgg.jp/ ❶志工因導覽產生的交通費、餐費及門票等須由申請者支付

🛍 PORTA

🗺 別冊P.2B4 🚃 橫濱驛東口直結 ☎045-441-1211 📍橫濱市西區高島2-16，B1 🕐商店10:00~21:00、餐廳11:00~23:00(依店家而異)
⊕ www.yokohamaporta.jp

> 美食街的壽司店也不容小覷，用料實在又新鮮！

　位於橫濱驛下方的PORTA打造出歐洲街道風情的遊逛空間，讓人覺得既優雅又獨具特色，**其內有多達120間商店與餐廳**，包括書店、流行服飾店、藥妝店等；對於趕時間的旅客來說，PORTA的美食街也提供了豐富而多樣化的選擇，而且快速方便，即使一個人自己用餐也不會感到不舒適。

👁 橫濱KIRIN啤酒工廠

キリン橫濱ビアビレッジ

🏠別冊P.2B3 🚃京濱急行線生麥駅步行約10分、新子安駅轉搭計程車約5分 📞045-503-8250 🏠橫濱市鶴見區生麥1-17-1 🕐9:45~16:30。工廠參觀10:00~15:00(參觀65分鐘，啤酒試喝25分鐘) 🚫週一(週假日隔日休)、年末年初，有可能臨時休館 💴免費入館。工廠參觀20歲以上¥500 🌐www.kirin.co.jp/ ❗工廠參觀導覽以日文為主，需事前預約。入場前可先向櫃台領取繁體中文簡介

實地走訪麒麟啤酒工廠，喝一口新鮮精釀啤酒。

於1926年開業的「橫濱KIRIN啤酒工廠」是麒麟啤酒分佈於日本地區其中之一的據點，廣闊的園區內有工廠、餐廳、賣店及庭園。在這裡可以瞭解麒麟啤酒的歷史，還有各式小體驗可以免費玩，或是**參加特別設計的啤酒工廠導覽，一窺啤酒釀造的生產流程，品嚐變身啤酒前的麥芽汁**，導覽結束後還可以試喝經典啤酒、一番榨生啤酒、黑啤酒等，另也有提供自家品牌的啤酒飲料KIRIN Free、午後紅茶、咖啡、果汁等無酒精飲料。

四種香腸組合拼盤，是餐廳內的人氣菜單。

試飲啤酒口味分有496(淡啤酒)、COPELAND(豐潤微苦)、Afterdark(濃厚煙燻)、On the cloud(清爽果香)、Daydream(柚子與山椒)及JAZZBARRY(莓果)。

從口味較淡的啤酒試飲，配上自家生產的花生、柿種小點心。

先從啤酒原型開始參觀，一起聞聞看啤酒花、試嚼小麥。

伴手禮區裡，啤酒杯、零食點心、飾品等，各種周邊也應有盡有。

🍴 SPRING VALLEY BREWERY Yokohama

📞045-506-3013 🏠橫濱KIRIN啤酒工廠旁 🕐11:00~22:00(L.O.21:00) 🚫週一(週假日則隔日休)、年末年始 💴餐點¥500起、飲料¥350起、啤酒試飲組(6杯) ¥1,000

夜晚一起嚐鮮工業風精釀啤酒酒吧，體驗微醺夜晚～

由麒麟啤酒經營的「SPRING VALLEY BREWERY Yokohama」(SVB)，即坐落在啤酒工廠的一旁，**主要以販售手工精釀啤酒、配酒輕食，以及牛排、義大利麵、燉飯等主餐，其中最有人氣的配酒餐點是香腸拼盤(Sausage Assortment)。其推出手工啤酒試飲組，讓你可以一次試飲六款不同口味的啤酒**，從清爽至濃厚口感，品嚐不同滋味與回韻。

如何上網預約無料體驗

1 進入網站點選「エンタメ・レシピ」，選擇「キリンの工場見學」。

2 進入後拉至下方選取「キリンビール橫濱工場」。

3 跳進另一頁面後，按下右邊的紅色BAR「ご予約」。

4 進入預約畫面。

5 點選下方欲參觀日期。

6 點選進入後即可看到參加時間，以及空、滿席情形(藍色為空席，紅色為滿席)。

7 選定後確認參觀時間，填入個人資料：姓名(必須填入姓名片假名，可至網上查詢後填入)、郵件信箱、手機號碼(加入國碼，如886-912-345678)、年齡、來場地域(填入飯店郵遞區號與所在區域，如151-0053、東京都、新宿區)、預約人數、交通方式、來場次數、如何得知工廠等。

8 最後按下「同意する」即完成預約。

9 確定預約完成後信箱會收到預約完成通知郵件「キリンビール工場見學予約申込完了のお知らせ」，內容會註明預約號碼、日期、人數、地址。

10 保險起見出發前可印下報名單，再前往櫃台出示文件。

❶如欲取消預約，請按下「予約の確認・キャンセル」進入後，同樣填入姓名(片假名)、預約號碼、郵件信箱、手機號碼後按下「檢索」，即可進入完成取消手續，完成後會再次收到取消通知郵件。

神奈川
橫濱
↓山梨↓靜岡↓長野↓埼玉↓千葉↓茨城↓栃木↓群馬

🛍 VIVRE

🅰別冊P.2A4 🚃橫濱駅東口徒步10分 ☎045-314-2121 ⏰橫濱市西區南幸2-15-13 🕐11:00~21:00，週末及例假日10:00~21:00 ❌不定休 🌐www.vivre-shop.jp/yokohama

於1985年開業的「VIVRE」，坐落於橫濱駅西口徒步約5分鐘的距離，這個九樓建築，樓層分為地下一樓與地上九樓，共有約140間店舖。在2015年重新開幕後外觀新穎、時尚，是**橫濱的老字號百貨之一**。其內集結眾多服飾、甜點、餐廳等品牌，店內風格年輕。

九樓的「ボークス橫濱ショールーム」是模型專賣店。

人偶模型從頭到腳都可以自選搭配。

等比例縮小的鐵道及建築物，作工細緻又栩栩如生。

能近距離欣賞鐵道的工藝之美，與火車來趟想像的小旅行。

展出老鐵道的復古縮影，讓人沉浸於舊時光。

おすすめ 👍

🏛 原鐵道模型博物館

原鉄道模型博物館

🅰別冊P.2B4 🚃橫濱駅東口徒步5分 ☎045-640-6699 🏠橫濱市西區高島1-1-2(橫濱三井ビルディング2F) 🕐10:00~17:00(最後入場至16:30) ❌週二、三(遇例假日隔日休)；年末年始、2月上旬 💰大人￥1,000，國高中生￥700，4歲以上孩童￥500 🌐www.hara-mrm.com ❗預約購票制，需事先於官網或全家便利店購票

最精密的縮小比例火車模型、最有趣的實景鐵道模型，每一個角落都會讓鐵道迷為之瘋狂！

2012年開幕的原鐵道模型博物館，選在日本鐵道的發祥地——橫濱建造，館內展示著企業家原信太郎收藏、製作的鐵道模型群；**從最古老的蒸氣機關車開始，到近代的電氣機關車，原信太郎的收藏可以說是順著歷史軌跡，跨越了時空，讓人身在橫濱，卻能玩賞世界鐵道。**

橫濱Morecs

ⓘ別冊P.2A3 ⓖ橫濱駅西口 徒步約1分 ☎045-311-1471 ⓠ橫濱市西區南幸1-3-1 ⓒ商店10:00~21:00、餐廳11:00~23:00。(依店舖而異) ⓦyokohama-mores.jp

位於橫濱駅西口的流行百貨Mores,**高格調的精品路線引領橫濱的流行風向**,1、2樓為流行精品名店SHIPS,5至7樓有東急手創,8至9樓則以美食餐廳為主。以成熟品味的流行精品店家居多,吸引橫濱潮男潮女至此朝聖。

SOGO橫濱店

ⓘ別冊P.2B3 ⓖ橫濱駅東口從PORTA進入可達 ☎045-465-2111 ⓠ橫濱市西區高島2-18-1 ⓒ商店10:00~20:00、餐廳11:00~23:00 ⓦwww.sogo-seibu.jp/yokohama/

與車站相通的SOGO橫濱店是車站周邊的購物逛街首選地,**每到整點時間,SOGO橫濱店的正門口總會擠滿人,SOGO招牌的報時鐘出現許多可愛人偶吸引人駐足**。除了購物,位於6樓的SOGO美術館,是車站旁的重要文化中心,無論是歷史繪卷或現代繪本,提供各種藝術創作的展出機會。

橫濱Bay Quarter

ⓘ別冊P.2B3 ⓖ橫濱駅東口徒步3分,或從東口經SOGO 2樓徒步7分 ☎045-577-8123 ⓠ橫濱市神奈川區金港町1-10 ⓒ商店11:00~20:00、餐廳11:00~23:00。(依店家而異) ⓦwww.yokohama-bayquarter.com

橫濱駅東口的Bay Quarter,**是一個吹得到海風,能看得到港口的大型百貨商場**,2樓就是往港區21水上巴士的乘船所,經3樓

傍水而建的Bay Quarter,在夜色下的水中倒影超浪漫。

的連絡通道Skyway可通往其他設施。75間進駐的店舖中,有時尚家飾店,居家各式生活雜貨、食品,寶貝狗狗用品店,流行服飾百貨等,還有視野絕佳的美食餐廳,選擇十分多樣。

港區未來21周邊

橫濱的港區未來21(みなと未来21)，現代感高層建築比鄰並列，串聯出港灣都市的現代化。另一方面，保存開港時期的歷史建築讓這裡充滿新舊都市的對比景觀，現代化之餘，依然能讓人感受昔日的優雅風情。

遊橫濱市中心，利用「港未來線PASS」最便利

整個橫濱市區景點大都集中在沿港灣的沿線腹地內，從橫濱站到元町中華街站之間。有JR的根岸線及港未來線大約呈平行方式橫貫這整個區間，但因港未來線更接近港灣邊，且站點多、與最熱鬧的購物區港未來站也直結，若估計這區間會搭乘個2~3次，建議可以購買PASS，一些觀光設施也能享折扣。以徒步跟電車搭配使用，畢竟看似沒幾站，走起來還是挺累的。

《港未來線一日PASS》：搭乘區間橫濱站~元町・中華街站，成人￥460、兒童￥230(單程￥190)，沿線各站售票機均售。

合味道紀念館 橫濱

カップヌードルミュージアム
CUPNOODLES MUSEUM

別冊P.2B1 みなとみらい線みなとみらい駅徒歩約8分 045-345-0918 橫濱市中區新港2-3-4 10:00~18:00，NOODLS BAZAAR 11:00~18:00，雞汁拉麵工廠 10:15~17:45 週二(遇列假日休週三)，年末年始 入館：大學生以上￥500，高中生以下免費。製作杯麵￥500。NOODLS BAZAAR：麵食一份￥500。雞汁拉麵體驗：中學生以上￥1,000，小學生￥600 www.cupnoodles-museum.jp

劃時代的發明，一起了解杯麵的歷史！

曾經有人對杯麵下了一個這麼樣的註解：「日本人發明了杯麵，改變了全世界的食文化。」發明杯麵的，正是日清食品集團的創始人安藤百福。繼大阪池田的泡麵博物館之後，日清更於2011年在**橫濱新建了杯麵博物館，以「創造思考」為主題，介紹了泡麵與杯麵的發展歷程。**

館內品嚐到來自世界8國的不同麵食，完全體驗麵食的魅力。

館內可以自己動手做泡麵及杯麵的專區。

看日劇《萬福》更瞭解杯麵歷史

想要更瞭解日清食品集團的創始人安藤百福的故事，推薦看由NHK於2018年播出的晨間劇《萬福(まんぷく)》，由安藤櫻及長谷川博己主演，從劇中看見主角藉由美食傳遞幸福感給觀眾，並一窺日本戰後經濟快速起飛的過程。

日本丸紀念公園

日本丸メモリアルパーク

📖別冊P.2A1 🚶みなとみらい線みなとみらい駅徒歩約5分 📞045-221-0280 📍橫濱市西區みなとみらい2-1-1 🕐10:00~17:.00(入場至閉館前30分) ❌週一(遇假日順延)、年末年始、不定休 💰日本丸+博物館共通券：大人￥800，中小學生￥300

www.nippon-maru.or.jp

　橫濱是日本第一大港，當然少不了一座介紹海港與船隻的博物館，除了展示橫濱港開拓史的橫濱海事博物館外，**最精彩的當屬停泊在內灣的日本丸帆船**，從操舵室、船長室、機關室等都保留著當年的丰采，加上美麗白帆，是港區十分醒目的一景。2022年6月博物館也重新整裝再開放，以豐富面貌迎接來客。

海上可看見海港、橫濱三塔與臨近新穎現代大樓形成的衝突美感。

併排的船塢群晚間搖身一變，成為氣氛十足的船塢餐廳。

途中會經過警察署，導覽人員說大樓總高110米，是因要和警察報案電話110一致而設計的。

水陸兩用巴士Sky Duck

👍おすすめ

スカイダック

另類的橫濱城市巡禮，從不同的角度欣賞海港美景！

📖別冊P.2A1 🚶みなとみらい線みなとみらい駅徒歩約5分 📞03-3215-0008 📍橫濱市西區港區未來2-1-1(日本丸紀念公園) 🕐10:30~15:30。全程60分鐘，依季節調整運行時間，需事先上網查詢 ❌週三 💰大人￥3,500、小孩￥1,700

乘坐時會發送一個鴨子口哨紀念品，用途是在下水時一起吹響發出鴨子聲，有趣又好玩。

www.skybus.jp

　搭乘水陸兩用巴士「Sky Duck」，體驗最新遊玩橫濱的方法，一天約4個班次出發，全程60分鐘(路上20分鐘、水上40分鐘)，**過程中會經過橫濱地標塔、紅磚倉庫、橫濱三塔、摩天輪、萬國橋等地標**，一次的載客量為46人。雖然目前只有日文導覽人員，但看著眼前海景以及從海上遠眺建築的各個角度，也有不同的旅行氣氛。

橫濱三塔
除了橫濱市開港紀念會館的「Jack Tower」之外，在不遠處伊斯蘭風格的橫濱稅關本關廳舍又被稱為「Queen Tower」、神奈川縣廳本廳舍以日本帝冠樣式建造的「King Tower」。

神奈川 横濱
山梨▼静岡▼長野▼埼玉▼千葉▼茨城▼栃木▼群馬

◉ 橫濱中央卸売市場

YOKOHAMA MARKET

⊕別冊P.2A1 ◉橫濱駅步行20分鐘、或可在橫濱駅東口巴士站4號乘車處搭乘市營公車48「中央市場前」下車、京濱急行神奈川駅步行15分鐘、或至みなとみらい線みなとみらい駅步行10分鐘或轉乘計程車 ☎045-459-3322 ⊕橫濱市神奈川區山內町1-1 ◐店家約9:00~14:00、食堂約4:00~14:00。(營時各異) ⊗週日、假日、或是週三不定休 🌐www.city.yokohama.lg.jp/keizai/shogyo/orosi/ ❶疫情中活動暫停辦理、再開時間請查閱網站

　設立於1931年、是日本第三悠久、關東地區第一個大型綜合市場、佔地面積約98萬平方公尺、有海鮮、蔬果、肉類等三類交易。除食堂區、水產部、小舖販售區外、其他區域一個月僅2天開放一般民眾可參訪、**在每月第一、三個週六(8:00~10:00)的市場參觀日、可以參與像是料理教室、鮪魚解體秀、或是超人氣的參觀超低溫冷藏庫的市場探險之旅。**

最新鮮的海產、CP值最高的生魚片定食在這裡!

アナゴ天重放上長20公分的星鰻、甜鹹醬汁超開胃。

保證新鮮的各種生魚片、CP值超高!

「魚河岸処」料理教室教授民眾如何用海鮮變化不同料理。

也有切魚教室、由達人教授去骨、去魚刺的步驟。

魚市場的會長坪倉先生親自下廚製作新鮮的花枝煎餃。

🍴 木村家

☎045-441-0304 ◉橫濱中央卸売市場內-關聯棟食堂 ◐5:30~14:00 ⊗週日、假日 ◉燒肉定食(トンケイ)¥800、アナゴ天重¥1,000、生魚片定食¥850起

橫濱人帶路!品嚐在地人才知道的B級美食。

　位在美食街內的「木村家」開業已超過80年、充滿昭和味的店舖為兩層樓空間、一樓為吧檯座位與廚房、二樓為用餐區、每當用餐時間一到小小空間總是擠滿客人。店家的自滿料理是鹹甜口味的燒肉定食、還有各式海鮮定食、隨主餐還有附送漬物以及味噌湯。

門口擺放著超多電視、雜誌專訪、美味餐廳認證!

🍴 横濱中央卸売市場 美食街

🏠横濱中央卸売市場內
🕐4:00~14:00(店家各異) ❌
週日、假日，或是週三不定
休 💰定食¥650起

　位在魚市場旁的關聯棟
建築物有食堂及商店等，
販售海鮮乾貨、蔬果、廚房用具等；食堂區進駐約10
間，能立即吃到最新鮮的海產，因客源多為市場員
工或是漁夫，餐點定價十分便宜，**CP值超高**。另外，
因這裡主要服務的客層多以市場員工，蠻多人會直接
在室內抽煙，對煙味敏感的人再多注意一下哦！

排隊名店「もみ
じや」單點生魚
片一份¥300，
定食¥850起。

由日本諧星出川哲朗哥
哥開的海苔專賣店「つ
た金」，海苔罐印上出川
哲朗成為最佳代言人。

「KAWASHIMA」
川島屋有生魚片定
食，及三明治、咖啡
的輕食。

横濱觀光巴士あかいくつ(紅鞋號)

☎045-664-252(横濱市交通局) 🏠櫻木町駅站前巴士
總站 🕐平日10:02~17:32(約每30分鐘發車一班)、週末
例假日10:02~18:27(約每15分鐘發車一班)。全線環繞一
圈約65分鐘 💰單程成人¥220、兒童¥110。適用市營
巴士一日券及港灣漫遊車票 🌐www.city.yokohama.
lg.jp/kotsu/tanoshimou/odekake/

横濱的觀光巴士共有5條路線，依不同目的區分，其
中又以紅鞋號巴士(あかいくつ)運行於橫濱市中心
區，造型復古又優雅，路線幾乎行遍橫濱市區大大
小小各景點，不論是想往去市中心哪個景點區域，或是
單純做為認識這個城市的悠遊路線，都很適合。

「たべもの横丁」集結
7間風格各異的居酒屋
或是小酒館，燒肉、烤
串、鐵板燒、立食壽司，
連法式料理也有！

🍴 野毛小路

🗺別冊P.2A2 🚃櫻木町駅徒步約5分、或
京濱急行日ノ出町駅徒步約5分 🏠横濱
市野毛町 🕐15:00~凌晨 ❌店家各異

おすすめ 👍

超人氣年輕人
最愛的續攤居
酒屋街！

　位在JR櫻木町駅南口野毛町的「野毛小路」，在過
去的印象中是大叔們最喜歡喝酒的區域，因此聚集眾
多居酒屋或是風俗店；**但現在的野毛小路搖身一變，
成為年輕人最愛造訪的地方，也是女子会的首選地
點之一**。野毛小路裡有近600間店家，因客源逐漸年
輕化而開始進駐新潮時髦的居酒屋，大部份店家下午
4點後開始營業。

神奈川
横濱

山梨➡靜岡➡長野➡埼玉➡千葉➡茨城➡栃木➡群馬

🍴🍺 桐のや水産 本店

おすすめ

少見的立食居酒屋，還能享用各縣日本地酒！

📖別冊P.2A2 🚃櫻木町駅徒步約5分、關內駅徒步約5分 ☎045-325-7737 🏠橫濱市中區宮川町2-23 🕐週一～五16:00~23:00、週六13:00~23:00、週日與假日13:00~22:00 💰各式小菜￥300~、飲料￥300~、各式酒類￥400~ 🌐sakanaryori-kirinoya.com/

在居酒屋林立的野毛小路裡罕見的有一間立食居酒屋「桐のや水産」，前身為一間魚店，後來變成一家以海鮮、自家烹飪料理為主的居酒屋，**店家使用的海產皆是當天自銚子港新鮮直送，店內的黑板上都會寫上當天推薦的海鮮與餐點。**

燉內臟 (もつ煮込み)是每間居酒屋的定番料理，要知道這家店好不好吃，點這道便能分曉。

店內提供近40種不同日本酒及燒酒，還有啤酒、沙瓦、威士忌等酒類選擇。

女子会(じょしかい)

「女子会」是指單純女性聚餐，一起喝酒、吃東西、聊天的聚會，更有「情報交換」一說。有統計指出超過一半以上的上班族女性，每個月會參加超過一次以上的女子会，主要是聊聊近況、或是秘密話題等，也有其他説法是這樣同性之間的交流可以產生共鳴及釋放壓力等原因。大多數男性的聚會都以喝酒為主，女子会則以聚餐、甜點、電影、旅行、野餐等，非酒類活動居多，因為有許多企業描準這股潮流，而設計女性限定的聚餐派對或是女子輕旅行等吸引女性目光。

👜 皇后廣場

Queen's Square

📖別冊P.2A1 🚃みなとみらい線-みなとみらい駅5號出口徒步即達 ☎045-682-1000 🏠橫濱市西區みなとみらい2-3 🕐商店11:00~20:00、餐廳11:00~22:00(部分依店家而異) 🈺不定休 🌐www.qsy-tqc.jp

「皇后廣場」屬於大型的複合式購物中心，**從港區未來車站可直通地下3樓，交通相當便捷，**除了購物與餐飲聚集外也有飯店、演藝廳。這裡從流行時尚到生活雜貨、運動用品，來自世界各地的精品服飾、美容化妝品牌，應有盡有；而**讓人印象深刻的公共藝術，則成了許多人約會等候的指定場所。**

🌳 象鼻公園

象の鼻パーク

🏛別冊P.2B2 🚃みなとみらい線-日本大通り駅出口1徒步
3分、2號出口徒步5分 ☎045-661-0602 🏠橫濱市中區
海岸通1 全天開放;象の鼻テラス10:00~18:00 🕐
www.zounohana.com

因為狹長的防波堤酷似象鼻而得名,**串聯起港區
21與山下公園,讓遊客能夠從橫濱車站一路逛到元
町、中華街**,購物中心與咖啡店邊走邊玩好暢快。咖
啡廳「象の鼻テラス」推出多款大象造型的甜點,可
愛的霜淇淋更是讓人驚呼卡哇伊。

> 鬆餅當耳朵、巧克力
> 當眼睛,可愛的大象
> 冰淇淋千萬別錯過!

> 摩天輪白天可俯
> 瞰海景,夜晚則
> 絢麗浪漫。

👁 橫濱Cosmo World

橫濱コスモワールド

🏛別冊P.2A1 🚃みなとみらい線みなとみらい駅5號出口
徒步5分 ☎045-641-6591 🏠橫濱市中區新港2-8-1 🕐
依日期而異,11:00~20:00(最晚至22:00),詳細時間請洽
詢網站 🚫不定休 💰免費入園,價格依設施而異,摩天輪
¥900,雲霄飛車¥800,回數券分¥3,500、¥5,000二種
🌐cosmoworld.jp

造訪橫濱絕對不能錯過的就是那標示著時刻的摩
天輪,高度約113公尺,搭乘一次約需15分鐘,可悠
閒眺望日夜不同的景觀。橫濱Cosmo World樂園內
共有27項遊樂設施,而圍繞著摩天輪高低起伏,還會
直接衝入水面的雲霄飛車更是讓人驚聲尖叫。無論
是在一旁觀看或親身體驗,都能感受到歡樂氣氛。

七彩摩天輪的秘密

坐落在橫濱港灣的超
大摩天輪,共有60個車
廂,分有紅、藍、綠、黃、白等五
色,其中有一個顏色的小秘密,
注意數數看,白色車廂只有4
台,而在這五種顏色交錯的
車廂,其中隱藏有1個紫色車
廂,據說坐到紫色車廂,並
在車廂內許願的話就會實現
哦!

おすすめ 👍

🛍 MARK is

ⓐ別冊P.2A1 ⓔみなとみらい線-みなとみらい駅直結 ⓣ045-224-0650 ⓐ横濱市西區みなとみらい3-5-1 ⓢ商店10:00~20:00,週五~日、例假日、例假日前一天10:00~21:00;餐廳11:00~23:00 ⓗ不定休 ⓦwww.mec-markis.jp/mm

超好逛百貨,不只品牌眾多,空間舒適,結合生活與休閒,為逛街帶來新體驗。

　　MARK is以「MARK is here」發想命名,希望塑造新的生活方式,與當地居民一同努力成長,為這城市盡一份心力,進而成為橫濱幸福地標。B4~5樓佔地寬廣的賣場內,有獨一無二的空中庭園,讓在地居民可體驗農場種植樂趣;3F的親子之森,滿足親子客遊樂、休憩、購物的舒適空間;美食眾多外,籃瓶子咖啡也在此進駐。

店內充滿綠意、水份、木頭,充滿加州陽光的活潑風情。

👕 RHC Ron Herman

ⓣ045-319-6700 ⓐMARK is 1F ⓢ同MARK is ⓗ不定休 ⓢVANS×Ron Herman ERA(帆布鞋)¥7,140、Jumbo Cup for RH(杯子)¥5,460 ⓦronherman.jp

　　日本第一家概念店「RHC Ron Herman」是創立於1976年的加州品牌,以**culture(文化)、comfortable life(舒適生活)、california(加州)、creative(創意)**為元素的生活提案,店內販售服飾、生活雜貨、家具和食品等應有盡有,非常適合一家大小來逛逛,店內還設置咖啡廳,逛累了可休息一下。

j.s. pancake cafe

☎045-228-2105 ⓐMARK is 1F ⓒ同MARK is (L.O.閉店前1H) ⓗ不定休 ⓢClassic Pancaks(經典鬆餅)¥1,100、チョコレートバナナパンケーキ(香蕉巧克力鬆餅)¥1,400 ⓦjournal-cafe.jp

　服飾品牌JOURNAL STANDARD所提案主打鬆餅的咖啡廳，以「fashionable and relaxing lifestyle」為宗旨，主打女性顧客咖啡廳，必點招牌鬆餅「j.s.パンケーキ」，用單柄小煎鍋裝著令人垂涎三尺煎成金黃色澤的厚鬆餅，自由選擇三種沾醬做搭配，再來上一杯店家自製的香醇紅茶，真是人間美味。

甜點控不能錯過的招牌鬆餅，滿嘴鬆軟好口感。

大片落地窗灑下遍地陽光，假日消磨時光的好去處。

和朋友、家人一起排排坐，享受都市叢林裡的片刻悠閒。

空中花園裡的綠色植物生生不息，展現活力。

👁 みんなの庭

☎045-224-0650 ⓐMARK is 5F ⓒ10:00~23:00 ⓗ不定休

　想體驗城市中難得的大自然風情，來到5F的空中庭園「みんなの庭」準沒錯！佔地面積達1,000平方公尺，**是日本NO.1的屋頂農場**，園區分成果樹區和菜園區兩大區塊，**果樹園種植多達22種的柑橘類，菜園則種植約78種的蔬菜和香草**，因生長期不同，隨季節變化呈現出不同風情，這裡就是間大自然教室。

神奈川

横濱

山梨➡静岡➡長野➡埼玉➡千葉➡茨城➡栃木➡群馬

👁 横濱地標塔

Yokohama Landmark Tower

🏠別冊P.2A1 🚃みなとみらい線-みなとみらい駅5號出口徒步3分 ☎045-222-5015、045-222-5030(SKY GARDEN) 🏠横濱市西區みなとみらい2-2-1 🕐商店11:00~20:00、咖啡與餐廳11:00~22:00 🌐www.yokohama-landmark.jp

「横濱地標塔」為一座複合式建築,高度達296公尺,除了有聚集許多人氣品牌與餐廳的Landmark Tower Plaza、還有最頂級的Royal Park飯店,更可搭乘高速電梯直達69樓的空中花園展望台SKY GARDEN,360度的遼闊視野讓人心情舒暢,天氣晴朗時,甚至可遙望白雪冠頂的日本最高峰富士山。

從69樓居高臨下,眺望橫濱港灣的美麗景色。

👁 空中花園展望台

おすすめ 👍

SKY GARDEN

☎045-222-5030 🏠横濱地標塔69F 🕐10:00~21:00(最後入場20:30),週六、隔天為假日的週日10:00~22:00(入場至21:30) 💰大人¥1,000,高中生、65歲以上¥800,中小學生¥500,4歲以上小孩¥200 🌐www.yokohama-landmark.jp/skygarden/about/

登上橫濱最高點欣賞港濱點點燈火,浪漫夜色盡收眼底。

要登上橫濱地標塔得搭乘最快每分鐘可爬升750公尺的高速電梯。直達69樓的空中花園展望台後可以鳥瞰整個橫濱地區,**360度的遼闊視野,天氣晴朗時,也可遙望白雪冠頂的日本最高峰富士山,俯瞰橫濱夜景,更是讓人心醉。**

紀念品怎麼買

想要從這日本最高樓帶點紀念品回家?當然就得來逛逛展望台上的**Tower shop**,從文具、零食餅乾到各種獨特創意商品,通通都印上建築物的外觀造型,還有許多與橫濱相關的商品,如小紅鞋、藍色點點狗等,超過**600種以上**的商品讓人逛得不亦樂乎。

🏪 JUMP SHOP

☎045-222-5454 🏠橫濱
地標塔2F 🕐11:00~20:00
🌐www.shonenjump.
com/j/jumpshop/

　集英社旗下的動漫原
創商品集結處，雖然很多
大城市都能找到「JUMP
SHOP」這家店的蹤跡，但
店內販售商品內容就是會
稍稍不一樣，因此看到就
一定要進去逛一逛，說不
定很想收集的商品就能驚喜發現。**至今依舊熱潮發**
燒的海賊王商品，這裡當然數量不少，也有港區才特
有的獨特商品，一定要仔細找喔。

店內商品相當多元，
連魯夫的草帽、托拉
法爾加‧羅的白帽也
有販售。

入口飄散淡淡柚香酸的
招牌柚子鹽拉麵，叉燒
肉則是拉麵上桌前先燒
烤過再加入，香氣迷人。

🍜 阿夫利

AFURI
🏠橫濱地標塔1F 🕐11:00~22:00 💰柚子鹽
拉麵￥1,080 🌐afuri.com

おすすめ
👍

清爽美味
的柚子鹽
拉麵～

　　以東京、橫濱
區域拓展不少分
店的阿夫利，甚
至也進軍歐洲
開店的人氣拉麵
店。主打風味清
爽、風格年輕，**果然吸引不少年輕客群**。以神奈川縣
的阿夫利山的天然水，加上雞肉、魚及蔬菜熬成的清
爽黃金色高湯，讓對濃口謝絕的人也會愛上。點湯麵
的話，湯底可以選擇濃淡、叉燒肉也可以選擇要片狀
或角塊狀。店內除了拉麵外，沾麵、飯類也很受歡迎。

神奈川……横濱

山梨▼靜岡▼長野▼埼玉▼千葉▼茨城▼栃木▼群馬

夜晚來臨打上燈光的紅磚倉庫超有氣氛，也成為情侶們最愛約會聖地。

橫濱紅磚倉庫

橫濱赤レンガ倉庫

◉別冊P.2B2 ◉みなとみらい線-みなとみらい駅5號出口、或元町・中華街駅出口1徒步20分、日本大通駅1號出口徒步約10分 ☎045-211-1515(1號館)、045-227-2002(2號館) ⌂橫濱市中區新港1-1 ◷1號館10:00~19:00、2號館11:00~20:00。(依店家而異)

🌐www.yokohama-akarenga.jp

舊倉庫新生命，許多品牌進駐，吃喝玩買皆能在此感到大滿足。

　　橫濱紅磚倉庫原本是橫濱港邊的舊倉庫群，建於明治44年(1911年)，經巧手改築後，**1號館**除作**為展覽館之用**，也進駐超過**10**家以上的**橫濱原創品牌**，**2號館**則是商業用途，各類充滿海洋風味的繽紛雜貨以及時髦的咖啡廳，在充滿懷舊風情的紅磚空間內，每一家都有其獨特品味。

開　車　不　喝　酒　，　安　全　有　保　障

日本百貨店

☎ 045-306-9292 　📍紅磚倉庫2號館1F 　🕐 11:00~21:00 　🌐 nippon-dept.jp

集結日本製商品、日本手作好品質的選物店，這裡不單是一處尋找具有日本風格的禮品店，更是入手不失敗的輕鬆採買好去處。店內商品種類很多樣，從糖果餅乾到雜貨、食材、服飾、食器、雜貨等，日本各處的分店商品也各有不同。紅磚倉庫店，特別有職人創作相關圖騰商品外，可作為伴手禮的食品，也能找到限定版包裝。

HACOA

☎ 045-263-9250 　📍紅磚倉庫2號館2F 　🕐 11:00~20:00 　🌐 hacoa.com/directstore/

以原木為素材的手做雜貨商品，一入內就感受空氣中的悠悠原木香氣，是喜歡木紋自然質感生活用品雜貨者的尋物好去處。商品涵蓋多樣，從辦公用品到手機蓋，甚至以軟木製作的背包都有，以紅磚倉庫為意象創作的限定商品也必CHECK！店家也提供現場雷雕刻名的服務，不論自用或送人，都更獨一無二。

橫濱必買オシャレ(時髦)伴手禮

來到橫濱想買店特色伴手禮小物，當然首推建築優雅又辨識度高的紅磚倉庫圖樣及海洋圖騰小物，相關風格設計的小物琳瑯滿目，幾乎要什麼有什麼。另一樣則是小紅鞋，象徵幸運又深具故事的小紅鞋，買來送小女生最受歡迎，不論是耳環、小飾品或是手帕等，絕對受歡迎。

聖誕溜冰季

每到聖誕季節，除了有光亮的耶誕燈飾裝點紅磚外牆，倉庫前廣場還會有冬季限定的「溜冰場」，可在白天溜冰外，在夜間照明下恣意溜冰，氣氛也超浪漫。12月24日耶誕夜還可欣賞到許願蠟燭沿著廣場點起的一道光之銀河，而且每年也會在溜冰季舉辦不同精彩活動。

📍橫濱紅磚倉庫前廣場 　🕐平日13:00~20、週末例假日11:00~21:00。溜冰活動12月初~隔年2月下旬，日落後~22:00點燈 💰成人￥700、3歲~高中￥500，溜冰鞋￥500(活動參加費另計) 　🌐 www.yokohama-akarenga.jp

🛍 YOKOHAMA World Porters

橫濱ワールドポータズ

🏠別冊P.2B1 🚃みなとみら
い線元町・中華街駅徒歩約
5分 ☎045-222-2000 📍
橫濱市中區新港2-2-1 🛍購
物10:30~21:00，餐廳
11:00~23:00 🈳一年二次
🌐www.yim.co.jp

　在YOKOHAMA World
Porters明亮寬敞的購物
空間中，共有150餘家店
舖與餐廳進駐。館內雜貨
商品豐富，吸引不少年輕
人來挖寶。**每週三的「女性
日」還有針對女性顧客推出
的特惠活動喔！**

超多店家讓你逛也逛
不完，可愛商品也讓
人愛不釋手。

🍴 🎁 夏威夷TOWN

📍YOKOHAMA World Porters 1F ◐商
店10:30~21:00，餐廳11:00~23:00

　位於一樓的「夏威夷TOWN」可不
**僅是一兩家夏威夷風店家而已，而是整整包含10多
個店家的區域，宛如購物中心的店中小鎮**，10多個店
家包圍了一個大大的飲食座位區，店鋪包含服裝、飾
品、飲料店、餐廳、甜品店等之外，很多店家都還是真
的引進自夏威夷的名店或老舖，不論想買夏威夷傳統
服飾、飾品，或是帶有夏威夷海
洋風情的服裝，品嚐夏威夷美
味及欣賞演出等，這裡通通
給你滿滿阿囉哈熱情。

把夏威夷風
情整個搬進
來！

飲食座位區廣場立
著人造大樹，讓人宛
如身在夏威夷。

充滿海島風情的各
式飾品、服飾，琳
琅滿目很好逛！

工廠夜景叢林遊船

工場夜景ジャングル・クルーズ

⊙別冊P.2B1 ⊙みなとみらい線馬車道駅、日本大通り徒步約6分，みなとみらい駅徒步約12分 ☎045-290-8377 ⊙橫濱市中區新港1-1 (ピア赤レンガ桟橋 搭船) ⊙每週末日落時分出發，航程約一個半小時。出發時間與出航日隨季節調整，詳情請洽官方網站 ⊙成人￥5,500，3歲~12歲未滿的兒童￥3,300，皆附飲料一杯 ⊙www.reservedcruise.com/fact ❶需由電話或官方網站預約

想不到工廠的燈光到了晚上也能變成璀璨的夜景，不一樣的巡航體驗在這裡！

工廠夜景叢林遊船是RESERVED CRUISE公司旗下熱門航程：**航程從橫濱紅磚倉庫群出發，地點是日本四大工場夜景之一的京濱工業地帶**；沿途的經典場景有盤繞在大黑碼頭上空有如巨蛇一般的快速道路區，像是發光的桌上型醬油瓶的川崎天然瓦斯發電所，宛如橘紅色巨石光陣的東扇島儲油設施群(Oil Terminal)，由煙囪、儲藏槽、廠房等各式建築連接而成的「光鎮」東亞石油製油所與昭和電工‧大川町，以及宛如無機物光體巨獸蟄伏山頭的昭和電工‧扇町。

館內展示高科技發明，彷彿進入未來世界。

三菱港區未來技術館

三菱みなとみらい技術館

⊙別冊P.2A1 ⊙みなとみらい線-みなとみらい駅5號出口徒步3分 ⊙橫濱市西區みなとみらい3-3-1 ☎045-200-7351 ⊙10:00~15:00(入館至14:30)、週末例假日10:00~16:00(入館至15:30) ⊙週二、三(週假日順延一天)、年末年始、不定休 ⊙大人￥500、國高中生￥300、小學生￥200 ⊙www.mhi.com/jp/company/aboutmhi/museum/minatomirai

日本的各個大型企業為了彰顯自己的實力與研究開發，大多會成立企業的展示館，位於港區未來的三菱重工大樓內，就有這麼一個充滿科學趣味的三菱技術館，**從航空宇宙、海洋、能源、交通到環境，共劃分為6個展區**，可以看到三菱的各種成就，還有可愛的機器人迎接你。

神奈川｜橫濱

➡山梨➡靜岡➡長野➡埼玉➡千葉➡茨城➡栃木➡群馬

日本郵船歷史博物館

🏛別冊P.2B2 🚶みなとみらい線馬車道駅6號出口徒步2分 ☎045-211-1923 📍橫濱市中區海岸通3-9 ⏰10:00~17:00(入館~16:30) 🚫週一(遇假日順延一天)、年末年始、不定休 💰大人￥400，中高生￥250，小學生以下免費 🌐museum.nyk.com/

展示日本明治時期以後，搭載人、貨物及文化的船隻，其航線從日本延伸向世界的歷史。**建築物過去是海運公司日本郵務船的橫濱分公司，充滿著藝術與古意**，吸引許多遊客留影紀念，博物館內則可以欣賞到1920年代豪華客輪之巨大模型與紀錄影片。

Helicopter Night Cruising

ヘリコプターナイトクルージング

🏛別冊P.2B1 🚶みなとみらい線-みなとみらい駅徒步約15分 ☎045-223-1155、050-3775-5611 📍橫濱市西區みなとみらい1-7 ⏰日落前後~日落後10分 🚫週一~四 💰日落前後5分行程(包機制)￥30,800、日落後10分行程(包機制)￥60,500 🌐www.skycruise.jp/course

坐在飛行高度600公尺的直昇機上，飛越港灣大橋、港區未來21，享受美輪美奐的港灣夜景，唯有飛行橫濱港灣的直昇機能夠實現浪漫夢想；晴空下富士山也清晰可見，日落時間望著太陽緩緩落入海平面的那一剎那，只有說不出的感動。

［ 浪漫港灣賞夜景 ］

在橫濱的一天結束時，可別忘了欣賞橫濱有名的港口夜景。日落時分，可以從元町中華街一帶前往大さん橋上國際客船ターミナル的眺望台，眺望日劇中曾出現的港口夜景，天黑後則不妨前往橫濱賞夜景的經典景點：Yokohama Landmark Tower，或是Marine Tower，感受在高樓上被港灣燈火璀璨環繞的美麗。

橫濱美術館

🏛別冊P.2A1 🚶みなとみらい線-みなとみらい駅3號出口經MARK is徒步3分 📍橫濱市西區みなとみらい3-4-1 ☎045-221-0300 ⏰10:00~18:00(入館至17:30) 🚫週四、年末年始 💰依展覽而異 🌐www.yaf.or.jp/yma ❗全館整修中，預計休館至2024年3月14日

港區未來有一個不可錯過的藝術饗宴，由建築師丹下健三所設計的美術館於1989年開館，**擁有10萬冊以上的藏書、1萬件以上的收藏**，依展覽主題挑選輪流展現世人面前。建築內放大尺度的階梯不僅讓造訪的民眾享有絕對舒適的空間感，也能夠提供作為各種活動演出之利用。

神奈川縣立歷史博物館

🏛別冊P.2A2 🚃みなとみらい線馬車道駅徒步1分 📍橫濱市中區南仲通5-60 ☎045-201-0926 🕐9:30~17:00(入館至16:30) 🚫週一(遇假日開館)、資料整理休館日、12月28日~1月4日 💰常設展20歲以上￥300，20歲以下￥200，高中生、65歲以上￥100，中學生以下免費 🌐ch.kanagawa-museum.jp

　有著藍綠色圓頂的「神奈川縣立歷史博物館」在港區未來大道上相當醒目，竣工於明治37年(1904年)，前身為橫濱正金銀行的建築物，已經被指定為國家文化財，**主要展示與橫濱歷史相關的各種文物，除了從古代、中世紀、近代乃至現代的固定展覽之外，還會不定期舉行特別展和收藏展。**

萬葉俱樂部

🏛別冊P.2B1 🚃みなとみらい線-みなとみらい駅5號出口徒步5分、或從橫濱駅西口ダイヤモンド地下街南9樓梯外，天理大樓前搭免費接駁巴士 📍橫濱市中區新港2-7-1 ☎045-663-4126 🕐24小時 💰大人￥2,750，小學生￥1,540，3歲以上￥1,040，3歲以下免費(含入館費、浴衣、浴巾、毛巾)；超過凌晨3:00加收大人￥1,980，小學生、小孩￥1,100；清晨6:00後入館大人￥1,600，小學生￥880，小孩￥660。(以上皆需另收入湯稅￥100) 🌐www.manyo.co.jp/mm21

　從**熱海和湯河原**運來熱呼呼的天然溫泉，萬葉俱樂部硬是在橫濱最熱鬧的港區未來21，打造出8層樓高的溫泉樂園，具有舒緩肌肉痛、慢性皮膚病等症狀的功效。館內共提供了3種風呂，10種SPA療程，另外還有餐廳、小吃。**頂樓的展望足湯庭園可以欣賞到大摩天輪，視野與浪漫度都是一百分。**

元町・中華街周邊

以みなとみらい線元町・中華街駅作為出發點,此區域涵蓋元町商店街、山手地區、橫濱中華街等重點街道。元町是早期領導橫濱潮流的流行發信地,大部分聞名日本甚至海外的橫濱廠牌皆發源於此;山手地區過去為外國人居留地,至今仍有許多古老的西洋建築;聚集數百家來自江浙、北京、四川、廣東與台灣料理餐廳的橫濱中華街,則是能感受日本人喜愛的中國風。

元町中華街駅置物櫃

手上大包小包不好逛街嗎?在みなとみらい線元町・中華街駅往1號出口方向的手扶梯旁,即有投幣式置物櫃讓你放好手邊的行李與雜物,讓旅行節奏更輕鬆悠間。

💲小型置物櫃¥300、大型置物櫃¥400 ❶如放置超過凌晨2:00,需加收費用

橫濱中華街詢問處「ChinaTown 80」

在港未來線的元町中華街駅1或2號出口出站後,步行至朝陽門旁邊即可看到,可以拿到詳細的中華街地圖與店家分佈圖外,詢問處也有提供換錢服務及洗手間。

🕐每天10:00~19:00

> 進入中華街區塊,連停車場外觀也充滿中國風。

👁 橫濱中華街

🅰別冊P.5B1 🚃みなとみらい線元町・中華街駅1號出口徒步約1分 ☎045-662-1252 🏠橫濱市中區 💲依各店舖而異 🕐依各店舖而異 🌐www.chinatown.or.jp

　有著華麗中國牌坊的橫濱中華街,**聚集了數百家來自江浙、北京、四川、上海、廣東與台灣等地的料理餐廳,以及中國風濃厚的雜貨店**,姑且不論偏近日本人口味的中國菜是否合乎胃口,不妨來此感受一下深受日本人喜愛的中華風。

中華街裡的媽祖廟是日本華僑的信仰中心。

神奈川 橫濱

↓山梨↓靜岡↓長野↓埼玉↓千葉↓茨城↓栃木↓群馬

日本人也瘋占卜？

遊逛中華街除了林立各種類型的中國餐廳，類似小湯包路邊攤以及珍珠奶茶飲料店外，還可以發現穿插其中有幾間迷你店面，走進一看原來是各式占卜小店，各式手相、面相、姓名、風水、塔羅牌等涵蓋東、西方算命學，店家前排隊等待的人潮也不少呢！

卍 橫濱媽祖廟

⊕別冊P.5B2 ⊙みなとみらい線元町・中華街駅3號出口徒步3分 ⊙橫濱市中區山下町136 ☎045-681-0909 ⊙9:00~19:00 ⊙免費參拜，神殿內拜觀￥100、香油錢￥500 ⊛www.yokohama-masobyo.jp

由日本華僑所捐款建造完成的**橫濱媽祖廟**位於南門絲綢之路（南門シルクロード）上，於2006年3月完工啟用，供奉的當然就是我們最熟悉的天后媽祖，進入參拜每個人都必須付￥500的香油錢。

店內的招牌鬆餅再配上一杯熱咖啡，就是超棒的下午茶！

煙燻鮭魚與酪梨的鹹食鬆餅組合，份量超多適合兩個人一起分享。

☕ 幸せのパンケーキ

おすすめ

⊕別冊P.5B1 ⊙みなとみらい線元町・中華街駅3號出口徒步5分 ☎045-681-8686 ⊙橫濱市中區山下町97 ⊙平日10:00~19:00 (L.O.18:15)、週末例假日10:00~20:30 (L.O.19:40) ⊙甜口味鬆餅￥1,200起、鹹口味鬆餅￥1,200起(加￥330附飲料，5選1)、飲品￥480起 ⊛magia.tokyo

來一頓剛剛好的下午茶，入口後幸福的美味鬆餅！

本店位在東京表參道、被喻為吃了之後感到超幸福的「幸せのパンケーキ」，也拓展至橫濱中華街。從門口的吊床座位就已充滿度假悠閒氛圍，店內用大量木頭營造如鬆餅鵝黃的溫馨色調。鬆餅使用產自**紐西蘭的蜂蜜、北海道生乳製作的奶油、奈良大自然中孕育的雞蛋**，且無添加膨脹劑，利用手打力量將其製造出鬆軟口感。

橫濱博覽館

➡別冊P.5A1 ➡みなとみらい線元町・中華街駅2號出口徒步5分 ☎045-640-0081 ➡橫濱市中區山下町145 ⏰1F購物9:30~21:30，週五~六、例假日前夕~22:00；2F點心麵工廠10:30~20:00，週六、例假日前夕~21:00；3F咖啡廳10:30~17:30，週六、例假日前夕~18:30 ➡hakurankan.jp

充滿熱鬧感的中華街氣氛，除了眾多賣場外，樓上的點心麵工房好玩又好吃！

橫濱博覽館1樓主要賣許多有橫濱特色的紀念商品，還有中式點心專賣店開華樓，2樓則是台灣也吃得到的模範生點心麵(ベビースター)的小型工房，這裡可以買到各種口味的杯麵與剛炸好的點心麵。3樓有咖啡廳、橫濱觀光案內所與露天庭園。

休息區的桌子是點心麵人物的大臉，超可愛！

仿造成廟宇的博覽館從入口就氣派十足。

紅鞋女孩與Hello Kitty共同合作限定橫濱販售的糖果禮盒，紅盒為草莓焦糖口味、白盒為牛奶焦糖口味。

高級中華料理

日本人以客為尊的待客方式是聞名世界的，在日本宴請客人除了最高級的日式懷石料理之外，日本人上高級中國餐館吃中華料理，則代表著有好事慶祝，同時也是最高的款待客人方法，下次如果到日本有人請你吃中華料理，別覺得驚訝，好好地一起享用吧！

招福門

➡別冊P.5B2 ➡みなとみらい線元町・中華街駅3號出口徒步約3分 ☎045-664-4141 ➡橫濱市中區山下町81-3 2F ⏰11:30~20:30(L.O.20:00)、週末例假日11:00~21:00(L.O.20:30)。吃到飽最晚閉店前1小時入店 ➡週一(遇假日延至隔日休) ➡飲茶食べ放題(飲茶吃到飽)大人￥3,500、小學生￥1,650、3歲以上小孩￥1,100。飲料費另計 ➡www.shofukumon.com

招福門是家高級的魚翅酒家，最受歡迎的菜單莫過於港式飲茶吃到飽，這兒的飲茶不是推餐車拿取的，而是點選菜單後，廚房才開始製作、熱騰騰地端上來，可享用多達40種的港式點心和甜點，限制時間2H，可盡情大快朵頤喔！

🍴 好々亭

🏠別冊P.5A2 🚃みなとみらい線元町・中華街駅2號出口徒步6分 🏠橫濱市中區山下町142 ☎045-263-8757 ⏰11:00~15:00、17:00~22:00 🍴飯、麵類¥790起

好々亭是由喜歡橫濱中華街的人們票選為好吃又便宜的第一名店，店內提供150道以上的豐富菜色，也難怪每到中午總是一位難求。主要提供廣東家庭料理的好々亭，是由廣東來日的主廚親自掌管，最推薦海鮮料理和梅子豬肉，而平日午餐可以品嚐點心搭配主菜的套餐，飯後還附上杏仁豆腐。

> 店內除了有名的純手工飲茶點心，油亮噴香的熱炒菜單更是不容錯過！

🎁 チャイハネ Part 1 本店

🏠別冊P.5A1 🚃みなとみらい線元町・中華街駅2號出口徒步2分 ☎045-662-8787 🏠橫濱市中區山下町185 ⏰10:30~20:30、週末例假日10:30~21:00 🌐www.cayhane.net

走入南門シルクロード很容易就會注意到「チャイハネ」，三層樓的建築外觀也掛了兩艘小船，這是**專賣各種東南亞雜貨的特色店舖**，光在橫濱中華街就有五家分店。一樓有來自印度、尼泊爾的服飾雜貨，二樓則是獨家設計的衣飾，三樓更有各國服裝，另外南亞的樂器也可看到。

> 充滿東方氛圍的外觀，日本人愛來、歐美觀光客更覺得奇特。

👁🍴 橫濱大世界

🏠別冊P.5B2 🚃みなとみらい線元町・中華街駅3號出口徒步2分 ☎045-681-5588 🏠橫濱市中區山下町97 ⏰3~8F錯視藝術・博物館10:00~20:00、週末例假日~20:30(售票至閉館前45分)；1F伴手禮專區9:30~21:00，五六及假日前一日9:30~22:00；2樓巧克力博物館10:00~19:00，六日及假日10:00~20:30 💰錯視藝術・博物館成人¥1,300、國高中生¥1,000，3歲以上小孩¥600 🌐www.daska.jp

橫濱大世界將1920~30年代的夜上海風情搬到日本來，雕樑畫棟、樓台亭榭之間還有京劇和二胡的演出，除了廣達6層樓的錯視藝術可供欣賞拍照外，**1樓集結各式中國點心屋台店家及餐廳，常成為節目熱門美食採訪點**，讓人不須遠赴中國，也可輕鬆品嚐到正統美味。

> 走道上掛著大紅色的燈籠，有著中國過年喜慶氣氛。

> 位在2樓的ブックカフェ関帝堂，結合中文書、中國茶和咖啡的喫茶店。

🎁 橫濱バザール

🏠別冊P.5A2 🚃みなとみらい線元町・中華街駅3號出口徒步約10分 ☎045-681-6410 🏠橫濱市中區山下町166 ⏰11:00~19:30(各店營時不一) 🚫週三 🌐yokohamabazaar.com

關帝廟附近的「橫濱バザール」，開業於1949年，是一個小型購物中心，聚集了各式各樣的特色小店，**無論是服裝、飾品、中國雜貨、和風雜貨通通都可以看到，甚至還有氣功推拿、風水商品、幸運小物的店**，可別錯過2樓專賣橫濱特有土產的商店。

🌳 山下公園

佇立於廣場噴水池中央的雕像，名為「水之守護神」，這裡也常被作為約會見面地點。

ⓜ別冊P.5B1 ●みなとみらい線-元町・中華街駅1號出口徒步約5分 ☎045-671-3748 ⓐ橫濱市中區山下町 ●自由參觀

山下公園是橫濱最具港灣風貌指標的觀光點，四周商家並不多，純粹享受橫濱港的海景和海風，並有海上觀光巴士可搭乘。公園內除了「水的舞台」、「水的階梯」等造景外，**也可以從公園中遠觀港區未來21以及海灣大橋**等，由於離港區未來21與元町、中華街都在徒步可及的距離，是個日夜都值得推薦的地方。

橫濱的紅鞋女孩到底是誰？

1921年由野口雨情作詞的一首童謠，穿著紅鞋的小女孩離開母親被外國人領養從橫濱港出發，雖然有點憂傷但卻也讓歌詞中小女孩角色大受注目，加上歐洲傳統上有穿紅鞋會帶來幸運，因此橫濱也發展出許多紅鞋商品，甚至連觀光巴士也以紅鞋號命名。山下公園也設有一個望海的紅鞋小女孩銅像，一旁就有歌詞內容，逛山下公園時不妨順道來拜訪她喔。

👁 日本郵船冰川丸

ⓜ別冊P.5B1 ●みなとみらい線-元町・中華街駅4號出口徒步5分 ☎045-641-4362 ⓐ橫濱市中區山下町山下公園地先 ●10:00~17:00(入館至16:30)，週末例假日另會開放甲板區 ⓗ週一(遇假日順延一天)、不定休 ⓢ大人￥300、小學生~高中生￥100；與日本郵船歷史博物館的共通券大人￥500、小學生~高中生￥300 ☉ hikawamaru.nyk.com/

造訪過山下公園的人都會看到這艘停泊在橫濱港灣中的黑色大船，**1930年竣工、今年已超過80歲的冰川丸**，過去為北太平洋航路的貨客運船，是在戰爭中唯一沒有沉沒的日本郵輪，之後提供作為船隻的歷史展示場。於2008年4月25日完成整修，開放內部參觀，可看到昭和時代的郵輪風華。

BLUE BLUE YOKOHAMA

港灣邊裡的老建築，變身成洋溢年輕休閒風格的服飾店。

別冊P.5A1 みなとみらい線-日本大通駅2號出口徒步5分 045-663-2191 橫濱市中區海岸通1-1 11:30~20:00，週末&國定假日11:00~20:00 www.hrm-eshop.com/

位在港灣邊大棧橋下方，以港邊老建築立地開店超過20年，以單寧布料為概念，店裡賣的衣服**以各式海洋清新風格融合美式休閒，從男性、女性到小孩服飾都有，也有雜貨或是各式海洋風格小物**，不論質感款式都洋溢港灣休閒年輕風貌。

橫濱大棧橋國際客船中心

おすすめ

橫濱港大さん橋国際客船ターミナル

無敵海景就在眼前，眺望港區未來最佳地點！

別冊P.5A1 みなとみらい線-日本大通り駅3號出口徒步7分 045-211-2304 橫濱市中區海岸通1-1 9:00~21:30(店家營時不一)，甲板廣場24小時開放 自由參觀 osanbashi.jp

2002年落成啟用的「橫濱大棧橋國際客船中心」，是個海上航站，從東京橫濱前往世界各地的郵輪，皆由此出發。由英國建築團隊規劃的一樓是出入境大廳，**最讓人流連忘返的則是以郵輪甲板為意象規劃的眺望台**，藉著不斷向前延伸的木條地板，拉出隨意遊走漫步的動線，成了一覽橫濱港全貌的最佳地點。即使不搭船，也可以來逛逛商場、望海餐廳及戶外甲板區散步。

皇家之翼

おすすめ

ROYAL WING

別冊P.5A1 みなとみらい線元町・中華街駅1號出口徒步10分 045-662-6125 橫濱大棧橋國際客船航站2F 發船班次：12:00、14:45、17:00、19:30(航程約1.5小時)，發船前30分集合 週一 午餐行程大人¥2,200、小學生¥1,100；午茶行程大人¥1,800、小學生¥900；晚餐行程大人¥2,800、小學生¥1,400。餐飲費另計 www.royalwing.co.jp

來到港町橫濱，若時間有餘裕一定要搭上遊輪來趟海上巡遊，體驗潮風吹撫髮稍的快感。

橫濱港遊覽船皇家之翼ROYAL WING，每日從午到晚帶旅客巡遊橫濱港灣。船內提供廣東料理美食，**夜晚在船上享用餐點，耀眼的岸邊燈火自眼前流轉**，旁邊還有爵士樂悠揚流洩，氣氛十分浪漫。

神奈川 橫濱

山梨→靜岡→長野→埼玉→千葉→茨城→栃木→群馬

◉ 橫濱海洋塔

YOKOHAMA MARINE TOWER

橫濱マリンタワー

📍別冊P.5B1　🚋みなとみらい線元町・中華街駅4號出口徒步1分　☎045-664-1100　📍橫濱市中區山下町14-1　⏰展望台10:00~22:00(入場至21:00)　🚫設施檢修日　💴平日成人￥1,100、中小生￥500、 週末成人￥1,200、中小生￥600　🌐www.marinetower.yokohama/

橫濱海洋塔(Marine Tower)是1958年為紀念橫濱開港100週年所興建，高度達106公尺，過去曾具有燈塔的功能，2022年9月再度經過整修後以嶄新的姿態，再度成為橫濱港邊的亮點。內有咖啡餐廳、酒吧、賣店等，搭電梯到30樓高的觀景台，港區風光一覽無遺，夜晚旋轉的摩天輪和往來行船璀璨燈影，浪漫得叫人沉醉，被視為「戀人的聖地」。

> 從觀景台上一覽港灣夜色，令人流連忘返。

> 高聳奶油量爽口淡雅，搭配糖漬草莓及奶油上的杏仁碎，口感多重，適合2-3人分享。

🧁 Eggs'n Things マリンタワー店

おすすめ 👍

☎045-225-8973　📍橫濱海洋塔 1F　⏰9:00~22:00(L.O.21:00)　🚫海洋塔設施檢修日　💴草莓奶油鬆餅￥1,380　🌐www.eggsnthingsjapan.com/

> 奶油堆成摩天高的人氣鬆餅！

來自夏威夷的人氣早餐店，特別的是他有一款號稱夏威夷最美味鬆餅，這美味也席捲日本，成為熱門排隊店，連台北都曾有過分店呢。位於山下公園的這家分店，就在橫濱海洋塔裡，面對美麗的山下公園、冰川丸，享受美味同時，美景更是別處沒得比。最受歡迎的招牌鮮奶油火山鬆餅，更是打卡必點，高聳如山的奶油光視覺就超驚豔。

◎ 橫濱市開港紀念會館

別冊P.5A1 ⊕みなとみらい線-日本大通り駅1號出口徒步1分、元町・中華街駅出口1徒步10分 ☎045-201-0708 ⊕橫濱市中區本町1-6 ⊕9:00~22:00(見學時間10:00~16:00) ⊕第4個週一(遇假日順延一天)、12/29~1/3 ⊕www.welcome.city.yokohama.jp/spot/details.php?bbid=187

位於街角的「橫濱市開港紀念會館」是為了紀念橫濱開港的50週年紀念，運用市民的捐款，於1917年落成，可開放提供作為公會堂、會議室、結婚會場等使用。整棟建築最顯目的中央時計塔，橫濱人暱稱為「Jack Tower」，與橫濱稅關本關廳舍「Queen Tower」、廳本廳舍「King Tower」並稱為橫濱三塔。

元町・中華街與山手町散策

建議行程第一站可以先到中華街享用美食，之後可以漫步至山手地區欣賞充滿異國風情的西洋建築，接著可到橫濱最具指標的觀光點山下公園散步，等到傍晚時再踏上橫濱大棧橋國際客船中心上的眺望台，日劇中的浪漫橫濱夜景完美重現。

◎ 橫濱人形之家

橫濱人形の家

別冊P.5B1 ⊕みなとみらい線-元町・中華街駅1號出口徒步約5分 ☎045-671-9361 ⊕橫濱市中區山下町18 ⊕9:30~17:00(入館~16:30) ⊕週一(遇假日順延一天)、年末年始 ⊕成人¥400，中小學生¥200 ⊕www.doll-museum.jp

由大名鼎鼎的玩具收藏家－北原照久親自策劃的「橫濱人形之家」，4層樓高的館內，展示了**現代人偶師傅製作的創作人偶、從世界各國收集的民族人偶，以及日本傳統的御所人偶等**。每個娃娃都擁有不同的表情與姿態，讓人愛不釋手。除了展示區外，也設有賣店跟咖啡店。

🎁 元町商店街

別冊P.5B2 ⊕みなとみらい線-元町・中華街駅5號出口徒步約1分 ⊕橫濱市中央區元町 ⊕www.motomachi.or.jp

元町是最早期領導橫濱潮流的流行發信地，大部分聞名日本甚至海外的橫濱廠牌，都是發源自這裡，至今依舊優雅而人潮不減。商店街以主要街道元町通為中心，**道路兩旁盡是商店、甜點店與餐廳，特別是路上有許多優雅歐式造型的建築物**，無論購物或者閒逛都愜意極了。

Café Next-door

別冊P.5B2 みなとみらい線-元町・中華街駅5號出口徒步5分 045-641-2538 橫濱市中區元町2-96 11:00~18:30(L.O.17:30) 休週一、四，不定休 霧笛楼フランスカレー（法式咖哩）¥1,800 www.mutekiro.com/cafe/cafe.html

「Café Next-door」為知名法國餐廳霧笛樓的姊妹店，就位在霧笛樓旁邊。從外頭看進去是一家賣法式蛋糕與餅乾的店，往內走則有附設咖啡館，**使用當季新鮮的素材，約有10~15種的蛋糕可以選擇**，另外，週一至週日每日限量提供20份的霧笛樓法式咖哩也相當受到饕客歡迎，11點半開始供應，售完為止。

店內的蒙布朗是季節限定的商品，酸味果醬中和栗子奶油的甜味，加上楓糖碎片增加口感。

霧笛楼

使用簡潔的白色理念加上簡約風擺飾，讓空間乾淨又俐落。

店內供應沙拉、三明治等輕食，多樣甜點更是不容錯過！

Starlight Café

別冊P.5B2 みなとみらい線-元町・中華街駅5號出口徒步3分 045-212-5946 橫濱市中區元町2-97 11:00~19:00(L.O.18:30) 休週一(遇假日順延) 巧克力¥297 www.star-jewelry.com/shoplist/cafe.html

可愛的小咖啡店，中午提供的套餐美味可口，食材新鮮且賣相可愛，適合女性約會聚餐。

「Starlight Café」優雅潔白的用餐空間給人一種時尚的氛圍，整間店分為1樓、2樓與2樓陽台三個用餐區，**不只提供咖啡甜點，午晚餐的餐點更是精彩**。其中中午才有的4皿珠寶盒，套餐將菜餚分成四小皿，各自優雅的擺盤拼在一起，就像珠寶盒裡閃著光芒的寶石一樣美麗，讓人吃得健康、吃得優雅、也吃得時尚。

港の見える丘公園

Harbor View Park

別冊P.5B2 みなとみらい線元町・中華街駅5號出口徒步5分 045-711-7802 橫濱市中區山手町114 法國森林6:00~18:00(依四季時間略不同)、玫瑰花園6:00~24:00 自由入園

公園位在山上高台處，能展望整個港區，視野相當好。

從元町沿著東側坡道而上，就可以來到這個山手地區的大型公園。1926年由英國軍隊規劃的**「港の見える丘公園」設置了可以眺望港區未來、橫濱港灣大橋的座椅**，總是吸引情侶們賞景談心，也有許多人攜家帶眷來此郊遊，公園內小型的森林和著名各式洋館，是山手地區一定要看的景點。

建立在山坡上的公園，可俯瞰港灣及大橋海景，美不勝收。

◎ 大佛次郎記念館&霧迪茶館

おすすめ

◎別冊P.5B2 ◎みなとみらい線-元町・中華街駅徒步7分 ◎045-622-5002 ◎橫濱市中區山手町113 ◎10:00~17:30 (10~3月至17:00)，茶館10:30~18:00(L.O.17:30) ◎週一(遇假日順延)、年末年始、換展 ◎成人￥200，中小學生免費。霧迪茶館-咖啡￥540起 ◎osaragi.yafjp.org

> 有許多「貓」的作家紀念館。

橫濱出身的作家大佛次郎，著作等身，從20歲開始出版作品直到75歲逝世前都還在寫作中，尤其作品不少以橫濱為舞台，展現他對家鄉的熱情。而他一生中也因曾經有過500隻貓咪而成為名符其實的貓奴，紀念館內展示不少他的著作、手稿、收藏以及重現其書房，甚至也有他的許多貓咪相關收藏物品與為貓咪創作的繪本等。

> 橫濱有很多以「霧迪」為名的店家，取名來自大佛次郎同名著作。

◎ 山手資料館

◎別冊P.5B2 ◎みなとみらい線-元町・中華街駅徒步8分 ◎045-622-1188 ◎橫濱市中區山手町247 ◎11:00~16:00 ◎週一(遇假日順延)、12/30~1/1 ◎全票￥210、學生票￥160

> 被指定為歷史建築的資料館，不論建築或屋外瓦斯燈、座椅，都具歷史。

位在元町公園外圍的**「山手資料館」小巧的木造建築規模，卻是橫濱市內目前唯一僅存的明治時代木造西洋建築。**這棟結合和洋形式的洋館，目前作為展示開港當時及山手一帶資料的展示館，有當時的玻璃器具、舊照片、舊雜誌及當時在此活躍的一些洋人資料介紹等，讓人回顧開港時代的生活軌跡與風俗。

◎ 橫濱市英國館

橫浜市イギリス館

◎別冊P.5B2 ◎みなとみらい線元町・中華街駅徒步7分 ◎045-623-7812 ◎橫濱市中區山手町115-3 ◎9:30~17:00(7、8月~18:00) ◎第4個週三(遇假日順延)、12/29~1/3 ◎免費 ◎www.hama-midorinokyokai.or.jp/yamate-seiyoukan

1937年建造的這處英國總領事館邸，1990年成為橫濱市指定文化財，與其他洋館相較最特別之處在擁有廣闊的玫瑰庭園。2層樓的建築，一樓主要是一些生活起居室空間，2樓可以望海的高度則以寢室為主，部分空間復元成當時樣貌供參觀，與111番館僅隔一處噴水池廣場，不妨一起順訪。

> 被玫瑰園包圍的英國館，當時在亞洲區的英國領館中是屬於地位較高的外館。

◎ 三溪園

> 京都二条城移築至三溪園內的聽秋閣，傳達江戶時期上流武士階級的風雅。

おすすめ

> 橫濱港町難得一見的典雅日式庭園！

◎別冊P.5B2 ◎橫濱駅東口2號乘車處、櫻木町駅2號乘車處轉搭市內巴士8、168，或ぶらり三溪園BUS(週末及假日運行)，以及みなとみらい線-元町・中華街駅4號出口山下町巴士站轉搭8、168，於三溪園入口下車步行5分鐘即達 ◎045-621-0634 ◎橫濱市中區本牧三之谷58-1 ◎9:00~17:00(閉園前30分鐘停止入園) ◎12月29~31日 ◎入園成人￥700，兒童￥200 ◎www.sankeien.or.jp

以橫濱企業家「原三溪」命名的庭園「三溪園」原本是私人擁有，1906年起開放給一般民眾參觀。這**庭園可不只是普通的日式庭園，但見翠綠之間隱藏著多處從京都西方寺的御門、二条城內的聽秋閣、燈明寺的三重塔等**，也在園內各自延續了歷史價值。

神奈川 橫濱

↓山梨↓靜岡↓長野↓埼玉↓千葉↓茨城↓栃木↓群馬

來到山手町踩著悠閒的腳步漫遊街道，顯得輕鬆自在。

山手地區

📖別冊P.5B2 🚶橫濱市中區山手町 🚃みなとみらい線-元町・中華街駅1號出口徒步約5分

從元町沿著無數條緩坡而上，稍微走遠一些，就可以來到位於台地上、洋溢著異國風情的山手。

山手過去是外國人的居留地，至今**仍有許多古老的西洋建築，氣氛也顯得別明亮開朗**。港見之丘公園以及橫濱外國人基地是這裡的主要景點。

山手111番館

📖別冊P.5B2 🚃みなとみらい線元町・中華街駅5號出口徒步8分 ☎045-623-2957 🏠橫濱市中區山手町111 🕐9:30~17:00(7~8月至18:00) ❌第2個週三(遇假日順延一天)、12/29~1/3 💰免費 💻www2.yamate-seiyoukan.org

「山手111號館」是山手地區最吸引人的洋館之一，**從種滿了薔薇的開闊庭園、到採用充滿南歐風情的西班牙風格建造的外觀，磚紅色的屋瓦搭配純白的圓拱型牆面，讓人彷彿來到歐洲小鎮**，大廳的挑高開放感更教人流連忘返。

🍴 山手十番館

📖別冊P.5B2 🚃みなとみらい線-元町中華街駅5號出口徒步6分 ☎045-621-4466 🏠橫濱市中區山手町247 🕐1F 10:00~22:00(L.O.21:30)、2F Bar 16:00~23:00(L.O.22:30)、3F 午餐11:00~15:00、晚餐17:00~22:00(最後點餐閉店前1H) 💰1F咖哩￥1,100起 💻www.yokohama-jyubankan.co.jp/

位於外國人基地旁的「山手十號館」是橫濱相當知名的法國餐廳，建築物充滿著浪漫氣氛，1樓為咖啡廳，3樓則是**選用各種橫濱在地的食材，例如日本和牛肉或新鮮明蝦，烹調出最美味的法國料理**，用餐時還襯著充滿懷舊優雅的異國音樂。

💡**參觀山手各洋館群注意鞋子選擇**
位在港見之丘公園、元町公園一帶山丘上的山手一帶，開港時代是許多外國人的居住地，遺留下來的多棟洋館群建築，也成了沿途散步參觀的好去處。令人開心的是這些洋館幾乎都是免費開放，但稍麻煩的是要進入這些洋館幾乎都得脫鞋才能進入，萬一穿了蜈蚣鞋，可不妙，尤其這裡是丘陵區域，沿途也要走不少路，舒適好走、好穿脫的鞋才是當日穿搭首選！

山手234番館

📖別冊P.5B2 🚃みなとみらい線-元町・中華街駅5號出口徒步10分 ☎045-625-9393 📍橫濱市中區山手町234-1 🕐9:30~17:00 休第4個週三(遇假日順延一天)、12月29日~1月3日 💰免費 🌐www.hama-midorinokyokai.or.jp/yamate-seiyoukan/

　　沿著山手本通建造的「山手234」番館是1927年完成，原是以外國人為對象的公寓，如今成為開放給觀光客的參觀的景點，**1樓完全公開當時的外國人起居空間，2樓提供各種活動展覽使用，不定期可以看到和橫濱有關的展覽。**

Ehrismann Residence

エリスマン邸

📖別冊P.5B2 🚃みなとみらい線-元町・中華街駅5號出口徒步約8分 ☎045-211-1101 📍橫濱市中區元町1-77-4 🕐9:30~17:00 休第2個週三(遇假日順延)、12/29~1/3 💰免費 🌐www.hama-midorinokyokai.or.jp/yamate-seiyoukan/

　　由被日本譽為現代建築之父的Raymond，為瑞士商人所設計打造的エリスマン邸建於1926年，**木造的二層樓建築外觀是唯美的純白色系，1F的展示間中還可以看到建築師所設計的家具修復品，2F則為橫濱山手地區的資料館，還有咖啡廳讓人可坐下來休憩一番。**

曾為英國商人之宿的房屋，處處都散發著異國情調，每個角落都是拍照好景！

Berrick Hall一隅，幸運草形狀的窗戶十分可愛。

Berrick Hall

ベーリック・ホール

📖別冊P.5B2 🚃みなとみらい線-元町・中華街駅5號出口徒步10分 ☎045-663-5685 📍橫濱市中區山手町72 🕐9:30~17:00 休第2個週三(遇假日順延一天)、12/29~1/3 💰免費 🌐www.hama-midorinokyokai.or.jp/yamate-seiyoukan/

　　Berrick Hall(ベーリック・ホール)是英國商人Berrick的宅邸，也是山手西洋館群中現存最大的一幢房屋。設計者是美國設計師摩根(J.H. Morgan)，**以西班牙式建築為基調，從1樓的大片落地窗便可見其建築主要風格。**另外再配合上多彩的元素，像是黑白地磚與2樓房內的小窗，都忠實地呈現當時的建築美學。

山手西洋館散策

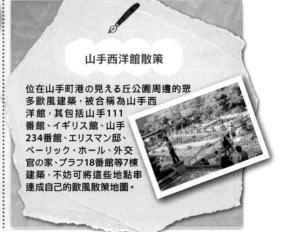

　　位在山手町港の見える丘公園周邊的眾多歐風建築，被合稱為山手西洋館，其包括山手111番館、イギリス館、山手234番館、エリスマン邸、ベーリック・ホール、外交官の家、ブラフ18番館等7棟建築，不妨可將這些地點串連成自己的歐風散策地圖。

H 新英格蘭飯店

HOTEL NEW GRAND

おすすめ 👍

🏵別冊P.5B1 🚃みなとみらい線-元町•中華街駅1號出口徒步2分 ☎045-681-1841
🏠橫濱市中區山下町10番地 🕐Check-in 14:00，Check-out 11:00 🌐www.hotel-newgrand.co.jp

紀錄橫濱過往風華的優雅飯店。

翻開新英格蘭飯店從開幕至今的歷史，宛如看見風華綽約的昭和至大正時期橫濱最華麗的年代，**飯店自1927年開幕以來，不但是橫濱最豪華飯店，更是全日本最重要的飯店之一，歷經冠蓋雲集的風華年代**，曾接待過麥克阿瑟元帥•查理•卓別林•貝比•魯斯等許多世界著名人物外，連橫濱出身的知名作家大佛次郎都曾在此住了10年當作工作室，創作出許多膾炙人口的作品。

坐落在山下公園旁的飯店，鄰近中華街外，更日夜都能欣賞山下公園與海港美景，1991年一旁新增建的飯店別館，延續主樓優雅風格，高樓層的客房、餐廳，更能把遠端的港區21一帶日夜浪漫美景盡收眼底。再說到飯店美食，開業初始由法國主廚帶來正宗法國料理，尤其焗飯、拿坡里義大利麵、水果布丁等最初都出自於新英格蘭飯店，再傳播至日本各地，影響日本飲食文化，想一嚐這些美味，主樓1F的咖啡館就是最佳嚐味處。

別館高樓層客房，大大的觀景窗，將日夜海港景緻及遠端港區大樓美景全收入眼底。

走上主樓的二樓大廳，沉穩典雅的歐洲風格氛圍，也常成為電影戲劇等的取景地。

優雅的早餐，就在邊欣賞港灣風景的舒適氛圍中享用。

©HOTEL NEW GRAND

與銀座的和光大樓同一位設計師，飯店主樓優雅的細部設計，也被橫濱市認定為歷史建築。

らくスパ鶴見

おすすめ 👍

RAKU SPA 鶴見

好玩又時尚的新形態泡湯設施。

🏠 別冊P2,B3 🚃 從JR鶴見駅、JR川崎駅與JR武蔵小杉駅,有接送巴士 ☎ 045-574-4126 🏠 横濱市鶴見區元宮2-1-39 ⏰ 週日～四、國定假日10:00～翌日2:00,週五～六、假日前一天10:00～翌日8:00 ⏰ 不定休(每年2次) 💰 平日-成人￥2,200、兒童￥790;週末例假日成人￥2,700、兒童￥990 🌐 rakuspa.com/tsurumi/

位在JR鶴見駅、JR川崎駅中間位置、緊鄰鶴見川的「RAKU SPA 鶴見」,是一處融合「玩耍」與「享受」元素的新形態時尚溫泉設施,寬闊的館內除了日本也相當罕見的「弱酸性硫磺溫泉」外,更特別**將浴池形狀設計成船型的「絹之湯船」等15種浴池**、可以享受星象館樂趣等6種岩盤浴,還有三溫暖、時尚咖啡酒吧、漫畫區、遊戲區、商店、餐廳等等,可說是個集結吃、好玩、也能閱讀及娛樂的多功能溫泉休憩設施。

而且館內提供有可愛的館內服、內部裝潢非常時髦的休息室、女性專用休息室等,讓不論老、少、男女,都能自在地找到舒適享受溫泉設施的空間,用五感盡情享受的別緻浴場。

岩盤浴空間化身成萬顆星空下的瞬之房,讓人捨不得離開。

設計成船的形狀的絹之湯船,享受宛如乘船在海中溫泉泡湯的樂趣。

宛如網美拍照場景的鏡面空間～輝之房岩盤浴。

紅瓦白牆的古老英式建築是出自日本設計師之手。

えの木てい

おすすめ 👍

🏠 別冊P.5B2 🚃 みなとみらい線元町・中華街駅5號出口徒步8分 ☎ 045-623-2288 🏠 横濱市中區山手町89-6 ⏰ 10:00~19:00(L.O.18:30) 🍰 紅茶のシフォンケーキ(紅茶戚風蛋糕)￥594 🌐 www.enokitei.jp

優雅的洋房下午茶,悠然度過和洋時光。

洋風甜點舖「えの木てい」創於大正時代,位在山手地區的**本店外觀紅瓦白牆的古老英式建築乃出自日本設計師朝香吉藏之手**,當初原本是美國的檢察官的住所,後來則被えの木てい老闆的父母買下,並開設成咖啡廳,讓人也可以在古老的洋館中品嚐咖啡甜點,度過優閒的時光。

生奶油和伯爵茶作成的紅茶戚風蛋糕是必點甜點。

神奈川┈┈鎌倉

山梨▼靜岡▼長野▼埼玉▼千葉▼茨城▼栃木▼群馬

鎌倉
かまくら Kamakura

主宰日本歷史141年的幕府根據地——鎌倉，充滿古都特有的靜謐，清幽的寺院讓人忘卻都市的塵囂，盡情感受日本歷史與文化的洗禮，隨著寺院發展的老舖，從精進料理到甜蜜和菓子，還有各家擁有庭園景觀的美景餐廳，鎌倉不只是一個古都，更是一個能夠品嚐美食，四季景致宜人，適合悠閒小旅行旅遊勝地。

江之島電鐵

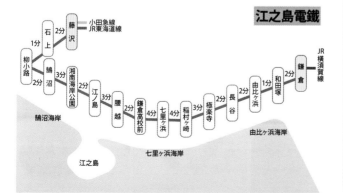

小田急線
JR東海道線
藤沢 2分 石上 1分 柳小路 2分 鵠沼 3分 湘南海岸公園 2分 江ノ島 3分 腰越 2分 鎌倉高校前 4分 七里ヶ浜 4分 稲村ヶ崎 3分 極楽寺 2分 長谷 2分 由比ヶ浜 1分 和田塚 2分 鎌倉 JR橫須賀線

鵠沼海岸　七里ヶ浜海岸　由比ヶ浜海岸
江之島

交通路線&出站資訊

電車
鎌倉駅◇JR東日本-橫須賀線
北鎌倉駅◇JR東日本-橫須賀線
鎌倉駅◇江之島電鐵線
長谷駅◇江之島電鐵線
和田塚駅◇江之島電鐵線

出站便利通
◎由鎌倉經江之島到藤澤駅的江之電，通車已逾百年，從民家住宅穿越到海岸線風光，始終維持著原始樣貌的車廂，使其觀光色彩更加濃厚。
◎在鎌倉的主要景點中，除了長谷地區，距離皆不算遠，悠閒漫步均可到達，也可以發現各種獨特的老舖或小店，如果時間有限，建議搭乘巴士。
◎JR鎌倉駅東口出站後可看到鎌倉市觀光服務中心、巴士站，往前步行1分鐘即抵達小町通り商店街。
◎鎌倉市區內有近20條路線巴士，巴士總站位於JR鎌倉駅東口，往大船、北鎌倉或長谷，每一條路線時間不等，平均每小時1~5班。
◎行走於鎌倉主要觀光地的人力車視路線與所需時間收費，12~13分¥4,000/2人，45分¥15,000/2人。

優惠交通套票
◎江之電一日券「のりおりくん」◇可搭乘江之電鎌倉~藤澤之間可隨意上下車，並享有各式設施的優待折扣。
☉成人¥800，兒童¥400
◎江之電各站售票機或售票窗口、網路電子票等購買
◎鎌倉フリー環境手形◇搭乘江之電鎌倉~長谷之間可隨意上下車，鎌倉市內的江之電巴士、京濱急行巴士(指定區域)1日之內可以自由搭乘。
☉成人¥900，兒童¥450
◎JR鎌倉駅、鎌倉駅前案內所，江之電鎌倉駅、長谷駅等購票
❶1月1日~3日無販售
◎小田急鎌倉江之島一日券◇江之島~鎌倉周遊券可於1日內自由搭乘江之電各站、小田急線(藤澤站~片瀨江之島站)、小田急線區間(出發車站~藤澤站)，並於新江之島水族館、江之島手扶梯、瞭望燈塔、長谷寺、鎌倉宮等20多處提供優待折扣，可說是從東京到鎌倉(包含江之電一日券)最便宜的套票。
☉(新宿出發)成人¥1,930、兒童¥430，(藤澤出發)成人¥810、兒童¥410
◎小田急旅遊服務中心、小田急沿線車站自動售票機、網路電子票

放學時間小朋友在電車上或坐或趴地與朋友吱吱喳喳聊天，手裡也寫著功課。

行走在街道上、民居旁的江之電，畫面看起來有點奇妙卻合諧。

ENODEN

江之島電鐵

江ノ島電鉄

🚉 藤澤~鎌倉

搭上復古電車、融入當地生活，計畫湘南海岸的悠閒散策之旅。

每小時2~5班次，藤澤往鎌倉的首班車5:36發車，末班車23:16發車。鎌倉往藤澤的首班車5:20發車，末班車23:05發車 💰藤澤~鎌倉¥310、鎌倉~江之島¥260 ☎0466-24-2713 🌐www.enoden.co.jp

　被暱稱為江之電的江之島電鐵，運行於鎌倉、江之島到藤澤之間，通車已逾百年。原本只是用於方便當地居民交通，除了具有通勤的功能之外，由於穿梭於海濱與住宅街區之中，使其觀光色彩更加濃厚，而成為最熱門的電車路線，也因維持著原始樣貌的車廂，在復古風潮興起後廣受歡迎，只要一想到鎌倉，腦中就會浮現江之電的畫面。

江之島電鐵一日小旅行

江之島電鐵沿途經過江之島、七里ヶ濱、鎌倉等站，復古多樣的可愛車款和各具特色的車站都很有旅行氣氛。途中不論是從民宅間驚險穿過，或是在奔馳過御靈神社正前方時，抓住瞬間拍下正對著你的鳥居，又或者尋找《灌籃高手》中櫻木和晴子見面時，晴子笑容後方襯著江之電和藍色大海的絕妙場景，都讓這趟復古電車旅程有趣極了。

鎌倉駅周邊

每個月有超過150萬人次到訪的鎌倉駅，是鎌倉的遊逛中心，在車站周邊有許多現代卻又帶點日本風味的小店，而小町通上老舖和菓子、和雜貨與隨著觀光客興起的名產店家，更讓人逛得不亦樂乎。往北稍走一點即達鎌倉信仰中心鶴岡八幡宮，日本風情滿溢。

鎌倉輕旅行

行程一開始建議可以由被公認是鎌倉象徵的鶴岡八幡宮開始，而後充滿昭和風情的鎌倉文學館是不容錯過的重要景點，有七百年歷史的鎌倉大佛更是值得一探究竟，在行程的結尾推薦品嚐自鎌倉發源而著名的修行者料理，為鎌倉一日劃上完美句點。

ⓘ 鎌倉市觀光服務中心

◎別冊P.3A4 ◎JR鎌倉駅東口出站即達 ☎0467-22-3350 ◎鎌倉市小町1-1-1，JR鎌倉駅東口綠色窗口（みどりの窓口）旁 ◉9:00~17:00

一出鎌倉駅的左邊即可看到「鎌倉市觀光服務中心」（鎌倉市観光案內所），其服務中心原本與江之電合併，於2016年10月搬至車站出口旁，讓旅客能更快速地利用。新服務中心可以拿到**超過60種觀光手冊**，並**設置外幣換鈔機與海外提款機**。

鎌倉駅置物櫃

在JR橫須賀線與江之電鎌倉駅出入口有可放置物品、行李的投幣置物櫃，讓你可以悠閒的開始輕旅行、遊逛古都。
◉9:00~17:00
⑤小型￥300、中型￥500、大型￥600

如果是從江之電鎌倉駅出站，穿過地下道後服務中心即在左手邊。

ⓘ 江之電服務中心

◎別冊P.3A4 ◎JR鎌倉駅東口徒步1分 ☎0467-23-7851 ◎鎌倉市小町1-6-21（橫濱銀行1F） ◉9:00~17:00

如對於江之電有任何問題可以前往位在江之電與JR鎌倉站旁的江之電服務中心（江之電インフォメーション），服務中心內有**詳細的江之電沿線介紹、販售周邊商品，以及巴士定期券、定期遊覽巴士乘車券**等。

小町通り裡集結眾多人氣商店、富地方特色的小店，也有知名連鎖店、發源於當地的銘菓。

鑽進小巷弄內也能發掘特色小店，與特殊的裝置藝術。

おすすめ

🎁 小町通り商店街

⏱ 別冊P.3A4~3　🚉 JR鎌倉駅東口徒步1分　☎ 0467-23-3000(鎌倉市觀光商工課)　📍 鎌倉市小町~雪ノ下　🕐 店家營業時間各異

小町通り集結排隊名店與人氣伴手禮店！

　　被喻為美食天堂的鎌倉，其中以「小町通り商店街」人潮最多，其商店街自鎌倉站東口開始至鶴岡八幡宮前近400公尺，街道兩旁聚滿**超過250間以上的店家、餐廳、甜點屋、伴手禮店、日式雜貨、咖啡廳等**，不管平日或是假日總是人潮洶湧，一路吃吃喝喝逛到鶴岡八幡宮，一點也不覺得遠。

🎁 i-ZA鎌倉

☎ 0467-22-2380　📍 鎌倉市小町1-6-15　🕐 依店舖而異，購物約10:00~19:00、飲食約11:00~21:00
🌐 i-za-kamakura.com

　　就位在小町入口處的「i-ZA鎌倉」全館分為三個樓層，**進駐近20家商店與餐廳**，有專賣和風小物的「鎌倉屋」、個性咖啡、時尚的服飾店&生活雜貨、能品嚐到鎌倉野菜的和風餐廳「秋本」、還有不定時展出小藝廊等，吃喝買買一網打盡！

一樓店家在櫥窗邊放著掃帚、黑貓吉吉與琪琪的收音機，生動又活潑。

店內放有龍貓與小魔女的自由蓋章區，如有購買商品也可換取可愛小卡蓋章。

おすすめ

🎁 どんぐり共和国

☎ 0467-24-7705　📍 鎌倉市小町1-5-6　🕐 10:00~19:00(依季節調整)　💰 商品¥500起
benelic.com/donguri/shop-list/

歡迎來到吉卜力世界，給你滿滿的大龍貓與小魔女！

　　坐落在小町通り紅色鳥居旁顯眼位子的「どんぐり共和国」，其建築分為地下一樓與地上一樓，主以販售**吉卜力電影「龍貓」、「魔女宅急便」、「神隱少女」**等周邊商品。地下一樓以龍貓為設計主題，從門口進入時就像進入龍貓居住的神祕洞穴，主以販售包包、服飾、周邊小物等適合當小禮物；一樓則以魔女宅急便為重點，溫馨帶有居家感，商品也以生活居家、嬰兒用品佔多數。

神奈川｜鎌倉

山梨▶靜岡▶長野▶埼玉▶千葉▶茨城▶栃木▶群馬

🎁 日影茶屋 鎌倉小町店

☎0467-24-1211　📍鎌倉市小町2-2-26　🕙10:00~18:00
💴日影大福￥200起　🔗hikage.chaya.co.jp/wagashi

　本店在葉川的「日影茶屋」除了供應日式甜點，也有日、法料理、和洋菓子等，鎌倉小町通分店則以和、洋菓子為主。其**最知名的是日影大福**，另也有最中餅、蜂蜜蛋糕、仙貝、羊羹等商品。

因數量有限，店家會在門外掛上當天有販售的商品木牌。

鎌倉小町店限定的抹茶磅蛋糕(抹茶パウンド)。

⚫ 🥄 源吉兆庵 鎌倉本店／吉兆庵美術館

☎0467-23-2788　📍鎌倉市小町2-9-1　▾
10:00~18:00、美術館10:00~17:00　💴織部錦￥1,296/6入　🔗www.kitchoan.co.jp

　紅底印上墨黑色的圓圈意象，在各日系百貨公司都可以看到和菓子代表的「源吉兆庵」，**強調從自然題材，依照四季創作帶有季節感造型與色彩的精美和菓子**，成為贈禮的最佳選擇。小町通上的本店人潮絡繹不絕，本店正後方的美術館則展示日本文化中表現四季的各種裝飾品。

店內知名的就是依季節更迭而變化出四季旬味和菓子。

鎌倉五郎 本店

☎0120-07-1156 ⌂鎌倉市小町2-9-2 ◷10:00~18:00
💰半月￥1,188/10枚入 🌐www.kamakuragoro.co.jp

誕生於鎌倉的和菓子銘菓，除了推出許多生菓子外，也會將季節感加入其產品的創作，因此每次來都能品嚐到季節限定的美味菓子。店內的伴手禮首選當屬其人氣招牌——半月。除了本店外，在東京都內、羽田機場也有開設分店，人氣可見一般。

半月口感如厚實的法蘭酥，裡頭塗上紅豆、抹茶奶油，風味絕佳。

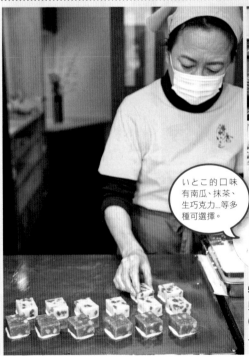

いとこ的口味有南瓜、抹茶、生巧克力...等多種可選擇。

鎌倉いとこ 小町通り店

☎0467-39-6962 ⌂鎌倉市小町2-9-5
◷10:30~18:00(售完為止) 休不定休 💰きんつば(金鍔燒)￥250起
🌐www.kamakura-itoko.com

店名源自「いとこ煮(Itokoni)」，這是一種將南瓜、地瓜或根菜類植物，與紅豆一起燉煮的料理，而鎌倉いとこ販賣的則是取自裡頭的紅豆、南瓜等材料製作的「金鍔燒」(Kintsuba)，先將熬煮成泥的內餡壓成方形，表層沾上薄薄的麵粉水後上鐵板煎烤而成。

夢見屋

☏0467-25-3815　⌂鎌倉市小町2-7-34
🕐10:00~17:30　💲糰子￥180起　🌐www.
italiantomato.co.jp/brand/
yumemiya/

超美味日本庶民美食！

將日本高雅的喫茶文化轉身一變成為街頭庶民小吃糯米糰子，「夢見屋」將糰子變化出更多口味，從最基本的**甜鹹、醬油**，到結合蜂蜜檸檬、**抹茶、櫻花**等餡料，因應季節變換推出限定款，冬季**有草莓**，夏季則有杏桃、梅子、桃子等限定餡料。

人氣商品甜鹹糰子。

店頭擺著手上拿著蒟蒻皂的洗顏地藏。

柚子、櫻花、薰衣草、萊姆的入浴劑也十分受歡迎。

店內附有洗手檯，可以免費體驗蒟蒻皂。

在京都、淺草等日本各地都有分店，各分店都有不同的蒟蒻皂商品。

蒟蒻しゃぼん

☏0120-808-469　⌂鎌倉市小町2-2-24
🕐10:00~18:00　💲商品￥1,300起　🌐
konnyaku-shabon.com

讓你洗完皮膚咕溜咕溜的美肌蒟蒻皂！

「蒟蒻しゃぼん」打破香皂的傳統印象，研發出圓球般的可愛造型、蒟蒻Q彈的手感與檜木香氣，有各式不同的顏色與功效，**像是金(金箔)、米(保溼)、櫻花(美肌)、菖蒲(預防乾肌)、炭(清爽)等，有風呂敷包、竹葉包、和紙等三種包裝，還能找到紫陽花等鎌倉限定皂，送禮自用兩相宜**。店內有詳細的中英文文字介紹，不用擔心看不懂日文。

gram

📞0467-24-4232 🏠鎌倉市雪ノ下
1-5-38 🕐11:00~19:00 ⓢ戒指
¥990起 🌐gram-onlineshop.
com/

　超人氣排隊名店「gram」，讓你**用¥990就可以買到一只純手工打造的戒指**！位在巷子內的gram以現場手工打造專屬戒指而引來排隊人龍，**戒指素材主以銀與金為主，售價¥990的戒指更在3分鐘內可以完成**，但注意假日時因購買¥990款式的人潮眾多，店家會發號碼牌(整理券)，建議提早到場排隊領券。

鎌倉茶々 本店

📞0467-84-8829 🏠鎌倉市雪ノ下1-6-8
10:00~19:00 ⓗ不定休 抹茶冰淇淋¥500起
🌐kamakura-chacha.com/

清淡茶香到超濃厚MAX版茶味，抹茶控千萬不能錯過！

おすすめ

　「鎌倉茶々」選用產自茶鄉靜岡曾獲得農林水產大臣賞受賞茶園的抹茶，其與一般和菓子帶點苦味的抹茶不同，鎌倉茶々的冰淇淋帶著濃厚抹茶香。光在小町通就有2家店，店內只販售抹茶商品，並有**層級1到5口味之分**，嗜抹茶成痴的人不妨可嘗試MAX超濃版。

美味的料理也曾上過雜誌與電視報導。

imbiss

📞0467-25-5275 🏠鎌倉市雪ノ下
1-8-14 🕐10:00~18:00 ⓢ德式香腸
¥500起、餐點¥390起

　「imbiss」為德文的「街頭小吃」之意，坐落在小町通尾端的imbiss，以德式香腸為主打，店內主要販售自家製作的香腸，共有8種口味，**原味、煙燻、香草、辣味、起司等**，另可選擇店內供應的在地鎌倉啤酒，也有三明治選項，可輕鬆享受一頓精彩的和洋美味。

神奈川｜鎌倉

山梨➡靜岡➡長野➡埼玉➡千葉➡茨城➡栃木➡群馬

ca ca o 小町本店

☎0467-61-3307　⌂鎌倉市小町2-9-7　⏱10:00~18:00
💲商品￥250起　🌐www.ca-ca-o.com

　位在小町通り的「ca ca o」是發揚自鎌倉的生巧克力品牌，選用產自哥倫比亞的可可製成的**生巧克力、閃電泡芙、生巧克力塔、生巧克力冰淇淋**等都是人氣商品。

鎌倉壱番屋

おすすめ

☎0467-22-6156　⌂鎌倉市小町2-7-36
⏱10:00~18:00　💲仙貝￥60起

　小町通り裡的仙貝名物店，接近店家時就能聞到一陣醬油的焦香味。職人在店頭利用備長炭現場烘烤的手燒仙貝一片只要**￥60**，店內販售多達60種不同口味的仙貝，單片包裝外，也有小包裝，讓人每種口味都想通通打包，是伴手禮的最佳選擇。

> 超便宜手燒仙貝店，讓你忍不住一包一包搬！

中山牛乳店

☎0467-22-2023　⌂鎌倉市小町2-9-5　⏱10:30~17:30
🚫週四　💲冰淇淋￥280起

　以明治牛乳做為招牌的「中山牛乳店」，販售**復古瓶裝的瓶裝牛奶**，還有冰淇淋的選擇，每天**限量口味紫芋、布丁**，八月還有限定款的彈珠汽水口味等。

鎌倉豐島屋 本店

🏠別冊P.3B4 ☎0467-25-0810 🚃鎌倉市小町2-11-19 🕐9:00~19:00 🈲週三不定休(遇假日不休) 💰鳩サブレー(鴿子餅乾)¥540/4片 🌐www.hato.co.jp

鎌倉最具代表性的伴手禮,沒買到就太遺憾啦!

「鎌倉豐島屋」是從明治27年(1894年)就創立的老舖,店內總是有川流不息的採購人潮。**在鎌倉,豐島屋印有白鴿的鮮黃色紙袋幾乎是人手一袋,是最佳的伴手禮**,最有人氣的必買商品是從明治時代就有的鴿子餅乾,以鴿子圖案為特色,沒有任何添加物,僅以奶油製作出香脆濃郁的口味。

SEITA PLUS

🏠別冊P.3B3 ☎0467-23-1011 🚃鎌倉市小町2-11-17 🕐9:30~18:30 🈲每月第3個週四不定休 🌐seita.co.jp/seita-plus/

經營和服店的鎌倉老舖SEITA在小町通開設的姐妹店「SEITA PLUS」,**以提供簡單時尚的和風生活雜貨為主**,引入了奈良老舖中川政七商店的粹更系列小物,另外還有布製品、陶器、和紙等,皆是SEITA精選的名家工藝品,就是要提供更多和風好物的選擇性。

店內有許多作工精緻且獨特的和風雜貨,適合當成小禮物。

來到いも吉館必買的還是紫色蕃薯口味的霜淇淋。

いも吉館 本店

🏠別冊P.3B3 ☎0467-25-6038 🚃鎌倉市小町1-9-21 🕐10:00~18:00 🈲不定休 💰紫色蕃薯霜淇淋¥350 🌐www.imoyoshi.com

巨大的紫色蕃薯是いも吉館最醒目的標誌,來此**畢業旅行的學生人人手上都會有一支紫色霜淇淋,店內產品都是以鹿兒島自家公司栽種的紫色蕃薯所製作**,除了最早開始販賣、完全不添加人工色素的三色羊羹,還研發了可樂餅、薯泥甜點、甜甜圈等特色點心。也有當地限定的紫陽花口味。

神奈川──鎌倉

↓山梨↓靜岡↓長野↓埼玉↓千葉↓茨城↓栃木↓群馬

鶴岡八幡宮

⛩別冊P.3B3 🚃JR鎌倉駅東口沿若宮大路或小町通徒步約10分 ☎0467-22-0315 🏠鎌倉市雪ノ下2-1-31 ⏰5:00~21:00、10~3月6:00~21:00；寶物殿9:00~16:00 ⛔寶物殿換展期間休 💰境內自由參觀；寶物殿大人￥200、小孩￥100 🌐www.hachimangu.or.jp

> 來到鎌倉必訪神社，朱紅鳥居、靜謐社境內散步讓人感受日式情懷。

　　擁有廣大腹地的鶴岡八幡宮，除了是鎌倉象徵，也是歷史與政教中心。1063年開創鎌倉幕府的源賴朝，在權威鼎盛時，其轄內的鶴岡八幡宮的威望遠盛過京都任一神社。以典型日本神社建築式樣打造的鶴岡八幡宮，目前則是日本的重要文化財。

> 招牌「蕨餅」更是必點名物，香Q的滋味讓人一吃就愛上。

段葛 こ寿々

🚃別冊P.3B3 🚃JR鎌倉駅東口徒步約6分 ☎0467-25-6210 🏠鎌倉市小町2-13-4 ⏰11:30~18:00、週末例假日~19:00 ⛔週一、每月第1、3個週二。(遇假日順延一天) 💰わらび餅(蕨餅)￥600、蕎麥麵￥870起 🌐kosuzu.sun.bindcloud.jp/products/index.html

　　「段葛 こ寿々」為當地知名的蕎麥麵店，用餐時段總可見到門口湧現排隊人潮，店面改裝自昭和初期時代的木造建築，空間中散發著質樸懷舊的氣息，與古都鎌倉的味道相當吻合，**店內的蕎麥麵每日新鮮現做，嚐來彈牙且有淡淡馨香。**

神奈川 鎌倉 ↓山梨↓靜岡↓長野↓埼玉↓千葉↓茨城↓栃木↓群馬

鎌倉紅谷 本店

📖別冊P.3B3 📍位在鶴岡八幡宮前 ☎0467-22-3492 🏠鎌倉市雪ノ下1-12-4 🕐9:30～17:00 💰クルミッ子(核桃焦糖夾心餅)￥767/5入 🌐www.beniya-ajisai.co.jp

　創業70年的鎌倉紅谷是當地的老牌菓子店，**推出的各色商品都有著典雅的造型包裝，外型與口味俱佳**，相當適合做為伴手禮贈送親友。而店內的招牌「核桃焦糖夾心餅」，自家製的焦糖加入大量核桃攪拌，再夾入特製的奶油餅乾中，甜而不膩的滋味曾獲得菓子競賽最優秀賞的肯定。

湯浅物産館

📖別冊P.3B3 🚃JR鎌倉駅東口徒步7分 ☎0467-22-0472 🏠鎌倉市雪ノ下1-9-27 🕐10:00～20:00 🈚無休 🌐yuasabussankan.com/

　湯浅物産館建於昭和11年，於明治30年起以貝類加工製造與批發為業，現在雖然已經沒在做批發了，在這裡仍可以買到一些貝殼工藝的紀念品。仔細一看「貝細工製造卸湯浅商店」的斗大字樣仍留在建物上，**十分懷舊的建築引來許多喜愛舊建築的人來朝聖，建築也被登錄為國家有形文化財。**

昭和年代老建築現今依舊勇健的佇立於鶴岡八幡宮表參道上。

物產館是座複合式空間，賣雜貨、熱食，也有咖啡廳。

利用透明玻璃罐盛裝鮮豔蔬果，送禮自用兩相宜。

將蔬果趁鮮封存起來，吃起來爽脆，怎麼調理都好吃。

鎌倉野菜工房

📖別冊P.3B3 🚃JR鎌倉駅東口徒步8分 🏠鎌倉市雪ノ下1-8-36 ☎0467-55-9628 🕐11:00～19:00 🌐www.kamakura-yasai.net

　「鎌倉野菜工房」的店主從鎌倉的自然山海做發想，**以醃漬蔬菜和燻製漁產的方式來保存鎌倉四季的美好豐藏**。一瓶瓶小巧圓弧透明玻璃罐裡裝著色彩鮮豔繽紛的季節蔬菜，大多是直接與鎌倉在地農家購買，將蔬菜處理後浸泡於調好醬汁中，由於完全不添加任何人工防腐劑，買回後冷藏保存最多達兩個月。

🍴 キャラウェイ

おすすめ 👍

📍別冊P.3B3 🚉JR鎌倉駅東口徒步約6分 ☎0467-25-0927 🏠鎌倉市小町2-12-20 🕐11:30~19:30 ⛔週一 💰咖哩￥780起,飲品￥250起

體驗日本昭和餐廳氣氛,挑戰大份量咖哩飯!

開業超過40年的「キャラウェイ」以咖哩飯為招牌,其大份量也吸引日本各地旅人前來朝聖。利用大量食材熬製,並**加入30種香料製作而成的美味咖哩,讓人回味無窮**,店內不容錯過的還有免費供應的福神漬,配上咖哩吃更是一絕。

🎁 Romi-Unie Confiture

おすすめ 👍

📍別冊P.3A3 🚉JR鎌倉駅西口徒步7分 ☎0467-61-3033 🏠鎌倉市小町2-15-11 🕐10:00~18:00 ⛔年末年始 🌐romi-unie.jp/

美味果醬口味眾多,值得一訪,挑選些手作美味讓食物更加分!

由日本知名菓子職人五十嵐步美所創立的果醬小舖「Romi-Unie Confiture」,擺滿牆面的果醬種類多到讓人數不清,全**都是五十嵐路美依水果的特性獨家調配,美味不在話下**。由於有人希望果醬不搶走麵包的麥香,在這裡也買得到專為塗麵包設計的果醬,**每一款的甜度控制得宜,不只更健康也讓美味加分**。

🎁 鎌倉てづくり屋 小町店

おすすめ 👍

📍別冊P.3B2 🚉JR鎌倉駅東口徒步7分 ☎0467-53-8104 🏠鎌倉市雪ノ下1-5-31 🕐10:30~17:30 ⛔不定休 💰口金包￥980起 🌐kamakuragamaguchi.blogspot.tw

讓人愛不釋手的經典口金包!

位在鶴岡八幡宮周邊的「鎌倉てづくり屋」是專售口金包的手作店。店家將口金造型與日式圖案結合,像是圓點、花朵等,**其中以大佛、富士山、唐草三種樣式是店內人氣包款**。店內另有販售皮件,可將手拿口金包改製可愛的肩背款。

🍴 雪ノ茶屋

🅰別冊P.3B3 🚌JR鎌倉駅東口出站，搭乘鎌20、鎌23、鎌24、鎌36巴士至岐れ路站站下車徒步約1分 ☎0467-23-9697 🅰鎌倉市雪ノ下4-2-23 🕐10:30~15:00、週末例假日11:00~20:00 ㊡不定休 💲鎌倉ハンバーグステーキ(漢堡排，附煎蛋、白飯)¥1,380

敢將鎌倉的地名冠上自家漢堡排上，就知道主廚對自己的手藝有多麼自信！**使用100%純黑毛和牛肉製成的漢堡排**，在鐵鍋中悶煎後淋上長時間熬製的香濃醬汁，一上桌便香氣撲鼻，嚐來不會死鹹，**肉汁的美味仍然鎖在漢堡排中，十分美味。**

有機雞蛋與新鮮吐司的早餐組合清爽簡單又美味。

おすすめ 👍

🍴 Garden House

🅰別冊P.3A4 🚌JR鎌倉駅西口徒步5分 ☎0467-81-5200 🅰鎌倉市御成町15-46 🕐9:00~21:00(L.O.20:00) ㊡不定休 💲早餐：トーストセット(吐司套餐)¥700、午餐：厚切り鎌倉ハムステーキ(厚切火腿牛排)¥2,500 🌐ghghgh.jp/

被綠意包圍的空間，享用湘南風格時尚餐點。

原本是間有50多年歷史的藝術家工房，由於四周庭院綠意盎然，開設了名為Garden House的時尚餐廳，以**當地食材提供湘南Style的餐點，並營造出北加州的情調。**推薦可以一早來這裡享受早午餐。而店內也販售餐廳使用的器具與日常雜貨，喜歡都可以買回家。

北鎌倉

北鎌倉座落著許多古老寺院，最適合來此處體會日本風情、探訪四季；春天的櫻花、初夏的杜鵑、紫陽花，秋天滿山遍野的楓紅，到了冬季，墨黑色寺院建築被覆蓋上層層白雪，純粹的靜思禪意讓人彷彿回到八百年前鎌倉幕府的幽遠時光。

💡 鎌倉這樣玩最順路！
若不想要一路走至鎌倉，對佛寺也沒有太多興趣，那可以往回到北鎌倉駅，搭乘JR橫須賀線住逗子的列車，只需一站(約3分)即到鎌倉。若選擇搭電車，建議行程可跳過建長寺，在小町通上多逛些時間。

🍴 喫茶ミンカ

Minka

📍別冊P.3A1　🚃北鎌倉駅徒步4分　☎0467-50-0221　🏠鎌倉市山ノ内377-2　🕐11:30~17:30　🈺週五　💲ナポリタン(拿波里義大利麵)¥1,200

由80多年木造古民家所改建的喫茶ミンカ，維持原有建築的古老面容，**木樑柱、復古家具和古董小物，保留該年代的美好光暈**。店內餐點也貫徹了簡單生活的原則，定番的拿波里義大利麵，番茄醬汁完全裹住麵條，色澤呈現鮮豔澄紅，搭配青椒、火腿和起司粉，看似樸素，味道卻毫不馬虎。

木造古民家建築更顯溫暖，緩緩地沁入人心。

🍴 光泉

📍別冊P.3A1　🚃JR北鎌倉駅售票口旁　☎0467-22-1719　🏠鎌倉市山ノ內501　🕐10:00~16:00(售完為止)　🈺週二、年末年始　💲のり卷、かっぱ卷、いなり寿司(海苔捲+黃瓜捲+豆皮壽司)¥680

以豆皮壽司聞名的光泉位在北鎌倉車站出口處，別擔心看不懂菜單，**幾乎每位客人都會點最具人氣的豆皮、黃瓜捲、加上葫蘆捲的綜合壽司盒**。未曾改變的製作方法，是將豆皮炸過後浸入完全不加砂糖的醬汁中，和加入些許鹽巴的醋飯融合出傳統風味，建議中午前往，因常不到營業結束時間就已售罄。

處處都見細小的擺飾，足以見得主人的用心。

にちりん製パン

外觀樸質的奶油麵包、可愛的刺蝟樣子核桃奶油麵包，慢慢品嚐最能感受小麥香氣。

にちりん製パン

nitirinseipan

別冊P.3A1　北鎌倉駅徒步4分　0467-67-3187　鎌倉市山ノ内1388　10:30~17:00　週四、五　奶油麵包¥100、刺蝟麵包¥240　r.goope.jp/nichirinseipan

位在北鎌倉駅鄰近鐵道的這家迷你小麵包屋，有著可愛白牆、紅磚外觀，說他迷你是因為一開門進到裡面還真的僅容2-3人空間，小巧可愛的樸實麵包就擺在小木櫃裡。**以法式麵包為主，僅以自家製酵母、國產小麥粉、水跟鹽巴為主，部分麵包裡也會包入一點內餡增添口感，是品嚐健康美味麵包的自信之作。**

鎌倉五山 本店

別冊P.3A1　JR北鎌倉駅徒步8分　0467-25-1476　鎌倉市山ノ內1435-1　10:00~14:30　紫陽花セット(紫陽花套餐)¥1,100，建長汁¥700

鎌倉五山是第一家提供建長汁的和食名店。

發源於建長寺的建長汁，為修行者的食物，當時是在剩餘的蔬菜中加入捏碎的豆腐以增加份量，一同燉煮成湯，為寺院獨有的簡樸素食料理。現在的**建長汁則是先以麻油拌炒切成絲的蘿蔔、蒟蒻、牛蒡等大量蔬菜，再撒上芝麻增添香氣**，已成為造訪北鎌倉的必嚐美味。

因店主個人嗜好，店內也販售從美國帶回的職棒商品。

Cafe Evergreen

別冊P.3A2　JR北鎌倉駅下車徒步10分　0467-81-3305　鎌倉市山ノ内147-9　9:00~16:00　鎌倉野菜燉煮套餐¥1,500，咖啡¥400~

沿著前往建長寺的路途中，便會發現這間黑色外觀卻又飄散悠閒感的咖啡館。門口以大量綠色盆栽包圍，室內、外座位區皆有。室內以整片落地玻璃窗帶入戶外明亮光線，除了**提供義式咖啡、自家製馬芬及蛋糕等甜點為主外，也有以鎌倉季節蔬菜燉煮的數款湯品搭配麵包等套餐**，是北鎌倉散步途中的舒適休憩處。

三日月堂 花仙

別冊P.3A2　JR北鎌倉駅徒歩10分

0467-22-8580　鎌倉市山ノ内133-11

9:00~16:00　不定休　あんみつ ￥1,100　casen.co.jp

> 感受四季美感的甘味處。

　　以銅鑼燒知名的和菓子老舖「三日月堂 花仙」，位在北鎌倉前往建長寺的路上，有著庭院包圍的店內包含和菓子販售處以及茶屋甘味處，融合季節美感的優雅從桌上便可一覽，各種當季鮮花從自家院子摘採後，便裝飾在桌上，點了甘味甜點後，餐盤上細心地再附上一枝季節花朵，典雅的待客心意，讓人吃進了和菓子美味、也嗅聞進季節的香氣。

> 1月的旬風味，就要以水仙來妝點，讓味覺、視覺都療癒。

たからの庭

別冊P.3A2　JR北鎌倉駅徒歩10分　0467-25-5742　鎌倉市山ノ内1418　依體驗課程而異　依體驗課程而異

takarano-niwa.com/

　　延續80年歷史老屋的生命，負責人島津克代子將たからの庭打造成一個傳遞傳統日本文化的空間。一開始租給和菓子老師辦和菓子教室，大獲好評，漸漸開始了定期課程，種類項目也越來越多，從茶道、自然觀察、坐禪到認識日本傳統禮儀文化的課程都有。

> 主人保留日本傳統文化之美，讓老屋繼續散發動人光芒。

> 在懷舊風景裡感受手作與學習樂趣。

卍 圓覺寺

📖 別冊P.3A1　🚃 JR北鎌倉駅徒步1分　☎ 0467-22-0478　🏠 鎌倉市山ノ內409　🕐 8:00~16:30、12~2月8:00~16:00　💰 大人¥500、小孩¥200　🌐 www.engakuji.or.jp

　　圓覺寺名稱來自於大乘佛教的「圓覺經」，腹地廣達6萬平方公尺，杉林環繞著全區都是國家級古蹟，山門、佛殿及方丈等建築，採取直線配置，氣氛莊嚴而寧靜；巨大的山門二樓奉祀著觀世音菩薩與羅漢，**純粹的線條與優美式樣**，使其經常出現於夏目漱石、川端康成等知名作家筆下。

卍 明月院 おすすめ 👍

絕美圓窗景色代表日本寺社風情，到了初夏紫陽花季更是推薦造訪！

📖 別冊P.3B1　🚃 JR北鎌倉駅徒步10分　☎ 0467-24-3437　🏠 鎌倉市山ノ內189　🕐 9:00~16:00、6月紫陽花季節8:30~17:00　💰 高中生以上¥500、中小學生¥300

明月院方丈前的一片枯山水與右側房內的明月窗，是北鎌倉寺院群最具代表的風景。

　　位於北鎌倉的明月院，原本只是北条時賴修業佛堂的禪與仰聖禪寺(最明寺的前身)其中一間別院，於室町時代建立，到了明治初期禪寺逐漸荒廢，僅存留今天所見到的寺舍。如今**明月院變身繡球花的賞花名所**，參拜的主要石砌道路兩旁與寺院境內栽種超過數千株，盛開花期交織出一幅多彩的圖畫；除了紫陽花外，在回程參道上亦有大片參天竹林，值得好好玩賞。

明月院又有「繡球花寺」美稱

初夏的六月一到，鎌倉一帶就特別優雅美麗，因為此時正是繡球花的季節，有著「繡球花寺」稱號的明月院，更是鎌倉一帶最知名的賞花處，以古代繡球品種為主、寺內光繡球就多達2,500株，從總門沿山門的階梯參道滿滿繡球，美不勝收，而且隨著開花時間日日變深，難以形容的優雅藍，也被愛稱為「明月院之藍」。

神奈川 鎌倉

山梨➡靜岡➡長野➡埼玉➡千葉➡茨城➡栃木➡群馬

天氣好時店外臨著小河的座位區,有植物與外面馬路區隔,氣氛也相當好。

☕ 茶寮風花

📖別冊P.3A1 🚶JR北鎌倉站步行8分
☎0467-25-5112 🏠鎌倉市山ノ內
291 🕙10:00~17:00(L.O.16:30) 🈺
週三 🍽兔子饅頭&抹茶Set¥800

　前往明月院入口前方的路上,會發現一家被綠樹圍繞的優雅日式小屋的茶寮,店外一盞吊燈,讓屋更顯溫暖氛圍。小巧的店內座位不多,**以明月院的兔子為意象而製作的熱熱兔子形狀蒸饅頭,白白胖胖又軟嫩,一口咬下栗子口味內餡,搭配稍帶苦味的抹茶最合拍**,難怪成為熱門秘境茶屋。

以明月院的兔子作為發想,兔子蒸饅頭出爐了!

✏ 葉祥明美術館

📖別冊P.3A1 🚶JR北鎌倉駅徒步7分 ☎0467-24-4860
🏠鎌倉市山ノ內318-4 🕙10:00~17:00 🍽大人¥600、
中小學生¥300 🌐www.yohshomei.com/

　通往明月院的小徑上,獨棟紅磚西洋式建築的葉祥明美術館,擁有開闊的歐風庭園,為這處充滿傳統和風情緒的地區帶來不同的風采。1991年開館的葉祥明美術館**本身宛如 一部立體的繪本**,內部區域則以畫家自己的家庭空間為藍圖,搭配其夢幻畫作展示,相得益彰。

內部展示水彩、油彩等80件童趣繪本的原畫創作。

卍 建長寺

別冊P.3B2 JR北鎌倉駅下車往鎌倉駅方向徒步15分 0467-22-0981 鎌倉市山ノ內8 8:30~16:30 大人￥500、小孩￥200 www.kenchoji.com

建長寺是鎌倉五大古寺之一，附近區域早期為刑場，故寺裡供奉地藏王菩薩。寺院建築模仿中國宋朝的禪風，**寺中融合中國與日本禪意風格的庭園極富歷史**，花木扶疏，春天粉櫻、秋天楓紅則更添風華。提供寺院所有僧侶聚集的法堂是目前關東地區最大，後方的蘸碧池美景更加吸引人。

↓山梨↓靜岡↓長野↓埼玉↓千葉↓茨城↓栃木↓群馬

建長寺料理「建長汁」

除了古老清悠的寺境之外，建長寺也有一項著名料理「建長汁」，以大量根莖類蔬菜熬煮，是北鎌倉名物，路上若有遇到店家販售，不妨試試！

洗錢步驟

❶先向廟房購買香燭，誠心供奉。

❷進入奧宮，將錢放入竹簍，澆上湧水。

❸據說洗好的錢越快用掉越有效。

开 錢洗弁財天 宇賀福神社

別冊P.3A3 JR鎌倉駅西口徒步約30分 0467-25-1081 鎌倉市佐助2-25-16 8:00~16:30 自由參觀

想要賺大錢，來這裡洗洗錢，並把錢花掉，以錢滾錢發大財！

源賴朝在巳年、巳月、巳日夢見宇賀福神現身，告知只要誠心供奉湧出泉水的神，天下便得以太平，因此創建錢洗弁財天宇賀福神社。從岩窟中湧現的泉水被稱為錢洗水，北条時賴的時代開始以靈水洗滌金錢，流傳至今，成為到此**洗滌金錢會呈倍數成長的信仰，洗錢從硬幣到萬元紙鈔均可，不限金額。**

神奈川 鎌倉

山梨➡靜岡➡長野➡埼玉➡千葉➡茨城➡栃木➡群馬

長谷寺周邊

長谷寺距離鎌倉市中心只有短短3站，但卻呈現與市區完全不同的古都樣貌。從車站向北走沿路小店林立直至鎌倉大佛，熱鬧卻不喧鬧。而往南的海岸邊、小巷內則藏有文藝咖啡廳，想看海度過優閒下午就該來這裡。

緊臨落地窗前座位，宛如特等席般，以美味咖啡與蛋糕、佐眼前電車動畫風景。

☕ Cafe Luonto

🅰別冊P.6A2 🚃江之電長谷站徒步1分 ☎0467-53-8417 🏠鎌倉市長谷2-11-21 ⏰10:00~18:00 💤週二、三 💰單品手沖咖啡￥600~ 🌐www.instagram.com/cafe_luonto/

> 邊喝咖啡、邊欣賞窗前江之電的最佳視野！

　　藍白調的可愛木屋咖啡店「Cafe Luonto」，優雅舒適的小巧空間內，**最大魅力就是緊鄰江之電鐵道邊，邊喝咖啡就能邊欣賞眼前不斷穿越的江電風景。** 當然店內咖啡、茶及甜點也都令人讚賞，採用東京熱門挪威咖啡店Fuglen的咖啡豆、Bellocq紅茶，讓賞江電通過同時，也能品味好咖啡。

🎁 鎌倉オルゴール堂

🅰別冊P.6A2 🚃江之電長谷駅徒步5分 ☎0467-61-1885 🏠鎌倉市長谷3-10-33 ⏰9:00~18:00 🌐www.otaru-orgel.co.jp/shop#kamakura

　　位在長谷寺外的「鎌倉オルゴール堂」是北海道「小樽オルゴール堂」的分店，也是關東地區第一家分店(另一家在橫濱)。一進到店內彷彿進到古董傢俱店，可以看到很多樣式不同的音樂盒，雖然大部份音樂盒的單價偏高，還是有一些**可愛小巧的音樂盒，除了演奏古典音樂，還有日本流行歌曲的音樂盒也很受年輕人歡迎。**

只要認明道路機關大時鐘，即是到達鎌倉オルゴール堂所在地。

卍 長谷寺

景谷觀音

別冊P.6A2 江之電長谷駅徒步5分
0467-22-6300 鎌倉市長谷 3-11-2 8:00~17:00、4~6月 8:00~17:30 大人￥400、小學生以下￥200 www.hasedera.jp/

長谷寺供奉著日本最大的木造觀音像，開滿菖蒲花的庭園非常優雅。觀音堂旁有一棟置放回轉式輪藏的經藏，推一圈就等於唸了佛經一次，只於每月18日等特定日期開放給民眾推轉。位於丘陵上**寺院外的見晴台，可以將鎌倉的市街景致與海面完全納入視野，而境內的食事處海光庵甚至可眺望到三浦半島。**

位在見晴台旁因此餐廳的對外視野一樣廣闊又優美。

☕ 海光庵

長谷寺內 10:00~16:00(餐L.O.15:00) 抹茶+季節甜點￥900

來寺內參拜後，若肚子有點餓，寺內的「海光庵」就是個很好的休憩處，**以素食、蔬食為飲食精神的這處食事處**，將與佛教連結甚深的咖哩也加入餐飲中，提供一處幽靜用餐、飲茶處，當天氣有點冷時，坐在室內賞景飲茶、喝咖啡，好不悠哉。

長谷寺內精彩必CHECK！

見晴台
位在本堂外的見晴台，是一處視野廣闊的觀景平台，不但可以一覽寺院內的諸堂，最棒的是整個鎌倉的海景、街景都在腳下，天氣晴朗時甚至更遠的伊豆大島都能遠眺，一旁也設有座椅休憩區，相當悠閒。

弁天窟
與優雅的寺院氣氛不同，一轉進這個求財必拜的弁天窟，忽然變得有種探險或神秘的氛圍。設置於山洞內的弁天窟據說曾是弘法大師閉關之處，裡面石壁上雕有弁財天及十六童子外，也有人頭蛇身的宇賀神。

良緣地藏
表情溫柔又可愛的良緣地藏，3尊大小不同連成一體的石雕高度不到30公分，在寺院內總共設有三處，據說認真地把這三處良緣地藏找到並拍照在手機裡，就能獲得良緣，你也趕快來找找看吧！

惠比壽屋

恵比寿屋

📖 別冊P.6A2 🚉 江之電長谷駅徒步5分 ☎0467-22-0231 🏠 鎌倉市長谷2-14-26 🕐9:00~17:30 🈺週四 💲大佛観音煎餅￥760/1袋

　位在長谷觀音寺前十字路口的惠比壽屋，是從江戶時期便傳承下來的古老和菓子店，**擁有230年以上的悠久歷史，融和四季風情的各式和菓子與大福是當地人的最愛**，而以高德院的大佛與長谷寺的觀音形象烤出來的仙貝，口感香脆，是指定銘菓，十分適合當作鎌倉的代表伴手禮。

👁 大仏通り商店街

📖 別冊P.6A1~A2 🚉 江之電長谷駅徒步5分 🏠 鎌倉市長谷1丁目 🕐店家營業時間各異 🌐daibutsu.hase-shotenkai.com/

　一出江之電長谷駅後可以沿著「**大仏通り商店街**」**一路逛到高德院看鎌倉大佛，返程時再到長谷寺成為一個順遊行程**。這條約500公尺的商店街，可以看到許多餐廳、個性小店、和菓子老舖可以買伴手禮。

🎁 鎌倉ねこや

📖 別冊P.6A1 🚉 江之電長谷駅徒步10分 ☎0467-22-8087 🏠 鎌倉市長谷1-16-24 🕐9:30~17:30 💲商品￥400起

　在長谷駅往鎌倉大佛方向途中會經過幾間小店，其中這間以貓咪為主題的「鎌倉ねこや」，從店外**就擺滿貓咪的擺飾與周邊商品，像是可愛的布包、手帕等**，店內還有相關的首飾、生活器皿等。

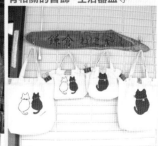

山梨➡靜岡➡長野➡埼玉➡千葉➡茨城➡栃木➡群馬

店家大方的提供每種口味試吃,吃了合胃口再買。

也有限定季節推出的節分豆打鬼禮包。

長谷店人氣第一名的樹莓口味。

長谷本店人氣No.1

フランボワーズ 378円

鎌倉まめや 長谷本店

おすすめ

只要來鎌倉必買的鎌倉豆當伴手禮!

📖別冊P.6A2 🚃江之電長谷駅徒步5分
📞0120-39-5402 🏠鎌倉市長谷2-14-16
🕙10:00~17:00 🈺週三 💰各式商品(小包裝)
¥270起 🌐www.mame-mame.com

只有在古都鎌倉才買得到的鎌倉豆,是日本人來遊玩時必買的伴手禮!「鎌倉まめや」主要販售豆類製成的點心。呈圓球形的鎌倉豆是利用花生、大豆、蠶豆、碗豆、堅果類等,加上不同味道變化出超過50種加味豆,醬油、黑胡椒、可可或是蘋果口味,並固定每月推出限定口味款。

大仏さま煎餅有醬油、濃醬油、海苔、粗砂糖、辣椒等5種口味。

雷神堂 長谷大佛店

📖別冊P.6A1 🚃江之電長谷駅徒步5分 📞0467-23-6698 🏠鎌倉市長谷3-7-21 🕙10:00~18:00 🈺不定休 💰大仏さま煎餅(5種口味入)¥600 🌐www.raijindo-kamakurahase.com/

離長谷約5分鐘路程的「雷神堂」,是關東地區知名的手燒仙貝店,在東京、神奈川、長野皆有分店,在鎌倉即有長谷大佛店、鎌倉店及北鎌倉等分店。雷神堂仙貝選用國產米製作,沾上高級醬油再用備長炭烘烤上色,最具人氣的是原味醬油以及納豆起司,在長谷大佛店還有限定版的大佛造型煎餅。

かまくら 晴々堂

おすすめ

結合高雅時尚設計的和漢茶品專門店！

📖別冊P.6A1 🚃江之電長谷駅徒步10分 ☎0467-38-4550 📍鎌倉市長谷3-1-16 🕐9:00~18:00 🈺不定休 💰茶包¥1,130起、花林糖¥540起 🌐www.harebaredo.com/

「かまくら晴々堂」將自古以來**最天然的和漢植物與身體五行結合**，並發展出針對五臟(腎、肺、脾、心、肝)不同功效的系列**漢方茶品**，雪(腎)：新陳代謝、雲(肺)：呼吸系統及免疫力、雨(脾)：顧腸健胃、晴(心)：放鬆及美肌、風(肝)：紓壓及集中精神，以及**花林糖**(加入複方漢方，一樣兼具養生美容)等商品。**店內也有有機果醬、花草保養品等選擇。**

花林糖也有不同功效，從美肌、養生、身心等，有不同選擇。

店內詳細介紹五種系列，紓壓、美肌、健胃，讓你從裡美到外。

梅太郎·梅之助

📖別冊P.6A2 🚃江之電長谷駅徒步6分 ☎0467-24-1033 📍鎌倉市長谷3-10-22 🕐11:00~17:00

店家以嚴選的國產梅，像是十郎梅、南高梅等醃漬製作成多樣梅干商品，不論是梅肉、醃漬梅茶泡飯料包、梅干、調味鹽等，種類繁多，**店內以乾燥過後的梅干條(梅干じゃーきー)最具人氣。**

在店家的對面巷子裡有擺著「我樂多市」牌子處，可以找到一綑綑的和服古布，售價¥500。

かまくら 花ぐるま

📖別冊P.6A2 🚃江之電長谷駅徒步6分 ☎0467-23-2601 📍鎌倉市長谷3-12-10 🕐10:30~18:00

帶著懷舊氣息的「かまくら花ぐるま」，店裝即展現了優雅的復古氛圍，這裡**以販售古董和服、和服古布或雜貨為主**。對於喜愛和服的人，或是對於和服古布料圖案著迷的人，絕對要來挖寶看看。

御靈神社

⊙別冊P.6A2 ⊘江之電長谷駅徒步5分、極樂寺駅徒步10分 ☎0467-22-3251 ⊙鎌倉市坂ノ下4-9 ◉9:00~17:00 ⊛免費參拜；收藏庫¥100

御靈神社創建於平安時代，主祭神為武士鎌倉權五郎井政，可祈求學業、事業等成就，氣氛寧靜而嚴肅。**御靈神社最負盛名的，就是行駛於神社前方的江之電**，只見不少鐵道迷守在鐵道旁捕捉神社與江之電的合影，而這裡同時也是日劇《倒數第二次戀愛》的主要場景之一，吸引許多日劇迷前來朝聖。

江之電從神社前方經過是難得一見的景像，抓緊時間記錄下這刻！

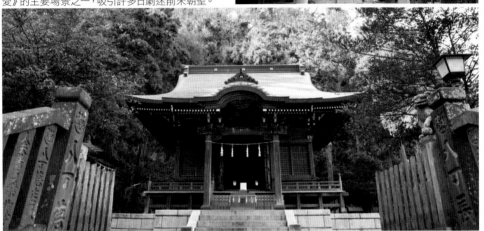

浪漫寧靜的文學館，讓人不禁沉醉其中氣氛。

鎌倉文學館

⊙別冊P.6A1 ⊘江之電由比ヶ浜駅徒步7分 ☎0467-23-3911 ⊙鎌倉市長谷1-5-3 ◉3~9月9:00~17:00(入館至~16:30)、10~2月9:00~16:30(入館至16:00) ⊛週一(遇假日開館)、12月29日~1月3日、換展期間、不定休 ⊛依展覽而異 ⊛www.kamakurabungaku.com

鎌倉文學館充滿昭和時代浪漫情懷的建築，**環繞的綠意及窗外的遼闊海景，更添文藝氣息，曾多次被日本偶像劇或電影選為拍戲場景之一**。1985年開館啟用的鎌倉文學館，收藏並保存居住於鎌倉的作者或以鎌倉為舞台的所有相關著書、原稿與愛用品等文學資料，將之整理展示給所有文學愛好者。

神奈川 鎌倉

山梨▼靜岡▼長野▼埼玉▼千葉▼茨城▼栃木▼群馬

卍 高德院

別冊P.6A1 🚋 江之電長谷駅徒步15
分 📞 046-22-0703 🏠 鎌倉市長谷
4-2-28 🕐 8:00~17:30、10~3月
8:00~17:00；大佛內拜觀8:00~16:30
💰 ¥300、小學生¥150，大佛內部參觀加收¥50
www.kotoku-in.jp

おすすめ

莊嚴大佛是鎌倉的另一面貌，訴說著當地的信仰風俗。

「沒有看過大佛，就別說你來過鎌倉」，依照阿彌陀如來佛塑像而成的大佛，與奈良大佛並列為日本二大大佛，佛身高度有11.312公尺，佛體重量121噸，是鎌倉的精神象徵。參觀者也可以進入大佛內部，細細欣賞700年以上的歷史軌跡。

鎌倉大佛胎內拜觀

繞到大佛的背後，可以看見洞開的大門上寫著胎內拜觀，這指的是可以付費¥20進入大佛身體中。開放時間只有8:00~16:30，一次只能讓30人進去，有機會可別錯過。

鎌倉大佛造型點心

氣派莊嚴的鎌倉大佛可說是鎌倉最具代表性的景點，現在在當地也推出了許多「周邊商品」，也就是以其為造型的可愛小點心，來此造訪時不妨買一個嚐嚐鮮。
歷史悠久的和菓子老舖「惠比壽屋」，推出的煎餅以鎌倉大佛及長谷寺觀音為外型，香脆美味，另外也有推出印有大佛圖案的大佛奶油餅乾（大佛サブレー）。

大佛觀音煎餅

☕ てぬぐいカフェ 一花屋

📖 別冊P.6A2　🚃 江之電長谷駅徒步5分
📞 0467-24-9232　🏠 鎌倉市坂ノ下18-
5　🕐 10:30~17:00　🚫 週二、三　☕ 咖啡
¥500~　🌐 www.facebook.com/
ichigeyakamakura/

老房子改建的空間，面向庭園，引入滿室綠意，納人心涼。

　　隱身在住宅區裡，不起眼的古民房門口擺著小小的招牌，一花屋是間充滿昭和氛圍的古民房咖啡廳。**飲品皆採用有機原料**，像是神奈川咖啡品牌THE FIVE BEANS的豆子、和歌山的有機紅茶葉等，對環境永續有著堅持的用心，也提供多款用心製作的餐食。

店內陳列著約100種圖案的手拭巾、個性手作陶器、江戶千代紙等和風雜貨。

可以現場買求肥力餅品嚐最新鮮的美味。

◉◉ 力餅家

📖 別冊P.6A2　🚃 江之電長谷駅徒步3
分　📞 0467-22-0513　🏠 鎌倉市坂の下
18-18　🕐 9:00~18:00　🚫 週三、第3個
週二　🍡 求肥権五郎力餅 ¥750/10入
🌐 www.chikaramochiya.com/

香Q帶勁的力餅，不只可以當伴手禮，現場單買來吃也很讚！

　　元碌時期開始至今的和菓子老舖力餅家，已經超過300年歷史，因供奉御靈神社內的力石而緣起的招牌力餅外，也有其它季節銘菓，但旅人來到這裡大多還是想嚐嚐那香軟Q彈的力餅。**力餅家的力餅可分為求肥與麻糬兩種，求肥較香軟，而麻糬則較Q彈**。要注意的是求肥力餅需要當天食用完畢，而麻糬力餅則可擺放2~3天，可帶回國當作伴手禮。

神奈川｜鎌倉

↓山梨↓靜岡↓長野↓埼玉↓千葉↓茨城↓栃木↓群馬

進門處還有擺放許多生活雜貨，顯示店主的獨有品味。

☕ Café坂の下

カフェ 坂の下

🏠別冊P.6A2　🚃江之電長谷駅徒歩8分　📞0467-25-7705　🏠鎌倉市坂ノ下21-15　🕐10:00~16:00(L.O.15:00)、週末例假日10:00~17:00(L.O.14:00)　⊗週一(遇假日順延一天)、不定休　💲ハニーネモネード(蜂蜜檸檬水)¥680　🌐www.instagram.com/cafe_sakanoshita/

　　Café坂の下是鎌倉地區將古民家改建成咖啡廳的先驅店之一，也是《倒數第二次戀愛》等戲劇的拍攝地，所以也吸引許多日劇迷前來朝聖。**店內以不同的古董家具擺設創造出充滿魅力的空間**，每一區都有不同風貌，各成趣味。

卍 成就院

🏠別冊P.6A2　🚃江之電極樂寺駅徒歩5分　📞0467-22-3401　🏠鎌倉市極樂寺1-1-5　🕐8:00~17:00、11~3月至16:30　💲自由參觀　🌐www.jojuin.com/

夏季限定的絕美紫陽花參道。👍

　　鄰近海濱、建在山坡一側的成就院，是鎌倉的賞紫陽花名所，日本稱為「紫陽花」(あじさい)的繡球花，每到6月上旬到7月間的花季，藍色、紫色繽紛盛開在石階參道兩旁，視線還可以越過山門看到由比ヶ浜的海岸線。據說262株紫陽花的數量，還是比照般若心經的字數而種的。

Ⓗ 鎌倉王子大飯店

Prince Hotel Kamakura

ⓜ別冊P.6A2 ⒢江之電-七里ヶ浜駅徒步10分，或七里ヶ浜駅轉搭市內巴士或飯店接駁車5分 ☎0467-32-1111 ⓐ鎌倉市七里ヶ浜東1-2-18 ⓒCheck-in 15:00，Check-out 12:00 ⓦwww.princehotels.co.jp/kamakura/

座落在湘南海岸邊的「鎌倉王子大飯店」開業於1995年，並於2012年重新翻修營業至今，飯店為4層樓建築，共有95間房間，並提供5種不同房型，房間格局寬正、採光充足、視野良好，**環繞型的建築設計讓每間房間可以觀看到不同角度的風景，像是面湘南海岸房可看到湛藍的相模灣，面江之島房可以一覽江之島與日本民居景色**，天氣好時更可遠眺富士山，欣賞到山海合一的美景。

天氣好時透過餐廳落地窗看到江之島、大島、利島等美景。

從戶外陽台遠眺富士山景色。

每到週末客廳變身咖啡廳，提供在地食材製成的美味餐點。

民宿主人保留古老神龕，思古之情一望即知。

Ⓗ Guest House 龜時間

ⓜ別冊P.3A4 ⒢JR鎌倉駅東口7號乘車處搭公車(鎌12、鎌40、鎌41號)，約10分鐘至九品寺站，下車即達 ☎0467-25-1166 ⓐ鎌倉市材木座3-17-21 ⓒCheck-in 15:00~21:00，Check-out 10:00；有門禁23:00；早餐採預約制 ⓦkamejikan.com

おすすめ

遠離鎌倉熱鬧地區，慢慢咀嚼著歲月老味道。

位在柴木座的Guest House龜時間正是緩慢玩鎌倉的最佳據點，其由屋齡超過90年的老房舍由宮大工(建築神社的木匠)建造；**這裡可以體驗到真正的鎌倉生活**，體驗商店街裡魚販、菜販、八百屋等平時生活步調，居民會緩步經過的小商店，**將觀光客模式切換成在地人生活模式，盡情沉迷在這緩慢寧靜的小鎮裡**。

神奈川 鎌倉
↓山梨↓靜岡↓長野↓埼玉↓千葉↓茨城↓栃木↓群馬

湘南海岸周邊

搭上江之電從長谷站到江ノ島站沿線，會沿著濱海前行，其中一段便是知名的湘南海岸，買張江之電一日券，也能享受每站下車，順遊不同的各站風光。

👁 湘南海岸

📍P.1-42 🏠鎌倉市七里ヶ浜～江ノ島沿線海岸

日本人氣指數第一的男星木村拓哉，因為熱愛衝浪，還特地在湘南置產，好隨時追上優質海浪。**沿線海岸風光明媚，鎌倉江之島路段又有江之電奔馳，讓人心曠神怡**，由於交通便利，每年暑假都是東京人享受乘風追波的衝浪勝地。

☕ Double Doors

📍別冊P.6A2 🚃江之電-七里ヶ浜駅下車，往海邊方向徒步2分鐘 ☎0467-33-1593 🏠鎌倉市七里ガ浜東2-2-2 🕐11:00～22:00(L.O.21:00) 🌐www.doubledoors.jp/#

從長谷駅再搭三站就來到七里ヶ浜駅，**七里ヶ浜獲選為日本海岸百選之一**，吸引許多水上活動愛好者與遊客前來，在海岸旁的道路沿路上也開了許多海景咖啡廳，這間Double Doors，散發出洗鍊的質感，天氣好的時候也可到露天用餐區一邊用餐一邊做日光浴，相當愜意而舒適。

走在住宅間的江之電，融入民居生活。

◎ 七里ヶ濱站~鎌倉高校前站

🚃江之電-七里ヶ濱站下車，沿海岸線往鎌倉高校前站散步前往

路途中還可遇到兩電的交匯處。

江之電鐵道於藤澤起站，末站為鎌倉，其間在腰越到稻村ヶ崎段可以欣賞到美麗的湘南海景，建議七里ヶ濱站下車後喝完咖啡，如還有時間建議**可以沿著國道134號散步前往鎌倉高校前站，散步時一邊是湘南海岸，一邊是江之電鐵道，前方則映著江之島與富士山絕景，迎著海風時江之電剛好從旁咻咻而過，親自感受悠閒的當地日和生活。**

鎌倉高校前駅的湘南海岸，是許多灌籃高手迷一定要造訪的地點。

◎ 灌籃高手-經典平交道場景 👍

🚃江之電-鎌倉高校前駅徒步1分鐘　平交道路口，車潮、人潮不少，拍照時請務必遵守禮儀、不妨礙交通

灌籃高手中必造訪的平交道場景！

走出江之電車站順著右邊斜坡往下走，就會**看見那條與大海平行的黃色平交道，耳邊已然響起《灌籃高手》的熱血片頭曲**，籃球場上的切歡呼聲，波光粼粼的湛藍大海，海鷗逆光飛翔，平交道前黃綠相間的電車緩緩駛過，晴子露出燦爛笑容和櫻木花道招手。

神奈川｜江之島
➡山梨➡靜岡➡長野➡埼玉➡千葉➡茨城➡栃木➡群馬

江之島
えのしま Enoshima

位於江之電沿線的江之島面積雖小，卻以擁有供奉女神弁財天的江島神社而著稱，從江戶時代即是吸引日本全國遊客參拜兼行樂的觀光勝地。若想要全覽江之島的景點，約需3至4小時，可以在熱鬧的名產街上嚐嚐海鮮、沿著起伏小路尋訪島上的神社，頂點的展望燈塔可以瞭望過去曾有「日本邁阿密」之稱的湘南海岸景致。

交通路線&出站資訊

電車
江之島駅➡江之島電鐵
片瀨江之島駅➡小田急電鐵-小田急江之島線
湘南江之島駅➡湘南モノレール電車-江之島線

出站便利通
◎可選擇江之島駅或湘南江之島駅下車後，一直往南走約5分鐘，經過ライオンズタワー片瀨江之島、紀伊國屋旅館後，即到達一座擁有半圓型拱門設計、連接片瀨海岸的橋墩，在此可拍照留念。再繼續往南走，穿越一條長長的弁天橋橋樑，約15分鐘後就可以到達江之島。
◎自片瀨江之島駅下車後，沿著弁天橋步行約10分鐘抵達江之島。
◎在江之島可以相當悠閒地散步，整座島只需一下午就能逛完，別忘了留意腳邊的貓咪，江之島的貓咪可是出了名的多呢！

優惠交通套票
◎江之電一日券のりおりくん➡可以自由搭乘江之島電鐵全線，並且出示一日券，可在鎌倉、江之島許多景點、餐廳或飯店享有折扣優惠。
Ⓢ成人¥800、兒童¥400
Ⓣ江之電各站售票機或售票窗口、網路電子票
◎江之島·鎌倉一日自由券➡可自由搭乘小田急線區間往返1趟(出發車站~藤澤駅)、小田急線(藤澤駅~片瀨江之島駅)&江之電的一日自由搭乘，其他像是江之島電扶梯、島上其他設施及江電沿線、鎌倉人氣設施餐廳等，出示1日券也能額外享折扣優惠。
Ⓢ(新宿出發)成人¥1,640、兒童¥430。依出發站不同，價格不一樣
Ⓣ小田急旅遊服務中心、小田急沿線車站自動售票機、網路(電子票)等購票

「湘南モノレール1日券」，搭不同交通工具玩江之島、鎌倉吧！

玩鎌倉、江之島，一路從北鎌倉、鎌倉，再轉江之電到江之島，可說是定番行程，但回程不一定要原路再走一趟，如果從江之島串湘南モノレール回到大船駅，剛好是一圈。湘南モノレール的特別之處在於它是一條鐵軌在上、電車在下的懸吊型電車，光看都超新奇，宛如搭乘遊樂園的遊具般有趣，有興趣的話一定要來搭搭看，若周邊中途也想下車逛逛，也可考慮一日券，一樣有各式景點餐廳等的優惠提供。
🚃大船駅~湘南江之島駅
Ⓢ全票¥610、¥兒童310
Ⓣ JR的大船售票窗口、沿線各站售票機、網路電子票
🌐 www.shonan-monorail.co.jp/freeticket/oneday.html

すばな通り商店街

別冊P.5D1　江之電江之島駅出口即達　藤澤市片瀬海岸1-9~13　店家營業時間各異

「すばな通り商店街」以江之島駅做為商店街開端、在前往江之島的地下道路口結束，**全長約500公尺聚集超過20間店家**，像是餐廳、咖啡廳、服飾店，或是風格各異的餐車，融合了年輕與復古元素，巷弄內也可一窺湘南海岸假風的店家或住家。

江之電紀念幣￥200

江之島駅出口旁有一台江之島限定紀念金幣機器，分有江之島駅、江之電以及江之電七里ヶ浜等三種款式，金幣頗有重量且精緻，喜歡收藏的人不妨可以留作紀念！

江之島駅前鐵欄杆上的小鳥們，每個季節都會換上新裝扮。

開業超過百年的片瀬寫真館充滿復古味。

轉角巷弄的湘南度假海岸小驚喜。

CREPE STAND Honey

0466-41-9688　藤澤市片瀬海岸1-8-38　11:00~21:00(L.O.20:30)　週三　自家製Lemonnade￥600起、可麗餅￥400起　www.enoshima-honey.com

選用產自北海道的小麥粉製作的可麗餅專門店「CREPE STAND Honey」，將可麗餅變化出甜、鹹口味，自家醃漬的檸檬製作而成的**Lemonnade更是人氣商品。**是下站後前往江之島不可錯過的小食之處。

まんぷく堂

⌂藤澤市片瀨海岸1-9-12　⊙平日
10:00~18:00　㊡六、日、例假日　⑤
一個￥200起(依口味價格各異)

　商店街的路邊停車場內停著一台小小的餐車，傳來味噌烘烤的焦香味，原來是賣串もち的「まんぷく堂」。「串もち」是青森縣的名物料理，**老闆混合小麥粉和糯米粉將之壓扁呈圓形後再進行烘烤，口感軟彈。**

🏠 地球雜貨 LINRYU WORLD UP

☎0466-28-0615　⌂藤澤市片瀨海岸1-12-23　⊙
10:00~18:00　㊡不定休　🌐worldup.thebase.in/

　位在商店街後端的「地球雜貨 LINRYU WORLD UP」販售**直接從泰國、尼泊爾等地帶回的服飾、雜貨**，以及世界各地公平貿易的商品，也有使用天然石製成的飾品等。

> 有著清爽藍色和海邊圖案的鎌倉限定版啤酒和汽水。

🏠 大喜DAIKI

☎0466-22-4724　⌂藤澤市片瀨海岸1-12-21　⊙
10:00~17:00　⑤飲品￥250起

　略帶昭和風格的「大喜DAIKI」主要販售湘南風格的伴手禮，像是糖果、海產干物等。在店家的一角還有可以飲料窗口，**可以買到湘南、江之島、鎌倉等地區的特定啤酒和彈珠汽水。**

山梨❤靜岡❤長野❤埼玉❤千葉❤茨城❤栃木❤群馬

讓人留連忘返的療癒系海底空間。

👁 新江之島水族館

🅐別冊P.5C1 🚃小田急線片瀬江之島駅徒步3分、江之電江之島駅徒步10分 ☎0466-29-9960 🏠藤澤市片瀬海岸2-19-1 🕙10:00~17:00、3~11月9:00~17:00，入館至16:00(特殊休館日依官網公告為主) 💲大人￥2,500、高中生￥1,700、中小學生￥1,200、3歲以上幼兒￥800 🆗 www.enosui.com

　　新江之島水族館最有名的、就是**以富士山和左方江之島為背景的表演舞台，可以一邊欣賞海豚和海狗的精采表演，一邊眺望後方的自然風光。**水族館以相模灣和太平洋為飼育主題，模擬相模灣、擁有8,000條銀色沙丁魚的超大型水缸是其招牌風景，其他像充滿夢幻氣息的水母館也很受歡迎。

前進江之島交通小TIPS！

抵達江之島有三種不同的交通方式，且三個站名都有江之島，到底有什麼不同呢？其實這三站各自分屬江之島電鐵、小田急電鐵、湘南モノレール，三間不同公司，且車站位置也不同。隸屬湘南モノレール的湘南江之島駅離江之島稍有距離，如不是順路、或想體驗單軌電車，較不建議搭乘；想逛商店街的話，建議從江之島電鐵的江之島駅出站，沿著すばな通り商店街漫步到江之島；想節省體力的旅人，可以選擇離江之島最近的小田急電鐵的片瀬江之島駅出站。

飽覽片瀨海岸景色
在經由江之島跨海大橋弁天橋時，也別忘了欣賞片瀨海景，雖然走到江之島感覺很遠，但邊逛邊看海岸景色還是很愜意，天氣好時還能看到遠方的富士山呢，聖山、港口、海色合一的畫面，怎麼拍怎麼好看！

👁 青銅鳥居

📖 別冊P.5C2 🚇 小田急線片瀨江之島駅、江之電江之島駅徒步10~15分 📍 藤澤市江之島 🕐 自由參觀

　江島神社的三社都幾經改建，但位於島上入口處的青銅鳥居，最初作為弁財天信仰的精神象徵而建立，目前看到的鳥居完成於1821年，柱上還刻滿了當時捐贈者的姓名。**穿越青銅鳥居後，就是長長的神社參道，也是江之島最熱鬧的餐廳、名產店集中區**，整條街擠滿了參拜者，也令人遙想起江戶時代的盛況。

> 穿過青銅鳥居後即進入神的領域。

🎁 弁財天仲見世通り商店街

📖 別冊P.5D2 🚇 小田急線片瀨江之島駅、江之電江之島駅徒步10~15分 📍 藤澤市江之島 🕐 店家營業時間各異

　沿著すばな通り商店街走過地下道、江之島大橋後即正式進入江之島區域，穿過鳥居後的這條不到200公尺的商店街，聚集超過50家商店，眾多商店與熱鬧的店家叫賣聲，加上**溫泉旅館、咖啡廳、伴手禮店，因臨近海港海鮮餐廳更是**為數不少，**走進巷弄內還有更多驚喜的小店家可逛。**

🎁 紀の國屋本店

🅰 別冊P.5C2 🚃 小田急線片瀨江之島駅、江之電江之島駅徒步10~15分 ☎ 0466-22-5663 🏠 江之島2-1-12 ⏰ 8:30~18:00 🚫 週三 💰 女夫饅頭￥100、アイス最中￥250

位在商店街中間地段的老店「紀の國屋本店」，開業於1789年，**其以手工製作的「女夫饅頭」最為知名**，黑色饅頭嚐得到黑蜜甜香，白色饅頭則在外皮加入清酒，與紅豆融合出清香。店家另研發用糯米加工製成的最中餅裡夾入冰淇淋，酥脆餅皮與香甜冰淇淋蹦出新口感！

日劇《有喜歡的人》(好きな人がいること)曾來此拍攝。

アイス最中有三種冰淇淋口味，香草(海螺形)、抹茶(蚌形)、小倉(貝殼形)。

剛烤好甜醬糰子，口感綿密，讓人一口接一口。

◎◎ 江の島だんご

🅰 別冊P.5C2 🚃 小田急線片瀨江之島駅、江之電江之島駅徒步10~15分 🏠 江之島2-1-12 ⏰ 8:00~18:00 🚫 週三 💰 糰子￥170

開設在紀の國屋本店旁的「江の島だんご」，是江之島的排隊名店之一，**店家採現點現烤，店內共有8種口味，甜醬、賞花、黃豆粉、艾草、紅豆、芝麻等**，其中以甜鹹口味的甜醬最有人氣，在料理台下方還有中日英韓的翻譯菜單，點餐更方便。

🎁 風花

🅰 別冊P.5C2 🚃 小田急線片瀨江之島駅、江之電江之島駅徒步10~15分 ☎ 0466-22-6773 🏠 藤澤市江之島1-4-6 ⏰ 11:00~16:00 🚫 週二、四 💰 陶器￥100起

位在江島神社紅色鳥居前方的「風花」是間陶瓷器專門店，走進狹小的巷弄內，店門外井然有序的排放著各式碗盤、筷架等小物，價格￥100~200不等。佔地不大卻明亮的店面，陳列著來自日本不同地區搜集到的陶燒器皿，荻燒、有田燒、美濃燒等，從高價的名品到生活器具茶盤、碗具、馬克杯皆有。

💡 **在江之島吃東西要小心天空！**

抵達江之島後可以發現到天空有許多盤旋的黑影，那些黑影是什麼？其實是島上的老鷹，江之島已發展成觀光地區，加上環境變化使然，屬猛禽類的老鷹將狩獵目標描準到遊客手上的食物，有一說是超紅的海鮮仙貝很容易成為狙擊目標，因此店家也會貼出請遊客小心老鷹搶奪食物的警告標語。

山梨➡靜岡➡長野➡埼玉➡千葉➡茨城➡栃木➡群馬

☕ Gigiカフェ

Gallery & Cafe Gigi

🗺 別冊P.5D2 🚃 小田急線片瀨江之島駅、江之電江之島駅徒步10~15分 ☎ 0466-24-6839 📍藤澤市江之島1-4-11 🕐 11:30~18:00 📅週一、二、三 💰蛋糕與飲品¥500起、午餐套餐¥1,200(附紅茶加¥300) 🌐 www.g-z-gigi.com

> 愛貓人士絕決不能錯過的雜貨咖啡廳！

　　走離商店街、在角落轉身後，突然發現在巷弄底有間貓咪圖案的雜貨咖啡廳「Gigiカフェ」。入內後發現它除了是雜貨咖啡廳，還另藏身一間迷你藝廊，專門給藝術家舉辦個人特展，每2~3個月會更換主題。店內販售多樣化雜貨，像是生活用品餐具、精緻飾品等。

⚇ あさひ 本店

🗺 別冊P.5D2 🚃 小田急線片瀨江之島駅、江之電江之島駅徒步10~15分 ☎ 0466-23-1775 📍藤澤市江之島1-4-10 🕐 9:00~18:00 📅週四 💰丸燒きたこせんべい(章魚仙貝)、クラゲせんべい(海蜇仙貝)，一片各¥400 🌐 www.murasaki-imo.com

> 用整隻海鮮與麵糊壓出來的香脆煎餅，來到江之島一定要吃拍！

　　一片大仙貝裡有二至三隻完整的章魚，放到鐵板上後發出滋滋聲響，與麵糊一同壓製後煎成薄片，江之島的排隊美食就這樣完成了！**あさひ本店利用章魚做仙貝打響名號後，還推出了小龍蝦、海蜇等新鮮海味做的奇妙仙貝**，到現場可以買到剛做好熱騰騰的仙貝，美味值得排隊！如果人潮實在太多，往山上走的展望台附近，也還有一家頂上分店。

> 各種海鮮做成的仙貝，新奇又好吃！

> 深藏在民居內的Gigiカフェ，沿著巷子走到底就看得到。

> 店內看得到許多貓咪蹤影，還有位在結帳區上方店貓Gigi的照片。

> 貓咪造型的飾品十分精緻可愛。

貓之島

　　在江之島可以相當悠閒地散步，整座島只需一下午就能逛完，也別忘了留意腳邊的貓咪，江之島的貓咪可是出了名的多呢！據說聖天公園、稚兒之淵階梯附近、奧津宮等處，都是貓咪聚集的地點，而且比起早上到中午，下午到晚上會有較多貓咪出沒。

🍴 江之島美食餐廳街

🔷別冊P.5D2 🔷小田急線片瀬江之島駅、江之電江之島駅徒步10~15分 🔷藤澤市江之島 🔷店家營業時間各異

進入江之島後，在左手邊可以看到許多海鮮乾貨店、小吃店，這裡可以看到更多新鮮魚貨、海產餐廳、江之島才有的海鮮小吃，或是飲料、霜淇淋等攤販，像是しらす問屋 とびっちょ本店即在此條路上。

> 在巷子內的「カフェマル」是間古董咖啡廳，推薦甜點、輕食以及招牌牛肉燴飯(ハヤシライス)。

江之島禁漁季節

為維護環境以及考量到魩仔魚產量，在每年的1月1日~3月10日是江之島的禁漁季節，在江之島上可以看到許多店家都有志一同的掛上「禁漁中」的告示牌。其中以使用每天捕獲的新鮮魩仔魚來料理的「生魩仔魚料理」(生しらす料理)會受到禁漁期影響，在1月~3月中旬將會停止販售，但依舊可以品嚐其他魩仔魚的炸煮料理。

> 在本店外面可以買到許多魩仔魚的加工商品。

> 店家可以直接看到菜餚模擬實物，也標上價格。

> 炸得酥脆的魩仔魚麵包，包裹著溶化的起司，口感十分特別。

🍴 藤浪

🔷別冊P.P.5D2 🔷小田急線片瀬江之島駅、江之電江之島駅徒步10~15分 🔷0466-27-9863 🔷藤澤市江之島1-3-19 🔷11:00~17:30、週末~18:30 🔷週三 🔷二品丼(附沙拉、味噌湯)¥1,800(可選兩個單品菜色)

來到江之島一定要試試當地特產的魩仔魚，位於觀光案內所附近的藤浪是當地的人氣餐廳，以最新鮮的漁獲，吸引許多人來嚐鮮，菜單除了有各種生食、高溫油炸、鹽水燙煮等形式調理的魩仔魚蓋飯，還有定食可選擇，當然新鮮現煮的單點料理，如金目鯛魚也因價格合理而深受歡迎。

🍴 しらす問屋 とびっちょ本店

🔷別冊P.5D2 🔷小田急線片瀬江之島駅、江之電江之島駅徒步10~15分 🔷本店：0466-23-0041；弁財天仲見世通り店：0466-29-9090 🔷本店：藤澤市江之島1-6-7；弁財天仲見世通り店：藤澤市江之島2-1-9 🔷11:00~21:30 🔷不定休 🔷餐點¥890起、飲品¥150起、魩仔魚麵包(しらすパン)三顆¥300 🔷tobiccho.com

「しらす問屋 とびっちょ」在江之島是有名的排隊名店，其主打的是魩仔魚料理，店家將魩仔魚作出油炸、清燙，甚至是新鮮生吃的吃法，並加上其他海鮮，像是櫻花蝦、鮭魚卵、鮪魚等超澎湃；在這裡吃得到魩仔魚的創意料理，例如可樂餅、玉子燒、茶碗蒸等，其中以魩仔魚麵包(しらすパン)最特殊。

神奈川｜江之島

➡山梨➡靜岡➡長野➡埼玉➡千葉➡茨城➡栃木➡群馬

江島神社

📖別冊P.5C2　🚃小田急線片瀬江之島駅、江之電江之島駅 徒步10~15分　🏠藤澤市江の島2-3-8　☎0466-22-4020
⏰自由參拜；奉安殿8:30~16:30　💰免費參拜
enoshimajinja.or.jp

日本三大弁財天之一，一邊爬山一邊參拜，旅行氣氛滿點。

江島神社是島上的三間神社——邊津宮、中津宮、奧津宮的總稱，始於552年，原先祭祀著神道教中的三位姊妹神，之後受到佛教影響，**信奉弁財天女神，保佑海運安全和商運昌隆。宮與宮之間須爬段山路，如累了有手扶梯可搭乘**，按照參觀順序，會先抵達本社邊津宮，其後中津宮，最後才是奧津宮，越往裡面氣氛也越幽靜。

八角形狀的奉安殿，被指定為縣內重要文化財的八臂弁財天就供俸在此。

往上走到中津宮可以看到相當漂亮的海景，是不少人拍照留念的地方。

過兒玉神社白色鳥居，沿著階梯漫步而上，乍現海景與民居的生活景色。

傳說穿過綠色籐圈能消災解厄。

善用「江之島電扶梯」遊江之島

沒來過江之島的人也對印象中就是沙灘般的平坦海島印象，其實整個江島除周邊的沙灘外就是山丘，從商店街走到底端就是江島神社入口，至此才是真正考驗。光從入口爬到邊津宮就讓人氣喘如牛，想繼續往其他2個神社與景點，還有一堆樓梯要爬呢。聰明省力方式，可利用神社入口旁電扶梯，電扶梯分三區，可分別抵達❶邊津宮→❷中津宮→❸奧津宮&展望燈塔，神社入口到邊津宮這段的階梯最吃力，如果不想花太多錢搭電扶梯，至少可以買第一段。
⏰8:50~19:05　💰1區￥200(可達邊津宮)、全區￥360(可達邊津宮、中津宮、奧津宮&展望燈塔)；以上小學生半價　ℹ️電梯只有往上，回程需走路，回程若想避過邊津宮階梯，可走外圍坡道，會稍遠一點

邊津宮

⏰自由參拜，奉安殿-大人￥200、國高中生￥100、小學生￥50

距離青銅鳥居最近的邊津宮是江島神社的玄關口，奉祀女神田寸津比賣命。本殿最初建於1206年，現在看到的神社則是1976年所建。由於是江島神社本社，大部分的宗教儀式都在這裡舉行，另外，左近紅色的六角形建築奉安殿，**裡頭藏有鎌倉和江戶時代流傳下來的弁財天像，是日本三大弁財天之一**。

中津宮

🚻 自由參拜

從邊津宮徒步走大約2層樓階梯即可抵達中津宮，逐步往上的中津宮最令旅人開心的是階梯途中觀景平台的美麗海景。**這裡奉祀的是三女神中的市寸島比賣命，是祈求變美與良緣之處。**

美人御守及美肌祈願繪馬相當人氣。

奧津宮

🚻 自由參拜

由江戶時代畫師酒井抱一所繪製的綠龜，據說不論從哪個角度看都像是看著觀者而得名，另外，附近還有由源賴朝奉納的石鳥居、和代表江之島自古以來龍神信仰的龍宮等，也都值得一看。

走到最深處的奧津宮別忘了到拜殿前，抬頭看看天井上的作品「眼觀八方的龜」。

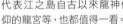

除了室內座位區，也有面海的廣闊戶外區，可以吹海風、享美食、聽潮音。

🍴 iL CHIANTI CAFE

👍 おすすめ

180度海景滿喫的人氣餐廳！

📖 別冊P.5C2 🚃 小田急線片瀨江之島駅、江之電江之島駅徒步25分 ☎ 0466-86-7758 📍 藤澤市江之島2-4-15 🕐 11:00~21:00(L.O.20:00) 💰 加勒比沙拉(M)¥980、檸檬蘇打¥690 🌐 www.yyjam.com/cafe

立地於江之島的島中央高處懸崖邊、一旁就是燈塔入口處，讓「iL CHIANTI CAFE」**坐擁180度霸氣海景**。餐廳以義大利西西里島為意象，打造一處能品嚐義大利美食與欣賞美麗海景的地方，光多達100多樣的豐富菜單，就讓人眼花撩亂，當然臨海的地產海鮮美味也是讓人排隊也要來吃的吸引點。下午茶的話，也有超多甜點選擇，或是在夕陽美景下，點杯葡萄酒也很浪漫。

👁 沙牟艾爾‧廓京苑

サムエル‧コッキング苑

🏠別冊P.5C2 🚶從神社入口搭手扶梯+徒步6分，如不搭手扶梯約徒步15分 ☎0466-23-0623 🏠藤澤市江之島2-3 ⏰9:00~20:00(入場至19:30)，依季節調整 🚫天候不佳時 💰白天免費，17:00以後大人￥500、小孩￥250；入苑門票+展望燈塔+手扶梯1區套票(白天)大人￥700、小孩￥350/(晚上)大人￥1,100、小孩￥550 🌐enoshima-seacandle.com

　　位於江之島最高處的庭園，是1882年英國貿易商Samuel Cocking所建的和洋折衷式庭園，當年花園總面積超過1萬平方公尺，還有東洋最大的半地下化溫室，現在還可以看到溫室留下的紅磚地跡。**公園重新整頓後，植滿了南洋風情的林木草花，並有幾處咖啡可以小坐歇憩**，而過往的舊溫室遺構也只有傍晚後的17:00才會對外開放。

從苑外的瞭望臺上可以遠眺海景以及富士山。

👁 江之島展望燈塔

江の島シーキャンドル

🏠別冊P.5C2 🚶從神社入口搭手扶梯+徒步6分，如不搭手扶梯約徒步15分 ☎0466-23-2444 🏠藤澤市江之島2-3(沙牟艾爾‧廓京苑內) ⏰9:00~20:00(入場至19:30)，依季節調整 🚫天候不佳時 💰大人￥500、小孩￥250 🌐enoshima-seacandle.com

　　江之島展望燈塔是江之島的地標，最早是跳傘訓練的跳台，1950年代以後轉作觀光用途，現在的江之島展望燈塔則是在2003年重建的。**高約60公尺的燈塔上，可盡情鳥瞰湘南的海岸風景，天氣晴朗時，更可遠眺橫濱地標塔、大島、箱根或富士山等地，是欣賞夕陽的好地方。**除了賞海景及下方的花園，當然面對花園的1F咖啡餐廳、賣店，也是最佳歇腳處。

一覽弁天橋將海岸一分為二，大樓與大海相映成趣。

👁 江之島岩屋

🏠別冊P.5C2 🚃小田急線片瀨江之島駅、江之電江之島駅徒步30分 🏠藤澤市江之島2-3 ⏰9:00~17:00、11~2月9:00~16:00 🚫天候不佳時 💰大人￥500、小學生￥200

　　位於江之島的岩屋(海蝕洞)，早在6世紀左右就已為人知，天皇曾在此安置初代江島神社，弘法大師、源賴朝等人曾拜訪這裡，不少和歌及浮世繪中也有它的身影。**目前可以參觀的岩屋共有兩個部分，裡頭除了新設的地下池、龍神像等之外，第一岩屋的最深處就是522年當初的石造江島神社。**

👁 稚兒之淵

🅐別冊P.5C2 🚃小田急線片瀨江之島駅、江之電江之島駅徒步30分 🕐藤澤市江之島2-5-2 🆓自由參觀

　當逛完奧津宮，看到直陸的下坡樓梯指往稚兒之淵時，常常都忍不住遲疑，雖然還是得原路折返，**但在階梯的盡頭，越過低矮岩棚就是湛藍無匹的大海，還曾入選為的風景名勝五十選之一，美景值得前往。**另外，從這裡有不定期的小船可以直接坐回弁天橋入口，恰巧遇到又懶得走路的話是很不錯的選擇。

飯店前即是巴士轉運站及湘南輕軌，交通超方便！

從飯店的豐富早餐開啟美好的一天。

🅗 鎌倉大船METS飯店

HOTEL METS KAMAKURA OFUNA

🅐別冊P.5C1 🚃JR大船駅徒步3分 ☎0467-40-1192 🕐鎌倉市大船1-2-1 🕐Check-in 15:00～，Check-out ~11:00 🌐www.hotelmets.jp/kamakura/

　從東京前往鎌倉遊玩，想要選擇最方便的中繼站就是大船站了！**從東京出發直達大船站，出站後只要徒步3分鐘即抵達鎌倉大船METS飯店。**飯店前即巴士轉運站及湘南輕軌站，附近藥妝店、LUMIN WING百貨樣樣都不少，入住後可在櫃台旁先取用備品，特別的是飯店還備有各式入浴劑，讓客人可以泡澡好好放鬆一下。

山梨▼靜岡▼長野▼埼玉▼千葉▼茨城▼栃木▼群馬

箱根

はこね Hakone

以地點來說，元箱根與箱根町位於江戶時代的交通樞紐「東海道」的要衝，有著濃厚歷史氣息；宮之下的溫泉街最是古色古香；大涌谷的火山與湛藍的蘆之湖優美而浪漫；藝術之森、玻璃之森美術館等精采的美術館則集中在強羅、仙石原一帶。不論是從東京出發、當天往返的閒遊，或是數日的假期讓名山大湖、和風溫泉來作陪，四季皆美的自然景觀與豐富的藝術養分，讓遊客留連忘返。

箱根鐵道

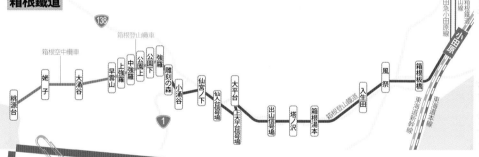

乘著鐵道與纜車玩遍箱根

區間：
箱根登山鐵道：小田原~強羅
箱根登山纜車：強羅~早雲山
箱根空中纜車：早雲山~桃源台
◐ 登山鐵道每小時2~6班車、登山纜車每小時1~3班車、空中纜車每隔1分鐘開出
Ⓢ 登山鐵道：小田原~強羅￥770；登山纜車：強羅~早雲山￥590；空中纜車：早雲山~桃源台￥1,550

行駛於小田原、箱根湯本到強羅之間的箱根登山電車，列車隨著山勢，以「Z」形前後擺盪上山，一路上樹影婆娑景致優美，沿途視野開闊、風景如畫；強羅與早雲山段的登山纜車，配合地形設計成階梯狀車廂，利用電纜將車子往上拉，短短距離卻要花9分鐘才能抵達，隨著海拔上升至到早雲山站，景緻也逐漸開闊；轉搭早雲山的空中纜車，讓遊客旅遊視野由平面轉為立體，將蘆之湖周邊的湖光山色盡收眼底。

交通路線 & 出站資訊

電車

箱根湯本駅 (登山鐵道)➪箱根登山鐵道線
強羅駅 (登山鐵道)➪箱根登山鐵道線
小涌谷駅 (登山鐵道)➪箱根登山鐵道線
早雲山駅 (纜車)➪箱根登山纜車線
桃源台駅 (纜車)➪箱根空中纜車線

巴士

箱根登山巴士➪主要各大區域都有班次可達：箱根湯本、元箱根港、箱根町、強羅駅、仙石、桃源台、御殿場プレミアム アウトレット等。
小田急箱根高速巴士➪高速巴士可以直接從新宿、橫濱、羽田機場等地直達箱根地區。持箱根周遊券能使用的區間為御殿場經由仙石至桃源台。

觀光設施巡迴巴士➪可以連結到各大觀光景點，以強羅駅為中心，連接強羅公園、箱根美術館、箱根玻璃之森等，班次約10~15分鐘便有一班車，只要注意最早與最晚的班次即可。
東海巴士➪從靜岡沼津連接箱根的巴士。持箱根周遊券能使用的區間為三島至箱根町一段。
定期觀光巴士、伊豆箱根巴士➪持箱根周遊券不可搭乘。

出站便利通

◎在箱根交通工具本身就充滿了樂趣，從登山鐵道、纜車、巴士，一路坐上遊覽取，日本恐怕再也找不到像箱根這樣，能把交通路線規劃得如此有趣的地方了。

◎小田急的特急列車浪漫號 (ロマンスーカー) 中的こね、スーパーはこね號都可以從東京的新宿駅直達最熱鬧的箱根湯本駅。搭乘東海道新幹線的話則是坐到小田原駅，再轉搭箱根登山鐵道前往箱根湯本駅。想省錢也可以從新宿駅搭小田急高速巴士到御殿場、桃源台等地。
◎如果抵達地是羽田機場，建議直接轉搭小田急巴士到箱根湯本駅下車，車程約2小時，可以順便觀賞沿途風景、車上休息等，攜帶大型行李也很方便。

優惠交通套票

◎箱根周遊券 (箱根フリーパス)➪包含從東京~小田原的來回特急列車票 (小田急列車VSE)、時間內不限次數搭乘箱根區域內的箱根登山鐵路、箱根登山巴士、箱根登山纜車、箱根空中纜車、箱根海賊船、小田急箱根高速巴士、觀光設施巡迴巴士、東海巴士。
🄪新宿出發2日券成人￥6,100、兒童￥1,100，3日券成人￥6,500、兒童￥1,350
🄫網路電子票、小田急旅遊服務中心、小田急鐵道各站售票機，箱根鐵道部分站點、箱根登山巴士各旅遊中心均售
🄭小田急線的周遊券有含往返車票和不含往返車票兩種。此外，周遊券的金額因購票車站(小田急線的出發站)而異。持券可免費入園箱根強羅公園
🄬www.odakyu.jp/tc/passes/hakone/ (中文)
◎海賊船・空中纜車1日券 (海賊船・ロープウェイ1日きっぷ)➪當天可任意乘坐海賊船和箱根空中纜車 (箱根ロープウェイ)，強羅公園等幾處景點也有入場優惠。
🄪1日券成人￥4,000、兒童￥980；2日券成人￥4,500、兒童￥980
🄫海賊船各港、箱根空中纜車各站
◎登山電車 1日券 (のんびりきっぷ1日乗車券)➪當天可任意乘坐從小田原~強羅駅的箱根登山電車、持券可免費入園箱根強羅公園
🄪成人￥1,580、兒童￥500
🄫箱根登山鐵道各站(塔ノ沢站除外)

山梨➜靜岡➜長野➜埼玉➜千葉➜茨城➜栃木➜群馬

箱根湯本

箱根湯本的地理位置就如同是箱根地區的玄關，從這裡遊客可以搭乘鐵道或巴士前往仙石原、強羅、芦之湖等觀光景點，而車站前的道路兩旁，土產店、餐廳一間挨著一間，尤其每到週末假日更是擠滿了遊客，是個商店雲集、充滿活力的溫泉小鎮。

🚉 箱根湯本駅

🔺 別冊P.4C2 📍足柄下郡箱根町湯本白石下707-1 🌐 www.hakonenavi.jp/area/hakoneyumoto/

箱根湯本是箱根地區連接東京的鐵道玄關口，從東京方面駛來的小田急特急列車浪漫號便行至此站，可以從這裡**轉乘箱根登山鐵道，連接空中纜車直達芦ノ湖畔**。有趣的是本站的發車音樂是為「箱根八里」的曲調，搭上車前不妨傾耳聆聽。

置物櫃(コインロッカー)

💲 ￥300~600

車站內外可以找到許多置物櫃，像是手扶梯旁或是車站1樓EVA屋(えう゛ぁ屋)店家也有提供置物櫃。

月台商店

🕘 9:00~21:00

在月台上也有小型商店，不用出站也可以買到箱根土產或是便當。

箱根湯本駅──旅館、飯店Shuffle Bus

📍箱根湯本駅對面 💲單次￥100，小學生以下免費
自箱根湯本駅可搭乘小巴士至湯本、塔之澤等旅館，橘色外觀的小巴士相當好辨識。B路線上午部分班次僅抵達湯本ホテル或豊栄莊為止，須注意。

箱根湯本駅──湯本、塔之澤地區旅館、飯店

		湯本、塔之澤地區旅館、飯店
A路線 (滝通り)	🕘 9:10~17:45 (每小時固定15分、45分發車) (週五、六日僅有一班次)	ホテル河鹿荘、萬壽福、坐樂閑、萬翠樓福住、吉池旅館、彌榮館、喜仙荘、箱根路 開雲、月の宿 紗ら、山家荘、ホテル仙景、箱根パークス吉野、天成園、遊心亭、ホテルおかだ、ホテル南風荘
B路線 (早雲通り)	🕘 8:51~16:15 (每小時1班次、11~12點無班次出發)	花紋、ホテルマイユクール祥月、玉庭、あうら橘、箱根金湯苑、養生館はるのひかり、湯さか荘、靜觀荘、伊東園ホテル箱根湯本、箱根の湯、近江屋旅館、箱根湯本ホテル、天山湯治郷、ホテルおくゆもと、豊榮莊、界 箱根、ホテルはつはな
C路線 (塔之澤)	🕘 9:08、11:15、16:45各1班次	ますとみ旅館、大和館、福住樓、環翠樓、金乃竹塔ノ澤、山の茶屋、キャトルセゾン、ホテル紫紫荘、一の湯本館

福久や・九頭龍餅

福久屋・九頭龍餅

別冊P.4C3 箱根湯本駅下車約徒步10分 0460-85-8818 足柄下郡箱根町湯本729 9:00~17:00 不定休 九頭龍餅(5顆)￥750，蒙布朗霜淇淋￥1,200。源泉足湯：大人￥200、小孩￥150 www.nanohana.co.jp/

> 寓含吉祥之意又大人氣的和菓子鋪。

> 九頭龍餅是很受歡迎的當地伴手禮。

和、洋菓子點心鋪「福久屋 九頭龍餅」，位於箱根湯本溫泉街底，**店家招牌為「九頭龍餅」**，其概念來自於箱根九頭龍神，並帶著與人結緣的吉祥寓意。美味秘訣在於除了箱根好水外，大量使用日本各地天然食材，像是精選來自北海道產紅豆、鹿兒島縣產Hiyoku糯米等，透過職人之手，將紅豆餡粒和Q彈餅皮，融合出最棒的口感搭配。另外，在纖細如絲的和栗奶油上，灑上銀粉的**蒙布朗霜淇淋**，則是霜淇淋加上口感滑順蒙布朗的新鮮組合，也千萬別錯過喔。

> 蛋白霜也是一絕的「入口即化蒙布朗霜淇淋」。

> 店外有一座露天足湯，逛累了不妨在此稍作休息。

箱根湯本駅無料送迎バス

別冊P.4C3 足柄下郡箱根町湯本白石下707-1 平日9:00~18:50、週末、假日9:00~19:55，每班車次間隔時間10~15分鐘

一出箱根湯本駅後即可看到免費巴士的站牌，如果目的地是Hakone Putter Golf(箱根パターゴルフ)、Forest Adventure Hakone(フォレストアドベンチャー箱根)、箱根寮等周邊，可以多加利用此免費巴士。

行李寄取服務 (箱根キャリーサービス)

0460-86-4140 出站手扶梯旁邊 8:30~19:00 120公分、10公斤以內￥900；150公分、20公斤以內￥1,100；200公分、30公斤以內￥1,600(憑箱根周遊券可折抵￥100) www.hakonenavi.jp/spot/11169

箱根湯本駅→住宿地：行李收至12:30，15:00後送達住宿地。

住宿地→箱根湯本駅：行李需在10:00前與住宿地預掛行李完成(請與住宿業者確認有無行李寄取服務)，13:30~19:00送達箱根湯本駅。

箱根湯寮

享受森林裡的日歸溫泉小旅行！

別冊P.4C2 ⊕箱根湯本駅轉搭接駁車3分 ⊕0460-85-8411 ⊕足柄下郡箱根町塔之澤4 ⊕10:00~20:00(最後入場至19:00)，食事處11:00~20:00(L.O.19:00)，假日泡湯跟用餐皆延長至~21:00 ⊕大浴場¥1,500，小學生¥900。個室露天風呂(最多4人)¥8,600起 ⊕www.hakoneyuryo.jp

2013年開幕的日歸溫泉「箱根湯寮」以古民家風格，結合了大浴場、個室露天風呂、餐廳等元素，創造了一個全新的泡湯休閒空間。來到這裡泡溫泉，**除了大眾浴池之外，也很推薦利用個室露天風呂**，一次可使用2小時，在時間內就能獨享溫泉空間。

豆腐処萩野

別冊P.4C2 ⊕箱根湯本駅下車約徒步8分 ⊕0460-85-5271 ⊕足柄下郡箱根町湯本607 ⊕8:00~18:00 ⊕週三 ⊕木綿豆腐¥240起 ⊕www.hagino-tofu.com

箱根以好水聞名，而用銘水做出來的豆腐自是風味絕佳。**擁有200年歷史、已經傳承5代的萩野豆腐，是許多旅館大廚指名使用的老牌豆腐店。** 旅客可以在店門口的座席**享用新鮮現做的豆腐、生湯波和宛如甜點般的玉だれ豆腐。**

卍 早雲寺

別冊P.4C2 ⊕箱根湯本駅下車約徒步15分 ⊕0460-85-5133 ⊕足柄下郡箱根町湯本405 ⊕5:00~17:00(12~3月6:00~) ⊕免費

早雲寺在1521年由北條氏綱所創建，是**箱根地區的知名古剎**。掀起日本戰國時代的北條家族，從初代的北条早雲到第五代家主都長眠於此。**中門前有一棵高大的枝垂櫻，春季時滿開的櫻樹充滿震撼力。**

初花蕎麥麵 新館

はつ花そば

別冊P.4C3 ⊕箱根湯本駅下車約徒步7分 ⊕0460-85-5555 ⊕足柄下郡箱根町湯本474 ⊕10:00~19:00 ⊕週四(週例假日隔日休) ⊕せいろそば(蒸籠蕎麥麵)¥1,200起 ⊕www.hatsuhana.co.jp

在早川與須雲川交會處的初花蕎麥麵，是箱根湯本的超人氣店家。二次大戰後由於物資缺乏，主人只好利用野生山芋(自然薯)代替麵粉與水，混合蕎麥粉揉製成蕎麥麵。沒想到克難做法卻創造出意外的好口感。**店裡最受歡迎的是蒸籠蕎麥麵，現煮麵條配風味濃厚的山藥泥，越嚼越是有滋味。** 新館100公尺外是本館，飄散江戶老氛圍，也可順訪。

Ⓗ 松坂屋 本店

別冊P.4B2　🚃箱根湯本駅搭乘H線「往箱根港方向」或「往舊箱根港方向」的箱根登山巴士，約25分在「東蘆之湯」站下車、徒步3分　☎0460-83-6511　📍足柄下郡箱根町蘆之湯57　🕐Check-in 15:00，Check-out 11:00　💰一泊2食￥27,500~(雙人房的1人平均費用)，入湯稅每人￥150另計　🌐matsuzakaya1662.jp/

感受360年歷史溫泉旅宿的溫暖細緻款待。

僅22間住房，是最適合在特別的旅行中入住的「別墅」型湯宿。

　　2022年迎來創業360周年，從日本江戶時代起就接待過無數名人與皇室，廣受喜愛的「松坂屋本店」，數百年來以其溫暖而細緻的款待，在遠離熱鬧溫泉街的山林間，為往來箱根享受湯溫之旅的人們帶來暖心的下榻處，細緻服務，更在日本風格待客服務與好客精神進行評價的「OMOTENASHI Selection 2022」，奪下金賞殊榮。

　　由於位在緊鄰的熊野神社境內，靜謐的氣氛加上廣達4000坪內的區域內，僅六棟建築、22間客房，能讓每位入住旅客，舒適感受隨四季流轉的日本庭園與微風。另外，這裡採全包式收費，入住後不但能品嚐到美感與風味兼具的懷石料理，各式搭配的酒品飲料也都不用再付費。飽足後的湯泉放鬆，則有大浴場及5個包租式露天風呂、客房專用的露天風呂等。泉質則包括「三大美肌溫泉水」的硫磺泉、硫酸鹽泉與碳酸氫鈉泉，採掛流式、原湯原味，讓人盡享名湯之旅。

2023年2月剛整裝完成的大浴場，以木材的溫暖質感，讓泡湯時光更加享受。

想感受360年老旅館氛圍，也可選擇設有傳統的圍爐裏房間。

以當季在地食材烹調的豐盛美味料理，款待旅人的味蕾。

神奈川｜箱根

山梨◆靜岡◆長野◆埼玉◆千葉◆茨城◆栃木◆群馬

GRANDE RIVIERE
箱根的招牌砂糖脆餅，是來到箱根必帶的熱門伴手禮。

包裝復古可愛的糖果罐，有箱根限定的蜜柑外，還有特殊的芥末口味。

☕ 箱根焙煎珈琲

📍箱根湯本駅下車約徒步2分　📞0460-85-5139　🏠足柄下郡箱根町湯本702　🕙10:00~17:00　💰咖啡霜淇淋、熱咖啡￥400　🌐www.cafe-andante.com

　　擠身在一間間伴手禮店之中的箱根焙煎珈琲，秉持著手工焙煎咖啡店建立其品牌，在客人選定豆子後才在客人面前進行焙煎，看著咖啡豆變色的瞬間像是親手進行焙煎工作。店內的**咖啡霜淇淋(珈琲牛乳ソフト)**是利用深煎咖啡與牛奶製作而成，濃醇口感也是店內人氣商品。

🎁 箱根湯本溫泉街

📍別冊P.4C3　🚃箱根登山鐵道-箱根湯本駅出站即達　🕙9:00~18:00，店家營業各異

　　一出箱根湯本駅即可看到道路兩旁的各式商店，全長約400公尺，聚集超過30間店家，其中包括**知名溫泉饅頭店、手燒仙貝店、各式伴手禮店家**，可以買到**五花八門的禮品**，或是口感特別的蔬菜、梅子、海產等醃漬商品。

2樓也設有禮品部，更多購物選擇。

🍴 籠屋清次郎 箱根湯本店

📍箱根湯本駅下車約徒步2分　📞0460-83-8411　🏠足柄下郡箱根町湯本702　🕙平日9:00~18:00，週末、例假日9:00~19:00　🚫週三　💰炸物￥350起　🌐www.kagosei.co.jp/

　　「籠屋清次郎」是小田原老字號魚板店「籠清」，店家採用**招牌魚板商品現點現作**，讓客人可以品嚐到新鮮的熱騰騰炸物。店家供應沙丁魚(いわし棒)、洋蔥(たまねぎ棒)、明太子美乃滋(明太マヨ棒)、花枝(籠てまりいか)、蝦子(籠てまりえび)等多種口味，**其中以香甜、口感鮮脆的洋蔥口味最受客人歡迎。**

山安 箱根湯本店

おすすめ

🚋根湯本駅下車約徒步2分 ☎0460-85-5805 🏠足柄下郡箱根町湯本692 ⏰9:00~17:00 💰商品￥650起 🌐www.himono.org/index.html

魚貨干物無料試吃，還有昆布茶可以解解膩！

開業超過150年的「山安」，是在小田原專門販售海鮮干物的老字號店家，店內可以看到眾多海鮮干物商品，像是竹筴魚、鯽魚、梭子魚以及鯛魚等都是店內的人氣定番商品。最特別的是店家在門口旁設置的免費試吃料理台，可以親手在碳火上烘烤鮮魚干物。

店家提供竹筴魚、梭子魚和鯛魚等免費試吃。

免費提供的昆布茶，在空碗裡放進一片鹽昆布後注入熱水，一碗香氣十足的昆布茶完成。

位在店舖旁的「茶のちもと」茶屋，可以現場品嚐和菓子與茶香融合的美味。

ちもと 駅前通り店

🚋箱根湯本駅下車約徒步5分 ☎0460-85-5632 🏠足柄下郡箱根町湯本690 ⏰賣店-9:00~17:00；茶のちもと-平日10:00~16:30(L.O.16:00)，週末、假日10:00~17:30(L.O.17:00) 💰商品￥200起、ちもとの御菓子套餐(可選湯もち或八里，附餐飲料可選熱煎茶、冷煎茶或抹茶)￥850 🌐www.yumochi.com

開業超過60載的「ちもと」，以不加食品添加劑以及人工香料製作店內販售的和菓子。店內販售約10種不同的品項，其中以帶有柚子香氣的「湯もち」以及可愛鈴噹造型的「八里」最有人氣，另有帶著花生香味的「与五郎 忍」、國產蕨粉製作的「わらび餅」，還有推出週末限定的「結び文初花」，季節限定的「さくら餅」(春季)、「栗むし羊かん」(秋季)。

另有帶香味的吸油面紙，包裝可愛充滿少女心。

ひより 箱根湯本店

🚋箱根湯本駅下車約徒步2分 ☎0460-85-7055 🏠足柄下郡箱根町湯本702-1 ⏰10:00~18:00 💰吸油面紙￥385起 🌐www.hiyori-hakone.shop/

來到箱根不止吃吃喝喝，也買得美妝品牌「ひより」來當伴手禮！總店在關西奈良的「ひより」，以吸油面紙為主打商品，並研發周邊天然保養品，其知名的產品是摻有金箔成份的吸油面紙，包裝年輕、可愛，且講究根據膚質而開發不同用途的吸油面紙，各分店還有限定款式，像是箱根分店即有蘆之湖與富士山限定款。

箱根湯本分店的蘆之湖與富士山限定款。

藤屋の梅干

📍箱根湯本駅下車約徒步5分　☎0460-85-5248　⊙足柄下郡箱根町湯本690-5　🕘9:00~17:00　💰漬物¥360起、梅子製品¥200起　🌐www.ume.co.jp

在溫泉街裡有一棟歷史悠久的老建築「藤屋」，主要販售酸梅加工品，店家堅持使用天然塩醃漬酸梅，嚐起來鹹酸超下飯。店內超過20種不同的酸梅種類，像是利用天然塩製作的梅干、超受日本人歡迎的減塩梅干(超うす塩梅干)，如果沒有那麼重口味，可以選擇另一個人氣商品蜂蜜梅(はちみつ梅)。

琳瑯滿目的梅乾陳列店中，還有醃漬了10年、20年的超級陳年梅乾。

強身健體的日本酸梅

日本的酸梅與在臺灣吃到的甘甜酸梅口味是大相逕庭，其因日本酸梅是以大量的鹽加以醃漬後的加工食品，主要用途是配飯、加在飯糰內或是便當配菜，口味是又鹹又酸，此外酸梅含有豐富檸檬酸，對消除疲勞、健胃整腸、降血糖等都十分有效果。在便利商店內也可以看到許多酸梅商品，像是熱門的梅子片、男梅糖、梅酒等。

老闆在店前親手燒烤仙貝，濃濃米果香伴隨著醬油味誘人極了。

手燒堂

📍箱根湯本駅下車約徒步3分　☎0460-85-6003　⊙足柄下郡箱根町湯本704-7　🕘10:00~17:00　🚫週二　💰仙貝¥100起

走在溫泉街聞到陣陣的炭火與醬料香，原來是「手燒堂」的火烤仙貝傳來的味道。這裡販售適合當伴手禮的仙貝，其口味超過10種，也有單賣與組合包，另外還可品嚐到現場手工烘烤的仙貝，其中以超大的圓型以及愛心型的海苔捲仙貝最受年輕人的歡迎。

印有鐵道或是電車造型的餅乾，是定番伴手禮！

箱根の市

📍別冊P.4C3　☎0460-85-7428　⊙箱根湯本駅內　🕘9:00~20:00　💰便當¥930起、各式伴手禮¥500起

位在箱根湯本駅出站口的「箱根の市」，網羅箱根當地的知名特產，像是溫泉饅頭、寄木細工商品、可愛的鐵道周邊小物、大涌谷黑色蛋、醃漬物、仙貝或是各地銘酒等，都是這裡的人氣商品。除了伴手禮，也可以買到依季節不同而推出的限定名物便當，近40種不同搭配的日式便當，選擇超多！

在日本少見邊走邊吃的景象？！

在臺灣路上邊走邊吃不奇怪，但在日本邊走邊吃的景象好像很少見？雖在日本沒有明文規定不能邊走邊吃，或許是受到文化影響，在日本街頭少看到邊走邊吃的畫面，日本人大多會停留在店家旁邊有一塊空地，或是休憩區將手上食物吃完才離開。但也完有一說是因為街邊垃圾筒很少，所以停留在定點吃完也方便處理垃圾。

菊川商店

📍箱根湯本駅下車約徒步1分 ☎0460-85-5036 🏠足柄下郡箱根町湯本706-17 🕐8:00~18:00(週末~19:00) 🈲週四 💰箱根まんじゅう(箱根饅頭)1個￥70起

　　販賣各式箱根名產的商店，但觀光客重點目標則是擺放門口的大型機器，精巧地做出一個個渾圓可愛的現烤洋風饅頭。像是**雞蛋糕一般軟綿綿的外皮中，包入北海道產的綿密白餡，趁著剛出爐時享用最是美味。**

えゔぁ屋

📍別冊P.4D3 📍箱根登山鐵道箱根湯本駅出站即達 ☎0460-85-9881 🏠足柄下郡箱根町湯本白石下707-1 🕐9:00~18:00 🈲不定休 💰商品￥200起 💻www.evastore2.jp/eva-ya/

　　位在箱根湯本駅一樓的「えゔぁ屋」是以販售日本動畫「新世紀福音戰士」的官方周邊商店，**主因箱根是此動畫裡「第3新東京市」的拍攝背景，而吸引眾多動畫迷到訪箱根，**像是箱根登山電車、大涌谷等。在店裡可以看到眾多相關周邊商品，服飾、文具、生活用品等，除了動畫人物外，還帶著箱根溫泉特有的復古味。

> 1F除賣店外還有開設饅頭工房，店面更大，人潮也不斷。

饅頭屋 菜之花

まんじゅう屋 菜の花

📍道箱根湯本駅徒步3分 ☎0460-85-7737 🏠足柄下郡箱根町湯本705 🕐8:30~17:30、週末例假日8:30~18:00 🈲不定休 💰月のうさぎ(月之兔)￥210、竹炭饅頭￥120 💻www.nanohana.co.jp

　　位在車站旁的菜之花為溫泉街第一家店舖，永遠是人聲鼎沸。這間源自神奈川小田原地區的和菓子，融入獨特創意創造出「創作菓子」，**招牌點心為「月のうさぎ」(月之兔)，皮薄餡多的饅頭中，包入了一整顆糖煮栗子。**2樓也有附設茶屋，可坐下來喝杯茶吃點心。

Ⓗ 初花旅館

はつはな

📍別冊P.4C2　🚃箱根湯本駅下車，轉搭接駁巴士約13分　☎046-057-321　🏠足柄下郡箱根町須雲川20-1　🕐Check-in15:00，Check-out12:00　🌐www.hakone-hotelhatsuhana.jp

　距離箱本湯根駅轉搭巴士約13分鐘的初花旅館，提供8種不同格局的和室房型，另有房間含有露天浴池房型，讓你享用私人風呂時間；除此之外，**旅館擁有竹林掩映中的露天浴池，被稱為「美人之湯」的弱鹼性溫泉**，專為尋求極致尊寵的女性而設計。

來到風呂名地箱根，絕不能錯過泡湯的舒弛享受。

在一片綠意竹林中享受頂級的溫泉浴池，令人心曠神怡。

旅館內提供臉部護理及按摩服務，需額外收費。

Ⓗ 界 箱根

📍別冊P.4C2　🚃箱根湯本駅下車，轉搭接駁巴士約10分。或利用計程車　☎050-3134-8092　🏠足柄下郡箱根町湯本茶屋230　🕐Check-in15:00，Check-out12:00　🌐hoshinoresorts.com/ja/hotels/kaihakone/

這離世俗塵囂的清流之境，被濃綠環抱的寄木細工溫泉宿。

　距離箱根最大的溫泉地箱根湯本約10分鐘車程的界箱根，摩登日式風格再加上鬧中取靜的位置，彷彿一處專為隱士設立的溫泉桃花源。由高級旅館桜庵改造成現在的界箱根，**延續桜庵典雅的格局，融入摩登精神與堂地情懷，打造成相當有味道的別館。**

動手體驗製作寄木細工，感受傳統的精美工藝。

飯店裡的小地方都藏著微小且精緻的細節。

↓山梨↓靜岡↓長野↓埼玉↓千葉↓茨城↓栃木↓群馬

強羅

箱根區域廣闊，若要在短時間領略箱根的美好，就千萬不能錯過強羅區域。這裡充滿知性與感性的美術館、華美的人文風景，建議可以花個半天慢慢遊賞，品味四季皆美的自然景觀與豐富的藝術養分。

🚉 強羅駅

箱根登山鐵道可分為鐵道線與鋼索線，以強羅為轉車中繼站，故強羅周邊十分繁榮，店家不少。這裡充滿**知性與感性的美術館、華美的人文風景**，建議可以花個半天慢慢遊賞，品味四季皆美的自然景觀與豐富的藝術養分。

飯後來個かつ工房的甜點，畫下完美句點。

人氣排隊炸豬排店，酥脆又多汁，美味不在話下！

若想短時間領略箱根的美好，千萬不能錯過強羅區域。

🍴 田村銀勝亭 本店

田むら 銀かつ亭

おすすめ 👍

豆腐與絞肉組成的炸豬排，奇妙口感意外地大人氣！

🗺 別冊P.4B1 🚉 強羅駅徒步2分 ☎ 0460-82-1440、0460-83-3501(銀かつ工房) 🏠 足柄下郡箱根町強羅1300-739 🕐 11:00~14:30、17:00~19:00，週二11:00~14:30；銀かつ工房 10:00~16:00(售完為止) ⓧ 週三 💲 豆腐かつ煮御膳(煮豆腐炸豬排套餐) ¥2,400 🌐 ginkatsutei.jp

　　傳統和風外觀流露出沉穩寧靜的氣息，這間超高人氣的「田村銀勝亭」餐廳，**招牌菜色為煮豆腐炸豬排，豆腐夾入國產豬絞肉後下鍋油炸再放入土鍋燉煮，美味多汁又超級下飯**。想再續攤的話，也可以到一旁的系列餐廳「かつ工房」，品嚐炸豬排三明治、可樂餅、豆乳甜甜圈、豆乳聖代等輕食。

💡 **田むら銀かつ亭排隊Tips**
　　來到這裡一定會見到很多人擠在門口，看起來像在排隊但又並沒有排成一列!?原來在入口處有一個本子，要在這裡寫上名字與人數即代表排隊，隨後店員便會依順序叫名字，可別離得太遠以免沒聽到哦！
　👉中午點餐時間最晚至14:30。

現場點好餐後老闆馬上動手挖豆腐，嚐得到新鮮豆香。

🍴 箱根 銀豆腐

📍別冊P.4B1 🚃強羅駅徒步2分 📞0460-82-2652 🏠足柄下郡箱根町強羅1300-261 🕐7:00~16:00(售完為止) 📅週四 💴しゃくり豆腐￥220

這間位在強羅駅附近的豆腐專賣店，裡外沒有厲害的裝潢或擺設，就是一處豆腐製造廠，但可別小覷這深獲當地居民喜愛的滋味，招牌豆腐的盛裝方式就像是台灣的豆花，口感嚐來滑順細緻，並帶著現做出爐的餘溫，口中滿是溫潤的豆香與黃豆的微甜，淋上醬油後更突顯其風味。

👁 強羅公園

📍別冊P.4B1 🚃箱根登山鐵道強羅駅徒步5分 📞0460-82-2825 🏠足柄下郡箱根町強羅1300 🕐9:00~17:00(入園至16:30) 💴大人￥550、小學生以下免費，持箱根周遊券、登山電車 1日券免費入園。白雲洞茶苑：抹茶附和菓子￥700 🌐www.hakone-tozan.co.jp/gorapark

箱根的後山花園，賞景、體驗、美食一次到位。

超過百年歷史的強羅公園，於2013年列入國家的登錄記念物，並擁有整齊美觀的法式庭院，園內櫻花、杜鵑、繡球花等花卉依季節開放，其中玫瑰花園有140多種類，共千株以上的玫瑰，與初夏的新綠、秋季的紅葉相襯，格外優美。園內有玻璃&陶藝工藝體驗設施、茶廊、咖啡廳、賣店外，還有一間典雅的傳統茶室「白雲洞茶苑」，可以來這邊喝杯抹茶，體驗純正的日式風情。

園內一年四季都可以看到數百種嬌豔動人的花兒。

強羅公園Craft House

Craft House是位在強羅公園境內的體驗工房，提供遊客吹玻璃、捏陶、玻璃珠、玻璃雕刻、乾燥花等多種體驗活動，時間從15分到1小時不等，在藝術家親切的指導之下，初學者也能夠輕易上手，推薦可挑選當場可取成品的體驗來參加。工房內也有附設商店和藝廊，就算不動手DIY也可以買個過癮。

強羅 花詩

別冊P.4B1　強羅駅下車徒步約1分　0460-2-9011
足柄下郡箱根町強羅1300　9:00~17:00　週三　命水大福￥157、季節和菓子￥210

　強羅花詩是除了販賣和菓子，也有附設點心坐席，讓人可以坐下來好好品嚐日式風情的甘味菓子。**溫泉餅為其招牌商品，軟綿綿的麻糬加入了清新柚子，口味相當清爽。**而女性來到這裡最愛點一份依季節更換的季節和菓子，小巧的和菓子做成了各種花卉的模樣，細膩造型看得出師傅的功力與傳統的日式和風季節感。

細緻可愛的季節和風菓子是女生們的最愛。

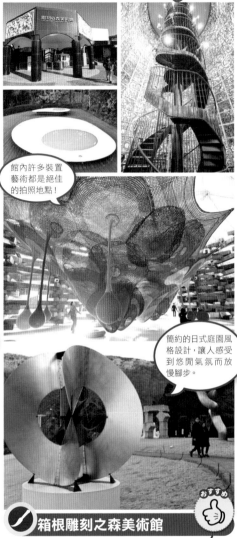

館內許多裝置藝術都是絕佳的拍照地點！

簡約的日式庭園風格設計，讓人感受到悠閒氣氛而放慢腳步。

箱根美術館

別冊P.4B1　從強羅駅轉搭箱根登山纜車，至「公園上」站下車徒步3分；或轉乘箱根登山巴士、設施巡迴巴士至「箱根美術館前」站下車徒步1分　0460-82-2623　足柄下郡箱根町強羅1300　4~11月9:30~16:30、12~3月9:30~16:00，入館至閉館前30分　週四(遇假日開館)、年末年始、換展期間　大人￥900、高中大學生￥400、國中生以下免費　www.moaart.or.jp/hakone

　1952年由岡田茂吉成立的箱根美術館，**是箱根地區歷史最悠久的美術館，館內展出約150件江戶時代與中世時期的陶器。**其中還包括了1萬年前日本新石器時代「繩文時代」的陶器。美術館的庭園以紅葉、新綠聞名，青綠色的青苔襯托紅楓綠葉更加鮮明，參觀遊客彷彿身處畫境。與強羅公園比鄰，可安排同一路線。

箱根雕刻之森美術館

おすすめ 👍

別冊P.4B1　箱根登山鐵道彫刻の森駅下車徒步2分　0460-82-1161　足柄下郡箱根町二ノ平1121　9:00~17:00(入館至16:30)　大人￥1,600、高中大學生￥1,200、中小學生￥800　www.hakone-oam.or.jp

廣大空間，不只室內各館，室外裝置藝術更是精彩可期。

　來到箱根最出名的觀光地，就是戶外裝置了各式大型雕塑的雕刻之森美術館。其開館於1969年，**是日本第一個室外美術館，遊客可以倘佯在廣達7萬平方公尺的大片綠地中，**親手撫觸亨利摩爾、羅丹、畢卡索等眾多大師的雕塑作品，數量多達300多項，可充分體會大自然與藝術的和諧之美。

元箱根

元箱根一帶位於蘆之湖東南一側，沿著湖畔名勝古蹟很多，不只有神社、美術館，也有許多溫泉旅館。除此之外這裡也是著名的賞楓景點，如果配合旅館的純泡湯行程，從泉湯中欣賞紅葉，浪漫指數更是百分百。

👁 蘆之湖

芦ノ湖

📖 別冊P.4A2 🚌搭乘箱根登山巴士、伊豆箱根巴士至「元箱根」站下車徒步約5分 ☎0460-85-5700箱根町觀光協會 🏠足柄下郡箱根町

蘆之湖為一細長形的火口湖，它形成於40萬前的一場火山爆發，面積約為7平方公里。**湖畔終年波平如鏡，搭配兩旁的湖光山色美不勝收，為箱根的代表景色之一。天氣晴朗時，可以遠眺富士山景，倒映在湖裡的富士影像，堪稱為箱根第一美景。**不只景致迷人，在蘆之湖上還有兩種遊覽船往返，一種是雙層白色遊艇，另一種就是最有人氣的海賊船，吸引許多觀光客前來。

魅力富士山

富士山是箱根旅遊的一大誘因，就海拔高度而言，富士山(3,776公尺高)其實比不上台灣的玉山(3,952公尺)，不過，就地理位置來比較，玉山周邊就是一群同樣也有3,000公尺高度的雄峰，相反的，富士山卻是一枝獨秀地拔立於關東平原上，再加上身為火山錐的絕美山形，以及與湖泊共成的山水美景，景觀上的確有著誰與爭鋒的氣概，也因此成了無可取代的聖山。

🚉 桃源台駅

抵達蘆之湖畔的桃源台駅，可往湖邊搭乘箱根海賊遊覽船，造型奇特的鮮黃大船有種奇妙的詼諧，彷彿把搭船的乘客都帶回了童年時代。雖是海賊船，但沒有乘風破浪的氣勢，返而是緩慢地在平靜湖面上往南岸行駛，可以愜意欣賞蘆之湖畔的駒岳、水上神社和沿岸美麗的繡球花景致。

👁 箱根海賊船

🔖別冊P.4A2　🚠搭乘箱根空中纜車至「桃源台」站；或搭乘箱根登山巴士至「桃源台」站徒步即達　☎0460-84-8618(桃源台)、0460-83-7550(箱根町)、0460-83-6022(元箱根)　🏠足柄下郡箱根町　🕐桃源台發船時間10:00~16:30，箱根町~元箱根約10分、元箱根~桃源台約30分　💴箱根町~桃源台一等艙成人￥1,800、小學生￥900，二等艙大人￥1,200、小學生￥600。持箱根周遊券可自由搭乘　🌐www.hakone-kankosen.co.jp　❗搭乘地分別位於箱根町港、元箱根港、桃源台港

裝飾有特色，運行於美麗湖水上，不用跟海盜出海尋寶，這艘船就是座寶山。

　　箱根海賊船仿造17世紀歐洲戰艦造型，色彩鮮豔明亮，還有許多華麗的立體裝飾，目前共有仿法國的Royal II南歐皇家太陽號、英國的勝利號，以及仿瑞典的Vasa北歐獅瓦薩王號。內部座椅寬敞舒適，冬天待在充滿熱呼呼的暖氣中，**可邊欣賞湖面風光，天氣晴朗時更可遠眺壯麗的富士山。**

冬天船內還有暖氣，讓旅客可以舒適地欣賞湖光景色。

注意！搭乘箱根海賊船時刻表
搭乘海賊船需要特別注意時刻表，船班可分為三條路線，但從桃源台發的船原則是途中停靠箱根町港再至元箱根。

箱根園水族館

別冊P.4A2 搭伊豆箱根巴士至「箱根園」站即達 0460-83-1151 足柄下郡箱根町元箱根139 9:00~17:00，時間依季節有變更，詳洽官網 不定休 大人￥1,500，小學生以下￥750 www.princehotels.co.jp/amuse/hakone-en/suizokukan

位於山區的海水水族館，欣賞超有哽的海豹表演。

位在蘆之湖畔的箱根園水族館，竟是貨真價實的海水水族館！從**駿河灣運來大量海水供應園內水槽用水，讓人在高山淡水區**也能一賞海底生物的奧妙。館內另有淡水館，介紹蘆之湖的生態與魚種，而在**貝加爾海豹廣場，也可以看到可愛的海豹表演泡溫泉**(其實是當地湧水)的戲碼。

連海豹都這麼有戲，瞬間逗樂大家！

蘆之湖畔紅色鳥居，充滿神秘色彩讓人一心嚮往。

箱根町巴士

箱根町一帶至箱根神社等地也有巴士運行，若不搭船來到元箱根的話，也可以選擇搭乘開往箱根湯本的箱根登山巴士，約一小時3~4班車。共4站，3分鐘即達元箱根站。

箱根神社

別冊P.4B2 搭乘箱根登山巴士至「元箱根港」站下車徒步10分；或搭乘伊豆箱根巴士至「元箱根」站下車徒步10分 0460-83-7123 足柄下郡箱根町元箱根80-1 自由參拜，寶物殿9:00~16:30(入館至16:00) 境內免費，寶物殿大人￥500、小學生￥300 hakonejinja.or.jp

箱根神社自古以來就是箱根地區山岳信仰的中心，主要供奉瓊瓊杵尊、木花咲耶姬命與彦火火出見尊，據說是在天平寶字元年(757年)，由萬卷上人所創設。千餘年來神社得到當地民眾以及源賴朝、德川家康等信奉，而**矗立蘆之湖上的壯麗朱紅色鳥居，彷彿訴說其千百年不變的崇高地位**。

館內展出許多古物，讓今人一探歷史記憶。

👁 箱根關所

了解箱根的歷史特色，並藉由古文物一覽日本江戶的關口機制。

🔖 別冊P.4B3　🚌 搭乘箱根登山巴士至「箱根關所跡」站下車徒步2分　📞 0460-83-6635　📍 足柄下郡箱根町箱根1　🕐 9:00~17:00(12~2月至16:30)，入館至閉館前30分　💰 大人￥500、小學生￥250(週末例假日中小學生免費)，與箱根關所資料館共通使用　🌐 www.hakonesekisyo.jp

　江戶幕府當初為了固守現今的東京地區之勢力範圍，而在全國各個重要據點設置關所，表面上作為監督出入旅人身份的關卡，然而其實際目的是為了防止全國武士的謀反叛變。**箱根關所於元和5年(1619年)設置，明治2年(1869年)廢止，曾經坐鎮了250年之久，並且於2007年復原重現世人眼前。**

🖌 成川美術館

🔖 別冊P.4B2　🚌 搭乘箱根登山巴士至「元箱根港」站下車徒步2分　📞 0460-83-6828　📍 箱根町元箱根570　🕐 9:00~17:00　💰 成人￥1,500、高中大學生￥1,000、中小學生￥500　🌐 www.narukawamuseum.co.jp

　座落於蘆之湖畔的成川美術館，主要展示現代日本畫作，展出平均每年更換4次。**四千件收藏中包含仕女、風景、靜物等主題，筆觸精緻細膩、用色淡雅柔和，每一幅皆具有高度藝術價值。**遊客需搭乘三段細長的手扶梯，才能夠到達美術館正門，在手扶梯緩緩上升中，蘆之湖的綺麗風光也能一覽無疑。

神奈川 箱根

山梨▶靜岡▶長野▶埼玉▶千葉▶茨城▶栃木▶群馬

權現麻糬

権現からめもち

🏠 別冊P.4B2 🚌 搭乘箱根登山巴士、伊豆箱根巴士至「元箱根」站下車徒步5分 ☎ 0460-83-5122 🏠 足柄下郡箱根町元箱根80-1 🕙 10:00~17:00 ⊗ 不定休 💰 5色もち(5色麻糬)¥800、俺のうどん(我的烏龍麵)¥970

權現麻糬位在箱根神社的境內，在綠意環繞中提供參拜者一個休憩用餐的空間，菜單上可見據傳可結緣的九頭龍紅豆湯圓、霜淇淋，**而店名上的「からめもち」(麻糬)即為其招牌，店家從一早新鮮製作的麻糬，有紅豆、黃豆粉、海苔等5種口味**，口感香Q，另外每日數量限定的「我的烏龍麵」也是人氣一品。

元箱根至箱根湯本巴士

從元箱根巴士站往箱根湯本的巴士班次算多，路線也有不同，只要注意別坐到往湯河原的車，其它的都會經過箱根湯本。若留在這裡吃晚餐，則別忘了要注意末班車時間，大概至20:00都還有巴士，時刻依季節變更，詳洽箱根登山巴士官網。
🌐 www.hakonenavi.jp/

> 以和風之美為基調的客房擺設，讓人得到充分的休息。

> 從客房門窗欣賞富士山與蘆之湖共譜出的美景。

Ｈ 龍宮殿

🏠 別冊P.4A2 🚌 箱根登山鐵道小田原駅或箱根湯本駅，搭乘伊豆箱根巴士於「龍宮殿前」站下車即達 ☎ 0460-83-1121 🏠 足柄下郡箱根町元箱根139 ⏰ Check-in 14:00，Check-out 11:00 🌐 www.princehotels.co.jp/ryuguden

素樸深靜的正統溫泉旅館，心無旁騖地好好享受獨家泉源溫泉。

保留著日本傳統木造建築的龍宮殿**所有客房皆以和室榻榻米設計**，室內設備隨著時代改變逐一增修的痕跡處處可見。龍宮殿的日式溫泉旅館，非常符合一般對日本泡湯情趣的想像與憧憬，隨季節而變換菜色的懷石料理，更是日本料理的經典呈現。

Salom de the ROSAGE

☎0460-83-6321 ⏰小田急山之飯店內 🕚11:00~16:00
💰蘋果派￥1,800 🌐www.hakone-hoteldeyama.jp/
restaurant/rosage/

位在山之飯店別館內的Salom de the ROSAGE，1樓規劃為用餐空間，2樓則是附設賣店，販售紅茶、進口雜貨等商品。**這裡最出名的就是色香味俱全的蘋果派**，蘋果片堆疊成豔麗玫瑰盛開於派皮上，再放上一球香草冰淇淋，佐上彩繪圖案更增添視覺美味。

> 現場有許多茶葉讓你先聞香，喜歡了再購買。

> 香草冰淇淋融化於蘋果派，視覺與味覺都能享受到。

(H) 小田急 山之飯店

🏠別冊P.4B2 🚌從箱根湯本搭往箱根町、元箱根方向的箱根登山巴士，約40分在「元箱根港」下車；海賊船乘船場前有飯店巴士接送 ☎0460-3-6321 ⏰足柄下郡箱根町元箱根80 ⏰Check-in 15:00，Check-out 12:00 🌐www.hakone-hoteldeyama.jp

由於曾為男爵別庄，山之飯店在餐點與服務都更加精緻，同樣都是溫泉飯店會有的三溫暖，**這裡的浴池則加裝有多功能按摩水龍頭，讓人享受更過癮的SPA**；飯店供應的紅茶果醬、香腸培根，也都是自家製，讓住客獨享更添尊貴感。

> 法國料理餐廳「Le Trianon」使用當地旬菜和新鮮海產，配色優雅。

(H) The Prince箱根蘆之湖

ザ・プリンス 箱根芦ノ湖

🏠別冊P.4A2 🚌箱根登山鐵道小田原駅或箱根湯本駅，搭乘伊豆箱根巴士於「ザ・プリンス 箱根芦ノ湖」或「箱根園」站下車即達 ☎0460-83-1111 ⏰足柄下郡箱根町元箱根144 ⏰Check-in 15:00，Check-out 11:00 🌐www.princehotels.co.jp/the_prince_hakone

> 華美的湖邊假別墅，適合嚮往閒雅沈實品味的旅人。

The Prince箱根蘆之湖髹白相間的外觀、樓高僅4層，飯店內部裝設成熟內斂，彷彿進入熟識好友的客廳，毫無豪華飯店給人的壓迫感。**入住可以眺望蘆之湖景致的房間**，天晴時富士山從山凹後探頭，完美角度讓人充分領會箱根的山光水色之美。

神奈川 箱根

山梨▼靜岡▼長野▼埼玉▼千葉▼茨城▼栃木▼群馬

仙石原

仙石原一帶被森林環抱，每到秋天會吸引許多人來這裡欣賞遍野的蘆葦，十分壯觀。另外這裡也有仙石原溫泉，因此飯店林立，而高爾夫球場、美術館點綴其間，是箱根區域中的度假休閒聖地。

POLA美術館

おすすめ

ポーラ美術館

🏛 別冊P.4B1 🚉 搭箱根登山巴士至「仙郷楼前」站，轉搭開往ユネッサン(Yunessun)的設施巡迴巴士，約2分至「ポーラ美術館」站下車。也可從登山鐵道強羅駅前搭乘開往濕生花園的設施巡迴巴士，約13分抵達 ☎ 0460-84-2111 📍 足柄下郡箱根町仙石原小塚山1285 🕐 9:00~17:00(入館至16:30) 💰 換展期間、天候惡劣時 💴 大人¥1,800、高中大學生¥1,300、中小學生免費 🌐 www.polamuseum.or.jp

> 綠意中鑑賞名畫，體驗藝術與自然共生美學。

> 藝術與綠色森林結合出優雅庭園，能享受芬多精薰陶。

　　彷彿湮沒在青翠綠意中的POLA美術館，館內採用大片玻璃帷幕，引進自然天光，讓藝術作品以最自然美好的狀態呈現，**館藏以雷諾瓦、夏卡爾、梵谷、莫內等畫家為首，西洋印象派畫作加上日本現代作品共九千五百件。**美術館也有附設餐廳、咖啡廳與商店，不定時會搭配企畫展推出期間限定菜單。

箱根萊儷水晶美術館

箱根ラリック美術館

🏛 別冊P.4B1 🚉 搭乘箱根登山巴士至「仙石案內所前」站下車徒步2分 ☎ 0460-84-2255 📍 足柄下郡箱根町仙石原186-1 🕐 9:00~17:00(入館至16:30) 💰 換展期間 💴 大人¥1,500、高中大學生¥1,300、中小學生¥800 🌐 www.lalique-museum.com

　　Lalique(萊儷)為法國知名的水晶玻璃品牌，創始人Rene Lalique，創作出許多讓歐洲貴婦讚嘆不已的玻璃藝品。**美術館收藏了Lalique從香水瓶、花瓶到室內設計等逾千件作品**，被大片綠意圍繞，並附設優雅的咖啡座、餐廳，除了展館外包含庭園、商店等設施都免費開放，欣賞藝術品之餘也可以在園內悠閒片刻。

山梨▼靜岡▼長野▼埼玉▼千葉▼茨城▼栃木▼群馬

◎ 仙石原芒草原

仙石原すすき草原

🚃 別冊P.4A1　🚌 箱根湯本駅搭箱根登山巴士(T路線)，約30分，至「仙石原高原」站下車，徒步5分　🏠 神奈川縣足柄下郡箱根町仙石原　⏰ 9月下旬~11月中旬　💲 自由參觀　🌐 www.hakonenavi.jp/spot/1215

蒼茫茫、秋日的箱根另類浪漫景致。

被選為「神奈川縣勝景 50 選」、「神奈川花景 100 選」的仙石原芒草原，位在箱根台之岳上，每到秋天便有大批遊客前來，為的便是在黃金芒穗中留下美麗倩影。大約從 9月下旬開始慢慢轉黃，搭配翠綠草原充滿幻想氣息。10月下旬起進入全盛期，一直到初冬變成茶色，算是觀賞期十分長的景點。

◎ 箱根湿生花園

🚃 別冊P.4A1　🚌 箱根湯本駅搭乘往湖尻‧桃源台方向的箱根登山巴士「仙石案內所前」下，徒步8分；或從強羅駅、小涌谷駅可搭乘往濕生花園方向的箱根登山巴士，終點站「箱根湿生花園」下　☎ 0460-84-7293　⏰ 足柄下郡箱根町仙石原817　⏰ 9:00~17:00　🈵 無休；12/1~3/17冬季休園　💲 大人(中學生以上)￥700，小學生￥400　🌐 www.hakone.or.jp/shissei

濕生花園位在仙石原的濕原內，**占地3萬平方公尺的園中**，培育了生長在河川、湖泊、溼地的植物200餘種，以及其他森林、高山植物等共**1,500餘種**，其中包含珍奇罕見的西洋花草，在箱根濕生花園可觀賞約1,700種植物生態。春天可以欣賞到水芭蕉、夏天有野生花菖蒲，秋天則為滿開的女郎花。

主廚使用駿河灣的新鮮魚貝、三島的鮮蔬，創作出鮮美誘人的義式料理。

🍴 Albergo Bamboo

🚃 別冊P.4B1　🚌 從箱根湯本搭乘往湖尻‧桃源台方向的箱根登山巴士「仙石原小學校前」下車徒步5分　☎ 0460-84-3311(需事先預約)　⏰ 足柄下郡箱根町仙石原984-4　⏰ 11:30~14:30、17:30~20:30　🈵 週二　💲 午間套餐￥3,850起、晚間套餐￥7,700起(不含10% 服務費)　🌐 www.bamboo.co.jp/albergo

在綠樹婆娑的仙石原森林中，有一間彷若義大利別墅的優美餐廳。Albergo Bamboo光是建築就可以寫成一本書，主人花了8年光陰，**延請日、義頂級設計師，打造出從家具、壁畫、餐具，甚至鐵柵門無不講究的精緻用餐空間**；自製麵包放入石窯烤得香脆，門口現場燒烤肉類，用濃郁香氣傳遞幸福。

神奈川 箱根

山梨➡靜岡➡長野➡埼玉➡千葉➡茨城➡栃木➡群馬

箱根玻璃之森博物館

おすすめ

箱根ガラスの森美術館

宛如山間歐式莊園，被自然圍繞的美術館。

📍別冊P.4B1 🚌小田原駅搭箱根登山巴士(往桃源台)，約40分，至「箱根ガラスの森」站下車 📍足柄下郡箱根町仙石原940-48 🕙10:00～17:30(入館至17:00止) 🚫成人之日(1月的第2個星期一)隔天起11日間 💰大人¥1,800、大學生、高中生¥1,300、中小生¥600 🌐www.hakone-garasunomori.jp/

博物館內的「威尼斯玻璃美術館」收藏的，盡是中古世紀讓眾多貴婦人為之瘋狂、價值高昂的義大利玻璃藝術精品，華麗的水晶燈、貴氣的大理石壁爐、古典的明鏡等，**共計約上百件15至18世紀的珍貴藝品，即便經過千年，卻依然綻放著神秘的光輝。**「現代玻璃美術館」則展示著19世紀後半期再度復甦、充滿嶄新生命力的威尼斯玻璃，讓人了解到玻璃藝術的無限可能性。

館內亦設有咖啡廳、充滿各式花朵的戶外庭園、各式商品賣店及能體驗玻璃的手作區域，值得來此優閒度過半日。

箱根高地飯店

Hakone Highland Hotel

📍別冊P.4B1 🚌從小田原駅或箱根湯本駅搭乘開往桃源台的箱根登山巴士，約30分至「品の木・箱根ハイランドホテル」站下車 ☎0460-84-8541 📍足柄下郡箱根町仙石原品の木940 🕙Check-in 15:00、Check-out ~12:00 🌐www.hakone-highlandhotel.jp/

箱根高地飯店特意選在稍稍遠離觀光人潮處而建，依山傍河的自然環境構成渾然天成的屏障，廣闊佔地僅設59間客房。客房內有準備望遠鏡與鳥類圖鑑，讓住客仔細端詳窗外的野生嬌客。**旅館鄰近箱根玻璃之森、POLA美術館等景點。**

內部利用洋溢南歐風情的明快色調和藝術畫作陳設，整體氛圍透露著活潑西洋風格。

餐廳依四季更換時令菜單，並以法式手法烹調當日直送的有機食材。

La Forêt

📞0460-84-8541 📍箱根高地飯店內 🕙7:30～09:30、11:30～14:00、17:30～20:00(L.O.19:30、22:00閉店) 💰午間套餐¥4,514起、晚間套餐¥6,050起 🌐www.hakone-highlandhotel.jp/

位於小田原高地飯店內的正統法國餐廳La Forêt，**以法國傳統的經典調理法為基礎，烹調出融合和風元素的精緻法式料理。**餐廳內最為吸引人的，莫過於燒著熊熊烈火的戶外烤爐，把龍蝦、鮮貝還有羔羊肉等放入爐中隔火燻烤，光是濃郁的香氣就叫人食指大動，新鮮野味共構的絕妙口感令人印象深刻。

箱根精彩景點

箱根涵蓋區域廣泛，沿途各地除了舒適的溫泉旅館，還有美麗的大湖風光、登山小徑以及大量的美術館可賞。若時間較為充裕，可以搭上纜車至大涌谷體驗大自然的震撼，再到箱根湯本吃和菓子加泡湯！

H 二ノ平 天悠

おすすめ

入住新穎溫泉飯店，享受頂級露天風呂。

🅰別冊P.4B1 🚌從小田原或箱根湯本搭往箱根町．元箱根方向的巴士約45分「小涌園」站下車即達；或搭箱根登山鐵道「小涌谷」駅下，轉搭巴士可達 ☎0460-82-5111 🏠足柄下郡箱根町二ノ平1297 🕐Check-in 15:00，Check-out 11:00 🌐www.ten-yu.com

於2017年4月開幕的「天悠」湯宿，為箱根小涌園旗下溫泉企業，飯店內提供150間客室、2處大浴場、4種風格各異的餐廳，另外還有SPA服務。**飯店客室以可以眺望大自然景色為其賣點，分為外輪山側、溪谷側，並在其客室設置私人溫泉設施，可享受單獨的風呂時光。**

二ノ平
箱根小湧園Yunessun

箱根小湧園ユネッサン

おすすめ 👍

泡溫泉也超好玩，首創風呂主題樂園！

別冊P.4B1　搭乘箱根登山巴士、伊豆箱根巴士至「小涌園」站下車　0460-82-4126　足柄下郡箱根町二ノ平1297　ユネッサン9:00~19:00(3月27~31日至21:00)、森の湯11:00~20:00　ユネッサン(著泳衣)大人￥2,500，3歲~小學生￥1,400；森の湯(裸浴)大人￥1,500，3歲~小學生￥1,000；共通券大人￥3,500，3歲~小學生￥1,800　www.yunessun.com

Yunessun溫泉主題樂園內風呂種類多達十餘種，**有紅酒、綠茶、咖啡風呂，還有附流水與划水道的洞窟浴池等，每一種都充滿新鮮感，也是電影《羅馬浴場2》的取景地**。喜愛傳統泡湯氣氛的人，可以到露天風呂區「森之湯」，這兒有檜木池、岩石池、木桶池，四周圍繞著翁鬱山林，讓人得到真正的放鬆。

在綠色圍籬中體驗老屋的安靜與況味。

©箱根小湧園Yunessun

泡溫泉也能享受到像樂園般的趣味與娛樂性。

小涌谷
Ⓗ 三河屋

別冊P.4B2　從箱根湯本駅或小田原駅，搭往箱根町．元箱根方向的巴士「小涌谷溫泉」站下車徒步即達；或搭箱根登山電車小涌谷駅下，搭巴士5分可達　0465-43-8541　足柄下郡箱根町小涌谷503　Check-in 15:00，Check-out 10:00　www.hakonekowakien-mikawaya.jp/

當箱根還是窮鄉僻壤的明治16年(1883)時，三河屋第一代創始人木夏本恭三氏因發現小涌谷溫泉的源頭，而創建這間旅館。旅館的溫泉有分浴場、大風呂及3個可租借用的家庭風呂。**浴場為明治時期遺留的澡堂，大風呂則是包含有由柏木打造的樽形露天風呂大浴場**，舒適環境讓住客更能欣賞老旅館的沉穩與美好。

大涌谷
箱根空中纜車

箱根ロープウェイ

📍別冊P.4B1　🚌從箱根湯本駅搭乘箱根登山巴士(T路線)至桃源台站下車　☎0465-32-2205　📍足柄下郡箱根町桃源台(早雲山駅~桃源台駅)　🕐9:00~16:15（依季節改變，詳洽官網）　💴早雲山~桃源台單程￥1,550，來回￥2,800。海賊船＋空中纜車1日套票￥4,000（小孩￥980)、持箱根周遊券可自由搭乘　🌐www.hakoneropeway.co.jp

　箱根空中纜車路線正好位於蘆之湖畔的山坡地上，坐上它，你就可以將蘆之湖周邊的湖光山色盡收眼底，**運氣好碰上了晴朗日子，在姥子~大涌谷一段甚至還可看見富士山呢**。基本上，空中纜車以吊車型式運行，一台吊車能坐個12人，並不會太大，也不用擔心選錯邊而漏失了某些好風景。

大涌谷段風景
搭乘此段空中纜車時，若是天晴，記得往行進方向的右手望去，若見富士山探頭出來打招呼，超級幸運！

視野由平面轉成360度美景，可居高而下鳥瞰美景。

行走在自然形成的崎嶇道路，體驗天然震撼教育。

おすすめ

大涌谷
大涌谷自然研究路

📍別冊P.4B1　🚌搭箱根纜車至大涌谷駅徒步5分；或搭乘伊豆箱根巴士至「大涌谷」站下車徒步2分　☎0460-85-5700(箱根町総合観光案内所)　📍足柄下郡箱根町大涌谷　🌐網路事先預約制，每天4梯次、每梯次限額30人　🕐天候不佳時關閉　💴安全協力金每人￥1,500　🌐www.owakudani.com/nature　⚠因火山噴氣，有呼吸問題或心臟疾病建議不要前往

噴煙的火山口地型，雲霧隨風飄散，美景宛如仙境。

　大涌谷為海拔1,080公尺高的山谷，經距今約3100年前蒸氣爆發、約2900年前火山碎屑岩流兩次的火山作用而形成，整個區域是一片赤茶色，草木不生相當荒蕪。**谷地間有鋪設良好的步道，引導遊客繞場一圈，沿途到處都有噴煙口，濃煙夾帶陣陣硫磺味不斷飄向遊客**。步道全長約700公尺，走完全程約需40分鐘。

大涌谷至桃源台搭乘纜車注意！

近年由於火山地質活動頻繁，大涌谷至桃源台這一段的纜車不時會關閉，若遇上關閉情況雖會緊急加開巴士，但時刻不一定，所以出發前一定要先上網確認運行狀況，才不會白跑一趟！

🌐www.hakoneropeway.co.jp

當地人相信吃一顆溫泉黑蛋可增壽七年呢！

大涌谷

黑玉子茶屋

◎別冊P.4B1 ◎箱根空中纜車-大涌谷駅下車徒步1分 ◎0460-84-9605 ◎足柄下郡箱根町仙石原1251 ◎9:00~16:30 ◎溫泉黑蛋￥500/5入 ◎www.owakudani.com/

大涌谷名產溫泉黑蛋也是溫泉蛋的一種，在大涌谷駅前就能看到斗大的黑溫泉蛋地標。製作方式是把生雞蛋放到80度的溫泉池中浸泡5~10分鐘，再放到接近100度高溫的蒸氣中蒸個5分鐘，由於**溫泉中的硫磺成分在遇上鐵之後會變成硫化鐵，就製成黑不溜丟的溫泉黑蛋了。**

大涌谷

大涌谷駅食堂

おすすめ

◎別冊P.4B1 ◎箱根空中纜車-大涌谷駅下車徒步約1分 ◎0460-84-4650 ◎足柄下郡箱根町仙石原1251(大涌谷駅2F) ◎11:00~16:00、週末例假日~16:30 ◎「特製」大涌谷カレー(「特製」大涌谷咖哩)￥1,100

大片展望玻璃欣賞大涌谷美景，名物咖哩十分美味。

位在大涌谷駅2樓的大涌谷駅食堂，主要菜單有洋食的咖哩、漢堡排等，如果想吃和食麵點也不缺；**其中大涌谷的咖哩微辣辛香，口味極佳。**大面玻璃窗戶面向大涌谷的噴煙口，天晴時極佳的眺望角度，讓人能一邊欣賞美景一邊品嚐美食。

來到大涌谷，不妨安排中午用餐時間，順道來此品嚐美味的咖哩飯。

宮ノ下

宮之下溫泉街

◎別冊P.4C2 ◎箱根登山鐵道-宮ノ下駅下車即達 ◎0460-87-0222(箱根町宮ノ下商店會) ◎箱根町宮ノ下 ◎依店舖而異 ◎www.miyanoshita.com

宮之下溫泉區由於蓋了日本第一家度假型西式飯店——富士屋旅館，外國遊客特別多，從明治時期就以異國風情著稱。**街上也有不少充滿日本情調的古董店、陶器店，時常可以看到外國背包客在古董店中留連。**

異國風洋溢老街，吸引外國遊客目光。

有許多傳統美術品可以參觀選購，十分值得一遊。

宮ノ下
大和屋商店

🏠 別冊P.4C2 🚉 箱根登山鐵道宮ノ下駅徒步5分；公車站「ホテル前」徒步1分 ☎ 0460-82-2102 🏠 足柄下郡箱根町宮ノ下223-8 🕐 11:00~16:00

　　在大和屋商店裡四處擺滿了各式各樣的古陶器，**商品以江戶中期至末期的古伊萬里為主，不論是碗盤、茶杯或是花瓶應有盡有，**找不到想要的商品還可以直接向老闆詢問，老闆會非常熱心地講解與介紹。若是擔心陶器物品在旅程中攜帶不易，店裡同時也有和紙工藝品以及貨真價實的浮世繪作品等。

宮ノ下
Café de motonami

🏠 別冊P.4C2 🚉 箱根登山鐵道宮ノ下駅徒步5分；或搭箱根登山巴士「宮ノ下溫泉」下車徒步3分 ☎ 0460-87-0222 🏠 足柄下郡箱根町宮ノ下366 🕐 10:00~18:00 🚫 週四 💲 和風聖代￥770起 🌐 motonami.com/

　　Café de motonami是由富士屋旅館舊公車亭所改建而成的咖啡店，建築物本身就已經有100年的歷史，外觀極為洋風典雅，內部經由精心巧手佈置得色彩繽紛、四處掛滿了藝術作品，整體氣氛相當地摩登舒適卻又帶點懷舊情懷。**店內的招牌點心為使用北海道十勝紅豆和沖繩黑糖所製作，漂亮又可口的各式各樣和風聖代，**除了甜點及咖啡之外也有提供咖哩套餐。

宮ノ下
渡辺ベーカリー

Watanabe Bakery

🏠 別冊P.4B1 🚉 箱根登山鐵道宮ノ下駅徒步7分；公車站「ホテル前」徒步3分 ☎ 0460-82-2127 🏠 足柄下郡箱根町宮ノ下343-3 🕐 9:30~17:30(內用至16:00) 🚫 週三、第1.3.5個週二 💲 梅干あんぱん(梅乾紅豆麵包)￥210起、溫泉シチューパン(燉牛肉麵包)￥520起 🌐 watanabebakery.jp/

　　渡邊烘焙坊創業自1891年，是歷經上百年的老鋪，**店內的招牌商品是各種特別口味的紅豆麵包。**梅乾紅豆麵包內餡包入一整顆小田原梅乾，酸酸甜甜的滋味意外地搭配喔。此外使用溫泉水製作麵糰的燉牛肉麵包，也是人氣商品。

神奈川｜箱根

山梨➡靜岡➡長野➡埼玉➡千葉➡茨城➡栃木➡群馬

東西合併的溫泉老旅館，感受不一樣的風呂印象。

H 宮ノ下
富士屋飯店
富士屋ホテル

🚃 別冊P.4B1 🚌 箱根登山鐵道宮ノ下駅徒步7分；或搭乘伊豆箱根巴士至「宮ノ下溫泉」站下車徒步2分 ☎ 0460-82-2211 🏠 足柄下郡箱根町宮ノ下359 🕐 Check-in 15:00、Check-out 11:00 🌐 www.fujiyahotel.jp

1878年在橫濱經營外賓餐廳的山口仙之助，買下500年歷史的旅館藤屋，**富士屋正式開幕，以「當東方遇上西方」為主要精神，水泥洋房戴上了日本式的社寺屋頂，樓梯間與大廳則處處可見具有東方美的雕刻。**有鑑於東西方民情不同，不設大眾浴池，而是將溫泉引入每間客房，讓貴賓們在房間泡湯。

🍴 The Fujiya
ザ・フジヤ

☎ 0460-82-2211 🏠 富士屋飯店內 🕐 7:30~10:00、11:30~15:30、17:30~22:00(晚餐為預約制)

富士屋飯店的附設西餐廳「The Fujiya」，在1930年開幕時可說是開西洋料理之先河。主餐廳以日光東照宮本店為雛型設計，館內到處可見精美細膩的雕飾，繁複的裝飾流露出其不凡的歷史與藝術價值。**料理堅持傳統，用2天時間細火慢燉的牛肉燉飯、香氣濃郁的咖哩等，都是近百年不變的好味道。**

精美擺盤與食材配色，讓人食指大動。

H 宮ノ下
箱根吟遊

🚃 別冊P.4C1 🚌 箱根登山鐵道宮ノ下駅徒步4分；或搭箱根登山巴士、伊豆箱根巴士約15分「宮ノ下」站下車徒步2分 ☎ 0460-82-3355 🏠 足柄下郡箱根町宮ノ下100-1 🕐 Check-in 14:00、Check-out 11:00 🌐 www.hakoneginyu.co.jp

箱根的超人氣溫泉旅館「箱根吟遊」，結合「和」的意象和當紅亞洲風，**微暗照明及自然風的木造建築，彷彿引導著旅客，將身心徹底放空、沉澱。**館內也設置了南洋風SPA，以精油香氛與按摩，讓身心得到徹底的舒緩。

精準拿捏自然、空間、人與湯的巧妙平衡，而獲得極高評價。

行家才知道的美味「竹筴魚丼」就是從這家壽司店發明的。

☕ 宮ノ下 NARAYA CAFE

🅐 別冊P.4C1 🚃 箱根登山鐵道宮ノ下駅，下車即達 ☎0460-82-1259 📍足柄下郡箱根町宮ノ下404-13 🕐10:30~18:00，冬季至17:00 🚫週三、第4個週四 🌐naraya-cafe.com/

近年來在IG上爆紅的NARAYA CAFE，最受歡迎的便是以葫蘆為造形的最中，自己填餡好吃又好玩。NARAYA改建自有三百年歷史的溫泉旅館「奈良屋」的員工宿舍，二層樓的木造空間有咖啡設施以及展覽空間。室外一處溫泉足湯，則是每個人心中的最佳貴賓席。

可愛的葫蘆最中。

🍴 宮ノ下 みやふじ

🅐 別冊P.4C2 🚃 箱根登山鐵道宮ノ下駅徒步10分；公車站「ホテル前」徒步5分 ☎0460-82-2139 📍足柄下郡箱根町宮ノ下310 🕐11:30~15:00，17:30~21:00 🚫週二、三 💰午餐約¥2,000起，晚餐約¥2,500起

因為是竹筴魚丼創始店家，菜單上的竹筴魚丼特別冠上「元祖」之名，竹筴魚生吃時常帶有些許的腥臭味，要好吃的秘訣只有一個，那就是趁鮮食用。**老闆每天從相模灣採買最新鮮的魚貨，鮮魚配上祕傳醬汁，再豪爽地灑上一把青蔥，鮮美彈牙，滋味絕妙。**店面看之下小小的不甚起眼，不過就連平日也是高朋滿座，外國客人也不少呢。

👁 姥子 姥子自然探勝步道

🅐 別冊P.4A1 🚃 箱根空中纜車至姥子駅；或搭乘伊豆箱根巴士至「姥子」站徒步即達 ☎0460-85-5700(箱根町総合観光案内所) 📍足柄下郡箱根町姥子 🕐自由參觀 💰免費

與大涌谷自然研究路相銜接的姥子自然步道，其總長約1公里，是一條緩緩向下傾斜的散步道，約40分鐘可以走完，盡頭與姥子·湖尻自然探勝路銜接，可一路健行至蘆之湖畔。**秋天是造訪步道的最佳時節，當兩旁林木染上秋意，紅黃夾雜色彩繽紛優美，彷彿置身於世外桃源一般。**

趁天氣好來一趟石畳與杉並木的箱根歷史巡禮。

畑宿

箱根旧街道(石畳／杉並木)

別冊P.4B2　舊街道石畳：箱根湯本搭乘「經畑宿往元箱根」方向的箱根登山巴士，在「畑宿」下車即達。舊街道杉並木：箱根登山巴士，在終點「元箱根」下車即達　0460-85-5700(箱根町総合観光案内所)　足柄下郡箱根町畑宿／元箱根　自由參觀

　　箱根舊街道是舊東海道遺留至今尚存的古蹟之一，難得的是，**從蘆之湖畔到畑宿之間還保留著當時的石坂路，吸引眾多喜愛歷史散步的人到此一遊**。杉並木位於蘆之湖畔，路程不到10分鐘即可走完，在這段路程所看到的420棵大杉木，相傳自日本江戶時代的初期就已種植，**至今已有將近400年的歷史，而成為日本國家指定的史蹟**。

畑宿

甘酒茶屋

別冊P.4B2　箱根登山巴士「甘酒茶屋」站下車徒步約1分　0460-83-6418　足柄下郡箱根町畑宿二子山395-1　7:00~17:30　甘酒(甜酒釀)￥400，力餅(麻糬)￥500　www.amasake-chaya.jp

老茅草屋、囲炉裏、甘酒，充滿箱根懷舊歷史情緒。

茶屋中的小憩時刻，讓人彷彿回到過往，感受歲月的靜美。

　　這家老舖茶屋，位在箱根舊街道石畳的入口處。從江戶時代經營至今已是第13代，店面依然維持著昔時茅草建築，再加上一幅飄揚於路旁的紅旗，而成了箱根懷舊風景。**一如店名，來到這兒的客人，一定會點杯日本式甜酒釀「甘酒」，再配上力餅(麻糬)一同入口**。

現場看到師傅展示出高深的寄木細工技藝，令人讚嘆。

畑宿

畑宿寄木会館

別冊P.4C2　搭乘箱根登山巴士「畑宿」站下車，徒步2分　0460-85-8170　足柄下郡箱根町畑宿103　9:30~16:00　週四　免費

　　畑宿寄木會館專門展示並且販售畑宿的代表性傳統手工藝品「寄木細工」。**外貌呈現稿、市松、矢羽根等日本傳統圖案的寄木細工，被製作成各種箱型、盒狀、杯墊及盤子等日常用具**。在會館內有師傅現場製作寄木細工的表演，遊客們可以旁觀欣賞他們高超的手工技藝，也能試著DIY動手體驗。

山梨
やまなし

山梨怎麼玩

與東京相鄰的山梨縣屬內陸地域，其以富士山、富士五湖－本栖湖、精進湖、西湖、河口湖、山中湖為知名，因湖面平靜，各種逆富士在五湖中競美，其中以河口湖名氣最響亮，成為觀光客造訪此區域的首選；其外富士山腳下的隱密村莊吉田、盛產葡萄酒的勝沼地區，能感受到不一樣的山梨在地風情。

富士五湖廣域(P.2-20)

富士五湖指的是河口湖、山中湖、本栖湖、精進湖、西湖，因為湖面平靜，各種逆富士在五湖中競美，在本栖湖、精進湖、西湖也有許多景點與戶外活動受到喜愛，時間充裕的話可別錯過。

富士吉田(P.2-23)

富士吉田因有許多條登山路徑，成為出發攀登富士山的必經之路。在過去因火山地質過於貧瘠不適於耕種，如今拜富士山之賜，這裡的觀光業已越見發達，更有一座富士急樂園，而成為國內外觀光客必訪景點。

富士見町
富士見駅
瑞牆山
小海線
長野縣
山梨縣
北杜市
山梨縣
Asayo峰
韮崎市
甲斐市
山梨市駅
中央本線
山梨市
甲府市
甲府駅
南阿爾卑斯市
笛吹市
塩見岳
西湖
身延線
本栖湖
身延町
早川町
身延山
身延線
大無間山
南部町
富士宮市
富士宮駅

富士聖山傳奇之旅

在富士五湖中，河口湖湖畔腹地最廣大，觀光設施特別多，是富士山觀光最熱門的景點。來到這裡，不妨拜訪以富士山為主題的河口湖美術館、河口湖遊覽船及湖畔景色絕佳的河口湖香草館等，從不同角度感受河口湖與富士山之美。

勝沼(P.2-26)

日本山梨縣的葡萄酒產量為日本第一，早在明治時期，山梨縣勝沼地區就已經開始釀造葡萄酒，在勝沼，許多酒莊開始發展自己獨創風格，讓遊客來參觀的同時，也可在此體驗到酒莊生活。

河口湖(P.2-4)

河口湖區域說大不大，說小不小，景點大多繞著湖發展，從河口湖駅這裡有周遊巴士可以巡遊在湖畔各大景點中，若是能夠自駕，開車繞著湖面兜風也很舒服。而這裡也有很多美術館、博物館，安排個幾間有特色的、自己喜歡的，不用太多，好好體會這悠閒的湖濱度假氣氛！

山中湖(P.2-16)

富士五湖中面積最大的山中湖，是日本排名第三高的高山湖(海拔982公尺)。由於地形關係，山中湖的周邊道路高於湖面，沿湖區大多是山林，因此特別適合眺望與健行。露天溫泉、花田公園、溫馨民宿、各式主題的小型美術館與文學之家，都為山中湖更添魅力。

神奈川
➡
山梨
河口湖
➡靜岡➡長野➡埼玉➡千葉➡茨城➡栃木➡群馬

河口湖

かわぐちこ Kawakuchiko

在許多國外人士印象中，最具代表性日本風景莫過於白雪皚皚的富士山，要想親近富士山，用自己的雙眼見識這座日本人精神信仰的聖山，就得走趟山梨縣。而境內有山有水並遍植薰衣草的河口湖，被譽為日本的瑞士琉森，則是富士山周邊最優美的溫泉小鎮。

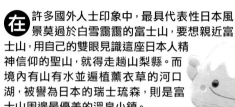

> 御來光是一種吉兆，看到的人都會有好運降臨。

> 頂上淺間大社奧宮是神聖的神之領域。

> 從五合目到山頂沿路山小屋有販售木製登山杖「金鋼杖印」。

> 富士山腳下的五合目不能錯過あまの屋知名的富士山造型波蘿麵包。

👁 富士山

➍P.2-3 ● 開山季節：七、八月

おすすめ 👍

名列世界文化遺產的日本第一聖山！

登山路線：登上富士山主要分為四條路線，富士宮口登山道、吉田口登山道、御殿場口登山道、須走口登山道

富士山海拔**3,776**公尺，是登山族心中的名山之一，也是象徵著日本人精神生活。在**2013年世界遺產委員會的認證下，成功名列世界文化遺產**，其中含山頂信仰遺跡群、四大登山道、五湖地區、富士山本宮浅間大社及周邊分社、歷史住宅、忍野八海、胎內樹型、白絲瀑布、人穴富士講遺跡及三保松原等25處，除了觀光主力五湖地區外，過去罕為人知的景點亦紛紛入列。登上富士山的路線共有四條，最快的一條為靜岡縣富士宮口出發，路程約4小時30分鐘。

交通路線&出站資訊

電車

富士急行河口湖駅⇨河口湖線
◎從JR新宿駅每天有3班次特急「富士回遊」可直達河口湖駅,只需1小時53分、免換車更便利,全車指定席、無自由席。
◎新宿發車7:30、8:30、9:30、*11:13;河口湖發車15:03、16:51、17:36、*17:36 (*限週末例假日)
◎從新宿駅搭乘中央線快速列車,至大月駅,轉乘富士急行普通列車,約2小時30分能達。

巴士
往河口湖駅⇨
◎從新宿西口BT搭富士急行高速巴士或京王巴士,約1小時45分車程抵達河口湖駅,¥2,000。
◎東京駅八重洲南口BT搭JR巴士或富士急行高速巴士,約2小時40分抵達河口湖駅,¥2,000。
◎羽田機場3航廈轉搭京急高速巴士或富士急行高速巴士,約2小時40分可達河口湖駅,¥2,520。

往富士山五合目及登山路線⇨
◎往富士山五合目/吉田登山路線
羽田空港⇨富士急高速巴士,約4小時
新宿駅⇨富士急高速巴士・京王高速巴士,約2小時30分
富士山駅・河口湖駅⇨富士急山梨巴士,約1小時

◎往須走口五合目/須走登山路線
御殿場駅⇨富士急御殿場巴士,約1小時
新松田駅⇨富士急湘南巴士,約1小時30分
◎往御殿場口新五合目/御殿場登山路線
御殿場駅⇨富士急御殿場巴士,約40分
◎往富士宮口五合目/富士宮登山路線
靜岡駅⇨富士急靜岡巴士,約2小時10分
新富士宮駅・富士宮駅⇨富士急靜岡巴士,約2小時15分
三島駅⇨富士急城市巴士,約2小時

出站便利通
自河口湖駅出站後建議可搭乘河口湖周遊巴士(周遊巴士路線介紹詳見書中內頁P.2-6)、富士湖號、富士山世界遺產巡迴巴士等,善用巴士路線和優惠票券,自由組合自己的富士山行!

◎河口湖周遊巴士(河口湖周遊バス)
富士湖號(ふじっ湖号)
路線多,站點遍及五湖各景點,是旅遊最方便的交通選擇。
Ⓢ車資依距離而增減,¥160~,也能買2日券
⊙9:00~16:00間,約每15~40分便有一班車
Ⓐ巴士內、河口湖駅站外售票處
Ⓦbus.fujikyu.co.jp/rosen/shuyu

◎富士山世界遺產巡迴巴士(富士山世界遺產ループバス)
以世界遺產景點為主的巡遊巴士,完整搭車一圈約1小時,可在各站上下車。

◎車資依距離而增減,¥160~
◎9:30~17:00從河口湖駅發車,90分鐘一班次
◎河口湖駅、富士山駅前、巴士上販售

優惠交通套票
利用河口湖陸上、空中及湖上的交通工具,遊客可以輕鬆地遊覽富士山與湖水相映的優美景色,因應旅客需求也推出許多優惠套票,可依自己的行程規劃選擇最適合的一個。以下票券皆可於河口湖駅外售票亭購買。

◎河口湖、西湖、鳴沢・精進湖・本栖湖周遊巴士(周遊バス)
→河口湖、西湖、鳴沢・精進湖・本栖湖エリア共通フリークーポン
Ⓢ大人¥1,500、小孩¥750
◎購買後2天內無限搭乘河口湖、西湖、鳴沢・精進湖・本栖湖周遊巴士
Ⓐ河口湖駅前、巴士上購票
◎富士山世界遺產巡迴巴士(富士山世界遺産ループバス)
→世界遺產巡禮車票(世界遺産めぐりきっぷ)
Ⓢ大人(中學生以上)¥1,050、小孩¥320
◎購買後2天內無限搭乘世界遺產巡迴巴士
Ⓐ河口湖駅、富士山駅前、巴士上買
◎周遊巴士、纜車往返、遊覽船套票
Ⓢ《河口湖・富士湖周遊巴士+纜車往返+遊覽船(巴士2日券,其他2日內可各搭乘一次)》-大人¥2,800、小孩¥1,400。《纜車往返+遊覽船(2日內可各搭乘一次)》-大人¥1,600、小孩¥800
Ⓐ各套票可在富士山纜車站、河口湖駅、河口湖遊覽船售票處購買

神奈川↓

山梨

河口湖

↓靜岡↓長野↓埼玉↓千葉↓茨城↓栃木↓群馬

🚉 河口湖駅

🔵 別冊P.14D3

河口湖是通往富士山的主要玄關口之一，來自各國的遊客匯集於此，**在車站裡可以得到詳細的旅遊資訊，也能夠一次買到所有富士山周邊的伴手禮**。

復古電車「モ1号」現已變為展示空間，不定時會開放參觀。

車站內的賣店能買到富士山伴手禮，一旁還有餐廳及休憩空間。

駅舍採木造建築，木柱柱腳以熔岩石砌成展示特殊地質。

河口湖周遊巴士圖

N

精進湖畔飯店
往甲府方向
🔺五湖山(1339m)
🔺王岳(1623m)
「抱子富士」眺望處(Fujimi莊)
山田屋旅館
Panorama台(全景眺望台) 全景台下
精進 ℹ精進湖觀光案內所
西湖療癒之里根場
西湖野鳥之森公園
根場
野鳥水飲場
浩庵莊日幣千圓紙鈔富士山拍照處，離98本栖樹觀光案內所約4公里
往浩庵莊、下部溫泉方向
精進湖
赤池 精進湖露營區
富士山原生林
精進湖民宿村
青木原
精進湖入口
烏帽子嶽(1257m)
信玄築石
青木原樹海
龍宮洞穴
本栖湖
本栖湖觀光案內所ℹ
本栖湖觀光案內所
本栖湖Rest House 本栖湖
石疊
富岳風穴☆
風穴商店
富岳風穴
本栖湖露營區
山神社
本栖湖遊覽船「Moguran」
往新富士方向

富士山主題電車

由從大月前往河口湖，除了有一般的電車可以坐，還有由水戶岡銳治設計的特色列車「富士登山電車」、有許多逗趣富士山卡通的「フジサン特急」，還有大人小孩都愛的「湯馬士小火車」，可以上網查詢各列車時刻，若接得上不妨可以體驗。

💡 河口湖駅便當

抵達河口湖駅時若接近中午，不妨先來到位在車站裡的Gateway Fujiyama，購買使用當地豬肉蔬菜製作的駅弁「豚味噌燒き弁当」¥830，美味且獨具特色。

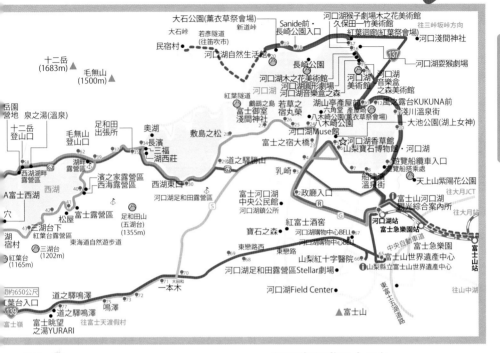

河口湖周遊巴士月台

K-Line甲府線月台　　　　S-Line本栖湖/下部/新富士線月台
P-Line芦川/大石線月台　　　G2-Line西湖民宿線月台

7
6
5 ★　4
3　2 ★
1 ★

資訊處 ⓘ　　河口湖站

停車場

Red-Line河口湖
周遊巴士月台

Green-Line西湖周遊巴士月台

Blue-Line鳴澤・精進湖・本栖湖周遊巴士月台

富士聖山傳奇之旅

在富士五湖中，河口湖湖畔腹地最廣大，觀光設施特別多，是富士山觀光最熱門的景點。來到這裡，不妨拜訪以富士山為主題的河口湖美術館、河口湖遊覽船和湖畔景色絕佳的河口湖香草館等，從不同角度感受河口湖與富士山之美。

🚌 河口湖周遊巴士(オムニバス)

從河口湖駅出發，約每隔20 分便有一班的河口湖周遊巴士，可愛復古的車身吸引許多觀光客搭乘並拍照留念。其中**オムニバス款更是由水戶岡銳治設計，引起不小話題**。搭上這班車，可以巡遊在河口湖周邊各大觀光地，像是～河口湖～富士山パノラマロープウェイ、河口湖遊覽船、音樂之森美術館、河口湖美術館等都是推薦順遊景點。

◎ 河口湖

おすすめ

⊙別冊P.14　⊙河口湖駅徒步15分
0555-72-3168　⊙南都留郡富士河口湖町
ⓦwww.fujisan.ne.jp

在平靜湖面一覽富士聖山美景與極美逆富士。

　位於富士山腳下的河口湖因為溫泉源豐富，不但先天上佔了優勢，再加上河口湖町官方經營得當，從近來從大熱門的北海道習得薰衣草的種植技術，並舉行多樣化的旅遊節日－櫻花祭、薰衣草節、花火節、螢火蟲節、紅葉祭等，使得河口湖的旅遊熱度，歷久不衰。

私房美景：鑽石富士

獨一無二的鑽石富士，在每年每處觀測點，唯有春秋兩季的兩、三天可以見到，因為角度問題，唯有日出或日落落在富士山山頂尖端才算真正的鑽石富士。山中湖、河口湖、田貫湖這三處是觀測鑽石富士最佳據點，尤其同時兼具逆富士的觀測條件，一箭雙鵰的夢幻雙鑽石富士；以山中湖為例，周邊共有數十處觀測點，最佳觀測點「平野」周邊唯有10月底與2月中才有機會碰到，想看鑽石美景，不妨到各觀光協會網站上查詢觀測時機與最佳觀測點。

◎ 河口湖遊覽船 天晴（あっぱれ）

おすすめ

⊙別冊P.14D3　⊙河口湖駅徒步15分　☎0555-72-0029　⊙南都留郡富士河口湖町船津4034　⊙9:00~16:30(冬夏營時稍不同)，每30分1班；繞湖一周約30分鐘　⊙全年無休，天氣惡劣時可能停運　⊙大人￥1,000、小學生￥500　ⓦwww.fujigokokisen.jp

富士山優美的山景、河口湖恬靜的湖面，搭乘遊覽船繞湖一周是最能享受風景的路徑。

　2020年全新整裝完成的遊船，完美變身成充滿戰國時代氣氛的和風遊船。以戰國時代甲斐武田軍的「水軍」船艦為設計意象，不論外觀、內部的榻榻米座椅等都滿滿和風，還提供簡易服裝、小道具等供遊客穿搭拍照。想像身置戰國時代，雄風壯志一覽這360度的富士山壯闊環視美景，更是拍攝美麗水中逆富士最方便的取景處。

©富士五湖汽船

河口湖划獨木舟外，還可以至鵜の島上來段小探險。

◉ Country Lake Systems

別冊P.14C1 ● 河口湖駅轉乘計程車約15分、轉搭河口湖線巴士在「北浜莊」莊下車 ☎055-20-4052 ● 南都留郡富士河口湖町大石2954-1 ● 獨木舟體驗10:00~12:00、13:00~15:00兩梯次，夏季4~9月多增加一梯次15:30~17:30 ⑤獨木舟體驗大人￥6,600，小孩￥3,300 ⊕www.c-ls.jp

位在河口湖畔的Contry Lake Systems，專營河口湖周邊的戶外運動，**由專業的教練指導，不管是刺激的越野登山車、容易上手的獨木舟湖面之旅，或是換上全副武裝進入樹海洞窟的地心探險，藉由有趣的戶外活動來認識這地方**，每一樣都是探索河口湖自然之美的活動。

河口湖波平如鏡，加上遠處富士山，在這裡划船十分舒服。

超美河口湖紅葉祭

每年10月底至11月下旬的楓紅時節，河口湖北岸會舉行紅葉祭，期間可從河口湖車站搭乘接駁巴士前往，無論是紅葉隧道、紅葉走廊等，艷麗火紅的楓葉更增添秋天的詩意氣氛，而夜間的紅葉點燈活動更具有高度人氣，在燈光投射之下，紅葉展現出一種幻彩魅力，營造出夜晚不可思議的風景。

坐落於富士山腳下的藝術殿堂，更是秋天賞楓的好地點！

✍ 河口湖美術館

別冊P.14D1 ● 河口湖駅搭乘河口湖周遊巴士河口湖線23分至「河口湖美術館」站下車即達 ☎0555-73-8666 ● 南都留郡富士河口湖町河口3170 ● 9:30~17:00(入館至16:30)(依季節變動) ⊗週二(旺季無休)、換展期、年末 ⑤大人￥800、國高中生￥500、小學生以下免費 ⊕kgmuse.com

開館多年的河口湖美術館，是富士五湖一帶第一間公立的美術館，想當然爾，**這間美術館的收藏以富士山為主題，蒐集了以富士為取材主體的繪畫、版畫與攝影作品**。逛累的話，還可以到附設的咖啡廳小憩一會，端坐在大片落地窗前，凝望眼前如詩如畫的山水風光，好不愜意。

餺飩不動

ほうとう不動
河口湖駅前店

🏛別冊P.14D3 🚃河口湖駅對面，徒步約1分 ☎0555-72-5560 🏠南都留郡富士河口湖町船津3631-2 🕐11:00~19:00(平日16:00後需電洽確認閉店時間) 💰不動ほうとう(招牌餺飩麵)￥1,210 🌐www.houtou-fudou.jp

> 香濃湯頭，Q彈麵條，用鐵鍋直接上桌，吃到最後一口都還熱呼呼！

在河口湖共有4家店的不動，打的便是富士五湖名物——餺飩(ほうとう，Houtou)的招牌，餺飩類似烏龍麵為手打麵的一種，咬來香Q有嚼勁，是常見的鄉土料理。**不動餐廳使用自家製的麵條，將新鮮麵條下鍋烹煮後加點味噌，再放入南瓜、香菇、蔬菜等，一碗營養滿分的山梨麵點就上桌囉。**

> 簡單的鄉野料理，嚐得到最原始的食物美味。

餺飩不動分店

若行程沒有順道到本店也沒關係，其實在整個河口湖地區共有4家分店，像是河口湖駅對面便有一家，而較遠的東恋路店則以保坂猛設計的雲朵般白色圓頂成為當地的路標，十分出名。

天上山公園

天上山公園展望台的「たぬき茶屋」有個可愛的烤糰子，香Q的糰子烤得表面焦香，烙上狸貓、兔子或富士山圖案，沾滿特製鹹甜醬汁的糰子，天晴時再捧杯甘酒坐著邊吃邊欣賞富士山，最是快意！

河口湖~富士山全景纜車

河口湖~富士山パノラマロープウェイ

🏛別冊P.14D3 🚃河口湖駅搭乘河口湖周遊巴士河口湖線至「遊覽船・山纜車入口」站下車徒步3分 ☎0555-72-0363 🏠南都留郡富士河口湖町淺川1163-1 🕐平日9:30~16:00(下山~16:20)、週末例假日~17:00(下山~17:20)，湖畔駅~富士見台駅約3分 💰大人來回￥900、單程￥500(小學以下皆為半價) 🌐www.mtfujiropeway.jp

> 搭上纜車富士山就在眼前，還可鳥瞰河口湖風景。

> 搭纜車上山，從另一角度欣賞雄壯富士的美景。

想一覽湖光山色，沒什麼比得上纜車。搭乘纜車登上高1,075公尺的展望台，碧綠的河口湖、似近又遠的富士山、火柴盒般的富士吉田市街，都在眼前；**天氣晴朗時，更遠的南阿爾卑斯連峰、山中湖等也盡收眼底。**來到山頂還可購買限定的富士山造型仙貝與兔子神社御守，可愛的外型相當討喜。

◎ 河口湖香草館

河口湖ハーブ館

@ 別冊P.14C3 ◎河口湖駅搭乘河口湖周遊巴士河口湖線，12分至「河口湖ハーブ館」站下車 ☎0555-72-3082 ◎南都留郡富士河口湖町船津6713-18 ◎9:00~18:00、11~3月9:00~17:30 ◎免費參觀

www.herbkan.jp

充滿歐洲情調的香草，是美麗的觀賞植物也可提取香氣撩人的香油，還可以製成各式花草藝品，河口湖香草館與香水小舍就位於湖邊，歐風小屋的造型，讓人以為來到了歐洲。館內可以試試壓花、乾燥花花圈等手作體驗，離開時別忘了選買紀念品，是河口湖最有人氣的景點。

可以體驗壓花，創作屬於自己的美麗壓花畫。

在這兒可以賞花、喝茶，品嚐美味的香草蜂蜜蛋糕。

🎁 Fujiyama Cookie 本店

@ 別冊P.14D3 ◎同全景纜車，於山纜車乘車處前 ☎0555-72-2220 ◎南都留郡富士河口湖町浅川1165-1 ◎10:00~17:00(依季節而異) ◎富士山餅乾單片￥140起

www.fujiyamacookie.jp

おすすめ

可愛的富士山形狀小餅乾，當伴手禮的好選擇！

2011年開幕的Fujiyama Cookie，是河口湖的知名伴手禮之一，正如其名所示，販售的就是富士山造型餅乾，**原料選用國產麵粉與富士山的蜂蜜，每天一片片細心地手工烘烤，讓餅乾能保有食材原有的甜味與香氣**，可愛的外型與絕佳的風味都深受好評。

餅乾口味共有香草、紅茶、草莓、抹茶與巧克力等5款。

おすすめ

一探寶石的絢麗幻彩世界。

🏛 山梨寶石博物館

@ 別冊P.14C3 ◎河口湖駅搭乘河口湖周遊巴士河口湖線，13分至「山梨宝石博物館・河口湖」站下車 ☎0555-73-3246 ◎南都留郡富士河口湖町船津6713 ◎3~10月9:00~17:30、11~2月9:30~17:00，入館至閉館前30分 ◎週三(遇假日開館，黃金週、7~8月無休) ◎大人￥600、中小學生￥300、6歲以下免費 www.gemmuseum.jp

山梨寶石博物館是日本唯一的寶石博物館，是由從事寶石加工的企業所開設，為了讓人認識美麗的寶石而成立。**博物館的建築外觀讓人彷彿造訪歐洲美術館，收集了約500種、3,000件來自世界各處的寶石**，館內的展示空間以黑色為主，襯托需要光源照亮更顯耀眼迷人幻彩的寶石。

隨著四季的變化，館外的自然景色也非常美麗。

🏛 河口湖Muse館‧与勇輝館

河口湖ミューズ館‧与勇輝館

📖別冊P.14C2 🚌河口湖駅搭乘河口湖周遊巴士西湖線，13分至「河口湖ミューズ館入口」站下車 ☎0555-72-5258 🏠南都留郡富士河口湖町小立923(八木崎公園) ⏰9:00~17:00(入館至16:30) ❌週四、年末 💰大人￥600、國高中生￥400 🌐www.musekan.net

> 看維妙維肖又生動的精靈人偶藝術品。 👍おすすめ

美麗鮮豔的八木崎公園旁有一座相當特殊的河口湖Muse館，是專門展出藝術家与勇輝作品的小型美術館。与勇輝先生是日本相當著名的人偶製作專家，**所製作的布製人偶娃娃，就像落入凡間的小精靈，維妙維肖的神情各自有著自己的生命與光彩**，常設展約展出80~90項作品。

看富士山麓唯一酒藏，如何點水成美酒。

🎁 井出醸造店

📖別冊P.14D3 🚶河口湖駅徒步約10分 ☎0555-72-0006 🏠南都留郡富士河口湖町船津8 ⏰店舖9:00~12:00、13:00~17:00。酒藏見學9:30、15:00兩時段，一次約40分 💰酒藏見學￥1,500(含試飲) 🌐www.kainokaiun.jp ❌酒

> 守護百年清酒品牌「甲斐の開運」，醸酒見學長知識。 👍おすすめ

藏見學需要預約，可電話洽詢或至官網預約

井出醸造店創業於1700年，一開始以醸造醬油為主，至江戶末期開始醸造清酒，傳到目前已到第21代，**一直都是河口湖地區唯一的清酒醸造店**。由於位在富士山麓標高約850的場所，天候冷涼，且附近富士山湧泉清冽甘美，用來造酒最是適合。現在，除了**可以購買美味清酒**，來到井出醸造店亦可親身進入酒藏中，見證醸酒的杜氏是如何以敏銳的雙眼和嗅覺，點石成金，把清水變成清冽甘甜的美酒。

🎐 久保田一竹美術館

📖別冊P.14C1 🚌河口湖駅搭乘河口湖周遊巴士河口湖線，26分至「久保田一竹美術館」站下車 ☎0555-76-8811 🏠南都留郡富士河口湖町河口2255 ⏰10:00~17:00，入館至閉館前30分 ❌週二(10~11月紅葉祭期間無休)，其他特定日期見官網 💰大人￥1,300、高中大學生￥900、中小學生￥400；亦可購買與河口湖音樂盒之森、藝猴雜技劇場等景點的套票 🌐www.itchiku-museum.com

久保田一竹美術館像是隱藏在森林中的精靈，從入口穿過林徑小道、小溪後，外觀猶如高第建築風格的美術館就半隱在林間，先看到依斯蘭色彩艷麗的串珠展示室，走過階梯，另一棟日式建築內，數十套華麗的和服在眼前展開，而這就是久保田、這個和服設計大師的作品。**本館內收藏了名為「幻之染法」的華美和服，呼應著美術館所在地，還展示了一系列以富士山為主題的和服。**

曾榮獲米其林旅遊指南三星評價，讓這個美術館充滿樣風情。

久保田一竹美術館賞楓

河口湖北岸以楓紅聞名，在久保田一竹美術館這裡更是美不勝收。即使不入內參觀，大門至美術館間的庭園區域也開放免費參觀，不管是新綠楓紅，皆令人著迷。

河口湖的限定版美食炸公魚，更是每桌必點！

🍴 湖波

📖 別冊P.14D2　🚌 河口湖駅搭乘河口湖周遊巴士河口湖線至「浅川温泉街」站下，徒步1分　☎ 0555-72-0349　🏠 南都留郡富士河口湖町浅川367-1　🕐 11:00～15:00、17:30～21:00　💰 信玄ほうとう鍋(信玄餺飩麵)￥1,100，わかさぎのフライ定食(炸公魚定食)￥1,380　🌐 www.konamiboat.com

　　湖波是間位在河口湖畔的鄉土料理店，從窗邊便能望向富士山。這裡餐點種類多元，炸豬排、炸蝦、鰻魚飯等一應俱全，**現撈鱒魚做的生魚片也十分受歡迎。河口湖限定美食餺飩麵與炸公魚更是必點**，鄉土滋味化作舌尖甘美，滿足口腹更一次滿足所有想吃的願望。

館中展示各式樂器加上館內華麗的裝飾，感覺身居貴族豪宅內。

FRANCE

一到整點水池畔音樂鐘內的人物會跳出來指揮水舞。

✏️ 河口湖音樂盒之森美術館

河口湖オルゴールの森美術館

おすすめ 👍

有山有水、有藝術與音樂的氣質小鎮。

📖 別冊P.14D1　🚌 河口湖駅搭乘河口湖周遊巴士河口湖線，約24分至「河口湖オルゴールの森美術館」站下車　☎ 0555-20-4111　🏠 南都留郡富士河口湖町河口3077-20　🕐 10:00~17:00(入館至16:00)，依季節而調整　💰 大人￥1,800、大學高中生￥1,300、中小學生￥1,000；亦可購買與久保田一竹美術館、藝猴雜技劇場等景點的套票　🌐 www.kawaguchikomusicforest.jp

　　音樂之森美術館緊鄰湖邊，園區由數棟建築及美麗的庭園組成，在一片可以遠眺富士山雄偉景色的大草坪上，**座落著五幢歐洲風味的小屋，包括音樂盒美術館、餐廳、咖啡館、畫廊**，讓人如置身歐洲童話村中，處處飄揚著幽雅樂聲。

MOOR

河口湖音樂盒之森美術館－玫瑰季
以歐州皇族庭園為範本設計的玫瑰園，在每年的4月底至9月是盛開時節，若在這段時間造訪可千萬別錯過！

◉ 藝猴雜技劇場

猿まわし劇場

おすすめ

看可愛猴子耍雜技、爆笑登場。

◎別冊P.14D1 ●河口湖駅搭乘河口湖周遊巴士河口湖線，25分至「猿まわし劇場・木の花美術館」站下車 ☎0555-76-8855 ●南都留郡富士河口湖町河口2719-8 ●每日11:00、13:30、14:40各一場，每場約40分 ⑯週四五,(每月休日不同，行前務必再確認) ⑤大人￥1,700、國高中生￥1,200、3歲~小學生￥850；亦可購買與久保田一竹美術館、河口湖猴子劇場等景點的套票 ⑩www.fuji-osaru.com

在日本已有上千年歷史的耍猴雜技，重現於河口湖的藝猴雜技劇場，**這兒的猴子會耍寶跳舞、踩高蹺、跳火圈，還會與人握手及拍照留念**，舞台上提供了中文、英文、韓文等對白字幕，調皮又聰明的猴子，耍起雜技時趣味橫生、笑料不斷，讓大人與小孩同享歡樂、共度快樂時光。

藝猴煞有其事的拿著木劍比劃，氣勢十足。

元祖 お猿さん劇団

藝猴雜技劇場表演時間

猴子的雜耍表演有固定時間，平日一天2場、假日一天3場，第一場11:00、最後一場為14:40左右。休演時間不固定，建議行前先至網站確認表演時間，若行程時間未定，則安排早上來訪比較不會撲空。

從大眾溫泉可以眺望富士山美景，極為享受。

Ⓗ 富ノ湖ホテル

おすすめ

◎別冊P.14D2 ●河口湖駅搭乘開往甲府、大石ペンション村的富士急巴士，約5分至「うぶや前」站下車徒步1分；事先預約可接送 ☎0555-72-5080 ●南都留郡富士河口湖町淺川55 ●Check-in 15:00~20:00、Check-out 10:00 ⑩www.tominoko.net

再也不是溫泉池前那面假富士山，這裡讓你一覽富士山真實全景！

富之湖飯店是一家以亞洲客人為主要服務對象的溫泉飯店，92間客房全都是洋式，早晚餐則是採自助式，鎖定富士山對外國人的吸引力，**設計出透天大玻璃展望風呂與露天池，讓泡湯旅客可以盡享溫泉與眼前富士山**，此外，所有的客房同樣能眺望富士山與河口湖。

Ⓗ 虹夕諾雅富士 おすすめ 👍

富士山下的豪華營地，展開溫泉慢活行。

Ⓜ 別冊P.14B1 Ⓡ 河口湖駅搭乘河口湖周遊巴士-河口湖線至「河口湖自然生活館」站下車徒步6分 ☎ 050-3134-8096 Ⓐ 南都留郡富士河口湖町大石1408 ◐ Check-in 15:00，Check-out 12:00 Ⓦ hoshinoyafuji.com

承襲虹夕諾雅品牌飯店親近土地的宗旨，將建築物完全融合於河口湖旁邊的松葉林台地中。飯店以「野營」為基本概念的設計，房間都有大片的區域是暴露於自然中的，甚至在陽台上還附有小小的篝火槽。飯店提供眾多戶外活動，像是探訪針葉林、燻製課程、河口湖上划船等，皆可向飯店詢問詳細活動辦法。

> 充滿開放感的室內空間，融入大自然的天然色澤裡。

> 將身體沉入吊床，在搖晃之間感受最優雅的森呼吸。

> 日式木造館舍不裝傳統窗櫺，以超大的全景玻璃窗展示超美景色。

Ⓗ 湖山亭うぶや

Ⓜ 別冊P.14D2 Ⓡ 河口湖駅有送迎巴士，抵達時致電即會派車來接(15:00~18:00) ☎ 0555-72-1145 Ⓐ 南都留郡富士河口湖町淺川10 ◐ Check-in 15:00，Check-out 11:00 Ⓦ www.ubuya.co.jp

湖山亭如其名，是一間可以同時享受湖光山色的純和風旅館，最精彩特色便是「溫泉」，**溫泉館「碧」設有六種不同的浴場：大浴池、坐湯、寢湯、足湯、按摩池、露天浴池**。先在三溫暖的熱氣裡排出累積的疲勞，再到大浴池泡湯紓緩，盡情欣賞落地窗外美麗的湖中逆富士，最後則飲用館方提供的「富士名水」補充流失水份，注入靈峰能量強化身心。

神奈川↓

山梨

……

山中湖

……

↓靜岡↓長野↓埼玉↓千葉↓茨城↓栃木↓群馬

山中湖
やまなかこ Yamanakako

富士五湖中面積最大的山中湖，海拔982公尺，是日本排名第三高的高山湖。由於地形關係，山中湖的周邊道路高於湖面，沿湖區大多是山林，因此特別適合眺望與健行。露天溫泉、花田公園、溫馨民宿、各種主題的小型美術館與文學之家，都為山中湖更添魅力。

交通路線 & 出站資訊

電車+巴士
富士急行線富士山駅◇河口湖線
◎從JR新宿駅搭乘前往松本的JR特急「あずさ」(AZUSA)，或是往甲府的JR特急「かいじ」(KAIJI)等列車，至大月駅換乘富士急行列車(有普通車、特急等選擇)，到富士山駅換乘富士急山梨巴士，約30分即達山中湖BT。
◎從JR新宿駅每天有3班次特急「富士回遊」可直達富士山駅，只需1小時50分，下車後再轉搭巴士前往。

巴士
◎東京駅八重洲南口BT搭乘JR巴士、富士急行高速巴士，約2.5小時到河口湖，再轉搭巴士。其中每日也有一次可到山中湖BT，¥2,300。
◎新宿南口BT搭乘京王高速巴士，約2小時15分到山中湖BT(旭日丘)，¥2,300。

出站便利通
◎於富士山駅出站後可轉搭周遊巴士富士湖號(ふじっ湖号)，巡繞忍野八海、紅富士之湯、花之都公園、山中湖等景點。
◎富士湖號(ふじっ湖号)
Ⓢ車資依距離計價，¥190~
Ⓣ7:05~17:15從河口湖駅發車，每天11班次
Ⓜ河口湖駅、富士山駅前、山中湖旭丘BT、巴士上購買

優惠交通套票
◎富士湖號2日券(ふじっ湖号)
→富士吉田・忍野・山中湖周遊通票(富士吉田・忍野・山中湖エリア共通フリークーポン)
Ⓢ大人¥1,500、小孩¥750
◎購買後2天內無限搭乘富士湖號所有路段
Ⓜ河口湖駅、富士山駅、山中湖旭丘BT、巴士上購買

一瞬間往水裡面衝的巴士，刺激又好玩！

巴士上會有一名導覽員生動又活潑的介紹湖畔周邊環境。

【臥牛湖】

👁 水陸兩用河馬巴士

おすすめ

水陸兩用KABA
Ⓜ別冊P.12C3 Ⓣ搭乘富士急行巴士於「旭日丘」站下車即達 ☎090-6160-4696 Ⓜ購票、搭乘地在旭日丘BT 2F 9:15~16:00(依季節而異)，一天約7-9班次，人多時可能會加開，詳洽官網 Ⓧ天候惡劣可能停駛 Ⓢ大人¥2,500，4歲~小學¥1,150，4歲以下(無座位，需由家長抱坐腿上)¥400 Ⓦwww.kaba-bus.com/yamanakako/

水陸巴士人氣極高，假日絕對要先預約才搭得到。

從旭日丘巴士總站出發後，先繞行陸地一小圈，沿路會有解説員一路説明，透過小問答來加深印象，達到寓教於樂的效果。運行十多分後，巴士來到湖畔，重頭戲即將登場。司機會先停一下，接著一股作氣往湖裡衝！兩側濺起的水花製造了盛夏的清涼感，而巴士也正緩緩運行於水面上，真的就像河馬一樣，水陸兩棲超有趣！

文學之森是山中湖畔最有文藝氣息的一片樹林。

紅富士之湯

紅富士の湯

◎別冊P.12B2 ◎搭乘富士急行巴士於「紅富士の湯」站下車即達 ◎0555-20-2700 ◎南都留郡山中湖村山中865-776 ◎10:00~19:00，週末例假日~20:00(最後入館，閉館前45分) ◎週二 ◎大人￥900，學生￥700，小學生￥350 ◎www.benifuji.co.jp

四周圍繞著富士山腳下的青翠樹林，優雅的庭園風呂。

這裡的泉質效能舒緩經痛、筋肉痛、關節痛、風濕、慢性消化病、懼冷、痔瘡等，是設備相當齊全的一處泡湯設施。最重要的是，這兒不像一般日本錢湯，只能將富士山畫在牆壁上，而是可以看到如假包換的富士山真面目。除了庭園般的露天風呂，紅富士之湯室內池的設備也頗為齊全，有氣泡浴、按摩浴、強力噴射水流、三溫暖等。

山中湖文學之森

山中湖文学の森

◎別冊P.12C3 ◎搭乘富士急行巴士於「文学の森公園前」站下車即達 ◎三島由紀夫文学館0555-20-2655，德富蘇峰館0555-20-2633 ◎南都留郡山中湖村平野506-296 ◎10:00~16:30(最後入館16:00) ◎週一、二(遇假日延隔日休)，黃金週不休 ◎大人￥500、高大學生￥300、中小學￥100(票價含德富蘇峰館) ◎www.mishimayukio.jp/

從位於觀光案內所後方的小山路上走進山中湖文學之森，共有15座刻有名家作品的石碑，漫步其間來趟有益身體的森林浴。而境內的三島由紀夫文學館內收集的檔案資料可說是相當齊全，從小說、戲曲、評論與散文集全都收錄，完整呈現以「金閣寺」聞名世界的日本作家、三島由紀夫傳奇的一生。

位在山林間的戶外泡湯池，一覽眼前富士美景。

花之都公園面積相當廣大，可以逛花田也可以踏青散步。

花之都公園

◎別冊P.12B2 ◎搭乘富士急行巴士於「花の都公園入口」站下車即達 ◎0555-62-5587 ◎南都留郡山中湖村山中1650 ◎4~10月8:30~17:30，其它季節9:00~16:30 ◎12月1日~3月15日每週二 ◎付費區依季節大人￥360~600、小中學生￥240。12~3月免費 ◎www.hananomiyakokouen.jp

除了幾處以「花與人」「花與自然」為主題的彩花地與瀑布之外，花之都公園內另一個重點是富士山溶岩形成的地下洞穴，這個洞穴與人工創造出來的清流之里以及フローラルドームふらら溫室不同，這是貨真價實、曾有火山溶岩流過的山穴，是相當珍貴的自然資源，也是一個活生生的地理教室。探訪花之都公園，季節很重要，12月~3月除了溫室，戶外是沒有花草可賞的，最燦爛的月份則在8月。

神奈川
山梨　山中湖
静岡→長野→埼玉→千葉→茨城→栃木→群馬

👁 忍野八海

📖別冊P.12A3　🚌搭乘富士急行巴士於「忍野八海入口」站下車即達徒步10分　☎0555-84-4222(忍野村觀光協會)　📍南都留郡忍野村忍草　⏰自由參觀，全年無休

忍野八海，這個可眺望富士山、有著8個清澈湧泉池的村子，是富士山雪水融化流入地底後、歷經數十年再度從這裡緩緩流洩而出，村內外錯落的泉池讓這裏不但清淨優美，也是數百年前「富士講」的靈修之處。雪水經過長達20年的歲月終自此八泉湧出，泉質清冽澄澈，透見湛藍幽邃的矽藻土池底，蔓生的水草在池中搖曳如原野風起，魚兒優游邊巡其間，如夢似幻。

日本國家天然記念物：忍野八海

出口池
忍野八海中面積最大的水池，位於忍草地區的出口處。

御釜池
忍野八海中最小的水池，水池泉湧狀態類似飯鍋中熱水沸騰的模樣獲名。

底拔池
橢圓形的淺池池底漩渦會吞噬人，因此有禁止在此清洗物品的傳聞。

銚子池
因池子形狀像是長柄酒瓶獲名，可見到湧出的池水夾帶池底的砂石噴薄而出。有著締結姻緣的傳說。

湧池
是忍野八海中泉水量以及景觀最壯闊的池子，在此能清楚眺望遠方富士山。

濁池
如同其名，池水混濁。傳說這裡的水原本非常純淨，因為有位修行者求一杯水被拒絕，此後池水變得混濁。

鏡池
因為池水可以清楚倒映富士山而得名。傳說該池的水可以分辨善惡，若村裡有人發生紛爭，雙方就會用鏡池的水潔淨身體。

菖蒲池
位於鏡池東側，過去傳說只要將這池子周圍的菖蒲捲在身上，就能治好疾病。

八海豆腐

八海とうふ

🏠 別冊P.12B1 🚌 從河口湖IC沿著國道138号往山中湖方面前進於忍野入口信號左轉約10分鐘車程，或搭乘富士急行巴士於「承天寺」站下車即達 📞0555-84-3029 🏠南都留郡忍野村內野537-4 🕐8:00~17:00 🈹12/31~1/2 💴富士山豆腐￥200 🌐www.hakkaidofu.com

> 從當地人到首都圈，都大人氣的土產軟綿綿手工豆腐。

使用富士山名水、100%日本大豆，再加上純手工的鹵水三個傳統三元素製成豆腐，種類眾多，提供店內試吃。店家最自豪的商品為「富士山豆腐」，原料分別為豆腐及黑芝麻，製作成富士山的形狀，食用方式簡單，淋上一點醬油即可品嚐到豆腐絕佳的原味。

> 不可錯過的商品還有名水豆漿和霜淇淋。

> 老闆堅持手工製作當日的麵，職人的專業態度令人欽佩。

🍴 天祥庵

🏠 別冊P.12A1 🚌搭乘富士急行巴士於「忍野温家湯」站下車徒步5分 📞0555-84-4119 🏠南都留郡忍野村忍草2848-2 🕐11:00~16:00(賣完為止) 🈹每月第3個週三(8月以及國定例假日無休) 💴ぶっかけそば(乾拌蕎麥麵)￥1,375 🌐xn--rssy2ku9z.com/

> 職人注入名水揉製，打製Q彈層次的手工蕎麥麵

蕎麦麵職人的老闆，每日手工製作當天所賣蕎麥麵，由於麵糰加入富士名水揉製，口感Q彈十足。**人氣招牌為ぶっかけ，將店家附上的烤味噌及自栽野菜，統統放進蕎麥麵中攪拌，即可品嚐到一道多層次麵食。**吃完別忘了淋上蕎麥茶，又可品嚐到另一道香氣十足的湯品。

📷 岡田紅陽寫真美術館

🏠 別冊P.12A1 🚌搭乘富士急行巴士於「四季の杜おしの公園」站下車即達 📞0555-84-3222 🏠南都留郡忍野村忍草2838-1 🕐10:00~17:00(最後入館16:30) 🈹週二(遇假日則隔日休)、年末年始 💴岡田紅陽寫真美術館+小池邦夫繪手紙美術館成人￥500、中高學生￥300 🌐shikinomori.starfree.jp/

常年展示攝影家岡田紅陽的50幅富士山代表作及其使用相機。岡田紅陽為日本攝影名家，以拍攝富士山而聞名。早稻田大學入學後開始接觸攝影，1916年與富士山相遇後，開啟拍攝山嶽的興趣和堅持。其從本栖湖西北岸邊所拍攝的富士山名照「湖畔の春」，是今日千円紙鈔上的圖像。

> 位在美術館旁，展示書法家、繪書書信家小池邦夫作品的「小池邦夫繪手紙美術館」。

> 天然零汙染湧泉所沖泡的咖啡，香濃又甘醇。

☕ 釜之旗

かまのはた

🏠 別冊P.12A3 🚌搭乘富士急行巴士於「大橋」站下車徒步5分 📞0555-84-4333 🏠南都留郡忍野村忍草357 🕐9:00~16:30 🈹不定休 💴名水コーヒー(名水咖啡)￥400

かまのはた是位於忍野湧泉前方的一間土產店，因得天獨厚的地理位置，**店家使用來自富士山天然甘甜的伏流水，沖泡出一杯杯香醇咖啡。**第一口喝下，口中充滿了咖啡厚實的香醇，接著濃郁褪去，口腔只留甘甜；如同夜晚與清晨交接，濃重深意的黑消失，取而代之是清晨早風的清爽宜人。

富士五湖廣域

ふじごこ Fujigoko

富士山麓多湖，特別是在北側山梨縣，隨著火山熔岩而生的天然地貌，富士五湖——本栖湖、精進湖、西湖、河口湖、山中湖，都是火山堰塞湖。因為湖面平靜，各種逆富士在五湖中競美，近來本栖湖、精進湖、西湖也有許多景點與戶外活動受到重視，時間充裕的話可別錯過。

👁 西湖

🅐 別冊P.13B1　🚌 河口湖駅搭乘西湖周遊巴士，約40分至「根場民宿」站下車

　　西湖就像是富士五湖中的自然教室，有天然的火山溶岩洞、蝙蝠洞以及觀鳥的野鳥之森公園，加上廣大的青木ヶ原樹海的探險步道就在附近，許多戶外活動十分盛行，是親近大自然的好地方。

> おすすめ
> 原**生林天然教室，走訪青木原樹海裡的穴場。**

👁 青木ヶ原樹海遊步道

🅐 別冊P.13B2　🏠 富士河口湖町西湖2068（西湖蝙蝠穴案內所）　☎ 0555-82-3111　🕐 Natural Guide Tour：1.定時導覽：不用預約，配合周遊巴士抵達的時間，於5分鐘後開始導覽行程。全程約1小時，每人費用¥500，導覽範圍為西湖蝙蝠穴周邊。2.預約導覽：需要2人以上且事先於兩天前電話預約，可以配合希望的行程進行導覽，時間為1~4小時，每人費用¥500~2,000　💲 1小時每人費用¥500，不包含進入各洞穴費用　🌐 maruyaso.jp/nai01.html

　　青木原樹海佔地廣大，健行步道外未開發之地因為通訊不佳、人跡罕至，林相又單一，確實容易迷路。但是除卻「自殺聖地」的污名，**青木原樹海也是個沒有圍牆的地質與生態博物館，健行與探險行程相當好玩！**如果不放心自己進入樹海，也可以參加Natural Guide Tour，由專業嚮導帶領一同進行樹海巡禮。

解開樹海之謎

於貞觀6年（西元864年）時富士山曾經大噴發，那時在這一帶形成廣大的熔岩地帶，經過千年的時光，熔岩上直接長出了檜樹、日本雲杉、水楢等原始林。由於佔地廣大且樹林齊高（為了抗風的自然演變），從山頂望向此地帶看來就像綠色的大海，故被暱稱為樹海。

> 周邊青苔很多加上樹根盤據，靠近洞穴觀賞時要小心腳步。

栂の巨木帯
樹齡約300年

交通路線&出站資訊

交通路線&出站資訊

富士五湖廣域以河口湖為交通樞紐，可選擇從東京、新宿駅出發的富士急巴士、京王巴士、JR巴士等，或利用JR+富士急行前往，再轉搭當地巴士或自駕前往各大景點。

電車

富士急行線河口湖駅⇄河口湖線

◎從JR新宿駅搭乘前往松本的JR特急「あずさ」，或是往甲府的JR特急「かいじ」(KAIJI)列車，至大月駅換乘富士急行列車(有普通車、特急等選擇)。若是搭JR特急+富士急行特急，約2小時能達。

◎從JR新宿駅每天有3班次特急「富士回遊」可直達富士山駅，只需1小時50分，下車後再轉搭周遊巴士前往各點。

出站便利通

玩富士五湖時可以搭乘周遊巴士(周遊バス)，有河口湖線、西湖線，與鳴沢・精進湖・本栖湖等循環線可利用，停靠各個重要景點，非常方便。

◎西湖周遊巴士(西湖周遊バス)
$ 車程依距離計價，¥160～
◎9:10～16:10間，每個整點10分一班車
◎巴士內、河口湖駅站外售票處
ⓦbus.fujikyu.co.jp/rosen/shuyu
◎鳴澤・精進湖・本栖湖周遊巴士

(鳴沢・精進湖・本栖湖周遊バス)
$ 車程依距離計價，¥160～
◎9:35、13:35、15:35於河口湖駅發車
◎巴士內、河口湖　站外售票處
ⓦbus.fujikyu.co.jp/rosen/shuyu

優惠交通套票

◎河口湖/西湖/鳴沢・精進湖・本栖湖周遊巴士(周遊バス)
→河口湖、西湖、鳴沢・精進湖・本栖湖エリア共通フリークーポン
$ 大人¥1,500，小孩¥750
◎購買後2天內無限搭乘河口湖/西湖/鳴沢・精進湖・本栖湖周遊巴士
◎河口湖駅前、巴士上購票

◉ 西湖蝙蝠穴

西湖コウモリ穴

👍 おすすめ

青木ヶ原樹海中最大的熔岩鐘乳石洞穴。

📖別冊P.13B1 🚌河口湖駅前搭乘西湖周遊巴士，至「西湖コウモリ穴」站下車即達 ☎0555-82-3111 🏠富士河口湖町西湖2068 ⏰3月20日～11月30日的9:00～17:00 $大人¥300，中小學生¥150

「西湖蝙蝠穴」總長有350公尺，洞穴因火山熔岩噴發時與湖水交錯所產生的瓦斯氣體，而形成上下相通的洞穴、熔岩鐘乳石與繩狀熔岩等特殊地質；目前開放的部份，地型大致平坦，但洞頂凹凸不平，要小心頭部碰撞。洞窟終年溫暖，因而棲息許多蝙蝠，才有「蝙蝠穴」的名稱。

◉ 富岳風穴

📖別冊P.13B2 🚌河口湖駅前搭乘西湖周遊巴士，至「富岳風穴」站下車即達 ☎0555-85-2300 🏠富士河口湖町西湖青木ヶ原2068-1 ⏰約9:00～17:00，依季節不同，詳洽官網 $大人¥350，小學生以下¥200 ⓦwww.mtfuji-cave.com/contents/wind_cave

由玄武岩構成的富岳風穴，沿途可見冰柱、熔岩棚、繩狀熔岩、熔岩池與樹型熔岩等各種地質型態，全年平均溫度攝氏3度；在過去作為儲藏蠶繭之地，而今除了復原當時情況供展示之用，日本林務局也利用富岳風穴內保存日本各地的杉、檜、柚木與松樹種子，待春天再送到各處進行育苗與植栽。

洞穴盡頭還有一種特殊的「光苔」，在黑暗中會散發微弱的光芒。

垂直的隧道最窄處僅有91公分高，攀爬起來十分刺激。

◉ 鳴沢氷穴

📖別冊P.13B2 🚌河口湖駅前搭乘西湖周遊巴士，至「鳴沢氷穴」站下車即達 ☎0555-85-2301 🏠南都留郡鳴沢村8533 ⏰約9:00～17:00，依季節不同，詳洽官網 $大人¥350，小學生以下¥200 ⓦwww.mtfuji-cave.com/contents/ice_cave

鳴沢氷穴則是垂直雙環狀熔岩洞窟，葫蘆狀的路線，全年平均溫度只有0度，內部還復原成過去作為天然冷藏庫的樣貌，穴底有冰磚做成的冰牆。這裡的冰柱比富岳風穴的更巨大，4月時尤其碩大「肥美」、晶瑩剔透。

野鳥之森公園

西湖野鳥の森公園

🏠別冊P.13B1　🚌河口湖駅前搭乘西湖周遊巴士，至「西湖野鳥の森公園」站下車　☎0555-82-2160　⌂富士河口湖町西湖2068　🕐9:00~17:00　❌週四　💲入園免費

　這一帶由於林木茂密，是觀賞野鳥的好地方，公園內並設有望遠鏡，讓剛入門的人也能輕鬆上手。**走出戶外，野鳥之森公園還有一個可以遠望富士山的大草坪，不但是休憩身心的好地方**，每到夏天，這兒還會舉辦綠色園藝節、秋天有香菇節，到了冬季則是樹冰祭典的舉辦場地，一年四季皆有不同風情。

西湖療癒之里根場

西湖いやしの里根場

🏠別冊P.13B1　🚌河口湖駅前搭乘西湖周遊巴士，40分至「西湖いやしの里根場」站下車　☎0555-20-4677　⌂富士河口湖町西湖根場2710　🕐3~11月9:00~17:00、12~2月9:30~16:30　💲大人￥500、中小學生￥250　🚻

saikoiyashinosatonenba.jp/

　西湖療癒之里根場就位於富士山旁的西湖湖畔，過去曾經因為颱風來襲造成嚴重土石流，村民被迫遷村，2005年開始計畫重建，隔年正式開幕。**療癒之鄉裡有許多茅草蓋成的民家，風景優美，各個民家裡有不同的體驗課程**，包含手織布、手工薰香等，還設有賣店與餐廳，喜歡手作體驗的人千萬不要錯過！

坐落在西湖畔的聚落，可以清楚看到壯麗的富士山景色。

精進湖

🏠別冊P.13A1-2　🚌河口湖駅搭乘富士急巴士，約50分至「山田屋ホテル」站下車

　精進湖**保留了最原始風貌，湖畔沒有任何人工建築，只有一整片的青青樹海**。精進湖的面積是富士五湖中最小的，湖周只有5公里。在明治年間1895年，有位英國人來此，讚譽此地所見的富士英姿是環山一帶最美的角度；從精進湖展望富士山時，會發現正前方還有個小山，彷彿母山環抱著子山，「二重母子山」也正是精進湖才有的特殊景致。

搭上本栖湖遊覽船もぐらん，一覽山光水色。

拿出紙鈔比對看看，是否可以看得出來本栖湖與富士山圖案？

本栖湖 おすすめ 👍

🏠別冊P.13A2　🚌河口湖駅搭乘富士急巴士，約1小時至「本栖湖」站下車

在平靜無波的湖面與碧洗的青空下坐看逆富士。

　如同英國的尼斯湖，這兒自古相傳也有神怪棲息於此；本栖這個名字就是「原本的棲所」之意。相傳湖中的龍神在富士山噴火時會告示村民，但村民需於避難後再回到「原本的棲所」居住。此外，**本栖湖也是富士五湖中唯一的不凍湖，即使是冬天，湖水溫度也不會低過攝氏四度，日幣千圓紙鈔上的圖案，正是此地的日出。**

富士吉田

ふじよした Fujiyoshita

如 果由境內出發攀登富士山，富士吉田是必
經之路。自古以來這兒就有許多條登山路
徑。在過去，由於火山地質過於貧瘠不適於耕
種，富士吉田只是個極小的村落，而今拜富士山
之賜，這兒的觀光業已越見發達，就連以富士山
為名的地產啤酒都開發出來了。

神奈川

山梨 富士吉田

➡靜岡➡長野➡埼玉➡千葉➡茨城➡栃木➡群馬

交通路線＆出站資訊

電車
富士急行線富士急ハイランド駅➡河口湖線
富士急行線下吉田駅➡大月線
富士急行線富士山駅➡河口湖線、大月線
◎於新宿駅搭乘前往松本的JR特急「あずさ」(AZUSA)、往甲府的JR特急「かいじ」(KAIJI)等列車，或是中央線快速列車，至大月駅換乘富士急行列車(有普通車、特急等選擇)至富士山駅。

◎從JR新宿駅每天有3班次特急「富士回遊」可直達富士山駅、下吉田駅、ハイランド駅，只需1小時50分。

巴士
新宿駅搭乘富士急行巴士＆京王巴士可直達富士山駅。

出站便利通
◎於富士山駅出站後可轉搭周遊巴士富士湖號(ふじっ湖号)，巡繞富士吉田、富士急ハイランド、忍野八海、山中湖等景點。

◎富士急ハイランド駅出站後，即可抵達離富士山最近的富士急樂園。

優惠交通套票
◎富士湖號(ふじっ湖号)
→富士吉田・忍野・山中湖周遊通票(富士吉田・忍野・山中湖エリア共通フリークーポン)
⑤大人¥1,500、小孩¥750
◎購買後2天內無限搭乘富士湖號所有路段
⊙河口湖駅、富士山駅前、山中湖旭日丘BT、巴士上購買

富士急行貨車ワフ1,2重現前身「富士山麓電氣鉄道」的活躍印象。

🚃 **下吉田駅**

おすすめ

⊙別冊P.16B2

鐵道迷不能錯過的復古車站。

於2009年重新翻修過的下吉田駅，車站內挑高的空間設計與高處的採光窗，優雅的流動空間感便是出自鐵道設計大師——水戸岡鋭治之手。據説車站的建築是以終戰時期的名古屋車站為模型，現在則因獨特的風格造型，吸引許多鐵道迷前來探訪。

車站內的下吉田俱樂部，供應當地食材製作的餐點。

🚃 **富士山駅**

⊙別冊P.16A2

位在富士吉田的富士山駅，離河口湖駅只有一站之距，卻也同時是路線巴士、長途巴士的集中地。**車站外觀十分新穎，也是由水戸岡鋭治設計改造，大大鳥居顯示出「富士山信仰」的特色。**

神奈川▼

山梨 富士吉田

▼静岡▼長野▼埼玉▼千葉▼茨城▼栃木▼群馬

Q-STA

👍

🛍 別冊P.16A3 🚉富士山駅下車即達
☎0555-23-1111 📍富士吉田市上吉
田2-5-1 🕐10:00~20:00 🌐www.
q-sta.jp

> 登山前能來此補給一番，踏上歸途前也可來選帶點紀念品唷！

　富士山駅共構大樓修整完成後，Q-STA就成了車站內的購物重要據點。**除了各層樓的品牌店舖外，還能在頂樓眺望富士山美景**，而在一樓的土產販賣區，則是備有各式各樣的富士山伴手禮讓遊客選擇。

> 血拼完再從Q-STAR頂樓眺望遠方的富士山景。

> 各種富士山伴手禮，讓你買不停！

> 神社位於富士山北口登山處，自古以來以朝山者的守護神社著稱。

🏯 北口本宮 冨士淺間神社

👍

🛍 別冊P.16A3 🚶富士山駅徒步20分 📍富士吉田市上吉田5558番地 ☎0555-22-0221 🕐8:30~17:00 🌐sengenjinja.jp

> 在神社對富士山神祈求平安的能量之地。

　開山歷史最早可以上溯至西元110年的北口本宮富士淺間神社，至今已有近2,000年的歷史，參道兩旁高聳的杉樹非常壯觀，全境氣氛肅誠寧靜，即使不是富士山神靈的信仰者，在此也可得到旅途中難有的身心歇養。

> 雖然經歷過多次毀壞，但重於其價值再將鳥居修復。

👁 金鳥居
かなどりい

🛍 別冊P.16B3 🚶富士山駅徒步4分 📍富士吉田市上吉田（國道139線與137線交叉口）

　兩條國道的十字路口，金鳥居就這麼威風凜凜地站立在這。**過去為了標示「此乃前往富士山之最初之路」，由富士山信奉者們出資建立的銅製鳥居，又稱「唐金鳥居」。**鳥居旁還有設立年代更古老的「通往富士山的里程標」，而此處也被認為是富士山與塵世間的分界點。

🏛 富士山博物館
ふじさんミュージアム

🛍 別冊P.16B4 🚌富士山駅轉乘巴士至「サンパーク富士前駅」徒步10分 ☎0555-24-2411 📍富士吉田市上吉田東7-17-1 🕐9:30~17:00(最後入館16:30) 🚫週二(假日無休)、年末年始 💴(與御師旧外川家住宅的共通入館套票)成人￥400、小中高學生￥200 🌐www.fy-museum.jp/

　以富士山為主題的博物館展示主題雖脫離不了富士山，但卻從民俗為切點，以淺顯易懂而且非常生活化的內容引人入勝。其中**「富士山信仰」展出歷來攀登富士山的用具、服裝等，讓人對富士山所象徵的地位有更深刻的體驗**。除了室內靜態的展示，還搬來幾棟古老民宅與農舍重建於此，可說是頗為用心。

被喻為世界級可怕的鬼屋「絕凶・戰慄迷宮」。

新倉山淺間公園 忠靈塔

 別冊P.16B2 下吉田駅徒步17分 0555-23-2697（新倉富士淺間神社） 富士吉田市新倉3353-1 自由參觀

以拍攝富士山風景為主題的「富士見百景」中，忠靈塔始終是個辨識度超高的景點。淺間公園位於新倉山的山腰，雖然397個台階是個不小的挑戰，但一旦克服便，能將富士吉田市的風光盡收眼底。**在此處拍攝富士山是最優美的正面姿態，無論背景是春櫻冬雪，富士山與忠靈塔的合照，總是遊人們最樂此不疲的構圖方式。**

富士見百景的人氣拍攝景點！

★ 富士急樂園

富士急ハイランド

 別冊P.16A2 富士急ハイランド駅下車即達 0555-23-2111 富士吉田市新西原5-6-1 9:00~18:00、週末、例假日9:00~19:00，夏季8:00~21:00，另有不定休，詳細開園時間請上官網查詢 不定休 一日券大人¥6,000，中高生¥5,500，小學¥4,400，1歲以下¥2,100 www.fujiq.jp

富士山腳下唯一一間樂園，一起放聲齊尖叫！

就位在富士山旁，邊玩著驚險刺激的遊樂設施，還可以欣賞壯麗的富士山美景，喜歡挑戰新鮮遊戲的人千萬不要錯過，無論是大人小孩，保證讓你玩得過癮。除了尖叫連連的遊樂設施，富士急高原樂園內還有哈姆太郎、湯瑪士小火車、麗卡娃娃等，小朋友們最愛的卡通人物。此外，玩累了樂園旁就有飯店和溫泉，輕鬆休息一夜，補充體力繼續玩！

おすすめ

H HIGHLAND RESORT Hotel & SPA

 別冊P.16A2 富士山駅有免費接駁巴士可搭乘，約1小時一班車，時刻表詳洽官網 富士急樂園內 0555-22-1000 Check-in 15:00，Check-out 12:00 www.highlandresort.co.jp

入住面富士山的美景套房，可愛的湯瑪士小火車、麗莎狗狗主題任君挑選！

連鑰匙圈也設計成湯瑪士小火車的樣式，用心又精緻。

HIGHLAND RESORT Hotel & SPA 擁有壯觀的富士山景觀，從房間看出去整個富士山就在眼前，飯店的另一面對富士急樂園，夜晚各種遊樂設施都點起光鮮的霓虹燈，顯得特別浪漫。除此之外，**也依遊樂園裡熱門角色設計了主題套房，像是湯瑪士小火車、Gaspard et Lisa等，都很受到歡迎。**

神奈川→
山梨
勝沼
→靜岡→長野→埼玉→千葉→茨城→栃木→群馬

勝沼
かつぬま Katsunuma

在日本也找得到歐洲般的葡萄酒莊！日本山梨縣的葡萄酒產量為日本第一，早在明治時期，山梨縣勝沼地區就已經開始釀造葡萄酒，現在的葡萄酒釀造酒莊改變了過去傳統的印象，以全世界都會喜愛的葡萄酒為目標，開始釀造多樣的酒類；除此之外為了讓每個人都可以看到酒莊優美的一面，許多酒莊開始打著自己獨創風格，讓遊客來參觀的同時，也可在此體驗到美好酒莊生活。

交通路線＆出站資訊

電車
JR東日本勝沼葡萄鄉駅⇨中央本線
從新宿搭乘JR特急列車可直達勝沼葡萄鄉(勝沼ぶどう郷)駅。

出站便利通
◎勝沼的酒莊十分出名，但幾乎都離車站還有段距離；來到這裡最好先查詢路線巴士，以節省乘車時間。
◎可以搭乘甲州市市民巴士，ぶどうコース 1、ぶどうコース 2、ワインコース 1、ワインコース 2 等遊逛勝沼地區。

在開闊空間的陽台上，邊飲酒邊看著葡萄農園好悠閒。

🍸 原茂葡萄酒莊 👍 おすすめ

甲州在地釀製葡萄酒老字號，在古屋裡品酒更有另一番風味。

🅰別冊P.15B2　🚉勝沼ぶどう郷駅徒步20分；或在駅前搭ぶどうコース2巴士約5分至「橫町」站下徒步3分；或搭ワインコース2巴士約12分至「上町」站下徒步10分　☎0553-44-0121　🏠甲洲市勝沼町勝沼3181　🕐9:00~17:00　🚫日本新年　💰免費參觀；有料試飲12種類、每20cc￥100　🌐www.haramo.com

　　一進到園內給人的感覺相當舒服，抬頭一看是整片的葡萄葉，擋住些許陽光，即使氣溫超過30度也不感覺到熱；過去曾經是民宅的古老房子，經過設計裝潢過後，屋內瀰漫著一股古色古香卻不失現代感的氣味。原茂葡萄酒莊是二次世界大戰前，就已經開始釀造葡萄酒的老字號，所栽培的葡萄品種以甲州種為主，為了釀出更與眾不同的酒，也嘗試著培育歐洲品種的葡萄。

CHATEAU勝沼

シャトー勝沼

🍷 別冊P.15B2　🚃 勝沼ぶどう郷駅徒步約15分　☎0553-44-0073　🏠甲州市勝沼町菱山4729　⏰9:00~17:00　❌12月31日~1月1日　💰試飲、參觀免費　🌐www.chateauk.co.jp

因疫情酒莊參觀暫停中，前往前請上網確認再開時間

約130年前，兩個年輕人只是想要賭賭看這個村子是否可以成功釀造葡萄酒，於是兩人帶著自己僅有的幹勁與骨氣，前往法國波恩市學習釀造葡萄酒的方法，回國後兩人成立了自己的釀酒廠，命名為「今村葡萄酒釀造場」，明治初期才開始在勝沼町展開葡萄的栽培，今村葡萄酒釀造場也是現今シャトー勝沼的前身。1樓的賣店擺放著各式各樣不同種類的葡萄酒提供試飲，可以邊品味葡萄酒，邊挑選自己喜歡的商品；不勝酒力的人也不用擔心，這裡有100%的葡萄汁可以試飲。

> 賣店販售口感各自不同的葡萄酒，可以試喝後再買。

免費試喝各種葡萄酒，選一款自己最喜歡的回家！

> 二樓展示葡萄酒杯，老闆說有朝一日也會有人製造專為甲州種葡萄酒量身訂做的酒杯。

> 富有古民家風味的房子，重新設計過後更顯其復古氛圍。

🍴 Restaurant鳥居平

☎0553-44-3080　🏠CHATEAU勝沼內　⏰11:00~21:00　💰午間套餐￥2,600起　🌐www.toriivilla.jp

位於CHATEAU勝沼賣店2樓的餐廳鳥居平，景觀唯美採光良好，店內許多擺設品都非常有古董味，給人感覺像在17世紀的皇宮餐廳裡用餐。堅持使用的活魚和霜降牛肉都是經過嚴選，無論是山珍或海味，主廚都可以將所有食材烹調出無與倫比的美味。

> 搭配CHATEAU勝沼所產的葡萄酒品嚐，更能顯現出料理的特色。

🍸 勝沼釀造

🍷 別冊P.15A2　🚃 勝沼ぶどう郷駅前搭ぶどうコース2巴士約15分，至「下岩崎」站下徒步3分　☎0553-44-0069　🏠甲州市勝沼町下岩崎371　⏰9:30~16:30　❌日本新年　💰酒莊參觀行程￥6,600、2.5H，須預約　🌐www.katsunuma-winery.com　❗酒莊參觀因擴建工程暫停中，預計2023年9月重新開放

創業於1937年的勝沼釀造，所使用的葡萄是日本最多的甲州種葡萄，每年釀造的酒量約380公噸，老闆有賀雄二希望可以將最棒的甲州種葡萄，釀造成世界有名的葡萄酒。酒莊建築是將140年前所建造的屋邸改建成為酒莊，將古民家房屋重新設計後呈現出摩登卻保有古味。

利用自家種植的葡萄，釀出口感各異的葡萄美酒。

🍷 盛田甲州葡萄酒莊

盛田甲州ワイナリー

◎別冊P.15A2　◎勝沼ぶどう郷駅前搭巴士約20分，至「勝沼地域総合局」站下徒步5分　☎0553-44-2003　◎甲州市勝沼町勝沼2842　◎10:00~16:00，7月下旬~10月10:00~16:30　❌不定休、日本新年　💲試飲、參觀免費　🌐www.chanmoris.co.jp　⏰酒莊參觀需事先預約

　盛田甲州葡萄酒莊是SONY已故會長盛田昭夫家所經營的酒莊，紅色屋頂與廣大的用地，和其他的酒莊並排在同一條道路上非常顯眼。江戶時代原本是位於愛知縣釀造日本酒、醬油、味增起家的盛田家，到了明治時期，為了經營新事業，於是開始種植葡萄，但卻遇到害蟲使得葡萄園被毀；但到了1973年將陣地轉至勝沼，**利用釀造醬油味增的技術與經驗釀造葡萄酒，終於順利的讓葡萄酒事業向前跨進一步。**

🍴 RESTAURANT CHANMORIS

シャンモリ ワイン

◎別冊P.15A2　◎從盛田甲州葡萄酒莊徒步2分　☎0553-44-5556　◎甲州市勝沼町下岩崎1453　📠0553-44-5558　◎11:30~15:00、17:00~22:00　❌11~6月週二(7月~10月無休)　💲午間套餐￥1,900起　🌐chanmoris.com/

　寬廣的酒莊裡有座教室似的歐風建築，是盛田甲州葡萄酒莊所經營的法國料理餐廳CHANMORIS，**落地窗外可以觀看到酒莊自家的葡萄農園，晚上的夜燈打在建築物上顯得格外浪漫。**每日限定1組新人的婚宴，也非常受當地年輕人的青睞，在餐廳旁的教室舉行婚禮之後，回到餐廳，享用到的是精緻料理的法國餐點，以及新鮮的季節水果婚宴蛋糕，讓每個參加婚禮的人，都能留下難忘回憶。

石藏和飲口感特殊，是非常有個性的葡萄酒。

地下的儲酒窖收藏著以前的釀酒器具。

🍸 Lumiere

ルミエルワイナリー

👍 おすすめ

坐在地下酒窖話溫情，品味葡萄酒的醉人時光。

◎別冊P.15A2　◎勝沼ぶどう郷駅前搭ぶどうコース2巴士約15分至「下岩崎」站下徒步12分　☎0553-47-0207　◎笛吹市一宮町南野呂624　◎9:00~17:30(參觀行程須預約，14:00~詳洽官網)　💲參觀行程：30分鐘￥500(不包含試飲費)　🌐www.lumiere.jp

　1885年創業至今還延續著傳統的葡萄酒莊，保存著百年前所留下來的國家有形文化材，花崗岩建造成的石藏發酵槽，lumiere於1998年再次將傳承下來的傳統釀造法，**利用石藏發酵槽的石頭天然冷卻作用進行發酵，釀造成名為「石藏和飲」的葡萄酒，味道香醇卻又帶點青澀。**

靜岡

しずおか

靜岡怎麼玩

位於日本中央的山海名勝——靜岡，擁有得天獨厚的自然地貌，北部聳立日本最高的富士山，東部伊豆半島以櫻花、溫泉聞名，往西邊沿線方向可連接綠色茶葉生產帶一路到濱名湖，湖光山色吸引如織遊人。

❶御殿場(P.3-4)

攀登富士山的登山客多數從御殿場登山道下山，御殿場最有名的高原啤酒和御殿場火腿，也成為犒賞登山客辛勞的最大魅力。御殿場的PREMIUM OUTLETS超大型折扣商城，造成購物的熱潮，是御殿場人氣長溫的超級景點。

❷富士宮(P.3-8)

富士山在日本人心中有著崇高而神聖的地位，在眾多淺間神社中，便以富士宮的本宮淺間大社為最大。

❸朝霧高原(P.3-12)

位在富士山西側的朝霧高原，興盛的酪農業之外，來到這裡更可以近距離仰望雄偉的富士山。不管是從富士宮，或是河口湖來這裡都不算太遠。

❹靜岡市(P.3-15)

靜岡市為靜岡縣的行政中心，富士山的伏流水與起伏的丘陵地，造就靜岡成為日本第一的茶產區，在靜岡現代化的都市大街中，仍然可感受到茶町的細膩風情。

❺清水(P.3-27)

清水市是小丸子的故鄉，所有觀光的焦點當然都放在以小丸子為主的話題上，除了小丸子，與京都天橋立、福岡箱崎並列為日本三大松原的三保松原，更是不可錯過。

長野縣

池口岳

大無間山

井川駅

愛知縣

川根本町

大井川本線

新城市

藤皮市

島田市

飯田線

西鹿島駅

天龍濱名湖鐵道

森町

天龍濱名湖鐵道

金谷駅

吉田町

新所原駅

濱名湖

湖西市

天龍濱名湖鐵道

❸濱松

濱松駅

袋井市

掛川市

掛川駅

菊川市

牧之原市

磐石市

東海道新幹線

御前崎市

⑥三島・沼津(P.3-34)

三島素來以古剎林立、湧泉豐富廣為人知，街巷瀰漫著悠久的歷史氣息；沼津是日本重要漁港，位在靜岡的東部，接近伊豆半島，也是竹筴魚的重要產地。

⑦伊豆高原(P.3-37)

前來伊豆高原，可以在美術館、咖啡館和自然美景間，度過優雅的午後時光；位在大室山腳下的伊豆仙人掌動物公園，更能與可愛動物親密接觸。

⑧東伊豆・河津(P.3-44)

東伊豆擁有濃密的天然山林、湖泊景觀，以及崎嶇峥嵘的海岸地形，能在河津欣賞日本本州最早盛開的河津櫻。

⑨中伊豆・修善寺 (P.3-49)

由弘法大師空海所發現的修善寺，是個擁有古老歷史的山中溫泉小鎮，平房建築以及綠樹竹林，讓小鎮更有韻味。

山梨縣

神奈川縣

富士山
朝霧高原

御殿場駅
御殿場線

箱根山
箱根町

愛鷹山

富士宮
富士宮駅

富士市

東海道新幹線
東海道本線

三島駅
裾野市

三島

沼津駅

清水

湯河原町
熱海駅
來宮駅

清水駅

駿河灣

伊豆箱根鐵道駿豆線

伊豆之國市

靜岡
靜岡駅

修善寺駅
修善寺
⑨中伊豆・修善寺

伊東駅
伊東市

津市

天城山

伊豆高原駅
⑦伊豆高原

⑪西伊豆(P.3-68)

湛藍的駿河灣一路相隨，在濱海大道上飽覽西伊豆的海天風光，沒有鐵道帶來人潮，在此開車兜風、沿海岸線遊逛漁港，感受原始純樸的伊豆風情。

西伊豆⑪
松崎町

河津
東伊豆⑧
河津駅

⑩南伊豆
下田
伊豆急下田駅

⑩南伊豆・下田 (P.3-59)

散發著濃厚南國情調的港町—下田，因深受幕府時代的美軍及歐美商人影響，市內至今尚保留不少歷史遺跡，是南伊豆著名的觀光勝地。

⑫熱海(P.3-72)

伊豆半島東玄關的熱海，渾然天成的大自然美景及熱鬧的商店街，共同交織成一股多樣化的迷人溫泉鄉氣息。

⑬濱松(P.3-84)

波瀾不興的寧靜湖面有如一片明鏡，名列日本第10大湖泊的濱名湖，秀麗的山光水色，湖畔有許多風格別具的咖啡店與餐廳。

神奈川▼山梨▼

靜岡 御殿場

長野▼埼玉▼千葉▼茨城▼栃木▼群馬

御殿場

ごてんば
Gotennba

攀 登富士山的登山客多數從御殿場登山道下山，為御殿場市帶來許多遊客，而市內最有名的高原啤酒和御殿場火腿，又成為犒賞登山客辛勞的最大魅力。除了這兩大特色之外，御殿場的PREMIUM OUTLETS超大型折扣商城，造成購物的熱潮，是御殿場人氣長溫的超級景點。而市街風景與人文風情更讓人看到富士山的不同面相，是順遊富士周邊不能遺漏的城市。

交通路線&出站資訊

電車
富士岡駅➡JR東海 御殿場線
御殿場駅➡JR東海 御殿場線
從新宿駅搭乘JR特急ロマンスカー，約1小時30分抵達御殿場駅。其他電車大都需要轉車1-2次。

巴士
◎新宿駅西口BT搭乘小田急箱根高速巴士達御殿場駅，約1小時40分。
◎新宿駅南口搭乘JR巴士直達御殿場PREMIUM OUTLET，約1小時30分。
◎東京駅八重洲南口BT搭乘JR巴士直達御殿場PREMIUM OUTLET，約1小時25分。

出站便利通
◎從富士山口側出站(出口1)可轉搭巴士前往河口湖、山中湖方向。
◎箱根乙女口側出站(出口2)可轉搭往箱根巴士方向，以及御殿場PREMIUM OUTLET、御殿場高原時之栖免費巴士。
◎1、2號乘車處可搭往河口湖駅方向(行經須走淺間神社、山中湖、富士山駅、富士急ハイランド等)。
◎3號乘車處往三島駅方向，以及須走口五合目行(夏季運行)。
◎4號乘車處往富士Safari動物園方向。
◎6號乘車處可轉搭箱根巴士至小涌園ユネッサン、強羅駅、仙石原、箱根湯本駅，以及往橫濱的高速巴士。
◎7號乘車處往搭往御殿場PREMIUM OUTLET方向。

おすすめ

虎屋

とらや

純和風菓子老舖，吟味纖細的大和風情。

⊙別冊P.20A1 ⊙御殿場駅徒步7分
0550-83-6990 ⊙御殿場市新橋728-1
⊙10:00~18:00，虎屋菓寮11:00~17:30(L.O.17:00) ⊙元旦、2/15 ⊙四季の富士(御殿場店限定，富士山羊羹)￥3,888、羊羹+抹茶包￥2,592 ⊙www.toraya-group.co.jp

於京都發跡的和菓子老舖「虎屋」，從室町時代便是獻給天皇的御用菓子舖，創業至今已有近五百年歷史，約於明治時期將本店轉移至東京。御殿場店裡廣闊的空間中優雅地擺放商品，最著名的虎屋羊羹更是人氣商品。

御殿場店限定的「四季の富士」，只在春夏秋冬四季各自販售。

御殿場PREMIUM OUTLETS
おすすめ

御殿場プレミアム・アウトレット

🚗別冊P.20B1 🚌新宿、東京、池袋、品川、上野、渋谷等，幾乎都有巴士1.5H直達，是最方便快速的選擇，更多交通見官網 ☎0550-81-3122 🏠御殿場市深沢1312 🕐3-11月10:00~20:00，12-2月10:00~19:00 🚫每年2月第3個週四 🌐www.premiumoutlets.co.jp/gotemba/ ⚡外國觀光客可憑護照換取折價券，折扣依品牌不一

這也便宜、那也便宜！購物狂的血拼天堂！

　PREMIUM OUTLETS是源自美國的折扣商城，御殿場市裡的店舖是日本第二家。在這樣一個可以說有點偏僻的地方竟然出現這麼大的折扣商城，實在令人吃驚，但是**超過205家商店的龐大規模、80%~60%的驚爆折扣、本地與進口高級名牌貨品齊全、顏色款式尺寸選擇多樣化**等等優點，都是人潮爆滿的最大原因。

🎁 荒井園 本店

🚗別冊P.20B1 🚶御殿場駅徒步約30分。開車由御殿場IC接國道138號線轉足柄街道，再由縣道78號線直行約5分即達 ☎0550-82-0244 🏠御殿場市御殿場80 🕐9:00~18:00 🚫日本新年 💰富士山紅茶(茶包15入)¥870，銘品錦井水¥1,080~ 🌐www.araien.co.jp

名水銘茶，富士風土之下的翠綠結晶。

　由荒井友吉創立的荒井園，自1888年起便在御殿場紮根、發芽，**昭和五年被賜與「獻上茶」的美譽以來創立多項茶品，不只發揚日本煎茶、綠茶文化，也堅持以日本產茶葉烘出香味馥郁的紅茶**，2013年更遠征英國Great Taste Awards，以華美茶香與恰到好處的甘韻，在近8千個品項中奪下紅茶金牌，戴譽歸國。

手工烘去水份再溶入富士名水，化作為杯中滴滴褐色的甘醇。

店內販售多項茶品是伴手禮的首選。

🍜 金太郎蕎麥麵

金太郎そば

🚗別冊P.20B1 🚶御殿場駅徒步約20分。開車由御殿場IC約5分即達 ☎0550-83-6608 🏠御殿場市二ノ岡1-4-8 🕐11:00~14:30，17:00~20:00 🚫週二、每月第3個週一。(遇例假日無休) 💰かけそば(蕎麥湯麵)¥691 🌐kintaro-soba.com

駿河流手打蕎麥麵本舖，品嚐真正山野的料豐味美。

　金太郎蕎麥麵最大的特色，是加入多汁的山芋泥，因此做出來的蕎麥麵特別Q，還含有特殊香味。富士山山麓含有充沛的雪融水，滲入地下變得格外清澈冰涼，適合山芋生長；除了麵質本身不同之外，配料也與眾不同，有靜岡縣特產的鴨肉、山豬肉、山菜等等，充分展現「山野」特色。

神奈川∵山梨

靜岡

御殿場

長野∵埼玉∵千葉∵茨城∵栃木∵群馬

半圓弧建築與綠意結合，品嚐美食也能欣賞庭園景致。

虎屋工房

とらや工房

曬身竹林裡的療癒空間，地方素材限定菓子甜蜜人心。

⊕別冊P.20B1 ⊕開車經由東名高速御殿場IC經由第二出口，至湖水前交叉點左轉直走，約5分即達 ☎0550-81-2233 ⊕御殿場市東山1022-1 ⊙10:00~18:00，十一三月10:00~17:00 ⊗週二(遇假日延至隔日休)、年末年始 ⊙どら焼き(銅鑼燒)¥260 ⊗www.toraya-kobo.jp

鄰接東山旧岸邸的虎屋工房與市街中的虎屋不一樣，這裡的和菓子有獨特的食材比例，原料也使用鄰近城鎮生產的；像是招牌銅鑼燒，利用地產的品牌**櫻花蛋(さくら玉子)混和麵粉，煎出有彈性的餅皮，夾上紅豆餡，最後烙上虎屋工房特**有的富士山印記，視覺簡單卻味覺華美，讓人一吃難忘。

招牌銅鑼燒加上香濃豆餡，配著一杯熱茶是最簡單的美味。

◉ 東山旧岸邸

⊕別冊P.20B1 ⊕御殿場駅轉搭計程車約15分鐘 ⊕御殿場市東山1082-1 ☎0550-83-0747 ⊙10:00~18:00，十一三月10:00~17:00 ⊗週二(遇假日延至隔日休)、年末年始 ⊙入館成人¥300，中小學生¥150 ⊗ www.kyu-kishitei.jp

此處為曾擔任日本第56、57屆首相岸信介晚年居住的房子，建築座落在東山滿庭綠意之中，由建築家吉田五十八設計。**從外觀看來十足日式的房舍，一進入室內便能感受到和洋折衷的風格，在日本傳統屋敷的根基上導入洋風技法**，建築素材更大膽使用PVC材質等工業素材，是紀錄日本建築演進的代表作。

前首相宅邸展現近代數寄屋建築的寧靜之美。

在導覽人員講解下認識威士忌。

◉ 麒麟威士忌御殿場蒸餾所

キリンディスティラリー富士御殿場蒸溜所

進入工廠見學，用富士山湧泉蒸餾的威士忌加深味覺記憶。

⊕別冊P.20A1 ⊕御殿場駅前2號線，搭往「河口湖・富士學校」公車約15分，在「水土野」站下，徒步約5分鐘；或開車經由東名高速御殿場IC轉國道138號即達 ☎0550-89-4909 ⊕御殿場市柴怒田970 ⊙9:00~16:30。見學行程10:00~15:10(需預約)，每次約80分(含試飲20分鐘) ⊗週一(遇假日則順延一天)、年末年始 ⊙園區免費。見學行程¥500、19歲以下免費 ⊗www.kirin.co.jp/entertainment/factory/gotemba/ ❶見學需要預約，可至官網或電話預約

麒麟生產的威士忌，魅力一點也不輸啤酒！

佔地5萬坪的麒麟威士忌蒸餾所位在靠近富士山、海拔620公尺的一片綠地森林當中，蒸餾所生產的威士忌都是使用來自**富士山的雪融化後，滲入地下、經過長時間過濾、沉澱的純淨天然水**。其次是溫度；年平均溫度保持13度的高原性冷涼氣候，讓威士忌在橡木桶成熟的時候有最理想的環境。

酒　後　不　開　車

御殿場高原 時之栖

⊙別冊P.20A2 ②JR三島駅、裾野駅、岩波駅、御殿場駅皆有免費接駁巴士接送，詳細時間請洽官網。開車由東名高速道路裾野IC約5分即達 ☎0550-87-3700 ⊙御殿場市神山719 ⊛各設施不一 ⊕www.tokinosumika.com

御殿場高原上，結合綠與光的綜合休閒園區。

時之栖是結合飯店住宿、餐廳、溫泉等的休閒園區，由於其可選擇的住宿類型眾多，是許多人造訪御殿場的住宿首選。除了住宿還有御殿場高原啤酒、溫泉等設施，及規劃有賞櫻步道、森林步道等。在高原啤酒餐廳用餐更有優惠特價，結合周邊設施盡情放鬆身心，因此成為御殿場市最熱門的假日休閒去處。

時之栖燈海(時之栖イルミネーション)

至今已經持續超過21個年頭的時之栖燈海活動，被日本各大媒體評比為第一名，全長約400公尺的燈泡隧道由五百萬顆燈泡組成。點燈期間同時舉行噴水秀「凡爾塞之光」，70公尺高的巨大水柱劃過夜空，配合燈光與音樂漫妙舞動，其中重頭戲就是由五百萬顆燈泡組成、長450公尺的星光隧道，走在光輝燦爛的隧道中，猶如行走在閃爍銀河中，夢幻到最高點。

⊘每年10月上旬~3月中旬，前3個月16:30~22:00、後3個月17:00~21:30 ⊛一般點燈免費(部份區域需付費入場) ⊛雨天也照常點燈，但風強時噴水秀有可能會中止

🍴 御殿場高原啤酒餐廳 麦畑

バイキングレストラン麦畑

⊘週一~四、日11:00~21:00，週五、六11:00~21:30 ⊛自助式吃到飽(限時90分)午餐¥3,300，中學¥2,200，小學¥1,650，幼兒¥550。晚餐價格詳見官網

位在御殿場人氣度假村御殿場高原 時之栖內，御殿場高原啤酒使用富士山伏流水，釀造黑啤、小麥、季節限定等6種啤酒，清香甘冽的啤酒博得日本各地高人氣。酒廠內共有三家餐廳提供應上千座位，多汁香濃的肋排與手工德國香腸和啤酒一起乾下肚，痛快沒話說。

富士山麓好山好水，釀造出來的啤酒當然也是品質保證。

用餐期間還有樂團演出，增添不少樂趣。

👁 駒門風穴

⊙別冊P.20B2 ②富士岡駅徒步20分 ☎0550-87-3965 ⊙御殿場市駒門69 ⊘9:00~17:00(12~2月9:00~16:00) ⊛12月~2月週一休 ⊛大人¥300、中高學生¥200、小學生¥100

駒門風穴是因為富士山噴發，而由溶岩形成的隧道，為日本國內最大的溶岩洞穴。風穴分成本穴與枝穴兩條通道，本穴長度有290公尺、支穴120公尺，通道內部相當陰涼，有許多鐘乳石以及溶岩冷卻後形成的奇岩怪石，循著步道走一圈約15~20分鐘。

神奈川▼山梨

靜岡

富士宮

長野▼埼玉▼千葉▼茨城▼栃木▼群馬

富士宮
ふじのみや
Fujinomiya

一直以來，富士山在日本人心中有著崇高而神聖的地位，數百年以來，人們透過詩歌讚頌他、透過繪畫彰顯他，更設立淺間神社敬拜他。而眾多淺間神社中，便以富士宮的本宮淺間大社為最大，連山頂的神社皆是這裡的奧宮。而富士宮地區自古因地理位置而受到重視，進而發展成現今的繁盛樣貌，來到這裡也不能忘了吃上一盤富士宮炒麵，再到較遠的朝霧高原上體驗自然之美。

交通路線&出站資訊

電車
富士宮駅▶JR東海 身延線
西富士宮駅▶東海 身延線
吉原駅▶岳南鐵道線
吉原駅▶JR東海道本線
搭乘新幹線至靜岡駅，轉搭JR特急ふじかわ(FUJIKAWA)可直達富士宮駅。或搭東海道本線在富士駅換乘。

巴士
從東京駅八重洲南口BT搭乘JR巴士、富士急靜岡巴士，約2小時20分即達富士宮駅。

出站便利通
◎自富士宮駅出站後右手邊即是巴士站，可轉乘至新富士駅、富士山駅、富士宮口五合目登山巴士等方向。
◎1號乘車處往新富士駅方向運行。
◎2號乘車處乘富士宮市內循環巴士、淺間大社、白系之瀧、田貫湖、朝霧高原，以及新富士駅——本栖入口快速巴士方向。
◎6號乘車處有往富士宮口五合目方向巴士(夏季運行)。

優惠交通套票
富士山西麓巴士2日周遊券(富士山西麓バス周遊きっぷ)票券適用2日內於新富士駅~富士宮駅~河口湖駅~富士山駅路線、富士宮駅~大石寺入口路線、富士宮駅~白系之瀧~休暇村富士間路線、富士宮市內觀光巴士「強力君」(強力くん)，以及河口湖周遊巴士(紅色河口湖線、綠色西湖線、藍色鳴沢‧精進湖‧本栖湖線)等，自由搭乘多條路線路巴士。
⑤成人￥2500，兒童￥1250
◎新富士駅、富士宮駅、河口湖駅、富士山駅等購票
ⓦbus.fujikyu.co.jp/otoku/fujisan-seiroku

🍴 **お宮橫丁** おすすめ 👍

◎別冊P.22A4 ◎富士山本宮淺間大社對面 ☎0544-25-2061 ◎富士宮市宮町4-23 ◎10:00~17:30，夏季10:00~18:00 ⓦomiyayokocho.com

想吃富士宮炒麵，來到社前名物街最快、最近！

逛完宏偉華美的淺間大社，剛踏出大鳥居，對面的お宮橫丁正飄出濃郁香氣。小小街道兩旁聚集各種小吃、咖啡店、冰淇淋等，更少不了富士宮最出名的美食——富士宮炒麵，醬香料足的粗鐵板麵放上一顆黃澄澄的半熟蛋，撒上大量鰹魚粉與海苔，夾破後將蛋汁混著麵一起享用，美味得沒話說。

おすすめ

富士山本宮 淺間大社

靜岡必訪！聖山腳下最美的世界遺產。

別冊P.22A4 富士宮駅徒步10分。開車走新東名快速道路經由新富士IC約20分 0544-27-2002 富士宮市宮町1-1 5:00~20:00。3、10月5:30~19:30，4~9月5:00~20:00，11~2月6:00~19:00 fuji-hongu.or.jp/sengen

日本全國1,300間淺間神社的總本宮、富士信仰中心據點，正是本宮淺間大社。**淺間大社的主神為「木花之佐久夜毘売命」，又叫做淺間大神，她是在日本神話中登場的美麗女神，其本尊就是富士山。**淺間大社歷史可上溯至平安時代，朱紅色主殿為德川家康所捐贈，對稱優美的雙層結構被稱為「淺間造」樣式。

境內「湧玉池」水色純淨透明，許多信眾會帶著保特瓶來裝山泉水。

おすすめ

杉本鐵板燒

鉄板焼きすぎ本 本店

富士宮名物炒麵名店，店家自慢的大阪燒也是必吃單品！

別冊P.22A4 西富士宮駅徒步4分 0544-26-4477 富士宮市西町16-3 11:00~15:00，17:00~21:00，週末假日~20:30 週二 お好み焼き(大阪燒)¥460，焼きそば(炒麵)¥460 teppanyaki-sugimoto.com 想要同時品嚐大阪燒與炒麵的人可以造訪本店，若只想吃炒麵的可以至位在お宮橫丁裡的分店

炒好的麵再撒上鰹魚鰯魚粉，頓時香味撲鼻，讓人欲罷不能。

富士宮炒麵與一般炒麵最大的不同在於使用的麵體，這裡用的麵是在製成後放涼佈上油，不再用水燙過，所以麵體的水份較少。**杉本鐵板燒是富士宮的老店，除了富士宮炒麵之外，大阪燒也是一絕**，在熱燙燙的鐵板上享用現作大阪燒，甘甜蔬菜與麵糊完美結合，加上特製醬料一吃難忘。

🔵 岳南電車

おすすめ

別冊P.22B4 🚉吉原駅徒步2分，車站與岳南車站相連 ☎0545-53-5111 🏠富士市鈴川本町14-1(吉原站)，富士市江尾143-2(岳南江尾)。區間：吉田駅~岳南江尾駅 ⏰約6:00~22:00，約30分鐘一班車 💰吉田駅~岳南江尾駅￥370，一日券￥720(小孩￥310) 🌐www.fujikyu.co.jp/gakunan

想要耍耍小文青，搭上這個懷舊氣氛滿點的鄉村列車準沒錯！

　　位在富士山南麓的岳南電車，實際位置在靜岡縣的富士市內，從與東海道本線相接的吉田駅開始，一路穿越數座突起大煙囪的製紙工廠，延伸至岳南江尾駅，**全線長9.2公里，共10個車站**，為富士南麓的大地上劃出一道美麗風情。

　　早期的岳南鐵道主要營運為紙工廠的貨物運送，近年來交通方式激變，熱鬧光景不再，背負便利生活的使命，岳南電車仍按照車表每日運行，保留著硬式票卡，繼續服務當地居民；**沿途車站的古味襯出恬靜的鐵道生活風情，運行沿線各處能望向富士山的美麗車窗風景，對於旅人來說都是再美不過的鐵道體驗。**

紅綠青蛙列車

　　岳南電車使用的車輛，是由原本京王井之頭線使用的京王3000系車輛改造而成，沿續早期運行的東急5000系列車的暱稱，橘紅色塗裝的列車被暱稱為紅色青蛙（赤カエル），綠色的則被稱為綠青蛙（青カエル）。

岳南電車小商品

　　岳南電車近年來受到許多鐵道迷喜愛，由於沿線有許多能欣賞富士山角度的景點，最近也愈來愈受到觀光客青睞。為了推廣，岳南電車順勢推出紀念商品，有以車身為造形的包裝茶、小文具、紀念票券等，值得帶回家做紀念。

YOSHINAGA

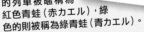

岳南電車沿線小站走一走～

吉原駅

緊臨田子の浦港，吉原駅是連接JR東海道本線與岳南電車的車站，也是岳南電車少有的有人車站之一。吉原駅是靜岡縣東部最老的車站之一，1889年便已設立，現在在車站內，仍看得到舊式車鈴與用鐵軌架起的車站支架等，十分復古懷舊。

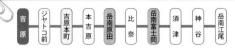

吉原本町駅

位在舊吉原市中心的吉原本町駅，周邊有許多商店與住宅，其中吉原商店街中有許多好吃好玩的店鋪，不妨搭上岳南鐵道來這裡散散步，嚐一嚐當地才有的特色美食。

・喫茶Adonis
🏠 富士市吉原2-3-16 ☎0545-52-0557 ⏰11:00~21:00 🗓週二、三、四 🍴つけナポリタン(拿坡里番茄沾麵) ¥1,200 🌐coffee-shop-cafe.business.site

> 拿坡里番茄沾麵是必吃招牌！鹹香滋味讓人回味無窮。

比奈駅

比奈駅裡的島式月台，5線並列看得出來曾經的繁華。比奈駅附近住家較少，這一站主要並不是用來載運乘客；早期這裡的鐵道可直接通向附近的製紙工廠，雖然早已廢止，現在也已經成為一座無人車站，但列車靜靜按著時刻表進站，無人上下車的月台風景，也成為旅人特別的一段鐵道記憶。

・杉山フルーツ
🏠 富士市吉原2-4-3 ☎0545-52-1458 ⏰9:00~17:00 🗓不定休，詳洽官🍴水果果凍約¥450~750(價格會依季節、不同水果果調整) 🌐sugikiyo.com

> 杉山フルーツ是吉原地區的老牌水果店，新鮮現作的水果果凍大受注目！

岳南富士岡駅

提到岳南電車的車站絕對不能忘了岳南富士岡。車站早期與比奈駅同樣是用來運輸工廠製品，現在則因存放著數臺古老機關車，成為鐵道迷探訪的必遊景點。目前只在通勤時間駐有站員，平常則是無人車站。車站一側有檢修設備，車庫內停放著現役列車。

吉原｜ジャトコ前｜吉原本町｜本吉原｜岳南原田｜比奈｜岳南富士岡｜須津｜神谷｜岳南江尾

朝霧高原
あさぎりこうげん
Asakirikouh

在富士山西側的朝霧高原，以上百間的農場而聞名，除了興盛的酪農業之外，來到這裡更可以近距離仰望雄偉的富士山麓，也是戶外活動的聖地。想要來此感受朝晨白霧、高原上體驗自然之美，不管是從富士宮，或是河口湖來這裡都不算太遠，適合作為順遊的景點之一。在林野山徑露營、健走、洞窟探險，拜訪這座沒有圍牆的天然博物館，在富士山腳下自行光合作用、野放大自然。

交通路線 & 出站資訊

電車
富士宮駅◆JR東海-身延線
前往朝霧高原以巴士為主要接駁工具；先搭新幹線至靜岡駅，轉搭JR特急ふじかわ直達富士宮駅後再轉搭巴士前往。

出站便利通
◎抵達富士宮駅出站轉乘往新富士～富士宮～河口湖方向的靜岡巴士。
◎在河口湖～富士宮～新富士駅間，有靜岡巴士運行其中，路線眾多可轉搭巴士至想去的景點下車。
◎如欲往田貫湖方向可搭乘往「休暇村富士」方向巴士；往朝霧高原、道の駅朝霧高原方向可往「豬の頭」方向巴士。

👁 田貫湖

四季分明的自然生態，也是仰望富士山的最棒景點！

◎別冊P.22B1 ◎富士宮駅搭乘富士宮靜岡巴士，往豬の頭或休暇村方向車程約45分，至「田貫湖キャンプ場」或「休暇村富士」站下車 ◎富士宮市佐折634-1

位處朝霧高原上的田貫湖，是兩、三萬年前經由火山噴發蓄積而成的窪地，為確保水源而將狸沼擴增為面積約0.3平方公里、全長約4公里的人工湖，造就今日況況；**天晴時倒映湖面的富士山極為美麗。**

〔 逆富士、鑽石富士 〕

映照在田貫湖水面上下對稱的逆富士美景，還有太陽經過山巔煥發星芒的鑽石富士，是田貫湖與朝霧高原的著名美景，也是人氣拍照景點，天然絕景怎麼拍都超好看！

可以沿著步道健行至來自富士山湧泉的陣馬瀑布。

天氣暖和時也可以選擇露營，體驗一掀開帳篷就是富士山的驚豔感受。

神奈川▼山梨▼

靜岡 朝霧高原

▼長野▼埼玉▼千葉▼栃木▼茨城▼群馬

👁 小田貫溼原

小田貫湿原

🔺 別冊P.22B1 🚍 富士宮駅搭乘富士宮靜岡巴士，往休暇村方向車程約45分，至「田貫湖南」站下車徒步15分
🏠 富士宮市猪の頭 🌐 fujinomiya.gr.jp

> 走在富士山腳下的唯一一片溼原，親近最原始的大自然。

沿田貫湖北邊田貫神社旁的木棧道前行，會接至富士山西麓唯一的溼地「小田貫溼地」，走過針葉林來到溼地，其原由東側、中央與西側組成，面積最大的西側由81個池塘組成、中央的44個池塘組成，山巒環抱下的小田貫溼原在夏季草長馬壯時期，還見得到這裡獨有的溫帶溼原種青蛙與蜻蜓等等。

> 無造作的自然美景，讓人流連忘返。

> 附近的音止瀑布也可當順遊景點，高段差的瀑流蔚為奇觀。

👁 白絲瀑布

白糸の滝

🔺 別冊P.22B2 🚍 富士宮駅前搭乘到白糸の滝的路線巴士，至「権現橋」站下車徒步5分。自駕可由國道139線抵達 📞 0544-27-5240(富士宮市觀光協會) 🏠 富士宮市上井出 🕐 自由參觀 🌐 fujinomiya.gr.jp

> 全國名瀑百選之一，優雅迴瀑在山間的涓細美瀑。

横跨200公尺環形黑熔岩壁所流洩而下的白絲瀑布，襯著攀藤在岩壁上夏日的暢綠、秋野的松楓，如絲絹又如銀白的額髮一般蕩漾，在湛藍池心激起一片虹彩；**白絲瀑布最特別的是其水流不是從崖上傾瀉而下，而是從崖壁間滲出，才有飄渺的涓涓之姿**，這也是富士山經過多次噴發，多層次的火山堆積物所造就的地貌。

👁 馬飼野牧場

まかいの牧場

> 與動物親密接觸、貼近大自然的開心牧場。

🔺 別冊P.22B2 🚍 搭乘河口湖駅~富士宮駅的富士急巴士，於「まかいの牧場前」站下車。自駕可由國道139線抵達 📞 0544-54-0342
🏠 富士宮市內野1327-1 🕐 9:30~17:30(10月21日~2月20日 9:30~16:30) 🚫 12~3月中的週三、四 💲 大人¥1,200~1,000、3歲以上小孩¥900~700(依季節收費不同) 🌐 www.makaino.com

馬飼野牧場位於富士山麓的朝霧高原上，來到這裡可以貼近青山綠意，在大片青草地上盡情奔跑。**園內飼養乳牛、綿羊、馬兒等動物，並讓遊客體驗騎馬、剃羊毛**，甚至帶著山羊嚮導在園內散步。**餐廳中用各種農場鮮摘的蔬果烹調成美味料理，令人食指大動**，至於飯後當然要來一支鮮奶霜淇淋，香濃滋味齒頰留香。

朝霧高原的牧場巡禮

佔地廣大的朝霧高原是處寓教於樂的高原牧場，有新鮮牛奶製成的霜淇淋、還能與可愛動物面對面，超適合親子遊。

👁 道の駅 朝霧高原

📖別冊P.22B1　🚌搭乘河口湖駅~富士宮駅的富士急巴士，於「道の駅朝霧高原」站下車。中央自動車道經由河口湖IC，沿國道139號往富士宮方向開約35分、東名高速道路富士IC，往河口湖方向走國道139號約45分　📞0544-52-2230　🏠富士宮市根原字宝山492-14　⏰8:00~17:00　🌐www.asagiri-kogen.com

　鄰近朝霧美食樂園、位在朝霧高原上的休息站，除了當地物產與伴手禮之外，食堂裡的美味定食也是許多人必吃的品項。下午來到休息站喝杯高原牛奶，買些當地的水果補充他命C，盡情呼吸高原特有的清新空氣。

工作人員專注的身影，只為了釀出完美清酒。

試喝美味清酒後，就是血拼時間！

來點甜點補充能量後，繼續高原探險。

おすすめ

💡 休息站食堂

⏰8:00~17:00　🍽ジャンボコロッケ定食(可樂餅定食)¥900

　一到假日用餐時段便大排長龍的休息站食堂，大家想吃的便是巨大可樂餅。使用當地產的男爵馬鈴薯與優格豬絞肉製成，份量是普通可樂餅的三倍大，美味也著肉香，清爽卻不油膩，一上桌趁熱一口咬下，綿密馬鈴薯混

👁🍴 朝霧美食樂園

あさぎりフードパーク

結合自然與美食的主題樂園，好吃又好玩！

📖別冊P.22B1　🚌搭乘河口湖駅~富士宮駅的富士急巴士，於「道の駅朝霧高原」站下車。自駕可由國道139線抵達　📞0544-29-5101　🏠富士宮市根原449-11　⏰9:30~16:30(各店營時不一)　🚫12月~2月的週四　🌐asagiri-foodpark.com

　朝霧美食樂園一口氣囊括乳品牧場、酒造、點心店、茶專賣店、餐廳等6種不同類別的品牌，遊客來到綠意盎然的園區，**不但能在餐廳大飽口福，亦可參觀工廠生產線，在酒造品酒。**點心店「上野製果朝霧工房」推出製作餅乾體驗，把處理好的麵糰作成各種形狀，深受小朋友歡迎。

| 酒 | 後 | 不 | 開 | 車 |

しずおかし
Shizuoka City

靜 岡市為靜岡縣的行政中心，其前身駿府城為德川家康一手打造。富士山的伏流水與起伏的丘陵地，造就靜岡成為日本第一的茶產區，在靜岡現代化的都市大街中，仍然可感受到茶町的細膩風情。靜岡茶遠近馳名，不妨在江戶時代名城中找尋屬於自己的品茗風格，來趟市區找茶趣！

交通路線&出站資訊

電車
靜岡駅▶JR東海道新幹線、東海道本線
新靜岡駅▶靜鐵清水線
市中心的JR靜岡駅跟新靜岡駅相距5分鐘步行，交通以JR靜岡駅為中心。

巴士
東京駅八重洲南口、新宿巴士BT搭乘往靜岡駅方向東名高速巴士，車程約3小時。

出站便利通
◎靜岡為東海道線的大站，搭乘新幹線雖然價錢較貴，卻也是最有效率的移動方式。想要省錢的話，可以

從新宿搭乘高速巴士前往靜岡各地，特別是前往富士山、御殿場等地，巴士無疑是比較方便的。
◎從車站出來後轉搭遠鐵巴士前往掛川、濱松、濱名湖(館山寺溫泉)；富士急靜岡巴士前往富士宮口五合目等地方。

優惠交通套票
休日無限乘車券(休日乗り放題きっぷ)◎週末、假日的1日內，可自由搭乘JR東海道本線豐橋~靜岡~熱海區間，以及身延線、御殿場線，包含快速、普通列車的自由席。
⑤¥2,720(小孩半價)
◎購票地點：區間內JR東海主要車站
電車・巴士1日券(電車・バス1日フリー乗車券)◎1日內可

自由搭乘靜岡鐵道全線，以及以靜岡・清水・東靜岡・草薙駅為起點，車資¥600區域內的靜鐵巴士。
⑤¥1,400(小孩半價)
◎購票地點：靜鐵巴士-新靜岡巴士案內所，靜岡駅前案內所、清水駅案內所；靜岡鐵道-新靜岡駅、新清水駅
靜鐵巴士(日本平線)+日本坪纜車+久能東照宮套票
(静鉄バス(日本平線)+日本平ロープウェイ+久能山東照宮セット券)◎
⑤¥2,630、小孩¥1,220
◎購票地點：新靜岡巴士案內所、靜岡駅前案內所

搭乘駿府浪漫巴士巡遊市區
駿府浪漫巴士(駿府浪漫バス)為循環靜岡市景點的觀光巴士，行走於青葉通、駿府城跡、淺間神社等景點，巡迴一周約50分鐘。
◎靜岡駅前，10號巴士站10:00~16:00，平日60分一班，假日30分鐘一班 ⑩成人¥200、兒童¥100 ◎www.justline.co.jp/combus/roman/

綠茶蕎麥冷麵配小份炸櫻花蝦丼，靜岡兩種代表美味一次到位。

靜岡割り是以水稀釋的燒酒裡加抹茶粉的融合，茶的營養被保留，風味特殊。

おすすめ

🍴 靜岡の味 三久

◎別冊P.20B4 ◎靜岡駅直結 ☎054-283-7502 ◎靜岡駅ASTY東館1F ◎11:00~14:00、16:30~22:00。五~日11:00~21:00 ◎炸櫻花蝦丼套餐¥1,450，靜岡割り¥649

美味老舖居酒屋。

在靜岡開業超過30年的老舖「靜岡の味 三久」，就位於車站內，立地方便外，將靜岡經典美味融合在這裡，一群人一起來，絕對能一次把靜岡美食蒐羅入胃。尤其是各式魚鮮滋味絕對不可錯過，當然定番的靜岡黑輪、美味的櫻花蝦、鮮甜的鯯仔魚丼、必嚐的靜岡割り飲料等，這裡都有。

神奈川➡山梨➡ **靜岡 靜岡市** ➡長野➡埼玉➡千葉➡茨城➡栃木➡群馬

靜岡Hobby Square

📖別冊P.20A4 🚉靜岡駅南口徒歩3分 ☎054-289-3033 📍靜岡市駿河區南町18-1 (サウスポット靜岡大樓-3F) 🕐11:00~18:00、假日10:00~18:00 ❌週一(遇假日順延) 💴免費，特展須另收費 🌐www.hobbysquare.jp

　你知道嗎，靜岡除了茶葉產量日本全國第一，還有一樣全國第一，那就是模型。 從各式動漫公仔、機械人組合、模型組合屋、小物等，幾乎5成以上都來自靜岡製造，名符其實模型之都，每年舉辦的靜岡模型展，更是世界知名。想感受一下這個模型之都的魅力，「靜岡Hobby Square」提供一處發訊基地，各製作公司被囊括一起在此展示，還不定期舉辦活動與特展，也有賣店可以買來自行組裝。

Premier パルシェ店

📖別冊P.20B4 🚉靜岡駅直結 ☎054-254-1005 📍靜岡駅-PARCHE商場1樓(食彩館) 🕐9:30~21:00 💴冰棒￥150~350，草莓切片蛋糕￥390 🌐premier.moo.jp

　以半熟布丁大受歡迎的蛋糕屋「Premier」，在靜岡就多達9家分店。靜岡車站內的食彩館，是靜岡熱門伴手禮購買的大本營，這裡的「Premier」分店除了布丁，**每日提供數十種光看都好療癒的可愛切片蛋糕，以義大利冰淇淋製作的色彩豐富水果冰棒也相當人氣**，也有常溫類蛋糕與餅乾，買回來當伴手禮也很適合。

多達數十種口味的義式冰淇淋水果冰棒，好看又好吃。

👁 駿府城公園 👍おすすめ

📖別冊P.20B3 🚉靜岡駅徒歩15分、或轉搭駿府浪漫巴士約15分，「東御門」下車 ☎054-221-1433 📍靜岡市葵區駿府城公園1-1 🕐駿府城公園自由開放，東御門・巽櫓・坤櫓・紅葉山庭園9:00~16:30 ❌館舍週一休(遇假日順延) 💴東御門・巽櫓￥200，坤櫓￥100，紅葉山庭園￥150。3設施共通券大人￥360，兒童￥120 🌐sumpu-castlepark.com

德川家康揚名立萬的名城，感受昔日的歷史光影。

　駿府城是德川家康最鍾愛的居城，幼年時期家康在城內做為人質居住12年，壯年後駿河國成為家康領地，即便一統天下當上幕府大將軍，家康最後還是選擇駿府城為退隱之地。**駿府城歷經大火，剩下護城河守護著牆垣**，而青綠草地成為市民休憩的公園。在森然綠意中，重新復原的巽櫓、東御門讓人遙想當年。

歷經歲月飛梭，現今的城門已經過重修復原。

從包圍著駿府城的護城河，可窺見昔日規模。

> 走在靜岡街區內看不到富士山，這個免費觀景台提供市區內看富士山的好去處。

◉ 静岡県廳富士山展望廳

免費的富士山展望台。

🅿 別冊P.20A3　🚶 静岡駅北口徒步約15分、新静岡駅徒步約5分　☎ 054-221-2185　📍 静岡市葵區追手町9-6(静岡県廳-別館21樓)　🕐 8:30~18:00、六日假日10:00~18:00　🈳 每月第三週的六、日、12/29~1/3　💰 免費　🌐 www.pref.shizuoka.jp/soumu/so-120/tenbou.html

　面對著駿府城公園的靜岡県廳，共分有本館、東館、西館與別館，**別館是縣廳建築群中最高的那一棟**，正對著駿府城公園，因此特別在最高的21樓設置展望廳，由於周邊沒有更高建築，在這裡能將靜岡市區一覽無遺，更棒的是可把駿府城公園與富士山一起入鏡，天氣好時更遠的南阿爾卑斯山、駿河灣一帶也能遠眺。

☕ 喫茶 一茶

🅿 別冊P.20A3　🚶 静岡駅站內徒步3分　☎ 054-253-0030　📍 静岡駅北口地下廣場，静岡地下情報中心(しずちか情報ポケット)內　🕐 10:00~19:00　🈳 週三(遇假日順延)、年末年始　💰 點心與茶的套餐￥500、上生菓子與茶的套餐￥700　🌐 www.ochanomachi-shizuokashi.jp/recommend/8004/

用一枚銅板也能享受日式品茶情趣。

　就位於靜岡駅地下街的「一茶」，是靜岡市區茶商工會所經營的日本茶咖啡店，店裡販賣會員約50品牌的茶品，而且全部均一價，￥500！店員會親切地教導泡茶知識，而配合季節也會推出不同茶款。在附設咖啡店中，精美的和菓子搭配特選綠茶，甘甜滋味引出茶本身的芬芳，一樣掏出硬幣即可享用。

甘甜的生菓子能引出茶味的芬芳。

鄰近駿府城公園，舒適的居家雜貨風格空間，可在此悠閒片刻。

☕ ロコマニ

Locomani

季節蔬菜滿喫的咖啡餐廳。

🅿 別冊P.20A3　🚶 静岡駅北口徒步約12分、新静岡駅徒步約5分　☎ 054-260-6622　📍 静岡市葵區鷹匠1-10-6　🕐 11:30~18:00　💰 今日午餐￥1,320　🌐 rokomani.exblog.jp

　以健康的地產季節蔬菜為主打，透過品嚐小農旬之美味，讓身體每日越來越健康。不強調蔬食餐廳，但盡量將葷食份量縮減至最小，最受歡迎的今日午餐大大一盤份量，包含細細烹調的6種配菜、湯及一碗玄米或含穀類類的飯與番茶，吃完後胃清清爽爽、口腔不躁不澀。店內空間也很舒適，光來喝杯咖啡與自家製美味蛋糕，也很享受。

神奈川➡山梨➡

靜岡

靜岡市

➡長野➡埼玉➡千葉➡茨城➡栃木➡群馬

👁 吳服町通り

😊 おすすめ

🔖 別冊P.20A3　🚉 靜岡駅北口徒步3分
📍 靜岡市葵區紺屋町(吳服町通り)
《步行天國》六日與假日11:00~18:00

靜岡市區最熱鬧購物街!

在靜岡逛街真的很輕鬆,因為所有好吃、好玩、好買超集中,**除了JR靜岡站到新靜岡站中間以綿密百貨群連結外,就是逛吳服町通り這條主要商店街。**

從JR靜岡站到本通り的蔦屋書店為止,700公尺長度中更是精華中的精華,不論要老舗、特色美食、居酒屋、年輕新玩意、百貨公司、藥妝、茶屋、書店、美術館、公園,真的是應有盡有。

> 優雅街區,假日一到又變成步行天國,逛起來更加輕鬆。

🛍 PARCO百貨

📞 054-272-8111　📍 靜岡市葵區紺屋町6-7 ▾
10:00~20:00　🌐 shizuoka.parco.jp

地下一層、地上八層的PARCO百貨,就位在葵大樓邊,從車站過來地下道就能直結。以**年輕風格商品為主的店內,結合了靜岡話題美食與廣受年輕族群喜愛的服飾品牌外,**也有TOWER RECORDS唱片、LOFT、靜岡最大規模的MUJI,另外知名Nanaya抹茶冰淇淋也在這裡設有風格新穎的茶屋。

> 純白夢幻感的大廳位在3F,作為售票櫃台及美術館商店&Cafe,不進美術館參觀也能來喝咖啡。

✏ 靜岡市美術館

😊 おすすめ

📞 054-273-1515　📍 靜岡市葵區紺屋町17-1 (葵大樓3F) ▾
🕐 10:00~ 19:00(展示室最後入館18:30)　📅 週一(遇假日順延)、年末年始　💰 特展依展費用不同　🌐 www.shizubi.jp

交通最便利的城市美術館。

就位在靜岡站對面的葵大樓裡,以都市型美術館來說,可說是少見的交通超便利,從車站出來與地下街直接連結。這裡以美術、設計、工藝等為主軸,幾乎以企畫特展為主,因此整個3樓展廳大約分兩部分,一個就是入口處的交流區,包含售票處、美術館商店與咖啡區,也是舉辦活動的多功能空間,另一半則是特展區。

小山園

☎0120-118-580 ⊙靜岡市葵區吳服町2-8-18 ⊙10:00~19:00 ⊛抹茶若竹(100g)¥1,458 ⓦwww.koyamaen.co.jp

創業於1865年的「小山園」，從批發製茶到直營店，掌握許多高品質茶之外，職人製茶精神也讓他的各式茶葉都獲獎無數，不論是一般家庭用的茶大約在1~2,000日幣，到名人製茶的得獎茶本山名人茶等，而其抹茶粉更在抹茶控之間地位排名至少前三名，100g價格從1、2千日幣到上萬日幣都有，也是入手目標。

田丸屋本店

⊙靜岡市葵區紺屋町6-7 ☎054-254-1681 ⊙10:00~19:00 ⊛わさビーズ¥550、本わさび茶漬¥540、わさび冰淇淋¥300 ⓦwww.tamaruya.co.jp

靜岡發展山葵栽種生產已有400多年歷史，利用乾淨的伏流水生產出品質風味俱佳的山葵。其中已有140多年歷史的「田丸屋」，以富士山乾淨水系的自家栽種山葵，不但深受在地喜愛，發展出種類繁多相關商品，更是讓人覺得驚奇，山葵與酒粕的蔬菜漬物、山葵醬、茶泡飯料、鹽、沙拉醬、各式醬菜、餅乾、冰淇淋等，都能加入山葵風味。

わさビーズ是一上市就秒殺的山葵風味魚子造型，妝點和、洋料理都超吸睛。

本店才能吃到山葵冰淇淋，剛入口能聞到山葵淡淡香氣，輕微辛辣味，美味又特別。

おすすめ

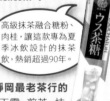

竹茗堂 本店

☎054-254-8888 ⊙靜岡市葵區吳服町2-4-3 ⊙10:00~19:00 ⊛ウス茶糖(5包入)¥270 ⓦwww.chikumei.com

靜岡歷史最悠久茶店。

1781年創業的「竹茗堂」，一開始就以茶與茶器營業銷售至今，來到位於吳服町上的本店，**店內櫃檯後方一整排方形茶箱，讓人感受到這靜岡最老茶行的歷史。**店內銷售的各種高級玉露、煎茶、抹茶等，也成為最佳送禮選擇，當然家庭用較為平價的綠茶也有不少商品。依時代而新開發的綠茶商品也很受歡迎，像是昭和8年上市的獨創ウス茶糖，至今依舊熱銷。

高級抹茶融合糖粉、肉桂，讓這款專為夏季冰飲設計的抹茶飲，熱銷超過90年。

☕ Maruzen Tea Roastery

おすすめ 👍

☎054-204-1737 ⏱靜岡市葵區吳服町2-2-5 🕙11:00-18:00 🈺週二 💰玉露￥610，義士冰淇淋￥460～ 🚗

可以選擇烘培度的茶冰淇淋茶屋！

www.maruzentearoastery.com

　純白簡約的摩登空間內，這不是咖啡館，而是由丸善製茶老舖開設、可以選擇茶葉烘培度的茶屋。看著櫃檯上一排手沖咖啡的器具，其實是用來手沖綠茶用的，茶的烘培度從80度到200度，有5種依據不同茶葉而進行的烘培度，同樣在義式冰淇淋也有相同烘培度的綠茶口味選擇外，再多一個0烘培，僅在茶葉蒸過乾燥後就碾碎製冰，是冰淇淋的專屬限定版。

店內用茶，小量烘培提供新鮮風味，除了有茶跟義式冰淇淋外，也有幾款甜點可以選擇搭配。

靜岡市區找茶趣

長久以來靜岡市就是綠茶重要集散地，市區中有許多由茶商直營的茶咖啡店網羅各地茗茶。在這日本最大的茶集散中心，推陳出新供應千變萬化的茶甜點，是綠茶控決不能錯過的找茶聖地。

054-251-1515

◎ 靜岡茶町

おすすめ 👍

📖別冊P.20B3 ⏱靜岡市葵區

走訪茶町的前世今生，由茶達人指導品茗的訣竅。

　靜岡市區的茶町，自江戶時代開始就是茶商們集貨、製茶的重鎮，與平常街巷無異的茶町，聚集許多茶行和大型批發市場，街上總是瀰漫著清新茶香。為了讓更多遊客認識靜岡茶，**老字號的茶行如茶町KINZABURO、竹澤製茶等都打開大門，開起類似台灣的品茶沙龍，在老闆帶領下喝茶品茶，學習日本茶知識！**

生菓子搭配每日特選靜岡煎茶，甘甜滋味令人回味再三。

☕ 茶町KINZABURO

📖 別冊P.20B3　🚉 靜岡駅徒步10分　📞 054-252-2098
🏠 靜岡市葵區土太夫町27　🕐 9:30~18:00，週日、假日10:00~17:00　📅 週三　🍰 夾館蛋糕(茶っふる)￥115起、富士山磅蛋糕切片(綠茶紅茶各一)￥120　🌐 kinzaburo.com

　　前田金三郎商店是擁有百年歷史的老茶鋪，推廣茶町文化與靜岡茶的品評不遺餘力。在新概念的茶鋪茶町KINZABURO中，一樓販賣以9種綠茶製做的甜點，還有自家烘焙的優質綠茶。二樓座位區有10種類的茶可自由試飲，其中包括有機綠茶、帶有葡萄清香的特殊茶品種等。

店內各種茶都是老闆的精心之選。

🧁 Nanaya 靜岡店

ななや

📖 別冊P.20A3　🚉 靜岡駅徒步10分
📞 054-251-7783　🏠 靜岡市葵區兩替町2-5-12　🕐 11:00~19:00　📅 週三　💰 抹茶義式冰淇淋一種￥350　🌐 nanaya-matcha.com

おすすめ

日本最濃郁的抹茶義式冰淇淋，讓你沉醉在濃郁茶香中！

　　本店位於藤枝的靜岡茶專賣店Nanaya，店內除了各種茶葉和茶點心，最特別的就是自製的抹茶義式冰淇淋。**靜岡抹茶依鮮奶比例，做成七種等級的濃度，三級以下的抹茶香甜滑順，奶香呼之欲出。第七級為濃綠色，**口感帶有些冰霜，濃郁的茶菁味在口爆發，苦中帶甜，回甘滋味讓人欲罷不能。

靜岡茶葉製作的冰淇淋，濃厚茶香一試上癮！

冰淇淋依茶味濃淡分為七種等級，嗜茶者可以嘗試超濃茶味的第七級！

🎁🧁 雅正庵 千代田本店

おすすめ

嚐鮮綠茶義大利麵，顛覆對於茶的想像。

📖 別冊P.20B3　🚉 靜岡駅搭靜鐵巴士こども病院線「千代田」下徒步20分
📞 054-267-3008　🏠 靜岡市葵區千代田7-1-47　🕐 10:00~19:00、咖啡11:00~17:00(週末假日~18:00)　💰 和風義大利麵￥1,000~、鞠福聖代￥900~
🌐 www.oyaizu.co.jp/gashoan/

　　雅正庵是茶中盤商小柳津清一商店直營的茶店，靜岡縣內如清水夢幻廣場、遠鐵百貨均有分店。本店位在遠離鬧區的住宅區中，**各種茶霜淇淋、特製點心首先吸引目光，而商品除了本地生產的高級茶葉，茶器、雜貨等均是一時之選。** 在附設餐廳品嚐茶點心和風味獨具的綠茶義大利麵後，別忘了再買些伴手禮回去。

神奈川➡山梨

靜岡　靜岡市

長野➡埼玉➡千葉➡茨城➡栃木➡群馬

👁 青葉通り おすすめ👍

📖 別冊P.20A3　🚃 靜岡駅北口徒步13分　📍 靜岡市葵區吳服町2丁目

> 鬧區中央的悠閒散步地～

　青葉通り與熱鬧的吳服町商店街成十字交叉，而在這十字交叉範圍內，也就是靜岡市最熱鬧的區域了。青葉通這條串連區役所與常盤公園間、約600公尺長的綠意公園大道，兩側幾乎都是餐飲店為主，在地人也都通稱它是青葉公園。寬達18公尺的公園大道上中間鋪上磚道，不但是冬季市內知名耶誕彩燈會場，平時或假日更是各式活動的舉辦地。

> 紅通通的燈籠讓整條黑輪街氣氛特別，連小丸子故事中也有爺爺來黑輪街的場景呢。

> 公園內樹下兩側設有座椅、中央噴水池，及充滿逗趣的「相遇」雕刻作品。

> 小小的店內大約僅容6-7人，氣氛熱鬧溫馨，很容易就跟不認識的同桌人聊起來。

🍴 青葉おでん街 おすすめ👍

📖 別冊P.20A3　🚃 靜岡駅北口徒步15分　📍 靜岡市葵區常磐町(青葉おでん街)　🕐 16:30~24:00(各店營業時間稍有不同)　🚫 週三

> 飄散昭和氛圍的黑輪一條街。

　靜岡幾乎到處食堂裡都有供應黑輪，但像這樣以黑輪為主題形成的一條街，還真是有趣。這些店家原本都在青葉通公園兩側擺攤，但因政府整頓後，一百多攤的黑輪野台，部分後來再次聚集於此，形成20個店家左右的規模，除提供黑輪外各家也另有其他豐富特色菜單。

🍴 青葉橫町

📖 別冊P.20A3　🚃 靜岡駅北口徒步14分　📍 靜岡市葵區常磐町(青葉橫丁)　🕐 16:00~24:00(各店營業時間稍有不同)　🚫 各店休日不一，但週日休居多

　以居酒屋為主的這條街，跟鄰近的青葉黑輪街一樣，規模不大，但因店家都很迷你，所以短短一段巷弄內，卻也聚集了十來家店。傍晚開始營業的青葉橫丁**往往天還沒全黑，就吸引許多食客來**，因為座位不多，往往熱門店一下子就滿座，各式地產食材菜單豐富外，當然靜岡黑輪一樣有供應。

🍴三河屋

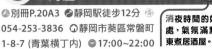

📖別冊P.20A3 🚉靜岡駅徒步12分 ☎
054-253-3836 🏠靜岡市葵區常磐町
1-8-7 (青葉橫丁內) 🕐17:00~22:00
🚫週日、第二與第三週的週一 💰關東煮￥150起

僅有一個櫃台的小店隨時高朋滿座，推開暖簾，顧客並排坐在吧台旁，只見店長夫婦手不停地，從狹小空間中變出關東煮、串炸、燒烤、沙拉等各種花樣，**關東煮軟嫩可口，牛筋入口即化，串炸番茄鮮甜噴汁，還有比手掌大的炸蓮藕，柔軟的烤豬排、牡蠣，在融洽氣氛中大快朵頤。**

店主夫婦熱情的款待，
是三河屋蟬連最有人氣
關東煮店的關鍵。

風味獨特的靜岡
黑輪，一入口是
熱呼呼的溫暖。

手捏飯糰有媽媽
的味道。

靜岡黑輪

來靜岡必吃的B級
美食——黑輪(お
でん)，與一般印象
中清澈的湯底不
同，濃黑湯頭下的
靜岡黑輪，散發甘
醇不死鹹的醬油
味，浸泡著昆布、
雞蛋、蘿蔔、牛筋等美味，搭配味噌、青海苔與黃芥末大快朵頤，顛覆對關東煮的既有印象。

🍴大燒芋

大やきいも

📖別冊P.20B3 🚉靜岡駅搭乘靜鐵巴
士縣立綜合病院高松線，「アイセル
21」下車徒步1分 ☎054-245-8862 🏠靜岡市葵區
東草深町5-12 🕐10:30~16:30 🚫週一、二 💰關東煮
￥60起

靜岡媽媽的手工
味，溫馨的傳統
關東煮老鋪。

雖然名稱叫做「大燒芋」，但冒著濃香的關東煮比烤地瓜還更吸引顧客。將近百年歷史的小店中，由兩位婆婆堆滿笑容販賣關東煮，以及熱騰騰的烤地瓜和蜜地瓜。坐在日式平房中，挑選喜歡的關東煮口味趁熱送入口中，啜飲免費熱茶，彷彿回到懷舊的昭和時代，內心暖暖的。

靜岡淺間神社

🚩別冊P.20B3　🚌靜岡駅轉搭駿府浪漫巴士約15分「淺間神社」下車　☎054-245-1820　🏠靜岡市葵區宮ケ崎町102-1　⏰自由參拜　🌐www.shizuokasengen.net

靜岡淺間神社為神部神社淺間神社,以及大歲御祖神社三間神社的總稱,歷史最遠可上溯至2100年以前第十代崇神天皇時代,是駿河國最悠久的古剎。現在的寺院建築為1804年、費時60年打造完成,寺廟中展示許多國寶級雕刻,以及德川家康盔甲等與德川家物品,可見神社與德川家族關係密切。

神社內掛著許多繪馬,向神聖的富士山祈願。

靜岡境內最古老的古剎,優美寺廟值得細細觀賞。

眼前富士山全景與周邊平原、駿河灣一起入鏡,層次美景令人屏息。

限式招牌交錯的優雅木架構建築空間,讓觀景台與周遭地景融成一體。

日本平

🚩別冊P.18A4　☎054-334-2026　🏠靜岡市駿河區、清水區　⏰自由參觀　💰纜車往返¥1,250　🌐日本平纜車:
ropeway.shizutetsu.co.jp/index.html?q=park/index.html

鄰近靜岡市區的日本平,是遙望富士山與郡河灣的絕妙地點,丘陵地上到處是綠油油的茶園,茶園與海灣,以及遠方的富士山相互借景,交織成層次分明的畫面。搭乘往返日本平與久能山東照宮的纜車賞景,360度的景觀盡收眼下。

おすすめ 👍

茶園與海灣,交織出獨一無二的富士美山絕景。

日本平夢テラス

日本平夢 Terrace

🚩別冊P.20B4　🚌靜岡駅北口11號巴士站,搭乘前往日本平纜車的靜鐵巴士,單程約40分　🏠靜岡市清水區草薙600-1　☎054-340-1172　⏰9:00~17:00、週六9:00~21:00　⏸每月第2個週二、12/26~12/31　💰免費　🌐nihondaira-yume-terrace.jp

おすすめ 👍

夢幻富士賞景新名所。

2018年底新完工的「日本平夢テラス」,包含1樓資料展示室、2F咖啡廳與3F的展望台,讓海拔300公尺、原本就是賞富士山美景的日本平更具話題性。由建築大師隈研吾所設計,包含展望台及一個圍繞電波發射塔的環狀木棧道迴廊,富士山、駿河灣、清水、富士市、三保松原,甚至遠及伊豆半島盡在眼前,360度奢侈景致、美的讓人不想離開。

Ⓗ 日本平旅館

日本平ホテル

⊕別冊P.18B3 ◎靜岡駅搭乘路線巴士至「日本平ホテル」下車即達 ☎0543-35-1131 ⊙靜岡市清水區馬走1500-2 ◎Check-in 14:00，Check-out 12:00 ◎www.ndhl.jp

有「風景美術館」之稱的日本平旅館，開幕於1964年，飯店坐落於駿河灣邊的日本平山頂，**館內庭園可眺望清水港、駿河灣、三保松原，接續雲纏霧繞的富士山岳，海灣盡處甚至隱約可見伊豆半島山脈**。新建館舍區劃分為二：本館是現代風格的洋室，別館是氛圍靜謐的和室，共有寬敞客室80間，館內也可享用到正統法式料理以及日本料理。

搭乘日本平纜車上山更方便，也節省體力。

作工精細的雕刻，美輪美奐的華麗配色是建築典範。

坐覽駿河灣與富士山岳的美術館飯店。

已成為國寶的東照宮，是鄰近小學生必訪的校外教學地點。

駿河灣與德川家康

日本一代梟雄德川家康的幼年、中年及晚年，分別在駿府城度過，因而在駿河地區留下許多珍貴的歷史遺跡。其中位在靜岡近郊日本平的久能山東照宮，是為了埋葬德川家康而建造。西元1616年德川家康驟逝，二代大將軍德川秀忠依其遺言，在久能山大興土木，找來全國最好的工匠打造美輪美奐的東照宮。

◎ 久能山東照宮

おすすめ 👍

⊕別冊P.18B4 ◎靜岡駅轉搭靜鐵ジャストライン日本平線約50分，終點「日本平」下，轉搭日本平纜車至東照宮 ☎054-237-2438 ⊙靜岡市駿河區根古屋390 ◎9:00~17:00，10月~3月至16:00 ◎參拜與博物館共通券大人￥800(高中生以上)，兒童￥300 ◎www.toshogu.or.jp

江戶幕府的建築結晶，能遠眺富士山與駿河灣絕景。

東照宮位在俯瞰駿河灣的山巔，必須踏過1,159道石階才能抵達，僅管沿途景色遼闊優美，旅客通常選擇搭乘纜車或是巴士上山，節省腳力。**金色與朱紅色的塗漆營造金碧輝煌的氣勢，色彩斑斕的細膩雕刻樣樣是精品**，而從山門到本殿層層分布，對稱優美的「權現造」格局，成為日後日光東照宮等社寺的建築典範。

神奈川▶山梨

靜岡

靜岡市

長野▶埼玉▶千葉▶茨城▶栃木▶群馬

H Hotel ASSOCIA靜岡

おすすめ 👍

🏠別冊P.20A3 🚶靜岡駅北口徒步1分
☎054-254-4141 📍靜岡市葵區黑金
町56 ⏰Check-in 14:00、Check-out
11:00 🌐www.associa.com/sth/

位在車站邊、吃喝玩樂最便利。

隸屬於JR飯店系列的「Hotel ASSOCIA靜岡」，高達15層樓的獨立飯店建築，就位在靜岡車站最熱鬧的南邊出口旁。這個4星級、多達250間客房的飯店，房型多樣讓人多人少都容易找到所愛外，**整體設計摩登新穎、氣氛優雅又沉穩，讓人從大廳進入開始，就充分感受到舒適放鬆的度假氣氛。**

位在靜岡市最繁華的車站北口，不論是逛最熱鬧的吳服町通、悠閒的青葉通、駿府城公園等，通通都**在徒步範圍**，即使購物中場也能隨時回來卸貨後再繼續血拚。當然因為就在車站旁，美食伴手禮的便利度不用多說，想鄰近出遊，像是去清水吃鮪魚、拜訪小丸子樂園、三保松原賞富士山，或是搭乘巴士直達日本平動物園、日本平觀景台或是久能東照宮，只需步出飯店1分鐘內即能到達乘車處，想租車者飯店一樓就有租車中心。玩累了，晚上在飯店最高層的15樓有酒吧能賞景放鬆、早餐也能大啖靜岡特色美食，讓人滿滿元氣繼續大玩靜岡各處美景。

步出靜岡站北口立即可以看到Hotel ASSOCIA飯店大樓，超便利的立地，早起趕車也不怕。

位在14樓的Premium樓層，窗外視野廣闊外，房間也採45~68㎡超大坪數，讓住宿更舒適放鬆。

頗受好評的早餐除了有中西不同選擇的自助吧外，也囊有靜岡區，靜岡必吃美味一次囊括。

神奈川▼山梨

靜岡 清水

長野▼埼玉▼千葉▼茨城▼栃木▼群馬

清水
しみず
Shimizu

清水市是小丸子的故鄉，所有觀光的焦點當然都放在以小丸子為主的話題上，但其實靠海的清水市，除了清水夢幻廣場裡有「小丸子園地」、讓小朋友親近卡通裡的人物之外，與京都天橋立、福岡箱崎，並列為日本三大松原的三保松原更是不可錯過，生長於清水灣半島海岸線約長七公里的三萬棵松樹，與富士山正好隔海相對，茂密黑松襯托高聳富士山，充滿能量與層次的構圖絕對要親自到訪才能感受，不妨安排半天順遊，隔著大海欣賞富士山。

交通路線&出站資訊

電車
清水駅◇JR東海道本線
新清水駅◇靜鐵清水線

巴士
從東京駅八重洲口、新宿巴士BT搭乘JR巴士，可直達清水駅、新清水駅等。

出站便利通
◎抵達清水，可以從JR清水駅、靜岡鐵道新清水駅下車，即能轉乘運行在JR新清水駅、靜岡鐵道清水駅、DREAM PLAZA等之間的免費接駁車。

優惠交通套票
◎電車·巴士1日券(電車·バス1日フリー乗車券)◇1日內可自由搭乘靜岡鐵道全線，以及以靜岡·清水·東靜岡·草薙駅為起點，車資￥600區域內的靜鐵巴士。
Ⓢ￥1,400(小孩半價)
Ⓙ購買地點：靜鐵巴士-新靜岡巴士案內所、靜岡駅前案內所、清水駅案內所；靜岡鐵道-新靜岡駅、新清水駅
Ⓤ www.justline.co.jp/jyousyaken/onday_free.html

海、陸交通串聯，巡玩清水魚市&夢幻廣場吧！

來到清水玩，幾乎清水魚市&夢幻廣場都會一起安排，想要玩得順暢又有點不一樣的趣味，建議可以用船跟巴士來串連兩邊喔。上午從清水車站徒步5分鐘內就能先到清水市場，吃完買完後，市場旁就有水上巴士港口，買票搭乘前往夢幻廣場，沿途可欣賞海港風景與遠山外，還能餵食海鷗，非常有趣！抵達清水廣場盡情玩到晚上，再利用廣場提供的免費巴士回到清水站，這樣剛好海陸一圈。

《水上巴士》江尻(JR清水駅、河岸の市前)➡日の出(夢幻廣場)
Ⓒ10:15~16:15，每小時一航班，去程經(三保松原)船程35分鐘；回程船程10分鐘 Ⓢ單程￥400(小孩半價) Ⓤ www.shimizu-cruise.co.jp/waterbus/

《接駁巴士》夢幻廣場➡靜鐵 新清水駅➡JR清水駅
Ⓒ10:00~22:00，平日每30分一班，假日15分一班，車程10分 Ⓢ免費

👁 清水夢幻廣場

S-PULSE DREAM PLAZA

👍 與小丸子一起在摩天輪下的美食購物樂園開心玩樂！

🅰別冊P.19A4 🚉清水駅、靜鐵新清水駅可搭乘免費接駁巴士至夢幻廣場，車程5分。每日9:40~22:00，一小時約2~4班 ☎054-354-3360 📍靜岡市清水區入船町13-15

🕐各店鋪營業時間不同，約10:00~20:00 💲摩天輪費用：3歲以上¥600 🌐www.dream-plaza.co.jp

面臨海港的清水夢幻廣場，輪轉的摩天輪十分引人注目。**商場結合電影院、主題樂園、購物、餐廳等複合功能，包括小丸子博物館以及壽司博物館**。清水壽司橫丁內則集合全國的壽司名店，而駿河土產橫丁則有從茶類到櫻花蝦等靜岡特產，特別是琳瑯滿目的小丸子商品，更是別處找不到的。

清水夢幻廣場好玩必CHECK！

這裡簡直是各種好玩、好買又好吃的夢幻結合體，趕快來看看那些一定要玩到，好不容易來一趟，可別漏溝精華之處囉！

1F清水ラムネ(彈珠汽水)博物館

空間迷你的博物館，裡面最大亮點當然是集合超過55種特色彈珠汽水。

1F伴手禮購物區

從定番的靜岡特色伴手禮，到農產、海鮮乾物、綠茶、地酒等，幾乎蒐羅完備。

2F CRAFT MARKET

位於2樓的這區CRAFT MARKET手創廣場，主要是集結了超過150名以上的手作創作者的各式作品。

1F清水壽司橫丁

以江戶、明治時代的街區造景，光在這處集合了7家壽司店圍繞的廣場上環繞一圈，都覺得好有趣。

摩天輪

清水夢幻廣場最標誌性的地標，當然就是這座高達52公尺的摩天輪，轉一周大約13分鐘，可以一覽日本三大美港之一的清水港，還能遠眺周邊景致。

清水壽司博物館

江戶場景造街超好拍！

☎054-354-3360 ⌂清水夢幻廣場2F ⏰11:00~18:00 $大人¥500、4歲~小學生¥200(清水壽司橫町用餐收據可半價入場) ❗租用和服須另外付費

由「鄉土料理研究家」日比野光敏先生所監修的這處壽司博物館，可說是日本首處的壽司主題博物館，不僅**兼具知識性與分門別類的壽司細節雜學，特別的是，宛如穿街弄巷般的的江戶、明治時代的清水橫丁再現**，也讓博物館變得更加有趣又好拍。館方也設有和服租賃處，想拍出濃厚江戶風，可穿租和服再進來博物館，邊逛、邊拍、邊長知識。

狹窄的江戶時代清水橫丁的復古造街，走在裡面好有氣氛。

博物館最後一站是「鮨學堂」，這裡也把歌舞伎裡闡述壽司的段落演給你看。

入船鮨

百年壽司老舖享受正統美味。

☎054-395-8551 ⌂清水夢幻廣場1F(清水壽司橫丁內) ⏰11:00~21:00 (L.O.20:00) 休週三 $海鮮散壽司丼¥2,000 🌐irifunesushi.net

創立於1912年的「入船鮨」，是家**以在地各式季節新鮮海產為主打特色的人氣壽司店，直接跟漁夫船家採購，縮短市場採購流程、讓鮮度更勝一籌。**新鮮、優雅的入口美味，雖然價格稍高，卻也人氣不墜，除了位於夢幻廣場裡的這家店，在靜岡市中心也有多家分店。推薦首選當然是握壽司，其他像是散壽司、烤魚、天婦羅、定食及各式地酒等，選擇相當豐富。

至少包含10種以上當日各式海鮮的「海鮮散壽司」，鮮度的甜，口口令人心花怒放。

裡面可以隨興自拍外，也能租小學生制服在小丸子寫真館裡拍照，相當逗趣。

教室桌椅都可以自由入座，跟小丸子、花輪一起上課吧！

也別錯過小丸子商品店，超多周邊讓你買不完！

小丸子樂園

小丸子迷快來報到！

☎054-354-3360 ⌂清水夢幻廣場3F ⏰11:00~20:00(最後入館19:30) $大人¥1,000、3歲~小學生¥700 🌐www.chibimarukochan-land.com

來到清水怎能忘記這位胡塗又可愛的角色—櫻桃小丸子呢！位在清水夢幻廣場3F的**小丸子樂園，重現動畫中常見的教室、公園、客廳、房間場景**，偶爾還會有爺爺、小玉客串，是櫻桃小丸子迷絕對不能錯過的景點！

神奈川▼山梨

靜岡

清水

▼長野▼埼玉▼千葉▼茨城▼栃木▼群馬

親切的老闆開朗的招呼著生意，說著來清水就是要大嗑鮪魚！

◎ 清水魚市場 河岸の市

👍 おすすめ

ⓘ 別冊P.19A4 🚉 清水駅徒步5分 ☎ 054-355-3575 📍 清水區島崎町149 🕐 市場館9:30~17:30，鮪魚館各店家營業時間不一 ⓧ 週三 🌐 kashinoi-chi.com

不是現撈的不賣！讓你吃得到最新鮮的海產與美食！

清水港現撈的海產和美食，集中在面對港灣的河岸の市中。**河岸の市分為鮪魚館與市場館，市場館主要為物美價廉的鮮魚、魚乾、土產點心等**，螃蟹一箱大約才2千日幣，至少是東京一半價格。逛得飢腸轆轆，いちば館(市場館)與まぐろ館(鮪魚館)兩館共有10來家餐廳，海鮮丼飯料多又大碗，是漁港直送才有的特權。

清水鮪魚產量是日本第一，如果沒吃鮪魚料理就不算來過清水。

👍 おすすめ

🍴 鰹工房

🏠 いちば館 1F ☎ 054-351-8355 🕐 9:30~17:30 ⓧ 週三、1/1 💰 鰹魚昆布高湯粉(50g)¥520 🌐 katsuokoubou.com

熬製美味高湯就靠這一味。

靜岡的清水港日本鮪魚撈捕量第一外，鄰近的燒津港也是鰹魚量名列第一，鰹魚除了生鮮享用，做成柴魚用的鰹節也是滋味豐厚。位在いちば館內就有一家鰹節工廠直營的「鰹工房」直販店舖，販售料理調味用食材為主，各式柴魚、刨柴魚的器具外，還有魚鮮甘味調味料、醬料、昆布、醬油等也一應俱全。

小包裝又很好攜帶的鰹節粉，烹製高湯很便利，買回家也不佔行李空間。

邊吃也要邊玩，要什麼海鮮自己釣！

🏠 鮪魚館 1F魚市場食堂

清水港的鮪魚館，無論何時都是人潮滿滿，想用餐不但要有排隊心理準備，假日一到，即使都下午3點依舊排隊人潮不減，這時如何打發排隊時間？除了走到外面看看海港，鮪魚館裡也有一處遊戲機台區，有趣的是，這些機台裡不是一般常見可愛娃娃，而是海鮮！不論你要鮪魚、螃蟹、秋刀魚、龍蝦，通通都可試手氣，當然，他們也都是娃娃，可以帶回國的。

🍽 Totosuke

ととすけ

🏠 鮪魚館 2F　☎054-368-7364　🕐10:00~20:00　🈺1/1
🍜 鮪魚三昧￥1,700、Totosuke丼￥2,400　🌐toto-suke100.com

很想大口吃鮪魚，想要一次嚐遍鮪魚大腹、中腹、赤身，在蓋飯專門店Totosuke可一次滿足。最受歡迎的料理包括用木桶盛裝的「鮪魚三昧」，一網打盡五種口味的鮪魚。此外將**所有駿河灣特產集合於一碗的「Totosuke丼飯」，內容有新鮮　仔魚、櫻花蝦、甜蝦、鮪魚等**，滿滿好料傳遞大海的鮮美滋味。

不敢吃海鮮、生魚片的人，店內有供應近15公分長的炸蝦料理。

能吃到滿滿好料的次郎長丼，是店內人氣招牌。

🍽 小川

おがわ

🏠 いちば館　☎054-352-0202　🕐9:30~14:30、週末~15:00　🈺週三
🍜 次郎長丼￥2,100、鐵火丼￥950

老闆是鮪魚批發商，給你滿滿的超鮮又超值的鮪魚！

おすすめ

小川的店主是鮪魚批發商，因此能夠以成本價提供給顧客新鮮的鮪魚。**推薦可以品嚐青蔥鮪魚、醃漬赤身等做成的鮪魚丼，從彈牙口感即可證明鮮度一流**。豪華的海鮮次郎長丼，有嫣紅的鮭魚卵、新鮮甜蝦、玉子燒，底下還藏著層層好料，滿滿的烏賊、鮪魚、大腹肉，海鮮比飯還要多，難怪能博得大人氣。

一旁的自然史博物館內，展出高達25公尺的巨大恐龍骨頭標本，數量多達15具！

館內復育各種超可愛的小丑魚，看著尼莫游來游去超可愛。

御穗神社

おすすめ

🚩別冊P.19B4　🚆清水駅搭往三保車庫前方向的巴士，「羽衣の松入口」下，徒步10分　☎054-334-0828　⏺靜岡市清水區三保1073　🕐自由參觀

聽述自古流傳的浪漫羽衣傳說，吸取神社的自然能量。

　　從平安時代就有記錄的御穗神社，距今已有超過千年歷史。神社被黑松林圍繞，**不少松樹歷史久遠，有的粗壯樹幹甚至大到二人合抱的程度，姿態蒼勁多姿，松林延伸至海岸，天晴時富士山聳立海面，與黑松相互借景，景色美不勝收。**

神社旁的「羽衣之松」樹齡超過3百年，氣勢雄偉，是傳說中的「御神木」。

東海大學海洋科學博物館

🚩別冊P.19B3　🚆清水駅搭乘往東海大學三保水族館方向的巴士，於終點站下，徒步1分　☎054-334-2385　⏺靜岡市清水區三保2389　🕐09:00~17:00　🈺週二(7、8月無休)　💰海洋館￥1,500、自然史館￥1,000，兩館共通券￥1,800。(小孩半價)　🌐www.umi.muse-tokai.jp

　　東海大學是日本海洋研究的權威，位於三保松原的海洋科學博物館**不但可以貼近觀察魚類，詳細說明與互動式的展示，可以知道魚在波浪中的行動方式，如何挖洞築巢，與其他生物共生等知識，**達到寓教於樂的效果，還展示研究用途的人工海嘯，以機械模擬魚類動作的機械生物博物館，從不同角度認識海洋。

→西伊豆→熱海→濱松

3-33
おすすめ
👍

神奈川→山梨

靜岡 清水

→長野→埼玉→千葉→茨城→栃木→群馬

👁 清水港內遊覽船

清水港ベイクルーズ

📍 別冊P.19B3 🚌 清水駅、靜鐵新清水駅搭乘免費接駁巴士至夢幻廣場，步行3分鐘至日の出棧橋 ☎ 054-353-2221 📍 靜岡市清水區日の出 ⏰ 依季節推出不同巡遊行程，內容、價格、時間洽官網 💰 40分鐘～、大人¥1,200~(小孩半價) 🌐 www.shimizu-cruise.co.jp/baycruise/

坐上遊覽船，飽覽漂浮於港灣的富士山景色。

名列日本三大美港的清水港，被雄偉的富士山與三保松原包圍港灣，只要搭乘遊覽船繞行一周，即可同時欣賞兩種風情美景。坐在甲板吹著海風，名山、松原，以及遠方的伊豆半島猶如名信片般的畫面讓人醉心。船上售有簡單輕食與飲料，可以邊喝飲料邊單純搭遊船巡遊美景外，遊船也依季節推出不同特別行程，像是午餐富士便當巡遊行程、追海豚行程等。

欣賞著眼前的富士山美景，再吃下一口手中的富士便當。

浪漫的羽衣傳說

御穗神社流傳著一個浪漫的羽衣故事，傳說中一位漁夫撿到天女掉落在松枝上的羽衣，天女懇求漁夫歸還好回到天界，漁夫說：要還羽衣可以，但請天女舞上一曲。翩翩起舞的天女送來浪漫春意，也寫下三保的美麗故事。

單車慢遊三保松原

騎自行車在平緩的海岸道路飽覽山海風光，是最能領略三保魅力的交通手段。自行車在三保園飯店、各地旅館、海洋科學博物館等地均可租借，如果從清水出發建議可以搭乘水上巴士，跟司機申請租借自行車，司機會準備好車子，連人帶車把你送到三保，最後可再原路返回清水港。
☎ 054-221-1310(靜岡觀光交流文化局-觀光交流課東海道歷史街道係) 📍 清水駅周邊-河岸の市、清水夢幻廣場、日の出棧橋等。三保-まつぼっくりCAFÉ等地 💰 單次¥500 🌐 www.city.shizuoka.jp/000_004200.html

結合當地食材做出季節性美食，是當地人最愛光顧的餐廳。

🍴 Massimo
おすすめ
👍

マッシモ

📍 別冊P.19B4 🚌 清水駅搭往三保車庫前方向的巴士，「白浜町」下，徒步2分 ☎ 054-335-0030 📍 靜岡市清水區三保89-1 ⏰ 11:30~14:00、18:00~21:00 ❌ 週一 💰 午間套餐¥2,200起、晚間套餐¥3,300

將駿河灣捕獲的鮮魚入菜，製成鮮味十足的義大利麵。

當地人愛光顧的義式餐廳「Massimo」，主廚結合清水在地食材，以及法式料理的細膩手法，做成簡單卻風味十足的義式美食。菜單內容隨當旬食材做調整，櫻花蝦義大利麵以奶油風味為底，突出櫻花蝦獨特的甘甜，就連單純的蔬菜義大利麵，也是融合蔬菜本身風味，美味無庸置疑。

三島・沼津
みしま・ぬまづ
Mishima・Numazu

三島素來以古剎林立、湧泉豐富廣為人知，街巷瀰漫著悠久的歷史氣息。與三島相鄰的沼津則是日本重要漁港，位在靜岡的東部，接近伊豆半島，也是竹筴魚的重要產地。漁港大街遊客摩肩擦踵，都是為了品嚐最新鮮的駿河灣鮮魚，大排長龍也讓人心甘情願。想要體會沼津魅力，便要逛逛魚市場，嚐嚐現撈海產，大啖美味壽司與人氣漢堡，離開前再帶份曬魚乾當伴手禮！

交通路線 & 出站資訊

> 古雅神社綠蔭圍繞，氣氛清幽，其中社殿雕刻精美細膩，寓意深刻。

電車
三島駅⇨JR東海道本線
三島駅⇨伊豆箱根鐵道 駿豆線
沼津駅⇨JR東海道本線、JR御殿場線
◎東京駅搭乘新幹線至三島駅，轉搭JR東海道線一般列車，約6分即達沼津駅。
◎靜岡駅搭乘JR東海道線約1小時能達沼津駅。

出站便利通
◎三島駅南口出站後的巴士站聚集許多線路短、中程以及高速巴士，伊豆箱根巴士、東海巴士、富士急巴士、富士急山梨巴士、小田急箱根高速巴士等，前往沼津駅、御殿場駅、修善寺、河口湖駅等。
◎出沼津駅後可轉搭巴士至沼津港，感受海港風光與美食。

> 一到深秋三島市區與三嶋神社內銀杏老樹，轉為一片金黃、夢幻至極。

🈯 三嶋大社

📖別冊P.17A1　🚶三島駅、或是伊豆箱根鐵道三島田町駅徒步7分　☎055-975-0172　📍三島市大宮町2-1-5　🕐💲自由參拜　🌐www.mishimataisha.or.jp

> 👍おすすめ
>
> 一窺悠久的歷史神社，飽覽深秋的極致金黃絕景。

　　三島是進出伊豆半島的玄關口，同時也是以前東海道上的重要宿場町。三嶋大社的主神為伊豆諸島的開拓神，過去人們因敬畏伊豆諸島活躍的火山，選擇在伊豆入口建立三嶋大社以祭祀，從千年前的典籍上可見關於寺廟的記載，足見**神社的歷史悠久。在三嶋大社除了祈求商葉繁盛，也有事業順遂的效果。**

鐵線蓮之丘

クレマチスの丘

🅐別冊P.17A1 🚌三島駅南口3號巴士站搭乘駿河平線，在「ビュフェ美術館入口」下車，約45分 ☎055-989-8787 🏠長泉町東野クレマチスの丘(スルガ平)347-1 🕙10:00~17:00，4月~8月10:00~18:00，11月~1月10:00~16:30 🅧文學館-週三，美術館-週三、四 💴伊豆寫真博物館(疫情停運中)、Vangi庭園雕刻美術館(整修停運中)、井上靖文學館¥200(高中以下免費)、貝爾納比費美術館¥1,000/高大生¥500 🌐www.clematis-no-oka.co.jp

　圍繞著駿河平自然公園寬廣的丘陵與草原中的鐵線蓮之丘，**分布包括雕刻博物館、寫真博物館、井上靖文學館等4間展覽館，透過與綠意的結合，呈現出不同領域的藝術型態**。園區內進駐雜貨、花店、餐廳等商家，讓參訪遊客可以花上整天時間，盡情徜徉在藝術氣息之中。

結合美食、創作與自然的藝術森林。

貝爾納比費美術館展出超過2千件畫作，畫中透露對虛無人性的凝望。

寫真博物館沒有常設展場，而是依照主題企劃策展。

來一客香炸深海魚漢堡，肉質細嫩又香脆。

🍴 沼津漢堡

沼津バーガー

🅐別冊P.15A1 🚌沼津駅轉搭巴士，在「沼津港」下徒步2分 ☎055-951-4335 🏠沼津市千本港町83-1(港八十三番地內) 🕙9:00~18:00，週末假日至19:00 💴深海魚バーガー(深海魚漢堡)¥750

　把沼津海之味放入漢堡中，會是怎樣的滋味呢。以**沼津港食材為主題的沼津漢堡，把深海魚做成香酥魚排夾入漢堡**，還有鮪魚、螃蟹奶油可樂餅等口味。店裡還販賣富士山麓朝霧高原牛乳聖代、靜岡抹茶拿鐵，就連飲料點心也是當地風味。

進入伸手不見五指的深海世界，開始探密不可思議的海底生物。

深海中的鸚鵡螺也是活化石。

👁 沼津港深海水族館

シーラカンスミュージアム

🅐別冊P.15A1 🚌沼津駅轉搭巴士，在「沼津港」下徒步5分 ☎055-954-0606 🏠沼津市千本港町83 🕙10:00~18:00，依季節調整 🅧不定休 💴大人¥1,800，小孩¥900，4歲以上幼兒¥400 🌐www.numazu-deepsea.com

　不可思議的深海世界探祕，日本首創以深海為主題的水族館，**展示從駿河灣捕撈、採集的珍貴海洋生物約300種**。館內比較相同物種在不同深度的差異性，**還可觀賞鮫鱇魚、肢體細如絲線的強壯蛛形蟹、圓滾滾像是電玩「小精靈」的加州章魚等**。二樓為腔棘魚展示區，展示兩隻冷凍處理的腔棘魚，詳細介紹這個從3億5千萬年前就存在的物種，全世界可是只有這裡才看得到！

沼津港魚市場INO

おすすめ 👍

別冊P.15A1 沼津駅轉搭巴士,在「沼津港」下徒步5分 055-962-3700 沼津市千本港町128番地3 朝市競標賣會5:45~7:00,其它餐廳依店家不同,大約10:00~21:00 朝市競標賣會於每週六休市 www.numaichi.co.jp

> 來到港灣小鎮,一定要拜訪活力十足的地方魚市場!

沼津港集漁港、市場與餐廳於一地,每逢週末假日盛況非凡,到處擠滿來漁港嚐鮮的遊客。**每天清晨漁船入港卸貨後,5點45分左右便是熱鬧的競標賣會,遊客可從2樓空中走道參觀,感受大聲叫賣與還價的盛況。**看完競標賣會後更可至臨近餐廳享用最新鮮的海鮮,或這裡的3樓就有3家餐廳可一飽口福。

> 燒烤、壽司、漢堡等餐廳,都在港八十三番地集合!

深海魚

駿河灣海底最深達2千5百公尺,是日本最深的海灣。各種奇形怪狀的深海魚撈捕上岸後做成創意料理,挑戰遊客的好奇心。

沼津港水門BYUUO

大型展望水門びゅうお

別冊P.15A1 沼津駅轉搭巴士,在「沼津港」下徒步10分 沼津市本字千本1905番地の27 055-934-4747(沼津產業振興部觀光交流課) 10:00~20:00,週四10:00~14:00 大人¥100,小孩¥50 byuo.jp

連結沼津港內港與外港航線,高9.3公尺,寬40公尺,重量達406噸的水門為日本最大規模。建造的主要目的是為了防止海嘯襲來、造成繁華港口的傷亡,**而水門的頂上也設置了展望台,讓人到離地面30公尺的展望迴廊,360度眺望愛鷹山、富士山與駿河灣**,落日時來欣賞港灣剪影也十分優美。

伊豆高原
いずこうげん
Izukougen

伊豆高原得天獨厚的大自然加上閑靜氣氛，發展成都市人避暑度假的別墅勝地。揮灑不去的慵懶歐風瀰漫著度假區，別具特色的餐廳、美術館和工作室，還有個性咖啡店以濃濃咖啡香，吸引度假旅客前來一探究竟。森林中藏著許多別具趣味的迷你博物館，這些可能只是一幢別墅或一間民宅大小的博物館們，腳步不妨從泰迪熊博物館開始，接著參觀收藏眾多世界名家作品的池田20世紀美術館，在午後前往有「伊豆之瞳」美稱的一碧湖，在自然與藝術中忘卻塵囂。

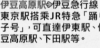

交通路線 & 出站資訊

電車
伊東駅▶JR東日本伊東線
伊東駅▶伊豆急行線
伊豆高原駅▶伊豆急行線
東京駅搭乘JR特急「踊り子號」，可直達伊東駅、伊豆高原駅、下田駅等。

出站便利通
◎伊豆半島幅原廣大，原則上各大景點都有鐵道列車相連，交通還算方便。但到了當地後除了在車站周邊徒步行動外，也可利用巴士進行景點的串聯。
◎伊豆高原的佔地廣大，建議出發前先查詢好巴士時間，以減少接駁等車時間。
◎伊東駅可搭乘前往伊豆海洋公園、一碧湖、伊豆シャボテン公園以及修善寺駅等方向巴士。
◎伊豆高原駅出口分有北側高原口(櫻並木口)，以及南側八幡野口(やまも口)兩側出口。
◎於伊豆高原駅出高原口站後沿櫻花樹並木徒步，周邊即有不少美術館可參觀。
◎伊豆高原駅1號乘車場，或是伊東駅6號乘車場，可搭乘前往一碧湖路線巴士。

優惠交通套票
◎伊豆高原巴士周遊券▶想利用巴士走訪伊豆高原各處，不妨購買東海巴士推出的伊豆高原周遊券，有「伊東・伊豆高原2日券」及「伊豆高原・城ヶ崎1日券」，都能在使用期限內自由在限制的區域內自由搭乘，且都享有伊豆高原的大室纜車山、池田美術館、動物園等20處設施的優惠價。
◎成人1日¥800、2日¥1,500，兒童皆半價
◎購買地點：2日券-東海バス伊東駅案內所。1日券-伊豆ぼたステーション伊豆高原 伊豆高原駅內

火車在伊豆高原駅會分成兩節
如果搭火車從熱海方向往下田，記得要坐在1~3號車廂，因為火車來到伊豆高原後，4~6節以後的車廂會被拆解，然後只留1~3車廂繼續往南行。所以遊客若剛好在月台上看到火車進站，通常很容易就會看工作人員在解離車廂的這一幕。萬一目的地站在伊豆高原之南、即使坐錯車廂也別緊張，趕快下車往前移動到1~3車廂就好。

伊豆高原適合開車造訪
搭乘火車來到伊豆高原站下車後，絕大部分最精采的地方都必須再搭乘公車大約15~30分鐘才能抵達，但拜訪一個地方想再移動時，往往還得再等公車，但公車大約30分鐘才一班，整個高原其實坡度上上下下，也不適宜走路，若想一次效率拜訪多個點，建議開車最便利省時。出車站後，就有租車櫃台，不妨事先規劃善加利用。

神奈川◆山梨

靜岡

伊豆高原

長野◆埼玉◆千葉◆茨城◆栃木◆群馬

最棒的是園區任一處抬頭就能看見大室山，可說是與大室山拍下合照的最佳地點。

進到園區裡宛如大公園般，河流蜿蜒園區中，河中的中島也設有動物的家。

伊豆仙人掌動物公園

伊豆シャボテン動物公園

可與可愛動物並肩散步的公園。

おすすめ

🏠別冊P.15C1 🚌伊豆高原駅前廣場1號月台往シャボテン公園&大室山方向公車，約20分 ☎0557-51-1111 📍伊東市富戸1317-13 🕐9:30~16:00(依季節調整) 🈚無 💴大人¥2,600，小學生¥1,300，幼兒(4歲以上)¥700 🌐shaboten.co.jp

　就位在大室山腳下的仙人掌動物公園，廣大的園區裡有多達1,500種仙人掌、超過120種的動物們在園區裡，最特別的是，這裡有些動物們採無柵欄的放飼狀態，在園區走著走著，就會迎面而來幾隻孔雀或是松鼠猴，連白鵝鵡也大搖大擺從身邊經過。**分區放養的袋鼠、水豚、兔子、蜜袋鼯等，也都可以進去跟他們近距離接觸，甚至一旁就有飼料可以買來餵牠們喔。園區最受歡迎的就是水豚了，尤其冬季限定的泡湯秀絕對不能錯過**，另外每天還有3場動物劇場表演，相當適合親子在這裡待上大半天。

園區可愛的水豚，超級吸睛！

水豚泡湯

おすすめ

🕐11月下旬~4月初10:30~11:30、13:30~14:30(平日只有下午場)

冬季限定的水豚泡湯。

　仙人掌動物公園內人氣最旺的就屬水豚了，尤其冬季時，水豚們泡在溫泉池裡的陶醉模樣，讓人忍不住大喊卡哇伊！原生地在南美洲的水豚(Capybara)，可說是世界上最大的老鼠，身高可達80公分、體重50~60公斤，傻里傻氣又天天一副昏昏欲睡的模樣，超可愛。雖然他們愛泡在水中，但冬天的伊豆高原實在太冷了，飼育員偶然間發現他們也愛熱水，於是1982年起，冬季時開始在水池放熱水，這裡不但是水豚泡湯的始祖地，也吸引大量遊客前來欣賞。

看了可愛的水豚泡湯後，也別忘到賣場把各式可愛的水豚小物帶回家。

泡湯中的水豚昏昏欲睡，看起來超療癒！

絨毛玩具、餅乾、甜點到吊飾小物等，每樣都可愛到讓人想通通搬回家。

☕ KENNY'S HOUSE CAFE

ケニーズハウス 伊豆高原本店

🏠別冊P.15C2 🚉伊豆高原駅徒步10分 ☎0557-55-1188 📍伊東市八幡野1064-6 🕐10:00~17:00(L.O.16:30) 📅週四 💰霜淇淋￥450、咖哩飯套餐￥1,290 🌐
www.kennys-house.com

靜岡老舖名店的Kennu's House cafe本店,位在伊豆高原泰迪熊博物館、城崎文化資料館等博物館集中區,適合在參觀完博物館之後,坐下來喝杯咖啡小歇一會兒。**店內最受歡迎的是使用每天從牧場直送、100% 純鮮奶製成的霜淇淋。天晴時拿到陽台區享用,滋味與心情都非常棒。**

> 牧場直送香濃霜淇淋,滿口濃醇香超滿足。

🏛 泰迪熊博物館

伊豆テディベア・ミュージアム

おすすめ

拜訪泰迪熊家族的鄉間小屋。

🏠別冊P.15C2 🚉伊豆高原駅高原口徒步10分 ☎0557-54-5001 📍伊東市八幡野1064-2 🕐9:30~17:00(入館至16:30) 📅2、3、12月的第2個週二、6月第2個週二~三 💰大人￥1,500、中高生￥1,000、小學生￥800 🌐www.teddynet.co.jp/izu/

紅磚建築的伊豆泰迪熊博物館,在大門口、櫥窗裡、陽台上都刻意安排穿著可愛服裝的巨型泰迪熊站崗,歡迎遊客前來造訪。**博物館內收藏了近一千隻古董泰迪熊、包含迷你泰迪熊、世界各地創作的泰迪熊、還有會活動的「泰迪熊工廠」等,逛完一圈,馬上就能變成泰迪熊通。**

> 滿滿的泰迪熊玩偶,到處都是拍照取景的好地點!

✏ 池田20世紀美術館

🏠別冊P.15C1 🚉伊豆高原駅下車,沿著櫻花樹的並木徒步20分;或從伊東駅前6號乘車處搭乘開往一碧湖・シャボテン公園方向的東海巴士,約30分至「池田美術館」站下車徒步即達。從伊豆高原駅前1號乘車處亦可搭車前往,但班次較少 ☎0557-45-2211 📍伊東市十足614 🕐9:00~17:00(入館至16:30) 📅週三(遇假日及7、8月無休) 💰大人￥1,000、高中生￥700、中小學生￥500 🌐ikeda20.or.jp

1975年創立的池田20世紀美術館,館藏以「人類」為主題,共收藏了近1,400件當代繪畫及雕刻作品,其中將近半數皆由池田英一先生所捐贈。**包含雷諾瓦、畢卡索、孟克、達利等近現代畫家的畫作,以及安迪・沃荷的普普藝術代表作《瑪麗蓮夢露》版畫等,展出內容豐富,值得參觀。**

Le spectacle des automates

おすすめ 👍

野坂オートマタ美術館

欧洲古董自動人偶大觀園。

🏠別冊P.15C2 🚃伊豆高原駅下，沿櫻花並木徒步20分；或搭往シャボテン公園方向的東海巴士至「高原中央」站下車即達 ☎0557-55-1800
🕐伊東市八幡野字株尻1283-75 🕘9:30~17:00(入館~16:00)；每天3場表演11:00、14:30、16:00(週六~日例假日加演13:30場次) 🈺週四(遇假日及8月無休) 💰大人￥1000、中高中生￥600、小學以下免費 🌐www.automata.co.jp

自動人偶出現在17世紀，法國工匠利用齒輪和高超的人偶技術，製作出會進行一連串動作的自動人偶，風靡了當時的貴族與富豪。博物館內收藏了18~19世紀的歐洲自動人偶，人偶彷彿有生命一般，動作相當纖細，且作工、服飾均為上乘，每天並有現場演出。

每道料理都是以套餐方式呈現，首先呈上季節野菜做的拼盤前菜。

🍴 おおむろ軽食堂

おすすめ 👍

🏠別冊P.15C1 ☎0557-51-1455 🕐伊東市富戶1317-5 (大室山纜車館內1F) 🕘10:00~16:00 🈺纜車運休時(一年2次) 💰午餐套餐￥1,400起 🌐ohmuro-lunche.izu-kukan.com

吃得到在地美味食材的雅緻食堂。

走進大室山纜車站前，おおむろ軽食堂就位在建築入口處，充滿木質調的設計空間，讓人感到舒適又放鬆。這裡**主要將伊東一帶的山產與海味，做成美味的家庭料理**，魚鮮主要來自伊東港的新鮮海味、野菜則以當日朝市的地產蔬果，高湯採用伊東有名的柴魚提鮮，讓**道道料理既美味又具在地特色**。特別的是，店家**在料理呈現上特別講究擺盤與裝飾**，尤其是結合陶藝工房的創作陶器，也讓飲食增添美感與樂趣。

餐後還會附上甜點與抹茶，透過美麗陶器，呈現豐富視覺美感。

宛如一個大碗公的絕妙山形，在伊豆高原的任何一處觀看都相當顯眼。

🎯 大室山

📖別冊P.15C1 🚌伊豆高原駅前1號乘車處，搭乘開往シャボテン公園(仙人掌公園)方向的東海巴士，約25分至「シャボテン公園」站下車，車資￥360 ☎0557-51-0258(池観光開発株式会社) 🕐纜車約9:00~17:00(依季節而異) ⊗纜車遇檢修、天候不佳時停駛 💰纜車往返：國中生以上￥700、4歲以上小孩￥350 🌐omuroyama.com

標高580公尺的大室山山形狀相當特別，它的山形為圓錐體，山頂則是深30公尺的火山口痕跡，遠遠看來就像是一個倒扣的大碗公一樣。業者架設纜車把遊客從山腳載運到山頂上，從山頂可以將伊豆高原到伊東海岸、相模灣上的大島等景色一覽無遺，絕佳的視野讓人大呼過癮。

💡 **搭纜車上大室山前，注意天氣**

大室山真是最親民的一座火山，搭個纜車大約6分鐘就能輕鬆抵達火山口，但這裡的纜車是座椅式的，既沒頂棚也沒遮蔽，天氣陰雨或下雪時若搭纜車上去，恐怕也會全身濕，即使不怕濕硬要上山頂，但山頂最棒的360度的大景觀也通通看不見，也會相當可惜。

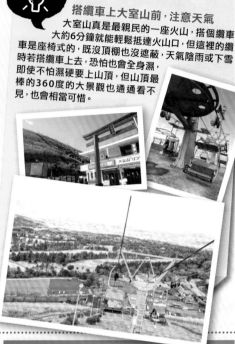

🎯 大室山山頂步道

👍360度壯闊景致全覽。

難得來到大室山一定要多預留30分鐘停留在山頂，來個火山口步道一圈巡禮，夏天一片蔥綠、宛如抹茶山海綿蛋糕，冬季則是一片枯黃蕭條景致，基本上整個火山只有長草，因此視野完全無遮擋，完善的步道就沿著火山口一圈，大約1公里長，除了少數階梯，幾乎以緩坡為主相當好走，標高580公尺的山頂，由於鄰近並無其他高山遮蔽，視野遼闊又遙遠，富士山、伊豆高原、赤石山脈群、伊豆七島、房總半島等，通通一覽無遺，走完一圈後，山頂也有小賣店可小憩一下。

居高臨下的觀賞點，眺望山海一色的美景。

◎ 一碧湖

在一片綠意中欣賞平靜無波的湖面，格外放鬆。

●別冊P.15C1　●伊東駅前6號乘車處搭乘開往一碧湖・シャボテン公園(仙人掌公園)方向的東海巴士，約27分至「一碧湖」站下車徒步即達。從伊豆急行線伊豆高原駅前1號乘車處亦可搭車前往，但班次較少　●0557-37-6105(伊東觀光協會)　●伊東市吉田　●自由參觀　●itospa.com/spot/detail_54018.html

美景如畫的伊豆之瞳，一生必走一遭！

　　伊豆高原最優美的一碧湖，由一座圓形火口湖與沼地所組成，澄澈湖水使一碧湖又有「伊豆之瞳」的美稱。平靜如鏡的湖面上映照著蒼翠高山，周圍的野рок保護林樹木蔥鬱、還可耳聞鳥語婉囀。**湖畔繞行一周約4公里，可欣賞四季不同的面貌，周邊聚集了不少旅館、美術館，氣氛寧靜悠閒。**

🍴 Auberge LE TEMPS

オーベルジュ ル・タン

●別冊P.15C1　●伊東駅轉搭往一碧湖・シャボテン公園方向的東海巴士「池田美術館」下徒步2分　●0557-45-5181　●伊東市十足614-187　●11:30~14:00、17:30~20:00。(L.O.閉店前1H)　●午餐套餐￥6,050起，晚餐套餐￥12,100起　●www.le-temps.jp

　　結合莊園住宿的LE TEMPS餐廳，已超過30年的歷史，在伊豆高原的美食莊園之中堪稱元老級。彷若歐洲別墅一般的館內，提供正統的法式料理。**主廚堅持使用有機蔬菜和最新鮮的魚肉類，和當地農家訂定契約，並且每日採購生鮮食材。**菜色中配合伊豆的環境增加魚貝料理，優雅的擺盤彷彿藝術品，讓人捨不得送入口裡。

利用在地食材烹煮演繹出最佳美味。

🏛 貓の博物館

●別冊P.15C1　●伊豆高原駅前搭乘往シャボテン公園行的東海巴士，在「大室高原七丁目」下車徒步約3分　●0557-51-5133　●伊東市八幡野1759-242　●9:00~17:00(最後入館~16:30)　●無休　●大人￥1,300、國中高生￥1,000、兒童￥700　●nekohaku.pandora.nu

　　博物館展示從滅絕的遠古貓類，到野生大貓們的世界等地域生態介紹外，還有著以貓為創意的各式美術展與工藝設計，其中還有一處活生生的世界貓咪區，裡頭住著一群多達20種品種、來自世界各地的可愛喵咪們，遊客可以一一和這些貓咪們相見歡。賣店裡還準備了玩偶、杯盤、擺飾、運動衫等貓咪紀念品，讓貓迷們買個痛快。

おすすめ

H 花吹雪

來別墅度假必不能錯過豪華的歐式餐點，更顯悠閒與享受。

湖畔咖啡廳風景優美，來過的人都給予極高的評價。

🏯別冊P.15C2 🚃伊豆高原駅徒步10分 ☎0557-54-1550 🏠伊豆市八幡野磯道1041 ⏰Check-in 15:00，Check-out 11:00 💻www.hanafubuki.co.jp

國家公園內的隱匿溫泉宿，七種溫泉湯屋風格巡禮。

位在國家公園境內，被森林重重包圍的旅館花吹雪彷彿自成一個空間，2千7百坪中，花吹雪只有17間客房，7間溫泉浴場各異其趣，其餘全為茂密的樹林。**彷若隱匿在森林中的小屋，客房、溫泉以及餐廳分散在林中各處，創造**出童話般的世界，讓旅客忘卻煩囂，在大自然裡沉醉。

穿梭在國家公園中的森林中，享受好湯與自然。

おすすめ

H 伊豆一碧湖飯店

伊豆一碧湖レイクサイドテラス

湖畔歐風好時光，貴婦級享樂。

🏯別冊P.15C1 🚃伊豆高原駅轉搭往一碧湖方向的東海巴士「一碧湖美術館」下車徒步2分。旅館在川奈駅有專車，發車時間15:00、16:00，需提前預約 ☎0557-45-7557 🏠伊東市吉田839-91 ⏰Check-in 15:00，Check-out 10:00 💻www.kitetsu-hotel.jp/ippekiko

在一碧湖飯店特別重視「香氣」，大廳點著薰香精油，讓旅客一進門就感到身心放鬆。附設商店販賣種類豐富的香氛產品，並有DIY調香體驗，受到女性住客歡迎。**溫泉有大浴場、露天風呂，還有寬廣的室內泳池，而女生最愛的SPA當然也不可少。**

H Ristlante Tiara

イタリアン オーベルジュ ティアラ

🏯別冊P.15C1 🚃伊豆高原駅前搭乘往シャボテン公園方向的東海巴士，在「大室高原7丁目」下車，約徒步6分 ☎0557-51-5719 🏠伊東市八幡野1759-649 ⏰Check-in 15:00，Check-out 10:00 💻www.vinotiara.co.jp

這家溫馨小巧的歐風別墅型民宿，由熱愛義大利的夫妻共同經營，擁有7間義式鄉村風格客房。**旅館的重頭戲在料理和美酒，由太太親手烹調的義大利料理，從前菜、主餐到甜點絲毫不馬虎**，主人則收藏多種葡萄酒和香檳，可在露天座椅品嚐美食好酒，輕鬆恢意盡在不言中。

神奈川▶山梨
靜岡
東伊豆・河津
長野▶埼玉▶千葉▶茨城▶栃木▶群馬

朝霧高原 御殿場
富士宮 熱海
靜岡市 沼津
清水 西伊豆 河津
浜松 下田

東伊豆・河津

ひがしいず・かわづ
Higashiizu・Kawazu

東 伊豆擁有濃密的天然山林、湖泊景觀，以及崎嶇崢嶸的海岸地形。你可以選擇在伊豆高原森林度假，特色博物館巡禮，或者在河津欣賞日本最早盛開的河津櫻、明媚的海岸風光和豐沛溫泉，感受集自然與人文於一身的魅力。

交通路線＆出站資訊

電車
伊東駅▶JR東日本伊東線、伊豆急行線
城ヶ崎海岸駅▶伊豆急行線
伊豆高原駅▶伊豆急行線
伊豆北川駅▶伊豆急行線
伊豆熱川駅▶伊豆急行線
伊豆稻取駅▶伊豆急行線
今井浜海岸駅▶伊豆急行線
河津駅▶伊豆急行線
東京駅搭乘JR特急「踊り子号」，可直達伊東駅、伊豆高原駅、下田駅等。

出站便利通
◎東伊豆沿線接駁巴士皆由東海巴士運行，伊豆急行沿線車站出站後搭乘東海巴士可至各個景點，伊豆四季的花公園、伊東Marine Town、城崎海岸等。
◎河津駅出站後可轉搭巴士往河津七瀧、天城嶺、修善寺駅等方向。

優惠交通套票
伊豆多利夢乘車券(伊豆ドリームパス)▶此票券根據伊豆半島設計出3條不同周遊路線的自由乘車券，根據路線不同可搭乘駿河灣渡輪、東海巴士、伊豆急行線等。
◇黃金路線(伊東駅~伊豆高原駅~河津駅~伊豆急下田駅~松崎~堂島~戀人岬~土肥港~清水港)
●使用期為3天
⑤成人¥3,700，兒童¥1,860
⑤購票地點：清水港渡輪乘坐站、伊東駅東海巴士詢問處、修善寺駅東海巴士詢問處
⑤www.izudreampass.com/hantai/index.html

注意火車班次少，需先下載班次表
東伊豆雖然有火車貫穿，但也得注意其實班次並不算密集，平均每30分鐘一個班次，若還得連結巴士，一定要預先下載火車班次表，才不會白白浪費大把時間等車。除了網路上查詢、向住宿的旅館索取外，另一方式是一下車，就把火車班次表拍下來，通常車站入口處或月台上都會有。

以往採男女混浴，近幾年改為男女分湯，女士們也能盡情享受臨海的泡湯滋味。

♨ 黑根岩風呂

⊕別冊P.17B2 ⊕伊豆熱川駅轉搭往大川公民館方向東海巴士，至「北川溫泉停留所」下車 ☎0557-23-3997 ⊙賀茂郡東伊豆町北川溫泉 ●10:00~18:00(最後進場17:45) ⑤¥600，北川溫泉各旅館住宿者免費 ⊕www.hokkawa-onsen.com/kurone

　　標榜海拔0公尺的黑根岩風呂，是東伊豆町北川溫泉的超人氣公共溫泉。**緊臨著湛藍無邊的大海，視野毫無阻隔，可盡情享受天人合一的泡湯滋味。**風浪大時浪花甚至還會拍打到浴池裡，魄力百分百。溫泉裸湯共有3個浴池，入口進入後前2個岩湯是男士專用，往後繼續走則是女湯的船湯。

🎁 伊東Marine Town

道の駅 伊東マリンタウン

ⓜ別冊P.17B2 ⓟ伊東駅徒步約10分、或可轉搭往マリンタウン方向的東海巴士，車程約5分 ☎0557-38-3811 ⓐ伊東市湯川571-19 ⓣ依設施而異，約9:00～18:00 ⓦwww.ito-marinetown.co.jp

　結合海港、購物、餐飲等多功能的伊東Marine Town，外觀像是歐式濱海小鎮，十分引人注目。**一樓為熱鬧的購物商場，集合伊豆在地點心零食**，還有現場燒烤的香脆櫻花蝦餅，**二樓為餐廳區，供應海鮮、拉麵、洋食等料理。商場中還附設海景溫泉與免費足湯**，浸泡在溫泉中，無邊大海近在眼前，洗盡旅途的疲憊。

各式在地伴手禮！讓你買也買不完！

從門脇燈塔眺望海岸線，絕美海景就在眼前。

おすすめ

👁 城崎海岸

城ヶ崎海岸

伊東八景的海岸絕景，登高望遠超刺激！

ⓜ別冊P.17B2 ⓟ城ヶ崎海岸駅徒步約25分，伊豆高原駅轉搭往伊豆海洋公園方向巴士，車程約10分 ⓐ伊東市城崎 ⓣ全年開放

　伊豆高原東南方的城崎海岸，擁有豐富的火山地形，堪稱是一座戶外地質博物館。4千年前伊豆半島火山噴發，造就了城崎礁石嶙峋的海岸地形。**沿著海岸步道，可以欣賞到猙獰礁石以及驚濤拍岸的景色**，步道約2公里，來回得花上40分鐘，可到**跨海的門脇吊橋體驗浪花在腳下拍打的刺激感**，或從門脇燈塔登高望遠。

伊豆熱川被溫泉煙繚所圍繞，充滿濃厚溫泉氛圍的地方。

ℹ️ ♨️ 湯の華ばあーく&溫泉資料館

🅰️別冊P.17B4　🚃伊豆熱川駅前　☎0557-23-1505(熱川溫泉観光協会)　🏠東伊豆町奈良本966-13　🕘9:00~17:00(煮溫泉蛋9:30~17:00)　💰足湯免費，雞蛋一個¥100

　一走出伊豆熱川車站，周邊就好幾個高達6-7公尺的木造溫泉塔，溫泉塔是溫泉源頭所在，白煙就沿著塔端大量冒出，其中**位於站前的湯の華足湯**旁也設有一個。**這裡結合免費足湯、旅遊中心、鄉土資料館等於一處**，還可以在旅遊中心買雞蛋來煮溫泉蛋，是旅人抵達熱川後可以首先拜訪的第一站。

👁️ お湯かけ弁才天

🅰️別冊P.17B4　🚶伊豆熱川駅徒步3分　🏠東伊豆町奈良本971-40　🕘全日開放　💰洗錢免費，煮蛋可在站前旅遊中心買

除了求財運，據說愛情運也很靈驗，記得先舀一杓溫泉水在神尊身上，再開始誠心祈求喔。

　因神明託夢、於是地主便在現今所在位置挖掘出溫泉，並設立了弁財天，供過往旅人祭拜並休憩。弁財天本身是個手持五弦琵琶的女神尊，在日本七福神中，也有財運的象徵，在很多地方地**弁財天也都設有「洗錢」的服務設施**，據說只要把零錢拿到水裡洗一洗，再拿去花掉，就有轉錢運的效果。

💡 **一起洗錢轉錢運！**
　90多度滾燙的溫泉水旁設有數個網杓，求財運的話就把零錢(不是紙鈔)，用勺子裝著去沖溫泉水，冷涼後再收入錢包，記得要花掉才有轉錢運效果。

公園有象徵福氣的七福神之一「惠比壽」要把熱泉先澆在他身上再祈求。

♨️ 熱川ほっと足湯の公園

🅰️別冊P.17B4　🚶伊豆熱川駅徒步6分　🏠東伊豆町奈良本986-1(志なよし旅館前)　🕘9:00~19:00　天候不佳時　💰免費

可眺望海景與伊豆七島的足湯，

　宛如一個迷你濱海旁的公園般，這個足浴公園，一樣設有高高的溫泉塔，來自地底200公尺的溫泉原湯，以環繞公園的流動式足湯池設計，讓來這享受足湯者，都能自己找定喜愛的面海位置，悠閒泡湯。**這個緊臨海濱的足湯，最大魅力就是可以邊泡足湯、邊欣賞眼前蔚藍大海與伊豆七個島嶼**，泡完足湯還可踩踩一旁的石頭按摩步道，或是沿著海邊散步，相當悠閒。

♨ 峰溫泉大噴湯公園

🅐別冊P.17B3 🚌河津駅轉搭往河津七瀧方向的巴士約5分，「峰溫泉」下車 ☎0558-34-0311 🅐賀茂郡河津町峰446-1 🕘9:00~16:00，大噴湯9:30開始，約每小時噴發1次，一天七次 🄌週二、五 💲免費 🌐www.kawazu-onsen.com/sightseeing/20

> 令人驚艷的自然奇觀，魄力十足的地熱噴泉！

　　峰溫泉大噴湯是大正15年(1926年)伴隨著巨大爆裂聲後，從地面噴發而出的天然溫泉。**噴泉現在被規劃為公園，每天七次，100℃的溫泉以每分鐘600公升的湧水量噴發，高達30公尺，時間將近1分鐘。**欣賞噴湯外，公園內也能煮雞蛋及免費足湯。

河津櫻

河津櫻是日本有名的早開櫻種，由於伊豆半島氣候溫暖，早從2月中旬櫻花即陸續探頭，並在3月初迎接滿開。淡粉紅色的花瓣在河岸綻放，彷彿遮天蓋地般綴滿枝枒，交織成燦爛的櫻花隧道，美得難以言喻。每年當地會舉辦盛大的河津櫻花祭，小吃攤、表演、活動等襯托著櫻花勝景，好不熱鬧，總能吸引超過150萬賞花人潮共襄盛舉。

> 蒸騰的湯煙伴隨噴泉水直衝入天，氣勢磅礴震撼。

> 與爬蟲類們的第一類接觸，讓人愛上外表猙獰，表情卻呆呆的物種，超療癒！

> 大象龜蔬菜吃得津津有味的樣子，超呆萌。

> 將雞蛋放到滾燙溫泉水中，不一會就變成彈滑的溫泉蛋，簡單有趣的好味道。

👁 體感型動物園iZoo

🅐別冊P.17B3 🚌河津駅搭往繩地方向的東海巴士約5分，「菖蒲沢」下車 ☎0558-34-0003 🅐賀茂郡河津町浜406-2 🕘9:00~17:00(入園至16:30) 💲大人￥2,000，小學生￥800，6歲以下免費 🌐izoo.co.jp

> 讓你見識各種稀奇古怪的爬蟲類互動樂園。

　　標榜日本第一座體感型動物園，iZoo無論展示的內容以及方式都讓人耳目一新。**這裡有來自世界各地，造型稀奇古怪的蜥蜴、變色龍、烏龜、守宮、鱷魚以及昆蟲類。**既然號稱體感型動物園，自然少不了互動的機會，可以餵食蘇卡達象龜吃蔬菜，撫摸溫順的守宮、傘蜥蜴，還可以把大白蛇纏繞身上來張親密合照。

◉ Moon Road Terrace 遊步道

別冊P.17B3 ▶伊豆北川駅徒步10分 ▶北川濱海遊步道 ▶www.hokkawa-onsen.com/moonroad

滿月之夜的海面美得令人屏息。

溫泉、海景、美麗的日出、神秘的月昇之夜，可說是伊豆北川最大賣點。尤其是**月升的滿月之夜**，明亮的月光在海面上畫出一道長長的Moon Road月光之道，加上漁村安靜的氛圍，讓海上的月夜蒙上一層神秘又浪漫的氣氛，美得令人屏息。特別的是每逢滿月前後3日，這裡的旅館及商店等也會聯合舉辦 Happy Full Moon特別招待活動。

Moon Road專屬音樂
排笛音樂家瀨木貴将受北川滿月之夜的感動，以Moon Road為名的音樂創作，樂音浪漫動人。滿月夜除了可在旅館內賞月聽音樂，也可沿濱海的 Moon Road Terrace遊步道漫步賞月。

步道景色2017年入選「日本百名月」，也是靜岡人最想去的地方票選第一名。

Ⓗ 望水

別冊P.17B3 ▶伊豆北川駅徒步10分，或搭至伊豆熱川駅由旅館接送 ▶0557-23-1230 ▶東伊豆町奈良本1126-6 ▶Check-in 14:00，Check-out 10:00 ▶www.bousui.com

享受私密不被打擾的湯泉旅宿。

位在 Moon Road Terrace 前的望水，**將浪漫海景引入每間客房與湯屋景致中**，為了讓旅人有更多不被打擾的幽靜時光，餐飲都送至客房內，住客也每天獨享一次免費的個人面海溫泉湯屋。推薦別錯過美麗的日出海面景致，還有月圓之日的月昇美景。

露天風呂只要¥1,500即可獨享，起湯後還有浸泡清涼泉水中的蔬果享用。

經典的檜木風呂散發馨香，彷如沐浴在森林芬多精中。

月圓之日的前後3日，晚上這裡也特別免費招待住客Blue Moon啤酒。

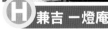

不論夜間白天，也可到8F大廳的Lounge Bar點杯飲料望海發呆。

Ⓗ 兼吉 一燈庵
かね吉一燈庵

別冊P.17B3 ▶今井浜海岸駅下車徒步3分，或搭至河津駅由旅館接送 ▶0558-32-0345 ▶賀茂郡河津町見高123-5 ▶Check-in 15:00，Check-out 11:00 ▶www.kaneyoshi-ittouan.com

坐擁今井濱海岸美景，享當代和風新境界。

位在今井濱海岸旁的兼吉一燈庵，館內有6種客房，旅客可依需求選擇價位合理的和式房、設計新穎的洋式房，以及附風呂的特別房。**日西合璧的客房氣氛祥適宜人**，還瀰漫著綠茶薰香溫和淡雅的香氣，雅致的小飾品妝點房內，看得出旅館主人的用心和品味。

中伊豆·修善寺
なかいず・しゅぜんじ
Nakaizu・Shuzenji

由 弘法大師空海所發現的修善寺,是個擁有古老歷史的山中溫泉小鎮,放眼望去盡是充滿思古幽情的平房建築,以及青翠茂密的綠樹竹林。溫泉街的商店、景點分布在桂川兩岸,基本上沿著桂川走就不會迷路,溫泉旅館除了新井旅館鄰近公車站,其他大多藏身在森林中,步行前往大概要花個15~20分鐘。

交通路線&出站資訊

電車
修善寺駅➡伊豆箱根鐵道-駿豆線
◎東京駅搭JR特急「踊り子号」,約2小時10分能直達修善寺駅。
◎從東京駅搭乘新幹線至三島駅,轉搭伊豆箱根鐵道-駿豆線直達修善寺。

出站便利通
搭乘鐵道來到修善寺駅,還要再轉搭一次巴士才能夠到主要溫泉街區。
◎巴士1號乘車處搭乘開往修善寺溫泉,或是至6號乘車處搭乘開往修善寺虹の鄉的新東海巴士,約10分鐘於「修善寺溫泉」這站下車即抵達修善寺溫泉鄉。
◎巴士3號乘車處轉搭西伊豆特急巴士,可前往土肥溫泉、堂之島、松崎等景點。
◎巴士4號乘車處可前往淨蓮之瀧方向。

優惠交通套票
伊豆多利夢乘車券(伊豆ドリームパス)此票券根據伊豆半島設計出不同周遊路線的自由乘車券,共有橘色·黃金路線、綠色·山葵路線、藍色·富士見路線3條路線,根據路線不同可搭乘駿河灣渡輪、東海巴士、伊豆急行線、伊豆箱根鐵道、伊豆箱根巴士等。
⊕www.izudreampass.com/hantai/index.html
◇綠色·山葵路線(伊東駅~伊豆高原駅~河津駅~河津七瀧~淨蓮之瀧~修善寺駅~土肥港~清水港)
▼使用期為3天
⑤成人¥3,900,兒童¥1,960
⊙購票地點:清水港渡輪乘坐點、伊東駅東海巴士詢問處、修善寺駅東海巴士詢問處
◇藍色·富士見路線(三島駅~伊豆長岡駅~修善寺駅~修善寺溫泉~修善寺虹の鄉~土肥港~清水港)
▼使用期為2天
⑤成人¥2,800,兒童¥1,420
⊙購票地點:清水港渡輪乘坐點、修善寺駅東海巴士詢問處、三島駅東海巴士詢問處、伊豆箱根鐵道伊豆長岡駅、伊豆箱根鐵道三島駅

租個單車走透透
由於修善寺電車站並不在修善寺溫泉區,必須再轉搭巴士大約10分鐘,尷尬的距離走路也不是、有時光等公車都還比搭車久,這時不妨試試騎單去吧。整個路途並不複雜,坡度也算平穩,況且這裡的單車除了一般變速車,也能選擇電動單車,自己騎去,愛到哪就到哪。車站外轉角就有得租,3H¥500、一日¥1,000。

五橋巡禮

おすすめ👍

📖別冊P.19 🚌修善寺駅搭乘前往修善寺溫泉的巴士，約10分

五橋走一遍戀愛運UP！

來到修善寺溫泉，以桂川為中心點，所有的寺院及商店、旅館幾乎分布在河岸兩側，穿梭兩邊漫步須穿越一座座優雅的紅色橋，包含渡月橋、虎渓橋、桂橋、楓橋、瀧下橋這五座，**據說情侶一起走過這五座橋，彼此的感情會更堅固，單身者只要唸著喜歡的人走過，也會加深緣分**，不論真實如何，穿梭完五座橋，也剛好把修善寺溫泉一帶的精華逛遍了。

老一輩傳說橫跨桂川的橋向神明參拜，夫婦的願望將實現、生活圓滿幸福！

傍河建造的獨鈷之湯，格外清幽。

♨ 獨鈷之湯

独鈷の湯

📖別冊P.19A2 🚌修善寺駅搭乘巴士在「修善寺溫泉」下，徒步約4分 ☎0558-72-2501(伊豆市觀光協會修善寺支部) 🏠伊豆市修善寺溫泉 🕐24H 💰免費

獨鈷之湯為伊豆半島最古老的溫泉，據說是大同2年(807年)時，弘法大師空海看到在桂川幫病父洗澡的少年，因有感於其孝心，而用法器獨鈷杵敲碎河川中岩石後湧出的暖水。**桂川河畔的獨鈷之湯現在被設計為足湯**，不過由於湧出的溫泉滾燙無比，恐怕只能純參觀感受一下氣氛。想泡足湯的話，其上方另設有河源湯足浴處可利用。

☕ Cafe 弘乃

おすすめ👍

📖別冊P.19B2 🚌位在獨鈷之湯旁邊 ☎0558-72-8856 🏠伊豆市修善寺971-1 🕐10:00~16:00 ❌不定休 💰咖啡￥320起，咖啡+蛋糕Set￥550

正對著獨鈷之湯、河源湯的咖啡館。

獨擁絕佳好位置、空間舒適又清新的弘乃，可說是來修善寺走累了的最佳休憩處，正對著河下的獨鈷之湯，河邊馬路上靠近咖啡店旁，也有一個河原湯免費足湯處。來這裡可輕鬆喝個下午茶，有點餓的話也有以修善寺特產的黑米做的甜點或輕食，邊吃邊看河岸景色，悠閒的氣氛加上CP質高的餐點與價格，難怪頗受女性喜愛。

店外櫥窗販售的香草冰淇淋配上現磨芥末，古怪組合卻意外好吃。

境內的大師之湯相傳是空海開鑿的泉源，龍頭流出的是貨真價實的溫泉水！

🍜 花小道 そば処四季紙

📖別冊P.19B2 📍位在獨鈷之湯旁邊、Cafe 弘乃對岸 ☎0558-72-1178 📍伊豆市修善寺3465-1 🕐11:30~14:00 ❌不定休 💰しいたけそば(椎茸蕎麥麵)¥880 🌐www.hanakomichi.jp/shikishi/

　　來到修善寺一定要吃蕎麥麵，這一帶也有很多家有提供蕎麥麵的餐廳，隱身在「湯の宿 花小道」這棟有著濃厚大正時代風情旅館內的そば処四季紙，因**面著桂河的位置，讓用餐也充滿京都優雅風情**。這裡的蕎麥麵特色在於不管點哪種麵的餐點，光麵體就**有菊薯、更科、神農黑米、讚岐4種選擇**，想吃飯的，也有山藥泥飯套餐提供。

走過一道經過日本庭園的走廊後，就能抵達餐廳所在。

弘法大師大祭
每年的8月20、21日，是修禪寺的弘法大師大祭，這幾天溫泉街會有許多屋台，加上桂川邊的花火大會，熱鬧滾滾，超有夏日季典的氣氛！

修善寺一帶沒有修善寺?
來到修善寺溫泉，如果你認為應該有一間寺廟叫修善寺，那肯定找不到，這裡最知名的寺院應該就是「修禪寺」，只是日文發音的修禪寺(しゅぜんじ，Shuzenji)與修善寺(しゅぜんじ)相近，而成為這裡的地名由來。

秋天一到由綠到黃再轉紅的楓葉林，滿遍豔紅令人嚮往。

卍 修禪寺

📖別冊P.19A1 📍修善寺駅搭乘巴士在「修善寺溫泉」下，徒步約5分 ☎0558-72-0053 📍伊豆市修善寺964 🕐自由參拜。賣店及寶物殿4~9月8:30~16:30、10~3月8:30~16:00 💰免費參觀。宝物殿大人¥300，國中小學生¥200 🌐shuzenji-temple.jp

承載千年歷史的古剎，也是秋天賞楓好景點。

👍 おすすめ

　　由弘法大師空海於平安初期大同二年(西元807年)設立的這座古剎，在鎌倉初期才更名為「修禪寺」。據說鎌倉幕府的第二代將軍源賴家，曾經在此被外祖父北條時政與母親北條政子幽禁而殺害。**現在幽靜的寺院裡已感受不到血腥的骨肉相爭，只剩下秋天燦紅的楓葉留做憑弔。**

饅頭総本山 源楽

別冊P.19B2 修善寺駅搭乘巴士在「修善寺温泉」下，徒步約3分 0558-73-2224 伊豆市修善寺967 9:30~16:30 黑胡麻饅頭8入¥1,102 gen-raku.com

黑胡麻饅頭是修禪寺的門前名物，不管是皮或是內餡全都黑呼呼地，**內餡用的正是香純的黑芝麻，甜蜜滑順不膩口**。外皮使用竹炭與葛粉製作，鬆鬆軟軟，與內餡配的黃金比例更是讓人贊不絕口。

卍 指月殿

別冊P.19B2 修善寺駅搭乘巴士在「修善寺温泉」下，徒步約5分 0558-72-2501(伊豆市観光協会) 伊豆市修善寺 www.shuzenji-kankou.com/enjoy.html

這是伊豆半島上現存最古老的木造建物，在鎌倉時代由北条政子為了在此地被暗殺的源賴家祈求冥福而設，**穿過小巷爬上階梯，清悠的環境讓人心神嚮往**。

指月殿佛像

指月殿的正殿裡，擺放了三尊佛像，其中正中心的正是被靜岡縣指定為文化財的「釈迦如来坐像」，手持蓮花雙腿盤坐，因一般的釈迦佛並不持物，所以這可是十分少見的禪宗式坐佛。

室內氣氛彷彿回到古時候，長途跋涉只為拜訪隱居鄉野的友人。

榻榻米、木質原色呼應著抹茶的濃香。

茶庵 芙蓉

別冊P.19A2 修善寺駅搭乘巴士在「修善寺温泉」下，徒步約15分 0558-72-0135 伊豆市修善寺1082 10:00~16:00 不定休

一份精緻茶點配上一杯好茶，感受古老溫泉街的美好風情。

茶庵芙蓉的位置實在不太好找，從民宅旁的小巷拾級而上，拐四五個彎，才會看到位在源賴範墓旁、灑滿陽光的日式茅廬。**穿過綠意盎然的庭院，敲敲銅鑼呼喚老闆應門，鋪上榻榻米的室內傳遞溫馨與安適氣息**。透過窗緣欣賞群山與市街，茶煙裊裊、和菓甜入心脾，待上一整個午後也不厭倦。

日枝神社

ひえじんじゃ

📍別冊P.19B1　🚌修善寺駅搭乘巴士在「修善寺溫泉」下，徒步約5分　🏠伊豆市修善寺　☎0558-72-2501(伊豆市観光協会修善寺支部)　🌐www.shuzenji-kankou.com/enjoy.html

　日枝神社鄰近修禪寺，境內的夫婦杉高聳入雲，並被指定為靜岡縣的文化財。傳說鎌倉時代大將軍源賴朝之弟源範賴，因被懷疑謀反而被流放到伊豆半島的修善寺，他被囚禁一段時間之後，就是在日枝神社自縊身亡，現在造訪不見恐怖，反而令人覺得清幽。

筥湯

はこゆ

📍別冊P.19B2　🚌修善寺駅搭乘巴士在「修善寺溫泉」下，徒步約5分　☎0558-72-5282　🏠伊豆市修善寺925　🕐12:00~21:00(入場~20:30)　💰¥350

おすすめ

千年名湯的復刻版，感受修善寺特殊的泉質。

　位在熱鬧溫泉街上的公共溫泉浴場落成於2000年，傳說中鎌倉幕府第二代將源賴家也曾經在這個地點入浴過。浴場內是寬敞潔淨的檜木風呂，淡淡的檜木香氣飄蕩在空氣之中。一旁的「仰空樓」高12公尺，泡完湯以後可以赤腳爬上樓頂吹風，欣賞修善寺的溫泉街景。

來到氣氛滿點的竹林步道，心胸更開闊、心思也更為清晰。

竹林小徑

📍別冊P.19A2　🚌修善寺駅搭乘巴士在「修善寺溫泉」下，徒步約5分　☎0558-72-2501(伊豆市觀光協會修善寺支部)　🏠伊豆市修善寺溫泉　◉自由參觀

　在流淌於修善寺溫泉街的桂川畔，從獨鈷之湯附近的桂橋往西到瀧下橋間的散步道，可走到長270公尺的竹林小徑。**小徑兩旁是一枝枝筆直翠綠的粗竹，營造出一種與世隔絕的氛圍**，道路鋪設自然石，耳畔傳來風吹動竹葉的沙沙聲，充滿詩情畫意，怪不得許多文人墨士特別鍾愛來此尋找靈感。

神奈川➡山梨

静岡

中伊豆‧修善寺

長野➡埼玉➡千葉➡茨城➡栃木➡群馬

修善寺虹之鄉

おすすめ

📖別冊P.19A1　🚌修善寺駅前搭往虹之鄉方向的東海巴士約20分,至「虹の郷」站下車即達　☎0558-72-7111　📍伊豆市修善寺4279-3　🕐4~9月10:00~17:00,10~3月~16:00　🈳週二(依季節變更)、不定休　💰大人(中學生以上)￥1,220、小孩(滿4歲~小學生)￥610　🌐www.nijinosato.com

> 燦紅之秋,伊豆紅葉名所。

　　位於修善寺溫泉北側的虹之鄉,是一座融合多國情調的美麗主題樂園。園內畫分成英國村、加拿大村、伊豆之村、匠之村等區域,**花木扶疏的花園內有可愛的商店、手作工坊和優美花圃庭園,濃縮了世界各地的風采,可以享受一次遊走多國的樂趣。**

> 兩幢相連的小屋,是畫家中村武的個人美術館、咖啡店以及餐廳。

> 虹之鄉楓葉處處是秋季的賞楓名所。

> 使用老灶炊煮的釜飯與烤魚,蘊藏著電器無法取代的風味。

> 搭乘遊園火車玩修善寺虹の郷,是最理想的遊逛方式!

肉月美術館

おすすめ

📖別冊P.17B3　🚶河津七瀧步道旁,靠近蟹瀧　☎0558-36-8505　📍賀茂郡河津町梨本1112-4　🕐11:00~16:00　🈳週三、四(夏季、例假日不休)　💰美術館:限用餐者參觀-大人￥500、高大生￥400、中小學生￥300。咖啡餐廳:竹炭烤魚定食￥920起、自製梅子果汁￥480　🌐7daru.com/museum

> 探索竹林裡的古民家咖啡,悠然自得的生活節奏。

　　從蟹瀧旁的小徑拾級而上,藏身在竹林間的肉月美術館跟餐廳併設在一起,**古老日式民宅中溢出裊裊炊煙,幽然靜謐的氣氛有如世外桃源,**窩在古意盎然的老宅中,啜飲著店主自釀梅汁與紫蘇果汁,品嚐手工蛋糕,每個器皿和擺設都別有用心。

神奈川➡山梨

靜岡 中伊豆・修善寺

長野➡埼玉➡千葉➡茨城➡栃木➡群馬

山頂360度的絕美景色令人屏息。

👁 伊豆之國全景公園

伊豆の國パノラマパーク

別冊P.17A1 伊豆長岡駅轉搭伊豆箱根巴士長岡溫泉場循環線，往伊豆三津シーパラダイス方向，至「伊豆の国市役所前」站下車，徒步2分；或至新宿駅搭乘伊豆長岡修善寺溫泉線巴士直達 055-948-1525 伊豆之國市長岡260-1 纜車：夏季(2月16日~10月15日)9:00~17:10(最後乘車時間16:40)；冬季(10月16日~2月15日)9:00~16:40(最後乘車時間16:10) 纜車：往返大人¥2,500、小學¥1,400、兒童¥900 www.panoramapark.co.jp

眼前一片遼闊，富士山與駿河灣山水合一的美景。

最受歡迎的「富士見の足湯」吸引了眾多旅客邊泡足湯邊賞景。

伊豆之國全景公園有一座全長1,800公尺的纜車，順著山勢往上就能抵達標高452公尺的葛城山山頂展望公園。觀景台周邊有咖啡、茶寮、觀景台等設施外，順著山頂步道遊覽，會見到日本幕府將軍源賴朝的獵鷹銅像、105尊地藏菩薩，以及葛城山神社等。

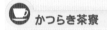

☕ かつらき茶寮

山頂空中公園，富士展望平台旁 夏季9:00~17:00，冬季~16:30 和菓子¥650~，靜岡茶農直送茶¥450

邊喝茶邊欣賞富士山，幸福滿點。

搭纜車抵達山頂後，公園內雖然設置有多個賞景平台設施，但坐下來杯喝茶、享用茶點，邊欣賞眼前壯闊景致就更棒了。**正對著富士山與駿河灣的茶寮，不僅位置絕佳，還有室內、戶外階梯席、戶外各室觀景座位等**，以地產特色，提供靜岡茶農直送綠茶及各式抹茶和菓子點心等，讓眼睛滿足了，胃袋也一起飽足。

源自靜岡設計的胖胖酷豬(パンパカパンツ)，各式商品都超可愛。

🎁 旬彩市場

山下纜車站，1、2F 夏季9:00~17:50，冬季9:00~17:20

囊括伊豆各式人氣商品，超好買！

包含2層樓的商場內，簡直太好逛，不像一般伴手禮店家的陳列方式，幾乎清一色的糖果餅乾，這裡以各式商品別分區，像有駿河灣知名物產櫻花蝦產品區、山葵商品區、伊東名產「ぐり茶」等各地茶、修善寺的椎茸各式品項、反射爐商品專區、伊豆鹽專區、酒專區、蔬果、手作物，**一次滿足不同需求。**

戶外座位區眼前就是360度壯闊景致，宛如漂浮在空中般怡然自得。

◎ 韮山反射爐

韮山反射炉

🅰別冊P.17A1　🚌伊豆長岡駅轉搭免費觀光巴士約10分，徒步約20分　☎055-949-3450　📍伊豆之國市中字鳴瀧入268　🕐9:00～17:00(10～2月至16:30)　❌每月第3個週三　💰大人¥500、學生兒童¥50

> 江戶幕府時期鑄砲場地，已名列為世界文化遺產。

與下田黑船事件有關的「韮山反射爐」，為當時負責鑄造大砲之地。保存良好的反射爐分為以石塊作為底的「爐體」，與2萬6千塊耐火磚砌成的「煙囪」，透過爐內反射產生攝氏1,700度高溫，融解後的鐵順著「出湯口」澆灌進模具鑄成大砲，並在2015年登錄為世界文化遺產。

騎腳踏車去韮山繞繞吧

來到伊豆長岡，韮山反射爐是必去景點，距離車站約2公里的距離並無公車抵達，想去的話就是搭乘定時發車的觀光巴士或計程車(單程¥850)。其實這一帶視野開闊、沿途的田園景致讓富士山美景隨伴在側，走起來相當舒適，但考慮到來回2趟路程，萬一要趕火車，也讓人緊張。建議走路搭配計程車，或是善用伊豆長岡站前旅遊中心的單車租借服務吧。
🚲一般單車1日¥500、電動單車1日¥1,000

> 一路走到瀑布處，只為此清麗脫俗的絕美一景。

◎ 淨蓮之瀧

浄蓮の滝

🅰別冊P.17A2　🚌修善寺駅轉搭往河津七瀧方向的東海巴士，「浄蓮の滝」下。或從伊豆急行線-河津駅，轉搭往修善寺方向的東海巴士，「浄蓮の滝」下　☎0558-85-1125　📍伊豆市湯ヶ島　🕐自由參觀　🌐www.j-taki.com

> 尋幽探祕天城第一瀑，欣賞如詩如畫的景致。

天城山最具規模的瀑布──靜蓮瀑布高25公尺，沖刷下的水潭有15公尺深，碧綠森然的水潭，四周瀰漫著沁寒水氣，氣勢逼人。從入口到瀑布落差約300公尺，對體力沒有自信的話，就跳過淨蓮之瀧，直接搭巴士到「水生地下」站再下車步行吧。

◎ 舊天城隧道

旧天城トンネル

文學著作《伊豆的舞孃》，舞子與主間相會之處。

🏯別冊P.17A3 🚌修善寺駅轉搭往河津七瀧方向的東海巴士，「天城峠」下。或伊豆急行線-河津駅，轉搭往修善寺方向的東海巴士，「天城峠」下徒步10分 ⏰伊豆市湯ヶ島~河津町 ☎0558-85-1056 ⏰自由參觀

舊天城隧道穿越天城山脈，現已廢棄不用。這條連接南、北伊豆的隧道，完成於明治38年(1905年)，全長達446公尺，是小說《伊豆的舞孃》兩位主角相遇的舞台。由於**隧道相當長，氣溫比外面還低**，山腰中的水滴會從岩石縫滴落，秋冬時分，還會看到冰柱攀附在岩石邊的奇景。

◎ 河津七瀧

河津七滝

初景瀧旁有座舞孃與主人公的雕像，是人氣拍照景點。

🏯別冊P.17A3 🚌修善寺駅轉搭往河津七瀧方向的東海巴士，「水垂」下。或伊豆急行線河津駅轉搭往修善寺方向的東海巴士，「水垂」下徒步10分 ☎0558-32-0290 🌐www.nanadaru.com

河津七瀧以步道串連，全程約1小時，**一般遊客為省腳程**，會從河津溫泉街的入口下至河谷，走一段大瀧、蟹瀧到初景瀧之間的石疊步道，大致領略七瀧各異其趣的水勢造型。

無數文學家與俳人，歌詠著天城的優美景色。

💡 伊豆的舞孃

川端康成名作《伊豆的舞孃》，以昭和初期的伊豆為背景，敘述獨自漫遊溫泉鄉的學生巧遇旅行舞孃，在優美的天城山中留下青澀而純真的初戀回憶。

旅館共有7處被登錄為文化財，包括本館與別館眠雲亭的所有客房。

Ⓗ 落合樓 村上

文化財の宿 落合楼 村上

文學時光機，在川端康成深愛的木造旅館中沉睡。

🏯別冊P.17A2 🚌修善寺駅轉搭往河津方向的巴士「湯ヶ島」下，可連絡旅館在此接送。或從修善寺駅搭往湯ヶ島溫泉·持越方向的巴士「新宿」下，下車即達。從修善寺駅轉搭計程車約20分 ☎0558-85-0014 ⏰伊豆市湯ヶ島1887-1 ✔Check-in 15:00，Check-out 10:00 🌐www.ochiairo.co.jp

創立於明治7年(1874年)的落合樓村上，其優美的建築和環境深受田山花袋、島崎藤村和川端康成等文人喜愛，留下不少歷史佳話。**館內兩座溫泉浴場緊鄰溪谷**，在湯中即可聆聽涼涼水聲。露天風呂以岩石砌成，其中「天狗之湯」還以洞窟造景，寬敞而帶有野趣。

Ⓗ 石の屋

📍別冊P.17A1　🚌伊豆長岡駅提供接送，約10分車程　🏠
伊豆の国市長岡192　☎055-947-0733　🕐Check-in
15:00，Check-out 11:00　🌐tkp-resort.net/ishinoya

僅22間住房的石の屋，散落在廣達2,000坪的優
雅日式庭園中，不論清晨、日落，讓旅人沉浸在滿滿
和風中。石の屋的日式庭園中以數棟2-3層樓的「数寄
屋造り」風格獨棟住宅，既保留老建築的優雅格局，
也加入摩登設計元素，每間客房都有獨立溫泉風呂
之外，一樓客房更多一個戶外的檜木溫泉風呂。

> 和洋混搭的客室設計，優雅舒適。

> 部分房型搭配戶外風呂，獨享奢侈湯泉時光。

充滿文豪足跡的修善寺溫泉

歷史悠久的修善寺溫
泉，深受明治、大正時期
許多文學、藝術家的喜
愛，讓這個溫泉區也充
滿濃濃文學氛圍，來這除
了泡湯、賞景外，有興趣
的人不妨也來趟追索文
豪大師的腳步之旅。其
中以夏目漱石長住的「湯
回廊 菊屋」，岡本綺
堂、泉鏡花、芥川
龍之介、尾崎紅
葉等住過的「新
井旅館」最為知
名。被列為國家文化財的
「新井旅館」也提供付費
導覽行程。

🕐10:00、16:00各一場(每
場40分鐘)　💲新井旅館
館內導覽，大人
¥1,500、小孩¥600(附飲料)。新井住客
¥500

> 享受得到悠閒，更是值得每位來客細細咀嚼、品味的傳統建築結晶。

> 庭院風呂使用百分百天然溫泉，讓人更加放鬆。

Ⓗ 新井旅館 👍おすすめ

📍別冊P.19A2　🚌修善寺駅搭乘前往
「修善寺溫泉」巴士站下，徒步3分　☎
0558-72-2007　🏠伊豆市修善寺970

**洋溢文學氣息的
古蹟旅館，擁抱
和風之美。**

🕐Check-in 15:00，Check-out 11:00　🌐arairyokan.net

新井旅館自明治5年(1872年)創業以來，一直是文
人墨客鍾愛探訪的雅宿，已被列為國家有形登錄文化
財的新井旅館，均是彌足珍貴的文化資產。**天平大浴
場整整耗費三年時間以檜木打造，而位於旅館最深
處的露天風呂「木洩日之湯」，是個與大自然融合在
一起、隱密性又高的獨立空間，氣氛絕佳。**

南伊豆·下田

みなみいず・しもだ
Minamiizu・Shimoda

伊豆半島南端港都，散發著濃厚南國情調的港町——下田，由於幕府時代末期美軍提督培里率領艦隊來航，結束了日本長期以來的閉關自守，因此在日本近代史上扮演著相當重要的角色。即便在美軍與歐美商人離去的今日，市內至今尚保留不少歷史遺跡，是南伊豆著名的觀光勝地。

交通路線&出站資訊

電車
下田駅◇伊豆急行線
東京駅搭乘JR特急「踊り子号」，可直達伊東駅、伊豆高原駅、下田駅等。

出站便利通
◎自下田駅出站後可步行約10分鐘前往培里之路，享受復古街道的散策旅行。
◎出下田駅徒步1分鐘可搭乘寢姿山下田纜車，飽覽下田港海景。
◎可至巴士站7號乘車處轉搭巴士前往下田開國博物館，或9號乘車處乘坐往修善寺駅、河津駅方向巴士。

優惠交通套票
伊豆多利夢乘車券(伊豆ドリームパス)◇此票券根據伊豆半島設計出不同周遊路線的自由旅行，共有橘色・黃金路線、綠色・山葵路線、藍色・富士見路線3條路線，根據路線不同可搭乘駿河灣渡輪、東海巴士、伊豆急行線、伊豆箱根鐵道、伊豆箱根巴士。

◇橘色・黃金路線(伊東駅~伊豆急下田駅~松崎~戀人岬~土肥港~清水港)
◯使用期為3天
◯成人¥3,700，兒童¥1,860
◇清水港渡輪乘坐點、伊東駅東海巴士詢問處、修善寺駅東海巴士詢問處等購買
◯www.izudreampass.com/hantai/index.html

東海巴士2日自由乘車券(石廊崎・下田2日券)◇此票券可在2日內自由運用於南伊豆指定區域路線巴士，並可於下田纜車、下田開國博物館、下田海中水族館等11處設施有折扣服務。巴士範圍涵蓋石廊崎、弓ヶ浜、下賀茂、河津、稲取、下田市街、龍宮窟、爪木崎、白浜等。
◯成人¥2,100，兒童¥1,050
◯下田駅前案內所、東海巴士河津駅前案內所、伊豆ぽた STATION下田(伊豆急下田駅內)、網路、7-11售票機系統等購買
◯www.tokaibus.jp/rosen/freekippu_shimoda_minamiizu.html#shimoda_2days

充滿海洋風的下田車站，太酷了！

下田不但是東伊豆鐵道的最終站，充滿海洋度假風格的下田、加上黑船的重要歷史意義，讓下田火車站也變的很海洋，光看到火車抵達後像撞壁般的停靠在月台底端，就讓人覺得新奇。一出車站，竟然票閘口是個黑船造型呢，還有站內的旅遊中心、裡頭的服務人員穿著像船員，都讓旅客明顯感受到下田的海洋元素與歷史風情。

👁 寝姿山下田纜車

寝姿山下田ロープウェイ

📖 別冊P.26C1　🚉 下田駅徒步1分　📞 0558-22-1211　⏰ 8:45~17:00(末班:上山16:30、下山17:00)，依季節調整 💰 纜車來回大人¥1,250、小孩¥620　🌐 www.ropeway. co.jp(可至官網列印優惠券)

　寝姿山的外型看來彷彿一位女性仰睡的睡姿，因而得名。**纜車全長540公尺、高低差156公尺，搭乘纜車登上山頂只要約3分半**，可將黑船停泊的下田港、遠方雄偉的天城連山盡收眼底，頗有海闊天空的感受，天氣晴朗的話，還可飽覽大島等伊豆七島。另外在山頂還有處結緣聖地愛染堂，可順道參觀。

🎁 🍴 下田時計台 普論洞 👍

下田時計台フロント

📖 別冊P.26B1　🚉 下田駅前廣場邊　📞 0558-22-1256　🏠 下田市東本鄉1-5-2 ⏰ 9:00~17:00　🌐 www.front-shimoda.jp

> 採購伴手禮的好地方!

　與下田車站一起完工的下田時計台，以伊豆特殊海鼠壁建築形式為特色，高聳的鐘塔，讓它一直以來是下田車站最醒目地標建築。融合購物與餐廳、咖啡，是許多旅人離開下田前必訪的購物點，**伴手禮以精選「逸品」好物為主軸，因此不論是干物、金目鯛的各式商品、高級紅茶，甚至是黑船相關人氣商品黑饅頭等皆備。**

> 「欠乏所跡」是以往開港時代熱鬧貿易處，過往周邊曾有大片建築群，現址建築變成餐廳。

> 1H行程導覽最後一站在了仙寺結束，剛好也可以自由逛逛培里之路。

> 復古建築就位在火車站側邊，買東西、吃東西一次滿足。

> 精挑的手工果醬、蜂蜜、餅乾、靜岡茶，通通都是一時之選。

👁 下田歷史の散步道

📖 別冊P.26B2　🚉 下田駅徒步3分　📞 0558-22-1531　🏠 下田市1-4-27(下田觀光協會駅前案內所)　⏰ 10:00、13:00各一場導覽(預約制)　💰 導覽行程1組3人費用¥2,000~(依人數及行程費用不同)　🌐 www.shimoda-city.info　❗需前一日16:00前預約，僅有日文導覽

　影響日本近代歷史甚鉅的起始點下田，**光是自己走走看看也許感受不會太深刻**，若日文稍懂一些，不妨試試參加一趟「下田歷史散步」，由下田觀光協會所主辦的歷史散步導覽行程共分為3種，主要是路線及時間長短不同，大約1至2小時不等，從下田觀光協會案內所出發，**沿途導覽員會詳細介紹下田的歷史、沿途歷史建築、故事等**，你將發現更多旅遊書上沒說的下田風情，還有富士山三姊妹的趣味傳說等。

平井製菓 本店

● 別冊P.26B3　● 下田駅徒步10分　☎ 0558-22-1345　⏰
下田市2-11-7　● 9:00~17:00　🏠 不定休　🍴 牛奶紅豆麵
包1個¥240　🌐 hiraiseika.shop-pro.jp

　　年售超過24萬個哈里斯紅豆牛奶麵包(ハリスさん
の牛乳あんパン)，是店內人氣NO.1的商品，以初代
美國總領事Townsend Harris喜愛的牛奶為製作
發想，融入北海道產的紅豆餡並搭配自家調配的奶
油餡。不想要奶油餡的，也可選擇下田紅豆麵包，外
觀跟哈里斯紅豆牛奶麵包一樣，只是少了奶
油餡，一樣都是人氣首選。

> Tokyu Store的生鮮、熟食等各式商品齊備，是補充消夜、零食的好去處。

> 內層滿滿的餡料、外層包覆奶油香氣的鬆軟麵包，一口咬下香、軟、甜。

下田とうきゅう

下田Tokyu Store

● 別冊P.26C1　● 下田駅徒步2分　☎ 0558-23-
0109　⏰ 下田市東本鄉1-2-1　● 9:00~20:00
🌐 www.tokyu-store.co.jp

　　從火車站穿過馬路到對街的寢姿山纜車
站口旁，就會看到以Tokyu Store為主商場建
築所圈圍起來的一處商店廣場，**Tokyu Store是日
本連鎖大型超市**，商場內也有伴手禮區、書店，2樓
還有日本平價國民品牌しまむら、大創百元店等，加
上廣場周邊4-5個美食店家，滿足各式需求於一處。

💡 誰是唐人お吉？

　　在下田街道上或導覽
摺頁上、改編小說上，總
會看到唐人お吉的身影(唐人指
的是身分低下者)。充滿悲劇與傳
奇一生的お吉，17歲時擔任培里
生病時的看護，但因當時民風閉
鎖，導致お吉離開培里寓所後，
也不被當地人所接受，到處顛
沛流離後，再度回到下田便以藝
妓、經營料亭為業，最終投河自
盡結束不順遂的一生。由於故事
搬上螢幕多次，許多曾經演過お
吉故事的演藝人員，也都會來參
拜她，祈求演出順利。

唐人お吉記念館

> 來開國之地找尋坂本龍馬的蹤影

おすすめ

卍 寶福寺

● 別冊P.26B2　● 下田駅徒步5分　☎ 0558-22-0960　⏰ 靜
岡縣下田市1-18-26　● 08:00~17:00　🍴 大人¥400，中高
學生¥200

　　永祿2年(西元1559年)由僧侶了善創建的寶福寺，寺內供奉淨土真宗。
這間清幽的寺廟與日本現代化推手坂本龍馬頗有淵源，當初因脫藩而
有罪在身的龍馬，來到寶福寺密會政治家勝海舟，得到赦免後始得活躍
於日本。寺院同時供奉名妓唐人阿吉，追念她有如歌劇《蝴蝶夫人》般
悲劇性的一生。

神奈川▼山梨

靜岡

南伊豆・下田

長野▼埼玉▼千葉▼茨城▼栃木▼群馬

マイマイ通り是條蝸牛大道？

從火車站往培里之路的方向前進，一般會走マイマイ通り這條大馬路，不但沿途有數個歷史景點，也有一些商店可以逛逛。但不說你不知道，這條マイマイ通り也跟開港時代有關呢，原來培里來下田後，船隊的人在這裡發現一種新品種的蝸牛，取名mai mai，為了紀念就把這條大道取名為同音的マイマイ了。

多種風味柴魚片，若不知怎麼選擇可請親切的請老闆做推薦喔。

🏮 山田鰹節店　おすすめ

📖別冊P.26B2　🚶下田駅徒步8分
0558-22-0058　🏠下田市2-2-15
8:30~19:00　❌週三(8、12月無休)
柴魚片100g￥200起　🌐www.y-katsuobushi.sakura.ne.jp

日本料理的高湯靈魂，昆布與柴魚。

這家營業超過70年、專賣柴魚的老店，是下田地區唯一的一家鰹節店，店內數個木頭大方盒滿滿都是不同魚類製成的柴魚片，以傳統製法、一個個細心製作的鰹魚新鮮現刨，整個店內充滿優雅不腥膩的柴魚鮮美香氣，除了各式柴魚片，也有昆布、海帶芽、櫻花蝦等乾物可選擇。

☕ 邪宗門　おすすめ

📖別冊P.26B2　🚶下田駅徒步6分
0558-22-3582　🏠下田市1-11-19
11:00~16:00　❌週三、四　☕美式咖啡
￥550　🌐www.jashumon.com

在充滿骨董的古民宅內喝咖啡，感受不同時代、不同風格的氣味。

走過半世紀、由古民家改成的咖啡空間，可說是下田市最知名也最熱門的咖啡館去處。幽暗的室內空間氛圍中，妝點著滿滿的各式骨董老件、繪畫，透過主人巧妙的安排布置下，不會讓人感到壓迫感，只覺得時間似乎在這裡被停滯，點一杯咖啡、一塊手工蛋糕，慢慢地享受一個人的下田老時光。

喝著咖啡聽訴著老咖啡館，與下田歷史那段日西交融的波瀾年代。

🏛 下田開國博物館　おすすめ

📖別冊P.26B3　🚶下田駅徒步8分，或可轉搭往下田海中水族館方向東海巴士，至「下田開国博物館」站下車
0558-23-2500　🏠下田市4-8-13　🕘9:00~17:00　💰大人
￥1,200，小中學生￥700　🌐www.shimoda-museum.jp

日本歷史迷不能錯過的史物寶庫！

「下田開國博物館」可以進一步認識下田著名的日本開國歷史人物，以及黑船來襲時的相關文物，也能觀賞到下田古民居海鼠壁的建造方式；如想要瞭解太鼓節祭典相關的文物資料，也可一訪開國博物館。

店內擺放著滿滿的復古物件，宛如一間骨董屋般繽紛熱鬧。

培里之路

ペリーロード

📖別冊P.26A1，P.26B3 🚌下田駅徒步10分 📍靜岡縣下田市3丁目

右：楊柳下的美麗石疊街道，擁有下田最優美的景致。

　沿平滑川敷設的培里之路，石板鋪成的散步道從仙寺一直延伸至港口，清淺的平滑川上頭跨越了數座復古小橋，走過小橋，**對岸的歐風建築內有的是咖啡店，有的販賣飾品雜貨，五花八門的個性商品讓人忘卻時間。**

沿途柳枝搖曳、流水淙淙，復古瓦斯燈營造出濃濃的往日情懷

下田的海鼠壁

　「海鼠」在日文是海參的意思。海鼠壁是下田、松崎一帶相當有特色的建築樣式。在牆面貼上平瓦片，瓦片之間以半圓形的水泥糊牢，可以達到防止房屋滲水的效果。由於模樣類似海參的疙瘩，因此就被叫做「海鼠壁」。下田過去有許多民宅與倉庫使用海鼠壁，黑白相間的牆壁在藍天白雲映照下，顯得特別耀眼復古。

旧澤村邸

☎0588-25-4600 📍下田市3-16-10 🕙10:00~16:00 ❌週三 💰免費參觀

右：一觀下田特有的建築形式「黑白格紋的海鼠壁」。

　這棟位於培里之路起始點的澤村邸，因原本屬私人產權而一直保存良好，**大正時代的建築、也被列為下田市指定歷史建築，澤村家將這棟建築捐給下田市後，2012年起開放給大眾免費參觀。**內部除展示部分澤村家歷史，大部分空間則是提供建築空間賞析，後方的石造倉庫內則變成展示當地藝術家作品的空間。

神奈川♦山梨

靜岡　南伊豆・下田

長野♦埼玉♦千葉♦茨城♦栃木♦群馬

沿河濱的座位區，陽光灑落的窗邊，特別有著一份朦朧的浪漫氛圍。

☕ 草画房

☎0558-27-1123
🏠下田市3-14-6
🕚11:00~17:00
(僅六日及假日營業)　週一至五(遇假日營業)　咖啡¥550，起士蛋糕¥450

早期妓女戶變身優雅藝術咖啡館。

　　大正時代所建造的這棟古民家，以伊豆石所堆砌，據說以往是個妓女戶，如今由書法家重新妝點活化的這棟老建築，變身成氣氛優雅的咖啡館。店內除提供咖啡、手作甜點外，也販售手作陶瓷器具，喝咖啡也能走走看看，欣賞屋內各式書法、工藝與家具雕刻。

咖啡及點心盤都是藝術家手作陶瓷，將杯子捧在手心有著溫潤感受。

🎁 下田日待

☎0558-22-1514　🏠下田市3-15-15
🕚11:00~15:00(僅六日及假日營業)　週一~週五

　　沿著旧澤村邸前的小路直走，就會看到一棟迷你的海鼠壁兩層樓倉庫建築，**江戶時代蓋建的這個老倉庫，如今成為販售手作小物的商店。**由夫妻倆經營、由於祭典時也協助製作衣服，祭典過後很多衣服不再使用而丟棄相當可惜，因此興起將祭典服裝、或浴衣，轉做成各式包包、小提袋、書封、筆袋等小物件。

推開「藏」的大門，經過一家迷你明信片店再往裡走即會看到KAMA'AINA門口。

2樓展示漂流木做成的各式藝品，可以邊欣賞、邊看頂樓建築結構。

布作小物以及木札，可請店家刻上字，當作特殊紀念。

🍴🍸 KAMA'AINA

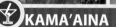

☎0558-27-1580　🏠下田市3-10-13
🕚11:00~16:00，18:00~21:00　週二
🍯蜂蜜檸檬¥550，愛爾蘭咖啡¥850

　　躲藏在複合式建築施施「Shimoda Perry Road藏」之內的 KAMA'AINA，在充滿復古風情的培里之路上，卻是個散發淡淡夏威夷風情的隱密之地。喜歡夏威夷風情的老闆，**將喜好不誇飾的妝點其中，提供美式及夏威夷風味的料理外，晚上也是放鬆小酌的酒吧。**

來這裡喝杯咖啡、茶，放鬆歇腳一下，感受一下異國悠閒風情。

卍 了仙寺

- 📖 別冊P.26B3　🚉 下田駅徒步10分
- ☎ 0558-22-0657　🏠 下田市七軒町3-12-12　🕐 自由參觀，寶物館8:30~17:00　💲 免費，寶物館大人¥500、小孩¥250　🌐 ryosenji.net

了仙寺為下田的重要史蹟，因境內種植許多鴛鴦茉莉，所以又稱「茉莉寺」。江戶幕府與培里提督於嘉永7年(西元1854年)，在了仙寺的密室中，為釐定《神奈川條約》(又稱日美和親條約)的細則而簽署了下田條約，正式允許外國人得以在下田町內自由行動，自此改變了下田以及日本的歷史。

黑船祭

5月中旬的週末從美國海軍的揭幕式開始，一連三天舉行熱鬧盛大活動。包括開國市集、海上花火大會，最後由市民扮裝成培里艦隊與幕府巡遊下田。

入口處設有拍照區，以培里為主角的漫畫人物造型，相當逗趣。

🏛 黑船博物館MoBS

黑船ミュージアムMoBS
- ☎ 0558-22-2805　🏠 下田市三丁目12-12　🕐 8:30~17:00
- 🚫 12月24~26日　💲 大人¥500，小中高生¥250　🌐 www.mobskurofune.com

將黑船時代歷史文物，以創新視角重新演繹。

美日雙方代表在了仙寺簽訂協定後，不僅改變了日本，也讓**了仙寺成為下田重要歷史見證地，許多重要歷史照片、文件等，包含下田歷史文物多達2,600多項，都收藏於此**，另有劇場以中英日3種影片方式，讓不懂日語的人也能看得懂。一樓的禮品區販售當時歷史主角的各式趣味文創小物，光逛逛也很有趣。

🍴👁 土藤商店&土藤ギャラリー

おすすめ 👍

☎0558-22-0021 ♠下田市3-6-30 ●9:00~18:00(旺季~20:00) ㊡不定休 ⑤免費參觀 🌐tsuchito-izushimoda.cocolog-nifty.com/

保存明治時代商店珍貴老件資料。

　鄰近培里之路與魚乾橫丁的土藤商店，是**開設於明治20年(1887年)的老酒鋪**，但來到這裡可別以為只是一家單純賣酒的店家，老建築不少的這個街區裡，隔著小巷子分左右兩側的土藤商店及土藤ギャラリー，**商店這側有各式日本酒、培里來日時飲用的保命酒等**，還有以保命酒做的冰棒、糖果也很特別。

ギャラリー 這邊，展示許多老商店木製看板、帳冊等，相當值得一一細看。

復古的古早冰箱，保冰方式是在裡頭置放冰塊以保住溫度。

🍴 小川家

おがわや

♠別冊P.26B1　🚶下田駅徒步15分
☎0558-22-0365　♠下田市2-8-14
●平日11:00~14:00、六日11:00~14:00、16:30~18:00　㊡土用丑日(每年日期不定，落在7月下旬)、不定休　⑤うな重(鰻魚飯)¥2,600起

　昭和初期在東京神田創業的小川家，店內隨時以泉水放養十數隻活鰻魚，現場處理烹調。**鰻魚分成蒲燒與白燒兩種，排入漆盒中的鰻魚飯則是人氣第一**。老闆數十年來堅持製作最美味的鰻魚，對自家鰻魚飯信心滿滿，不變的美味吸引饕客遠道而至。

製作鰻魚料理已超過70個年頭，鰻魚飯是店內招牌。

運行途中有許多海鷗飛行一旁，更顯海岸風情。

👁 下田港遊船 黑船Susquehanna

下田港內めぐり 黑船サスケハナ号

♠別冊P.26D2　🚶下田駅徒步15分　☎0558-22-1151　♠下田市外ヶ岡19　●9:10~15:30約30~40分1班，航程約20分　⑤大人¥1,400、小孩¥700，2F展望室要加¥500(小孩半價)　🌐www.izu-kamori.jp/izu-cruise/

　來到下田，一定要搭乘造型超有個性的黑船巡遊，每日有11~12班，氣派的帆船造型模仿當年美軍來襲的黑船，在下田港內相當引人注目，**沿途可領略港町的天然風光，遠眺寢姿山、海岸街景，並參觀培里艦隊下錨的地方**，在感受海景之美的同時，更一探幕末開港的重要歷史舞台。

神奈川➡山梨➡
靜岡
南伊豆‧下田
➡長野➡埼玉➡千葉➡茨城➡栃木➡群馬

下賀茂青野川(櫻花與油菜花祭)

別冊P.17A4 下田駅轉搭巴士或計程車至「南伊豆町」下車 0558-62-0141 賀茂郡南伊豆町下賀茂157-1 www.minami-izu.jp

伊豆半島最南端的下賀茂,擁有溫泉、海景,以及廣為人知的櫻花盛景。

從2月下旬開始,青野川兩側河堤的櫻花展露嬌顏,迎接春天來臨。滿開櫻花連成一條2.1公里的粉紅大道,頭頂著藍天,而腳畔則是同時盛開的艷黃油菜花,彷彿置身拼布中,讓人目不暇給。**每年2月~3月當地會舉辦櫻花祭,夜晚則會搭配點燈以及放水燈活動,營造出另一種夢幻情境。**

下田海中水族館

おすすめ

別冊P.26A3 下田駅前7號乘車處,搭乘開往海中水族館方向的東海巴士,約7分後在終點站下車徒步即達,車資大人¥200、小孩¥100 0558-22-3567 下田市3-22-31 9:00~16:30(3、5月的春假及黃金週17:00、7~8月至17:30)入館前至閉館前1小時 不定休 大人¥2,100、4歲~小學生¥1,050 shimoda-aquarium.com

精彩萬分的海豚表演。

下田海中水族館有**300種以上的海中生物**和遊客相見歡,海上舞台由訓練有素的專業人員騎著海豚,表演精采絕倫的海豚秀。在園內的「交流之海」(ふれあいの海),遊客可以與12頭可愛的海豚玩耍,撫觸溫馴的海豚,感受海豚的身軀及呼吸,並體驗親自餵食海豚的樂趣。

顏色百變的水母,炫麗又有趣。

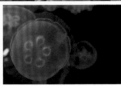

旅館直結有著細軟白砂的多多戶浜沙灘。

下田盛產金目鯛日本第一,在旅館餐廳中也能品嚐到。

下田大和館

別冊P.26A3 下田駅提供接送服務,車程約10分 0558-22-1000 下田市吉佐美2048 Check-in 15:00,Check-out 11:00 www.shimoda-yamatokan.co.jp

融合沙灘、海景、溫泉、海鮮美食的下田大和館,可說是度假住宿的夢想天堂。飯店蓋建於多多戶浜沙灘旁,這裡以美麗的白沙及適合衝浪的海域而知名。呈階梯狀的5層樓飯店,就沿著山勢一路向海灘延伸,全部面海房間讓這裡不論冬季、夏季都相當熱門。

西伊豆
にしいず
Nishiizu

湛　藍的駿河灣一路相隨，在濱海大道上飽覽西伊豆的海天風光，沒有鐵道帶來人潮，在西伊豆開車兜風，沿海岸線遊逛漁港，更能夠感受原始純樸的伊豆風情；有的漁港盛產高腳蟹，有的流傳淘金傳說，有的則以日本最美的落日馳名，一樣的大海，不同的港都情緒。大海上島嶼星羅棋布，遠方還有巍峨的富士山聳立，交織成有如明信片一般的動人美景。

交通路線&出站資訊

電車
修善寺駅◇伊豆箱根鐵道駿豆線
下田駅◇伊豆急行線
蓮台寺駅◇伊豆急行線
◎東京駅搭乘JR特急「踊り子号」，可直達伊東駅、伊豆高原駅、河津駅等。
◎東京駅JR特急「踊り子号」，約2小時10分能直達修善寺駅。

出站便利通
◎抵達修善寺駅轉乘東海巴士至戀人岬、黃金崎等景點；轉搭西伊豆特急巴士可前往土肥溫泉、堂之島、松崎等景點。
◎伊豆半島幅原廣大，原則上各大景點都有鐵道列車相連，交通還算方便。但到了當地後除了在車站周邊用徒步行動外，也可利用巴士進行景點的串聯。當中西伊豆的景點距離間隔較遠，自駕是個不錯的選擇，也可利用鐵道加巴士接駁前往。

優惠交通套票
伊豆多利夢乘車券(伊豆ドリームパス)◇此票券根據伊豆半島設計出3條不同遊路線的自由乘車券，根據路線不同可搭乘駿河灣渡輪、東海巴士、伊豆急行線等。
◇黃金路線(伊東駅～伊豆高原駅～河津駅～伊豆急下田駅～松崎～堂島～戀人岬～土肥溫泉～清水港)
◇使用期為3天
◇成人￥3,700，兒童￥1,860
◇清水港渡輪乘坐點、伊東駅東海巴士詢問處、修善寺駅東海巴士詢問處等購票
🌐www.izudreampass.com/hantai/index.html

位於海平面的免費濱海足湯，是任何人都可以輕鬆泡湯的選擇。

♨ 渚の足湯　👍 おすすめ

濱海的露天溫泉足湯，感受海天一色的開放感！

🅰別冊P.17A3　🚌修善寺駅或下田駅搭乘往松崎・堂ヶ島方向東海巴士，至「松崎バスターミナル」(松崎巴士總站)下車，轉搭往雲見入谷方向東海巴士約20分，「雲見」下車，徒步3分　☎0558-45-0844(雲見溫泉観光協会)　🏠賀茂郡松崎町雲見387(在雲見くじら館旁)　🕐24小時開放　💰免費

　　西伊豆最南邊的溫泉區——雲見，就在松崎町，這裡有許多溫泉旅宿外，最棒的是，隔著眼前的海岸就能看見宛如漂浮在海面上的富士山。來這裡享受溫泉旅宿外，位在濱海的「雲見くじら館」，除可參觀這個鯨魚館外，一旁有一處免費的望海足湯，**眼前開闊的海景讓人心情開闊，波浪彷彿要拍打到身上，天開地闊的感覺野趣十足。**

松崎充滿著迷人的小鎮風情。

👁 松崎海鼠壁通
松崎なまこ壁通り

🅰別冊P.17A3　🚗國道136號線至松崎方面；下田駅轉搭往堂ヶ島方向東海巴士，至「松崎」下車，徒步15分　☎0558-42-0745　🏠賀茂郡松崎町松崎　🕐自由參觀

　　來到西伊豆南部的小海港松崎，遠離遊客人潮，寧靜的街巷散發詳和氣氛。**城鎮中保留明治到昭和時代修建的傳統家屋，外牆黑白對比的13幢海鼠壁(なまこ壁)建築，連成一條充滿古風的街道**，揮之不去的濱海氣息，讓簡樸的街道顯得風情十足。

堂之島

堂ヶ島

◎ 別冊P.17A3　◎從西伊豆的土肥港搭乘巴士約20分即達　◎ 0558-52-1268　◎賀茂郡西伊豆町堂島ヶ島　◎全日開放　◎(遊覽船)dogashimamarine.jp

位於西伊豆的堂之島其實是一連串島嶼的總稱，特別是夕陽西下時，**在金黃色光芒輝映下，流瀉著一股夢幻氣息，無怪乎堂之島擁有「伊豆之松島」的別名**。遊覽堂之島可以沿海岸線兜風，或搭乘堂之島遊覽船周遊列島，感受不同的風情。

© 伊豆半島ジオパーク推進協議会

堂之島天窗洞

堂ヶ島天窓洞

◎ 別冊P.17A3　◎從土肥港搭乘巴士約20分即達，至堂之島碼頭「堂ヶ島マリン」遊覽船乘船處　◎ 0558-52-0013(堂ヶ島マリン遊覽船)　◎賀茂郡西伊豆町仁科2060　◎洞くつめぐり遊程：10:00~16:00間約15~20分一班船，行程約20分　◎洞くつめぐり遊程：大人¥1,300，小孩¥650　◎dogashimamarine.jp

被指定為天然紀念物的天窗洞，呈現低半島狀，地下蜂巢狀的海蝕洞窟，是由海浪經年累月沖蝕而成，**共有東南西三個入口，特別是位於南口的洞窟深達147公尺，在中央的天井處剛好有一個圓形的天窗，當光線照射進來的時候，水面閃爍著翡翠般的光輝，充滿神秘感**。

魚季亭

◎ 別冊P.17A3　◎賀茂郡西伊豆町仁科2052　◎ 0558-52-0059　◎10:00~16:00　◎定食¥1,650起　◎www.tokitei.jp

鄰近堂之島港口，**魚季亭提供漁港直送的海鮮料理**，像是加了味噌的新鮮竹筴魚蓋飯，結合干貝、魷魚等多種海鮮美味的漁師石燒釜飯，駿河灣特產紅燒金目鯛定食等。飯後可到海景平台散步，眺望堂之島的奇岩峻石。賣店也準備各式伴手禮，讓遊客買個過癮。

到西伊豆絕不能錯過的漁夫料理。

黃金崎

◎ 別冊P.17A3　◎東海巴士至「黃金崎クリスタルパーク」下車徒步10分　◎賀茂郡西伊豆町宇久須　◎全日開放

黃金崎是西伊豆熱門的賞落日景點，伸出海平面的安山岩，呈現獨特的黃褐色澤，當夕陽西下時，十分耀眼奪目。海岸公園內有敷設完整的步道與展望台，漫步其中靜待落日，在海景風光與油菜花、海濱植物包圍中，讓人心曠神怡。

神奈川▼山梨▼

靜岡‧西伊豆

▼長野▼埼玉▼千葉▼茨城▼栃木▼群馬

用餐的地方坐享超棒海景，一片藍色盡收眼底。

H 堂之島 NEW銀水 おすすめ

別冊P.17A3 修善寺駅轉搭往堂之島方向的巴士約90分，在總站「堂之島」下，搭乘免費接駁巴士至飯店。或至下田駅轉搭往堂之島方向的巴士約60分，可達「堂之島」站 0558-52-2211 賀茂郡西伊豆町仁科2977-1 Check-in 14:00，Check-out 10:00 www.dougashima-newginsui.jp/tw

最浪漫的落日以及最感動的美食，交織出浪漫的海岸旅行。

NEW銀水坐擁堂之島的繽紛海洋，美景、溫泉，客房一律面臨海洋，一覽好眠後拉開窗簾，任誰都會為窗外旖旎的景色讚嘆。**頂著老牌旅館的招牌，餐點無論豪華度和滋味都值得驚艷。旅館特別針對外國旅客製作問卷，量身打造特製餐點，同樣價錢，海外旅客卻能享有龍蝦、炭燒活鮑等，海派作風讓人無比滿足。**

如臉盆大的金目鯛肉質充滿彈性，吃過就忘不了。

H 海邊の堂島 隱湯清流 おすすめ

海辺のかくれ湯 清流

別冊P.17A3 修善寺駅或下田駅轉搭巴士，車程約1至1小時30分至「堂ヶ島」下車；蓮台寺駅轉搭巴士車程約40分鐘，至「堂之島停留所」下車 0558-52-1118 賀茂郡西伊豆町仁科2941 Check-in 15:00，Check-out 10:00 www.n-komatu.co.jp

看著海景泡著熱燙溫泉，聽著海浪聲安心入眠。

一到「海邊の堂島 隱湯清流」一定馬上會被窗外的絕景深深吸引，不遠處的小島，自峭壁往海延伸的岬角，加上**溫泉旅宿散發出的舊時代風情，以及豐盛的筵席料理，肥美的海鮮嚐得到在地的鮮滋味。**這裡提供6種不同房型，2種房型為附有露天溫泉，另4種是基本和式房型。

進入夢鄉前隱隱聽見海潮的聲響，有如搖籃曲讓人一夜好眠。

運用在地的豐富海鮮，變化出日本料理的經典。

趁著天氣晴朗，從戀人岬可以清楚看到富士山景色。

戀人岬

別冊P.17A2 修善寺駅搭乘東海巴士至「恋人岬」巴士亭下；開車經由伊豆中央／修善寺道路，轉接國道136號約70分可達 0558-99-0270 伊豆市小下田3135-7 9:00~17:00 www.toi-annai.com

突出於海面的戀人岬擁有180度視野，**不但是戀人們海誓山盟的聖地，也是欣賞富士山的絕佳地點。**在綠蔭圍繞的步道徒步約20分鐘，便會看到**架設「愛之鐘」的戀人岬，晴天時欣賞海平面上的富士山，心情無比開闊，**如果與戀人同行，也別忘了合敲三下愛之鐘並默唸對方名字，彼此許下愛的誓言。

神奈川／山梨

靜岡 西伊豆

↓長野↓埼玉↓千葉↓茨城↓↓

近百坪的超大客房像間豪華別墅，房內每個角度都能欣賞富士山。

私人的露天溫泉，什麼時候想泡都可以。

◉ 戶田港

🅐別冊P.17A2 ◉沼津市戶田

明媚的海灣面對巍峨富士山，讓喜歡攝影的旅人快門按不停。海港周遭有許多溫泉旅館，適合作為西伊豆旅程起點，另外戶田港還有別地方吃不到的特色美食——長腳蟹，Q彈蟹肉汁多肉甜、鮮美絕倫，只要嚐過就忘不了。

想要一次享有溫泉、海景以及富士山，來到戶田港就對了！

Ⓗ 富岳群青

世界遺産 富士山を望む宿 富岳群青

富士山狂想，無價的豪華美景。

🅐別冊P.17A2 ◉修善寺駅轉搭往土肥方向的巴士約50分，在「土肥溫泉」下，搭計程車約5分 ☎0120-007-358 ◐伊豆市八木沢2461-1 ◆Check-in 15:00、Check-out 12:00 ⊕www.fugakugunjo.jp

僅有8間客房，富岳群青在旅館所能容許最低限度的客房數中，將奢華與尊寵推展到極致。洗鍊時尚的室內空間，與天地融為一體的戶外溫泉風呂，以及供隨意取用的飲料、現煮咖啡等，讓客人通常一入住，就不太願意踏出房門了。餐廳主廚用起高級食材毫不手軟，駿河灣的鮮撈活鮑、鮮蝦，化身日西合璧的佳餚。

螃蟹屋的水煮長腳蟹，是點餐後才從水族箱中現撈活蟹，鮮嫩甘美。

獨家高溫烹調，蟹肉伴隨蟹高湯轉出，絕妙風味好吃到甘拜下風。

◉ 土肥金山

🅐別冊P.17A2 ◉修善寺駅轉搭往土肥溫泉方向的巴士約50分；開車經由伊豆中央／修善寺道路，轉接國道136號約60分可達 ◐伊豆市土肥2726 ☎0558-98-0800 ◐9:00~17:00 ◎礦坑與資料館入場券大人¥1,000、砂金體驗¥750 ⊕www.toikinzan.com

土肥金山重建古老礦道，介紹過去礦工的艱辛生活，附設博物館內，有世界第一重的大金塊讓遊客摸摸過癮，也可到砂金體驗館一圓淘金夢，從細砂中篩出黃燦燦的砂金。附設餐廳提供各種餐點和點心，就算帶不走金子，也可把金箔連同美食吃下肚。

將金子入菜的餐點，就算帶不走金子也可以品嚐一下。

🍴 螃蟹屋

かにや 戶田本店

想吃螃蟹就來這裡！大啖會噴汁的長腳蟹大餐。

🅐別冊P.17A2 ◉修善寺駅轉搭巴士，在「戶田」下車徒步1分 ☎050-5485-7073 ◐沼津市戶田354-4 ◐10:00~16:00 ◎週一二 ◎天丼¥1,980、長腳蟹套餐(高足ガニコース)¥6,710、整隻水煮長腳蟹¥19,800~27,500 ⊕ shokujidokorokaniya.gorp.jp

螃蟹屋是漁船光德丸直營的餐廳，本店就開設在戶田港邊，是個可邊賞海港邊用餐的地方。兄弟倆一個補魚一個專攻餐廳，把拖曳網中「順道」捕捉上岸的深海長腳蟹，做成天婦羅、定食，讓民眾有機會品嚐到夢幻級的螃蟹美味。棲息於駿河灣深海的長腳蟹，尺寸等同於鱈場蟹，但肉質卻比松葉蟹更細嫩、比紅蟳更甘甜！

熱海
あたみ
Atami

伊豆半島東玄關的熱海，是日本數一數二的溫泉度假勝地。沿著蜿蜒的海岸至山腰，約有300家大型飯店或休閒別墅群集於此。渾然天成的大自然美景、個性派美術館、以及熱鬧的商店街等，共同交織成一股多樣面貌的迷人氣息。

交通路線 & 出站資訊

電車
熱海駅➡JR東海道新幹線、東海道本線、JR東日本
熱海駅➡JR東日本 伊東線
來宮駅➡JR東日本 伊東線
◎東京駅搭乘JR東海道新幹線「こだま」，約50分達熱海駅。
◎東京駅搭乘JR東海道本線，約1小時50分即達熱海駅。
◎東京駅搭乘JR東日本特急「踊り子」，約1小時20分達熱海駅。

出站便利通
◎出熱海駅後轉搭「熱海湯～遊～巴士」前往各景點。
◎或轉搭東海巴士或箱根巴士前往紅葉ヶ丘、清水町、熱海梅園等景點。
◎熱海駅出站後即達人聲頂沸的熱海溫泉街，各式溫泉伴手好禮超值買。

優惠交通套票
熱海湯～遊～巴士1日券》巡迴熱海市內各大景點的湯遊巴士「湯～遊～バス」每天18班車，即可限次數上下車，還可享區域內主要觀光設施優惠。
⏰9:00~16:00，每20~30分一班
💰成人¥800，兒童¥400；單次搭乘成人¥250，兒童¥130
ℹ湯遊巴士內、熱海駅前案內所等購票
🔗www.ataminews.gr.jp/access/174/

おすすめ

♨ 站前足湯-家康の湯

📖別冊P.21B1　🚃熱海駅出站即達
熱海駅前廣場邊　⏰9:00~16:00　💰免費，毛巾¥100

　　熱海一直以來就以溫泉聖地深植人心，新整建的熱海車站，嶄新又舒適外，站前廣場寬闊的免費足湯池也重新裝修。命名為家康之湯的這處足湯，是為了紀念400年前德川家康來熱海做溫泉治的那段歷史。

> 來到熱海就是要泡湯！旅人最佳消除疲勞的方法。

> 泡完不用擔心腳溼，一旁就有毛巾自動販賣機！

來熱海旅行，
注意避開週二跟週三喔

　　熱鬧的和平通跟仲見世通總是人潮不少，就在站前位置，好吃又好買，旅行伊豆半島時，若想安排個半天或一天在熱海停留時，務必注意避開週二或週三喔，因為不只這兩條街，幾乎整個熱海包括銀座通、很多商店都集中這兩天休假，萬一沒注意撲個空，那就真的太可惜了。

🎁🍴 ラスカLUSCA

👍 おすすめ

🗺️ 別冊P.21B1 🚶 與熱海駅直結

☎️ 0557-81-0900 📍 熱海市田原本町11-1

🕐 商店9:00~19:00,餐廳11:00~21:00,頂樓廣場9:00~18:00 🌐 www.lusca.co.jp/atami

熱海站內好吃好買的新去處。

LUSCA是位於熱海火車站的站體內商場,**2016年全新完工**,展新的商場結合地產生鮮超市、各式伴手禮、美食餐廳區外,也有一些藥妝店及百元店,一樓也結合旅遊中心及自由休憩座位區,提供往來旅客自由的歇腳處。即使站前的和平通及仲見世通已經有許多好吃、好買,但這裡的商店與餐廳,與這兩條商店街物品重複率不高,也絕對不要錯過來這掃貨。

挑高兩層樓的空間及落地窗採光極佳外,還可看到站前廣場的好視野。

以米粉做的咖哩甜甜圈、熱海店限定的奶油海鹽麵包。

菓子鋪 間瀬

☎️ 0557-81-1717 🏢 LUSCA 1F 🕐 9:00~19:00 💰 伊豆乃踊子¥486(4入) 🌐 www.mase-jp.com

創立於明治5年(1872年)的間瀬,以和菓子開業,是熱海知名老鋪,尤其以「伊豆乃踊子」命名的和菓子更是廣受歡迎,自1966年發售以來持續人氣不墜。這家熱海名店除在熱海分店眾多外,**進駐LUSCA在一樓有和菓子伴手禮販售區**。若只想簡單嚐嚐風味,也可店內買單個甜點,再到LUSCA頂樓賞景邊品嚐。

☕ Bakery & Table

👍 おすすめ

☎️ 0557-81-0300 🏢 LUSCA 2F 🕐 9:00~20:30(L.O.20:00) 💰 咖啡¥290,熱狗套餐(附飲料)¥880 🌐 www.bthjapan.com

伊東知名麵包烘培坊的美味。

位於2樓的麵包店,可說是**在伊東擁有相當高人氣的赤倉飯店附屬烘焙坊Bakery & Table**,與飯店同樣於1937年一起開業,在熱海新拓展的分店,美味的麵包技藝,傳承自俄國羅曼諾夫王朝宮廷御用烘焙師。**熱海店除了麵包坊,更有挑高開闊的咖啡座位空間**,可以點輕食或買麵包再點杯咖啡,慢慢在店內享用。

神奈川・山梨

靜岡 熱海

長野・埼玉・千葉・茨城・栃木・群馬

◉ ACAO SPA & RESORT

おおおお

👍

🅰別冊P.17B1、P21B4 🚗自JR熱海駅搭乘計程車約15分鐘。搭乘往網代方向的巴士或「湯～遊～バス」，在「ACAO FOREST」下車 🏠熱海市上多賀1027-8 🕐🕑🉐依各設施而定 🌐acao.jp/

集結庭園賞景、藝術、濱海遊憩與VILLA的超大型複合式度假地。

距離東京最快只需40分鐘車程的熱海，可說是日本數一數二的溫泉度假地，全年溫暖的氣候，尤其緊鄰美麗的濱海，有著被譽為「熱海藍」色的美麗海灘，稱這裡是「東洋的摩納哥」一點也不為過。

從市中心僅15分鐘車程，就能抵達面對著澄澈寶石般藍色大海、這個廣闊且依山而建的「ACAO SPA & RESORT」綜合型度假村，早已頗具知名度，再加上由隈研吾操刀設計的**VILLA度假村**，更把區域內的**各式休閒設施&餐飲、濱海設施**拓增完善，不論來拜訪**美麗廣闊的面海花園**，或是坐在喜愛的咖啡餐廳內休閒一下午，或是三五好友或全家，一起來濱海的設施玩水、皮艇探訪鄰近海蝕藍洞等，更酷的是**還可租用直升機飛上青空**，來一趟360度玩美旅程，即使花一整天都嫌不夠用。

ART PROJECT

在熱海，有許多藝術家因熱愛這充滿山海風情溫泉度假地，而來到這裡，更有許多熱愛藝術的熱海人，盡情地支持著在地的藝術發展。ACAO也將這股熱情貫注在這個度假村的DNA中，透過藝術家的眼與創意，在這個謎樣的濱海秘境中，將藝術注入成為地景的一部分。另外這裡也是每年11月舉辦「ATAMI ART GRANT」的活動場地，花與自然、大海及藝術在此完美融合，被自然療癒、也被藝術所薰陶。

🏠在ACAO SPA & RESORT內
🕐9:00~20:00(日期依企畫展而定)
🉐依企畫展內容而定

高透明度的海水與璀璨陽光，讓大海特別澄澈青藍，與山陵綠樹形成美麗對比。

開放感十足的COEDA HOUSE，是名建築師隈研吾所設計的時尚咖啡廳。

在廣達20萬坪的花草庭園內，每年4~6月的玫瑰季是最迷人勝景。

使用香氛工房自製獨特的草本天然小物吧。

◎ ACAO FOREST

🏠在ACAO SPA & RESORT內　☎0557-82-1221(體驗工房)　🕐9:00~17:00，9:00~20:00(3/17~5/7)。(最後入園、閉園前1小時)　🈺無休，但遇暴雨時會臨時休園　💰入園費：大人¥4,000，小學生¥1,000。

　由13個主題庭園組成的「ACAO FOREST」，**全年都能欣賞到各種可愛花卉**，春季有早開櫻花品種熱海櫻、河津櫻盛開，晚春又**以多達600個品種、4000株的玫瑰最令人驚豔**，每年4~6月盛開期間，會舉辦「ACAO ROSE FESTA」活動；而搭配萬聖節、耶誕等節慶，也都有熱鬧繽紛的活動展開，另外地景藝術的場地，也是以這區美麗的園景鋪展開來。除了西洋英式庭園造景，園內也有歷史悠久的神社，以及世界規模最大的盆栽坐鎮。賞花還不過癮的話，**香氛工房內還有各式DIY等你來挑戰。**

◎ ACAO BEACH

🏠在ACAO SPA & RESORT內　🕐7/1~9/24 Day Pool：9:00~17:00(最後入場16:00)。7/15~8/27 Night Pool：18:00~21:00(最後入場20:00)　🈺不定休　💰入園費：大人¥5,000~、小學生¥3,000~海上各式活動¥7,500~(直昇機等其他各式設施價格，詳見官網)

　若於夏季到訪熱海，可別錯過熱海美麗的碧海沙灘，「ACAO BEACH」區域除了大小兩個室外泳池及餐廳外，在緊鄰的沙灘及大海上，還**可參加SUP、皮艇及拜訪鄰近岩壁裡的藍洞之旅等海上活動，其他像是烤肉、露營、帳篷三溫暖、直升機觀光體驗等活動，也一應具全**，規劃完善，而且不僅白天，夏季時連晚間都有開放，可在奇幻燈光下，體驗風趣各異的海灘度假村時光，當然若能計算好日期，邊欣賞熱海的海上花火美景。

跟著導覽，划著船巡遊岩壁內藍洞的迷人景致。

跟著導覽，划著船巡遊岩壁內藍洞的迷人景致。

◎ 貫一‧お宮の像

📖 別冊P.21B2　🚃 熱海駅徒步約15分；或在熱海駅前搭乘湯遊巴士，約5分至「お宮の松」站下車徒步即達　☎ 0557-86-6218(熱海市觀光建設部公園綠地室)　📍 熱海市東海岸町　🕐 自由參觀

　　面臨熱海港的雕像於昭和61年(1986年)設置，就立在遊客眾多的國道135號沿線上，**刻畫著尾崎紅葉筆下小說《金色夜叉》的男女主角貫一、阿宮在故事中的場景。貫一**領悟阿宮已經變心了之後，氣憤地離開她，自此兩人各分東西，這裡自然是觀光客的熱門拍照景點，也可與熱海太陽沙灘安排順遊。

◎ 熱海芸妓見番 歌舞練場

おすすめ 👍

盛大優美的傳統日本舞踊，充份傳達細緻的日本文化。

📖 別冊P.21A4　🚃 熱海駅徒步約20分；或在熱海駅前搭乘湯遊巴士，約25分至「起雲閣西口」站下車徒步4分；或在熱海駅前3號乘車處搭乘開往紅葉ヶ丘方向的路線巴士，約10分至「清水町」站下車徒步即達　☎ 0557-81-3575　📍 熱海市中央町17-13　🕐 10:00~15:00；華之舞每週六、日11:00，表演約半小時　💰 免費參觀；華之舞 ¥1,800　🌐 atami-geigi.jp

　　熱海芸妓見番 歌舞練場，是熱海訓練一流藝妓的地方，藝妓們在這裡練習日本舞、茶道等技藝，平時亦開放遊客參觀。**館內附設大型表演劇場，週末會演出盛大的傳統舞踊「華之舞」，藝妓們優雅古典的舞姿**，以及不分男女老少親切熱情的款待，充分傳達日本文化的優雅和細緻。

溫泉藝妓們相當平易近人，還會親切地與觀眾互動、玩遊戲。

熱海海上花火大會

🚃 熱海駅徒步約15分　☎ 0557-85-2222(熱海市觀光協會)　📍 熱海灣(從熱海太陽海灘至熱海灣海岸線一帶即可欣賞)　🕐 全年四季皆有1~2場，夏季有6場，約20:20開始(每年稍有不同)　🌐 www.ataminews.gr.jp/hanabi

　　每年四季會有數個晚間，熱海灣會舉辦盛大的海上煙火大會，繽紛炫目的煙火一字排開打上高空，簡直就像是巨大的火花瀑布。加上熱海港灣四面環山，宛如立體環繞一般的音響效果氣氛十足。因為每個季節只有1~2次(夏季活動較密集)，建議出發前先至官網確定日期。

◎ 熱海太陽沙灘

おすすめ 👍

熱海花火大會的最佳觀賞點，海浪聲伴隨著絢爛火花，是夏日的美好記憶。

熱海サンビーチ

📖 別冊P.21B3　🚃 熱海駅徒步約15分；或在熱海駅前搭乘湯遊巴士，約6分至「サンビーチ」站下車徒步即達　☎ 0557-86-6218(熱海市觀光建設部公園綠地室)　📍 熱海市東海岸町　🕐 海水浴場開放時間請見網頁，游泳時間9:00~16:00，點燈時間~22:00　💰 免費　🌐 www.ataminews.gr.jp/spot/119/

　　熱海太陽沙灘是一個半月形的港灣，沿著海灘走，可以看到沿岸櫛比鱗次的大型飯店，以及停泊港灣的豪華遊艇。**沙灘旁有一座親水公園，木板鋪成的棧橋上海風徐徐吹拂**，氣氛相當舒適宜人，也是欣賞夜景的好地方，到了7月下旬~8月間的海上花火大會，更是人潮洶湧、熱鬧非凡。

H 湯宿一番地

◎別冊P.21A1　◎JR熱海駅徒步約3分
◎熱海市春日町1-2　◎0557-81-3651
◎Check-in 14:30，Check-out 10:00
◎1泊2食￥17,500~(雙人房的1人平均
費用)　◎www.yuyado-ichibanchi.jp

位於市中心，
擁有自家溫泉
泉源的老牌溫
泉旅宿。

有著「天然化妝水」之稱的熱海溫泉，不但是溫泉
度假熱門地，早在江戶時代，連德川家康都特別指定
將熱海溫泉運至江戶城。**湯宿一番地本館就擁有兩
個自家的源泉**，提供有大浴場、各式風格的露天風

呂、預約制獨享的露天風呂，及6種浴池等設施，能讓
人盡情放鬆享受溫泉療癒。更特別的是，**能夠眺望壯
闊大海與整個市區、擁有絕佳景致的露天風呂最是
推薦**，熱海地區每年都會舉辦超過10次以上的海上
煙火大會，只要來對時間，就能夠泡湯邊享奢華的賞
煙火體驗。

僅**33間客房的本館**，近期新翻修完成讓住宿品
質更加提升外，也再現過往昭和時代氣氛的老牌溫
泉旅館氛圍，館內可租借浴衣，在各處走動玩拍外，
以伊豆半島新鮮海產擺滿桌的美味料理，更是令人
期待。

飯店內也有能邊眺
望絕景的露天風
呂，度假感十足。

穿上浴衣，在館內
尋找昭和時代的溫
泉街老派氛圍吧。

將伊豆半島的
豐盛物產，呈現
在餐桌料理上。

金目鯛是伊豆的高級
款待，「金目鯛熱海
煮」則是住宿客人限
定的獨家料理。

神奈川▼山梨

静岡

熱海

長野▼埼玉▼千葉▼茨城▼栃木▼群馬

仲見世通り&和平通り おすすめ👍

📖別冊P.21A1　🚉熱海駅徒歩1分

熱海市仲見世通り、和平通り　🕐8:00
~20:00(各店営業時間不一)　🚫週二或
週三

熱海最熱鬧好逛
的商店街區區,昭
和氣氛與年輕新
潮併存的最佳典
範。

仲見世通跟和平通這兩條商店
街,成V字形在熱海站前放射出去,
因為兩條街道非常近,甚至有些商
店前門在仲見世通、後門在和平通。
這裡聚集伴手禮、餐廳、溫泉饅頭、煎
餅等小吃外,連傳統學生制服、昭和風情老雜貨、曬
魚乾的舖子,與摩登小咖啡館、鞋店等一起共存,**充
滿新舊融合的衝突感完全不違和**。

駿河灣的魩仔魚做
成的三色丼飯,半生
燙半生鮮,再放上櫻
花蝦增加口感。

簡單幾張桌椅的
空間,可以邊用
餐邊欣賞商店街
過往人潮。

🍴KICHI + おすすめ👍

☎0577-82-8833　🏠熱海市田原本町
6-11 (仲見世通り)　🕐11:00~15:00

週三　💰三色丼¥1,300　🌐www.
cafe-kichi.com

以在地食材提供
美味的廚房。

以伊豆及熱海在地食材為主打的KICHI +,位在充
滿昭和風情的仲見世通り,顯得格外顯眼,現代摩登
又充滿簡約風格的店內,菜單選項也簡單一頁,以定
食及丼飯為主,不過度調味的簡單食飲,將大海的美
味充分引出。除了用餐處的KICHI +,與和平通間的巷
弄裡還有KICHI Cafe,則是以咖啡為主的溫暖咖啡館。

和平通的街道氣
氛也超熱鬧。

在喧鬧的商店街區
域,還是能找到靜謐
獨具的風格小店。

充滿昭和氣氛的仲
見世通老街,店家
門口都製作復古看
板相當有味道。

逛街也能邊泡手湯

熱海不愧是湯之街的城市,
短短不到200公尺,從站前
的足湯、到和平通商店街內
又有手湯,讓人隨時隨地感
受到溫泉之鄉的氛圍。冬天
逛街時尤其需要隨時讓手溫暖一下,泡手時也別
忘幫一旁的地藏菩薩從頭頂撒點溫泉水喔,據說
是可以讓人夢想實現的菩薩。一旁搞笑版的「阿宮
與貫一」人形立牌,如果沒時間走到海濱的銅像本
尊那邊,這裡也是很好打卡的標的物呢。

🎁 工房藍花

☎0577-83-5566　🏠熱海市田原
本町7-6 (仲見世通り)　🕐10:30~

17:00　🌐www.aibana.com

店內也有許多充滿
和風的面具及小裝
飾品,等你來挖掘。

在仲見世通跟和平通遊逛時,一定會看到好多家
藍花,包含工坊、藝廊以及咖啡店,仲見世通上的**工
房**,以伊豆傳統的民藝品、工藝家作品為主要內容,
商品包羅萬象,包含衣服、帽子、小飾品、陶瓷小物、
明信片等,**都是以手做為主的各式小物**,風格充滿手
感趣味。甚至也有木雕小物,現場也提供刻字服務。

名物天狗酥條，是祭典時發放給民眾的吉祥餅乾。

☕ Pan樹 Kuwon

パン樹・久遠

📞0577-81-3310 🏠熱海市田原本町7-3 (仲見世通り)

🕐8:00~18:00 休不定休 💰野莓千層派¥250，咖啡¥380 🌐atamikuwon.wixsite.com/kuwon

開業已經20的麵包店，位在仲見世商店街上，常見許多人來買麵包或是買了麵包後就坐在裡面吃起來，店內提供各式飲品外，也有數款湯品可以用來搭配麵包享用。這裡的名物為天狗酥條，是來宮神社天狗祭時，用來發送給群眾的吉祥餅乾，當然大部分的人目標，則是架上軟香的法式白吐司麵包。

千層派吃起來口感層層酥鬆，卻又能保有濕潤不過甜的清爽口感。

🎁 アオキ(魚乾專賣店)

📞0557-82-5333 🏠熱海市田原本町6-12 (和平通り) ▾

9:00~17:00 🌐www.aokihimono.co.jp

位在和平通跟仲見世通交接處前端的アオキ，是一家以**專門販售各式伊豆、駿河灣產的魚鮮加工製品店**，整個伊豆因為臨海、海鮮產量豐盛，鮮吃或曬成魚乾都一樣美味，是許多人的最佳伴手禮。**老店アオキ親手採購魚貨、自製魚乾及其他商品**，有許多加熱就能即食的商品。

放入白飯上一起蒸煮的一次小包裝調味魚塊，買回台灣也很輕便。

最受歡迎的是手工烤炙的仙貝，酥中又帶點嚼感，能嚐到米的燒烤甜香味。

加工成魚鬆茶泡飯、真空熟食魚塊、魚乾、罐頭等，選擇非常豐富。

⊙⊙⊙ 寺子屋本舖 もち焼きせんぺい

📞0557-81-3015 🏠熱海市田原本町5-6 (和平通り) ▾

9:30~17:30 💰傳統醬油仙貝¥140(一片) 🌐www.terakoyahonpo.jp

從京都開始第一家店鋪的現烤仙貝—寺子屋本舖，全日本已經超過40家店鋪，可見其滋味廣受歡迎。**以國產米、採傳統烤仙貝的製作方法，加上不同口味選擇**，現烤的鹹香氣味飄散。**推薦招牌傳統醬油味仙貝之外，也可試試熱海限定的櫻花蝦口味。**

🍴 Restaurant Scott本店

Restaurantスコット本店

別冊P.21B4 🚶熱海駅徒步12分；或在熱海駅前搭乘湯遊巴士，約8分至「銀座」站下車徒步3分 ☎050-5303-4487 🏠熱海市渚町10-13 🕐12:00~14:00、17:00~19:30 休週四 💰ビーフシチュー(燉牛肉)¥3,630 🌐restaurant-scott.foodre.jp

讓文學家感動的滋味，流傳至今依舊不變的美味。

這家開業於昭和21年(1946年)的西餐廳，長久以來深受寄居熱海的文學家喜愛。**志賀直哉、谷崎潤一郎**等知名白樺派作家，經常聚在店裡聊天，享用主廚蓮見健吉拿手的肉類料理。至今燉牛肉等招牌料理已由後輩繼承，過去文豪們所迷戀的滋味，現在顧客依然可以品嘗得到。

熱海七湯
熱海七湯為當地自古以來的七座源泉，每座湯都有不同的由來和功效。最有看頭的為大湯間歇泉（介紹詳見P.3-83），滾燙溫泉每隔4分鐘向上噴發，相當壯觀。

♨️ 走り湯

別冊P.21B1 🚌熱海駅前5號乘車處搭乘開往伊豆山的路線巴士，約3分至「逢初橋」站下車徒步5分 🏠熱海市伊豆山604-10 ☎0557-81-2631(伊豆山溫泉觀光協會) 🕐自由參觀 🌐www.ataminews.gr.jp/spot/133 ❗原本設置的足湯已停止使用

走り湯擁有日本相當稀有的橫穴式泉源，據說早在約1300年以前就已經被發現。需要彎著腰才能進入狹長的隧道中，**不斷冒著濃濃的水蒸氣，而深處的地底洞穴每分鐘就冒出170公升近70度的滾燙溫泉。**隧道長約5公尺，內部有燈光照明，炙熱的煙霧瀰漫隧道，感覺相當神祕刺激，有機會務必走走看。

🎨 MOA美術館

別冊P.21A1 🚌熱海駅前8號乘車處搭乘開往MOA美術館方向的路線巴士，約7分至「MOA美術館」站下車徒步即達 ☎0557-84-2511 🏠熱海市桃山町26-2 🕐9:30~16:30(入館至16:00) 休週四(遇假日開館)、展覽更換期間、年末年始 💰大人¥1,600、65歲以上¥1,400、高中大學生¥1,000、中學生以下免費 🌐www.moaart.or.jp

可展望相模灣的MOA美術館，在地上三層、地下一層的寬大空間裡，共陳列著3,500件藝術作品，**展示內容以東洋美術的繪畫、書法、工藝為主，其中65件作品被登錄為重要文化財**。近來館藏增加不少西洋繪畫及雕刻，如莫內的《睡蓮》、林布蘭(Rembrandt)的《自畫像》等，具有極高的藝術價值。

美術館的戶外庭院也不能錯過。

👁 熱海梅園

おすすめ 👍

📖別冊P.21A2 🚌熱海駅轉搭往相の原団地方向巴士車程約15分，至「梅園」下車，或来宮駅徒步約10分 📍熱海市梅園町8-11 ☎0557-85-2222(熱海市觀光協會) ⏰8:30~16:00(開園時間外免費開放) 💰入園免費；梅花祭期間一般遊客￥300，住宿熱海旅客￥100 💻www.ataminews.gr.jp/spot/105/

> 櫻 梅 桃 百 花 爭 艷，入秋後又是另一番楓情。

在賞梅期間，園內還有開放免費足湯！

> 園內早從11月下旬便依序開花，賞梅高峰為2~3月。

熱海梅園從明治19年開園，種植60種、469棵樹齡超過百年的古梅樹。**白色、桃紅、杏粉等各種色彩的梅花熱情盛開，而藝妓們也會盛裝出遊賞花，更添嫵媚風情。**熱鬧的梅花季結束後，6月螢火蟲、入秋後的楓葉，都是參觀熱海梅園的亮點，一年四季人如織。

👁 中山晉平紀念館

おすすめ 👍

📍熱海梅園內 ⏰10:00~15:30(梅園祭期間~16:00) 🚫週四(梅園祭期間無休) 💰免費參觀(但梅園祭期間需購票入園)

> 優雅木造建築內欣賞梅園景致。

中山晉平是出生於明治時代的日本重要音樂家，曾創作出多達3,000多首民謠及兒歌，這棟從別處移築至梅園的2層樓木造宅邸，是他在去世前8年在熱海的宅邸。內部保留原本生活空間格局，並展出他的音樂手稿、鋼琴等。2樓客廳有台電視會播放音樂作品，坐在這裡居高臨下一覽梅園景觀外，也可聽聽看有沒有你熟悉的童謠旋律喔。

> 創作力旺盛的澤田政廣，雕刻作品為主外，也包含繪畫、詩作等。

> 迴廊落地窗將景緻引入室內，梅花盛開時就能坐擁花海的璀璨風景。

✒ 澤田政廣紀念美術館

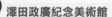

☎0557-81-9211 📍熱海市梅園町9-46(熱海梅園旁) ⏰9:00~16:30 🚫週一(如遇假日或是梅園祭期間，週一也開館) 💰大人￥380，中高生￥250(梅園祭期間，持梅園門票可免費入場)

> 以敦煌石窟為意象設計的美術館，與熱海梅園景緻串聯，既優雅又美麗。

熱海市出身的雕刻家澤田政廣，在日本擁有崇高藝術地位，也獲頒過文化勳章。2層樓的美術館中以雕刻作品為中心，陳設著藝術家的大型雕塑，雖以宗教美術、神話等人物為雕刻主軸，但**作品線條與形象充滿奔放與律動的風格**，也有少數手寫書法與墨畫，尤其入口處天頂，以熱海市印象創作的彩色玻璃作品「飛天」，相當精彩。

大廳精雕細琢美輪美奐，落地窗設計讓室內採光充足。

系川遊步道

おすすめ

📍別冊P.21A3　🚃來宮駅徒步約10分，熱海駅徒步約18分　📍熱海市銀座町・中央町の境

日本本島最早可以賞到櫻花景色的步道。

　全日本最早盛開櫻花的地方，就位於熱海市的系川遊步道，系川在流入大海前，行經一段較為平坦的城市街道，從本町通り，到親水公園這段大約300公尺的系川兩側植滿櫻花樹，**每年一月中旬當日本各地仍大雪繽紛時，相對氣溫暖和舒適的熱海，櫻花滿開綻放，讓來這泡湯的旅客提早感受春意。**

系川與大海交匯處的熱海親水公園，結合城市藍天大海悠閒又放鬆。

起雲閣

おすすめ

📍別冊P.21A4　🚃熱海駅徒步約20分；或在熱海駅前搭乘湯遊巴士，約25分至「起雲閣西口」站下車徒步2分　📞0557-86-3101　📍熱海市昭和町4-2　🕙9:00~17:00(入館至16:30)　❌週三(遇假日開館)　💰大人￥610、國高中生￥360　🌐www.city.atami.lg.jp/index.html

熱海地區的三大別墅之一，象徵熱海風範的華美建築。

　大正8年(1919年)，海運大亨內田信也打造這座優雅的日式家屋做為別墅。之後由創立東武鐵道的根津嘉一郎接手，**不惜成本整建了羅馬浴池、西洋風客房及巨石崢嶸的日式庭院。**傳統和風與中國、西洋裝飾藝術完美交融，堪稱是當代建築的傑作。

這裡櫻花不但是全日本最早，花期更是一路延伸長達一個月。

延命堂

📍別冊P.21A3　🚃熱海駅徒步12分　📞0557-81-2246　📍熱海市上宿町3-28　🕙10:00~20:00　❌週三、不定休　💰溫泉延命饅頭1個￥111、熱海櫻羊羹￥756

　在日本各地大小溫泉鄉都可以見到的溫泉饅頭，就是從這家延命堂本店發明的。大正時代延命堂的初代店主發揮巧思，用溫泉的蒸氣製作饅頭，之後蔚為流行傳遍日本。**店裡的饅頭堅持百分百使用天然原料，而來自北海道的紅豆內餡更是香甜不膩，不愧是熱海溫泉的招牌土產。**

噴泉的左前方的湯前神社，百年大樹參天，也是溫泉巡禮重要拜訪之處。

複製明治22年木造白色八角公共電話亭，目前還在運作中的電話亭。

👁 大湯間歇泉&湯前神社

📖 別冊P.21A3　🚃 來宮駅徒步約8分　🏠 熱海市上宿町4-12　⏰ 全天開放

屬於熱海市七湯巡禮之一的大湯間歇泉，在這七湯裡最具可看性、離來宮車站也很近。曾經是世界3大噴歇泉之一而聲名大噪，但明治25年大地震後，噴泉變的時間很不規則、甚至後來完全停止。透過復活工程的實施，現在大約每4分鐘就會噴出熱泉約3分鐘，雖只大約2-3公尺高、也很令人驚艷。

來到神社向千年大樹祈求願望，保佑身體健康。

⛩ 來宮神社

📖 別冊P.21A2　🚃 來宮駅徒步約3分
☎ 0557-82-2241　🏠 熱海市西山町43-1　⏰ 9:00~17:00　💰 自由參拜
🌐 www.kinomiya.or.jp

向千年神木祈求心想事成，吸引大自然的神祕力量。

來宮神社最有名的就是樹齡超過兩千年的大楠木，據說繞行一周就能延壽一年，且懷抱願望繞行一周，也能心想事成。神社也以斷欲祈願聞名，像是戒菸酒、戒賭，與神明約定並拿到一紙禁酒證，成功後再帶來奉還。這裡也販賣了幾種有趣的御守，例如保佑不發生與飲酒有關意外的「酒難御守」等。

多樣用途的御守，滿足各種願望。

以麥粉、柳橙製作的心型甜點，既有福氣意涵也充滿愛的能量。

☕ 來宮茶寮 報鼓

🏠 位於來宮神社內　⏰ 9:30~16:30　💰 咖啡飲品¥400起，茶寮特製點心¥200~600

來茶寮吃甜甜，一起求得姻緣與福氣。

位於來宮車站後方的來宮神社，除了祭拜、繞行千年大楠樹祈福外，也可坐在神社大殿前的優雅廣場咖啡座，悠閒感受境內蒼鬱大樹圍繞的靜謐氣氛。與古老神社氣氛融合的新建築，是集結服務、視聽室、御守販售處外，也有提供咖啡甜點的茶寮「報鼓」，邀集熱海知名烘培師傅為來宮特製的來福甜點，以神明所愛的麥粉為原料製作，讓邊吃甜點也能結下好福緣。

神奈川➡山梨➡

靜岡

濱松

長野➡埼玉➡千葉➡茨城➡栃木➡群馬

濱松

はままつ
Hamamatsu

濱松與濱名湖古稱遠州，是歷史上德川家康站穩腳步，進而一統天下的奠基之地。波瀾不興的寧靜湖面有如一片明鏡，名列日本第10大湖泊的濱名湖，秀麗的山光水色，湖畔有許多風格別具的咖啡店與餐廳，咖啡香氣中縈繞綠意，醞釀著午後的幸福小時光，趁外頭陽光正好，找家咖啡店消磨時間，感受鄉間的寧靜。從濱松到濱名湖之間，博物館、景觀花園、遊樂園等林立，是靜岡西部最熱門的旅遊區，也是歷久不衰的度假勝地。

交通路線&出站資訊

電車
濱松駅➡JR東海道本線、東海道新幹線
浜北駅➡遠州鐵道線
遠州小松駅➡遠州鐵道線
新濱松駅➡遠州鐵道線
◎東京駅搭乘東海道新幹線列車「ひかり(HIKARI)」，89分鐘可達濱松駅；搭乘「こだま(KODAMA)」120分可達濱松駅。
◎靜岡駅搭乘東海道新幹線列車「こだま」，約26分鐘可達濱松駅。

出站便利通
◎出濱松駅後轉搭館山寺線前往濱名湖。
◎從濱松駅步行5分鐘至一旁的遠州鐵道新濱松駅，可搭乘至西鹿島駅再轉搭天龍濱名湖鐵道，展開懷舊的列車旅程。

優惠交通套票
濱名湖3日周遊券(Hamanako Rail Pass)➡適用於濱松市區遠鐵巴士全路線、遠州鐵道全路線、天龍濱名湖鐵道全路線、濱名湖遊覽船，以觀光設施優待券等。另有2日券，包含纜車交通工具。
⊕bus.entetsu.co.jp/ticket/coupon/railpass.html
❶因疫情尚未恢復正常販售，請上網查詢開賣時間&價格
天濱線乘車券(天浜線フリーきっぷ)➡天濱線發行可自由下車的一日乘車券、連繫遠洲鐵道的共同乘車券等票券，適合中途下車的小旅行。
⊜天濱線1日自由乘車券：成人¥1,750，兒童¥880、天濱線‧遠鐵1日共通自由乘車券：成人¥1,480、兒童¥740
⊕天濱線及遠洲鐵道沿線有人票務櫃檯參購票
⊕www.tenhama.co.jp/about/joshaken/

濱松市樂器博物館

ⓘ別冊P.23B4　🚶濱松駅站徒步6分　☎053-451-1128
🏠濱松市中區中央3-9-1　🕘9:30~17:00　⊗每月第2、第4個週三(遇假日延隔日休)，不定休　⊜大人¥800，高中生¥400，以下免費　⊕www.gakkihaku.jp

濱松市樂器博物館以精彩收藏，宣告樂器之都的地位，兩層樓的館內以世界各地的樂器為收藏項目，**展示1,300件包含亞洲、西洋、東南亞到非洲的樂器，帶領遊客透過音樂環遊世界。**博物館每天都有音樂家現場舉辦演奏會，讓遊客不光用眼睛看，更能真正地聆聽音樂之美，再加上樂器體驗區、兒童音樂體驗區等設施，認真逛玩少說要花上2小時。

拿起耳機，就能聽見展示樂器的音色。

濱松餃子人氣店家

全日本最愛餃子的地區，莫過於東邊的宇都宮，以及西邊的濱松。濱松市區中有超過300家餃子店，體型嬌小的餃子一口一個剛剛好，排成圓型與搭配豆芽菜為濱松獨有的特徵。

濱松Tanto
浜松たんと 南口店

🔺別冊P.23B4 🚶濱松駅南口徒步1分 ☎053-458-0777 🏠濱松市中區砂山町325-4 ⏰15:00～翌日1:00 💲餃子7個￥420、濱松炒內臟(濱松ホルモン)￥480起 ⓤwww.tanto-otabe.com

市內分店眾多，使用濱松所在的遠州特選食材，「遠州之夢」豬做成絞肉，加入當地契約農場提供的高麗菜，每日手工鮮作不使用冷凍品，做出有堅持的濱松餃子，與香氣濃郁的炒內臟同為下酒良伴。

鍋氣十足的炒內臟，是超完美的下酒菜！

六菊
むつぎく

🔺別冊P.23B4 🚶濱松駅南口徒步3分 ☎053-455-1700 🏠濱松市中區砂山町356-5 ⏰11:30～14:30、17:00～21:00(週日、假日～21:00) 🈺週一、二,不定休 💲餃子8個￥520 ⓤmutsugiku.jp

從1962年創業至今已經超過60個年頭，六菊始終擁有高人氣，原本店鋪位在居酒屋街的巷弄中，現在搬到了濱松站南口，交通更便利。六菊的煎餃包入豐富野菜，青菜的甜味與肉汁搭配得宜，四種口味的拉麵也是人氣商品。

石松餃子 JR浜松駅店

🔺別冊P.23B4 🚶JR浜松駅直結 ☎053-415-8655 🏠濱松市中區砂山町6-1(浜松駅內1F) ⏰11:00～22:00(L.O.21:30) 💲餃子10個￥1,030 ⓤ1402.jp/about.html

1953年創業，從路邊攤的中華料理店開始經營，發跡於濱松市的北邊遠州小松駅一帶，現在濱松車站就有分店可以方便享用。總是大排長龍的店外，大伙都是衝著招牌煎餃而來，石松的餃子使用當地產的豬肉和高麗菜，滿滿的高麗菜比例還多，清甜健康的口感大受女性喜愛。

👁 濱松城

🔺別冊P.23B4 🚶濱松駅轉搭計程車約5分，或至巴士站1、13號乘車處轉搭遠鐵巴士至「市役所南」下車，徒步約5分 ☎053-453-3872 🏠濱松市中區元城町100-2 ⏰8:30～16:30 🈺12/29～12/31 💲￥200 ⓤwww.entetsuassist-dms.com/hamamatsu-jyo

家康迷務必造訪的濱松城，見證德川家康臥薪嚐膽的隱忍歲月。

濱松城修築於永正年間(1504年)至元龜元年(1570年)，德川家康攻占掛川打敗今川氏真，成為占據一方的霸主，他在城內渡過17年歲月，直到入主駿府為止，因此濱松城也被稱為德川家康的「出世城」。

🍴 中川屋 本店 👍おすすめ

📖別冊P.23B4 🚃濱松駅搭遠鐵巴士磐田見付線或中ノ町線，「中ノ町」下，徒步2分 ☎053-421-0007 📍濱松市東區中野町861-2 🕐11:00~14:00、17:00~19:30 ❌每月7、17、18、27日(週週末假日則營業) 💴鰻魚山藥泥茶泡飯(うなぎとろろ茶漬)￥4,950、鰻魚飯(うな重)￥3,550起 💻www.nakagawaya.jp

> 名人加持，傳承百年內的鰻魚極致之味。

　　擁有140年以上歷史的中村屋，在當地是無人不知的名店，中村屋為料亭，後來專攻鰻魚，**採買來的活鰻魚放在天龍川的伏流水中，養到草腥盡去只剩肉的甜味，浸入傳承數代的老醬汁中。**老闆還發明出鰻魚山藥泥茶泡飯，香濃的醬燒鰻魚舖在飯上，配上爽滑的山藥泥清涼滑入喉中，最後加入茶湯，一次盡享多重風味。

> 沾上祖傳醬汁，香氣讓人口水直流。

> 炭火直烤的鰻魚，肉質鮮美甘甜是老饕眼中的珍貴逸品。

> 老舖結合新潮元素，踏著時尚步伐卻也不忘暖心的細節。

🍴🎁 nicoe 👍おすすめ

ニコエ

📖別冊P.23B2 🚃濱北駅轉搭濱松巴士「ニコエ(nicoe)」下，徒步1分 ☎053-586-4567 📍濱松市濱北區染地台6-7-11 🕐10:00~18:00 💻www.nicoe.jp

> 貪吃鬼的美食遊園地，百餘款的商品讓人毫無招架之力。

　　2014年開幕的nicoe，**是靜岡縣菓子老舖春華堂的新銘菓文化中心，由來自建築、室內空間、插畫、地景，甚至服裝設計與音樂界的達人們共同打造生產、販售與飲饌遊樂的複合式基地，包含3間品牌專**門店、餐廳、兒童遊戲間以及nicoe garden 和地景團團轉之森(くるりの森)，展現老舖的古典優雅與菓子的繽紛可愛。

👁 濱名湖

📖別冊P.23A3~4 🚃濱松駅搭往館山寺溫泉方向的遠鐵巴士，約40分鐘可達濱名湖畔 ☎053-487-0152(濱名湖館山寺溫泉觀光協會)、053-452-1634 (濱松市觀光旅遊中心) 📍濱松市西區館山寺町 🌐www.kanzanji.gr.jp、hamamatsu-daisuki.net

湖畔漫遊氣氛美食與咖啡店，來趟環湖小旅行。

　　波瀾不興的寧靜湖面有如一片明鏡，名列日本第**10大湖泊的濱名湖，秀麗的山光水色成為靜岡西部最熱門的旅遊區**。沿著環湖道路漫遊，湖畔有許多風格別具的咖啡店與餐廳，咖啡香氣縈繞綠意，醞釀著午後的幸福小時光，趁外頭陽光正好，找家咖啡店消磨時間，感受湖畔的寧靜，每一刻都幸福地很奢侈。

👁 濱名湖遊覽船

おすすめ 👍

📖別冊P.23A3 🚃濱松駅轉搭1號車站發車的巴士約45分，「館山寺溫泉」下徒步5分 ☎053-487-0228 📍濱松市西區館山寺町2226-1(館山寺港) ⏰約9:30~15:50，一小時一班，詳請見網站 💰館山寺周遊航路(30分)大人¥1,200、賴戶航道(單程30分)單程¥1,000 🌐www.hamanako-yuransen.com

遊湖的最棒方式，貼近湖面的感動視野。

　　濱名湖遊覽船的歷史可以上溯到明治時期，過去作為湖畔居民往來連絡的交通工具，歷史相當悠久。**搭乘遊覽船巡遊湖面，平靜湖面與疊翠山巒彷彿一幅靜止的畫作，十分詩情畫意**。其中館山寺航線是巡遊一圈回至出發地，賴湖航道則是點與點的串接，單車也可以帶上去。

💡 濱名湖自行車散步

☎053-487-0152 ⏰9:00~16:30 💰一日¥520 🌐www.kanzanji.gr.jp/map/ride 📍海湖館、新居町駅、弁天島海濱公園、渚園、三ヶ日町、館山寺等地

在濱名湖可租借自行車，延著湖岸步道騎行，還可以在不同地點還車。

👁 濱名湖音樂盒博物館

浜名湖オルゴールミュージアム

📖別冊P.23A3　🚉濱松駅轉搭1號車站發車的巴士約45分，「浜名湖パルパル」下，徒步4分　📞053-487-2121　🏠濱松市西區館山寺町1891　🕐9:30~17:00(依季節不同，請見官網)　❌不定休　💰成人¥880、小孩半價　🌐www.hamanako-orgel.jp

在俯瞰濱名湖的音樂盒博物館，展示19~20世紀初約70件、來自世界的珍貴音樂盒、自動樂器、機關人偶等。**當然音樂盒光用看的不過癮，工作人員每個整點會實際操演音樂盒兩次，二樓演奏廳則固定舉辦盛大自動樂器演奏會。**另有音樂盒製作體驗，挑選喜歡的音樂、造型與零件，紙捲樂譜打洞，以手搖方式播送專屬自己的旋律。

千種音色的大型音樂盒演奏著，人偶配和旋律搖擺旋轉。

從博物館可以鳥瞰優美的濱名湖。

🍴 鰻魚用餐處 浜乃木

おすすめ 👍

📖別冊P.23A3　🚉濱松駅轉搭1號車站發車的巴士約45分，「館山寺溫泉」下徒步5分　📞053-487-0010　🏠濱松市西區館山寺町2221-1 ,2F　🕐11:00~16:00(L.O.15:30)　❌週二　💰鰻魚茶泡飯套餐(うなぎ茶漬けセット)¥2,500、鰻魚桶飯(鰻桶まぶし)¥7,800　🌐www.hamanoki.com

來到濱名湖必吃，炭烤鰻魚香氣滿溢。

鰻魚專門店浜乃木位在館山寺濱名湖遊覽船碼頭的二樓，格著玻璃可眺望內埔灣。**新鮮鰻魚烤得油光潤澤，濃郁醬香不斷飄出，讓人食指大動。鰻魚飯、鰻魚茶泡飯是店內人氣美食，**還有以大木桶盛裝的鰻魚桶飯，適合2~3人分享。

卍 館山寺

おすすめ 👍

📖別冊P.23A3 🚌濱松駅轉搭1號車站發車的巴士約45分,「館山寺溫泉」下徒步5分 📞053-487-0107 🏠濱松市西區舘山寺町2231 🎫自由參拜 🌐kanzanji.net

寧靜禪寺靜享湖光山色。

館山寺擁有眺望濱名湖的絕佳視野,位在50公尺高、突出湖面的半島山丘上,濱名湖的好風光一覽無遺。小巧精美的禪寺寧靜安詳,從館山寺出發,可沿著湖濱步道散步,靜享湖畔的平安靜好。

> 館山寺被澄淨湖水環抱著,是觀景的好地點。

> 濱名湖空中散步,制高點看下的全景視野。

👁 館山寺纜車

かんざんじロープウェイ

📖別冊P.23A3 🚌濱松駅轉搭1號車站發車的巴士約45分,「浜名湖パルパル」下,徒步3分 📞053-487-2121 🏠濱松市西區舘山寺町1891 🕐9:30~17:30,約10分鐘一班(依季節調整時間) 💰往返大人￥1,100,3歲~小學生￥550 🌐www.kanzanji-ropeway.jp

跨越風光明媚的濱名湖,館山寺纜車連結館山寺與大草山,帶來360度居高臨下的湖景視野。纜車全長723公尺,搭一趟大約10分鐘,位於目的地的音樂盒博物館收藏世界音樂和與自動樂器,相當有可看性。也可購買博物館+纜車的優惠套票。

天濱線懷舊中途下車旅行

簡稱天濱線的天龍濱名湖鐵道，橫跨靜岡西部的歷史城區，將旅客帶到那時而紛亂悲壯、時而平靜浪漫的華麗年代。天濱線從濱名湖西側的新所原起始，終點掛川站與JR相連，67.7公里的鐵道上共有39個車站，許多列車從昭和初期鐵道開通後，便沿用至今，保存完好的木造車站古色古香，被指定為國家的文化財，是鐵道迷必訪路線。近幾年車廂也陸續塗裝成各種不同故事主題，也讓鐵道迷多了一個搭乘收集的樂趣。

天龍二俁駅

天濱線的天龍二俁駅已指定為國家文化財，古樸氣息縈繞站內，讓人回想泛黃又溫暖的往日時光。可下車參觀外，也可預約特殊搭乘體驗。

🔽 每天13:50免費導覽 (週末假日增加10:50 場次)(免預約)

龍潭寺(気賀駅)
其庭園是由江戶前期的藝術家小堀遠州所作，其以革新切石法打破傳統構圖，禪風中更見華麗。

龍岩洞(気賀駅)
龍岩洞是東海地區最大的鐘乳石洞穴，石筍、鐘乳石光華生輝。

小國神社(遠江一宮駅)
社寺內栽植櫻、梅、菖蒲花，秋日則楓紅落葉繽紛，更是美不勝收。

湯田中・澁温泉
富山縣　　　長野市
群馬縣
長野縣
上高地●　　　輕井澤
●松本
●諏訪
埼玉縣
岐阜縣
山梨縣
●飯田

長野
ながの

長野怎麼玩

位在日本中央的長野縣，因高山群繞的地理環境而被稱為「日本屋脊」，豐富的天然資源造就多種樣貌的長野；其境內三大山脈飛驒、木曾、赤石有日本阿爾卑斯之稱、活火山淺間山、知名的避暑勝地輕井澤、體驗城下町繁華之美的松本，以及澀溫泉的九湯巡遊，感受變化萬千的長野。

上高地(P.4-26)

標高1,500公尺的上高地是世界有名的山岳勝景地，自日本古代起就有「神河內」的稱號，充滿神境仙地的自然美，雄大的穗高連峰、靜寂的大正池、清徹的梓川，草木花卉，還有珍貴的鳥、蝶、鴛鴦、日本猴等，充滿四季微妙的色彩變化。

松本(P.4-28)

位在長野縣中央地帶的松本，四周被標高3,000公尺的山岳圍繞，西臨日本阿爾卑斯山脈，東接美原高原，360度可欣賞山岳美景。日本現存最古老的木造天守閣國寶松本城，則是建築於日本戰國時期，來到這裡可千萬不能錯過以老房舍串聯起來的中町。

糸魚川駅

北陸新幹線

妙高

白馬岳

長野縣

白馬村

富山縣

白馬駅

千曲

大町市

大糸線

槍ヶ岳

篠ノ井線

別所溫泉

安曇野市

松本電鐵

松本駅

上高地

岐阜縣

新島々駅

塩尻駅

塩尻市

松本本電鐵

中央本線

御嶽山

諏

伊那市

小秀山

駒ヶ根市

南木曾駅

飯田駅

妻籠宿

飯田市

飯田線

愛知縣

長野市(P.4-22)
　長野市由善光寺為起點，周圍的參拜之道而衍生出熱鬧的中心點，出了車站後可直接搭巴士至善光寺參拜，而後沿著參道一路漫步回車站約步行30分，途中有許多販售特產及著名和菓子的店家值得一逛。

湯田中‧澀溫泉(P.4-38)
　澀溫泉的歷史至今已有1,300年，這裡共有9個外湯，每個外湯都針對不同病狀各有療效；湯田中溫泉則發現於江戶時代，當時作為城主的御用溫泉。

輕井澤(P.4-4)
　因外國傳教士到此旅行，深深的被這裡的綠色森林與清新涼爽的氣候所吸引，因而在此建造了第一所別墅，也將輕井澤作為避暑勝地推廣至全世界。

諏訪(P.4-34)
　諏訪湖是信州最大的高原湖泊，有JR上諏訪駅、下諏訪駅兩個車站停靠，在古代從信州至京都的路途中，大都在此休憩而發展市鎮。如今的諏訪以高原湖泊的優雅溫泉度假地而知名，有溫泉、自然美景、美酒、各式美術館，其後因動畫片「你的名字」，更讓諏訪湖一夕之間聲名大噪。

輕井澤
かるいざわ Karuizawa

西元1886年，加拿大籍英國傳教師「亞歷山大‧克羅夫多‧蕭」來到輕井澤旅行，深深的被這裡的綠色森林與清新涼爽的氣候所吸引，因而在此建造了第一所別墅，也將輕井澤作為避暑勝地推廣至全世界。至此以來，日本乃至世界各地的名人紛紛來訪，建造自己的度假別墅，輕井澤因此成為世界知名的避暑勝地。因日劇《四重奏》(カルテット)將故事背景設在輕井澤，也引起旅遊熱潮。

交通路線&出站資訊

電車
輕井澤駅◇JR東日本-北陸新幹線
輕井澤駅◇しなの鐵道線(信濃鉄道)
中輕井澤駅◇しなの鐵道線(信濃鉄道)
◎從東京駅搭乘JR北陸新幹線「あさま」(淺間號)，約1小時15分在輕井澤駅下車。
◎若想到中輕井澤‧星野一帶，需再從輕井澤駅搭乘しなの鐵道，搭一站至中輕井澤駅下車，1個小時約1~2班，建議先記下發車時間；或是從JR輕井澤駅北口1號月台搭乘西武觀光巴士前往。
⊕www.hoshino-area.jp/access_transport

出站便利通
◎抵達輕井澤後到各地參觀最好的方式就是騎腳踏車，因為這裡有規劃完善的自行車車道，輕井澤駅前就有腳踏車出租店，出租一天約￥800起，有多家腳踏車出租店可依自己的需求多比價來決定。
◎欲前往舊輕井澤銀座，除了騎腳踏車或徒步之外，還可以從輕井澤駅搭乘往北輕井澤的草輕交通巴士在「旧輕井沢」站下車。
‧舊輕井澤銀座suttle bus(旧軽井沢シャトルバス)為連接輕井澤駅與舊輕井澤銀座的巴士，由草輕交通運行，雖一天運行的次數不多，但因為路線簡單易懂，若是時間剛好銜接得上，不妨考慮搭乘。
區間◇輕井澤駅南口~輕井澤駅北口~舊輕井澤
◐輕井澤駅南口發車：12:55、13:35、14:20，旧軽井沢銀座發車：13:10、13:50、14:30
◓大人￥160、小孩￥100
⊕www.kkkg.co.jp
❶發車時間依季節而異，建議出發前先至官網查詢。因疫情暫時停駛中。
‧輕井澤町內循環巴士(軽井沢町内循環バス)
可分為三條線：北迴線、東‧南迴線、西路線，其中北迴又分為外迴與內迴，一般觀光客較常利用的是東‧南迴線，路線行經舊輕井澤(可到旧軽井沢、聖保羅教會等)、風越公園、塩沢湖等。
◓單一價大人￥100，小孩￥50
⊕karuizawa-kankokyokai.jp/access/bus
❶發車時間依季節而異，建議出發前先至官網查詢。

輕鬆往返輕井澤與草津溫泉鄉

意外地，輕井澤與草津用巴士連接一點也不遠！選擇急行巴士只需76分鐘。若想讓行程更豐富，也可先來輕井澤後再搭巴士至草津，再回東京；反之亦然。把二天一夜小旅行擴成三天兩夜小旅行吧！
區間：輕井澤駅(北口)~三笠~白系之瀧~草津溫泉
◐輕井澤駅北口發車：8:40~16:56。草津溫泉發車：9:40~17:03。班次頻繁，會依季節變動，建議行前至官網確認

◎輕井澤~草津溫泉￥2,240，輕井澤駅~白系之瀧￥720，草津溫泉~白系之瀧￥1,720
⊕www.kkkg.co.jp
❶利用此巴士，也可方便前往舊輕井澤、三笠、白系之瀧、北輕井澤等地。

車站寄送行李

若一抵達輕井澤想先到別處遊玩，可以利用車站內觀光案內所(車站北口3F)的「信州‧手ぶら便」，只要在中午12:00前寄送，當天18:00前便會送到下榻的飯店。一個行李￥1,000。
⊕karuizawa-kankokyokai.jp/news/3162/

新・舊輕井澤

世界聞名的輕井澤，歷史最早其實可以追溯回江戶時代，曾經是非常熱門的行腳住宿地點，但是其迷人魅力卻是直到明治19年，被來到此地旅行的加拿大傳教師 Alexander Croft Shaw 所發掘，涼爽舒適的高原氣候、散發芬多精的清新森林，讓他彷彿回到家鄉多倫多，兩年後他打造出第一棟別墅，也跟著開啟了輕井澤歷百年不衰的避暑勝地美名。

新・舊輕井澤優雅散策

從擁有絕美天然湖景的雲場池開始，讓水光瀲灩帶走塵世煩囂，接下來前往輕井澤著名地標聖保羅天主教會，欣賞名家所設計的特色教會建築，而後可至當地最為古老的教堂輕井澤蕭紀念禮拜堂參觀；最後推薦現今作為博物館使用的旧三笠ホテル(舊三笠飯店)，在明治至昭和時代，曾是日本國內外大人物最愛利用的飯店。

👁️ 🚃 信濃鐵道 輕井澤駅 👍 おすすめ

信濃鉄道 輕井沢駅
🏠別冊P.8C2 🚃信濃(しなの)鐵道輕井澤駅 📍輕井澤町大字輕井澤1178 🌐www.shinanorailway.co.jp

懷舊兼具樂園般的車站！

因JR新幹線開通而拆除重蓋的信濃鐵道輕井澤車站，2000年時模仿老站舍重築變成紀念館，2017年再回復成車站，**2018年重新整裝**，不但找來知名鐵道設計師水戶岡所設計家具，車站內還加入了親子都開心的小栗鼠迷你遊樂園、及優雅宛如咖啡廳的候車室，當然購物、知名百年和菓子店家也在此設點，「六文觀光列車」也在此出發，讓小小站舍，精彩又多元。

六文觀光列車也是由水戶岡所設計，站內二樓更設有六文列車專用高雅休息室。

Kids Station以親子為入園設施對象，設有很多可愛遊戲區。

Kids Club內設有遊戲室與閱讀區，適合小小孩。

👁️ 森林的小栗鼠 Kids Station & Kids Club 👍 おすすめ

🏠信濃鐵站輕井澤駅站內月台 ⏰10:00~16:30，Kids Station冬季(12~3月)僅營運週末假日 ⏰週三、年始年末 💰Kids Club￥300(包含大人跟小孩各1人入場)；Kids Station大人￥190、小孩￥100(持有效乘車券者免費入場，搭乘小電車或進入黃色電車遊戲區需另付費) 🌐www.shinanorailway.co.jp

等車也能玩瘋不想走。

MORI NO KORISU

很難想像有個迷你小樂園，就位在信濃-輕井沢車站內，想進去玩，還得先買月台票呢。Kids Station內含一個200公尺長的旋轉小火車可以搭乘，以及列車改成的遊戲室，假日更有市集進駐，歡樂又熱鬧。Kids Station對面是Kids Club，設有室內遊戲室、讀書室，也有販售各式相關可愛商品。

神奈川▼山梨▼静岡

長野 輕井澤

埼玉▼千葉▼茨城▼栃木▼群馬

🛍 輕井澤王子購物廣場

輕井澤プリンスショッピングプラザ

🔗 別冊P.8C3　📍輕井澤駅南口徒步3分
☎ 0267-42-5211　📍輕井澤町輕井澤
購物、美食街10:00～19:00、餐廳
11:00～22:00。時間依季節、店家而異
🚫 不定休　🌐 www.karuizawa-psp.jp

> おすすめ 👍
> 與**輕井澤駅**直結，出站即達的超大型購物商城！

讓人瘋狂血拼的大型Outlet購物商場就位於車站旁，購物中心分為5大區，EAST主要為運動及戶外用品，NEWEAST以流行服飾或飾品為主，例如大受台灣、香港觀光客歡迎的BEAMS。而WEST則是世界各國雜貨，NEWWEST為女性喜愛的品牌，日本年輕女生最愛的包包專賣店Samantha Thavasa NeXT page，就在此開了唯一一家Outlet。

> 夜晚來臨購物廣場湖畔點上燈光，更顯浪漫氣氛。

> 餐飲咖啡店家不少，血拼途中隨時可以暫停歇腿。

¥2,990～+tax

> 購物廣場是寵物友善的園區，可以看到超多可愛的狗狗們集結於此！

🍴 輕井澤味の街

☎ 0267-31-0048　📍輕井澤王子購物廣場內 ▾
11:00~22:00

區域廣大的購物廣場，不花個半天以上還真的逛不完，當然體力很重要，購物廣場鄰近輕井澤車站南側就有一處「輕井澤味の街」，集結數家美食名店，像是可嚐到信州牛的御曹司、人氣炸豬排老舖明治亭等，加上串聯隔壁的FOOD COURT，美食一次大串聯。

🍽 明治亭

☎ 0267-41-1112　📍輕井澤味の街內 ▾
11:00~22:00　💴 ソース 豬排丼 ¥1,590
www.meijitei.com

> おすすめ 👍
> 美味醬汁聞名的炸豬排老店。

長野縣駒ヶ根炸豬排飯名店明治亭，往往美味特色還沒先嚐到，光豬排丼一上桌，就大大吸睛，整碗滿到碗蓋頂到半天高快掉下來的樣子，掀開碗蓋的瞬間就好滿足。明治亭炸豬排飯美味秘密就在特製醬汁，以12種材料製作出的醬汁，不但提升了炸豬排美味，也降低了膩感，讓人一大碗都能吃光光。

👁 舊三笠飯店

旧三笠ホテル

🏠別冊P.8C1 🚃輕井澤駅北口2號乘車處搭乘草輕交通巴士，約10分至「三笠」站下車徒步5分 📞0267-42-7072 🏠輕井澤町輕井澤1339-342 🕐9:00~17:00(入館至16:30) ⊗12月28日~1月4日 💰大人￥400、小孩￥200 ❗目前建築耐震補強中，預計2025年4月開館

　目前作為博物館使用的舊三笠飯店，因前方愛宕山形似奈良的三笠山而得此名，在**明治年代到昭和年代這段時期，許多外賓與日本重量級人物都喜歡來此舉行華麗派對**。帶點歐洲味道的古典褐色木頭牆壁，加上乳白色木頭外框格外高雅，館內也展示當時貴族使用的高級家具。

不曾因時間遷移而變化的洋式建築，隱約能感受得到當時的華麗年代。

使用國產豬肉製作的香腸，安心又美味。

おすすめ

🍴 腸詰屋 輕井澤1號店

🏠別冊P.8C2 🚃輕井澤駅徒步7分 📞0267-42-3791 🏠輕井澤町輕井澤東19-5 🕐10:00~18:00 ⊗週三(遇黃金週、暑假無休)，冬季休業 🌐www.chozumeya.jp/

來到輕井澤不可錯過的香腸、火腿專賣店！

　分店在輕井澤遍地開花的腸詰屋，選用日本國產豬肉及牛肉加工製作而成的肉品，過程中毫不添加防腐劑與其他人工添加物，讓顧客吃得美味也吃得健康安心。其中以**德國傳統技術製作的香腸，經燻烤後香氣四溢且紮實彈牙，是腸詰屋的必點招牌**。

☕ Cafe Raffine

🏠別冊P.8C2 🚃輕井澤駅徒步10分 📞0267-42-4344 🏠輕井澤町六本辻1663 🕐11:00~18:00 ⊗不定休

　佇立於森林裡的紅磚瓦屋，店內非常古典優雅，開放式庭院可看到自然的森林風景，這裡的**自家原創咖啡和鮮奶油香蕉蛋糕是最受歡迎的下午茶**；店內還有賣老闆手工製作的施華洛世奇水晶小飾品。

👁雲場池 おすすめ

クモバイケ

📖別冊P.8C2 🚉輕井澤駅徒步約20分
☎0267-42-8579 🏠輕井澤町輕井澤

四季如畫的美麗湖泊，倒映在湖面的逆美景更是拍照好地方。

　雲場池據說曾經有雪白天鵝在此停留，所以這裡又被稱為白鳥湖。初夏的綠葉與蔚藍的天空有著讓人無法形容的美，而時序轉入秋天之際，深秋的紅葉倒映在水中彷彿就像一幅名畫。池邊周圍有約一公里長的遊步道，徒步約需20分鐘，提供遊客邊散步邊欣賞輕井澤的四季之美。

下著大雪的雲場池充滿詩意的白色浪漫。

搭配當季食蔬展現出鮮艷菜品，彷如將輕井澤滋味濃縮其中。

🍴Auberge de Primavera おすすめ

📖別冊P.8C2 🚉輕井澤駅徒步7分 ☎0267-42-0095 🏠輕井澤町輕井澤1278-11 🕐12:00~13:30(L.O.)、17:30~19:30(L.O.) 💴午餐¥7,800
www.karuizawa-primavera.jp/

綠意輕井澤中的森林小木屋，品嚐南法鄉村美味。

　併設住宿的Auberge de Primavera為代表輕井澤的法國料理餐廳，外觀很有歐洲小木屋的鄉村味，店內以暖色調橘色為主，彷彿來到法國南部的小鎮般，隨四季變化風情的中庭更添度假氣息。這裡所有的食材都是主廚親自挑選，自家栽培的高原野菜搭配新鮮的北陸產海鮮，每道料理都將食材的美味發揮得淋漓盡致。

【 動畫《神之雫》取材地 】

　喜歡漫畫《神之雫》的人，一定會對這間店十分眼熟。沒錯，這間店曾登上第10集的故事裡，許多漫畫迷還會特地前來點漫畫裡的「龍蝦蔬菜凍」朝聖呢！

🧁 Atelier de Fromage 旧軽井沢店

🔹別冊P.8C2 🚌輕井澤駅轉搭循環巴士「旧軽井沢」站下車，徒步2分 📞0267-41-4033 🏠輕井澤町輕井澤2-1 🕐10:00~18:00(依季節而異) 📅每月第2、4個週三，年末~3月15日 💴マスカルポーネシュー（奶油泡芙）￥360 🈺www.a-fromage.co.jp

　以自製起司變化出各項美食的Atelier de Fromage，就位在靠近輕井澤本通與舊輕井澤銀座交叉口，這裡以販售起司塊、起司蛋糕、牛奶、起士冰淇淋等起司甜點為主，**其中マスカルポーネシュー是這裡人人必點的招牌**，香濃的牛奶風味一抿就溢滿口腔。鄰近還有一家位於輕井澤本通上的餐廳，**以薄脆的披薩及濃稠香醇的起司鍋聞名**。

> 細緻的生起司霜淇淋，香濃口感讓人一吃就上癮。

輕井澤冰上活動與滑雪

　作為遠離塵囂的世外桃源，輕井澤是個適合休閒運動的好地方。1964年東京奧運馬術、1998年長野冬季奧運的溜冰與冰壺(Curling)項目也在此舉辦，遊客可以在風越公園奧運級的場館內，體驗選手級的場地，溜冰場更是一年四季都營運。若想滑雪，王子飯店滑雪場是個適合全家一起出遊的好場地，開放時間也很長，從每年10月底到隔年4月初，若不會滑雪，場內更有兩家滑雪學校提供各種課程供選擇。

●風越公園冰上體育館

🔹別冊P.8B3 🚕輕井澤駅搭計程車約15分 📞0267-48-3626 🏠輕井澤町大字長倉182-3(風越公園內) 🕐8:00~23:00 📅檢修期間 💴大人￥600、高中生￥400、中學以下￥200 🈺www.kazakoshi-park.jp/ice-arena/

●王子飯店滑雪場
輕井澤プリンスホテルスキー場

🔹別冊P.8D3 🚶輕井澤駅徒步10分，冬季可從JR輕井澤駅南口搭乘免費接駁巴士 📞0267-42-5588 🕐雪季內：11月初~4月初8:00~17:00，(每年雪季時間微調，營時亦依月分微調) 💴吊椅1日券：大人￥6,000、國高中生￥5,000；4小時券：大人￥5,500、國高中生￥5,000；單次往返券：大人￥1,800、小學生以下￥1,000 🈺www.princehotels.co.jp/ski/karuizawa/winter/

旧軽井沢銀座通り

從輕井澤駅轉搭循環巴士往「旧軽井沢」方向,即可抵達旧軽井沢銀座通り,這條長約600公尺的紅磚道集結眾多美食餐廳、服飾小店、特色咖啡廳、伴手禮品店,附近景點只要步行皆可抵達,不妨計劃逗留半天的散策旅行。

租單車輕鬆逛輕井澤、但要注意單車置放處

來輕井澤玩,遊客最愛的銀座通説遠不遠、説近也不近,不搭公車的話,光徒步也要2-30分鐘。還好沿途道路平緩、路線又單純,建議租單車遊既輕鬆又愜意,車站前往銀座通也規劃有單車通道,沿途就能邊騎邊逛。抵達銀座通後,建議可以先騎到銀座通最底端的蕭紀念禮拜堂參觀後,騎回到銀座通最前端交叉口的單車專用停車場停放,再徒步逛銀座通,畢竟人多的銀座通推台單車走反而不方便、也不易找到停放空間。

🚉 輕井澤車站北面左右兩側,各約5分鐘徒步距離都有單車出租店

💰 一般單車一日約¥700(17:00前還車)

SAWAMURA Bakery & Restaurant

おすすめ 👍

ベーカリー&レストラン沢村 旧軽井沢

🏠 別冊P.8C2 📞0267-41-3777 📍輕井澤町輕井澤12-18 🕐麵包7:00~21:00,餐廳(提供早午晚餐)7:00~22:00(L.O.21:00) 💰咖啡¥400~ 🌐www.b-sawamura.com/shops/kyukaru.php

美食伴森林
美景一起品
嚐~

宛如被森林圍繞般的澤村(SAWAMURA),一直以來以美味的麵包而廣受喜愛,併設義式餐廳,將美味麵包烘培技術與美食、美酒一起結合外,獨立於熱鬧的銀座通外的獨棟建築,靜謐而充滿森林圍繞的度假氛圍。廣闊挑高的2層樓建築內,一半是麵包店與店內麵包咖啡用餐區,另一半則是美食餐廳。

挑高2層樓的義式餐廳,引進戶外森林綠意,分外舒適。

2樓也有廣闊室內及戶外座位區,買了咖啡或麵包就能上來舒服地享用。

面對銀座通的座位區,可以邊吃麵包、咖啡,邊看窗外街道上的往來行人風景。

☕ 🧁 淺野屋 本店

📍別冊P.10B1 ☎0267-42-2149 🏠輕井澤町大字輕井澤738 ⏰7:00~21:00(夏季)、9:00~17:00(冬季) 💰咖啡¥350 🌐www.b-asanoya.com

從1933年開業至今,保存當初美味麵包做法至今未變,難怪大受歡迎,在東京也有許多分店。店內以法式及德式麵包為主,是在地人都愛的麵包老舖。以石窯烤製的麵包每日不斷新鮮出爐,想立即嚐美味,店鋪內也設有座位區,可以坐在裡面享用外,也提供有餐點。

ℹ️ 輕井澤觀光會館

📍別冊P.10B1 ☎0267-42-5538 🏠輕井澤町輕井澤739-2 ⏰9:00~17:00(夏季~18:00) ⏸️12/28~12/31 🌐karuizawa-kankokyokai.jp/1390 ❶有提供付費廁所1人¥100

位在銀座通中段的「輕井澤觀光會館」,洋式復古的木構建築,可說是代表輕井澤風格的經典。這裡除了提供旅客所需的旅遊資料與諮詢,二樓的展示空間有不特定的換展及固定展的「輕井澤鉄道迷你博物館」,一樓的展示空間則是介紹輕井澤的四季,還有一處旅客休憩座位空間,有提供免費網路。

澤屋的草莓醬不像市售果醬,而是保有完整果粒超實在!

👍おすすめ

🎁 澤屋 舊輕井澤店

沢屋SAWAYA

📍別冊P.10A2 ☎0267-42-0050 🏠輕井澤町輕井澤811-2 ⏰9:00~18:00(夏季會延長時間) 💰ストロベリージャム(草莓果醬S)¥864 🌐www.sawaya-jam.com/

輕井沢的代表名物店舖,美味果醬送禮自用兩相宜。

以水果店起家的澤屋,主打以日本產水果為原料,低糖度且完全不加任何添加物,且完全不假他人之手,所有商品都是由自家工廠,依照每個季節所產的水果,做出當季才吃得到的果醬,在輕井澤車站3F也有分店。

輕井澤キッチン

輕井澤Kitchen

別冊P.10A2　0267-32-6914　輕井澤町輕井澤12-20　10:00~18:00　不定休　三笠ホテルカレーパン(三笠飯店牛肉咖哩麵包)¥360

現炸起鍋的咖哩麵包,熱呼呼美味外層十分酥脆。

　位在沢屋SAWAYA斜對角的輕井澤キッチン,店面上有個醒目的超大輕井澤啤酒招牌,專賣日本的庶民美食咖哩麵包,咬下一口香氣濃郁豐厚的咖哩內餡馬上溢滿口腔,**使用三笠飯店秘傳配方製作的咖哩,還可嚐到軟嫩的牛肉塊,再來杯輕井澤高原啤酒更是暢快過癮。**

Paomu Karuizawa Bistro

別冊P.10A2　0267-42-8061　輕井澤町大字輕井澤806-1　9:00~17:00(L.O.18:30)　週四(8月無休),冬季休日有異動　輕井澤プリン(輕井澤布丁)¥486,ミルキー生チーズケーキ(牛奶生起司蛋糕)¥486　www.paomu-karuizawa.com

　Paomu Karuizawa Bistro有兩間店面,其一是位在KARUIZAWA FOOD GALLERY 2F的洋食咖啡廳,另一處就是其前方只提供外帶的小店舖,顧客大多是衝著輕井澤名物之一的**布丁與牛奶生起司蛋糕**而來,**牛奶生起司蛋糕則是由奶味濃醇的奶油起司、生起司、藍莓醬三層組合而成**,濃郁的起司香氣餘韻在口中久久不散。

使用北輕井澤高原牛奶與特選鮮奶油製作的布丁,口感超綿密。

蛋糕濃香起司與漿果香氣,有層次的口感與滋味在口中曼妙起舞。

果醬?奶油?將兩種融合在一起的果醬布丁,開封前都能常溫保存,很適合當伴手禮喔!

Cerfeuil

別冊P.10B1　0267-41-3228　輕井澤町輕井澤606-4　9:30~18:00,依季節而異　冬季不定休　頂級布丁果醬¥735,草莓果醬¥648　www.cerfeuil.jp

研發超過百種果醬,玩出新口味!

おすすめ

　以茴芹為名的Cerfeuil,希望能將像茴芹一般,將帶有纖細香氣與溫和風味的果醬提供給顧客。利用獨特製法誘發出食材本身的風味,**研發出超過150種口味的果醬、沾醬、調味醬等商品**,半透明的果醬排排陳列店中,都透著可口的晶瑩色澤讓人難以抉擇,**推薦熱賣的布丁、草莓、蘋果等口味來鎖定目標。**

教堂的內部結構簡單又俐落。

👁 聖保羅天主教會

聖パウロカトリック教會

📍別冊P.10A1 📞0267-42-2429 🏠輕井澤町輕井澤179 ⏰7:00~18:00、冬季9:00~16:00。(無禮拜或婚禮時可自由參觀)

　　輕井澤的地標聖保羅天主教會，是美國建築家安東尼雷蒙特(Antonin Raymond)所設計的木造建築，其對日本近代建築有莫大貢獻，並曾獲得美國建築師學會紐約分會榮譽獎章的榮譽。三角形的屋頂是建築物的特徵，日本文學家堀辰雄曾在小說裡提到，也吸引許多日本的明星在此舉行婚禮。

🛍 CHURCH STREET

教堂街

📍別冊P.10A1 📞0267-41-2501 🏠輕井澤町輕井澤601-1 🛒購物、咖啡10:00~18:00、餐廳11:00~15:30、17:30~20:30(L.O.20:00)，依季節而異
🚫不定休(冬日休日較多) 🌐www.churchst.jp

　　佇立在旧輕井沢銀座中心位置的CHURCH STREET，一旁是通往聖保羅天主教會的小徑，同時也是**集結20多間店舖的購物廣場**，兩層樓的館內集結服飾、生活雜貨、設計小物，還有咖啡與餐廳，酒足飯飽後還可以逛逛裡頭的手作雜貨舖Qcal Atelier、與民族風雜貨店MALAIKA，眾多個性小物讓人愛不釋手。

🎁 QCUL ATELTER

🏠教堂街裡 📞0267-31-6979 ⏰10:00~18:00 🚫依教堂街休日 🌐www.churchst.jp/qculatelier/

　　位在教堂街購物中心內的「**QCUL ATELTER**」，**是一家以創作者們的手作品為主打的店**，QCUL便是以Q-品質、CUL文化來命名。店內各式作品精緻又獨一無二，包含生活陶器、織布品、飾品、包包、家飾品、木雕品等，相當多元，不論是買來自用或送人都絕對特別。

🏠 軽井沢革工房

かわこうぼう

📍別冊P.10A2　☎0267-42-2075　🏠輕井澤町輕井澤舊輕井澤761　🕙10:00~17:00，依季節而異　⏰不定休，2月　💲鞋子造型吊飾￥900　🌐www.parauniv.com/

店內各種樣式的皮件商品，熱愛皮革的人千萬別錯過！

　　1975年創立至今的革工房，在創作上不斷求新求變，**在店內可看到許多做工、色彩與設計都十分多樣化的商品**，從狗狗的項圈、顏色明亮的皮革吊飾、擁有高質感鑰匙包等，**不管是要找可愛活潑還是沉穩大方的風格這裡都有**，另外只要預約還可體驗皮革創作。

🏠 STUDIO SEPT

スタジオセプト

📍別冊P.10B1　☎0267-42-6767　🏠輕井澤町輕井澤738　🕙10:00~17:00　⏰不定休

　　無論你是愛貓還是愛狗一族，來到這裡都很容易失心瘋變成血拼一族，本身有養貓的店主只要談論到有關貓的話題就興奮不已，連開設的**店舖也專賣貓狗雜貨，從年曆、布偶、裝飾品到杯盤、衣服包包都有**，款式與種類十分多樣化，經過時不妨進去逛逛，說不定會有意外的收穫唷。

店內舉目所及的所有商品，都有可愛貓狗的身影，讓人愛不釋手。

🧁 French Bakery

📍別冊P.10B1　☎0267-42-2155　🏠輕井澤町輕井澤舊輕井澤618　🕙8:00~17:00　⏰週四(夏季無休)　💲長棍麵包￥378　🌐www.french-bakery.jp

おすすめ

輕井澤在地烘焙老店舖，不能錯過名物長棍麵包。

　　超過一甲子歷史的麵包老舖，流露出的溫暖人情就像是自家巷口外的麵包店般，讓人感到親切自在。**French Bakery烘焙的多為硬式麵包，熱賣商品除了鹽味牛角麵包外，另一樣就是常常出爐不久即搶購一空的長棍麵包**，據說約翰藍儂住在輕井澤時，每天都會騎著腳踏車前去光顧，為的就是這份質樸的曼妙滋味。

ちもと

⚑別冊P.10B1 ☎0267-42-2860 ⚐輕井澤町輕井澤691-4 🕙10:00~18:00，8月8:00~21:00 ⚐12~2月不定休 💴宇治ミルク金時天然氷(宇治牛奶金時刨冰)¥850，烤糰子1串¥180 🌐www.chimoto-sohonten.com/

在洋風建築林立的輕井澤街道上，突然冒出這間日式喫茶店ちもと(chimoto)，利用1916年名古屋富商、近藤友右衛門建造的「近藤長屋」一角作為店面，連懷舊的氛圍與菜單也都完整承襲下來，端坐在洋溢著沉穩氣息的店內，**夏天吃刨冰，冬天來串烤糰子配熱茶**，日本四季風情韻味就濃縮在這裡。

> 在充滿異國風情的街道，佇立一間和風甘味處。

> 來日必吃的糰子，口感Q彈，鹹甜口味讓人一口接一口。

茜屋咖啡店 舊道店

おすすめ

> 果醬控千萬別錯過！獨家果醬專賣店。

茜屋珈琲店 旧道店

⚑別冊P.10B1 ☎0267-42-4367 ⚐輕井澤町輕井澤舊輕井澤666 🕙9:00~18:00、夏季~21:00 💴高いが旨いお菓子(貴而好吃的菓子蛋糕)¥600

距離舊輕銀座茜屋咖啡店約200公尺處的茜屋專賣店，全黑的大門設計讓人感受到店面的質感。**茜屋的咖啡使用神戶的荻原咖啡豆新鮮焙煎**，就連碗盤也是從世界各地精心收集而來。除了咖啡豆外，還有**輕井澤特產的果醬與果汁**，超人氣的藍莓果醬甜而不膩，就連不喜好甜食的人都愛吃。

> 茜屋不止果醬好吃，果汁也是不容錯過的好物！

👁 輕井澤照相館

> 昭和時代的木造建築，讓照相館充滿復古氣息。

輕井澤写真館

⚑別冊P.10B1 ☎0267-42-8309 ⚐輕井澤町輕井澤舊輕井澤641 🕙10:00~18:00 ⚐不定休 💴1張紀念照片¥4,980/1人(含服裝出租、攝影及照片沖洗) 🌐www.photo-karuizawa.com/dress

輕井澤照相館拍攝的不是一般的沙龍照，**女性可從明治時代貴族的華服中挑選喜歡的款式，男性則可選擇帥氣的仕紳服裝或是和服**，顏色則可黑白復古也可豐富彩色。只要天氣跟店內狀況許可，從開店到下午4點還可以選擇外拍，在綠意環繞中肢體與表情更為自然放鬆，照片也更具紀念價值。

> 七彩繽紛的雜貨小物舖滿店面，慢慢逛就能從中發現驚喜。

🎁 Alterna

⚑別冊P.10B1 ☎090-5547-3975 ⚐輕井澤町輕井澤668 🕙10:30~17:30 ⚐4~6月休週一~三，7~10月休週三，11月休週三~四，12~3月不營業 💴小物收納包約¥1,800 🌐alterna01.web.fc2.com/index.html

位在商店街尾端的輕井澤ショッピングアレイ(Shopping Array)自成天地，廣場上幾間質感小舖簇擁著中庭的綠意花圃，進駐商店中以雜貨舖Alterna最為吸睛，**店長從海內外精選特色商品**，從小熊蜜糖罐、夏威夷風零錢包豐富多樣的種類擠滿全店，**每個小角落都能找到不同的驚喜**。

從門口開始到置物架，全部都是滿滿的貓咪。

貓屋 鈴彦
ねこや すずひこ

おすすめ

貓迷必逛的好店，被貓咪族擁好幸福。

📖別冊P.10B1 ☎0267-42-0457 📍輕井澤町輕井澤670-2 ⏰10:00~18:00 🈳
www.suzuhiko.com/

　輕井澤不只有貓狗商品專賣店STUDIO SEPT，還有一間貓咪雜貨的貓屋 鈴彦，**可愛貓咪躍上杯墊、零錢包、卡套、手巾等各色商品**，每一隻貓咪或是慵懶地趴著，或是瞇著眼微笑，或是張著圓滾滾的無辜雙眼，逗趣生動的可愛神情讓人瞬間融化。

千變萬化的貓咪商品，讓人看了超融化！

あづまや

おすすめ

逛街逛累了，就來盤力餅恢復體力！

📖別冊P.10B1 ☎0267-42-1701 📍輕井澤町輕井澤674 ⏰9:00~17:00，夏季8:00~21:00依季節而異 🈺夏季以外不定休，12月下旬~3月中旬 🌐 www.deli-koma.com/dk/shop/?clid=1002080

　輕井澤銀座尾端的あづまや，為舊碓冰峠上「峠の力餅 あづまや」的姊妹店，**取名為力餅的招牌麻糬，為來往過客補充體力與能量**，講究自然食材、不添加防腐劑所新鮮製作的柔軟麻糬外，其他還有提供蕎麥麵、關東煮、刨冰、蜜紅豆等豐富的日式美食。

手寫板的菜單，充滿力道、精神百倍！

麻糬有黃豆粉、紅豆泥、蘿蔔泥、芝麻、胡桃及紫蘇6種口味。

👁 日本聖公會輕井澤蕭紀念禮拜堂
日本聖公会輕井澤ショー記念礼拝堂

📖別冊P.8D1 ☎0267-42-4740 📍輕井澤町大字輕井澤57-1 ⏰9:00~17:00(冬季至16:00)，禮拜時間之外皆可自由參觀 🈺不定休 🌐nskk-chubu.org/church/16shaw/

在森林中的木造建築，更顯清幽。

　　這裡是將輕井澤魅力推廣至全世界的英國傳教師、「亞歷山大·克羅夫多·蕭」(Alexander Croft Shaw)，**於1895年在輕井澤建造此禮拜堂，是當地最古老的禮拜堂**，位於寂靜的森林中，木造建築感覺十分莊嚴。禮拜堂前方可見蕭的胸像以及村民所贈的紀念碑，後方為蕭傳教師的別墅，現作為紀念館所使用。

中輕井澤・星野

從中輕井澤駅往北走約20~30分就是星野地區，自2009年HARUNIRE Terrace落成後這裡便更具規模，石之教會、輕井澤高原教會與星野溫泉トンボの湯，都在徒步可及的範圍，可規劃半天至一天的時間慢慢遊逛。愛爾茲玩具博物館與輕井澤繪本の森美術館，則在中輕井澤駅的南邊，兩處相當鄰近，造訪其中彷彿走入一座童話森林，充滿夢幻的色彩。

來去星野區域玩，善用巴士與計程車吧！

人氣的星野區域除了從中輕井澤搭乘公車前往外，若想輕井澤及中輕井澤一日遊，不妨輕井澤排半日，從輕井澤北口巴士站搭乘經由星野溫泉的巴士，在星野トンボの湯下車即達。星野遊逛完畢後也可徒步順遊高原教會、石之教會等，再返回到中輕井澤車站，但須事先注意班次時間，才不至於空等，因為巴士、火車幾乎都將近30~60分才有一班次。

- **輕井澤北口巴士站**：1號巴士站搭乘西武觀光路線巴士，往星野方向在星野トンボの湯下車，車程約20分鐘、￥470，約每小時一班(8:30~18:30)
- **信濃鐵道中輕井澤**：往輕井澤車程約6分鐘，一小時約1-2班次、￥230
- **走路&計程車**：走路約20分鐘、計程車5分鐘
- ⓘ 星野度假村在輕井澤駅、中輕井澤駅的接駁車，僅限住宿客使用

◉ 輕井澤高原教會

🅐 別冊P.8A2 🚶 走路約17分鐘、計程車5分鐘 ☎0267-45-3333 🕙 輕井澤町星野 🕙 10:00~17:00，若無儀式舉行即可自由參觀；週日13:30~14:15舉行禮拜 💲 免費參觀 🌐www.karuizawachurch.org

1921年建造的輕井澤高原教會，獨自佇立於幽靜的綠意環繞中，當時因舉辦「藝術自由教育講習會」而齊聚了北原白秋、島崎藤村等知名文豪，自此聞名於世。以「對誰都展開雙手歡迎」為理念，一年四季舉辦許多儀式與活動，尤其在週日禮拜時更是吸引諸多觀光客前往。

隱身在美麗樹林裡的溫潤木造教堂，也是熱門結婚場地。

教會融合自然界五大要素，「石・光・水・綠・木」的有機建築。

おすすめ

◉ 石之教會(內村鑑三紀念堂)

🅐 別冊P.8A2 🚶 走路約17分鐘、計程車5分鐘 🕙 輕井澤町星野 ☎0267-45-2288 🕙 10:00~17:00，若無儀式舉行即可自由參觀 💲 免費參觀 🌐www.stonechurch.jp ⓘ 教堂內禁止拍照

曾出現在眾多MV中的石之教會，是許多人夢寐以求的結婚會場。

以內村鑑三提倡的無教會主義為藍圖，美國建築設計師Kendrick Bangs Kellogg，**建造出沒有十字架也沒有祭壇的教會，為世界少見的設計**。由取自輕井澤大自然的石頭堆砌成的圓弧狀拱門，光線透過拱門間的玻璃窗透入盈滿全室，耳畔傳來細流流水聲，與自然完美融合、氣氛莊嚴凜然中帶著浪漫。

👁 HARUNIRE Terrace

ハルニレテラス

🏠別冊P.8A2 🚃輕井澤駅北口1號乘車處，搭乘巴士至「星野溫泉トンボの湯」站下車徒步1分；中輕井澤駅徒步約20分、計程車5分 ☎0267-45-5853 📍輕井澤町星野 🕐商店10:00〜18:00、餐廳11:00〜21:00。依店家而異 🌐www.hoshino-area.jp/shop

> おすすめ
> 結合生活空間感，讓人感受到美好日常。

以春榆(harunire)命名的HARUNIRE Terrace為星野地區的玄關口，百棵以上的春榆為此處提供了涼爽林蔭，涼風吹拂十分舒服。**以「輕井澤的日常」為概念打造的木板小道，街道兩側佇立了9座木屋，並有16間風格小店進駐**，在這裡你可以享用餐食、逛逛雜貨舖，或是在咖啡廳消磨一個午後，融入輕井澤的悠閒生活。

> 廣大的園區走走逛逛也能消磨一下午，感受輕井澤的輕緩節奏。

> 熱湯蕎麥麵的湯不是拿來喝的喔，吃完麵後，會另外提供有蕎麥香氣的煮麵湯供享用。

🍴 川上庵

> おすすめ
> 高人氣的蕎麥麵店！

☎0267-31-0266 📍HARUNIRE Terrace內 🕐11:00〜22:00(L.O.21:00) 🍜天婦羅蕎麥麵(天婦羅蕎麥麵)(熱)¥1,900 🌐www.kawakamian.com

蕎麥麵店在輕井澤也變得風格高雅又年輕了起來，擁有高人氣的「川上庵」，若光看店裝會以為是咖啡店。**以江戶時代蕎麥屋酒風格再現，店內主打蕎麥麵**，夏季有冰涼蕎麥麵、冬季有熱湯搭配招牌天婦羅的蕎麥麵之外，也有不少人氣單品像是豆腐、烤鴨等，還有清酒、紅酒等提供，**呈現風格年輕又美味廣受好評的餐酒館型態。**

🎁 ココペリ

Kokopelli

☎0267-46-4355 📍HARUNIRE Terrace內 🕐10:00〜17:00，假日10:00〜18:00 🍹綠拿鐵¥600、熱蘋果汁¥1,000(含造型水瓶)

> 信州蘋果汁冷熱皆宜，冬季也能加入辣味香料與一整顆蘋果切片，熱熱喝香又暖胃。

集結輕井澤一帶各種農業生產職人們的自豪蔬果，不論是生鮮品，或是再製成果汁、果醬、調味料等，加上融合一些食器，是一家好物的選品店，當然這裡不僅賣在地農特產品而已，店內飲料吧更有許多現做當季創意蔬果汁，不論是適合冬季的甘酒瓶果汁或是夏季的清涼蔬果汁，可千萬別錯過。

☕ 丸山珈琲

📞0267-31-0553 🏠HARUNIRE Terrace內
🕐8:00~19:00，依季節變動 💰咖啡￥660
起 🌐www.maruyamacoffee.com

> 午後啜飲一杯醇香咖啡，品嚐輕井澤獨有的味道。

　丸山珈琲將書店與咖啡廳毫無違和感共處一室，氣質書香與咖啡香盈滿全店，店內沉穩的色調與寬闊的空間，營造出閑靜的高雅質感。選本喜歡的書，放鬆地沉入座椅、埋首其所描繪的世界中，讀到了章節段落再一邊小口啜飲咖啡、細細咀嚼美味茶點，最棒的忙裡偷閒莫過於此。

> 選本好書、來杯好咖啡，度過緩慢自在的好時光。

🧁 HARVEST NAGAI FARM

📞0267-31-0082 🏠HARUNIRE Terrace內 🕐
10:00~18:00 💰義式冰淇淋單球￥450起 🌐www.nagaifarm.co.jp

　這間由永井農場直營的小店，販售的是其最自豪的各式乳製品，及自家種植、製作的農產品，其中以口味溫醇細膩的義式冰淇淋為主打商品，每日新鮮現做的冰品口味約有14種，最受歡迎的就是每口都能嚐到濃醇奶香的Pure Milk口味，另外以自家原料製成的越光米、糖煮巨峰葡萄口味，也是人氣選項。

> 店內也有販售自家農場商品，為顧客精選最棒的好物。

🍴 村民食堂

🕐別冊P.8A1 📞0267-44-3571 🏠同樣位於星野度假村裡的另一側 🕐
11:30~21:30(L.O.20:30) 💰定食套餐
￥1,590起

> 使用當地季節食材，一場美食與美景的饗宴。

　小說家堀辰雄在其作品中，稱呼輕井澤為「美麗村」，因此星野集團便以「村落」的概念，在星野區域打造了處讓任何人都可以聚集、分享的空間。明亮挑高的室內空間，隔著大面落地玻璃將室外風景引入室內，加上主打信州鄉土料理的美味餐點價格並不貴，吸引許多人特地前來品嚐。

飛鼠探險記

星野地區也是飛鼠的棲息地，若想要親眼看到飛鼠在樹林間飛躍的可愛身影，則得調整行程，因為觀賞飛鼠出沒的最佳時間是每天日落後的30分鐘內！

跟排排站的玩具士兵們說聲嗨！

漂亮的雕刻藝品，透過陽光看更加精緻。

こうど

おすすめ

📖別冊P.8B3 🚌輕井澤駅北口4號乘車處搭乘西武高原巴士的急行鹽澤湖線(夏季行駛)，約15分至「塩沢湖」站下車徒步15分 ☎0267-46-5510 ⌂輕井澤町塩澤702 🕐午餐11:30~14:00(L.O.)、14:00~16:00(L.O.)、晚餐18:00~(預約制) ⊗週二(遇假日順延) 🌐www.codow-karuizawa.com

特選在地農產品，將食材創造出更高價值與美感。

こうど兩層樓的挑高設計帶來舒適的開放感，從窗外更可眺望山林美景，來此享用結合在地食材與料理人手藝的西式料理，最是讓人感受到輕井澤專屬的特殊氣氛。**店家特別選用日本國產的時令素材，全是與熟識的農家合作，不只讓客人吃得安心，也帶動地方活絡與這片土地緊密契合。**

主廚活用海鮮、肉類、蔬菜，變化出多種名品菜單。

挑高的空間設計充滿設計感，並用木質原色更顯暖度。

愛爾茲玩具博物館輕井澤

おすすめ

エルツおもちゃ博物館輕井澤

📖別冊P.8A3 🚌輕井澤駅北口、中輕井澤駅搭乘町內循環巴士，分別約26分、11分至「風越公園」站下車，往塩澤湖方向徒步約5分 ☎0267-48-3340 ⌂輕井澤町長倉182(風越公園內) 🕐3~11月9:30~17:00、12~1月10:00~16:00，入館至閉館前30分 ⊗週二、換展期間、冬季(1月中旬~2月)，1月及12月的休日請向館方洽詢 💰大人￥750、國高中生￥500、小學￥350；和輕井澤繪本之森美術館套票大人￥1,400、國高中生￥900、小學￥650 🌐museen.org/erz/

看可愛胡桃鉗玩轉世界，一起展開玩具之旅。

開館於1998年，愛爾茲玩具博物館**展示著從歐洲等世界各地收集來的各式木製玩偶及相關玩具**，館名「エルツ」是因為德國的愛爾茲地區盛產木製玩偶而取名。**最有名的就是士兵造型的核桃鉗，館內也有附設禮品店、咖啡、繪本店**，來參觀的同時也不要忘了替朋友挑選可愛的玩偶當作伴手禮喔！

繪本之森美術館

別冊P.8A3 同愛爾茲玩具博物館輕井澤 0267-48-3340 輕井澤町長倉182 (謬思之森內) 3~11月9:30~17:00、12~1月10:00~16:00，入館至閉館前30分 週二、換展期間 大人¥950、國高中生¥600、小學¥450；和愛爾茲玩具博物館有推出套票 museen.org/ehon/

隱身於一萬五千平方公尺大森林裡的輕井澤繪本之森美術館，**2座展示館、圖書館與商店等就點綴其間，館內收藏了300年前被譽為文化遺產的西洋童畫故事書**，展示品以歐洲、美國的童話故事書為主，其他也有活躍於近代、現代的作家之原著以及初版書等。

館內隨著四季舉辦不同的展覽。

原名「朝吹山莊」的睡鳩莊，是由W. M. Vories設計。

湖邊舖滿白雪的冬季鹽澤湖，悠靜又典雅。

輕井澤Taliesin

輕井澤タリアセン

おすすめ

鹽澤湖旁的世外桃源，一起來趟藝術小旅行。

別冊P.8A3 輕井澤駅北口4號乘車處搭乘西武高原巴士的急行鹽澤湖線(夏季行駛)，約15分至「塩沢湖」站下車徒步即達，或搭東・南路線循環巴士「塩沢湖」站下車 0267-46-6161 輕井澤町塩澤湖217 9:00~17:00，12~1月10:00~16:00 各設施詳細休館時間請見官網 入園券：¥800、中小學生¥400、12~1月免費入園；貝內美術館(含入園費)：¥1000、中小學生¥500；深澤紅子野之花美術館(不含入園費)：¥600、中小學生¥300；輕井澤高原文庫(不含入園費)：¥800、中小學生¥400；套票(入園費+3館入館費)：¥1,600、中小學生¥800 www.karuizawataliesin.com

輕井澤Taliesin(塔列辛)就是個環繞鹽澤湖而立、集合多個博物館的遊憩區。境內的貝內美術館(ペイネ)，以展出法國插畫家Raymond Peynet的作品為主。**園區內還有輕井澤高原文庫、深澤紅子野之花美術館、有島武郎別墅──淨月庵，及野上彌生子書齋等和輕井澤有關的作家／藝術家文物**，時間充裕的話，不妨細細瀏覽。

長野市

ながのし Nogano City

長野市由善光寺為起點,周圍的參拜之道衍生出熱鬧的中心點。不僅舉辦過冬季奧運,也是相當有文化與歷史的地區,四周環山且擁有豐富四季分明的大自然。善光寺是長野市首推最為具有代表性的重要景點,出了車站後可直接搭巴士至善光寺參拜,而後沿著參道一路漫步回車站約步行30分,途中有許多販售特產及著名菓子的店家值得一逛。

交通路線 & 出站資訊

電車
長野駅➡JR東日本-北陸新幹線、信越本線
長野駅➡しなの鐵道-北しなの線
長野駅、權堂駅、善光寺下駅➡長野電鐵-長野線
從東京駅搭乘JR新幹線「あさま」(ASAMA)約1小時45分即可到達長野駅。

巴士
新宿駅新南口巴士總站(BT),搭乘往長野駅方向的ALPICO交通、Highland Express高速巴士或京王電鐵巴士,每日6:45發車、末班車23:35,約一小時一班車,車程約4小時。
🔗www.alpico.co.jp/access

出站便利通
◎長野駅出站口可分善光寺口與東口兩大主要通道,可於兩處轉搭巴士前往各景點。
◎長野市內交通以巴士及長野電鐵為主,可利用巴士直接前往目的地,或是搭乘長野電鐵漫遊長野市區。

◎於巴士站1號乘車處可轉搭前往善光寺方向的「びんずる号」。
◎欲前往善光市周邊,可在長野駅前的4號乘車處,搭乘循環巴士「ぐるりん号」。
💲成人¥190,兒童¥100
⏰班次間隔15分鐘,巡迴一趟約45分鐘。長野駅首班車9:35、末班車18:50
🔗www.alpico.co.jp/traffic/local/nagano/gururin/

優惠交通套票
◎長野電鐵乘車券(長電フリー乘車券)
包含長野電鐵全路線各站的來回車票,可於時間內不限次數搭乘區間內所有的長野電鐵列車,分有2日券與1日券。
💲1日券 成人¥2,070,兒童¥1,040;2日券成人¥2,580,兒童¥1,290
⏰長野電鐵長野駅、市役所前駅、權堂駅、善光寺下駅、湯田中駅等9個站購票
🔗www.nagaden-net.co.jp/info/

ticket
◎信州1日券(信州ワンデーパス)
包含指定區域內的JR線以及しなの鐵道(長野~豐野之間)的普通列車,(若搭乘新幹線或特急需另補費用),1日內可輕鬆往返區域內城市間的大範圍移動,不限次數自由搭乘,包含輕井澤、小淵澤、松本、小諸、越後川口等。
💲成人¥2,680,兒童¥1,050
⏰區域內的JR線各主要車站及售票機購票
🔗www.jreast.co.jp/tickets/info.aspx?GoodsCd=2466
◎SNOW MONKEY PASS(スノーモンキーパス)
票券含長野電鐵全路線、長野巴士及地獄谷野猿公苑入園費(1次),可於購買後連續使用2天。
💲成人¥3,600,兒童¥1,800
⏰長野電鐵長野駅、市役所前駅、權堂駅、善光寺下駅、湯田中駅等9個站購票
🔗www.nagaden-net.co.jp/info/ticket/

> 單純祭拜也行,但若先買御朱印板,拜完一處可蓋個章當旅遊紀念,財運、福氣滿滿。

七福神巡り
日本各地都有祭拜七福神的習慣,但這7位神尊除了惠比壽是日本原有神外,其餘大都是來自印度及中國等的神。七福神指惠比壽、大黑天、毘沙門天、壽老人、福祿壽、弁才天、布袋,一般認為這七個神會帶來福氣跟財運,是很吉利的神尊形象。長野市除了善光寺名氣鼎盛外,也從車站可沿途順道一一拜訪七福神喔。
🕐各寺廟8:00~16:00,走路全程約2小時,最後抵達善光寺可加蓋第8個章 💲御朱印板¥800(可於長野駅旅遊中心購買)(每蓋完一個章可自由奉獻¥100,善光寺朱印¥200)
🔗monzen-guide.com/course/course01 💬詳細徒步路線請見網站,可自己走或參加導覽

2樓的「信州おみやけ参道」集結信州知名店家，相當好買。

🛍 MI DO RI

⊕別冊P.6A4 ⊕與長野駅直結 ☎026-224-1515 ⊕長野市南千 1-22-6 ⊕9:00~20:00，餐廳11:00~22:00 ⊕www.eki-midori.com

おすすめ

集結信州美味餐廳與伴手禮。

集結超過100家店舖進駐，有各式美食餐廳、咖啡、老舖伴手禮、超市、美食街、TOKYU HANDS以及公共休憩空間的 MI DO RI，於2015年開幕後，成了旅人離開長野前，值得花點時間順便逛逛的好地方。整個商場包含地上5樓及地下一樓，主要好逛、好吃的區域包含1樓的超市、美食街等，2樓則是伴手禮集結的商店區，3樓以美食餐廳為主，也設有公共休憩區，4樓的TOKYU HANDS能找到信州當地的特色雜貨商品。

卍 善光寺

⊕別冊P.6A3 ⊕長野駅前搭乘往善光寺的巴士車程約15分，在「善光寺大門」下車約徒步5分 ☎026-234-3591 ⊕長野市元善町491 ⊕本堂內陣參拜4:30~16:30，山門‧經藏拜觀9:00~16:00 ⊕境內自由參拜。共通參拜券¥1,200、高中¥400、中小學¥100三堂(本堂內陣、山門、經藏)+戒壇之路、善光寺史料館。亦可各別買票 ⊕www.zenkoji.jp

供奉的絕對密佛本尊，也是目前日本發現最早的靈佛。

善光寺是座無教派佛教寺院，創建於西元644年。所供奉的是阿彌陀如來、觀音菩薩以及大勢至菩薩，稱為「善光寺阿彌陀三尊」，也被稱為『信州善光寺』或『信濃善光寺』。在正殿的神座下方有一條伸手不見五指的漆黑通道「戒壇之路」，傳說摸黑走到神座下方，便可以摸到「極樂之鑰」，摸到的人死後就可以前往極樂淨土。

寺廟附近的紅葉景色令人驚豔。

👁 Gallery蓮

⊕別冊P.6B3 ⊕善光寺前宿坊 白蓮坊內 ☎026-238-3928 ⊕長野市元善町465 ⊕10:00~17:00，依季節調整 ⊕週三四(遇假日不休) ⊕彩珠手環、萬華鏡DIY¥3,000起 ⊕www.iikoto.net

天然彩珠來自天然石材，各自代表人緣、健康、財運等不同意涵。

手環DIY可挑自己喜歡的彩珠，最後串上一個琉璃珠，就完成了。

善光寺前方有一區、總共多達39棟的善光寺宿坊，每棟有主祭神尊及主持的住持外，主要用於提供旅客旅宿的地方。其中位於白蓮坊內的Gallery蓮，則是宿坊內的琉璃珠、萬華鏡等展示、銷售及體驗的地方。這裡有日本知名藝術家的相關作品展示，也有琉璃珠、萬華鏡品項，可報名彩珠手環、萬華鏡等DIY課程。

🍴四季食彩YAMABUKI　おすすめ👍

📖別冊P.6A3　🚶善光寺徒步約7分　長野市大字長野大門町55-1　☎026-233-2181　⏰午餐11:00~15:00、晚餐17:00~　📅不定休　💰午餐¥1,650起，套餐¥3,850起　🌐yamabuki.px2.jp

和風又兼具古倉庫靜謐風格的用餐環境，是在地人宴客首選。

以展現信州地產美味的YAMABUKI，開業已經超過10多年，是相當受在地人喜愛的一家餐廳。以四季食材運用為主，因此各式套餐可說是這裡的主打，也有蕎麥麵、信州牛排等單點料理可選擇。來這用餐推薦套餐式料理，不但可以嚐到信州知名季節美味、蕎麥麵等，甚至也有包含信州牛的套餐。

信州牛因餵食蘋果，肉質不腥又軟嫩，有機會一定要試試。

老店舖的甜蜜滋味，令人回味無窮。

長野風月堂

📖別冊P.6B4　🚶善光寺徒步約1分　☎026-232-2068　🏠長野市大門町510　⏰9:00~18:00　💰玉だれ杏(6入)¥993起　🌐www.okashi-net.com/mall/huugetudo

創業於1886年的長野風月堂是專賣和風點心的店，這裡的玉だれ杏非常的有名，小説家池波正太郎也相當的喜愛，還曾在小説中提起；外面是用糯米加入麥芽糖、白砂糖所作成的半透明果凍狀的糕點，裡面包著杏桃作成的內餡，口感Q嫩，酸甜的滋味讓人無法忘懷。

🎁八幡屋礒五郎　おすすめ👍

📖別冊P.6B4　🚶善光寺徒步約2分　☎026-232-8277　🏠長野市大門町83　⏰9:00~18:30　💰七味唐からし「中辛/缶-14g」(七味唐辛子「中辣/罐裝-14g」)¥432起　🌐www.yawataya.co.jp

獨一無二的辣椒專門老舖，小辣、中辣、大辣、麻辣應有盡有。

創業超過兩百年的八幡屋礒五郎，是間七味辣椒粉專賣店，店內有許多不同種類的辣椒粉。七味辣椒粉顧名思義除了辣椒外，還添加了6種不同的天然香料，包含有生薑、麻種、紫蘇、陳皮、山椒、胡麻等，吃起來除了辣之外，還有獨特的香味，可說是善光寺參拜的最佳伴手禮。

すや亀 善光寺店

吃過各式各樣的冰淇淋，但是你絕對沒有吃過味噌冰淇淋吧!?

📖 別冊P.6B3　🚶 善光寺徒步約5分　📞 026-237-2239
📍 長野市元善町仁王門北
🕐 9:00~18:00，冬季9:00~17:00　🍦 みそソフト（味噌霜淇淋）￥400
www.suyakame.co.jp

　來善光寺附近的すや亀就可以吃到口味獨特的味噌冰淇淋。本是釀造醬油與味噌起家的すや亀，將味噌與香草冰淇淋結合，**口感濃郁，味道有點像焦糖但卻又是味噌**，保證吃一次就會上癮，曾經有一天賣出3,000支的人氣冰淇淋，來參拜的同時一定要吃吃看。

油や

📖 別冊P.6A4　🚶 長野駅徒步5分　📞 026-224-2288
📍 長野市末広町1355-5　🕐 1F麵店11:00~23:00，9F宴席10:00~23:00　🍜 蕎麥麵￥860起　🌐 n-aburaya.com/
❗ 店面1樓為蕎麥麵店舖入口，若想品嚐特別的蕎麥會席，則要從一側的門進入搭電梯至9樓

　長野的好山好水孕育出品質極佳的蕎麥，信州蕎麥麵深受日本國民喜愛，**來到油屋，除了有加入蘿蔔泥，以當地戶隱山為意象製成的「戶隱おろしそば」**，9樓更可以品嚐全套的蕎麥套餐。從前菜、炸物、椀物等全都能見到蕎麥身影，連壽司卷都把飯改成蕎麥麵卷，蕎麥麵的狂熱分子來到這裡一定能大大滿足。

餐廳一旁有西之門各式酒類販售處，每一款都能試喝，用餐時可以順道前來。

西之門 レストランさくら

📖 別冊P.6B3　🚶 善光寺徒步約3分　📞 090-2248-1324　📍 長野市善光寺西之門941　🕐 11:00~21:00　🈺 不定休　🍽 菜單依季節更換，約￥4,000上下
nishinomon-yoshinoya.com/html/hp/

　由善光寺著名藏元開設的和風餐廳，就位在自家的藏元裡。穿過西之門的暖簾進入中庭，**現代摩登的玻璃維幕營造出完全不同的氛圍，內部的挑高空間讓人感到放鬆**。這裡的餐點結合鄉土特色，每季因應地元當季食材而調整菜單，和洋折衷的餐點吃來輕鬆不拘泥，十分推薦。

上高地

かみこうち Kamikochi

標高1,500公尺的上高地是世界有名的山岳勝景地,自日本古代起就有「神河內」的稱號,充滿神境仙地的自然美,雄大的穗高連峰、靜寂的大正池、清徹的梓川,草木花卉,還有珍貴的鳥、蝶、鴛鴦、日本猴等,四季微妙的色彩變化,都教人禮讚。漫步上高地有多條健行路線,不過以時間、體力和容易接近度來說,河童橋到大正池的路程,比較容易執行,兩個小時的散步路線上,有清泉、金黃空松和野鴨、日本猴為伴,寫意又舒服。一路穿越空松、針葉松的林道,水鳥、岩魚、野鳥相伴,穗高連峰、六百山、霞澤岳等各阿爾卑斯山的山容一一現身,大自然的鬼斧神工令人嘆為觀止。

交通路線&出站資訊

電車
松本駅◇JR東日本-篠ノ井線、大糸線
松本駅、新島々駅◇松本電鐵-上高地線
◎新宿駅◇松本駅(◇新島々駅)◇上高地
新宿駅搭往松本方向的JR中央本線特急「スーパーあずさ」(SUPER AZUSA)及「あずさ」(AZUSA)車程約2小時30分,至JR松本駅下車。至JR松本駅轉搭往上高地線巴士(預約制1日2班,冬日運休);或至松本電鐵松本駅轉上高地至新島々駅下車,車程約30分鐘,再轉乘路線巴士(1日9班)前往上高地。
🔗www.alpico.co.jp/traffic/local/kamikochi/
◎東京駅◇長野駅◇上高地
東京駅搭往北陸新幹線「あさま」(AZUSA),車程約90分鐘至長野駅下車,再轉搭ALPICO公司的「アルピコ高速バス」或「さわやか信州号」到上高地,車程約3小時。
🔗www.alpico.co.jp/traffic/express/

巴士
◎於新宿駅新南口(BT)搭乘高速巴士「さわやか信州号」,行經大正池,終站上高地バスターミナル(上高地巴士總站),車程約松本市50分。
◎7:15、22:25、22:25(特定日開一班)
◎可於長野駅東口搭乘高速巴士「さわやか信州号」,每天1班次,採預約制,搭乘前務必先預訂車票。長野駅東口(發車)8:15◇上高地(抵達)11:10;上高地(發車)15:30◇長野駅東口(抵達)18:35
ℹ 如欲搭乘高速巴士,建議行前先至網站訂票◇
sawayaka.alpico.co.jp/route/

上高地旅遊規劃建議

◎上高地開山期為4月下旬至11月中旬,高山氣候早晚溫差大,就算是夏季前往也需要隨身帶外套,因應高山地勢也建議穿著登山鞋或運動鞋。
◎為不破壞當地自然景觀,上高地無法自駕前往,開車的話,只能在松本駅或新島々駅搭乘巴士或接駁車前往。
◎抵達上高地後,建議可至當地商家或是服務中心購買或是索取上高地地圖,以利規劃路線行程。
◎如選擇一般健行路線,可在大正池巴士站下車,經田代池、田代橋、河童橋,到上高地巴士總站,約1.5小時,路途平坦。
◎若是登山愛好者可擇進階健行路線,從河童橋為起點,經梓川左岸的小梨平、明神橋、明神池,到梓川右岸的岳澤分歧、河童橋,回到上高地巴士總站,約3小時,有些緩坡。

●**上高地服務中心(上高地インフォメーションセンター)**
☎0263-95-2433(冬季:0263-94-2537) 📍上高地巴士總站旁 🕐4~11月15日8:00~17:00 🔗www.bes.or.jp/ ℹ 設施有付費淋浴間、休息區、上高地地圖手冊等
●**寄放行李服務(手荷物預かり所)**
☎0263-95-2034 📍上高地巴士總站旁(観光センター1F) 🕐4~11月15日6:00~17:00 💴小型￥350、中型￥400、大型￥500、特大型￥600 🔗www.kamikochi.or.jp/article/show/45

河童橋

◎別冊P.30B3 ◎上高地巴士總站徒步約5分 ◎南安曇郡安曇村上高地 ◎www.kamikochi.or.jp

上高地的代表印象，一觀燒岳的最佳地點。

在昭和年間(1892年)架在梓川上的木頭吊橋，是上高地的象徵；現在所見的已經歷多次改建，於1975年定型的模樣。橋寬3.6公尺、長30公尺，站在橋上往上流望是雄壯的穗高連峰，往下望則是還冒著白煙的活火山燒岳，橋下的梓川清涼無比，棲息著岩魚、水鴨，上高地所有自然的景觀，都可在此一覽無遺。

> 燒岳是跨越長野縣與岐阜縣的活火山，也是日本百岳之一。

> 研究路上已鋪上木棧道，順著步道來一場森林生態之旅。

自然生態研究路

◎別冊P.30A3 ◎上高地巴士總站徒步約5分 ◎南安曇郡安曇村上高地

生態教室遊步道，路上處處充滿自然的奇蹟。

長1.9公里的遊步道，起於田代橋，止於大正池，單程40分鐘，而從河童橋到這裡則約要20分鐘。**行進間動植物的演進情形值得觀察**，如擅於生長在地質惡劣土地上的空松、當地珍貴植物化妝柳、候鳥、日本猴等；雖然研究路上鋪有木棧道，但部份路段須踩在大小碎石、沙地和淺水處，記得穿雙防水好走的鞋子。

河童橋的由來

河童是日本傳說中的水陸兩棲醜八怪，像人又像鬼，很調皮愛作弄人，但常常還是被人反過來修理。上高地的這座紅橋以醜八怪河童命名已不可考，當地的義工說，可能是河童橋下有一處深淵，且山上常因融雪湧下洪水，怕一般人下到川中遊水不小心當了水鬼，便以傳說深淵中住著河童，把不知危險的戲水客嚇走，深淵上的橋自然也跟著取名河童橋。

大正池

◎別冊P.30A4 ◎上高地巴士總站徒步約1小時 ◎南安曇郡安曇村上高地

大正池是自然研究路上最大的一片明鏡，它在1915年因燒岳火山爆發而生成，但也因燒岳斜面崩落、和梓川從上游帶來的砂石流而漸漸縮小，爾後成為下游發電廠的貯水池。**大正池的靜寂水面使它的神秘感耐人尋味，在這裡很適合坐下來休息或野餐，心裡的煩悶就對著秀麗的穗高連峰在池中的倒影傾吐吧。**

田代池

◎別冊P.30A4 ◎上高地巴士總站徒步約20分 ◎南安曇郡安曇村上高地

> 夏季綠意、秋季紅楓，變化多端的美景令人折服。

田代池的池水來自它背後六百山的地下水，池水由於枯草沈澱於底部，經過長年累月的堆積，越來越濕原化、林地化。變化過程中突然在1975年夏天，一場大雨將大量的土石流流入田代池，埋掉了大半的田代池。如今田代池已成為當地的原生林濕地，**在5月新綠、10月紅葉，一直到晚秋的霧冰景觀，都是必看美景。**

松本

まつもと Matsumoto

松本市位在長野縣，地理位置處於本州中央地帶，四周被標高3,000公尺的山岳圍繞，西臨日本阿爾卑斯山脈，東接美原高原，360度可欣賞山岳美景，故又被稱為岳都。日本現存最古老的木造天守閣國寶松本城，則是建築於日本戰國時期，來到這裡可千萬不能錯過以老房舍串聯起來的中町，連接松本城與繩手通，散步其間好好享受松本的老氣氛。

交通路線 & 出站資訊

電車
松本駅➡JR東日本-篠ノ井線、大糸線
松本駅、新島々駅➡松本電鐵-上高地線
於東京或新宿駅搭乘北陸新幹線列車，約90分到達長野駅後，再轉乘JR特急「しなの」(SHINANO)約50分，即可抵達JR松本駅。

巴士
從新宿駅新南口巴士總站(BT)搭乘ALPICO交通、JR等的高速巴士抵達松本駅，單程約3.5小時。

出站便利通
◎於松本駅お城口(東口)出站可轉搭計程車、巴士等交通工具。
◎松本駅お城口(東口)可搭乘周遊巴士Town Sneaker(松本周遊バス タウンスニーカー)前往松本城、松本市美術館、舊開智學校等景點，運氣好的時候，說不定可以搭乘以草間彌生大師的設計理念彩繪的點點亂舞巴士呢！

◎從松本駅搭乘直達白骨溫泉的巴士，雖班次較稀少，但由於國人不習慣冬季結冰路面駕駛，為了安全起見，冬季前往時還是建議搭乘巴士。詳細資訊可上網址查詢：www.shirahone.org
◎前往白骨溫泉➡可選擇在松本駅轉搭松本電鐵上高地線至新島々駅(約30分)，再轉搭巴士到白骨溫泉(約70分)。或是從松本駅搭乘直達白骨溫泉的ALPICO巴士，冬季(11月中~4月中)有7:15、13:29兩班次，夏季則有5班次，車行時間約1小時40分。
🌐www.alpico.co.jp/tc/guide/matsumoto/

優惠交通套票
◎周遊巴士Town Sneaker(松本周遊バス タウンスニーカー)
於松本市區運行，分為東西南北四個路線的周遊巴士，松本城在北路線，松本市美術館一帶在東路線，購買一日券可自由搭乘全線周遊巴士，購買松本城、松本市美術館、舊開智學校門票有折扣價格。
⏰北路線 8:30~17:15，東路線8:40~20:00，南路線7:30~18:35，西路線8:10~18:40
💰大人¥500，兒童¥250(巴士一日券)
🎫周遊巴士車內、松本巴士站購票
🌐www.city.matsumoto.nagano.jp/soshiki/222/2884.html
❗發車時間依季節、假日而異，建議出發前先至官網查詢

🍴 ヒカリヤ

📖別冊P.6B2　🚶松本駅東口步行15分　☎西：0263-38-0186、東：050-5462-2331　📍松本市大手4-7-14　🕐西：10:00~22:00　🈳西：週三、日晚上　🌐www.hikari-ya.com

由松本市特色的蔵(倉庫)改裝成的餐廳，分為西之洋食與東之和食兩邊，提供以**地方食材精製的宴席式午餐與晚餐**，信州地區生產的日本酒或葡萄酒種類也非**常豐富**。要注意的是東西兩邊的用餐禮儀規定不同，東邊可以接受輕裝便服與小孩同席，也備有兒童餐點，但西邊是高級西餐廳取向，店家要求客人一定要穿著正式服裝才能接待。

據說因古時候信州地區較寒冷,所以居民習慣吃熱的蕎麥麵。

🍸 Main Bar Coat

📖別冊P.6B2 🚉松本駅東口步行6分 📞0263-34-7133 🏠松本市中央2-3-20(ミワビル2F) 🕐18:00~00:00 (L.O 23:30) 🈺週日(週日、週一連休時,則週一休)

mainbarcoat.com

開設於頗富松本市特徵的蔵(倉庫)中酒吧,沉重的木框玻璃大門、門上鑲嵌的金屬徽章、昏黃的燈光、8公尺長的實木吧檯與厚實的扶手椅,就像是老派英國紳士風範一般沉穩大器。**備有500種以上的洋酒,以及選用地方水果特調的雞尾酒,酒品種類非常豐富**,為松本市寧靜的夜生活增添了另一種成熟風情。

英式老派酒吧,彷彿置身日劇畫面之中。

夜晚來臨在古蔵之中小酌,格外有氣氛。

開 車 不 喝 酒 , 安 全 有 保 障

🍽 みよ田

📖別冊P.6B2 🚉松本駅東口步行6分 📞0263-37-1434 🏠松本市中央2-1-24 (五幸本町ビル1F) 🕐11:30~15:00,17:00~22:00,週日11:30~16:00(售完為止) 🍜投汁そば ¥1,680起 🈺週四 🌐www.ohtaki-gp.jp/brand/brand14/

投汁そば(蕎麥麵)是松本市從古時候流傳至今的鄉土料理,雖然剛上桌時跟一般的蕎麥麵一樣、是煮好後盛放在竹簡上,但是投汁そば還會提供一鍋滿是菇類與野菜的沸騰湯汁,**食用前要拿小竹簍裝一口份的蕎麥麵,在湯汁中涮幾下後再吃,涮完麵條的湯汁,可以放入蕎麥果實煮成雜炊**。除了常用的玄蕎麥,也會依季節不同提供其他地區的限量蕎麥。

信州蕎麥麵

信州地區是日本的蕎麥麵名地,有別於一般冷冷吃的沾汁蕎麥麵,投到熱鍋中燙一下的「投汁」,在這寒冷地帶十分受歡迎,搭配天婦羅、小菜等,一人份起吃下來飽足無比。

👁 縄手通り

📖別冊P.6B2 🚉松本駅東口步行10分

縄手通り又被成為「青蛙之町」(カエルの町),正是因為女鳥羽川流經此處,早年污穢不堪,經過居民們整頓,並設置了「青蛙大明神」,希望早日恢復清流樣貌而得名。**每年6月還會有青蛙祭典,吸引許多人前來參加。**

遍佈老房子的縄手通,不妨來坐下歇歇腳,感受松本老時光的滋味。

滿滿栗子的蜂蜜蛋糕，光視覺就滿足。

翁堂 駅前店

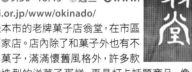

🅐別冊P.6B2 🚶松本駅東口步行3分
📞0263-32-0183 🅐松本市大手4-3-13 🕘9:30~16:45 🈺週三 🌐www.mcci.or.jp/www/okinado/

松本市的老牌菓子店翁堂，在市區有兩家店。店內除了和菓子外也有不少洋菓子，滿滿懷舊風格外，許多款動物造型的洋菓子蛋糕，更是打卡話題商品，像是**狐狸蛋糕、充滿懷舊風格的「ミミーサブレ」餅乾等**，栗子蜂蜜蛋糕也別錯過。站前店的2樓還有附設喫茶室，連餐點都滿滿昭和風格。

👁 度量衡資料館

松本市はかり資料館

🅐別冊P.6B2 🚶松本駅東口步行10分 📞0263-36-1191
🅐松本市中央3-4-21 🕘9:00~17:00(最後入館至16:30)
💴大人￥200，中學生以下免費 🈺週一、年末年始 🔟
matsu-haku.com/hakari/

前身為明治35年創業的「竹內度量衡店」，店面結束營業後整修為松本市的資料館，開放給大家參觀。日文的「はかり」指的就是度量衡，**在當時信州東南方，該店是度量衡工具的第一把交椅**，所以店家位置也幾乎就位於中町的正中央。館內收藏有多數從前使用的測量工具。

館內還有辨別蠶寶寶公母的道具，邊參觀邊遙想江戶時代的市井風光。

🍴 草菴

🅐別冊P.6B2 🚶松本駅東口步行10分 📞0263-36-3023
🅐松本市中央3-2-9 🕘11:30~14:00、17:30~22:00
🈺週三 🌐soan.co.jp/

位於中町的蔵屋餐廳，特色是**依照不同季節產出的信州地區食材**，像是山野菜或是季節蕈類、蕎麥等，**仔細烹調的手作料理，也可以吃到手打蕎麥麵**。如果沒有時間坐下來細細品嚐，店家還有提供精緻的信州食材滿載便當。

松本市每到七夕，會將七夕人形掛在玄關口。

人偶穿著花色多樣的和服，作工非常細緻。

松本市美術館

⊕別冊P.6B2　⊖松本駅東口步行12分　☎0263-39-7400　⊕松本市中央4-2-22　⊗9:00~17:00(最後入館至16:30)　⊗週一(遇假日則隔日延休)，12月29日~1月3日　⊛大人￥410，大學高中生￥200，中學生以下免費

matsumoto-artmuse.jp

> 培育出一代水玉女王的藝術地，感受顏色的撞擊。

　　收藏有松本當地知名藝術家作品處，館藏量最豐富的要屬松本市美術館了。無論是**世界知名的點點大師草間彌生、或是書法家上條信山、西畫家田村一男等大師作品，都是松本市美術館的常設展覽品**。美術館也秉持著「鑑賞、呈現、學習、交流」四大核心價值，來到松本千萬不要錯過欣賞這個城市美學的最佳地點。

滿室五顏六色的畫作，令人目不暇給。

美術館內連飲料販賣機，也是獨一無二的點點造型。

ベラミ人形店

⊕別冊P.6B2　⊖松本駅東口步行10分　☎0263-33-1314　⊕松本市中央3-7-23　⊗10:00~18:00　⊗週三

www.craft-navi.net/gallery/10746.html

　　松本市城下町的傳統人偶店，店內有古時候為了貴族的女性們、製作的精緻人偶松本押繪雛，還有一般庶民的女孩子們，會拿來玩扮家家酒的松本姊姊人偶。**近年來到松本的遊客們，都會來此帶松本姊姊人偶當作土產**，非常有人氣，店主人三村先生只要講到人偶的知識、就會淘淘不絕。

社內生態活動旺盛，鴿子很多要小心鴿子們的騷擾。

四柱神社

⊕別冊P.6B2　⊖松本駅東口步行10分　☎0263-32-1936　⊕松本市大手3-3-20　⊗自由參拜　⊛www.go.tvm.ne.jp/~yohasira

　　位於接近松本市中心的四柱神社，曾經在明治21年燒毀於松本大火中，現在的寺廟建築為大正13年重新修葺。境內綠蔭蒼蒼，芳草曳曳，是松本市民們非常親近的休閒去處。**每年10月初舉辦的神道祭，除了封街遊行慶祝祭典外，還可以看到松本市重要有形民俗文化財、18台山車上街展示**，非常熱鬧。

松本市美術館省錢TIPS

松本市美術館每年會有幾天免費開放參觀，像是2月14日男性免費入場、3月14日女性免費入場，4月21日開館記念日、5月1日市制施行紀念日等，若是在期間造訪可千萬別錯過！

👁 松本城

おすすめ 👍

📖別冊P.6B1　🚶松本駅東口步行15分，或
於松本駅搭乘周遊巴士Town Sneaker的
北環路線，至「松本城・市役所前」下車
☎0263-32-2902　🏠松本市丸の 4-1
🕐8:30~17:00、夏季8:00~18:00。閉館前30分最後入場
💰大人￥700，中小學生￥300　🚫12月29日~12月31日
🌐www.matsumoto-castle.jp

歷史悠久的古老城堡，也是賞櫻的絕佳地點！

松本城是在戰國時期的永正年間建造的五層、六樓建築物，**也是現存最古老的日本城池**，松本城的價值還在其獨特的構造與建築工法，入內參觀時請脫鞋進入。從明治時代以來，守住松本城的已經不是城主，而是松本市市民們的努力，目前市民們也積極推動、將松本城列入世界遺產活動。

松本城與遠處的日本阿爾卑斯山脈雪線作為映襯，是著名的松本市大景。

【 松本城與忍者合照 】

每天9:00~16:00，在松本城本丸庭園內，會有穿著武士、公主、忍者服飾的「おもてなし隊」與遊客合照，若是在松本城內看到奇怪裝束的人，不妨大著膽子上前一起合照吧！

沒有譁眾取寵的精緻外貌，包含的是店家注入的滿滿溫情。

☕ 珈啡MARUMON

おすすめ 👍

珈啡まるも

古風咖啡屋，感受繩手通的閒樸滋味。

📖別冊P.6B2　🚶松本駅東口步行15分
☎0263-32-0115　🏠松本市中央3-3-10
🕐9:00~16:00　🚫週一、二　🌐www.avis.
ne.jp/~marumo

開立於1956年珈啡まるも，原本是まるも旅館附設的咖啡喫茶廳，由松本的名產民藝傢俱的創作者池田三四郎先生設計。店內保留開業以來的古樸風格，**使用的桌椅是松本民藝傢俱，光滑木製扶手桌面閃耀著歲月光輝**。無論是烤土司，或是淋上藍莓醬的起司蛋糕、蒙布朗等甜點，餐點走樸實簡單風格。

👁 舊開智學校校舍

旧開智学校校舍

📖別冊P.6B1 🚃松本駅搭乘周遊巴士 Town Sneaker的北環路線，至「旧開智學校」下車 ☎0263-32-5725 🏠松本市開智2-4-12 🕐9:00~17:00(入館時間至16:30) 💰大人¥300，中小學生¥150 🌐matsu-haku.com/kaichi/ ❶耐震工程進行中，預計2024年中開放

👍おすすめ

日本最古老的小學校舍**之一。**

明治9年建造、融合了和洋風格的開智學校校舍，如今已經是重要文化財。在建造當時，工人日薪只有20錢、縣知事的月薪也不過20日圓，但建造校舍的工程款竟然高達一萬一千日圓！在當時可是一筆大金額，但其中的七成卻都是市民們捐款的，這代表松本市民們對開設學校寄與了相當大的期待。

館內展示舊時玩具，復古味十足。

牆上掛著黑板、寫著日期，今天換誰當值日生呢？

💡 松本市旧司祭館

參觀完旧開智學校校舍，別忘了來到一旁的松本市旧司祭館，二層樓的洋房建築是法國人神父Clement的居所，也是目前長野市內保留下來最古老的宣教師館，這裡可以參免費入內參觀。

🕐9:00~17:00(入館時間至16:30)

沈浸在乳白湯泉中，讓煩惱隨著冉冉輕煙消逝。

♨ 白骨溫泉

👍おすすめ

📖別冊P.6B2 🚃從松本駅搭乘直達白骨溫泉的ALPICO巴士，冬季2班次，夏季5班次，約1小時40分。 🌐www.shirahone.org/

遠離塵囂之地，隱藏於深山中的秘境白湯。

白骨溫泉的歷史地位要遠從鎌倉時代提起，當時北陸地方與幕府連結，開闢稱為「鎌倉往返」的最短路程，經歷戰國時代，白骨溫泉成為武田信玄等開發銀山武將們的療養地。白骨溫泉不僅可浴可飲的弱酸性泉質，還可減輕皮膚、腸胃等症狀上的不適，秘境以及高山等靈氣環繞，讓旅人身心都療癒。

館內料理選用長野和牛、信州河魚等當地食材，溫撫了訪客們的腸胃。

🏨 湯元齋藤旅館

👍おすすめ

📖別冊P.6B2 🚃同白骨溫泉 ☎0263-93-2311 🏠松本市安曇白骨溫泉4195 🕐Check-in 15:00，Check-out10:00 🌐www.shirahone.net

一期一會的款待之情，感受白骨溫泉的靜養。

齋藤旅館湯元是從江戶時代就已經創立的悠久歷史湯宿，館內建築的命名是以明治、昭和、大正等建設時間來分別。來到這邊如果想要前往附近山區散步，館方還能提供野餐便當外帶，感受得到溫暖的待客之心。溫泉浴場皆採用半露天風呂設計，沈浸在乳白色泉水中，緩緩感受弱酸性硫磺泉帶給身體的撫慰。

諏訪

すわ Suwa

諏訪湖是信州最大的高原湖泊，有JR上諏訪駅、下諏訪駅兩個車站停靠，因為有溫泉，在古代從信州至京都的路途中，大都在此休憩而發展市鎮。如今的諏訪以高原湖泊的優雅溫泉度假地而知名，有溫泉、自然美景、美酒、各式小美術館之外，夏季每天的湖畔煙火讓這裡充滿度假風情。2016年日本賣座動畫片「你的名字」，取景諏訪湖作為劇中女主角故鄉，也讓諏訪湖一夕之間聲名大噪。

交通路線&出站資訊

電車
上諏訪駅◇JR東日本-中央本線
下諏訪駅◇JR東日本-中央本線
◎從新宿駅搭乘JR中央特急「スーパーあずさ」(SUPER AZUSA)至上諏訪駅，車程約2小時12分。
◎從長野站搭乘JR特急「しなの」號至塩尻駅，轉搭JR中央本線普通車，就可以到上諏訪駅車程約1.5小時。
◎從松本駅搭乘JR篠ノ井線至塩尻駅，轉JR中央本線普通車，就可以到上諏訪駅車程約45分鐘。
◎上諏訪駅跟下諏訪駅間，以JR中央本線連結，時間大約5分鐘。

巴士
從新宿駅搭乘高速巴士至上諏訪，約3小時。

出站便利通
◎上諏訪駅是諏訪湖最熱鬧的站，周邊市區範圍較大，車站距離諏訪湖徒步約8分鐘。欲往湖畔周邊各景點，可在車站外的單車租借站租用單車。
◎也可利用市內公車「かりんちゃんバス」的外環線跟內環線這2條，每條路線一日各6~7個班次。
◎大人¥150、小學生¥80、一日券大人¥300、小學生¥150(車內購買)。
◎www.city.suwa.lg.jp/site/bus/1800.html
◎下諏訪駅周邊景點集中，徒步即可抵達。

丸安田中屋 本店

おすすめ

◎別冊P.7A1 ◎上諏訪駅搭計程車約6分
◎0266-52-0126 ◎諏訪市高島3-1421-1
◎10:00~19:00 ◎週三 ◎切片起士蛋糕
¥340，咖啡、茶各¥150 ◎www.suwa-tanakaya.co.jp

必嚐超人氣起司派蛋糕。

從江戶時期以穀物、鹽店等起家，後來變成和菓子店，現在則是洋菓子更加受歡迎，尤其是店內人氣商品──起士蛋糕，更曾是全日本宅配熱門前5名甜點。採用信州起士及八岳山麓牛奶製作，**店主人將4種起士調配出最佳比例，融合生乳酪的清爽口感及烤乳酪的甜香優點，濃、稠、香口感，難怪熱賣30多年一樣人氣不墜。**

> 本店為獨立建築並附設咖啡座位區，若時間不充裕，上諏訪車站前也有較小的分店。

> 起士蛋糕從1979年銷售以來，一直是店內人氣NO.1！

店鋪引進小農的農產品、有機野菜、天然果醬、香草製品、信州十四豚等商品。

くらすわ

📍別冊P.7A1 🚶諏訪駅徒步約10分
☎0266-52-9630 🏠諏訪市湖岸通り3-1-30
🕐商店9:00~19:00，餐廳 11:00~22:00
🌐www.clasuwa.jp

重視高品質及自然有機取向的復合式商店。

　　くらすわ是養命酒会社在2010年於諏訪湖畔所蓋建、以「健康飲食」為主題的複合式設施，由於養命酒是保健用商品，這裡只有精選過的好商品以及店家。首先是三層樓建築裡，一樓集合信州各式老舖商品，嚴選地產食材製作麵包的烘培坊等，二樓則是可欣賞湖景的餐廳，三樓的Sky Garden，提供展望美麗諏訪湖的大型戶外休憩空間。

面對諏訪湖的美麗視野值得一來。

くらすわ 餐廳

くらすわ レストラン

☎0266-52-9640 🏠くらすわ 2F 🕐午餐
11:00~14:00(L.O)，晚餐17:30~21:00(L.
O) 💰午餐¥1680起，咖啡¥400起，甜點¥450起

信州在地小農產美味一次品嚐。

　　主打「信州十四豚&旬野菜料理」的 くらすわ餐廳，同樣是養命酒会社直營的餐廳，追求健康有機、合理價格，更讓美味的料理CP值再向上推升一級。必嚐美味「信州十四豚」，是不施打抗生素、餵食養命酒製酒後的14種高營養價值的殘渣及優格，肉質嫩而多汁，可說是獨有的健康美味，另外點了主餐後，還付飲料、及10多種有機蔬菜吧吃到飽喔。

職人精神讓真澄從一方小酒藏，如今銷售也擴及海外甚至台灣。

真澄藏元

📍別冊P.7A2 🚶上諏訪駅徒步約15分
☎0266-57-0303 🏠諏訪市元町1-16
🕐10:00~17:00 🚫週三、1月1日 💰試飲¥500(附贈玻璃杯)，可試飲5~6種清酒，限平日 🌐www.cellamasumi.jp

堅持以好水、好米及研究不墜的精神，製出雋永銘酒。

　　在擁有清澈泉水的諏訪一帶，製造清酒已經超過350年的真澄，1997年在現址重新蓋建了這處歡迎來客共品一杯好酒的地方。以「與清酒和諧的餐桌」為概念，這裡不但提供試飲、買酒，也有搭配餐桌用的各式餐具，甚至也將真澄製酒後的副產物，做成醃梅、蛋糕等甜點販售，也設有另一個空間不定期展示藝品展覽。

推薦給清酒喜好者的「酒藏巡り」

與真澄藏元位在同一條街道上的，還有鄰近4家酒藏，距離最遠也僅需走路5分鐘。共推的「諏訪五藏酒藏巡り」PASS，只要¥2,500就能一次品嚐5家酒藏，不論從任何一家都能購買PASS，內容包含玻璃杯一個、聯票一份、手提袋一個。將杯子放在提袋內，就能出發了，通常每家會提供3~5種品項試飲，聯票無使用期限、每家限用一次。
🌐nomiaruki.com/

開 車 不 喝 酒 ， 安 全 有 保 障

👁 立石公園 👍おすすめ

📖別冊P.7A1　🚃上諏訪駅搭計程車約15分　🏠諏訪市大字上諏訪10399　💰免費　⚠公園周邊無民居，也無公車可抵達，建議搭計程車原車回去。可洽詢旅遊中心「立石公園Taxi優惠計畫」

> 爆紅動畫電影「你的名字」場景地。

> 因展望台面向西，若想取景拍照建議上午最佳。

　在日本及台灣都造成高票房的日本動畫電影「**你的名字**」，電影下檔後熱度卻持續不減，動畫中取材自日本各地的場景，通通變成粉迷們的追訪地。其中**片中女主角的故鄉、常出現在電影中的湖濱小鎮，就是取材自諏訪湖**，由於電影導演新海誠出身長野，長野縣境內最大、最美的高原湖泊自然也入

鏡。若想一覽動畫中俯瞰湖景與村町畫面，必來立石公園展望台，這裡居高臨下完整湖面與四周城市、綿延山景一次全覽。

👁 音樂盒紀念館すわのね 👍おすすめ

オルゴール記念館すわのね

📖別冊P.7B2　🚃下諏訪駅徒步約10分　📞0266-26-7300　🏠諏訪郡下諏訪町5805　🕘9:00~17:30(12~3月~17:00)　❌9~隔年4月的每週一(遇假日延至隔日休)　💰入館費大人￥1,000，中小學生￥500。音樂盒體驗工房￥2,970~(大約40分鐘可完成)　🔗suwanone.jp/

> 可以自己製作一個專屬的音樂盒。

　1946年以製造音樂盒起家的日本電產二デック，在下諏訪、諏訪大社前的坂道設立的音樂盒紀念館。

展示公司歷史外，也收集許多骨董級大型音樂盒供民眾參觀，定時的導覽會展示轉動骨董音樂盒。也別錯過這裡的**音樂盒體驗教室**，可自己組一個音樂盒外，更有多達**700首曲子可以自選**。

> 音樂廳每天4場演出，是結合影音與真人的音樂劇場。

音樂盒體驗工房

①組裝
透過教導，將各個零組件組合完成。

②選擇音樂
多達700首的曲子選擇，只要拉開抽屜就能試聽。

③完成！
音樂盒機芯組裝完成後，接著選購外觀來組裝。

◉ 時計工房 儀象堂

📖別冊P.7B1　🚉下諏訪駅徒步約10分　☎
0266-27-0001　🏠諏訪郡下諏訪町3289
🕘9:00~17:00(12~2月9:30~16:30)　💲
入館費大人￥600，中小學生￥300。手錶製作體驗
￥4,070起(需預約)　🌐konjakukan-oideya.jp/

> 連機械錶都可
> 以自己挑戰組
> 裝。

　以鐘錶展示及體驗為主，2樓的展區可以看見江戶
時代的時鐘長相，當然也有很多現代化後的骨董鐘
錶展示，幾乎都是由精工企業所提供。館中最吸睛的
莫過於將近兩層樓高的「水運儀象台」，以900年前
的機械時鐘樣貌再復原，而且是個可以運轉的真時
鐘。當然想體驗做手錶，這裡課程也相當多，從20分
鐘~6小時，電子手錶、機械手錶，任君挑戰。

> 戶外佇立以中國宋代
> 的「水運儀象台」復
> 原時鐘，整點還會有
> 機關小人演出。

> 由市公所營運的
> 這個地方，也兼設
> 旅遊中心、單車租
> 借及免費足湯。

> 充滿優雅度假風的諏
> 訪，竟是精密工業重鎮！
> 諏訪原為發展紡織業為主，
> 但戰後變身為發展精密工業
> 的重鎮，像是日本知名的精
> 工企業就在這裡發跡，另外
> 也集中一些相機、音樂盒
> 等製作產業，全盛時期日本
> 90%音樂盒都在此製作，因而有日本的瑞士之稱。
> 主要原因是這裡空氣非常乾淨，適合需要無塵環
> 境的精密工業發展。

> 諏訪大社以「御
> 柱」作為神靈所在
> 的象徵，每七年舉
> 辦一次御柱祭。

> 臨近的「新鶴
> 鹽羊羹」是必
> 買伴手禮！

⛩ 諏訪大社 下社秋宮

📖別冊P.7B1　🚉下諏訪駅徒
步約13分　☎0266-27-
8035　🏠諏訪郡下諏訪町
5828　💲自由參拜　🌐
suwataisha.or.jp/
akimiya.html

　長野的**諏訪大社，不但是日本歷史最古老的神社
之一，更是全日本約2,500個諏訪神社的總社**。自古
以來供奉農耕及狩獵的保護神諏訪樣、諏訪大明神，
幕府武士時代，也被當軍神來祭拜，現在以工作、平
安、結緣等保佑著民眾。位在諏訪湖邊的大社又分
成四處，其中以同樣位在下諏訪的秋宮跟春宮最為知
名，秋宮的幣拜殿、神樂殿也被指定為國家文化財。

> 戶外風呂眼前是諏
> 訪湖開闊景致，泡
> 湯同時擁有放鬆
> 度假心情。

Ⓗ 双泉の宿 朱白

> おすすめ

📖別冊P.7A1　🚉上諏訪駅徒步約10分　☎
0266-52-2660　🏠諏訪市湖岸通り3-2-2
🕘Check-in 15:00　Check-out 10:00
🌐www.suhaku.co.jp

> 坐擁諏訪湖
> 美景的溫泉
> 旅館。

　位在諏訪湖、遊船碼頭旁邊，左右兩側則有美食商
場くらすわ，及歷史建物的千人風呂-片倉館，讓這間
和風溫泉旅館，具有相當便利優勢。從旅館下方挖出
溫泉，也讓**朱白**獨家擁有鄰近其他溫泉旅館所沒有
的**双泉**，也就是館內擁有**2種不同湯質的溫泉**，朱的
湯、白的湯。朱的湯為含鐵質的重碳酸土類泉；白的
湯是單純泉，無色無味呈透明。

湯田中・澀溫泉

ゆだなか・しぶおんせん Yudanaka·Shibu Onsen

溫泉的歷史至今已有1,300年，傳說是由一位高僧在各地巡禮參拜時所發現的，共有10個外湯，每個外湯都針對不同病狀各有療效，來此住宿時旅館都會免費借給客人一把鑰匙，拿著這把鑰匙就可以去其中9個外湯泡溫泉。因為「苦」的日文跟數字9的日文發音一樣，據說泡完9個溫泉就可以洗淨所有苦痛。而湯田中溫泉則發現於江戶時代，當時作為城主的御用溫泉。

交通路線 & 出站資訊

電車
湯田中駅➡長野電鐵-長野線
前往湯田中澀溫泉的方式很單純，搭乘北陸新幹線至長野駅，經由長野電鐵至湯田中駅後，再轉長野巴士即達。

出站便利通
◎長電巴士分有上林線(往安代溫泉・澀溫泉・上林溫泉方向)、白根火山線(蓮池・白根火山方向)，以及奧志賀高原線(蓮池・奧志賀高原ホテル方向)等3條路線，皆可搭乘。詳細可上網查詢。
🚍www.nagadenbus.co.jp/local/route/
◎抵達湯田中駅後，再轉搭往上林溫泉的長電巴士即可抵達，溫泉鄉範圍不大，用走的就能巡遊。

小猴子乖乖地窩著媽媽懷裡，超級萌！

👁 地獄谷野猿公苑

🅐別冊P.10B4 🚌長電巴士「Snow Monkey Park」站下車，走湯道遊步道約30分 ☎0269-33-4379 🏠下高井郡山ノ内町大字平穩6845 ⏰夏季(約4~10月)8:30~17:00、冬季(約11~3月)9:00~16:00 💰大人￥800、小學~高中生￥400 🚍www.jigokudani-yaenkoen.co.jp

看野生猴泡溫泉，來長野必訪景點之一！

野猿公苑是世界唯一一處野生猴子泡溫泉的公園，這裡的猴子全部都是野生猴，目前約有300隻，沒有任何柵欄，猴子們在這裡生活的非常自在，**寒冷的冬天裡，還可以看到猴子泡在溫泉裡取暖，人模人樣的樣子相當可愛。**來這裡千萬不可以觸碰牠們或跟牠們講話，猴子會誤以為被攻擊反來攻擊你喔！

手打蕎麥烏龍 玉川本店

手打蕎麦うどん 玉川本店

🅰別冊P.10B4 🚌長電巴士「澀溫泉」站下車徒步3分 ☎
0269-33-2252 🏠下高井郡山ノ内町澀溫泉2178 ⏰
11:30~14:00(L.O)、18:00~21:00(L.O) ❌第3、5個週三
(遇假日不休) 🌐r.goope.jp//sr-20-205611s0001

位於澀溫泉二番湯前面
的手工麵店，店內擺設著
磨粉機可以看到加工的樣
子，原料選用當地生產的
蕎麥，將磨成的蕎麥粉用
手捜成麵糰再桿成麵條，
手工麵條吃起來相當有嚼勁，口感滑順。另外，以蕎
麥做成的冰淇淋入口後蕎麥香瞬間四溢開來，一定
要來嚐嚐看台灣沒有的味道。

> 每天手工製作
> 的麵條，超Q
> 彈帶勁。

> 擁有6種不同湯
> 質溫泉，是旅館
> 中獨有特色。

Ⓗ 古久屋

🅰別冊P.10B4 🚌湯田中駅到站再請旅館接送(需預約) ☎0269-33-2511 🏠下高井郡山ノ内町平穩2200 ⏰
Check-in 15:00，Check-out 10:00 🌐www.
ichizaemon.com/chinese

400年的溫泉旅館悠久
歷史，讓古久屋飄散一股
不平凡的雅緻氣息。位於
歷史悠久的澀溫泉的溫泉
街中心，四周美麗的山谷
圍繞，漫步溫泉街裡則是
如畫般的傳統建築街區，
是個享受歷史與溫泉的放
鬆地。館內除感受日本高
雅傳統氣圍旅宿外，設有
9個溫泉設施，可以盡情
享受不同湯質的療癒與溫暖。旅館10分鐘車程外也
有地獄谷野猿公苑，這裡有世界上唯一的野生猴子泡
露天風呂的景致。

巡浴祈願手帕

澀溫泉的每間旅館都有販售巡浴祈願手帕(巡浴祈願手ぬぐい)，一條¥350，在九個外湯門口都有設置印章，泡完每個湯就可以蓋一個印章在手帕上，集完9個印章後，到高藥師和光庵參拜就可以許願，手帕還可以帶回家作紀念。

澀溫泉除厄運之外湯巡禮

「九湯めぐり(厄除巡浴外湯めぐり)」
來到澀溫泉怎能錯過九大番湯巡禮呢，不妨花半天時間走一趟溫泉巡迴，見識其溫泉力量！

一番湯 初湯

到此參拜的高僧在此洗托缽時所發現的溫泉，當時取名為「缽湯」，據說有治療胃病的效果，所以又被稱為「腸胃之湯」。

二番湯 笹之湯

從前在某片竹林中湧出了大量溫泉，所以取名為「笹之湯」，有治療濕疹與皮膚疾病的功效，此外，大病初癒的人來泡的話，會恢復得更快，因此有「完成之湯」之稱。

三番湯 棉之湯

棉之湯**主要療效為割傷、皮膚病、青春痘治療**，據說可以將割傷與長瘡等皮膚病的壞死組織給去除；石頭的浴槽裡，透明無色的溫泉上漂著白色的湯花，就像棉花般，所以被稱作為棉之湯，針對婦女病也有效。

四番湯 竹之湯

溫泉是從地獄谷利用木管引進，主要**療效是針對痛風**，利用長時間入浴法溫熱患部進而達到治療效果。

五番湯 松之湯

與竹之湯同時期發現的溫泉，**針對神經痛、脊椎痛以及重病恢復期有不錯的療效**，在泡湯的同時，不妨輕輕地動一下身體，會感覺病痛減輕了呢！

六番湯 目洗之湯

就如同字面般，有治療眼睛疾病的意思，**還有人說泡了這裡的溫泉，皮膚變得很滑嫩**，因此也有人稱它為「美人湯」。

七番湯 七操之湯

有泡了就可以**治療7種病痛，或者是泡7次就可以無病無痛的兩種說法**，是七操之湯的名字由來，有治療外傷性的疾病以及重病恢復期的功效。

八番湯 神明瀧之湯

源泉是從後山的神明山湧出，以前用來當作瀑布浴，打在身上可消除疲勞，據說**這個溫泉對於婦女疾病及不孕症相當有療效**。

九番湯 渋大湯

渋大湯是代表澀溫泉的名湯，也是九個外湯建築中最氣派的湯，裡面還有附設檜木蒸汽浴，木製的大浴槽隔成兩個浴槽，**可治百病的大湯**作為九外湯巡禮最後一站，再適合也不過了。

高藥師‧和光庵

泡完了九個外湯蓋了所有紀念章後，前往位於溫泉街78階石階上的高藥師‧和光庵，向高藥師誠心祈禱許願，就完成了除厄九外湯巡禮。

群馬縣　　　　栃木縣

埼玉縣

●秩父　　　●川越

山梨縣　　　　東京都

埼玉
さいたま

埼玉怎麼玩

位 在東京都上方的埼玉縣，過去曾與東京部份地區合稱為武藏國，雖位處內陸地帶，境內河川流域面積是日本第一，依河為生的歷史而發展出溯溪、泛舟等河川活動；保留江戶風情的川越，彷如穿越時光走入江戶時代；以「夜祭」為名的秩父市，則是一處尚被過度開發的旅行秘境，走過一趟必能發現埼玉之美。

秩父 (P.5-11)

秩父是一處保有純淨的自然淨土，處在河川流往東京源流之一的秩父，純淨水源、高聳山景，造就當地天然美景、美酒與美食；此外秩父地區的絹製和服「秩父銘仙」，更被指定為國定傳統工藝品。每年12月2、3日的「秩父夜祭」，更是秩父地區的重頭戲，出動屋台山車、約八千發煙火的夜祭活動，將秩父市內氣氛炒熱到最高點。

富岡市

群馬縣

御荷鉾山

小鹿

西

秩父

三峰口

長野縣

山梨縣

飯能 (P.A-33)

日本首座以嚕嚕咪為主題的遊樂園，在2019年3月開幕，好拍、好玩更好買，一旁的Metsä Village有著眾多周邊商品，讓嚕嚕米迷愛不釋手。

長瀞 (P.5-12)

　位在長瀞玉淀自然公園內的「岩畳」，因天然特色奇景而成為日本指定名勝以及天然記念物，想體驗長瀞荒川之美的最好方式，就是搭上木製的和舟，來一趟悠閒又刺激萬分的遊河之旅！

川越 (P.5-4)

　有「小江戶」之稱的川越，是關東地區最富有江戶時代風情的老街，沿著川越市街道兩旁，可以看到覆蓋著漆黑屋瓦與千本格子窗的老式商家建築，彷彿走入了百年前的時光隧道，來到繁榮的江戶時代。

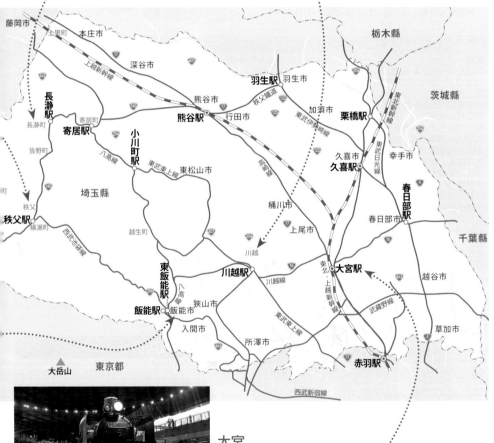

大宮

　埼玉縣的中心——大宮，可在大宮盆栽美術館一探代表日本的文化藝術「盆栽」，從塌塌米、綠色植栽與掛軸，感受日式的淨雅與安定人心的氛圍，也從中體會簡約美學。JR東日本所創立的「鐵道博物館」，館內收藏大量鐵道相關的遺產與文物，更是鐵道迷不能錯過的有趣景點。

川越

かわごえ Kawagoe

川越是關東地區最富有江戶時代風情的老街,沿著川越市街道兩旁,可以看到覆蓋著漆黑屋瓦與千本格子窗的老式商家建築,彷彿走入了百年前的時光隧道,來到繁榮的江戶時代。由於早期川越城掌控由北經過川越街道往南通往江戶城的要道,商賈繁盛的景況不輸江戶城,所以被稱為「小江戶」。

交通路線&出站資訊

電車
川越駅➡JR東日本-川越線
川越駅、川越市駅➡東武鐵道-東武東上線
本川越駅➡西武鐵道-西武新宿線
◎川越離東京很近,直達電車很多,每小時都有班次。而為了通勤族,東京Metro有樂町線、副都心線,也有直達川越駅的班次,但數量不多,欲搭乘需先上網確認。
◎於JR新宿駅搭乘埼京線直達川越的列車,於川越駅下車即達。
◎於池袋駅搭乘東武東上線,32分即達川越駅。
◎於西武新宿駅搭乘西武新宿線,約60分能達本川越駅。

出站便利通
◎川越駅可分為東口與西口出站,東口出站可前往西武鐵道本川越駅以及東武巴士站,西口出站可達西武巴士站。

◎川越駅離主要景點有點距離,建議利用各線巴士或是巡迴巴士接駁,會節省不少時間與腳力。
◎川越駅東口出站可轉搭東武巴士全線巴士前往各景點,於3號乘車處可搭乘小江戶名所巡迴巴士(小江戶名所めぐりバス)。
◎川越駅西口出站可轉搭西武巴士全線巴士前往各景點,於6號乘車處可搭乘小江戶巡迴巴士(小江戶巡回バス)。

優惠交通套票
◎小江戶川越1日乘車券(小江戶名所めぐりバス+路線バス)
可於1日內無限次數搭乘巡迴巴士全線及東武巴士WEST部分區間,巡迴巴士行經路線:川越駅東口3號乘車處→喜多院前→成田山別院→博物館前→氷川神社→札の辻(藏のまち)→川越市駅等15處。
⏱ 平日10:00~15:40,班次間隔40~50分鐘,共8班車;週末9:20~16:20,班次間隔20~30分鐘,

共14班車
💰大人¥400、小孩¥200
🏪東武川越駅定期券販賣處、川越駅觀光案内所、東武バスウエスト川越営業事務所
🌐www.tobu-bus.com/pc/area/koedo.html
◎小江戶巡迴巴士(小江戶巡回バス)
從川越駅西口2號乘車處出發,分為順時針開往藏之街的紫線、與逆時針開往喜多院的橘線,兩條路線皆會停靠川越駅西口、本川越駅、博物館・美術館前、本丸御殿、藏の街、あぐれっしゅ川越。
⏱約10:30~16:30,一小時1~2班車,詳細請至官網查詢
💰單次成人¥200,兒童¥100;一日券成人¥500,兒童¥250
🏪巴士內、川越駅觀光案内所、本川越駅觀光案内所、NEWDAYS川越(川越駅西口1樓)等購買
🌐www.new-wing.co.jp/koedo

🎯 新富町商店街

クレアモール
📖別冊P.7A4 🚃本川越駅1號出口即達 📍埼玉縣川越市新富町
⏰店家營時各異 🌐www.creamall.net

新富町商店街是從川越駅一直延伸至本川越駅的商店街,**長約1公里的散步街道,齊聚百貨商城、餐廳、咖啡館等超過70間店家**,夜晚來臨時更有許多特色居酒屋等你挖掘,吃喝購遊一次滿足。

卍 川越大師 喜多院

おすすめ 👍

別冊P.7A3 川越駅或本川越駅徒步約10~20分，或搭乘巡迴巴士至「喜多院前」站下車即達 049-222-0859 川越市小仙波町1-20-1 9:00~16:30，依季節及平假日，開放時間稍有不同 12/19~1/15、2/2、2/3、4/2~4/4，不定休 大人￥400、中小學生￥200 kitain.net/

> 大火重生後的川越代表名剎。

1638年的大火，將喜多院燒得只剩山門，將軍德川家光為了重建，將江戶城紅葉山住所拆掉，移到這裡建了現在所看到的客殿、書院以及庫裏(佛教修行房舍的一種)，所以來到喜多院，還可看到「家光誕生的房間」與「春日局的化妝間」等景點，而境內的多寶塔、五百羅漢也都是難得一見的景色。

> 書院為德川三代將軍家光乳母、春日局曾使用過的房間。

> 喜多院內的五百羅漢為日本三大羅漢之一。

> 著名連續劇《仁醫》也曾在館內的東走廊取景拍攝，歷史氛圍滿點。

◉ 川越城 本丸御殿

おすすめ 👍

別冊P.7A3 川越駅搭乘巡迴巴士至「博物館・美術館前」站下車即達 049-222-5399 川越市郭町2-13-1 9:00~17:00(入館至16:30) 週一(遇假日順延一天)、每月第4個週五(遇假日開放)、年始年末 ￥100、高中大學生￥50

> 曾為日劇拍攝景點，不少劇迷特地前來朝聖。

川越城建於1457年，直至明治維新之前，這裡的城主皆是身兼要職，可見對幕府而言，川越城的地位十分重要。明治維新川越被拆除時，部份建築則因當作市役所、菸草工廠、中學而保存下來，也就是大廣間與玄關部份。

卐 中院

➔別冊P.7A4 　➔川越駅或本川越駅徒步約13~18分，或搭乘巡迴巴士至「川越総合高校」站下車即達 　☎049-222-2170 　➔川越市小仙波町5-15-1 　➔自由參拜 　➔www.nakain.com

中院裡分為本堂、釋迦堂、藥師堂三大堂，建於鎌倉時代的釋迦堂與藥師堂，由於傳道的關係，深受信眾供奉，故規模比本堂還要大。**春天來訪時可看到滿庭粉櫻盛開，十分美麗。**當年慈覺大師開山從京都帶來了一些茶的種籽，在院內種植了許多用來當作藥引的茶葉，也是狹山茶、河越茶的發源。

开 冰川神社

氷川神社

➔別冊P.7A3 　➔川越駅搭乘巡迴巴士至「氷川神社前」站下 　☎049-224-0589 　➔川越市宮下町2-11-3 　➔自由參拜 　➔www.kawagoehikawa.jp

> 川越最強的姻緣神社，每日還有限定戀愛御守。

川越冰川神社1500年來一直以戀愛神社聞名，每早8點還有限量20份的免費「戀愛石」(緣結び玉)。神社境內有條「祓いの川」，據說在此放流代表自己的小紙人，就能化解厄運，在主殿旁的繪馬參道，相傳古時候這裡有奉納給神社的真的馬匹，後來由繪馬代替真馬，漸漸形成了繪馬隧道十分壯觀。

> 集結超多繪馬，而形成壯觀的繪馬隧道。

> 春天時周邊河岸邊盛開的櫻花，更是絕美畫面。

冰川神社必注目的有？

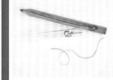

必買戀愛生運小物：赤緣筆
以祈求戀愛運知名的冰川神社，拜拜後記得選個戀愛御守隨身加持。不同於一般御守，赤緣筆就是單純一支紅色粉彩筆，但筆蓋與筆身中間的紅線，串連起筆蓋上的男生與筆身上的女生，想讓兩人距離越來越近，買支回家就拼命用吧！當紅線越來越短，說不定良緣就靠近囉。

用人形流把厄運都放水流吧
神社內不僅祈求良緣，所有家庭相關、身體安康都可以祈求，在神社裡有條小川，這裡就可以用紙的人形來代替自己，把不好的事情或疾病藉由水流而帶走。

祈拜方式：
1.先對紙人形吐三口氣。
2.將紙人形碰觸身體不舒服的地方，藉此把不好的事情過給人形。
3.默念「祓えたまえ、清めたまえ(haraetamae kiyometamae)」一邊將紙型放水流，直到紙型穿越繩子。

大正浪漫夢通

> 這裡洋式、和洋建築居多，優雅的石坂道及許多老舖，也讓電影愛來此取景。

◎ 別冊P.7A3　◎ 西武本川越駅徒步10分　⑥ 川越市大正浪漫夢通り　🌐www.koedo.com

　雖然與人潮洶湧的藏造一番街平行、僅鄰一個路口距離，但「大正浪漫夢通街」卻是一副安靜、充滿大正時代浪漫氣息的商店街風貌。歷史悠久的這條商店街，曾有銀座商店街的稱號，目前所見的街區為平成初期重新整建，與江戶風的一番街有著不同的風情。

シマノコーヒー大正館

おすすめ

> 滿溢大正浪漫氣息的咖啡館。

◎ 別冊P.7A3　◎ 西武本川越駅徒步10分　☎ 049-225-7680　⑥ 川越市連雀町13-7(大正浪漫夢通り)　◐ 8:00~19:00　◉ 咖啡¥580~　🌐www.koedo.com/taisyoukan/

　「シマノコーヒー大正館」是在地知名的老咖啡店。位在大正浪漫通り的店，不論從外觀、招牌上的字體到進入咖啡館裡、大叔咖啡師，無一處不充滿大正時代的風雅。自家烘培咖啡發散令人放鬆的氣息，復古感充滿的店內流溢著爵士音樂，讓人完全放鬆。

> 連帳單都非常有復古味道。

> 雞蛋半生熟地舖在親子丼上，一入口黏稠滑潤、嘗得到蛋中高湯美味，連雞肉都軟嫩到令人讚賞。

小江戶OHANA 本店

おすすめ

小江戶オハナ

> 超人氣玉子燒&親子丼！

◎ 別冊P.7A3　◎ 西武本川越駅徒步12分　☎ 049-225-1826　⑥ 川越市仲町2-2　◐ 11:00~16:00、週末假日11:00~17:00。(L.O.閉店前30分)　◉ 不定休　⑤ 極上親子丼¥1,250　🌐coedo-ohana.co.jp/

　用餐時刻總是一位難求，以雞蛋及雞肉這兩個主食材，烹調出讓許多人都甘願排隊的美味，主要菜單有親子蓋飯、玉子燒、玉子燒三明治，及數量限定的玉子燒御膳。美味的秘密就藏在雞蛋、雞肉及高湯這金三角，以特定飼料及管理法產出的雞蛋及雞肉，少了腥味，取而代之的是濃厚美味與營養，加上以7種魚介類熬出的高湯搭配，讓美味不用多說，光看每桌朝天的空碗就知道。

神奈川➡山梨➡靜岡➡長野

埼玉 川越

千葉➡茨城➡栃木➡群馬

👁 藏之街

咖啡館最裡側開闢一處日式庭園，讓喝咖啡更加滿溢日式氛圍。

🚃別冊P.7A3 🚉川越駅或本川越駅徒步約10~20分，或搭乘巡迴巴士至「一番街」或「蔵の街」站下車即達 ☎049-222-5556(川越市觀光案內所) 🏠川越市幸町~元町一帶 ⏰約10:00~17:00(各店營時不一)

> 川越的精神指標街道，極富古味的懷舊氣氛。

因為一場燬掉全川越城三分之一建物的大火，因此現在川越所看到的商家建築，都是明治26年(1893年)後重建的，再建時為了防火選擇耐火的土藏造，蔚為特色。由於關東大地震與戰爭，**東京都內土藏造建築漸漸消失，川越市卻完整保留約30多棟，現在改為商家極富古意。**

> 造型特異的「時之鐘」，每到6點、12點、15點、18點時準時鳴鐘。

> 青銅屋頂的崎玉りそな銀行建於大正7年，已指定為國家有形文化財。

☕ 星巴克 時鐘小路店

> 走進江戶風格的星巴克喝咖啡。

🚃交通 同藏之街 ☎049-228-5600 🏠川越市幸町15-18 ⏰8:00~20:00 🌐www.starbucks.co.jp/

川越最著名地標所在的「時之鐘」旁，2018年新開幕了一家星巴克咖啡，越來越融入在地化的星巴克來到這裡，也變身成江戶的建築風格了。**以當地的杉木蓋建成與此一街區老建築融合的風貌外，店內座椅的坐墊也採用當地著名的「川越唐棧」**織物，洗鍊挑高的簡約室內風格，充分展現在地風貌。

💡 川越老街區範圍有點大，該怎麼玩最順暢

旅客來到川越大都是利用西武新宿線或JR，從地圖上看好像出站後離老街距離很近，實際光走到一番街最接近車站的距離就要至少10分鐘。全程徒步雖也可以，但恐怕體力要好也有點吃不消，建議巴士與徒步交錯搭配。景點部分以巴士前往，一番街、菓子橫町、時鐘小路、大正浪漫夢通因為是串連一起，可以散步方式慢慢逛。另外，巴士單程就大約要¥100~200(依距離計費)，需搭乘2-3次以上就可以考慮買張PASS。

💰一日券：「小江戶巡回バス」¥500、「小江戶名所めぐりバス」¥400

ぽっちり 川越店

📍交通同藏之街　☎049-223-0511
🏠川越市幸町2-20　🕐9:30~17:30
🌐kyoto-souvenir.co.jp/brand/po.php

　來自京都的原創品牌「ぽっちり」，是以具有濃厚日本風味的口金包為主的專賣店，傳統的口金包被年輕化之後，樣式也變得更多采多姿。像是口金包原型變成背包、手拿包、零錢包甚至是後背包，花色也走可愛路線，連川越的地標時之鐘也化身可愛圖騰、躍上口金包上。

川越椿の蔵　おすすめ👍

📍交通同藏之街
☎049-227-7030　🏠川越市幸町3-2
🕐10:00~18:00、週末假日~19:00；足湯喫茶12:00~17:30、週末假日10:00~18:30　🌐www.amina-co.jp/service/tsubakinokura

宛如和風雜貨的寶藏屋。

　沿著一番街商店街散步，不難發現許多店舖都會販賣懷舊小物和一些和風擺設、首飾等等。而「椿之蔵」則可以說是一家集大成的店！長達30米深、2層樓的店舖內分成多個部分，包括和洋雜貨、食品、可以泡足湯的喫茶店，以及2F能量石區域店舖，包羅萬象。店內可愛的品項多得讓人眼花繚亂，每個人絕對可以在這裡挑到心頭好！

1F走到底是一處可以邊欣賞庭院花草、邊喝咖啡泡足湯的特別喫茶店。

挑高達9米的一樓店內，滿到天頂的各式和風雜貨與大壁畫，視覺魄力十足。

大八勝山　おすすめ👍

📍交通同藏之街　☎049-224-0072　🏠川越市大手町14-7
🕐11:00~17:30　📅週一　🍜紫いも餃子(紫芋餃子)¥420

在地平價美食，吃得飽又吃得巧！

　大八勝山是一間拉麵專賣店，但是使其受到矚目、還取得專利的，卻是拉麵的小配角「餃子」。大八勝山的餃子個頭不小，一個仔細看，怎麼是紫色的？原來這裡的餃子使用川越名物「紫芋」做成厚實的外皮，內餡再包著地瓜與豬肉，香甜不膩口，是許多人特地要來川越吃的平價美食。

菓匠右門 一番街店

🚌交通同藏之街　☎049-225-6001　📍川越市幸町1-6
🕐菓子賣場10:00~18:00、茶房11:00~16:00　💰いも恋
(地瓜之戀)¥200、川越けんぴ¥300　🌐imokoi.com

　位在川越最熱鬧的觀光區藏之街裡的右門，是專賣地瓜製伴手禮的名店之一。最受觀光客歡迎的莫過於蒸得熱呼呼的「いも恋」，**由山藥與麻糬製成的外皮，薄薄地包覆著有機紅豆泥與完整的地瓜，吃起來外層十分Q彈、餡料鬆鬆綿綿**，另外新開發酥炸蜜蕃薯條(川越けんぴ)也大受歡迎！

> 炸蕃薯條可以當伴手禮外，也可直接打包帶著吃！

龜屋 本店

🚌交通同藏之街　☎049-222-2052　📍川越市仲町4-3
🕐9:00~18:00　🚫1月1日　💰亀の最中¥119(1個)
www.koedo-kameya.com

> 古代御用甜點「最中」，現在也開發出各式創新口味。

　創業於天明3年(1783年)的龜屋，當時是川越藩的御用菓子司，現在則是結合古老菓子技法與新創意，創造出許多美觀可口的和菓子。最有名的「**亀の最中**」，外皮使用新潟產的白米製成，而內餡則取自北海道，使用最高級的原料且遵循古法製作，龜殼外型更是討喜，是送禮的不二首選。

> 古味十足的街道，怎麼拍都好看！

おすすめ

👁 菓子屋横丁

📖別冊P.7A3　🚃川越駅或本川越駅徒步約20~30分，或搭乘巡迴巴士至「菓子屋横丁」站下車即達　☎049-222-5556(川越市觀光案內所)　📍川越市元町2丁目
🕐約10:00~17:00(各店營時不一)

日本懷舊菓子街，想感受昭和時代來這裡準沒錯！

　這條古趣十足的小街上，聚集了十來家賣「駄菓子」也就是懷舊零嘴的商家，可以嚐到用**川越名物芋頭所做成的芋菓子、芋頭冰淇淋，還有昭和年代風情的點心糖果與彈珠汽水**，許多流行雜誌在夏天都喜歡來這裡取景，穿著夏季浴衣的模特兒，與街道上紅豔的和傘構成一幅美麗的圖畫。

> 2月依據冬天跨春天的節分日，也推出應景有鬼頭圖案的糖果。

🎁 松陸製菓

📖別冊P.7A3　🚃同菓子屋横丁　☎049-222-1577　📍川越市元町2-11-6
🕐10:00~17:00

　菓子屋横丁聚集的多家店裡，位在横町轉彎處的「**松陸製菓**」，可說是歷史最悠久的老舖，開業於寬政8年，代代傳承的不變滋味，單純而細緻的糖果、和菓子，反而更讓人覺得滋味好。店內糖果樣式豐富又可愛，而且依據季節與節分，也推出不同可愛糖果，小小一袋，買來送人絕對受歡迎。

秩父
ちちぶ Chichibu

位 在埼玉縣的秩父市是處尚未被大量開發的自然淨土,處在河川流往東京源流之一的秩父,純淨水源、高聳山景,都是生成當地天然美景、美酒與美食的養分。這裡的絹製和服「秩父銘仙」被指定為國定傳統工藝品,每年12月2、3日的「秩父夜祭」更是秩父地區的重頭戲,已有300多年歷史的夜祭動員全體市民,就連在外地工作的遊子也會回鄉參與,出動屋台山車、約八千發煙火的夜祭活動,將秩父市內氣氛炒熱到最高點。

交通路線 & 出站資訊

電車
秩父駅▶西武鐵道-西武秩父線
芦ケ久保駅▶西武鐵道-西武秩父線
橫瀬駅▶西武鐵道-西武秩父線
御花畑駅▶秩父鐵道
秩父駅▶秩父鐵道
和銅黑谷駅▶秩父鐵道
長瀞駅▶秩父鐵道
在西武池袋駅搭乘西武特急「Laview(ラビュー)」號至西武秩父駅,是最快的交通方式,車程約77分。

出站便利通
◎西武秩父駅出站後可用步行,或是車站旁的服務處租借腳踏車漫遊周邊景點,慈眼寺、秩父神社、東町商店街等。
◎欲前往長瀞搭車方式可於西武秩父駅搭乘計程車車程30分,或是步行5分至秩父鐵道御花畑駅搭電車車程

20分至長瀞駅。
◎長瀞駅可於觀光服務處租借電動車,或沿著商店街步行10分鐘至岩疊風景區,或是參與長瀞泛舟活動。
◎長瀞駅可搭乘免費接駁車(不定期運行)前往寶登山纜車以及寶登山神社。
◎和銅遺跡和聖神社離和銅黑谷駅步行約10分鐘路程,也可選擇在西武秩父駅搭乘計程車,車程15分,回程步行至和銅黑谷駅搭車。
◎三峯神社可至西武秩父駅出站後轉搭巴士直達神社,車程約1小時15分鐘。
◎欲往小鹿野町方向可至西武秩父駅出站後,轉搭西武觀光巴士、小鹿野町營運巴士或是計程車。
◎也可直接利用觀光計程車推出的各式行程,2H一台¥8,000,可查閱網站預約www.chichibu-omotenashi.com/

優惠交通套票
◎西武線全線自由乘車券(フリーきっぷ)針對外國觀光客推出西武全線自由乘車券,可自由搭乘西武線全線(多摩川線除外)。也有西武線全線(多摩川線除外)+秩父鐵道指定區間(野上・長瀞~三峰口)周遊券的超值車票!
◎西武線一日券¥1,000、二日券¥2,000;西武線+秩父鐵道一日券¥1,500、二日券¥3,000
◎憑護照或是西武Emi卡(可在池袋TIC辦理卡片),於池袋站特急券販賣窗口(1樓、B1樓)、池袋西武旅遊服務中心、西武新宿站特急券販賣窗口
◎www.seiburailway.jp/railways/tourist/chinese/ticket/daypass.html

鮮脆的蔬菜天婦羅,一定要沾著店家準備的抹茶鹽一起吃,解膩又帶著茶香。

在地人特別說到如果想品嚐蕎麥麵最原始的美味,一定要點冷蕎麥麵,才能吃到最Q彈的滋味。

🍜 そば処まるた おすすめ

品嚐使用秩父丘陵地湧出、富含有機物質的水所製之自家製蕎麥麵。

◎別冊P.9D3 ◎西武秩父駅、御花畑駅出站徒步5分(ちちぶ銘仙館前)
📞0494-24-2489 ⏰秩父市熊木町12-7
🕚11:30~16:00(L.O.15:30) ❌週四
🍴蕎麥冷麵(ざるそば)¥800、天婦羅蕎麥麵¥1,500、啤酒¥450起、日本酒(300毫升)¥680

位在秩父銘仙館對面的「そば処まるた」,是一間以自家製蕎麥粉而知名的手打蕎麥麵專門店。店面像是一般民居的まるた,一如蕎麥麵給人的印象,純樸、溫暖,而店內主打以石臼研磨秩父出產的蕎麥、加入絕佳水質的手工蕎麥麵,再沾上由高級本枯節熬煮的沾醬,甘甜順口令人回味無窮。

神奈川▶山梨▶靜岡▶長野▶

埼玉

秩父

▶千葉▶茨城▶栃木▶群馬

日本百番觀音——秩父札所巡禮

札所意指安置觀世音菩薩的寺廟,也被稱為觀音靈場,在日本全國有三處,為茨城坂東市33所、西國33所,以及埼玉秩父34所。秩父札所從編號第1號四萬部寺至第34號水潛寺,一巡約100公里,虔誠佛教徒會以步行方式巡禮,腳程快的人花4至5日、慢些的需花至8天,另也推薦用自行車走訪札所,體驗山中靜寂,享受自然風光,漫步山路間忘卻塵囂,透過巡禮找到新自我與能量。

坐著長瀞泛舟欣賞荒川河景與岩疊絕景。

秩父鐵道㈱

仔細一看岩疊的石頭紋路都是水流花紋。

⊙ 長瀞岩疊

👍

代表長瀞絕美景色,四季變化皆有看頭!

🅐 別冊P.9A2 🚃 長瀞駅出站徒步5分 🅐 秩父郡長瀞町長瀞

　位在長瀞玉淀自然公園內的「岩疊」,因天然特色奇景而成為日本指定名勝以及天然記念物。此處八千萬年前都是海域,因板塊擠壓而逐漸演變奇岩及河川地勢,從高處看下的奇岩群看起來像是榻榻米般層疊交錯,故名「岩疊」(疊,日文原譯為榻榻米,たたみ)。位於**對岸有秩父赤壁之稱的斷崖絕壁更是不能錯過,不妨可以選擇搭乘和舟或是橡皮艇等欣賞美景。**

🎁 肉の 安田屋

📍別冊P.9D3 🚃秩父駅出站徒步3分、西武秩父駅出站徒步15分 ☎0494-22-4322 📍秩父市番場町19-9 🕐9:00~16:30 🈺週三 💲コロッケ(可樂餅)、ハムカツ(炸火腿)¥50、メンチカツ(炸肉餅)¥100 🆔yasudaya-shop.com

淋上鹹甜醬汁的貝果夾可樂餅，份量超飽足！

開業於大正五年(西元1916年)的「安田屋」以店家自製的牛、豬肉味噌漬最為知名；充滿昭和氣息的木製建築也在2004年登錄為有形文化財。安田屋除了味噌漬，還可以在現場吃到超美味的現做可樂餅，在地人的吃法是先到對面的「Milestone」麵包店購買貝果後夾入可樂餅，和洋滋味碰撞出新口味。

從高處可看到火車穿梭在露靂白雪中的冬季美景。

夜晚的冰柱打上炫麗燈光後，又是另一種夢幻氛圍。

秩父夜祭

在每年12月2、3日舉辦的「秩父夜祭」已有300多年歷史，其與京都祇園祭、岐阜縣飛驒的高山祭並稱為日本三大曳山祭，同時「秩父夜祭的屋台行事與神樂」也被登錄於聯合國無形文化遺產。傳說中秩父夜祭為了祭祀秩父神社妙見女神與武甲山龍神男神，一年一度重逢的日子而舉行的盛大祭典，活動期間華麗的笠鉾屋台穿梭街道、及最後八千發的煙火秀，讓祭典期間秩父市內擠滿國內外觀光客。

👁 あしがくぼの氷柱

おすすめ 👍

📍別冊P9C3 🚃芦ケ久保駅出站徒步10分 ☎0494-25-0450 📍秩父郡橫瀨町芦ケ久保159 🕐每年1月上旬~2月底，平日9:00~16:00，週五、六、日、國定假日9:00~20:00 💲大人¥400，小學生¥200 🆔www.yokoze.org/hyouchuu/

秩父限定！一年一度的冬季冰雪奇景。

「冰柱」是秩父地區在冬季的限定景色，從12月的夜祭結束後便會開始著手將滿山白雪灑上水，一直到12月底就會形成壯觀的冰柱景象，每年展期約在1月初至2月底舉行。在秩父地區有三個地方可看到冰柱，芦ケ久保的蘆久保冰柱(あしがくぼの氷柱)、小鹿野町的尾之內百景冰柱(尾ノ内渓谷百景氷柱)，以及在大滝的天然冰柱景象三十槌冰柱(三十槌の氷柱)，其中以蘆久保冰柱交通較方便，且可看到冰柱以及火車同框景象最為特別。

為了壓制傳說裡天池中暴躁的龍，而在神社的東北門上雕刻上青龍，並用鎖鏈將之鏈住。

秩父神社

📖別冊P9D2 🚃秩父駅出站徒步3分、西武秩父駅出站徒步15分 ☎0494-22-0262 🏠秩父市番場町1-3 ⏰8:30~17:00 🎫自由參拜 💻www.chichibu-jinja.or.jp

創立已2000多年的「秩父神社」，與**長瀞寶登山神社、三峯神社齊名為秩父三社**，為秩父地區的總社，**每年12月舉辦的秩父夜祭更吸引上萬的各地遊客**。德川家康於1592年重建其建築，請來名將左甚五郎，在神社四周外牆雕刻著不同的動物圖案，「鎖龍」(つなぎの龍)、「養子之虎」(子育子寶の虎)，另外兩面為象徵聰明的北辰之梟(北辰の梟)、元氣三猴(お元気三猿)，呈現出莊重及華麗美感。

三峯神社

おすすめ 👍

📖別冊P9A3 🚃西武秩父駅轉搭巴士，車程約75分 ☎0494-55-0241 🏠秩父市三峯298-1 ⏰9:00~17:00 🎫自由參拜 💻www.mitsuminejinja.or.jp

向神木祈求早日覓得良緣，戀愛成就達成！

位在秩父地區西南方位置奧秩父的「三峯神社」，為秩父三大神社之一，**位置海拔約高1,100公尺，因而被稱為「最靠近神的神社」**，也是關東地區佔地最大的能量景點！三峯神社傳說係由日本武尊所創建，**境內由神犬坐陣守護，神社兩旁的巨大神木，據說是可以吸取到最大的能量之處**。

每年冬季1月下旬至3月初旬為寶登山的蠟梅花季。

坐著寶登山纜車登上寶登山神社最快、最輕鬆的方式！

天滿天神主以學業成就與合格祈願。

寶登山神社

おすすめ 👍

📖別冊P.9A1 🚃長瀞駅出站徒步15分 ☎0494-66-0084 🏠秩父郡長瀞町長瀞1828 ⏰自由參拜，社務所8:30~17:00、10~3月至16:30 💻www.hodosan-jinja.or.jp

秩父三大神社，掌管金運隆盛黃金色神社！

發源於1900年前的「寶登山神社」，為秩父地區的三大神社之一，**守護神為開運解厄、遏止火事、解除災難等廣為人知**，因神社名「寶登山」有登上寶山之好意而吸引參拜人潮。其本殿為江戶時期建築，於2010年重新整修而有現在新穎樣貌。

有放入神木木塊的「氣」御守是人氣商品。

參拜過後，將手環抱住神木，開始祈願吧！

千葉

ちば

千葉怎麼玩

面向太平洋的房總半島——千葉縣，有來往國際的重要交通樞紐成田機場，其中知名的東京迪士尼樂園，更是吸引千萬遊客到訪；小江戶佐原、銚子電鐵更是值得親臨體驗的旅遊地。

成田 (P.6-4)

距離成田機場只要10分鐘左右車程的成田市，因氣氛莊嚴隆重的成田山新勝寺而聞名，光是從成田駅出站到成田山新勝寺的表參道，就可以逛上半天，充滿古色古香的街道上，在近幾年也紛紛進駐多間氣質咖啡廳，感受古老氛圍的同時也可品味優雅午茶。

佐原 (P.6-12)

　佐原過去為江戶幕府直轄領地(天領)，因位處水道運輸——利根川與小野川旁，成為水運貨物的集散地，活絡的商業活動帶動佐原的發展，讓當地繁盛一時，使佐原也有著「小江戶」之稱。

銚子 (P.6-17)

　由一條地方電車串聯的關東極東小鎮——銚子，有著大都會與觀光地區少見的恬淡風情；這裡有著日本最大流域的河川「利根川」、發揚了銚子的漁業與醬酒，而位在關東地區最東端的犬吠埼，可以看到日本最早升起的日出。

佐倉 (P.6-8)

　佐倉為江戶時代保護德川幕府最重要的東邊軍事防衛地，在那時以城下町而開始商業繁榮發展，如今回歸日常的佐倉，遺留的江戶遺風、明治的近代化風貌，不論是佐倉城遺跡、江戶時代醫療史跡、武士屋敷等，讓這裡觀光、歷史價值倍增。

成田

なりた Narita

距 離成田機場只要10分鐘左右車程的成田市，因氣氛莊嚴隆重的成田山新勝寺而聞名，其歷史可追溯至天慶2年(939年)平將門造反，為了祈願戰亂能平息，朱雀天王便下令，要寬朝大僧正將弘法大師所刻的不動明王雕像，從京都運來關東，在當地以御護摩做了21天的祈願，隔年兵亂順利平定，不動明王像的所在地也被封新勝寺的寺號，成田山新勝寺就此開山。

交通路線&出站資訊

電車
JR成田駅⇨JR東日本-常磐線、成田線
京成成田駅⇨京成電鐵-京成本線

出站便利通
◎商家主要集中於東口出站，站前林立多間餐廳，可邊走邊逛感受在地風情。
◎東口出站後步行約10分鐘，可抵達成田山新勝寺、成田山表參道等主要景點。

1948年創業的老舖，商品從古早味到新設計，通通囊括。

👁🎁 成田山表參道

ⓜ別冊P.11B1-2 ⓔ成田駅東口、京成成田駅西口徒步約15分 ⓖ成田山新勝寺前參道 ⓣ店家營時各異

新勝寺門前熱鬧參道美食齊聚，參拜後不能錯過！

參拜完成田山新勝寺後，決不能錯過寺院門前的成田山表參道，**這條帶有古風的參道，齊聚眾多美食名店、伴手禮、街邊小吃等商家**，在結束寺廟巡禮後再來到參道補充體力，開始下一站的旅行。

🎁 藤倉商店

ⓜ別冊P.11B1 ⓔ成田駅、京成成田駅徒步8分 ⓣ0476-22-0372 ⓖ成田市幸町488 ⓣ9:00~17:00 ⓗ週三(1、5、9月無休)

琳瑯滿目的木、竹、藤編商品～

www.take-fujikura.com

數大便是美！販售木、竹、藤編商品店家不希奇，但**橫跨串聯2個大型店面長度，商品的品項又滿到好像要飛出道路般，滿滿溫暖的木質調商品**，光路過視覺上都覺得好療癒。當然不只是量取勝，質感與實用度也兼具，靠近一看，多達3,000品項的商品簡直讓人眼花撩亂，職人細工製品各個都實用，尤其近來大人氣的竹製磨蘿蔔泥器，連媒體都來取材。

想節省腳力，可搭乘往京成成田駅的接駁巴士。

古色古香的街道裡，也有特色咖啡館。

駿河屋

別冊P.11B2　成田駅東口、京成成田駅西口徒步約15分　0476-22-1133　成田市仲町359　10:00~16:00(L.O)、週末假日10:00~16:00(L.O)　休週四　鰻魚飯¥3,960起　www.surugaya-unagi.net

位在成田山表參道上的駿河屋，為**開業於江戶時代(1798年)的鰻魚料理知名老店舖，店家開發出多種鰻魚吃法，其中以蒲燒鰻魚最受歡迎**，採用現點現烤的鰻魚，刷上來自下總醬油以及三河的白九重味醂、冰糖調製的醬汁，再進行烤製，噴香的醬燒味極度誘發食慾。

おすすめ

金時の甘太郎焼

別冊P.11A1　成田駅、京成成田駅徒步5分　0476-22-0823　成田市花崎町525　9:00~17:30(售完為止)　甘太郎焼き¥150

排隊街邊小吃名店！

熱騰騰邊走邊吃，一個剛剛好、2個也不嫌多。

1961年創業以來，仍舊維持小小店面，是參道上的街頭排隊小吃名店。口味簡單幾款選擇，推薦經典紅豆口味，內餡融合泥狀及粒狀兼有，皮軟又Q，美味特點是在紅豆餡一咬開，好像含水般濕潤，讓人吃了好唰嘴，既不會太乾，餡料多寡也拿捏恰到好處，太多讓人膩、太少又好像不過癮。

有整顆栗子的羊羹，美味好吃、送人也很氣派。

おすすめ

なごみの米屋 総本店

別冊P.11A1　成田駅東口、京成成田駅西口徒步約10分　0476-22-1661　成田市上町500　8:00~18:00(依季節調整)　ぴーなっつ最中(花生最中)¥140　www.nagomi-yoneya.co.jp

千葉縣最有人氣的百年銘菓，是伴手禮的首選。

明治32年(1899年)從製作栗羊羹起家，現在已然成為千葉縣最受歡迎的銘菓。除了**提供加入整顆肥大栗子的羊羹外，也研發了許多獨創的和菓子，各個造型優雅，送禮相當大方**，其中還有相當討喜的超可愛花生造型最中，幸運的話還可以買到手拿幸運草的版本喔。

神奈川→山梨→靜岡→長野→埼玉

千葉

成田

→茨城→栃木→群馬

天生絕配的紅豆、抹茶和白玉，帶來輕爽的春天氣息。

甘味處 三芳家

⚑別冊P.11B2 🚋成田駅東口、京成成田駅西口徒步12分
☎0476-22-2147 🏠成田市仲町386-2 (成田觀光館對面)
🕐10:00~17:00 週三(1、5、9月無休) 💰クリームあんみつ(鮮奶油蜜紅豆)¥980 🌐miyoshiya-narita.com/

　　鑽入表參道上和菓子店「米屋の羊羹」旁的狹窄小巷，這處店前有著小小庭院、大紅色野點傘的和風喫茶店就展現眼前，擺設簡單的空間區分為室內及室外露天區，**在這裡可以享用白玉紅豆、紅豆湯等傳統日式甜點**，再搭配暖身的焙茶、抹茶，一邊品茗著一邊欣賞庭院內花草。

江戶久

⚑別冊P.11B2 🚋成田駅東口、京成成田駅西口徒步12分
☎0476-22-1478 🏠成田市仲町367 🕐9:00~17:00 週三(1、2、5、9無休) 💰うりの奈良漬(黃瓜奈良漬)¥648 / 2條、きゅうりの鉄砲漬(小黃瓜鐵砲漬)¥540 / 4條

　　江戶久專賣醃漬物，招牌之一的奈良漬是40多年來不變的好味道，製作方式是將酒糟混入黃瓜中醃漬，年份越久顏色就會越深。而店內的另一項主打就是千葉縣名產鐵砲漬，將白瓜、黃瓜的芯挖掉後，再塞入包裹著紫蘇葉的辣椒，因看起來像鐵砲(銃)而得名，香脆又開胃。

川豐本店

🔖おすすめ

⚑別冊P.11B2 🚋成田駅東口、京成成田駅西口徒步約10分 ☎0476-22-2711 🏠成田市仲町386 🕐10:00~17:00 不定休 💰うな重(鰻魚飯)¥2,700 🌐www.unagi-kawatoyo.com

表參道上的鰻魚飯人氣名店，讓人欲罷不能的現烤鰻魚！

　　成田一帶使用利根川與印旛沼的野生鰻魚，在總長800公尺的表參道上就有約60間店提供鰻魚料理，在如此多的競爭者中，**川豐本店的鰻魚飯可說是無人能出其右，堅持每日在店內「現殺、現蒸、再現烤」，帶著淡淡甜味的醬汁滲入鮮嫩魚肉，滋味甘美鮮甜，香氣餘韻久久不散。**

百年不變的鰻魚滋味，是吸引顧客上門的最棒理由。

老師傅熟練的處理新鮮鰻魚，像是在看一場表演秀。

現點現烤的鰻魚，等再久也只為這噴鼻的醬香味。

與團十郎的淵源

歌舞伎名演員初代市川團十郎，雖然舞台表演獲得極大迴響，但因苦無後嗣，便來到父親信奉的成田山新勝寺祈願，後來果然得子，生下了後來的二代目團十郎。為感念成田山的靈驗，團十郎便多次在歌舞伎中演出成田山不動明王，而這也成了傳統，之後由七代目選入市川家的「歌舞伎十八番」(代代相傳的得意劇目)，之後「成田屋」便自然而然成為其屋號。

成田山绘馬

寺廟大門前注意看上方，是十二生肖的動物雕刻，找到自己的生肖從下走過，將會帶來平安與幸運。

從東京運來的天燈為鐵製，重達800公斤。

步行至寺廟階梯旁的水池有一隻石龜，據說把錢幣丟在龜殼上即會帶來好運。

御護摩

以御護摩向不動明王祈願是真言密宗的特殊儀式，自平安時代流傳至今，寺方會替祈願者焚燒御護摩，火代表著不動明王的智慧，御護摩則象徵著對塵世的熱情。一日有多場祈禱場次，可至櫃台登記參加，價格從五千到十萬日圓不等，祈願結束後可得到御護摩牌。

卐 **成田山新勝寺**

🅐別冊P.11B2 🚃成田駅東口、京成成田駅西口徒步約15分 🅰成田市成田1 ☎0476-22-2111 🅱自由參拜 🌐www.naritasan.or.jp

來到成田必參拜！氣派莊嚴不動明王之寺。

おすすめ 👍

成田山新勝寺為真言宗智山派的大本山，總佔地22萬平方公尺，從940年開山至今，已經有超過千年的悠久歷史，每年約吸引千萬人前來參拜，**在1月1至3日的三日間，甚至就有近300萬人來此初詣(新年參拜)，人數僅次於明治神宮**。境內的大本堂建於昭和43年(1986年)，是舉行御護摩祈願的場所，以御護摩向不動明王祈願，是真言密宗的特殊儀式，自平安時代流傳至今。

大本堂
建於昭和43年(1986年)，是舉行御護摩祈願的場所，堂內供奉的不動明王像是寺內最珍貴的文物之一，於939年從京都的高雄山神護寺運送至此，由空海大師親自雕刻、開眼，旁邊則有四大明王與平成大曼荼羅等。

三重塔
被指定為國家重要文化財的三重塔，建於正德2年(1712年)，高度約25公尺。塔內供奉著五方佛，內部的椽(垂木)雕有雲水紋，都是以整片木板刻成，相當珍貴。

佐倉

さくら Sakura

作為江戶時代保護德川幕府最重要的東邊軍事防衛地，1610年受德川家康之命而開始在現今佐倉市中心築城，也因治理這裡的藩主在德川幕府裡有著重要地位，整個佐倉也在那時以城下町而開始商業繁榮發展。明治時代則轉成大量的現代軍隊進駐，也讓佐倉繼續以軍都之姿繁榮。如今回歸日常的佐倉，遺留的江戶遺風、明治的近代化風貌，不論是佐倉城遺跡、江戶時代醫療史跡、武士屋敷等，讓這裡觀光、歷史價值倍增，2016年佐倉與成田‧佐原‧銚子同被列為千葉縣「江戶紀行の町」的日本遺產認定之列。

交通路線＆出站資訊

電車
JR佐倉駅⇨JR東日本-總武本線、成田線
京成佐倉駅⇨京成電鐵-京成本線
〈從東京出發〉
◎從東京駅搭乘上JR總武快速線至佐倉駅，約1小時。
◎從上野駅搭乘上JR成田線至佐倉駅，約1小時22分。
◎從上野駅搭乘京成SKYLINER至佐倉駅，約1小時3分。
〈從成田市出發〉
◎從JR成田駅搭乘JR成田線至佐倉駅，約13分。
◎從京成-成田駅搭乘京成本線至京成佐倉駅，約12分。

出站便利通
◎整個佐倉市中心區域，主要位在JR佐倉駅與京成佐倉駅中間的區域，地圖上看似距離不遠，但市區內坡道不少，光徒步串聯就得花費20~30分，建議先確認想去的景點與路線，再決定搭車抵達哪個站當起點，比較不浪費時間。
◎JR佐倉駅與京成佐倉駅兩站各自有便利的旅遊中心，也盡量多利用。
◎從JR佐倉駅出口，可前往武家屋敷、ひよどり坂古徑、舊堀田邸，徒步各約13分。
◎從京成佐倉駅出口，前往城址公園、民俗博物館或是佐倉市立美術館的成田街道一帶，則是在這裡下車最方便，徒步各約12~15分，站前也有公車可以利用搭乘前往民俗博物館、美術館及JR佐倉駅。

佐倉市中心最筆直的大道～成田街道
從佐倉城筆直延伸而出，通過現今的佐倉市立美術館、一路往成田山而去的這條佐倉道，在佐倉城蓋建時，也一併整頓蓋建，除了是鄰近大名、官員等前往佐倉城的重要道路，更是一般庶民前往成田山朝聖祭拜的道路，因此也稱為成田街道，沿途有江戶年代的佐倉史跡、古宅，也有明治、大正時代的的風貌遺留，看似已現代化的道路，其實骨子裡是條古道。

大正時代作為銀行建築，內部其實相當小，現僅做為美術館入口或活動空間使用。

佐倉市立美術館

◎別冊P.18A1　◎京成佐倉駅徒步10分，JR佐倉駅徒步22分　◎043-485-7851　◎佐倉市新町210　◎10:00~18:00(最後入館17:30)　◎週一(遇假日延至隔休)，12/28~1/4　◎免費　◎www.city.sakura.lg.jp/section/museum/

　　從京成佐倉駅前直挺挺的道路走到底，就會看到位於成田街道上美術館，充滿歷史感的洋式紅磚洋樓就是美術館的入口。穿過洋樓內部再通過一道門才是美術館本體，這裡以收藏展示佐倉、房總在地美術家，或是以當地景致為創作題材的近代作藝術品收藏，另外也企劃展出一些現代美術作品等，讓這個老城多了些現代藝術氣圍。

佐倉市區到處都是坡，如何周遊最省力

佐倉市中心本身就是個丘陵地，走在佐倉市中心，常常有上下坡的感受，雖然佐倉騎單車旅遊相當盛行，也有多處可A借B還的點，但要靠單車周遊市中心各個分散的點，遇到陡坡恐怕連摩托車都吃力。此時注意幾個點，首先市中央的成田街道算是制高點、路也較平坦好騎；另外只要地圖上路名有坂字最好避開；租借單車前可以詢問路況坡度，當然電動單車最推薦；總之，單車、徒步、巴士交互運用，是佐倉趴趴走最佳組合。

・佐倉市觀光協會
🏠佐倉市栄町8-7(京成佐倉駅前徒步2分)

・JR佐倉駅前觀光情報
🏠JR佐倉駅旁 💰一般單車¥500、電動單車¥1,000(單次計費，9:00~16:00間皆可使用) ❶兩處皆有提供單車租賃

🎁 小川園 佐倉站前店

🏠別冊P.18A1 🚃京成佐倉駅徒步2分
☎043-485-7765 🏠佐倉市栄町9-6
🕙10:00~18:00 💰玄米茶+抹茶(茶包)
¥684 🌐www.ogawaen.co.jp

隨著明治新時帶開展、江戶廢藩，也讓這裡大量的武士將各式工藝、技術開始流傳到一般常民生活中，當時也開始了佐倉茶葉的種植與生產。**創立於1912年已經超過百年的小川園，可説是佐倉買茶、喝茶首選老舖**，店內有佐倉地產茶、也有來自不同產區茶葉外，另外地產知名落花生等特產商品也可以買到。

一進到店內、店員立即奉上一杯茶，無壓力的購茶空間，讓人可以慢慢選購。

店內座位區分成榻榻米座席及一般座位區，可依喜好來選擇。

老式傳統氛圍的店內，來一碗美味蕎麥麵，吃起來就更加帶味。

🍚 房州屋 本店

🏠別冊P.18A1 🚃京成佐倉駅徒步13分，JR佐倉駅徒步20分 ☎043-484-0402 🏠佐倉市新町233 🕙11:00~15:00 休週一(遇假日延至隔日休) 💰佐倉七福神そば¥1,200

👍 在地人氣蕎麥麵屋。

位在麻賀多神社旁邊、前往城址公園主幹道上的蕎麥麵老舖「房州屋」，**90多年的傳統滋味不但在地人熱愛，連外地觀光客都愛來**，用餐時間有時還得排隊。人氣首選除了以地產大和芋磨成泥當蕎麥麵沾醬外，融合7種配料的佐倉七福神そば，既具吉祥意涵也讓口感多樣豐盛。

神奈川➡山梨➡靜岡➡長野➡埼玉

千葉 佐倉

➡茨城➡栃木➡群馬

蔵六餅本舗 木村屋

結合茶屋&蔵的和菓子老舖。

ⓐ別冊P.18A1 ⓑ京成佐倉駅徒步12分，JR佐倉駅徒步21分 ⓒ043-484-0021 ⓓ佐倉市新町222-1 ⓔ9:00~17:00，蔵10:00~16:00 ⓕ週三、1/1 ⓖ茶&和菓子(1個)¥300，蔵見學&和菓子¥550，蔵六餅(1個)¥150 ⓦzourokumochi.jp/

與東京銀座的木村屋同為姊妹店，在明治15年以2號店在佐倉開設麵包舖，後來轉變成以和菓子為主的獨自特色。將**江戶時代統治佐倉長達141多年的堀田家、祖傳五彩龜甲模樣的「藏六石」為意象，製作成和菓子最中，從此成為佐倉最具代表的茗果**，從昭和年代熱賣至今。本店除可買和菓子外，也併設一小處飲茶區，並開放江戶後期蓋建的藏與古器具供參觀。

藏六餅有粒狀紅豆泥、沙質紅豆泥及白豆沙泥三種口味，也有做成佐倉城的最中。

武家屋敷

ⓐ別冊P.18A2 ⓑJR佐倉駅徒步約15分，或JR佐倉駅、京成佐倉駅搭乘巴士在宮小路町下車徒步5分 ⓒ043-486-2947 ⓓ佐倉市宮小路町57(旧河原家住宅入口售票處) ⓔ9:00~17:00(最後入館16:30) ⓕ週一(遇假日延至隔日休)，12/28~1/4 ⓖ一般¥250、學生¥120。三館共通券：一般¥600、學生¥300

回顧佐倉城下町當時樣貌的巡禮地，**這條鏑木小路裡有五棟連綿一起的武士屋敷，見證當時武士們的生活樣貌**。其中三棟開放參觀的屋敷分別是旧河原家住宅、旧但馬家住宅、旧武居家住宅，內部展示當時的生活物件外，透過三棟不同型制的屋敷，也能理解不同武士身分層級下，其所住屋敷大小、建築細節都有嚴格規範。

古徑 ひよどり坂

ⓐ別冊P.18A2 ⓑJR佐倉駅徒步約15分，或JR佐倉駅、京成佐倉駅搭乘巴士在「宮小路町」下車徒步5分 ⓒ043-484-6146 ⓓ佐倉市城內町5-23 ⓔ全日開放 ⓘ和服租賃可洽詢佐倉一里塚(ⓦsakura-ichirizuka.jimdo.com/)

近來受到外國旅客注目的這處竹林古道秘境，也很適合租武士服或和服來此取景。

位在武士屋敷鏑木小路底端的這條綠意竹林道，通過它可以前往佐倉城。**從江戶時代起就有的這條土坂階梯竹林道古徑、被完整保留，大約僅有160公尺長**，在江戶的古書中也發現記載這條古道的描述。兩側綠竹參天宛如隧道，中間點也設有座椅休憩，讓人可以悠閒想像江戶時代武士們往來這條路徑的景象。

走在這條武士屋敷小徑上，可感受到江戶時代的武家町氣氛。

武士們一輩子要搬好幾次家？！

佐倉城因為是做為保衛江戶城的東邊重要堡壘，因此緊鄰城下的大片區域都是武士住宅處，更外圍才是一般常民居所與商店。但這些武家住宅不是武士們各自蓋建，而是由國家供應，類似租賃，而且明確規範不同俸祿所能住的宅邸規模也不一樣，武家屋宅分4級等，一旦職等改變，就得搬家。因此搬家風景也成為江戶時代武家屋敷區的日常。

◎ 佐倉城址公園

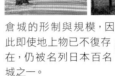

超大遺跡公園內，春櫻、秋楓知名外，也有冬梅、夏菖蒲及繡球，四季花團錦簇。

◎別冊P.18A1 ◎京成佐倉駅徒步20分，或從京成佐倉駅、JR佐倉駅搭乘巴士，在博物館前下車 ☎043-484-6165 ◎佐倉市城內町官有無番地 ◎全日開放

腹地相當廣闊的「佐倉城址公園」，說是公園裡有城址遺留、還不如說是整個遺址裡變成了公園。佐倉城雖在明治維新時被拆除變成了軍營所在，但也因軍隊的利用，讓整個城的原本範圍幾仍舊存在。昭和年代重新整理後，佐倉城的各個建築位置地基、壕溝、土壘等都保留，讓人可以完整描繪出佐倉城的形制與規模，因此即使地上物已不復存在，仍被名列日本百名城之一。

本丸的天守閣雖已不再，但遺跡位置範圍卻相當明顯，如今成了散步、打球之處。

🏛 國立歷史民俗博物館

日本規模最大的民俗博物館。

◎別冊P.18A1 ◎京成佐倉駅徒步20分；或從京成佐倉駅、JR佐倉駅搭乘巴士，在博物館前下車 ☎043-486-0123 ◎佐倉市城內町117 ◎9:30~17:00，10~2月至16:30。最後入館閉館前30分 ◎週一（遇假日順延至隔日）、12/27~1/4 ◎一般￥600，大學生￥250，高中以下免費 ◎www.rekihaku.ac.jp/

位在城址公園北側的「國立歷史民俗博物館」，這裡展示的文物精采度絕對超乎你的想像。屬於國家學術研究資料等級，不論深度、廣度都非同凡響，在廣達12萬坪的博物館區域內，包含7大展間，從遠古一直到現代，以日本的歷史與民俗、常民生活切入，更用大量的精細模型複製場景，讓參觀者更容易理解，想一覽全貌，花個2~3小時絕對必要。

傳統及民常歷史物品、風俗等分門別類展示，部分展示甚至提供體驗。

🛍 酒々井OUTLET

Shisui Premium Outlet

鄰近成田機場、回國前大採購處！

◎別冊P.18B2 ◎京成酒々井駅轉乘公車約20分，JR酒々井駅轉乘公車約15分，成田空港搭乘巴士約15分 ☎043-481-6160 ◎印旛郡酒々井町飯積2-4-1 ◎10:00~20:00 ◎年末年始 ◎www.premiumoutlets.co.jp/shisui/

與箱根御殿場同屬 Premiumoutlets系列的酒々井店，從東京站八重洲也有巴士直行至此，是一處購物採買好去處。這裡聚集了120多個品牌，以日本中高價位品牌為主打，也有部分國際品牌，算是相當好入手的Outlet，不會因為都是一級國際品牌而讓人下不了手，加上動線清晰簡單，就是一個長形橢圓所形成的商場設置，絕對不會逛到不知身在何處。

佐原

さわら　Sawara

佐原過去為江戶幕府直轄領地(天領)，因位處水運道——利根川與小野川旁，成為水運貨物的集散地，活絡的商業活動帶動佐原的發展，讓當地繁盛一時，使佐原有著「小江戶」之稱。現在在小野川下游的忠敬橋附近一帶，還留存著當時的土藏造商町建築，滿溢著歷史風情的街景與流淌其間的小野川相得益彰，優美如曲的水鄉風光令人陶醉不已。

交通路線 & 出站資訊

電車
佐原駅◇JR東日本-成田線

出站便利通
◎出佐原駅後步行約5分鐘，可抵達小野川，仿如進入江戶時代的時空隧道。

◎欲前往香取神宮的話，建議從佐原駅轉乘計程車或是轉搭循環巴士，約10分鐘路程即可到達。

◎「水鄉佐原観光協会」有租借腳踏車服務(レンタサイクル)，從車站到香取神宮距離約4公里，不妨輕裝上路來一趟悠閒自行車之旅。
🏠水鄉佐原観光協會駅前案内所
☎0478-52-6675
🕐9:00~16:30(雨天不提供出借)
💲一般單車一天￥700、電動腳踏車一天￥1,000
🌐www.suigo-sawara.ne.jp/index.html

優惠交通套票
◎佐原駅~香取神宮循環巴士(佐原循環バス)
循環巴士行駛路線會經過佐原駅、諏訪神社、忠敬橋、水の郷さわら、牧野、水鄉佐原山車会館、香取神宮等景點間，巡迴一周約40分。
🕐週末及假日9:20~17:05(一日11班)
🚫平日、12月29~1月3日
💲單程成人￥300、中高生￥100、小學生免費，一日券成人￥600、中高生￥200
🏠佐原駅前觀光案内所、佐原町並み交流館、巴士車內購票
🌐www.city.katori.lg.jp/index.html

來佐原一定要認識伊能忠敬
伊能忠敬到底有多令人敬佩，讓他在佐原到處都有紀念碑。首要當然是一訪紀念館，分10多張分區繪製完成的超大地圖，複製展示在館內，任誰都會覺得跟衛星觀測下的日本差異不大。而整個繪製的宏大之旅不僅紀錄下地理與地形，也包含天文與日月觀測，多達10次的大旅行，歷經危險與疾病，甚至愛徒與兒子都在旅途工作中去世，忠敬的心碎不難想像，卻依舊不放棄，最終得以向世人展現日本真實全貌，後世也將這非凡成就的地圖稱為「伊能圖」。

👁 伊能忠敬旧宅

臨小野川的店鋪舊宅，在伊能忠敬入贅前即已存在，歷史悠久。

📍別冊P.11B4 　🚶佐原駅徒歩15分，或搭巴士在忠敬橋下車徒歩2分　☎0478-54-1118　🏠香取市佐原イ1900-1　🕐9:00~16:30　🚫年末年始　💲免費

屋宅就面臨著小野川與樋橋，這裡是伊能忠敬17歲入贅伊能商家後，店鋪兼住宅之處。伊能在此生活了30年，直到50歲才離開前往江戶(東京)學習天文學。經營釀造業的伊能舊家，可以進入參觀店鋪內部外，店鋪後方則是住宅、庭院及土藏，江戶時代的建築歷史、加上是伊能30年生活遺跡，因此昭和時即被指定為國定史蹟。

伊能忠敬記念館

おすすめ

令人驚豔的古地圖繪製法。

🅰️別冊P.11B4 🚃佐原駅徒步15分，或搭巴士在忠敬橋下車徒步2分 ☎️0478-54-1118 🏠香取市佐原イ1722-1 🕘9:00～16:30 ㊡週一、年始年末 💴一般￥500、中小學生￥250

　看完伊能忠敬舊家，穿過小野川對岸就是「伊能忠敬記念館」，**50歲前致力經商，卻在50歲後發憤學習天文地理，江戶時代的地圖測繪家反而成了他留名青史的稱呼**。50歲後至73歲過世，他傾後半生心力踏遍日本、終於在他逝世後3年，由弟子接力完成日本第一張全國地圖《大日本沿海輿地全圖》，不但準確度與現今真實日本相當接近，更打開自古以來日本自身與世界對日本的認知。

館內展示將當時田野調查的縝密紀錄及測量儀器，讓人敬佩在江戶年代，艱辛的地圖繪製工作。

《東京下町古書店》（日劇名《東京バンドワゴン～下町大家族物語》）就是以此為古書店拍攝背景。

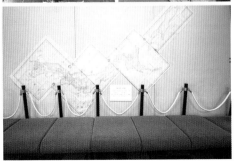

珈琲 遲步庵いのう

🅰️別冊P.11B4 🚃佐原駅徒步15分，或搭巴士在忠敬橋下車徒步2分 ☎️0478-54-2335 🏠香取市佐原イ1721-12 🕘11:30～17:00 ㊡週三 💴咖啡￥500

　從伊能忠敬旧宅穿過樋橋、前往對岸的伊能忠敬記念館前，在橋頭有一棟非常有韻味的老建築，門前大大的木頭店招「東京

バンドワゴン」雖然讓人摸不著頭緒，但一旁的手寫板就標示著「珈琲 遲步庵いのう」。**這裡是伊能家後代所開設的咖啡廳，獨特的老氛圍讓人情不自禁想推開木門入內**，這裡有咖啡、甜點外，也陳列一些伊能家代代使用的古道具類、古美術品。

神奈川➡山梨➡靜岡➡長野➡埼玉

千葉

佐原

➡茨城➡栃木➡群馬

小野川遊船

小野川舟めぐり

遊逛水鄉佐原的舒適方式，坐上木船來趟小野川巡禮。

🅐 別冊P.11B4 🚃 佐原駅徒步15分
0478-55-9380 🏠 香取市佐原イ
1730-3 (伊能忠敬紀念館前乘船)
10:00~16:00(依季節而異)，
一趟約30分 🈺 年末年始、不
定休 💰 大人¥1,300、小學
生¥700 🌐 www.kimera-sawara.co.jp

被指定為重要傳統建造物群保存地區的佐原，懷舊商家建築滿溢著江戶情緒，要想細細品味佐原水鄉的美好風情，最推薦的就是小野川遊船。遊船小舟雖已在多年前從撐篙的方式改成馬達，但依舊讓乘客無比雀躍。**全程約30分鐘的航程中，可欣賞兩岸的土藏造建築與綠意垂柳夾道的美景，幸運的話還可看到火車從頭頂上行駛而過。**

冬天有暖爐遊船，在寒冷天氣裡也能舒服遊覽水鄉。

忠敬橋
搭乘遊船時會行經幾座小橋，其中這座忠敬橋幾經改建成為現今的樣貌，名稱取自江戶時代的地圖測繪家伊能忠敬，他是日本首位以實測方式畫出日本全國地圖的人，其第一張地圖「大日本沿海輿地全圖」共耗時17年完成，而橋上的裝飾則是以其測量器具為雛形製作。

樋橋
就位在伊能忠敬紀念館前的樋橋，又名「ジャージャー橋」(zya-zya橋)，在江戶時代原本是為儲存灌溉用水的落水管(樋)，可從小野川東岸送至對岸，在使用了300年後改建成現在的橋，但橋下依然保有落水管，現在每30分鐘就可看到水從落水管流出的樣子。

千葉 佐原

☕ さわら十三里屋
(舊正文堂書店)

おすすめ 👍

🅐別冊P.11B4 🚶佐原駅徒步15分，或搭巴士在忠敬橋下車即達 ☎0478-51-1105 🅐香取市佐原イ503 🕐11:00~17:00(茶屋~16:30) 🅗週一 💰銅鑼燒￥200

🌐www.shirohato.com/jusanri

> 古書屋建築裡品嚐和菓子。

> QQ的銅鑼燒餅皮中包覆著紅豆泥跟蕃薯，淡淡黑糖味讓美味更加成。

黑色厚重、2層樓的藏建築，建築物外面掛著「正文堂」招牌，但往裡一看卻是一家和菓子店&喫茶處。建於1880年的這個老建築，過往是老書店正文堂，書店消失後再歷經地震整修，成為縣指定文化財的建築就被重新運用。「さわら十三里屋」進駐，並以佐原名物的地瓜做成創新風味銅鑼燒，美妙的滋味與老建築合奏出令人難忘的風味。

> 江戶末期的名書家巖谷修所書寫的「正文堂」，也是建築亮點之一。

> 作工精細的連鶴，令人嘆為觀止。

> 古色古色的店舖販售日式雜貨，好像進入古時記憶迴廊。

🎁 中村屋商店

🅐別冊P.11B4 🚶佐原駅徒步10分 🅐香取市佐原イ1720 ☎0478-55-0028 🕐9:00~16:00 🅗週三

　位在忠敬橋旁的忠村屋商店，**是利用安政2年(1855年)建造的老屋所開設的雜貨舖，被指定為千葉縣的有形文化財**。店內販售手巾、和紙書籤等有著濃濃日式風情的和風雜貨，也有自家製的日式團扇。而店內深處還有處展示兼販售空間，以一張紙摺出的「連鶴」難得一見，絕對不可錯過。

佐原まちぐるみ博物館

佐原的許多商家背後都有著悠久的歷史與故事，在當地約40間商家，會在自己的店內展示過去的古道具、收藏等物品，在雛祭、5月兒童節、新年等期間也會更換成主題企劃展，在逛街的同時不妨順便看看，有興趣的話也可以請商家為你介紹其背後的故事。
🌐m-kaze.com/gurumi

🍴 夢時庵

🅐別冊P.11B4 🚶佐原駅徒步10分 ☎050-5485-0671 🅐香取市佐原イ3403-2 🕐11:30~14:00(L.O.13:30)、17:30~22:00(L.O.20:00) 🅗週二 💰午間套餐￥2,200起

🌐mougins.gorp.jp/

　改造自百年建物的法式料理餐廳，外觀是傳統的日式風格，裡頭則是優雅大方的用餐空間，1樓向外望去就是小野川，挑高的2樓則營造出遼闊的空間。**夢時庵的人氣菜單就是以銚子港漁產烹煮的魚料理**，以及法國產的鵝肝料理，再搭配上自家製的天然酵母麵包，美味讓人回味。

神奈川→山梨→靜岡→長野→埼玉

千葉

佐原

茨城→栃木→群馬

福新吳服店 おすすめ

◎別冊P.11B4 ◎佐原駅徒步15分 0478-52-3030 ◎香取市佐原イ505 ◎10:00~17:30 ◎週三

福新吳服店的土蔵造店鋪及中庭倉庫，被指定為千葉縣的有形文化財，洋溢著老房子懷舊風味的店內，有著歷史悠久的大型木櫃，再往內走則可欣賞古道具與和服展示。福新吳服店**主要販售布的周邊商品，尤其以花色繽紛的手拭巾最吸引目光，相當適合買回家自用或送禮**。

> 古色古香的土藏造店舖，感受江戶情懷。

> 用來擺放商品的傢俱都是歷代流傳下來的記憶，紀念性十足。

排隊也要拜！香取神宮關東超強 Power Spot

很少有一個神社竟在平日也得排隊等拜拜，香取神宮當然如此熱門的原因，當然不僅是2600多年的悠久歷史，再加上他在明治之前，是受到皇室崇敬的日本三大神宮之一（另2處是伊勢神宮、鹿島神宮）。離東京最近的這處神宮，祭拜的「経津主大神」在日本被認為是代表武道之神，也是關東地區數一數二的求勝能量地點。

> 在一片綠意中的神宮帶著神祕面紗，特別能感受到自然能量。

> 來到神社必定要帶回御守，將好運一併帶在身上。

香取神宮 おすすめ

◎別冊P.11B3 ◎佐原駅搭乘佐原循環巴士約15分(僅週末假日營運)，或從佐原駅搭乘開往小見川的千葉交通巴士，約15分至「香取神宮」站下車徒步5分 ◎0478-57-3211 ◎香取市香取1697-1 ◎境內自由參拜；寶物館8:30~16:30 ◎寶物館￥300、小孩￥100 ◎katori-jingu.or.jp

> 到有千年歷史的神社吸取芬多精，來趟能量之旅。

供奉經津主大神的香取神宮，是日本全國約400處香取神社的總本宮，依照平安時代所編的《延喜式神名帳》，過去稱為神宮的只有伊勢神宮、鹿島神宮、香取神宮三處，地位之尊崇可想而知。**在杉林鬱蒼的神社境內，有多處建物被指定為重要文化財**，包含德川綱吉將軍建造的本殿、朱紅色的樓門等，靜謐莊嚴的氛圍，有種遠離塵世真的來到神之領域的錯覺。

神奈川➡山梨➡靜岡➡長野➡埼玉

千葉 銚子

茨城➡栃木➡群馬

銚子
ちょうし Choshi

銚子，由一條地方電車串聯的關東極東小鎮，有著大都會與觀光地區少見的恬淡風情；這裡有著日本最大流域的河川——利根川，發揚了銚子的漁業與醬酒；而關東地區最東端的犬吠埼，可以看到日本最早升起的日出，因而成為新年時欣賞第一道日出的熱門地點；喜歡地方鐵道的人來到這裡一定會被小巧的車站、可愛的車廂深深吸引，想找點不一樣的樂子，搭上銚子電鐵，一站一站拜訪銚子沿線的生活風景，嚐嚐當地海味，最不一樣的東京近郊旅行就從這裡開始。

交通路線&出站資訊

電車
銚子駅➪JR東日本-總武本線、成田線
笹川駅➪JR東日本-成田線
下總豐里駅➪JR東日本-成田線
銚子駅➪銚子電鐵
仲ノ町駅➪銚子電鐵
觀音駅➪銚子電鐵
犬吠駅➪銚子電鐵
外川駅➪銚子電鐵

巴士
◎東京駅八重洲巴士轉運總站➪搭高速巴士銚子東京線的「大栄/横芝光・旭路線」，可至銚子駅、AEON MALL永旺夢樂城、犬吠崎等，約2小時30分鐘。「佐原・小見川路線」則可到銚子駅，再從銚子駅轉乘前往各地點。
◎銚子駅➪搭乘陣屋━━AEON永旺的循環巴士，約12分；搭乘往「犬吠

・外川」巴士，在「犬吠」下車約20分，再徒步8分。

計程車
千葉計程車 ☎0479-22-4877
🌐www.ck-taxi.com

出站便利通
◎抵達銚子駅，可以於出站口旁的服務中心租借腳踏車，遊逛銚子的巷弄、沿著濱海騎乘，再騎到外川老街感受復古氛圍。2H-¥500、4H-¥1,000、1日¥1,500。
◎銚子駅外可以利用巴士或是循環巴士前往景點。
◎自JR銚子駅轉乘銚子電鐵開啟輕旅行，但要注意電鐵的班次約半小時一班，建議可以採定點式玩，或搭配腳踏車遊玩會輕鬆自由。
◎復古的銚子電鐵保留原始車站的印象，站內無法使用交通卡進出

(SUICA、PASMO或其他交通卡皆不適用)，只能買票上下車。

優惠交通套票
◎銚子弧迴手形1日乘車券
1日之內搭乘銚子電鐵銚子駅~外川駅之間可隨意上下車。
💰成人¥700，兒童¥350
🎫銚子駅、列車內及其他有人的沿線各站購票
🌐www.choshi-dentetsu.jp/detail/railway/21
◎銚子1日旅人券(1日フリー乘車券)
於1日內無限搭乘銚子電鐵全線+區域內的路線巴士(千葉交通巴士、ちばこう巴士)。
💰成人¥1,000
🎫銚子觀光協會(銚子駅)、銚子電鐵有人的沿線各站購票
🌐www.city.choshi.chiba.jp/kanko/tabitopass.html

神奈川➡山梨➡靜岡➡長野➡埼玉

千葉

銚子

➡茨城➡栃木➡群馬

銚子電鐵站名是廣告?!

乘坐銚子電鐵時可以注意一下，每站站名是否與原始站名有些許不同呢？有生意頭腦的銚子電鐵與其他公司異業合作，將企業名稱與站名結合，而形成獨特的站名，像是笠上黑生駅會讓人聯想到生髮，所以就和毛髮生長液的廠商合作，成為「髮毛黑生駅」，是不是很有趣呢！其合作為一年約，或許下次看到就會變另一個站名了呢。

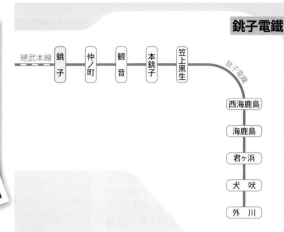

銚子電鐵

總武本線 — 銚子 — 仲ノ町 — 觀音 — 本銚子 — 笠上黑生

銚子電鐵

西海鹿島
海鹿島
君ヶ浜
犬吠
外川

銚子電鐵

📍JR銚子駅轉搭銚子電鐵 ☎0479-22-0316 🌐www.choshi-dentetsu.jp

おすすめ 👍

> 慢行於田園海濱之上，極東之境的鐵道小旅行。

1922年設立的地方鐵道「銚子電鐵」，位在關東平原的最東側，連接了**JR路線後沿著海濱行駛，延路風景美不勝收**。由於人口過疏化，過去曾因營運資金不足，而一度面臨廢線危機的銚子電鐵，因自製溼仙貝(ぬれ煎餅)營救一度遭遇危機的電鐵，而造就地方的傳奇故事。銚子電鐵也不定期推出主題版電車，讓這段鐵道小旅行更加有趣。

銚子電鐵票券

銚子電鐵的票券仍使用硬式票卡，十分值得鐵道迷收藏。若想要一整天都搭乘銚子電鐵移動，可以購買一日券「弧廻手形」。但這張一日券在JR車站不能購入，需要跟銚子電鐵的站員購入喔。

> 列車內可能會出現愛心握把，聽說和心儀的人一起握的話會有好結果哦！

> 搭乘電鐵時，總能感受到銚子溫暖的在地人情味。

> 大玩變變變的銚子電鐵站名，每站都有自己獨特的名字。

🚉 銚子駅

📞0479-22-0073 📍銚子市西芝町1438

　位在銚子市西芝町的「銚子駅」，站內有JR東日本總武本線、成田線，以及銚子電鐵等共用鐵路。自銚子駅出站後，可轉搭路線巴士前往銚子各景點，想招攬計程車、租借車子或是租賃腳踏車服務，從銚子駅也是最便利的。

銚子駅租賃電動自行車

📞0479-86-4755(Rent-a-Cycle銚子事務所) 📍JR銚子駅站內（レンタサイクル銚子） 🔄租車 9:00~16:00、還車至18:00 ⏱2小時 ¥500起 🌐www.city.choshi.chiba.jp/andacore/en/

　於銚子駅有20台電動自行車租借，並與當地飯店業者合作提供甲地租乙地還的租借服務，可於JR銚子駅、各飯店旅館等租借，地點及收費詳細如下：

地點：

借出地點	借出時間	歸還時間
JR銚子駅	9:00~16:00	9:00~16:00
大新旅館		
犬吠埼觀光飯店		
月見飯店(太陽之里)	9:00~16:00	9:00~18:00
ぎょうけい館		
犬吠埼飯店		
大德飯店		

❶租借時就須填寫預定歸還地點。銚子電鐵允許將單車帶上電車，但需加收¥100，且須利用電車最後一節車廂為主（以電車前往方向為第一節車廂）。

收費：

時間	基本費用(1輛)	延長費用	甲地租乙地還費用
2小時	¥500	¥500 (1輛)	¥500 (1輛)
4小時	¥1,000		
1天	¥1,500		

以醬油製成的霜淇淋甜中帶點鹹味，有點像海鹽焦糖口味。

👁 ヤマサ醬油工場

🗺別冊P.7B3 📍銚子電鐵仲ノ町駅徒步3分
📞0479-22-9809 📍銚子市北小川町2570
👀見學時間：9:00~、10:00~、13:00~、14:00~、15:00（需預約） 🍴醬油蛋糕¥300、醬油霜淇淋¥250 🚃www.yamasa.com/enjoy/factory-visit/ ❶因疫情，餐飲部暫停、見學修改為30分鐘影片介紹。實際工廠見學回復時程，請隨時查看官網

銚子知名在地老品牌，細聞飄香醬油味。

　從1645年營業至今的醬油老店，在江戶時代末期幕府還授與其「最上醬油」的稱號，現在則開放一般民眾免費參觀，在20分鐘的影片介紹後即開始30分鐘的工場見學，從可填裝大豆、小麥等原料的20公尺高筒倉，到發酵室、歷史展示品等都可以看到，**結束後每個人會得到一包記念品醬油，離開前還可以到賣店買支醬油霜淇淋或是醬料產品。**

神奈川➡山梨➡靜岡➡長野➡埼玉➡

千葉

銚子

➡茨城➡栃木➡群馬

額賀屋仍使用手工繪製旗幟，展現專業職人精神。

🎁 額賀屋染織店

おすすめ

📍別冊P.7B3　🚉銚子駅徒步7分　📞0479-22-1135　🏠銚子市中央町2-3　🕐4月~9月9:00~18:00、10月~3月9:00~17:00　休週日及例假日　💰商品¥400起

關東地區漁旗製產量最大的染織工場。

　　「額賀屋」為銚子地區製作「萬祝式大漁旗」的老店家，「萬祝」(まいわい)發源於江戶時期的房總半島，主以慶祝第一次出海時送給船主的慶賀漁旗，**旗幟繪有船名、漁獲豐收，以及平安歸來等圖樣**，額賀屋皆以預約訂製後，純手工繪製每幅萬祝漁旗；遊客則可在店內買到小型萬祝漁旗、手帳外衣等其他商品。

👁 第一漁市

沿著漁港散步可以看到飛揚的海鷗，還有漁夫們的工作樣子。

第1卸売場

📍別冊P.7B3　🚉銚子駅搭乘千葉巴士於「銚子觀音」站下車徒步約5分　📞0479-22-7626　🏠銚子市新生町1-36-12，2F　🕐週一~六8:00~11:30　休市場休日及若無漁船入港，則無法參觀　💰免費　🌐www.choshi-gyokyo.jp/fish-market/market1.html

　　靠海的銚子市以海為生，生鮮、漁獲十分豐富，而銚子漁港係由3個批發漁市所組成，各個漁場各司其職，**分為第一、二、三批發漁市場**，第一漁市主以將新鮮鮪魚卸下漁船、**漁獲競賣、生鮮直銷等**，第二、三個則以青花魚、秋刀魚、沙丁魚等漁獲為主。

從2樓參觀處可以看到現撈鮪魚、旗魚等，以及買家選魚的競賣情況。

煎魚、溫泉蛋、小菜、生魚片、白飯(附味噌湯)，一套自行配置的和式定食才約¥600。

🍴 萬祝

おすすめ

まいわい

📍第1卸売場，1F　📞0479-21-6671　🕐11:00~15:00(L.O.14:00)　休週一~五　💰生魚片¥300起、煮物¥200起、白飯(附味噌湯)¥150起、炸物¥130起、小菜¥80起

最新鮮、平價的漁夫食堂！

　　由漁會直營的食堂「まいわい」，主要提供給在漁市工作的漁夫、工作人員用餐，**價格十分的平實，加上是使用漁市當天漁獲烹煮，保有鮮新、美味更加倍**，因此也吸引一般民眾前來用餐。店內提供白飯、煮物、生魚片、炸物、小菜等，十分超值，也有各式套餐、丼飯等。

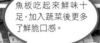

魚板吃起來鮮味十足，加入蔬菜後更多了鮮脆口感。

銚子電鐵煎餅駅

銚子電鉄 ぬれ煎餅駅

📖別冊P.7B4　🚕銚子駅轉搭計程車約15分　☎0479-26-3852　🏠銚子市小浜町1753　🕐10:00~17:00，體驗時間10:00~16:00　💴煎餅體驗1片￥100

銚子電鐵直營ぬれ煎餅駅，親手製作自己的現烤煎餅。

由銚子電鐵直營的「銚子電鐵煎餅駅」是處身兼伴手禮及辦公室的店家，在這裡可以買到ぬれ煎餅外，還有其他不同口味的煎餅，並大方的提供試吃；此外在店家旁另闢一空間做為**手烤煎餅的體驗教室**，由駅長親自教授烤製的方法，現場有提供醬汁、海苔粉、粗砂糖及美乃滋等變化出不同口味。

由駅長親自進行烤製教學，製作出自己的ぬれ煎餅！

現烤好的ぬれ煎餅吃來口感酥香。

特賣品・甘口味
1袋 ￥463

店內另有販售NG版的ぬれ煎餅，外型不漂亮但美味依舊。

WOSSE 21

📖別冊P.7B3　🚌銚子駅搭乘開往川口・黑生・ポートセンター的市巴士，約20分在「ポートセンター」站下車　🏠銚子市川口町2-6529-34　☎0479-25-4500　🕐8:30~17:00(依各店而異)；觀景台9:00~17:30、週末假日~18:30　💴銚子ポートタワー(觀景台)成人￥420、中小學￥200　🌐www.wosse21.net

WOSSE 21為水產直賣所，複合式的設施，集結了魚市、觀景高塔、餐廳區、購物區等。裡頭聚集了15家店舖，**主要販售從銚子港捕撈的新鮮海產，除了鮮魚外也販售多樣的乾貨、罐頭等魚貝類加工品。**而這裡也有多間餐飲店、點心店可以選擇，像是在銚子相當知名的魚板專賣店——嘉平屋，或是可品嚐海鮮丼的人氣店うおっせ。

WOSSE 21鮪魚解體秀

想看精彩的鮪魚解體秀嗎？每個月第三個週日，來到WOSSE 21水產中心的中庭，就能夠親見目睹這有迫力的表演，現場還有免費試吃、購買等活動！🕐每月第三個週日，13:30~

一山いけす

📖別冊P.7B3　🚌銚子駅搭乘開往海鹿島、黑生的市巴士在「鳶岩」站下車　☎0479-22-7622　🏠銚子市黑生町7387-5　🕐11:00~15:30、17:00~19:30　休週四、12月31日　💴餐點￥275起、套餐￥2,695起　🌐www.ichiyamaikesu.co.jp

創業超過60載的「一山いけす」，主打將新鮮漁獲生鮮養殖在店內的巨大魚缸內，可以看到像是龍蝦、比目魚、烏賊等在魚缸內游動，並有廚師可以當場現點現料理。因店家建造在地理位置較高處，從用餐處可以看到絕佳的太平洋海景，讓視覺、味覺都充滿享受。

神奈川➡山梨➡靜岡➡長野➡埼玉

千葉 銚子

茨城➡栃木➡群馬

👁 銚子Marina海水浴場

銚子マリーナ

📖別冊P.7B4 🚉銚子駅搭乘開往千葉科學大學マリーナ前・千葉科學大學本部前的市巴士，約15分於マリーナ前站下車 📞0479-25-7720 📍銚子市潮見町15 🕐4月~10月平日8:30~17:30、週末及假日8:30~18:00，11月~3月9:00~17:00 🌐www.choshimarina.co.jp

　沿著銚子海岸沿線公路行進，在「銚子Marina海水浴場」可以看到銚子半島南部海岸線長約10公里、高約20至60公尺的海蝕崖「屏風ケ浦」，其為約300萬年前至90萬年前的地質層。屏風ケ浦有東洋多佛海峽之稱，在壯觀地層美景旁可以看到戲水、玩風帆或是衝浪客，每到夏天總是人潮滿滿。

溼仙貝

ぬれ煎餅

📖別冊P.7B4 🚉銚子電鐵犬吠駅內 📍銚子市犬吠埼9595-1；(直賣店)銚子市小浜町1753 📞0479-25-1106 🕐10:00~18:00 💰ぬれ煎餅￥500(5片)、烤仙貝體驗￥100(1片)

　濕仙貝可說是銚子電鐵的救世主，來搭銚子電鐵時絕對不可錯過，**在犬吠駅內就有溼仙貝賣店，不僅可以買回家當伴手禮，也可以買一片仙貝當場品嚐**，濕潤的口感與鹹香的滋味相當獨特。另外，因站內狹窄，烤仙貝體驗，以永旺夢樂城附近開設的直賣店內為主，可一步步跟著老師壓餅、烤餅到沾醬完工，相當新鮮有趣。

溼仙貝是將製作好的乾仙貝，浸入調味醬油而成為溼潤口感。

👁 犬岩

📖別冊P.7B4 🚉銚子駅搭乘開往千葉科學大學市巴士，終點站下車，徒步約5分；銚子電鐵外川駅徒步15分 📍銚子市犬若地區仙川港西側

👍おすすめ

天然形成的萌樣小狗岩石。

　位在銚子半島外川漁港西側的「犬岩」，**為千葉縣最古老的愛宕山層的一部份**，駐立於海中大石是由硬砂岩及泥岩組成，岩石上可以看到明顯的斷層痕跡，其因受到激烈的地殼變動、風雨侵蝕，看起來像是狗的形狀而起名。

犬岩與義經傳說

　犬岩來由緣起於義經傳說，傳說源義經在逃亡時曾於犬吠埼停靠，途中於此拋棄愛犬「若丸」，思主心切的若丸在此對著大海哭號七天七夜，在第八天時幻化成一塊海上的犬狀大石，當地的人而將此巨石取作「犬岩」；而地名「犬吠埼」，則是因可以聽到若丸呼喊主人的吠聲而得來。

卍 圓福寺 飯沼觀音

📖 別冊P.7B3　🚃 銚子電鐵觀音駅徒步5分
📞 0479-22-1741　📍 銚子市馬場町293
🕐 8:00~17:00　⚜ 自由參拜
iinumakannon.com

> 參拜戀愛觀音、再拍個可愛貓寫真。

　　千葉縣銚子市的圓福寺為坂東觀音靈場33所之一，**其以本尊十一面觀音的「飯沼觀音」為知名，自江戶時代起參拜人潮絡繹不絕，而成為當地名剎**；爾後經由電視節目介紹寺內有眾多寺寶，例如美術品「奈良時代銅造鏡」、享德在銘的銅鐘、天正墨書銘的戒牒函、古文書等，而成為來到銚子必訪景點。

> 聽說這裡求到的戀愛籤也相當靈驗！有中英韓的籤詩翻譯。

> 寺廟周邊常看到成群的貓咪，慵懶地趴在地上。

🍴 Green Café月音

グリーンカフェ月音

📖 別冊P.7B3　🚃 銚子電鐵觀音駅徒步4分　📞 0479-22-2410　📍 銚子市前宿町698　🕐 11:30~16:30　⚜ 週日~二　💴 午餐套餐¥1,300、甜點¥450起

> 難得一見的素食日式餐廳，品嚐和式粗食文化。

　　坐落於銚子電鐵觀音駅附近的「Green Café月音」，以無肉類菜單為主的家庭式餐廳，店內料理皆由老闆娘親手烹煮，並堅持使用有生產履歷的有機野菜、玄米、自家製漬物、味噌等，以及不使用砂糖，改以米飴、玄米水飴等，甜點用的果醬也皆自家製。

> 位在民居二樓的餐廳，沒有仔細看的話很容易錯過！

> 使用當季的新鮮蔬果，因此套餐內容會隨季節更迭變換菜單。

⊚ 佐野屋 今川燒店

さのや 今川燒店

📖 別冊P.7B3　🚃 銚子電鐵觀音駅徒步7分
📞 0479-22-0150　📍 銚子市飯沼町6-7
🕐 9:00~16:30　⚜ 週三，週日不定休(每月1次)
💴 今川燒¥150

> 嚐一口百年歷史的和菓子，香甜滋味令人難忘！

　　一進入さのや(Sanoya)店內，就馬上被撲鼻而來的甜香味吸引，這裡賣的今川燒其實就是我們說的紅豆餅，但是さのや的今川燒卻又跟我們常見的造型不太相同，**粗糙的麵衣內包裹著飽滿厚實的紅豆或白豆內館，一口咬下館料就滿溢而出，小麥的香氣與內館的甜蜜滋味完美交融**，難怪深受當地人喜愛。

> 在銅板上剛烤好的今川燒，熱騰騰地又香又脆。

🚉 👁 外川駅

🏠別冊P.7B4　📞0479-22-0316(銚子電鐵)　📍銚子市外川町2-10636　🌐www.choshi-dentetsu.jp

　銚子電鐵的終點站「外川駅」，**外觀保存了大正時期的木製建築，復古的白底黑字外川 站牌，沉穩地置於屋簷上**。在過去外川駅曾為NHK長篇戲劇「澪つくし」為拍攝舞台，對於老一輩日本人有著不同的情感。沿著外川駅附近，在老街、巷弄小路進行小小的散策旅行，也是不錯的選擇。

🍴 治ろうや鮨処

🏠別冊P.7B4　銚子電鐵外川駅徒步5分　📍銚子市外川町2-10608　📞0479-22-0435　🕐11:30~14:00、17:00~22:00　🈵不定休　💰伊達巻と地魚入りおまかせ握り（人氣握壽司）¥4,000起

外型像布丁的伊達卷，口感Q彈滑順，值得一吃。

　號稱是關東地居最東邊的握壽司店，也曾多次被報章雜誌介紹的治ろうや鮨処，最招牌的大廚推薦握壽司，**總共10貫的握壽司，以當地節令魚產為中心，還大方地使用炙烤金目鯛等高級食材**，創作出一貫貫令人一吃難忘的鮮美海味。除了在店內品嚐，也可以外帶伊達卷，路上肚子餓時可以填填小腹。

おすすめ 👍

🧁 榊原豆腐店

🏠別冊P.7B4　🚃銚子電鐵外川駅徒步3分　📞0479-22-9557　📍銚子市外川町2-10927　🕐8:30~19:00　🈵週日　💰豆乳プリン原味（プレーン）¥370、紅豆（大納言）¥440 👍
1028sakakibara.com/

關東地區最東端的手工豆腐專門店！

　在充滿古色的外川老街上排列著復古的大正時期民居，位在山坡上的「榊原豆腐店」，開業於明治時期42年(西元1909年)，是間百年的手工豆腐老店；**店內使用國產的丸大豆以及地下水，每天製作新鮮的豆漿，店內的手工木綿豆腐更是鄰里的最愛，來到此不能錯過的是豆漿布丁**。

一進到店內，會看到老老闆與老闆工作中的專業職人身影。

人氣的豆漿布丁，淋上黃豆粉與黑糖蜜，豆香滿溢、香甜不膩口。

外牆上的十個「フ」，音同「豆腐」(とお-フ，too-fu)。

🛍️ AEON MALL永旺夢樂城

イオンモール銚子

🏠別冊P.7B4 🚌銚子駅搭乘陣屋←→AEON永旺的循環巴士，約12分、¥280 ☎0479-20-0400 📍銚子市三崎町2-2660-1 🕐9:00~22:00，新鮮市場10:00~19:00、美食街10:00~21:00。(店家營時各異) 🌐www.aeon.jp/sc/choshi/

於2010年開幕的「AEON ALL永旺夢樂城」是銚子最大的購物商場，**百貨內有超過90間專門店，並且提供滿額退稅的服務**。位在**二樓美食街更可以一覽無遺銚子才有的美麗海景**。每週二有也提供至銚子市的2條接駁巴士路線(免費)，其中一條可到銚子駅，一天3班次。

🍴 方宝たつみ

🏠別冊P.7B3 🚕下總豐里駅轉搭計程車約5分 ☎0479-33-3198 📍銚子市宮原町473 🕐11:00~14:30、17:00~21:30 🈺週一(遇假日延休) 💰定食¥950起、麵類¥500起 🌐hobo-tatsumi.com/

開業25年的「方宝たつみ」以千葉當地的白肉魚「魴鮄」為主要料理靈魂，**研發魴鮄的多種吃法，像是醃漬、釜鍋飯、天婦羅等。店內招牌還有厚切豬排**，炭火烤過的豬排超下飯，另還有金目鯛、鰻魚、生魚片、海鮮丼、天婦羅、蕎麥麵、烏龍麵等定食選擇。

選用整片的里肌肉抹上熟成醬油加以炭烤，加上千葉盛產的捲心菜，份量十足！

👁️ 高橋草莓園

高橋いちご園

🏠別冊P.7B3 🚕笹川駅出站轉乘計程車約5分 ☎0478-86-4040 📍香取市東庄町高部419 🕐1~4月，9:00~16:00(採預約制) 🈺不定休 💰¥1,200~2,000(依季節入園票價有所調整) 🌐takahashiichigo.jimdo.com

位在香取東庄町的「高橋草莓園」，**以種植低農藥、使用有機肥料的草莓為號召，且專門種植果實最大的「愛莓」(アイベリー)**，其一顆可達80公克，色澤、甜味、香味等都是最優質的品種。到原產地購買可較便宜外，還可預約30分鐘的摘草莓吃到飽體驗。

屹立於最東邊的白色犬吠崎燈塔，被選為「世界燈塔100選」。

👁 犬吠埼灯台

おすすめ

📖別冊P.7B4　🚃銚子電鐵犬吠駅徒步10分　☎0479-25-8239　📍銚子市犬吠埼9576　🕐8:30~16:00(依季節調整)　💲燈塔大人¥300、小學生以下免費，資料館免費

關東最東端岬角的白璧燈塔。

佇立在犬吠埼上的白色燈塔面著遼闊的太平洋，依照Richard Henry Brunton的設計，於明治7年(1874年)建造而成。攀爬99階螺旋狀階梯後，登上燈塔時的視野相當遼闊，雄壯的景色相當震懾人心。在燈塔一旁的資料展示館，展出燈塔的介紹以及犬吠埼燈塔的歷史文化，更酷的是還可以看到初代燈塔的透鏡。

一樓外面有一座天然溫泉足湯，邊泡湯邊看太平洋絕景，且是免費使用。

Ⓗ 別邸 海と森

おすすめ

Villa Umi To Mori

📖別冊P.7B4　🚃銚子電鐵犬吠駅徒步5分　☎0479-21-6300　📍銚子市犬吠埼10292-1　🕐Check-in 15:00，Check-out 10:00　🌐www.umitomori.jp

散佯在海洋與森林之間的美景露天風呂。

近鄰犬吠駅的別邸海と森，面海背林的廣大平台上，矗立著像是海市蜃樓般浮現的建築，過去皇室伏見宮21代貞愛親王，因喜愛被大自然包圍的環境，於明治37年時在此修築了行宮，重修的建築保留原本親王最愛的觀景角度，也保留日式房舍古樸的優美。**房間分為兩類，有現代化的旅館棟，還有承襲了原本皇室行宮之名的獨棟Villa區「瑞鶴莊」。**

面海的露天風呂，聽著海潮聲享受溫泉沐浴。

飯店面向東面太平洋，是早晨絕對不能錯過的極東美景。

Ⓗ 犬吠埼飯店

Inubosaki Hotel

📖別冊P.7B4　🚃銚子電鐵犬吠駅徒步7分，或可於犬吠駅轉搭免費接駁巴士(需預約)　☎0479-22-8111　📍銚子市犬吠埼9574-1　🕐Check-in 15:00、Check-out 10:00　🌐www.inubohsaki-hotel.com

坐落在犬吠埼燈塔附近的「犬吠埼飯店」，鄰近銚子電鐵犬吠站，飯店內有提供和式、洋室以及和洋室等房型，還有擁有私人風呂的「日出之間」，從房內便可看到太平洋的藍色海景。**飯店溫泉是由從白堊紀前、從地下1,300公尺湧出的海底溫泉，建造出「黑潮之湯」、扇形大浴場，其水質具有減緩肌肉痠痛、美肌等功效。**

茨城

いばらき

茨城怎麼玩

茨城縣位處關東地區北部，其首府水戶在江戶時代是德川家的發源地，被稱做「水戶黃門」的德川光圀即是出身於此，市內以梅花而聞名的偕樂園，是熱愛賞花人士必訪之地，或是到常陸海濱公園觀賞四季的萬紫千紅，以笠間燒而聞名的笠間市，更吸引陶藝愛好者。

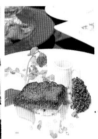

水戶 (P.7-4)

水戶在江戶時代是德川家的發源地，被稱做「水戶黃門」的德川光圀即是出身於此，市內亦有以梅花而聞名的偕樂園，熱愛賞花的人士務必要到偕樂園一遊，別忘了在水戶的熱鬧市區中品嚐茨城自豪的美味——玫瑰豬肉和常陸牛。

笠間 (P.7-16)

笠間市以誕生於18世紀的笠間燒而聞名，市內共有約130家的窯戶還有陶藝美術館，每年春秋兩季進行的陶器市集，吸引了許多陶藝愛好者聚首；另外歷史悠久的笠間稻荷神社，也是來到笠間必訪之地。

那須塩原市

栃木縣

日光市

東北新幹線

烏山線

宇都宮市

結城紬館·結城紬資料館

武勇

石切山

筑西市

食の蔵 荒為

小山駅

結城駅

下館駅

關東鐵道常總線

筑波市

土浦

筑波駅

常総線

春日部市

守谷駅

埼玉縣

東京都

常陸 (P.7-11)

　靠海城市常陸，新鮮的魚獲市場和擁有四季美景的常陸海濱公園，更是不容錯過的遊玩點。從東京都心來到大洗與常陸方便快速，但一到當地的移動大多還是要靠巴士，事先查好巴士時刻表才能讓行程玩得更順暢。

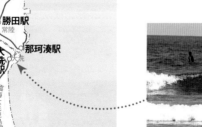

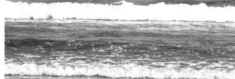

大洗 (P.7-11)

　茨城縣東部的大洗，其範圍包括面向太平洋的海岸線，一到夏季就會變身為超人氣的度假勝地，身穿比基尼的泳裝辣妹、全副武裝的衝浪帥哥齊聚一堂，營造出歡樂無比的海濱休閒風。

神奈川➡山梨➡靜岡➡長野➡埼玉➡千葉

茨城 水戶

栃木➡群馬

水戶

みと Mito

水戶在江戶時代是德川家的發源地,被稱做「水戶黃門」的德川光圀即是出身於此。市內亦有以梅花而聞名的偕樂園,熱愛賞花的人士務必要到偕樂園一遊,除了梅花之外,春日爛漫的櫻花及初夏絢麗的杜鵑等,也如詩畫般令人著迷。而弘道館刻劃著水戶極為重要的一段歷史,是當地重要地標絕對不能錯過,最後建議可在水戶的熱鬧市區中,品嚐茨城自豪的美味──玫瑰豬肉和常陸牛。

交通路線&出站資訊

電車
水戶駅➡JR東日本-常磐線、水郡線
赤塚駅➡JR東日本-常磐線
水戶駅➡鹿島臨海鐵道-大洗鹿島線
於上野駅搭乘JR特急「ときわ(TOKIWA)號」,約1小時15分能達水戶駅。

巴士
東京駅八重洲南口搭乘高速巴士「みと(Mito)号」,約2小時能達水戶駅。

出站便利通
◎自水戶駅北口出站即可看到知名的水戶黃門銅像,從北出口可達弘道館、水戶EXCEL、京成百貨方向。
◎南口則往近代美術館、千波湖、偕樂園方向。
◎水戶駅北口巴士4號乘車處,可轉搭前往偕樂園方向的路線巴士。

優惠交通套票
◎水戶漫遊1日周遊券(水戶漫遊1日フリーきっぷ)
於1日之內可以自由搭乘茨城交通(水戶駅～偕樂園‧常磐神社前～水戶駅、水戶駅～大工町三丁目、水戶駅～歷史館偕樂園入口～見川二丁目、水戶駅~水戶藝術館前~八幡宮入口~大工町~水戶駅)、關東鐵道(水戶駅~偕樂園),以及關鐵巴士(水戶駅～偕樂園入口),持券到偕樂園好文亭、弘道館等6處有門票折扣優惠。
⑤成人￥400,兒童￥200
ⓘJR水戶駅、北口巴士站7號乘車處前茨城交通水戶駅前案內所、関東鉄道水戶駅前案内所,也能網購電子票券
ⓦwww.ibako.co.jp/regular/ticket/mito-free.html

水戶黃門VS.水戶

江戶時擔任水戶藩第二任藩主、德川家康之孫的德川光圀,為水戶建立許多德政之外,也因曾任黃門官而被稱為水戶黃門。日本人盡皆知最長壽、翻拍次數最多的戲劇「水戶黃門」,就是以當時頗受人民愛戴的德川光圀為主人翁的虛構故事,有如華人版的包青天。而劇中光圀與兩位武功高強的隨扈銅像,就立在EXCEL本館的2F入口處戶外廣場,是很多旅人打卡必到點喔。

⛩ 常磐神社

⚑別冊P.25B2 ❷從偕樂園好文亭徒步約5分 ☎029-221-0748 ⚐水戶市常磐町1-3-1 ⊙自由參拜;義烈館9:30~15:30,週末例假日、梅花祭期間9:00~16:00 ⑯義烈館週四休館 ⑤義烈館:大人￥300、中小學生￥100 ⓦkomonsan.jp

　常磐神社建於明治6年(1873年),裡頭祭祀著水戶的2代藩主德川光圀、與9代藩主德川齊昭,寧靜的氣氛飄浮在四周的空氣中。在境內有一座義烈館,館內展示德川光圀、德川齊昭曾使用過的物品及遺留下來的書信等。而義烈館前有一株浪華梅,一旁還立著一座浪華梅歌碑,歌詠先人的精神。

從湖畔咖啡館的開放式頂樓，可以居高一覽美麗湖水與遠眺偕樂園。

千波湖

📖別冊P.25B3 🚶從偕樂園好文亭徒步約10分 ☎029-232-9214 📍水戶市千波町 ◎自由參觀

　　水戶偕樂園屬於池泉回遊自然風景式的大名庭園，但園中卻沒有大名庭園裡最重要的大池泉造景，因為偕樂園就坐擁著天然的美麗湖泊──千波湖。千波湖隔著水戶市的交通要道JR常磐線與偕樂園本園相望，湖面閃耀著金色的陽光，從好文亭3樓的樂壽樓往千波湖方向望去，天開地闊地讓心胸為之開朗。

偕樂園 👍おすすめ

📖別冊P.25A2-B2 🚌水戶駅北口前4號乘車處，搭乘往偕樂園的路線巴士，約15分即達 ☎029-244-5454 📍水戶市常磐町1-3-3 ◎本園6:00~19:00、10月~2月中7:00~18:00；好文亭9:00~17:00、10/~2月中9:00~16:30) 🚫好文亭12/29~31休館 💰園區外圍免費；本園：大人¥300、兒童¥150；好文亭：大人¥200、兒童¥100 🌐ibaraki-kairakuen.jp/ ❶梅花祭、杜鵑花祭和荻花祭舉行的時候，JR常磐線有設臨時站「偕楽園駅」

日本三大名園之一，春季梅花盛開更是絕景。

園內梅花緩緩綻放，宣告著春意到來的溫暖與活力。

　　1842年，水戶藩第9代藩主德川齊昭打造了偕樂園以「與民偕樂」，園中遍植三千餘株梅樹，相傳達上百種的梅樹，早期是藩主德川齊昭為了貯藏梅花以防饑荒所植，是現今水戶最驕傲的美麗資產。除了**最具盛名的冬梅之外，茂密的孟宗竹林也是園中逸景，四季美景更是別有一番出塵意境**，天氣晴朗宜人時，泛舟於千波湖寬廣的湖面上，更是悠遊偕樂園的一大樂趣。

日本三大名園之一，早場不用門票超感人！
蓋建這座偕樂園的德川齊昭倣效中國孟子名言「古人以民偕樂為樂」，故名偕樂園，是一座貴族蓋建後卻免費開放與民同樂的庭園。這樣的精神也一直延續下來，曾經廣開大門歡迎世界人們免費入園的這處日本三大名園，近幾年開始會收一點費用，但縣民一樣免費，觀光客起個個早在9:00前入園，一樣免費。
❶每年2月中~3月下旬梅花季皆須購票入園。

好文亭
偕樂園以梅聞名，而在日文的解釋中，梅的別名為好文木，故命名為好文亭。好文亭3樓的樂壽樓可遠眺千波湖美景，以及西邊的筑波山。

吐玉泉
在好文亭和表門之間的杉林裡，有一座大理石鑿成的水缽，稱做吐玉泉。昔日好文亭的茶室何陋庵舉辦茶會時，所用之水就是取自吐玉泉。

孟宗竹林
竹子可說是日本庭園中不可或缺的角色，偕樂園中的竹林是從京都市南郊的男山上移植過來的，隱喻中國古代「竹林七賢人」之意。

梅干
偕樂園的名產就是酸酸甜甜的各式酸梅。當初種植梅樹是為了防範萬一發生饑荒或是戰爭時，大量的梅干就可製製成梅子飯糰，發揮戰備貯糧的重要功能。

表門
表門為昔日偕樂園進出的大門，以黑漆塗飾，又稱作「黑門」。

水戶藝術館

🏛別冊P.25C1 🚌水戶駅北口4~7號乘車處搭乘路線巴士，約10分至「泉町1丁目」站下車徒步約2分 ☎029-227-8111 🏠水戶市五軒町1-6-8 🕘9:30~18:00(藝術塔週末例假日9:30~19:00) ㊡週一(遇假日順延一天)、年末年始 💰現代美術Gallery常設展大人￥900、中學生以下及65歲以上免費；藝術塔大人￥200、中小學生￥100；其它依各表演而異 🌐arttowermito.or.jp

水戶藝術館想要打造一個提供市民藝文交流的空間，因此並沒有設置特定出入口，而是藉由音樂廳、劇場、藝廊等多棟建築，圍塑出一個綠意廣場與藝術館的敷地；還會不定期舉辦各種免費開放的藝文活動，可容納數千人共同參與。

B1除了糕點伴手禮也開闢茨城名產區，最有名的品項這裡通通都有。

おすすめ

超過百年的在地百貨公司。

京城百貨

🛍別冊P.25C1 🚶水戶駅北口徒步約17分；或水戶駅北口4、5號乘車處搭乘路線巴士，約10分至「泉町1丁目」站下車 ☎029-231-1111 🏠水戶市泉町1-6-1 🕘10:30~19:00，美食11:00~21:00。部分店家營時不一 🌐www.mitokeisei.co.jp

創業至今已經超過百年的京城百貨，可說是茨城縣境內最大、也是最老牌的百貨公司。商場內以高質感商品為主，另外也集結各式餐廳美食、人氣咖啡館等，想買一些茨城在地特產商品的話，B1絕對必訪，從酒、甜點老舖到特產、零食等，應有盡有。買的盡興之外，百貨4樓也有提供退稅服務櫃台。

弘道館

🏛別冊P.25D2 🚶水戶駅徒步約8分 ☎029-231-4725 🏠水戶市三の丸1-6-29 🕘9:00~17:00、10月~2/19-9:00~16:30；公園24小時開放 ㊡12月29~31日 💰大人￥400、小中學生￥200 🌐www.ibarakiguide.jp/kodokan.html

以「允文允武」做為教育方針，學生除了學習武術、儒學之外，音樂、天文學、醫學也由專門老師來授課，有如今日的大學，也培育出許多影響時代的人才。歷經戰亂後，大部分的藩校建築已經被燒毀，如今僅剩正門、正廳至善堂等建築開放參觀，透過過去遺留下的文物書簡，訴說舊日的光景。

從遺留下來的文物，看見過去的歷史光景。

水戶EXCEL

📍別冊P.25D2 🚃水戶駅直結 ☎029-231-7711 📍水戶市宮町1-1-1 🕐本館10:00~20:00(1F食品館至20:30)、6F餐廳11:00~22:00(L.O.21:30) 🌐www.excel-mito.com

就位在JR水戶車站大樓的EXCEL，交通位置相當便利，是水戶少女流行的發信地。本館2至5樓的購物區有許多知名品牌，而書籍、CD等賣店也是應有盡有。MINAMI(みなみ)館則有茨城的土特產與熟食專賣區，回程時可順道逛逛，或是在這裡轉車時出站快速購物，方便旅人補給當地名產。

茨城知名啤酒品牌NEST，4樓有自營咖啡啤酒吧「Hitachino Brewing Mito」。

👍おすすめ

EXCEL MINAMI

☎029-231-7711 🕐3F~5F10:00~20:30、6F10:00~21:00、4F拉麵街道及6F餐廳11:00~22:00 🌐www.excel-mito.com

車站裡最便利的購物美食集中地。

佔據水戶車站南北口的EXCEL，北口是有7個樓層的EXCEL百貨，南口則是3~6樓的EXCEL MINAMI南館，南館主要以美食餐廳及伴手禮為主，也有BIC Camera、百元店及國民服飾品牌しまむら等，其中4樓的拉麵街道聚集數家知名拉麵店家，3樓則集中許多知名老舖，買伴手禮也很方便。

開　車　不　喝　酒　，　安　全　有　保　障

つけめんTETSU 壱の木戸

👍おすすめ

在地人也愛的排隊人氣沾麵。

☎029-228-5007 📍EXCEL MINAMI(4F拉麵街道) 🕐11:00~22:00(L.O.21:45) 💰沾麵¥900~ 🌐www.tetsu102.com

總店發跡於東京都的つけめんTETSU，是一家引爆沾麵風潮的名店，分店眾多，茨城縣則僅此一家。沾麵的湯頭可說是這碗麵的靈魂，以魚乾類、雞骨、豬大骨等，花上兩天工夫才完成，湯頭濃厚層次多元，獨家特別製作的粗麵條口感更具Q勁、更容易沾附湯汁。

若吃到一半沾湯變冷，可請店家提供滾燙的鐵製熱石放入湯中加熱。

吃完沾麵再將高湯倒入剩餘沾湯中，就變成為一碗美味的熱湯。

酒趣

📖別冊P.25D3 🚶水戶駅徒步10分 📞029-302-1103 🏠水戶市城南1-5-16 🕐18:00~23:00，週五~六、例假日18:00~凌晨00:00 ⊗週日(遇假日延至週一休) 💰ローズポークと常陸の輝きの食べ比べ (玫瑰豬與常陸の輝き兩種豬肉)¥1,980 🌐syusyu-honten-mito.owst.jp/

在酒趣就能品嚐茨城令人朝思暮想的夢幻肉品，**包括玫瑰豬肉和常陸牛，玫瑰豬肉的油脂豐富**，成為茨城自豪的美味便以茨城縣花命名，適合燒烤或油炸，一咬下滿滿的鮮嫩肉汁溢在口中；而**常陸牛則是5A等級的黑毛和牛，無論是半生燒烤或是變成茶泡飯，都教人回味再三。**

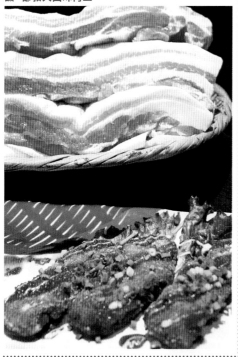

冬季來茨城必吃推薦～鮟鱇魚火鍋！

鮟鱇魚可說是能與河豚媲美的高級美味，每年冬季(11~3月)茨城漁產最具代表性的就是鮟鱇魚，將魚各部位入鍋，一起加入各式蔬菜、高湯及味噌燉煮，湯頭濃郁，絕對是冬季來茨城不可錯過的暖冬究級美味。

> 美味鮟鱇鍋以平價的小份量提供，即使3-5人前往也可點個2人份嚐鮮。

もんどころ 水戶市役所前店

おすすめ 👍

> 可輕鬆享用鮟鱇魚鍋的居酒屋。

📖別冊P.25D3 🚶水戶駅南口徒步約10分 📞050-2019-7796 🏠水戶市城南1-3-2 🕐17:00~24:00(L.O.23:00) 💰鮟鱇鍋1人份¥1,590(期間限定)

這家居酒屋很不一樣，主打**以茨城縣地產食材為主所提供的各式料理**，包含常陸牛、奧久慈軍雞、各式蔬果、地產酒類，**甚至是高單價的茨城名物—鮟鱇鍋也有。**雖是居酒屋型態，但裝潢設計很特別，整個餐廳內幾乎都是個室，依人數給予不同大小房間，品嚐美味、把酒暢飲的同時，完全無需顧慮干擾到別人。

🍴 山翠

📖 別冊P.25C1 🚌 水戶駅北口4、5號乘車處搭乘路線巴士，約10分至「泉町1丁目」站下車徒步1分 ☎ 029-221-3617 📍 水戶市泉町2-2-40 🕐 11:30~14:00(L.O)、17:00~20:00(L.O) 🈺 週二 💰 元祖あんこう鍋(鮟鱇鍋)套餐￥4,100起 💻 www.sansui-mito.com

👍 おすすめ
來到水戶一定要試吃名產鮟鱇鍋

現在是高級料理鮟鱇鍋，其實在江戶時期可是十分便宜，吃了又能暖和身子，是這一帶十分普遍的鄉土料理。**山翠是水戶最有名的鮟鱇鍋名店，保存了這項傳統，並忠實呈現江戶時期鮟鱇鍋的風味**，老闆娘說每年10到4月是鮟鱇的產季，這時的鮟鱇最美味。

🍴 Restaurant iijima

レストランイイジマ

👍 おすすめ
老肉舖開設的頂級常陸牛料理餐廳。

📖 別冊P.25A1 🚶 赤塚駅南口徒步27分，或計程車8分 📍 茨城縣水戶市見和2-251-10 ☎ 029-252-8115 🕐 午餐11:00~15:00(L.O.14:00)，晚餐17:00~22:00(L.O.20:30) 💰 常陸牛中午套餐￥3,000 💻 nikunoiijima.co.jp/restaurant

Restaurant iijima 是由**專門販售高級常陸牛肉的50多年老舖イイジマ**所開設，至今營運超過40年，特別的是老闆娘竟是台灣人。餐廳以自家高級牛肉，做成牛排、涮涮鍋、壽喜燒、漢堡等各種料理，可説是在地最具代表性的常陸牛料理餐廳。

牛肉油花均勻、肉汁豐厚的茨城縣所生產的常陸牛，屬於高級黑毛和牛的品種。

百年梅酒有多款梅酒風味，從口感強烈到輕鬆入喉都有。

資料館內搭配製酒實物器具解説，更易看懂製作清酒過程。

🎁 👁 別春館-明利酒類

👍 おすすめ
喜歡清酒的人，千萬別錯過的百年製酒老店舖。

📖 別冊P.25D3 🚶 水戶駅南口徒步約20分 ☎ 029-246-4811 📍 水戶市元吉田町327 🕐 8:30~17:30 🈺 週六日，12/29~1/5 💰 資料館免參觀，百年梅酒(720ml)￥1,572起 💻 www.bessyun-kan.jp

從江戶時期就開始製酒的明利酒類，發展百年獨有傳統製酒技術加上特有的酵母菌種，讓名利酒類的日本酒頗受好評，其中梅酒類更是廣受歡迎。由於**水戶是梅子盛產地，以本身厚實的傳統製酒技術，將青梅加入酒中長時間發酵後，再加入白蘭地與蜂蜜製成，釀造出口感郁芳醇的「百年梅酒」**，在不少日本知名梅酒品評比賽都獲得大獎，也**成了名利酒類必買招牌名酒**。來這裡可以試飲、購買各式酒外，廣闊日式建築搭配大廣場，還附設有一處資料相當完整的日酒資料館，搭配製酒古道具與人偶、説明牌，可以輕鬆了解古時製酒過程。

神奈川➤山梨➤靜岡➤長野➤埼玉➤千葉

茨城 水戶

栃木➤群馬

餐廳向外望就是河邊櫻花道，邊用早餐就能賞櫻。

H President Hotel

📍別冊P.25D3 🚃水戶駅南口徒步約5分 ☎029-300-1100 🏠水戶市城南2-2-2 🕐Check-in 14:00，Check-out 11:00 🌐www.president-hotel-mito.co.jp

位於鄰近水戶車站南口的President Hotel，以商務需求為主的三星級飯店，內裝簡潔舒適，交通便利之外，車站南口以居酒屋及各式餐廳居多，夜間想找個店家小酌算是立地很便利的選擇。或是前往飯店12樓的中華料理餐廳-滬，以提供上海菜為主的餐廳內，因位於高樓層，可以邊用餐邊欣賞城市景致。

位於交通便利之處，想前往市區各地觀光，或是搭車前往周邊區域都很方便。

©President Hotel

H APA Hotel 水戶站前

📍別冊P.25D3 🚃水戶駅南口徒步約2分 ☎029-231-3151 🏠水戶市櫻川1-1-6 🕐Check-in 15:00、Check-out 11:00 🌐www.apahotel.com/hotel/syutoken/ibaraki/mito-ekimae/

飯店就位在水戶車站南口正前方路口，過個馬路就能到達水戶巴士站，**緊鄰河邊**，春天時節整個河岸**兩側滿是璀璨櫻花道**。若沿著河道堤防步道走，10分鐘即能抵達千波湖，不論早晚前來運動散步，都很愜意放鬆。飯店是3星級商務旅館，設備齊全、交通便利，商務或旅行都是首選。

H HOTEL TERRACE the GARDEN MITO

📍別冊P.25D3 🚃水戶駅南口直結徒步約1分 ☎029-300-2500 🏠水戶市宮町1-7(水戶駅南口空橋直結) 🕐Check-in 15:00，Check-out 11:00 🌐www.hotel-terrace.com

水戶市區立地最棒、交通最便利的飯店就屬 HOTEL TERRACE the GARDEN MITO，這間四星級飯店就位在水戶車站的南口邊，而且透過與車站出口連結的二樓空橋，就可以直接走到飯店大廳，徒步幾乎不用2分鐘的距離。飯店內有人氣義大利餐廳Il Bancale，附設的溫泉大浴場與三溫暖，更能徹底洗去一日疲憊。

飄散和風溫潤氣氛與摩登現代風格的大廳，讓人可以在此悠閒聊天小憩。

常陸・大洗

ひたち・おおあらい Hitachi・oarai

茨城縣東部的大洗，範圍包括面向太平洋的海岸線，一到夏季就會變身為超人氣的度假勝地，身穿比基尼的泳裝辣妹、全副武裝的衝浪帥哥齊聚一堂，營造出歡樂無比的海濱休閒風。除了夏天的海水浴場，大型購物商場、海洋水族館全年為遊客敞開大門，無論何時造訪都像在度假；另一個靠海城市常陸，新鮮的魚獲市場和擁有四季美景的常陸海濱公園，更是不容錯過的遊玩點。

交通路線 & 出站資訊

電車
日立駅➪JR東日本-常磐線線
大洗駅➪鹿島臨海鐵道-大洗鹿島線
那珂湊駅➪ひたちなか海浜鉄道-湊線
阿字ヶ浦駅➪ひたちなか海浜鉄道-湊線
◎於上野駅搭乘JR特急「ときわ(TOKIWA)号」，約1小時15分能達水戶駅，再從水戶駅搭乘鹿島臨海鐵道，約15分即能抵達大洗。
◎要至常陸景點則得先搭乘常磐線至勝田駅，轉乘ひたちなか海浜鐵道(常陸那珂海濱鐵道)至各景點。

出站便利通
從東京都心來到大洗與常陸方便快速，但一到當地的移動大多還是要靠巴士，事先查好巴士時刻表才能讓行程玩得更順暢。

◎大洗駅出站後可轉搭循環巴士「海遊號」暢玩大洗各景點。
◎那珂湊駅或阿字ヶ浦駅出站可轉搭循環巴士「微笑晴空巴士」(スマイルあおぞらバス)-那珂湊路線，可至那珂湊海鮮市場、常陸海濱公園、阿字ヶ浦駅。那珂湊駅●8:22、11:01、11:24、14:00、15:26、15:41、17:26，阿字ヶ浦駅●8:43、10:40、11:45、13:39、15:05、16:02、17:47。●大人¥100，未就學兒童免費。

優惠交通套票
◎大洗町循環巴士「海遊號」1日乘車券(大洗循環バス1日フリー乘車券)
在大洗最便利的交通方式當屬連結各大景點的「海遊號」，最推薦購買1日乘車券，搭兩次就回本，還可享多

處觀光景點的入場優惠。
◎大洗水族館·大洗路線(アクアワールド·大洗ルート)一天9~12班。大洗陽光沙灘(大洗サンビーチルート)一天7班
⑤單次大人¥100、兒童¥50。1日券成人¥200、兒童¥100
◎海遊號巴士內、茨城交通那珂湊營業所購票

🎁 大洗Seaside Station

◎別冊P.24A2 ◎大洗駅徒步10分 ☎029-264-9123 ◎東茨城郡大洗町港中央11-2 ◎10:00~19:00(依季節略有更動) ✆oarai-seaside.com

　　大洗Seaside Station位於海岸邊，建築外觀為歐式風格，當海風吹來還會嗅到淡淡的海潮香氣。兩層樓高的建築，以中庭運河為中心，共有**70多家商店進駐**，其中不乏名牌精品，最低折扣可達三折，因為風光明媚，並有多家餐廳進駐，購物之餘，也是用餐休閒的好去處。

神奈川▼山梨▼靜岡▼長野▼埼玉▼千葉▼

茨城・常陸・大洗

▼栃木▼群馬

大洗Aqua World

おすすめ

一窺海底生物的作息，還有可愛海豚秀表演。

大洗アクアワールド

🏛別冊P.24A2　🚃大洗駅前搭乘茨城交通大洗町循環巴士(海遊号)，約15分後在「アクアワールド・大洗」下車　☎029-267-5151　⏰東茨城郡大洗町磯浜町8252-3　🕘9:00～17:00，最後入場~16:00(依季節略有更動)　❌不定休　💲大人￥2,300，國中國中小生￥1,100，3歲以上￥400　🌐www.aquaworld-oarai.com

　居住著580種、6萬8千隻水中生物的大洗Aqua World，為日本數一數二的超人氣水族館，除了**人人喜愛的企鵝、海豚，館內擁有品種數居日本第一的鯊魚水槽**，大白鯊、斧頭鯊等兇猛魚類在水槽中悠游。每天上演的海豚秀、海獺餵食秀是最受歡迎的演出，多元化的活動節目，讓遊客每次造訪都能感受不同歡樂。

大洗海浜公園

🏛別冊P.24A2　🚃大洗駅徒步約10分　☎029-267-5111　⏰東茨城郡大洗町大貫町　🕘自由參觀

　位於海岸邊的大洗，每年一到夏季就會變身為超人氣的度假勝地。身穿比基尼的泳裝辣妹、全副武裝的衝浪帥哥齊聚一堂，營造出歡樂無比的海濱休閒風。**除了夏天的海水浴場，大型購物商場、海洋水族館全年為遊客敞開大門，無論何時造訪都像在度假。**

夏天就是要去海邊！玩水、踏踏浪、聽聽海潮聲。

大洗Marine Tower

🏛別冊P.24A2　🚃大洗駅前搭乘茨城交通大洗町循環巴士(海遊号)，約7分在「大洗マリンタワー」下車　☎029-266-3366　⏰東茨城郡大洗町港中央10　🕘9:00～21:00，9～2月9:00～18:00　💲大人￥340，小中學生￥170　🌐www.oarai-mt.jp

　大洗Marine Tower上高約60公尺處的展望室，有**360度觀景設施，天氣晴朗時甚至可遠眺富士山或日光，就連那須地區連山都能盡入眼廉**，而在大洗Marine Tower內部，也有專屬紀念品及特產販售店與咖啡廳。

秋季掃帚草綠葉轉紅，佈滿一地更是成了常陸海濱公園的招牌景色。

常陸海濱公園
ひたち海浜公園

千紫萬紅的花卉天堂，四季皆能感受到不同風情。

⚐別冊P.24B1 ⚑阿字ヶ浦駅徒歩20分，或從阿字ヶ浦駅搭乘微笑晴空巴士(スマイルあおぞらバス)約10分，至「海浜公園西口」站下車 ☎029-265-9001 ⚑常陸市馬渡字大沼605-4 ◷9:30~17:00，暑期(7月底~8月底)~18:00，冬期(11月初~2月底)~16:30 ⊘週一(遇假日延隔日休)，年末年始，其他不定休詳洽官網 ⊛入園大人(高中以上)¥450，銀髮優惠票¥210 ⊕hitachikaihin.jp

園方在一年四季分別在園內植上不同顏色的植物，除了春天的櫻花季，春末的粉蝶花一片粉藍十分夢幻；而盛夏時特意植上俗稱掃帚草的地膚子，一片綠意十分宜人，秋季還會變成紅色。冬季雖然無花可賞，但園內架起點點燈光，每當夜幕低垂時便是華燈競演之際，是北關東的冬季風物詩。

園區好大阿，聰明玩瘋也不累！公園總面積達350公頃，一般人會以區域劃分、分次來玩，但外國光觀客總想多玩幾個地方，建議最好先規畫好重點路線，並善用園區內的濱海小火車(遊園車)、以及單車租借。若想最快總覽園區，利用濱海小火車繞行一圈約35分鐘。而西口、海濱口及中央口(大纜車旁)則有單車租借處，只需沿著畫紅線的路面騎，保證不迷路。

連親子單車都有，好貼心阿！

玻璃屋&Sea Side Cafe
グラスハウス

美麗的景觀玻璃咖啡屋。

⚑搭乘園區小火車在濱海陽台或海濱口、風之門下車 ◷9:30~閉園前1小時 ⊛咖啡飲品¥310起，甜點¥300起

位於沙丘園區域，以玻璃帷幕蓋建的這棟建築，又稱玻璃屋，這裡主要是提供遊客休憩及咖啡輕食的地方，設有Sea Side Cafe。其最大的賣點在於可享受無遮蔽的美麗景觀，藍天、水池、大海都可一起入鏡。除了餐廳面前優雅的邊際水池外，還有從水池繼續延伸的廣闊美麗海景。加上池畔的周邊浪漫造景，讓這裡隨便取景都能拍出美美照片。

室內挑高加落地玻璃窗設計，美景一覽無遺。

遊樂園區

⚑搭乘園區小火車在中央門下車 ⊛各遊樂設施價格不一，也有一日券

位於快樂遊園區的遊樂園，主要是以兒童遊樂設施為主，多達19項的各式遊樂器材，讓小朋友們都能玩的不亦樂乎。而本區最明顯標的物莫過於大摩天輪，他就位在本區入口處，搭上纜車更能居高眺望園區風景，周邊有各式餐廳、賣店外，也有旅遊服務中心及單出租借處。

高達100米的大觀覽車繞行一圈大約12分鐘，是園區內最明顯的地標。

五顏六色的繽紛園區遊樂設施，看了讓人童心大起。

那珂湊海鮮市場

👍 おすすめ

📖 別冊P.24A2　🚉 那珂湊駅徒步約12分
ひたちなか市湊本町19-8　🕐 7:00~16:00(水產)，10:30~20:00(餐廳)。各店家營時不一
🈺 各店家休假時間不一　💲 生蠔一個￥200
🌐 www.nakaminato-osakanaichiba.jp

> 來到靠海城市，怎能錯過拜訪魚市場的機會！

　　那珂湊海鮮市場就跟台灣許多觀光魚港一樣，是個臨著海港而立的海鮮市場，這裡的魚貨賣店可以見到一籃籃販售的新鮮海產，店家叫賣聲四處響起很有活力，許多當地人都會開著車來買海鮮。市場裡的7家海鮮餐廳、加上外圍的海產店是許多人的目標，萬一已經用過餐才來的話，也有小攤販美食可以品嚐一下海味。

> 依盛產季節提供新鮮生蠔或海膽現吃販售，現場就能大啖美味。

> 多達40種選擇的壽司份量豪放，是這裡的特色。

🍴 海の駅 市場寿し店

📞 029-263-1137　🚉 ひたちなか市湊本町21-3
🕐 10:00~14:00，六日及假日10:00~15:00　🈺 元旦、不定休
💲 壽司每個￥80~500　🌐 www.yamasa-suisan.com

　　位於市場邊的「海の駅」，以賣平價迴轉壽司為主，人多的話大家各自挑選喜歡的吃，是最方便的選擇。由ヤマサ水產經營的店，光在市場一帶就有好幾家，店面大都有鮮黃牆面，相當好辨識。這裡的壽司一個80起跳，海鮮魚肉類壽司價格大都集中在￥200左右，雖不是特別便宜，但特色是新鮮、選擇繁多、魚肉分量特別大，吃起來超過癮。

> 茶花並木道四季都是常綠狀態，冬季開花時最是美麗。

> 被古木圍繞的神社能看見漁港風光，讓其風情古樸又靜謐。

◎ 酒列磯前神社

📖 別冊P.24B1　🚉 ひたちなか海浜鐵道-磯崎駅徒步10分
📞 029-265-8220　🚉 ひたちなか市磯崎町4607-2　🕐 自由參拜　🌐 sakatura.org

　　在856年就已經創建的這個古神社，就位在磯崎海岸邊的岩石高台上。奉祀少彥名命為主神，主要庇佑身體健康與商業繁盛，既是藥神也是酒神，因此也有製酒業者會來此奉祀祭拜，祈求製酒過程順遂。這裡早是這一帶的信仰重地之一，後又因有人來此祭拜而中了數十億的樂透彩，瞬間成為求錢財的POWER SPOT，當時中獎者還奉祀一尊石烏龜在神社廣場上，據說誠心祈拜再摸摸烏龜的頭，很多人都因此中過高額獎金呢！

🚊 👁 日立車站

📍別冊P.24A1 🚉常磐線日立駅 📮日立市旭町1-3-20

> 宛如漂浮在海上的美麗玻璃車站。

> 搭配鹹食的鬆餅是店內招牌，平實價格CP值超高。

2011年完工啟用的**日立車站**，可說是**世界最美的車站之一**，走進車站入口大門後，直走到通廊底端就可看見180度無敵海景。因地理位置高低差，由陸地架設橋面出去，站體浮就在空中，加上串聯蔚藍海景，**視覺宛如浮在海面上的車站**，立刻成為知名最熱門的景點。

> 車站由日立市出身的知名建築師妹島和世設計，在2014年榮獲「布魯內爾獎車站部門」的最高獎項。

☕ SEA BiRDS CAFE

📞029-426-0187 ⏰7:00～22:00(L.O.21:00) 💰鬆餅¥980，咖啡¥400起，午餐套餐¥1,000起 🌐seabirdscafe.com

> 車站內無敵海景咖啡店。

就位在日立車站裡，佔在極致海景位置的咖啡店，眼前無敵海景更讓人有置身海上的虛幻錯覺。四周以透明玻璃作為圍牆，宛如被陽光與四周景致包圍的咖啡廳，除了提供各式飲品下午茶點外，飯麵燒烤餐飲及酒類等也選擇豐富。由於面對東側，也可欣賞美麗海景日出，跨年時店家也會特別將營業時間提早到早上6點喔。

先有日立企業？還是先有日立市？

> 車站前廣場將日立發電機的渦輪，放大變成城市入口意象。

日立市最知名的就是日立企業，雖然日立市不是因為日立企業才得名，但也多少有關聯。以日立礦山而興起的日立市，早期稱為日立町，後來要與另一個町合併成為市，以誰的名字為主雙方意見搞不定，後來還是因為日立山及日立企業的名氣，才定案為日立市。

Ⓗ うのしまヴィラ

UNOSHIMA VILLA

📍別冊P.24A1 🚉日立駅下車搭乘計程車10分，或日立駅轉乘往小木津駅方向巴士，「祝崎」站下車徒步10分 📞0294-42-4404 📮日立市東滑川町5-10-1 ⏰Check-in 15:00，Check-out 11:00 🌐unoshima-villa.com

> 擁有私人海灘般的悠閒溫泉度假屋。

> 主廚善用常陸野菜與在地食材，烹調出創意料理。

> 濱海民宿鄰近鵜の島，冬季時可見鵜鶘在海面飛翔覓食。

鄰日立駅車程10分鐘的うのしまヴィラ(鵜之Villa)，位在日立・太田尻海岸邊，可愛的木造小屋沿著濱海沙灘邊而建。Villa包含三棟建築，可愛木屋造型的主棟是接待櫃檯、「CAFE & DINING海音」是餐廳以及小書房、泡湯處，另外還有一棟是包含7間和洋混和的房間，以及一棟多功能活動舉辦與合宿處。

神奈川↓山梨↓靜岡↓長野↓埼玉↓千葉↓

茨城

笠間

栃木↓群馬

笠間

かさま Kasama

笠間市以誕生於18世紀的笠間燒而聞名，市內共有約130家的窯戶、以及陶藝美術館，每年春秋兩季進行的陶器市集，吸引了許多陶藝愛好者聚首；另有三大狐仙神社之一的笠間稻荷神社，在日本最具悠久歷史的菊花節，就是由笠間稻荷神社所舉辦的。

交通路線&出站資訊

電車
友部駅↔JR東日本-常磐線、水戶線
笠間駅↔JR東日本-水戶線
於上野駅搭乘JR特急「ときわ(TOKIWA)號，約1小時15分能達水戶駅。從水戶駅轉乘JR常磐線至友部駅，或JR水戶線至笠間駅即達。

出站便利通
◎在友部駅前或是笠間駅前有「かさま周遊バス(笠間周遊巴士)」可搭乘，笠間地區重要觀光景點皆有停靠。

優惠交通套票
◎笠間観光周遊巴士(かさま観光周遊バス)
周遊巴士由友部駅出發，行經笠間工芸の丘、陶芸美術館、日動美術館、笠間稻荷神社、笠間駅等，也能享有景點入場優惠折扣。
🚌友部駅北口發車9:50~17:20，1日6-7班，週一停駛(逢假日順延)
💴單程成人￥100；1日自由乘車券成人￥300
🎫笠間観光周遊巴士內購買
🌐www.kasama-kankou.jp/kasama_bus

🎋 笠間稻荷神社

おすすめ 👍

🔺別冊P.24D1　🚉笠間駅約徒步10分；友部駅前搭乘笠間周遊巴士，約17分後在「稻荷神社」下車　📍笠間市笠間1番地　📞0296-73-0001　🕐境內自由參拜；笠間稻荷美術館9:00~16:30(最後入場16:00)　💴免費。笠間稻荷美術館：成人￥300，高中大學生￥200，中小學生￥100　🌐www.kasama.or.jp

日本三大稻荷神社之一，擁有千年歷史的神靈之地。

笠間稻荷神社為日本三大稻荷神社之一，一般祭祀狐狸祈求五穀豐收、生意興隆、闔家平安的稻荷，多附屬於大型神社境內，**而笠間的稻荷神社頗受重視，朱紅色的正殿還被指定為國家重要文化財**，本殿後方更可見到充滿歷史軌跡的木雕作品；在日本最為歷史悠久的菊花節也是由神社舉辦。

境內放著許多稻荷神社的狐狸守護神，祈求五穀豐收、生意興隆。

繪馬牆上掛著眾多的祈願，希望終有一日能實現。

◎ 須藤本家酒藏

別冊P.24D2 友部駅開車10分
0296-77-0152 笠間市小原2125
10:00~15:00 週日及國定假日 酒造
見學(預約制)：¥1,500(試飲3款酒)、¥500 (茶+酒粕餅乾) www.sudohonke.co.jp 以開放酒造見學(預約制)為主，見學約1-1.5H，1人也能預約，依是否試飲酒決定收費區間

日本歷史最悠久的酒藏。

　　歷史超過850年的須藤本家酒藏，可説是目前日本歷史最悠久的酒藏。穿過氣派武家大門就能進入到這個充滿古風的酒藏院落內，四周被高大樹木圍繞，頗能感受到須藤本家以「酒、米、土、水、木」傳承的家訓精神。在五十五代手中重現江戶時代生酒的製作方式，以大吟釀為主的製酒完成後，部分品項不進行低溫殺菌的「入火」過程及過濾，讓酒完成後仍處在活的狀態，倒入杯中宛如香檳般的活菌泡泡，入口清爽散發果香。

以在地一級米釀造的大吟釀系列生酒，保存不易大都須於低溫中保存。

館內的陶器充滿手感感，讓人愛不釋手。

▥ きらら館

別冊P.24D2 友部駅前搭乘笠間周遊巴士，約10分後在「工芸の丘・陶芸美術館」下車 0296-72-3109 笠間市笠間2258-1 10:00~17:00 年末年始 kilalakan.jp/

おすすめ

收集笠間燒作家設計作品，品味陶器都在這裡找。

　　きらら館內有大量笠間燒作家所設計製作的杯盤及裝飾品等，即使生活中隨處可見的馬克杯、餐盤經由巧思創作，顯得格外有特色，價錢也相當合理，經常吸引不少大廚或東京居民專程來此選購陶器，就連皇太子與太子妃都曾大駕光臨。在店內一隅也有個喫茶區，晴天坐在露台品味紅茶，更是令人心曠神怡。

其中代表之一的花薰光更被選為G7會議中，招待世界政要用酒。

▥ 回廊ギャラリー 門

別冊P.24D2 友部駅前搭乘笠間周遊巴士，約10分後在「工芸の丘・陶芸美術館」下車 0296-71-1507 笠間市笠間2230-1 10:00~17:00 www.gallery-mon.co.jp

　　在店家外觀及內部裝潢上，都極具斬新創意的回廊ギャラリー 門，**販賣著許多藝術家所製作的杯盤器皿及小裝飾，在不受任何技法拘束下，藝術家盡情發揮創意，創作具備個人風格及實用性的作品**，除此之外，這裡還會不定期與笠間燒作家合作舉辦個展，非常值得參觀。

開 車 不 喝 酒 ， 安 全 有 保 障

茨城県陶芸美術館

展出超過400件陶器作品，感受現代陶器之美。

🗺別冊P.24D2　🚌友部駅前搭乘笠間周遊巴士，約10分後在「工芸の丘‧陶芸美術館」下車　☎0296-70-0011 🕐笠間市笠間2345 ⏰9:30~17:00(最後入場至16:30) 🈺週一(遇假日延隔日休)，年末年始 💴常設展一般票￥320，高中大學生￥260，中小學生￥160，企劃展依各展覽而異 🌐www.tougei.museum.ibk.ed.jp

　專門收藏日本近現代陶藝作品的茨城縣陶芸美術館，館藏以「人間國寶」為主題，將松井康成、板谷波山等32位人間國寶的陶器作品齊聚一堂，其中最多的是松井康成的作品，共有476件之多，色彩繽紛的「練上」技法，把陶器拼湊出熱鬧花紋或圖案，也把歐洲繪畫的「印象派」帶入陶藝之中。

逛完美術館，可以到賣店挑選自己喜歡的陶器。

春風萬里荘

🗺別冊P.24C2　🚌友部駅前搭乘笠間周遊巴士，約30分後在「春風萬里荘」下車　☎0296-72-0958 🕐笠間市下市毛137-1(芸術の村) ⏰9:30~17:00(最後入場16:30)，12~2月10:00~16:00(最後入場15:30) 🈺週一(逢假日順延)，年末年始 💴大人￥700，65歲以上￥700，大學高中生￥500，中小學生￥200 🌐www.nichido-museum.or.jp/shunpu/

除了畫家作品，亦有展示朝倉文夫、北村四海、斉藤素巌、富樫一的彫刻作品等。

　春風萬里荘是笠間日動美術館分館，位於笠間駅南側的「芸術の村」地區中央，其建築物本身為江戶時代的茅葺民家，**是已故日本藝術家北大路魯山人位於北鎌倉的舊居**，美術館將其移築至目前所在地後，於昭和40年開館，內部至今仍然保持著魯山人所居住時的模樣，除了魯山人的遺作之外，同時也展示著高橋是清、草野心平等畫家的書畫，十分富有藝術氣息。

草原與森林中隱藏精巧的陶器作品，邊散步邊欣賞陶藝作品，十分悠閒。

🌳 笠間芸術の森公園

おすすめ 👍

🗺別冊P.24D2　🚌友部駅前搭乘笠間周遊巴士，約10分後在「工芸の丘‧陶芸美術館」下車　☎0296-72-1990 🕐笠間市笠間2345 ⏰8:30~17:00 💴免費入園 🌐www.city.kasama.lg.jp/page/page000122.html

結合森林綠意與陶器藝術的工藝公園。

　笠間芸術の森公園身為茨城縣的創新文化發信地，是以傳統工藝及新型態美術為主題的公園。總面積達54.6公頃，**廣大的公園內除了內有笠間工芸の丘及茨城縣陶芸美術館這兩個必遊景點外，還有讓大人小朋友都玩得開心的遊樂設施**，以及各種適合舉辦戶外大型活動的廣場。

從稍有名氣的陶藝家作品，到國寶級大師作品這裡都能買到，單純當工藝欣賞也相當有價值。

◎ 笠間工芸の丘

おすすめ 👍

☎0296-70-1313 🕐笠間市笠間2388-1(笠間芸術の森公園內) ⏰10:00~17:00 🈺週一(逢假日順延) 💴入館免費。體驗課程￥1,650起，所需時間約1小時10分 🌐www.kasama-crafthills.co.jp

親手作屬於自己的陶器紀念品。

　位於芸術の森公園內的笠間工芸の丘，是想要體驗DIY陶藝創作或者購買紀念品的絕佳選擇；在這個由數間小屋組成的笠間燒藝術村中，除了體驗之外甚至還有實際使用笠間燒當餐具的咖啡廳，不論是紀念商品或體驗課程都相當齊全，但要提醒的是體驗課程需事先預約，也要預留多一點時間哦！

茨城精彩景點

除了水戶、常陸、大洗和笠間，茨城還有哪些等待發掘的美麗景點呢？更加接近大自然的戶外景點，或是想要體驗更在地的文化手作，這裡一一介紹給你！

◉ 袋田瀑布

袋田の滝

おすすめ 👍

🔺P.7-3　🚃袋田駅轉搭計程車約5分，或往滝本方向巴士10分在終點站下車
☎0295-72-4036　🏠久慈郡大子町袋田　🕐8:00~18:00、11月8:00~17:00、12~4月9:00~17:00　💰大人¥300，小孩¥150　🌐www.daigo-kanko.jp/fukuroda-falls.html

> 冬季可以賞冰瀑、可近距離欣賞的日本三大名瀑之一。

> 四層瀑不論遠觀、近景都能輕易取景的特色，吸引不少攝影愛好者前來。

> 進瀑布前的停車場有處蘋果派小賣店，美味吸引不少媒體報導。

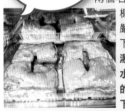

袋田瀑布與和歌山熊野古道上的那智瀑布、日光的華嚴瀑布並稱日本三大瀑布。高120公尺、寬73公尺的袋田瀑布與前兩個名瀑相比，最大的差異大概是瀑布樣式，那智與華嚴都是從瀑頂一線直沖而下，而袋田卻是分成4層瀑，而且寬度也相當廣，水就沿著表面凹凸不平的弧形岩壁一層一層往下沖，讓整體瀑布層次豐富，加上春季蔥綠、夏季瀑水量豐沛、秋楓染色、冬季冰瀑，差異性極大的四季景象，也有「四度之瀑」的美稱。想一探這美麗瀑布的方式也相當親民，車行抵達停車場，徒步10分鐘途經瀑外商店街，再經過特地為了賞瀑而打造的平面人行隧道即可抵達第1觀瀑台，往階梯向上還有第2及第3觀瀑台。第1觀瀑台位在第一層瀑布，距離之近讓人可以充分感受瀑布的魄力；第2觀景台則可登高覽瀑，是拍照取景最佳處；再登第3觀瀑台則可將4層瀑布全景通通收入眼底。

◉ 石切山脈

🔺P.7-3　🚃稻田駅下車徒步約18分
☎0296-74-2112　🏠笠間市稻田4260-1　🕐9:00~16:00　⏰週四無見學
行程　💰高中以上¥300；山上採石場見學大人¥1,000、中小學¥500，需預約　🌐www.ishikiri-sanmyaku.com/

> 採石場與水池美景就位在入口處，由於此處已經停止開採，地下水冒出、日積月累形成夢幻景象。

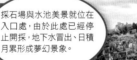

近幾年，位在笠間市的一處採石場，忽然變成IG打卡熱點，畫面中被切割的高聳山壁，加上周邊綠意映照在採石場下方水池上，宛如寶石綠般的池水與直聳垂直、被切割成格子狀的花崗岩壁，形成一幅不可思議的畫面。其實這處採石場離熱門的笠間僅一站距離外的稻田站，這裡因為有一處東西達8公里、南北長6公里的花崗岩石場，開車從路邊經過遠眺山邊，會看到宛如雪白壁面的一大片山壁屏風，那就是石切山脈，也就是稻田這一帶生產花崗岩（御影石）的地方。而能夠欣賞到這片經典採石場美麗畫面的處所，就位在株式会社想石（中野組石材工業）的採石場內，因為越來越熱門，因此採石場也大方開放給一般民眾入內，而事先預約的話，也可以跟著導覽上到山上的採石場，實際感受巨大花崗岩採石場的震懾魄力。

🍴 食の蔵 荒為 👍

📍P.7-2 🚃下館駅徒步15分 ☎0296-21-1357；預約專用：050-5488-9306 🏠筑西市甲929 🕚11:30~14:30、17:30~22:00 ⓧ週一，每月第1個週二 💰午餐「藏便當」¥2,000起，晚餐¥5,000起，(懷石套餐，預約制) 🌐ggzs200.gorp.jp/

> 古蹟町家內的美食饗宴，在國家登錄有形文化財的家屋中用餐。

在日本一般國家登錄有形文化財的建築內，都是提供參觀為主，但在這裡則是請你入內就坐，享受季節般優雅搭配的旬之料理，然後悠閒又恣意的靜靜欣賞這美麗日式家屋的每個角落。

位在下館站不遠的「食の蔵 荒為」就是這樣一處地方，原本是江戶末期一處批發商的家屋，歷經明治、大正時代的不斷增建與改變，成了2層樓日式家屋，但卻又擁有大正西洋裝飾的客廳與個室，充分展現出商家財力以及隨時代流轉的風貌轉變。**雖是國家登錄有形文化財，卻也是一家提供精緻御膳的餐廳，坐在充滿歷史感的和風家屋，細品品嚐充滿季節感的美食外，戶外庭園也將四季風雅帶入室內**，用餐中還可欣賞當時木匠職人高超建築技巧與細節。

> 鑲嵌在牆壁內的保險箱，看得到歲月的痕跡，是早期商家必備。

> 2樓洋式房間曾作為在地陶藝家板谷波山故事的電影拍攝地，想更了解藝術家生平，鄰近就有紀念館可參觀。

> 武勇以吟釀的製酒為主，黑標吟釀風味圓融而平緩，白標輕快甜度高也較帶有個性。

> 150年歷史的歲月，光從製酒庫外的牆壁上貼的不同年代神符，就能看見時代演替的痕跡。

👁 武勇

📍P.7-2 🚃結城駅下車徒步約10分 ☎0296-33-3343 🏠結城市結城144 🕚9:00~17:00 ⓧ週六日(5~8月僅休週日) 🌐www.buyu.jp ❗提供收費酒造見學，需預約

擁有五大水系的茨城縣，豐沛而乾淨的伏流水，造就茨城成為關東擁有酒藏最多的縣。總數達46家的製酒廠，每家都擁有各自豐富的伏流水自然水井，因此來茨城買酒、品酒、參觀酒藏的行程，也相當受歡迎而普遍。與結城紬館徒步距離不到10分鐘的武勇酒藏，也同樣擁有自豪美味、乾淨水源井。伏流水可說是清酒製造的命脈，結城一帶來自鬼怒川水系的豐沛伏流水，因此光是鄰近就有4家釀造業、2家酒廠、還有味增廠及醬油廠等。**江戶時代就在此釀酒、製酒的武勇，除了保留傳統的優良造酒技術外，取用來自不同縣的頂級米製酒，也讓不同吟釀酒呈現相當不同的風味**，建議可以預約來一場參觀與品酒行程，透過舌尖感受不同風土下呈現的清酒滋味，加上古老酒藏本身也被列為文化財，可看性也相當高。

開 車 不 喝 酒 ， 安 全 有 保 障

木内酒造・蔵＋蕎麦な嘉屋

おすすめ

傳統與創新結合的酒廠風味之旅。

📍P.7-3 🚃常陸鴻巣駅徒步約5分 ☎029-270-7955 🏠那珂市鴻巣1257 🛍商店10:00~18:30；な嘉屋11:30~14:30、週末假日11:30~14:30、17:30~20:00；導覽(週一~六)9:00~17:00需預約 🈲1/1、な嘉屋週四休 🔗kodawari.cc；啤酒製作預約hitachino.cc/visit/tezukuri.html

1823年在那珂市鴻巣開始製酒的木内酒造，超過百年歷史，並不斷從傳統中創新，除了製作出獲獎無數頗受好評的清酒菊盛系列，1996年發展的精釀啤酒系列常陸野NEST啤酒，更是行銷世界50餘國，以貓頭鷹的可愛商標圖案讓人印象深刻。不論喜愛清酒系或是啤酒系，來到木內酒造的本店、也是製酒廠，應該都會覺得很滿足，**這裡不但能買、能預約參觀酒廠**，還能一群好友相約來體驗一下從麥芽開始釀造啤酒的樂趣，但因釀完需等待一個月才能拿到，對短期旅遊者可能覺得很殘念，但也沒關係，**一旁還有以酒廠的米藏改建的蕎麥麵屋「な嘉屋」，木內生產的各式酒品，配上自家手打自製的蕎麥麵與農家野菜，讓你能悠閒用餐品酒**，也很愜意。

蕎麥麵餐廳隔著日本庭院面對著製酒廠，有時製酒廠拉起大門時，可以聞到濃厚酒香與看到製酒作業情況。

販售商店內，可以買到品項齊全的木内酒造製酒外，以往榨酒用的木桌現在也成了商品展示桌，相當特別。

以酒取代水來製麵的酒蕎麥麵，吃的時候不妨細細品嚐其淡雅風味。

神奈川▶山梨▶靜岡▶長野▶埼玉▶千葉▶

茨城 其它精彩景點

▶栃木▶群馬

👁 結城紬館・結城紬資料館

つむぎの館

🗺 P.7-2 🚉 結城駅北口徒步約10分 ☎ 0296-33-5633 ⏰ 結城市大字結城12-2 🕙 10:00~16:00、週末假日~17:00，Cafe 10:00~17:00 ❌ 週二、三、年末年始 💲 免費參觀。資料館大人￥200、學生￥100，體驗￥2,200~(需預約) 🌐 www.yukitumugi.co.jp

自遠古的崇神天皇時代，結城這一帶就開始了織造發展，擁有2000年歷史的結城絲綢織造，不但發展出精細複雜的織造技巧，更成為上獻給貴族間使用的高級布料。**完全手工、需經過40道工序的結城紬，至今還有300多名匠師仍遵循古法來織造，繁複的織造法，2010年被聯合國教文組織列入世界文化遺產名單中。**想一探極致的織造世界，位於結城的つむぎの館，就在經營結城紬製造批發的百年老字號「奧順」的腹地中。這裡總共超過10棟的日式老建築群，除了仍在營運中的部分屋舍不開放外，設有資料館、古民家陳列館、染織工房、結城紬賣店、咖啡店，可以參觀了解結城紬的神秘面紗，並欣賞實際布料美麗的紋樣，也能參加體驗，自己用織布機織出一塊實用小物。當然想買傳統結城紬和服或是創意小物也有賣店，位在古樸藏建築裡咖啡廳，則是小憩及咀嚼回味旅程的好去處。

在資料館透過人偶情境展示，更容易理解結城紬的織造過程。

在染織工房有職人老師親自示範教授機器編織技巧，有時還能看到職人徒手抽織蟬絲線的情景。

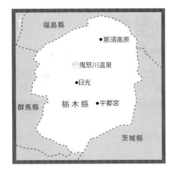

福島縣

●那須高原

◎鬼怒川溫泉

●日光

栃木縣 ●宇都宮

群馬縣

茨城縣

栃木
とちぎ

栃木怎麼玩

位於關東地區北部的栃木縣,以境內西部的日光為知名的旅遊聖地,二社一寺的東照宮、輪王寺與二荒山神社已列為世界遺產,首都宇都宮市為北關東最大都市,往北走至鬼怒川、那須溫泉、塩原溫泉,更是內行人才知道的隱秘溫泉鄉;富有歐陸風情的那須高原,近幾年成為年輕女性度假首選。

鬼怒川 (P.8-10)

鬼怒川溫泉,做為湯治地的歷史悠久,在叢林野溪的包圍中,優美的溪谷景色和櫛比鱗次的大型旅館令湯客紛至沓來,是東京人最喜愛的「奧座敷」(位於都市近郊的觀光區或溫泉鄉)之一。

日光 (P.8-4)

日光有名聞遐邇的二社一寺:東照宮、輪王寺以及二荒山神社,其中最壯麗奪目的莫過於桃山文化建築風代表的東照宮,1999年12月經聯合國教科文組織登錄為世界遺產。奧日光則擁有優美的中禪寺湖、奔騰的華嚴瀑布,構成旅遊魅力。

那須高原 (P.8-13)

　富有歐陸情調的那須高原，是近年來日本超人氣避暑勝地，初春時節，那須高原花開似錦；仲夏時氣溫涼爽怡人；逢秋天，姹紫嫣紅的波斯菊將那須高原點綴成動人的花毯；隆冬時分的那須高原則是愛好滑雪者的天堂，是個豐富又多彩的高原聖地。

益子

　離成田機場約兩個小時車程，以製陶聞名的文藝小鎮——栃木縣益子町，帶著濃濃文藝氣息，除了新鮮蔬果、在地獨家農產品，牆面一字排開，風格多元卻有著同樣美好溫度的陶杯是益子燒自由的象徵。

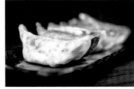

宇都宮

　名氣響叮噹的宇都宮餃子，來到這裡當然一定得試試。宇都宮餃子的發展據說是二次大戰後，很多士兵從中國東北回到日本，因想念當地餃子而開始製作。隨著做餃子的人越來越多、也發展出各式各樣的各自特色。

日光

にっこう Nikko

日光有名聞遐邇的二社一寺：東照宮、輪王寺以及二荒山神社，其中最壯麗尊目的莫過於桃山文化建築風代表的東照宮，1999年12月經聯合國教科文組織登錄為世界遺產。奧日光則擁有優美的中禪寺湖、奔騰的華嚴瀑布，構成旅遊魅力。除了豐富的歷史文化薰陶，每到秋日更處處點綴著豔麗火紅，二社一寺、龍頭瀑布、戰場之原、中禪寺湖…都是全國知名的賞楓勝地。

交通路線 & 出站資訊

電車

日光駅◇JR東日本-日光線
東武日光駅◇東武鐵道-東武日光線
◎於JR東京駅、上野駅可搭乘東北新幹線列車，到達宇都宮駅後，轉乘JR日光線普通列車即可抵達JR日光駅，約1小時46分。
◎於JR新宿搭乘特急列車「日光號」，與東武鐵道直通運行，不用換乘便能抵達東武日光駅，約2小時。
◎從東武鐵道淺草駅及とうきょうスカイツリー駅(東京晴空塔站)，搭乘特急列車けごん(KEGON)可直達東武日光，以東京晴空塔站發車班次較為頻繁。前往日光班次密集，皆約2小時左右。
◎從池袋搭乘特急「日光號」(JR與東武日光共線)，可直達東武日光駅。車程約2小時。

出站便利通

◎JR日光駅或東武日光駅前可搭乘往中禪寺湖方向的東武巴士，繞行二社一寺、中禪寺湖、湯元溫泉等景點。
◎逛完二社一寺後，周邊店家、景點都可步行抵達；如是要前往中禪寺

湖、湯滝一帶，需要再轉搭東武巴士前往。東武巴士班次眾多且皆運行在主要景點，只要搞對行進方向不太容易搭錯車。建議行前先查好班車時刻或是購買相關套票，期限內無限搭東武巴士最划算。
🌐www.tobu-bus.com/tcn

優惠交通套票

東武鐵道推出優惠套票，在指定的區間內可自由搭乘東武鐵道和東武巴士，另有商店的優惠。購買地點均在東武鐵道各車站的販賣窗口。詳細資訊可至網站查詢：www.tobu.co.jp/tcn/ticket/

◎東武日光廣域周遊券
(NIKKO ALL AREA PASS)
專為國外旅客發行，可在期限內使用淺草～下今市間的東武鐵道來回一次，以及自由搭乘日光地區的東武巴士全線、下今市～東武日光&新藤原間的東武鐵道全線、中禪寺湖遊船、日光江戶村循環巴士、日光鬼怒川巴士(僅SL運行日)、低公害巴士(4~11月運行)等。持券也享有區域內

多家景點入場優惠。
💰4~11月大人¥4,780、兒童¥1,330；12~4月大人¥4,160，兒童¥1,080
⏱連續使用4日
🏠網路、東武淺草旅遊服務中心等購買
❗本券無法搭乘特急車票，需另外購買車票

◎世界遺產巡禮巴士(世界遺產めぐり)
專為國外旅客發行，可在期限內使用淺草～下今市間的東武鐵道來回一次，以及自由搭乘世界遺產地區的東武巴士全線、下今市～東武日光&新藤原間的東武鐵道全線。
💰大人¥2,120、兒童歲¥630
⏱連續使用2日
🏠網路、東武淺草旅遊服務中心購買

一起這樣玩日光！

行程可由中禪寺湖彷如童話重現的優美湖景，及名列日本三大名瀑之一、氣勢磅礴的華嚴ノ滝開始，接著搭乘巴士前往參觀揚名全球的名勝古蹟聖地二社一寺，最後來到日光市區街上，在百年老店裡，選購各種當地特產當旅途紀念品，再搭乘JR轉往鬼怒川溫泉。

東照宮

別冊P.27A1 ●日光駅前搭乘東武巴士的世界遺產巡禮巴士,至「勝道上人像前」、「大猷院 二荒山神社前」站下車 ●0288-54-0560 ●日光市山內2301 ●4~10月9:00~17:00,11~3月9:00~16:00 ●高中生以上¥1,300,中小學生¥450 ● www.toshogu.jp ●平成大修理工事,本殿等已於2019年整修完畢,重新對外開放。下神庫、背面唐門、渡廊等處則預計2024年3月31日完成整修。

大關東地區的世界遺產,除了富士山外,最值得一訪的便是日光東照宮!

　　1999年12月由聯合國教科文組織將其登錄為世界遺產的日光東照宮,是為了祭祀江戶幕府第一代大將軍德川家康,1617年由二代將軍秀忠開始修建,而到了三代將軍家光時,**更花下大筆經費、窮天下工匠絕藝**,將東照宮修築得絢爛奪目。

一の鳥居

　　登上參道上之石階,迎面而來的是東照宮正方高約9公尺、花崗石打造的鳥居,正面「東照大權現」匾額,相傳是後水尾天皇親筆所題,更加深了東照宮莊嚴的氣息。

三猿

　　東照宮境內最有名的莫過於「三猿」。以「非禮勿視、非禮勿聽、非禮勿言」聞名的三猿雕刻,一旁的情人猿、夫婦猿、妊娠猿、母子猿、朋友猿等,是以猴子的生涯暗喻著人世間的波瀾,也有祈求小孩平安長大、吉祥之意。

五重塔

　　走進一の鳥居後的入口處有座35公尺高的五重塔,為若狹(現為福井縣)小濱的藩主——酒井忠勝所獻納。五重塔的下方四層為和式建築,最上面第五層為唐風建築,可說是凝聚了東照宮建築之美。

奧社‧眠貓

　　奧社就是德川家康長眠的墓所,奧社入口東回廊的上方雕刻有可愛的眠貓,為江戶的名工匠左甚五郎的作品。據說眠貓是為了守衛家康的靈所,而為何是睡著的呢?而刻在眠貓的裏側嬉鬧的麻雀們、又代表什麼意思呢?有一說云曰,因為貓兒安詳甜睡著,所以麻雀也能安心的快樂嘻笑,故此乃太平之世的象徵。

靈獸

　　除了神話動物如龍、象、獅子等靈獸之外,東照宮的雕刻以龍、虎為多,一般認為是因虎是家康的生肖,而龍則是家光的生肖的關係。為了避免災難,有些雕刻還故意留有空白缺陷、做出圖案顛倒的樣子,以免太過完美而遭到天忌,十分有趣。

神奈川➜山梨➜靜岡➜長野➜埼玉➜千葉➜茨城➜

栃木 日光 ➜群馬

卍 日光山 輪王寺

おすすめ

⊕別冊P.27A1 ⊘同東照宮 ☎0288-54-0531 ⊙日光市山內2300 ⊙4~10月8:00~17:00、11~3月8:00~16:00 ⊙三佛堂券大人¥400、中小學生¥200；大猷院券大人¥550、中小學生¥250；寶物殿‧逍遙園券大人¥300、中小學生¥100；輪王寺券(三佛堂‧大猷院)大人¥900、中小學生¥400 ⊛www.rinnoji.or.jp

> 世界文化遺產二社一寺中、天台宗的信仰重地。

日光山輪王寺為天台宗的信仰重地，相傳是766年日光開山聖祖「勝道上人」所開建，祭祀著千手觀音、阿彌陀佛、馬頭明王，分別象徵著日光三山的男體山、女峰山以及太郎山，鎮守著日光山中神靈聖地。**其中供奉千手觀音、阿彌陀佛、馬頭明王三神的是三佛堂，為日光山中最大的建築物。**

> 一到秋季，輪王寺的楓紅炫爛至極。

> 以祈求姻緣有名的二荒山神社，可見到許多祈緣的御守及繪馬。

> 綠意環繞著神社，更添一股神祕能量。

⛩ 日光二荒山神社

おすすめ

⊕別冊P.27A1 ⊘同東照宮 ☎0288-54-0535 ⊙日光市山內2307 ⊙4~10月8:00~17:00、11~3月8:00~16:00 ⊙神苑¥300(小中高生¥100)、神橋¥300(高中生¥200、小中生¥100)、寶物館¥500(小中生¥200) ⊛www.futarasan.jp

> 日光山神靈信仰中心，聚集山神之靈地。

二荒山神社是日光山岳信仰的主祭神社，建築莊嚴充滿著神道教的樸實無欲，其中還**祭祀著福緣結守之神「大己貴命」，求子安產之神「田心姬命」等神靈。**神苑中有處稱做「二荒靈泉」的神泉，傳說喝了可以治療眼疾，一旁的茶亭還有賣用此靈泉所製的抹茶和咖啡呢。

⛩ 滝尾神社

⊘二荒山神社徒步約20分 ⊙日光市山內2310-1 ⊙免費

二荒山神社的別宮「滝尾神社」，這裡祭祀著二荒山神社主祭神之妃子「田心姬命」，以子授、安產祈願聞名，除了境內巨大的三本杉、酒泉、緣結竹等，來到**參道上撿起小石頭，朝「運試しの鳥居」丟去，**若石子能穿過鳥居上的圓洞，便能求得幸福。

[彌生祭]

「日光的春天從彌生祭開始」正如同這句古諺所說，每年4月13日到17日5天的期間，日光的居民們透過二荒山神社的例祭——彌生祭，慎重地向日光山中諸神宣告春天的來臨。「彌生」是日文古語中「3月」的意思，因1200多年前原是在3月舉行而稱為「彌生祭」，其後日本曆法由陰曆改為陽曆，彌生祭才改到現在陽曆的4月舉行。日光市東西町加起來共12台華麗精美的屋台車「花家體」在神樂的吹奏下，浩浩蕩蕩的由眾人合力拉上參道，並在二荒山神社前集合參拜日光眾神，並以熱鬧繽紛的演奏獻藝、向漫長的寒冬道別，歡慶春天腳步的到來。

🎁 日光湯波藤屋

日光湯波ふじや

📖別冊P.27A1 🚃東武日光駅徒步15分 ☎0288-54-0097 🏠日光市下鉢石町809 🕐8:30~17:30 🈳每週1天不定休 💴湯波菓子1箱￥740起 🌐www.nikko-fujiyayuba.com

名物豆皮專賣店，二社一寺的御用店家。

藤屋從明治元年(1868年)創業至今，已在日光製作湯波(豆皮) 155個年頭，在過去是提供二社一寺的御用店家。用當地銘水製作的湯波滋味芳純纖細、口感如絲絹般滑順，吃得出濃厚的大豆香。在生湯波、油炸湯波以及各種形狀的乾燥湯波之外，藤屋也研發了吸引女性的湯波餅乾。

🍵 湯沢屋

📖別冊P.27A1 🚃東武日光駅徒步15分 ☎0288-54-0038 🏠日光市下鉢石町946 🕐9:00~18:00，茶10:00~16:00(L.O.) 🈳不定休 💴日光酒饅頭￥150、酒饅頭飲物套餐(酒饅頭+水羊羹+飲料套餐)￥1,100 🌐www.yuzawaya.jp

湯沢屋是一家專賣饅頭點心的店家，於1804年創業，從江戶時代第11代將軍德川家齊時就存在至今，還曾進獻給大正天皇。**店家獨創的酒饅頭是在麵粉中加入酒麴與米漿發酵而成，蒸熟之後帶著淡淡的酸香味。**湯沢屋旁邊有一間石造可愛茶屋「鉢石カフェ」，可以在店裡點杯抹茶，品嚐熱騰騰的酒饅頭。

日光名產酒饅頭具有滋養功效，也被稱為長壽菓子。

店內提供正統的西式料理，結合當地食材深受歡迎。

透過木頭窗櫺看紅楓，遙想明治時代特別有氛圍。

🍴 明治の館

📖別冊P.27A1 🚃日光駅前搭乘東武巴士的世界遺產巡禮巴士約5分，至「清晃苑前」站下車徒步即達 🏠日光山內2339-1 ☎0288-53-3751 🕐11:00~19:30(L.O.) 🍽オムレツライス(炸豬排蛋包飯)￥1,870 🌐www.meiji-yakata.com

老洋房內品美味，感受明治時代的珍貴逸品。

原是明治時代美國貿易家Frederick W. Horn所建的別墅，當時請來日光工匠不惜時間成本打造，**其中以亂石砌方式築造的日光石石牆，更是珍貴的近代遺產，因此於2006年列入「登錄有形文化財」。**店內提供家常西式料理，還推出多項結合湯波(豆皮)、干瓢(葫蘆乾)等當地特產的菜色，深受歡迎。

神奈川➜山梨➜靜岡➜長野➜埼玉➜千葉➜茨城

栃木 日光 ➜群馬

綿半 大通り店

別冊P.27A1 ●東武日光駅徒步12分
0288-53-3888 ●日光市下鉢石町799
9:00~17:00 週三 一口塩羊羹6入
¥990 www.nikko-watahan.jp

百老舗羊羹店，是皇宮貴族的最愛。

綿半是日光地區最古老的和菓子店，第一代當家綿屋半兵衛原本在魚店工作，後來妻子兩人私奔到日光，在天明7年(1787年)創業，可說是從愛情故事萌芽的和菓子。**綿半在初代當家時，即負責製作日光輪王寺法親王的御用菓子，並常被用來當做諸侯與王公大名參拜時的贈禮。**名氣早在百年前就在全國傳開。

將塩羊羹切成一口大小，用竹葉包起份量剛好。

採用產自日光當地的天然冰製成，刨冰口感自然蓬鬆。

迷人的老屋氛圍只有親臨現場，才能感受其緩慢步調。

來杯店家自慢的職人咖啡，用心美味喝得出來。

戰場之原

戰場ヶ原

別冊P.27B3 ●日光駅前搭乘開往湯元溫泉的東武巴士，約1小時至「三本松」站下車徒步1分 0288-54-2496(日光市觀光協會 日光支部) ●日光市中宮祠

健行攬勝最佳步道，一路上呈現四季不同美景。

戰場之原相傳是男體山之神和赤城山之神，在遠古時決戰的場所。現今所看到近四百公頃的遼闊濕原，在古時原本是男體山爆發後形成的堰塞湖，在火山噴出物、沙土與蘆葦等，各種水生植物殘骸淤積後而形成。**沿著木棧道健行，6月中旬至8月上旬百花綻放，10月中旬時赤黃色的草原襯著楓紅。**

戰場之原有舖設木棧道，路線輕鬆，老中青皆適合來此健行。

日光珈琲 御用邸通店

別冊P.27A1 ●東武日光駅徒步30分，東照宮參道徒步10分 0288-53-2335 ●日光市本町3-13 10:00~18:00(L.O.17:00) 週一、第1、3個週二(遇假日延休) nikko-coffee.com

老米店改建的古民家咖啡屋，氣氛舒服只想賴著一整天。

日光珈琲由咖啡焙煎士的風間教司精心打造，光是在日光就一連開設了6間店舖，都選在日光及鄰近城市，一是促進地方活絡，以及為家鄉帶來更多活力。**日光珈琲御用邸通店由他親手改建，坐在明亮寬闊的室內，很難想像這裡曾經是一間殘破的閒置空屋；老木桌上的熱咖啡，輕煙間嗅出甘苦烘焙的點點滴滴。**

◎ 中禪寺湖

火山溶岩形成的絕景之湖，也是楓紅秋景名所。

📖 別冊P.27B3 🚌 日光駅前搭乘開往中禪寺溫泉的東武巴士約45分，至「中禪寺溫泉」站下車 ☎0288-54-2496(日光市觀光協會 日光支部) 🏠日光市中宮祠 ⏰自由參觀；遊船9:00~17:00 💰遊覽船有4條路線：大人￥1,400、兒童￥700，各路線約50~60分 🌐chuzenjiko-cruise.com

中禪寺湖是日光連山主峰男體山、火山噴發時所形成的高山堰塞湖，周長約25公里，是栃木縣內最大的湖泊。據傳是由勝道上人所發現，過去曾做為修行道場。秋天楓紅時分，碧藍的湖水襯著湛藍的晴空，倒

可以搭乘遊覽船，欣賞湖光山色。

映著深秋紅葉燦爛似火般的剪影，令人心醉不已，還成為電影《失樂園》的拍攝背景。

◎ 龍頭瀑布

竜頭の滝

中禪寺湖通往湯滝的必經之路，一見壯麗奇景溪谷。

📖 別冊P.27B3 🚌 日光駅前搭乘開往湯元溫泉的東武巴士，約1小時，至「竜頭の滝」站下車 ☎0288-54-2496(日光市觀光協會 日光支部) 🏠日光市中宮祠

湯川流經戰場之原後注入中禪寺湖，在流入中禪寺湖前分岔成兩道優雅的瀑布，名為「龍頭瀑布」，與華嚴瀑布、湯瀑布並列奧日光三名瀑。標高1,350公尺的**龍頭瀑布最美的時節莫過於秋天紅葉時分，以及5月新綠的時候，花葉飄散在雪白的流水上，翻滾捲動著的姿態如詩如畫。**

戰場之原與龍頭瀑布捷徑
若有體力、想要親自走上戰場之原的人，不妨徒步串聯這兩個景點。可以選擇在「光德入口」站下車後往下走，約8公里(約1個半小時至2小時)即能走到龍頭瀑布。

秋季楓紅、夏季新綠，初夏赤紅的三葉杜鵑花盛開更是一大絕景。

日本三大瀑布之一，能近距離感受負離子的威力。

◎ 華嚴瀑布

華美的瀑布美景震撼人心，若行程有餘裕一定要來訪。

📖 別冊P.27B3 🚌 日光駅前搭乘開往中禪寺溫泉的東武巴士，約45分至「中禪寺溫泉」站下車徒步3分 🏠日光市中宮祠 ⏰觀瀑電梯8:00~17:00，12~3月9:00~16:30(依季節而異) 💰觀瀑電梯來回大人￥570、小孩￥340 🌐kegon.jp

華嚴瀑布位在中禪寺湖畔，與茨城縣的袋田瀑布、和歌山縣的那智瀑布，同為日本知名度最高的三大名瀑，特別是華嚴瀑布，從97公尺高的岩壁上往下衝，聲勢格外不同凡響。**華嚴瀑布5月春天兩側山壁染上新綠，6月白腹毛腳燕在四周飛舞，1~2月時細小水流會凍結成冰，一年四季風情萬種。**

神奈川↓山梨↓靜岡↓長野↓埼玉↓千葉↓茨城

栃木

鬼怒川

↓茨城

鬼怒川

きぬがわ Kinugawa

鄰 近日光的鬼怒川溫泉，做為湯治地的歷史悠久，全長176.7公里的鬼怒川奔流在關東平原上，上游就是知名的溫泉鄉鬼怒川溫泉，每年約吸引200萬人次前去泡湯，是東京人最喜愛的「奧座敷」(位於都市近郊的觀光區或溫泉鄉)之一。因與日光鄰近，相當適合在一天的歷史文化薰陶之後住上一宿，在叢林野溪的包圍中，優美的溪谷景色和櫛比鱗次的大型旅館令湯客紛至沓來，療癒身心的溫泉與豐盛的會席料理，釋放旅途中累積的疲憊。

交通路線&出站資訊

電車
鬼怒川溫泉駅⇄東武鐵道-鬼怒川線
龍王峽駅⇄野岩鐵道-会津鬼怒川線
川治湯元駅⇄野岩鐵道-会津鬼怒川線
◎從東武鐵道淺草駅搭乘特急列車スペーシア X(往日光‧鬼怒川)，可直達鬼怒川溫泉駅，車程2小時。

出站便利通
◎東武鬼怒川溫泉駅前有兩條路線巴士，一條通往川治溫泉、湯西川溫泉方向，1小時約1～2班，到終點「湯西川溫泉」站。另一條通往日光江戶村方向，1小時約3班，到終點「日光江戶村」站。

優惠交通套票
東武鐵道推出優惠套票，在指定的區間內可自由搭乘東武鐵道和東武巴士，另有商店的優惠。購買地點均在東武鐵道各車站的販賣窗口。詳細資訊可上網查詢。
🌐www.tobu.co.jp/tcn/ticket/

◎東武日光廣域周遊券(NIKKO ALL AREA PASS)
專為國外旅客發行，可在期限內使用淺草～下今市間的東武鐵道來回一次，以及自由搭乘日光地區的東武巴士全線、下今市～東武日光&新藤原間的東武鐵道全線、中禪寺湖遊船、日光江戶村循環巴士、日光鬼怒川巴士(僅SL運行日)、低公害巴士(4~11月運行)等。持券也享有區域內多家景點入場優惠。
💰4~11月大人￥4,780、兒童￥1,330 ；12~4月大人￥4,160，兒童￥1,080
🔄連續使用4日
🏠網路、東武淺草旅遊服務中心等購買
❗本券無法搭乘特急列車，需另外購買車票

◎世界遺產巡禮巴士(世界遺産めぐり)
專為國外旅客發行，可在期限內使用淺草～下今市間的東武鐵道來回一次，以及自由搭乘世界遺產地區的東武巴士全線、下今市~東武日光&新藤原間的東武鐵道全線。
💰大人￥2,120、兒童歳￥630
🔄連續使用2日
🏠網路、東武淺草旅遊服務中心購買

◎ 龍王峽

おすすめ

📍別冊P.27C2 🚃龍王峽駅徒步即達 ☎0288-76-4111(藤原觀光商工課) 📍日光市藤原町 🌐www.ryuokyo.org

鬼斧神工奇景，驚嘆於大自然的神奇力量。

鬼怒川秋景最美的地方，莫過於龍王峽，龍王峽是距今二千二百萬年前的海底火山活動，噴發後所形成的火山岩層，經過鬼怒川溪流數百萬年的切割侵蝕後，形成現在奇岩怪石裸露的溪流奇景，迫力驚人的溪谷風景狀似一尾巨龍，因此命名。

👁 日光江戶村

😊別冊P.27C2 🚃東武浅草駅搭東武鬼怒川線至鬼怒川溫泉駅下車，轉搭路線巴士約15分 📞0288-77-1777 🏠日光市柄倉470-2 🕐3/20~11月9:00~17:00、12月~3/19- 9:30~16:00，入場至閉村前1小時 週三(遇假日營業)、1/16~31 💰大人¥5,800、小孩¥3,000；14:00後(冬季13:00後)大人¥5,000、小孩¥2,600 🌐www.edowonderland.net

> 好玩的時代村，穿越時空回到江戶時代，化身為歷史中的一抹身影。

重現江戶時代中期的日光江戶村，是《仁醫-Jin》、《猫侍》等時代劇、電影的取景地。**穿過大門，彷彿走入四百年前的時光，古時町屋、商家與武家屋敷建築，穿著傳統服飾的村民們漫步其中，真實地讓人相信自己正置身在江戶時代。**日光江戶村還提供許多精彩表演及變裝體驗，玩上一整天都還意猶未盡。

> 喜歡時代劇的你千萬別錯過，來到這裡一窺江戶時代全貌。

> 突然在街上出現逃跑中的小偷，讓讓路快逃啊！

> 穿越時空到江戶時代，大家都超入戲！

> 可愛的江戶村吉祥物にゃんまげ，也會出來串串場和大家拍照。

👁 SL大樹

😊別冊P.27C3 🚃下今駅、鬼怒川溫泉駅皆可搭乘 🚃行駛區間：下今市~東武世界廣場~鬼怒川溫泉 🕐每日運行四班次，下今市發車：9:33、10:29、13:30、15:01，鬼怒川溫泉發車：11:14、12:53、15:05、16:43(單程約35分) 💰下今市駅~鬼怒川溫泉駅- 大人¥520~1080、小孩¥260~540(依不同型號收費) 🌐www.tobu.co.jp/sl/

東武鐵道曾以貨物運輸為大宗，全盛時期有85台SL(蒸氣火車)在這段路線上奔馳著，自從1966年全面廢除SL運行以來，睽違半個世紀，**2018年在東武鬼怒川線、下今市駅至鬼怒川溫泉駅之間12.4公里的路線上復活，名為大樹。**大樹是德川家將軍的尊稱，而 LOGO 上的三具動輪，代表的正是連結日光、下今市、鬼怒川三區域。現在除了往鬼怒川的路線外，也有一條是從下今市~東武日光站駅的路線，車程約20分。來到日光除了用一般鐵道移動，不妨也安排體驗看看用SL蒸氣火車的移動風景。

> 選用在地食材烹調出絕佳宴席料理。

> 群山環繞下的露天風呂，讓人身心放鬆。

Ⓗ 鬼怒川Grand Hotel 夢の季

鬼怒川グランドホテル 夢の季

😊別冊P.27C2 🚃鬼怒川溫泉駅徒步8分 📞0288-77-1313 🏠日光市鬼怒川溫泉大原1021 🕐Check-in 15:00、Check-out 10:00 🌐www.kgh.co.jp

> 暖意無限的湯泉體驗。

鬼怒川Grand Hotel夢の季位於車站附近，從大廳到客房都是一貫的和風雅致，會席料理選用最新鮮的本地食材，以高雅美味觸發舌尖的感動。**男女大浴場皆能欣賞到鮮豔的四季景色更迭，深獲好評的乳白色微粒子氣泡，讓肌膚光滑柔細，更有獨立的個人溫泉風呂選項**，是絕佳的住宿選擇。

神奈川 ▶ 山梨 ▶ 靜岡 ▶ 長野 ▶ 埼玉 ▶ 千葉 ▶ 茨城

栃木 鬼怒川 ▶ 茨城

Ⓗ 界 鬼怒川

おすすめ

⊙別冊P.27C2 ⊙鬼怒川駅前5號巴士站搭乘路線巴士，至「鬼怒川観光ホテル」下車，徒步約5分 ☎050-3134-8092 ⊙日光市鬼怒川温泉滝308

> 溫泉與美食滿溢的療癒空間，夏季避暑、冬季祛寒的好去處。

Check-in 15:00，Check-out 12:00

hoshinoresorts.com/ja/hotels/kaikinugawa/

　2015年開幕的界鬼怒川，所在地位在鬼怒川畔的小高台。**鬼怒川溫泉於江戶時代便已開發，具有治療皮膚病、美肌的功能，前來洗浴一身疲憊最是舒暢**。在大自然與日本傳統工藝中找尋平衡點，界鬼怒川在**設施各處大量地使用當地的益子燒、黑羽藍染、鹿沼組子等工藝**，帶領人們在四季中，體驗鬼怒川的雅致宿泊真諦。

> 充滿開放感的大浴場，可以一覽窗外櫻花樹，春天落英時更顯風雅。

⊕ 川治溫泉

⊙別冊P.27C2 ⊙鬼怒川溫泉駅搭乘東武鐵道鬼怒川線，直通至川治溫泉駅，約20分 ⊙日光市川治溫泉

　川治溫泉依山傍水，狹長的溫泉鄉中道路沿河川敷設，在過去被稱做「川路」，而後演變成「川治」溫泉，**具有療癒傷口的功效，河岸建有近10間旅館，亦設有公共浴場「藥師之湯」**。蜿蜒的鬼怒川挾帶滔滔江水流貫溫泉鄉，不遠處有五十里湖、川治水壩以及虹見瀑布等，吸引湯客尋幽攬勝。

Ⓗ 湯煙之里 柏屋

湯けむりの里 柏屋

⊙別冊P.27C1 ⊙搭乘鬼怒川線至川治湯元駅，約20分，再轉乘開往川治溫泉・湯西川溫泉的路線巴士，約3分至「柏屋ホテル前」站下車，也可事先預約至川治湯元駅的免費接送 ⊙日光市川治溫泉高原62 ☎0288-78-0002 ⊙Check-in 15:00、Check-out 10:00 ⊙www.kashiwaya-kawaji.jp

　川治溫泉的老牌旅館「柏屋」，面對著寬闊雄壯的河谷，打開客房窗戶，繁花飛舞的春天、楓紅嫵媚的秋天、薄雪紛飛的冬季，四季情緒彷若隨風飛入窗內，美得讓人屏息。館內最引以為傲的，就是**充滿開放感的露天風呂，在泉湯中閉上雙眼，傾聽大自然的和諧共鳴，自在寫意盡在不言中**。

那須高原

なすこうげん Nasukogen

富 有歐陸情調的那須高原在初春時節花開似錦，各式各樣別緻美麗的花朵競相爭豔；仲夏時氣溫涼爽怡人，青翠的樹林像一支支大洋傘般遮覆住大地；每逢秋天，姹紫嫣紅的波斯菊，將那須高原點綴成動人的花毯；隆冬時分的那須高原則是愛好滑雪者的天堂，成為年輕女性休閒度假的最愛！舒爽悠閒的氣氛絕對值得再三留連，留下豐富又多彩的高原假期。

交通路線&出站資訊

電車
黑磯駅◇JR東日本-東北本線
那須塩原駅◇JR東日本-東北新幹線、東北本線
上三依塩原溫泉口駅◇野岩鐵道-会津鬼怒川線
◎那須高原範圍廣大，全區域除了黑磯駅周邊、那須塩原駅周邊有鐵道串聯之外，其它區域皆需搭乘巴士或是自駕。
◎從東京駅搭乘東北新幹線，約1小時20分到達那須塩原站後，轉乘JR東北本線約5分鐘可到達黑磯駅，JR黑磯駅前的東野交通巴士，每天有多次班車運行那須高原。

巴士
◎可從新宿駅新南口BT搭乘高速巴士「那須‧塩原号」，可直達友愛之森、那須溫泉。

出站便利通
◎那須塩原駅出西口可以轉搭巴士至各景點，巴士路線分有JR巴士的塩原線（往塩原バスターミナル方向）、東野巴士的那須線（往那須湯本、友愛之森、那須ロープウェイ方向）、那須塩原地域巴士的黑磯‧西那須野線（往黑磯駅、西那須野駅西口方向），以及那須庭園購物中心免費循環巴士。
◎黑磯駅則分有市內路線那須塩原地域巴士，以及市外路線東野巴士（往那須湯本、那須ロープウェイ方向）。

優惠交通套票
◎那須觀光周遊巴士（那須高原観光周遊バス）
共3條路線，為巡遊那須高原觀光景點的巴士，繞行1周約需30~45分鐘，停留彩繪玻璃博物館、泰迪熊博物館、南ヶ丘牧場等景點。若購買2日票，除那須觀光周遊巴士的3條路線皆可搭乘外，也能搭一般路線的巴士，路程便能更往北至那須湯本溫泉、往西南那須高原啤酒工廠至那須塩原駅。
◎約8:30~16:30，各路線1日約4~8個班次
◎單趟￥800（兒童半價），1日遊巴士券成人￥1,500；2日券（周遊巴士+一般路線），成人￥2,600（兒童半價）
◎友愛之森＆車內購買
◎www.nasukogen.org/access/

那須高原啤酒工廠

那須高原ビール

◎別冊P.28B4 ◎黑磯駅前搭乘那須湯元方向的東野交通巴士，約10分後在「下松子」下車徒步5分 ◎0287-62-8958 ◎那須郡那須町大字高久甲3986 ◎10:30~19:00（餐廳11:00~19:00）◎週三 ◎www.nasukohgenbeer.co.jp

> 品嚐那須高原在地啤酒，雪地裡的熟成啤酒令人難以忘懷。

採用那須岳的雪溶水和那須產的小麥所釀造的那須高原啤酒，口味濃美甘醇，帶有一種獨特的芳香，還曾經在德、美、日三國舉辦的品評會中榮獲金牌獎。那須高原啤酒工廠裡的餐廳，除了有提供多達十幾樣的啤酒外，還有各式各樣對身體有益的啤酒酵母料理，像是含有啤酒酵母的健康PIZZA、啤酒燉牛肉、啤酒果凍等。

> 使用產地草莓釀造的草莓啤酒（いちごエール），最受女性歡迎。

開 車 不 喝 酒 ， 安 全 有 保 障

那須動物王國

快來跟水豚君一起自拍吧！

⊙別冊P.28A1 ⊙從友愛之森開車前往，約20分鐘 ⊙0287-77-1110 ⊙那須郡那須町大島1042-1 ⊙10:00~16:30，週末假日9:00~17:00(冬季10:00~16:00) ⊙週三 ⊙大人￥2,600,3歲~小學生￥1,200 ⊙www.nasu-oukoku.com ⊙冬季動物農場區域不開放

　　廣達43公頃的那須動物王國是各個年齡層都能玩得很開心的王國，園區主要分成2大區，以室內呈現各式動物館的「王國小鎮」，本區最受歡迎的就是水豚區，可以走入柵欄盡情一起玩自拍。另一區則是「動物農場」，這區必須搭乘園區接駁車才能到，這裡的動物都是待在戶外區域中，園內可散步或搭遊園車、纜車行進，還有紐西蘭農場綿羊秀、猛禽飛行秀、海獅秀等表演活動。

室內動物區有很多日本都難得一見的稀有動物品種，相當珍貴。

水豚廣場人氣最旺，可以親餵、一起拍照外，還可透過玻璃看到他們遊水的姿態。

季節限定的草莓甜點，店家毫不手軟的選用超大顆栃乙女品種。

在和菓子之城可以享受採草莓的樂趣。

和菓子之城

おすすめ

お菓子の城 那須ハートランド

一起前進和菓子城堡，被甜蜜攻陷！

⊙別冊P.28B1 ⊙那須塩原駅或黑磯駅前，搭關東巴士至「お菓子の城」下車即達 ⊙0287-62-1800 ⊙那須町高久甲4588-10 ⊙花城-9:00~17:00；草莓森林-12月下旬~6月中旬9:30~15:30 ；源泉-平日10:00~22:00、假日9:30~22:00 ⊙花城-成人￥300~500、中小學生￥150~250(依月份不同收費)；源泉-成人￥890~1,040、小孩￥420~520(依平假日不同收費,16:00起入場也會比較優惠)；草莓森林-1月上旬~5月採草莓30分鐘,成人￥1,200~2,500、小孩￥700~1,900(依月份不同收費) ⊙www.okashinoshiro.co.jp

　　生產皇室點心的和菓子之城，是個充滿幸福甜蜜的園地，除了多種點心任君挑選之外，還可以品嘗到日本草莓的代表──「栃乙女」草莓，體驗採草莓樂趣及吃到飽的美味，有時間的話可以到花園中的體驗工房學習工藝，以及到源泉享受泡湯喔。

友愛之森

道の駅 那須高原友愛の森

⊙別冊P.28A3 ⊙黑磯駅前搭乘那須湯元方向的東野交通巴士，約15分後在「友愛の森」下車 ⊙0287-78-1185 ⊙那須郡那須町大字高久乙593-8 ⊙9:00~17:00 ⊙12/1~3月中每週三休，以及年末年始公休 ⊙www.yuainomori.com

　　友愛之森是個集結複合休憩功能的交通轉運休息站，包含旅遊中心、餐飲美食區、可以參與體驗及參觀的工藝館、集結各式農特產的直售部、當地特產的物產中心等，而且很多巴士路線都會經過這裡。以這裡當那須高原旅行起點外，還能嚐美食、體驗工藝，廣場上也不定時會有音樂會和園遊會，能在此度過一個輕鬆自在的午后。

神奈川▼山梨▼靜岡▼長野▼埼玉▼千葉▼茨城

栃木…那須高原▼茨城

那須庭園購物中心

NASU GARDEN OUTLET·那須ガーデンアウトレット

那須高原上唯一暢貨中心，囊括上百品牌讓你逛不完。

📖別冊P.28A4 🚃那須塩原駅西口轉乘免費接駁巴士，車程約8分 ☎0287-65-4999 🏠那須塩原市塩野崎184-7 🕐10:00~19:00(依季節營時不同) 🌐www.nasu-gardenoutlet.com

於2008年開業的那須庭園購物中心，是那須高原上難得一見的大型暢貨中心，環繞於田園之中更顯悠閒逸致。**店家涵蓋COACH、GAP、BWAMS等100**

家以上的著名品牌，一旁另設有販售那須農產品的**超市**，購物中心內設置休憩區、餐廳等，從那須塩原駅也可轉乘免費巴士到此相當方便。

南ヶ丘牧場

吃喝玩樂全都包，與小動物度過快樂時光！

📖別冊P.28A2 🚃那須塩原駅前或在黑磯駅前，搭東野巴士至「一軒茶屋」站下徒步15分；在「友愛の森」站搭周遊巴士約30分至「南ヶ丘牧場」站下 ☎0287-76-2150 🏠那須町湯本579 🕐8:00~17:30(依季節、天候變動) 💰入場免費。牧場內體驗設施，依不同區域收費，騎馬1人¥850 🌐www.minamigaoka.co.jp

南ヶ丘牧場開業於1948年，以維持自然的牧場型態、提供多元親子體驗育樂空間，也養育有特有的英國種Guernsey乳牛，讓這裡成為大受親子客層喜愛的牧場外，稀有的Guernsey乳牛所製成的牛奶、各式乳製品等，也成為熱門必買單品。牧場裡有可近距離觸摸動物的區域、騎馬、釣魚、射箭等，室內區有各式體驗DIY區及餐廳與賣店。

牧場內可以體驗餵食動物活動外，還有騎馬等活動。

在平成之森的雪地探險，導覽員帶我們辨識雪地各式腳印。

在那須高原的平成之森，進行一場雪地森林探險。

日光国立公園 那須平成の森

曾為日本皇族避暑地景點，四季變化都是美景。

📖別冊P.28A1 🚃那須塩原駅或黑磯駅前搭車約1小時 ☎0287-74-6808 🏠那須郡那須町高久丙3254 🕐4~11月9:00~17:00，12~3月9:30~16:30 🌐nasuheisei-f.jp/

過去是日本皇室的避暑地，平成天皇將部份林地委託給政府規劃，於是就變成「平成之森」開放了。無論是**散步前往駒止瀑布，或是研究林間生態，來場雪地森林的探險**，在保存良好的原始林中，一年四季風情變化都令人心折。

神奈川▼山梨▼静岡▼長野▼埼玉▼千葉▼茨城▼

栃木

那須高原

▼茨城

各式熊熊造型與故事場景連結,感覺好像走入故事中。

還有龍貓長期展覽區,可以和龍貓、主角們一起玩!

那須泰迪熊博物館

那須テディベア・ミュージアム

⊕別冊P.28B3 ⊚那須塩原駅或黑磯駅前搭東野巴士至「那須テディベア・ミュージアム前(下池田)」下;或在「友愛の森」站搭周遊巴士也可達 ☎0287-76-1711 ⊕那須町高久丙1185-4 ⊘9:30~17:00(入館至16:30) ⊕2、3、6、12月的第2個週二,2月的第2個週三。遇假日則開館 ⊜大人¥1,500、中高生¥1,000、小學生¥800 ⊕www.teddynet.co.jp/nasu

收藏超過1200隻以上的泰迪熊博物館。

有如位在森林間的泰迪熊博物館,穿過花園後就是一棟磚紅色的歐風建築,這裡是有著兩層樓空間、專門以泰迪熊為主題展示的地方。館內以各式的泰迪熊造型與場景搭配,**並以設計師所創發下的泰迪為主,衣服造型、樣貌千變萬化,二樓則是長期展區的龍貓特展,電影裡的場景一一在此重現。**

那須彩色玻璃美術館

那須ステンドグラス美術館

⊕別冊P.28B2 ⊚那須塩原駅或黑磯駅前搭東野巴士至「守子坂」下徒步15分;或在「友愛の森」站搭周遊巴士也可達 ☎0287-76-7111 ⊕那須町高久丙1790 ⊘9:30~17:30、10~3月~16:30 ⊕大人¥1,300、中高生¥800、小學生¥500 ⊕stainedglass-museum.com

英風玻璃美術館,超人氣日劇「仁醫」都曾在此取景。

仍保有濃厚貴族風格的英國科茲窩丘陵區域,由於跟那須的氛圍很像,因此美術館便以當地領主宅邸為意象,進口當地的萊姆石,建造出風格與氛圍都極度相似的美術館建築群。這裡以19世紀的彩繪玻璃展示為主體,收藏許多骨董家具、音樂盒,禮品店還有來自英國的各式雜貨、DIY課程等。

透過光線的照射,細緻的彩繪玻璃散出光芒。

美術館內陳列著古董沙發和桌燈,以貴族居家空間方式來展示。

殺生石

⊕別冊P.28A1 ⊚那須郡那須町湯本 ⊚黑磯駅前搭乘那須湯元方向的東野交通巴士,約35分鐘後在「那須湯本」站下車徒步約5分

殺生石的由來相傳是古時在此處的石頭附近,發散著含有亞硫酸瓦斯的毒氣。除此之外,傳說中有隻會變身為美女,妖惑人間的九尾狐狸在事跡敗露後,逃到此處化身為石頭後,惡毒的噴出毒氣奪走接近者的生命。這裡**四周佈滿碎石且不時噴出硫磺煙**,不過不用擔心,湯煙是無毒的。

餐廳隔鄰的可愛黃色小屋也是Gioia Mia所營運的麵包坊。

餐點運用嚴選當地食材桃太郎番茄、蜂蜜、雞蛋、蔬菜及在地高品質起士。

人氣的生起士蛋糕，沒辦法買回家，那就到一旁カフェ&ガーデンしらさぎ邸享用吧。

🍴 Gioia Mia義式餐廳　おすすめ 👍

ジョイア・ミーア 那須本店

🚃別冊P.28A2 🚌那須塩原駅轉搭東野巴士，往大丸温泉方向在「高湯入口下車」徒步2分 ☎0287-76-4478 🏠那須郡那須町湯本493-3 ⏰餐廳11:00~21:00(L.O.20:00)，週六連休~22:00；麵包坊9:00~17:00 🈲每月第3個週四(遇假日及5、8、10月無休)，麵包坊週四休(遇假日及8月無休) 💴義大利麵單點￥1,000~(套餐￥2,000~) 🌐www.gioiamia.jp

充滿歐洲鄉村雅致氣氛，連皇室都光臨過的美味餐廳。

被森林與各式花草庭園圍繞的兩棟可愛歐式房子，這裡是那須高原高人氣的義大利餐廳Gioia Mia，1993年開幕至今，已經營業超過30年，直到2018年，這裡依然是年年獲獎，人氣紅不讓，不但皇室家族曾經光臨過，很多藝人來度假也愛來用餐。以提供義大利各地的料理為主軸，除了麵體採用義大利領導品牌，橄欖油、火腿等為食材也都很講究。

🎁 Cheese Garden 那須本店　おすすめ 👍

🚃別冊P.28B3 🚌黑磯駅轉搭東野巴士往那須湯本方向約15分，在Cheese Garden下車徒步約5分 ☎0287-64-4848 🏠那須郡那須町高久甲喰木原2888 ⏰9:00~18:00(餐廳L.O.17:00)(依季調整) 💴3種起士蛋糕￥840，御用邸起士蛋糕(切片)￥510 🌐cheesegarden.jp/

那須美味乳製品你一定要嚐嚐！

知名的人氣起士蛋糕伴手禮御用邸起士蛋糕就是來自這裡，**Cheese Garden本店相當大，分有自有品牌的起士商品、蛋糕烘培坊及販售區，也有一區是各式適合搭配起士甜點的茶葉鋪**，再往一旁則是**小型超市**，這裡蒐羅不僅日本產，連歐美的火腿、紅酒、起士等都有販售，Cafe Deli也有各式當日現做輕食與甜點。

💡 **那須高原乳產量本州第一！**
很多人對於北海道的乳製品印象深刻，幾乎是美味的代名詞。但其實除了生產量佔全國第一北海道之外，第二名就是那須高原了。由於那須高原空氣清新、無汙染的廣大區域內所生產的牛奶，脂質濃厚，做成各式乳製品都相當廣受好評，尤其是起士類，更是絕對值得品嚐。

☕ NASU SHOZO CAFE

🚃別冊P.28A3 🚌黑磯駅前搭乘往那須湯本方面的巴士，25分後在「上新屋」下車 ☎0287-78-3593 🏠那須町高久乙東山2730-25 ⏰10:00~18:00(依季節不同) 🈲不定休 💴咖啡￥600~，南瓜布丁￥480，三明治套餐￥1,320 🌐www.shozo.co.jp

SHOZO CAFE在那須一帶共有4家店舖，是相當知名的老牌人氣咖啡店。店內擺設60年代的復古家具，爵士與BASA NOVA清柔地流洩，營造出輕鬆舒適的空間感。**NASU SHOZO CAFE以特別烘焙的咖啡與精選紅茶深獲顧客好評，店裡隨時都是高朋滿座。**

取用高原在地季節食材入菜，色彩繽紛的擺盤，也誘惑著旅人的味蕾。

Ⓗ こころのおやど 自在荘

📖別冊P.28A2　🚌那須塩原駅、黑磯駅搭乘巴士至新那須站下車，徒步5分　📞0287-76-3020　🏠那須郡那須町湯本206-98　🕐Check-in 13:00，Check-out 10:00　🌐jizaiso.co.jp

自在荘以**日式風情溫泉旅宿為主要風格，僅15間住房**，讓女將及館內工作人員都能充分照料到每位旅客的需求。引用地藏之湯源泉，無色透明的湯泉對於神經痛、肌肉疼痛、關節及疲勞等都具有效用，可以在能望見四季變化的露天風呂悠閒享受，或是付費的獨立風呂更能盡情自在的賞景泡湯。

Ⓗ Epinards那須溫泉飯店

ホテルエピナール那須

📖別冊P.28B3　🚌那須塩原站轉乘免費接駁巴士（須預約），或在「友愛の森」站搭周遊巴士至「エピナール那須」站下車　📞81-3-3434-3939(中文客服)　🏠那須郡那須町高久丙1　🌐www.epinard.jp

おすすめ

適合親子同遊的溫泉飯店，定點玩樂也超好玩！

開業於1999年的Epinards那須溫泉飯店，**堪稱那須高原最大的溫泉度假飯店**，在飯店內就可享受露**天溫泉、游泳池、手做體驗活動以及豐富當地食材料理**，頂樓的餐廳可360度觀賞那須高原絕佳美景。另外飯店特別設置從0歲嬰兒到6歲兒童都適合住的房型，以及家庭房，讓一家大小都能開心玩樂。

♨ 元湯 鹿の湯

おすすめ

發源於千年前的牛奶溫泉湯。

📖別冊P.28A1　🚌那須塩原駅或黑磯駅前搭東野巴士至「那須湯本」站下車；或在「友愛の森」站搭周遊巴士約40分至「那須湯本」站下車　📞0287-76-3098　🏠那須町大字湯本170　🕐8:00～18:00　🈺冬季不定休　💰大人￥500，小學生￥300；湯治體驗半日券-平日￥1,200、週末例假日￥1,500，週一～五￥1200；紀念毛巾￥400　🌐www.shikanoyu.jp/

那須溫泉元湯鹿の湯相傳發現於1300多年前，明治時代所建造的湯屋，古老氛圍彷彿將時光拉回到至百年前。鹿之湯自古以來就是藩主大名們的湯治場(溫泉療養所)，**乳白色溫泉除了可治燒創傷，還有美白、淡化細紋的神奇功效，難怪女湯無論何時總是大爆滿**。

群馬
ぐんま

群馬怎麼玩

位處關東地區中部的群馬縣，坐擁先天的地理條件，境超過200處的溫泉區域，可謂是溫泉之都，知名的草津、伊香保、水上、四萬溫泉，令人流連忘返。以「泉質主義」為號稱的草津溫泉鄉，擁有6種來源不同的豐沛源泉泉質，文學家最愛的伊香保溫泉，則留存著古時的風土與文化，讓人感受多種風情的溫泉記憶。

草津溫泉鄉 (P.9-4)

草津的溫泉街以溫泉源泉引流的湯畑為中心，擁有6種來源不同的豐沛源泉，溫泉純度極高，對於神經、肌肉和疲勞復原有相當的療效。溫泉街一早就有各家溫泉饅頭店，端出熱騰騰的饅頭沿街分送試吃，為這裡傳統熱情的一日揭開序幕。

伊香保溫泉(P.9-13)

伊香保，許多文學家最愛的溫泉鄉，沿著360個石階走上去，可以看到石階上刻著歌誦伊香保風土與文化的詩歌。傳説約420年前為了治療因戰爭所受傷的武士們，引導溫泉以便治療，所以在斜坡上開始形成溫泉街。

高崎 (P.9-19)

高崎市是群馬縣最大、也最熱鬧的城市。以達摩生產量居日本第一的高崎，幾乎處處都能看到各式達摩身影外，這裡也是群馬縣串聯北陸、東京大都會及前往草津溫泉區的交通匯點。

草津溫泉鄉

くさつおんせん Kusatsu Onsen

草津溫泉
伊香保溫泉
前橋
高崎

以「泉質主義」為號稱的草津溫泉鄉，擁有6種來源不同的豐沛源泉，溫泉純度極高，對於神經、肌肉和疲勞復原有相當的療效。草津的溫泉街以溫泉源泉引流的湯畑為中心，一早就有各家溫泉饅頭店，端出熱騰騰的溫泉饅頭沿街分送試吃，為這裡傳統熱情的一日揭開序幕。住宿和泡湯的選擇也很多，從西式度假飯店到高級和風旅館，可依預算和住宿需求挑選。

交通路線&出站資訊

電車
高崎駅→JR東日本-上越新幹線、北陸新幹線
長野原草津口駅→JR東日本-吾妻線
◎從東京都內要到草津溫泉，最方便的方式是從上野駅搭乘JR特急草津號，可直達長野原草津口駅，再轉搭JR巴士即抵達草津溫泉巴士總站。上野駅至長野原草津口駅，約2.5小時，每天3~4班次。
◎另外也可以利用上越／北陸新幹線至高崎駅，再轉搭JR上越線·吾妻線的列車至長野原草津口，再轉搭巴士。從東京駅至長野原草津口駅，約2.5小時。
●長野原草津口駅出發往草津溫泉的巴士，基本上都是配合電車抵達的時間，下電車後，務必盡快前往一旁的巴士站候車。

巴士
◎東京駅八重洲南口BT、新宿駅新南口BT→搭乘JR巴士「上州ゆめぐり号／東京ゆめぐり号」，途中會到伊香保溫泉、長野原草津口，最後直達草津溫泉巴士總站，東京站出發每天5班、新宿9班次。從新宿到草津巴士總站，約4小時。
◎若從輕井澤駅出發，可選擇搭乘草輕巴士前往草津溫泉巴士總站，約1.5時。

出站便利通
◎自長野原草津口駅出站後，可轉搭各路巴士前往景點，此站也是JR高速巴士「上州ゆめぐり号」行經地點之一。
◎長野原草津口巴士站1、2號乘車處皆可抵達草津溫泉巴士總站，3號乘車處可達草津溫泉巴士總站、白根火山，4號乘車處是往北輕井澤，5號乘車處往花敷溫泉、野反湖等方向巴士。
◎長野草津口~草津溫泉~白根火山方向巴士~草津溫泉區景點大多都在徒步可達的範圍，若要來往長野草津口、白根火山，則需要搭乘巴士。班次不少，若是遇到火山警戒期，殺生河原~白根火山一段會取消運行，需要特別注意。
@www.jrbuskanto.co.jp
❶2018年白根火山噴發的緣故，截至2023年5月，草津溫泉~白根火山段的巴士仍暫停營運中。

輕鬆往返草津溫泉鄉與輕井澤
輕井澤與草津用巴士連接一點也不遠！
區間：草津溫泉~白糸の滝~三笠~輕井沢駅
🚌草津溫泉發車：9：50、10：50、11：50、12：50、15：40
💰草津溫泉~輕井沢￥2,240
www.kkkg.co.jp
❶發車時間依季節而異，建議出發前先至官網查詢

草津溫泉的二三事
草津溫泉的名稱由來跟硫磺泉有關，硫磺泉向來有種臭臭的味道，而臭的日文發音為「KUSAI」，唸久了就成為音似「KUSATSU」的「草津」，草津溫泉之名因此傳開。草津硫磺泉的效能特強，有一云為除了戀愛病外無所不治，舉凡病後療癒、慢性皮膚病、高血壓、刀傷、婦女病等，都是草津溫泉的治療範圍。

便宜的湯之花大多都來自其它產地，與產自湯畑的湯之花價格上有差異。

湯畑

⚐別冊P.29A3 ⚑草津溫泉巴士總站徒步5分 ☎0279-88-3613 ⚑吾妻郡草津町草津 ⚑自由參觀

草津溫泉的中心，必遊的溫泉之田。

位在草津溫泉街中心位置的**湯畑**，**是造訪草津溫泉的必遊景點**，「湯畑」在日文意思是「溫泉之田」，因為湯畑所湧出的泉源溫度太高，自古便傳下一種「湯揉」的儀式，用長木板不斷攪拌溫泉水，以調節湯溫使溫度下降。現在這裡也可以採集一種被稱為「湯之花」的溫泉結晶。

御座之湯

⚐別冊P.29A4 ⚑草津溫泉巴士總站徒步5分 ☎0279-88-9000 ⚑草津町大字草津421 ⚑4~11月7:00~21:00，12~3月8:00~21:00。浴衣租借9:00~17:00(20:00前須返還) ⚑大人¥700、小孩¥350。浴衣租借¥2,500(3H，費用含泡湯) ⚑gozanoyu.com

這裡提供漂亮的浴衣全套行頭租借，除了拍照也能穿出去逛街。

據說與平安時代的原賴朝有相關，因而取名御座之湯，歷經時光轉換，原址從歷經公共浴池、旅館、拆除變成停車場等變化，現今所見的建築是於2013年所重建，由於沒建築老照片，便依照江戶~明治時代周邊其他公共浴池老照片，作為重建參考基準。嶄新又復古的木頭建築內，提供有兩種湯質的大眾湯，泡完湯後，可在2樓大廣間舒適的休憩放鬆，也可從陽台欣賞湯畑與周邊商店街。

演出中會開放現場觀眾參與翻湯免費體驗，但名額有限。

完成揉湯體驗還有「湯揉證書」！

熱乃湯

熱の湯

⚐別冊P.29A3 ⚑草津溫泉巴士總站徒步5分 ☎0279-88-3613 ⚑草津町草津414 ⚑9:30、10:00、10:30、15:30、16:00、16:30，一日6場、每場20分鐘 ⚑遇維修與活動會臨時休演 ⚑入場料大人¥700、小孩¥350；湯揉體驗(湯もみ体験)另加¥350(週末、例假日限定場次，體驗時間11:30~13:00) www.kusatsu-onsen.ne.jp/netsunoyu

邊看傳統翻湯表演，也能加入一起體驗。

由於草津源泉溫度極高，當地人又不願稀釋溫泉、降低療效，因此自古以來延伸出使用長木槳攪拌、使溫泉降溫的獨特方法。**熱乃湯是個將此一傳統以「湯もみと踊りショー」表演方式讓旅客體驗之地**；穿著傳統服飾的女性們，一面吟唱古老溫泉民謠、一面動作整齊地攪拌溫泉，欣賞表演中間也開放2次讓民眾親自下場免費體驗。

湯畑加入大師燈光設計，夜晚更美了！

近幾年草津的湯畑周邊逐步大更新。從湯路広場、御座之湯、熱乃湯、周邊設施等一一翻新，讓整個湯畑周邊變得更明亮舒適，尤其又請來擔任六本木Hills、JR京都車站等燈光設計大師面出薰，透過光影與湯煙交織，讓湯畑周邊景致入夜後更加迷幻浪漫。

神奈川▼山梨▼靜岡▼長野▼埼玉▼千葉▼茨城▼栃木▼

群馬 草津溫泉鄉

♨ 湯けむり亭

📖別冊P.29A3 🚌草津溫泉巴士總站徒步5分 ⏰24小時
💰免費

位於湯畑旁邊的這處免費足湯,可說是提供旅人一個最佳休憩的放鬆處,不論是從外地長途抵達草津溫泉後,先來這裡泡泡足湯放鬆一下,或是在這溫泉町裡到處徒步移動感到疲累,最輕鬆便利的放鬆方式就是泡泡足湯,或是無事座在這裡休息一下、等朋友,還可邊欣賞一旁的湯畑景致。

> 即使下雪天,也可在這裡讓身體緩呼呼後再繼續行程。

湯質酸度高,不是泡越久越好喔

每年日本最受歡迎的溫泉區票選,草津幾乎都在前3名內,除因湯泉量日本第一外,其溫泉對身體各式療效非常好。但可別因此就想說泡久一點。因為草津湯質含硫磺鹽、硫酸鹽、鹽化物溫泉酸度強,泡太久反而不適宜,加上湯溫相當高,建議3-5分鐘就要起身一次,頂多重複2次即可。

♨ 大瀧乃湯 👍おすすめ

📖別冊P.29B3 ☎0279-88-2600 📍吾妻郡草津町596-13 ⏰9:00~21:00(最晚入館20:00) 💰大人¥980、小孩¥450,「三湯めぐり手形」大人¥1,800、小孩¥800 🌐ohtakinoyu.com

> 來自煮川源泉的美人湯,體驗高溫且柔潤的特別水質

草津溫泉裡還有一間可容納百人以上、名為「大瀧之湯」的風呂,它不但**有瀑布溫泉**,還有**5種溫度不同的浴槽、咖啡廳、餐廳、休息室等**,設備相當齊全,是一個可以放鬆心情,慢慢享受溫泉的地方。最特別的是「合湯」,將浴池分成4個,從低溫(約38-40度)泡到45度,讓身體漸漸熱起來,暖呼呼一整天。

> 大瀧乃湯泉源來自煮川源泉,溫度高且滋潤肌膚有美人湯之稱。

🎁 松村饅頭 本店

松むら饅頭

📖別冊P.29A3 🚌草津溫泉巴士總站徒步5分 ☎0279-88-2042 📍吾妻郡草津町草津389 ⏰8:00~17:00(售完為止) 🈺週二三、週四不定休 💰溫泉饅頭¥1,350/9入

matsumura-manjyu.com/

來到草津大家必吃的便是「溫泉饅頭」。位在西之河原通上的松むら,**販售的溫泉饅頭內館是店家自豪的美味關鍵**,而外皮加了黑糖,看起來與一般的不一樣,聞起來香氣十足,吃在口中Q彈有咬勁,即使放冷了再吃都很美味。由於賣完會提早關店,所以想吃可得趁早哦!

［ 免費公共浴場 ］

來到草津除了享受溫泉旅館裡的泉湯及各大收費主題湯泉，還有數個免費公共溫泉散落在最熱鬧的溫泉街中心點。主要是提供在地居民使用，保有傳統的泡湯方式，像是自己搖動木板來降溫湯的「時間湯」、由湯長給予療癒指導的「湯治」等。因設施簡便通常無更衣間，也無可鎖式櫃子及盥洗處，前往泡湯勿帶貴重物品，泡湯前直接用池內溫泉沖身體即可，因酸性較強，不需沐浴乳即有很好殺菌效果。

☎0279-88-0800(草津溫泉觀光協會) ⊙地藏の湯：群馬縣草津町草津299；白旗の湯、千代の湯在湯畑旁，三湯相互距離都在徒步5分內 ⊙5：00~23：00(地藏の湯8：00~22：00) ⊙公眾湯免費，體驗「時間湯」及「湯治」需另外收費 ⊕ www.kusatsu-onsen.ne.jp/onsen

室內天花板上橫貫的粗樑與溫泉排煙用的天窗，至今仍可見。

地藏の湯與千代の湯都有「時間湯」，光降溫就要搖動木板2~30分鐘，相當耗體力。

🍴🧁 **月乃井** おすすめ 👍

⊛別冊P.29A3 ⊚草津溫泉巴士總站徒步5分 ☎0279-89-8002 ⊙草津町大字草津112-1 ⊙11：30~18：00，六日、假日11：30~20：00(L.O.19：00) ⊛週四不定休 ⊚拿波里PIZZA¥1,529起，午茶套餐¥787起，義大利麵¥1,100起 ⊕www.tsukinoi.com

菜單豐富還有柴燒窯拿波里PIZZA。

位於湯畑邊的可愛洋樓就是月乃井，以40年前的和風老旅館改裝後，成為一家以提供洋食、甜點、咖啡的洋菓子餐廳，尤其餐廳入口的馬賽克拼貼大烤爐，一看就知道這裡一定有美味PIZZA提供。老闆娘以自己小孩都能放心吃的餐點為出發點，細挑食材來源，也把在地特色食材帶入料理中。

可在2樓座位區俯視湯畑、邊享受午茶時光。

每天限量提供自家製的各式甜點，與咖啡可以配成午茶優惠套餐。

☕ **茶房ぐーてらいぜ** おすすめ 👍

Gute Reise Cafe

⊛別冊P.29A3 ⊚草津溫泉巴士總站徒步5分 ☎0279-88-6888 ⊙草津町草津368 ⊙9：30~17：30 ⊛週二 ⊚咖啡¥450起，午茶套餐¥750 ⊕www.nisshinkan.com/cafe

草津最古老旅宿風呂改建的咖啡館。

位於湯畑旁邊街口轉角處，面向鄰街有大片玻璃窗，坐在窗邊喝咖啡、看湯畑冉冉湯煙恣意又舒服。茶房ぐーてらいぜ 屬於草津歷史最老的旅館「日新館」附屬咖啡廳，原本是風呂場的建築物，後來變身為咖啡館，優雅木質調的咖啡館內，提供各式咖啡、茶類、自家烘培甜點，也有簡單義大利麵及PIZZA選單。

門口也有現蒸單顆賣的熱饅頭，熱燙口感更美味。

本家ちちや 湯畑店

▲別冊P.29A3　🚌草津溫泉巴士總站徒步5分　☎0279-88-2031　🏠草津町草津114　🕐8:00~21:00　💴雙餡白饅頭1個￥130，紅豆黑糖饅頭1個￥110　🌐www.honke-chichiya.com

限量饅頭秉持新鮮，當日製作當日銷售。

本家ちちや是一家50多年的溫頭饅頭店，精選食材及草津高原純淨水製作饅頭。其饅頭分白色及褐色兩種，**白色饅頭內餡為紅豆餡內再包覆栗子餡**，一口雙享受，是店內最受歡迎的人氣商品。**褐色饅頭則是黑糖饅頭包著北海道紅豆餡**，軟綿又能嚐到紅豆香味與顆粒口感。

賴朝

▲別冊P.29A3　🚌草津溫泉巴士總站徒步5分　☎0279-88-8146　🏠草津町草津116-2　🕐冬季9:00~18:00，夏季9:00~21:00　🈺不定休　💴溫泉蛋1個￥130，六文錢漬1個￥160(6個盒裝￥994)　🌐yoritomo1992.com/

在草津町內有兩家分店的醬菜店賴朝，**其受歡迎的原因除了以健康取向來製作醬菜**，消除消費者對醬菜過鹹的印象，也把醬菜透過創意的果醬式小包裝，讓享用醬菜也變得輕鬆無負擔。醬菜材料主以群馬地產蔬菜居多，店內也販售溫泉蛋、熱甘酒，常見客人就站在屋簷下的長條椅上吃喝起來，也是店內人氣商品。

六文錢漬將醬菜融合果膠做成像果凍般大小，一餐配一個剛好。

店內提供醬菜試吃區，口味滿意了再買。

👁 草津玻璃藏

草津ガラス蔵

▲別冊P.29A3　🚌草津溫泉巴士總站徒步15分　☎0279-88-0050　🏠吾妻郡草津町483-1　🕐9:00~18:00　🎨吹きガラス体験(玻璃吹製體驗)￥2,000起(可先預約)　🌐www.5b.biglobe.ne.jp/~glass

草津溫泉玻璃的由來，是將溫泉湯花加入玻璃，創造出色彩柔和的玻璃製品，觸感也相當地滑順，可做為伴手禮。草津溫泉玻璃藏共有三個館，一號館是展示及販賣玻璃工藝家的作品，門口還有好吃溫泉蛋。二號館是展示販賣彩色玻璃珠作品，三號館則是展示販賣玻璃手飾工藝品。

群馬 草津溫泉鄉

老闆自創的礦泉煎餅，礦泉取自無色無味、可飲用的溫泉礦泉水。

草津煎餅本舖

📖別冊P.29A3 🚌草津溫泉巴士總站徒步10分 ☎0279-88-3391 📍吾妻郡草津町草津478 🕐8:00~18:00(夏季延長營業) 🈲不定休 💰草津煎餅¥70起

來到草津溫泉不得不提起草津煎餅，草津煎餅本舖最有人氣的是礦泉煎餅，跟一般煎餅不同的是，它是加**溫泉礦泉水製造的**，據說喝礦泉水可以養顏美容，所以老闆就突發奇想，將它加入麵糊裡作成煎餅。溫泉礦泉煎餅的**味道相當淡雅，既好吃又健康，所以深受遊客喜愛**，其他手工菓子也值得一嚐。

西之河原大露天風呂

おすすめ 👍

📖別冊P.29A3 🚌草津溫泉巴士總站約徒步20分 ☎0279-88-6167 📍吾妻郡草津町大字草津521-3 🕐4~11月7:00~20:00(入館至19:30)、12~3月9:00~20:00(入館至19:30) 💰大人¥700、小孩¥350，三湯めぐり手形(可用於西之河原大露天風呂、大滝乃湯、御座之湯)大人¥1,800、小孩¥800 🌐sainokawara.com

大自然中泡溫泉，感受最原始的野味草津。

草津溫泉鄉有多處風呂，但就屬西之河原公園深處的大露天風呂最特別了。經過近半年的翻修，在2015年4月重新開放，被**樹林包圍的石砌湯池冒著陣陣白煙，彷彿人間仙境般**，引著旅人前來洗盡身上風霜。

在五百平方公尺寬闊的大浴場中，享受草津溫泉的自然意境。

人氣最旺的炸菲力豬排套餐，你一定要來嚐嚐看！

とん香

おすすめ 👍

📖別冊P.29A4 🚌草津溫泉巴士總站徒步3分 ☎0279-88-6139 📍吾妻郡草津町草津23-90 🕐11:00~14:00、17:00~20:00 🈲週三(連假、暑假等期間會調整) 💰ヒレかつ定食(炸菲力豬排套餐)¥1,870 🌐tonka.ikidane.com/

不能錯過的在地排隊美食！

豬排專賣店とん香在草津非常有名，使用的是**自家產的麵包粉**，炸豬排時使用低溫油炸，炸起來不油不膩、軟中帶嫩，豬肉是使用日本美味數一數二的群馬縣產豬隻，配菜所使用的是當地所產名叫「419」的高麗菜，甜味足夠，相當爽口好吃。

神奈川▼山梨▼靜岡▼長野▼埼玉▼千葉▼茨城▼栃木

群馬 草津溫泉鄉

👁 草津國際滑雪場

草津国際スキー場

〔おすすめ👍〕

📖別冊P.29A3 🎿滑雪季節(12月~4月)從草津溫泉巴士總站6號線,搭乘免費接駁巴士、車程約15分 🚌吾妻郡草津町草津白根国有林內 ☎0279-88-8111 ⏰8:30~17:00,12月下旬~3月中的週六17:00~21:00有夜間時段 💰吊椅:單次¥500。一日券大人¥4,400、4歲~小學生¥3,300;4H券大人¥3,900、4歲~小學生¥2,800;夜間(17:00~21:00)大人¥1,900、4歲~小學生¥1,500 🌐www.932-onsen.com/winter/index ❗夏季變成滑草、溜索等各式戶外活動

> 最綿密的白雪,在鬆軟的粉雪感受滑行快感。

草津國際滑雪場以乾爽優良的雪質名聞遐邇,還有處坡度達28度的上級滑雪道「天狗之壁」,是日本滑雪高手們絕對不會錯過、可大展身手的地方。除了高手雲集的刺激坡道,也有許多適合初學者與家族同樂的活動,初學者可以租用滑雪裝備,參加滑雪課程,練習簡單的前進、煞車等動作。

KIDS PARK

草津國際滑雪場為了讓全家大小玩得更開心又安全,擴增不少給小孩及父母的玩樂及休憩空間, KIDS PARK獨立的大區域專屬小朋友,色彩繽紛的造景遊戲區、滑雪練習區、玩雪區等,還設有雪地輸送梯。若身邊有超小朋友或是想待在室內,也不用在餐飲區人擠人,設有托育老師的托兒所、兒童休憩室、哺乳室,簡直是父母們的天堂。

> 貼心的雪地輸送梯設計,讓小朋友們拿著滑雪道具往上坡去。

⏰12月下旬~3月下旬,9:00~16:00 💰一日¥1,000,1個小孩可由一位大人陪同免費入場 ❗年齡限制1歲至小六,滑雪器材分免費及收費兩種

◉ 草津白根山

〔おすすめ👍〕

📖別冊P.29A3 🚌草津溫泉巴士總站搭乘路線巴士,30分後至「白根火山」站下車徒步約30分可至湯釜,車資¥1130 ☎0279-88-7188(草津町觀光課) 🚌吾妻郡草津町 ❄冬季(約為11月中旬~4月下旬)封山無法進入 ❗2018年火山噴發後,至今仍舊禁止進入中

> 火口湖湯釜絕景,碧綠平靜的湖面令人印象深刻。

白根山、本白根山、逢之峰一帶所連成的山峰統稱為草津白根山,屬於那須火山帶的一支,因為是草津的象徵,故每年都吸引許多遊客前來踏青。登上白根山山頂分別有3個火口湖「湯釜」、「水釜」與「涸釜」,其中「湯釜」最大也最壯觀,由於是活火山,參觀時可得依安全參觀動線行進。

Ⓗ 喜悦之宿 高松

喜びの宿 高松

訂房網上的高人氣溫泉旅宿。

📖 別冊P.29,B3 🚌 距離草津溫泉巴士總站徒步7分、距湯畑徒步4分 📍 群馬縣吾妻郡草津町大字草津312 ☎ 0279-88-3011 🕐 Check In 14:00~、Check Out ~10:00 🌐 www.h-takamatsu.com/

草津溫泉有個趣談，據說這裡的溫泉除了相思病什麼病都治得好，可見草津溫泉自古以來的療效名聲響噹噹。來草津除了享受溫泉洗禮，再搭配上各式美食饗宴，才是享受溫泉旅館的奧義。喜びの宿 高松可說是草津區域內相當受到喜愛的溫泉旅館，除了**採用從「湯畑」引流過來、百分之百原湯的掛流溫泉外，更有露天湯、室內湯、預約制私人湯屋、房內附帶溫泉湯池等選項**，大眾湯溫泉更區分成不同溫度的湯池，讓住客能大大享受溫泉湯治的效果。

以和風溫泉旅宿為主風格的旅館內，除了榻榻米和式房外，也有洋式選擇，讓泡完湯後身心得到一夜好眠。另外也**別錯過館內的美味餐廳**，3處餐廳分別是11樓主餐廳喜望峯、5樓喜樂亭、4樓喜和味，不論是上州和牛壽喜燒、大和豚豬肉涮涮鍋、宴席料理、壽司，或西式的夏多布里昂排、馬賽魚湯等料理，季節食材的美好滋味，任君選擇。離開前也別忘買份草津知名的溫泉饅頭當伴手禮，**館內自製的溫泉饅頭頗具口碑，經常銷售一空**。

標準和式房有10張榻榻米大小，空間舒適又放鬆。

館內設有賣店，想買各式伴手禮都很便利，推薦入手旅館自製溫泉饅頭。

溫泉浴池設有柏樹浴、岩盤浴、陶瓷桶浴等3種，滿足不同溫泉享受。

5F喜楽亭設有開放式廚房，讓顧客邊享受美食，邊欣賞廚師們精湛廚藝。

神奈川➡山梨➡靜岡➡長野➡埼玉➡千葉➡茨城➡栃木

群馬 草津溫泉鄉

神奈川▼山梨▼靜岡▼長野▼埼玉▼千葉▼茨城▼栃木

群馬 草津溫泉鄉

H HOTEL一井

📖別冊P.29A3 🚌草津溫泉巴士總站徒步5分 ☎0279-88-0011 🏠草津町草津411 ⏰Check-in 14:00、Check-out 10:00 🌐www.hotel-ichii.co.jp/

　位在湯畑前的一井溫泉旅館，創立自江戶時代，**簡潔的白色西式旅館建築，一進到裡面卻彷若瞬間回到大正、昭和時代的洋風浪漫氛圍**。旅館分「本館」、「別館」、「西館」三部分，設施除了各式和風宴會場、1樓賣店、大眾浴池，也有西式Buffet餐廳，以及充滿大正時代浪漫氣氛的和洋餐廳「季味の浪漫」。

「本館」正對著湯畑僅規劃25間房，是最受歡迎的客房。

H 草津飯店

草津ホテル

おすすめ

📖別冊P.29A3 🚌草津溫泉巴士總站徒步12分，或可在抵達巴士站後致電請飯店人員接送 ☎0279-88-5011 🏠吾妻郡草津町479 ⏰Check-in 14:00、Check-out 10:00 🌐www.kusatsuhotel.com

重回大正時期，感受懷舊木造的溫暖建築。

　大正2年(1913年)創立，至今已超過百年歷史的草津飯店，就位在商家集中的草津溫泉街上，雖然名字以飯店為名，但這裡其實是非常道地的日式和風旅館。旅館為**三層樓木造建築館**，外觀還保留著創業當時厚實沉穩的模樣，館內處處漂逸著大正浪漫時期所遺留下來的懷舊氣氛。

藝術家片岡鶴太郎每年都會來此長住，空閒時也可到旁邊的美術館欣賞其作品。

H ての字屋

📖別冊P.29B3 🚌草津溫泉巴士站徒步6分 ☎0279-88-3177 🏠吾妻郡草津町360 ⏰Check-in 14:00、Check-out 10:00 🌐www.tenojiya.co.jp

　旅館位於彎曲小徑，也並非位於高處，因此不敢說它視野佳，但頗有山中小鎮、百年風情的味道。**以木為基礎的和式建築，讓人感覺清新溫暖**。自然不造作的花藝，不過度裝飾的擺設，讓久居都會的人們，心境得以舒緩，再加上溫柔的燈光、周圍環境的自然音，感覺像是回到千百年前。

H 奈良屋

📖別冊P.29A3 🚌草津溫泉巴士站徒步5分 ☎0279-88-2311 🏠吾妻郡草津町草津396 ⏰Check-in 14:00、Check-out 11:00 🌐www.kusatsu-naraya.co.jp

　歷史情緒滿溢的奈良屋，是**草津溫泉上的老舖和風旅館，全館共有11間風情各異的客房**，裡外都充滿古風，足以讓人追憶草津過往，品味當年。奈良屋提供的溫泉也是**草津6大泉源中最古老的白旗泉源**，且用自然引流的方式冷卻，泉中不加水稀釋降溫，可以體驗到最原汁原味的溫泉。

伊香保溫泉

いかほおんせんIkaho Onsen

　伊香保，許多文學家最愛的溫泉鄉，沿著360個石階走上去，可以看到石階上刻著歌誦伊香保風土與文化的詩歌；上千年前便已湧出溫泉，不但可浴且可飲，是極富盛名的美人湯之一；長約300公尺、共計365個石階的石段街，傳說是約420年前為了治療因戰爭所受傷的武士們，引導溫泉以便治療，所以在斜坡上所建立的溫泉街。

神奈川➡山梨➡靜岡➡長野➡埼玉➡千葉➡茨城➡栃木

群馬 伊香保溫泉

交通路線＆出站資訊

電車
高崎駅➡JR東日本-上越新幹線、北陸新幹線、上越線、信越本線、高崎線
高崎駅➡上信電鐵-上信電鉄線
渋川駅➡JR東日本-上越線、吾妻線
要到伊香保溫泉沒有直達電車，最快的方式就是搭乘上越・長野新幹線至高崎駅或上越、吾妻線至渋川駅；或是從上野駅搭乘特急草津號直達渋川駅。再轉搭關越交通巴士或群馬巴士至伊香保溫泉。

巴士
◎若是對轉乘時刻沒有把握的人，從東京出發可以搭乘高速巴士，直接便能到達伊香保溫泉。
◎東京駅八重洲南口BT、新宿駅新南口BT➡搭乘JR巴士「上州ゆめぐり号／東京ゆめぐり号」，可直達伊香保溫泉站，東京站出發每天5班、新宿9班次。

出站便利通
◎抵達伊香保溫泉巴士站後，可以先沿著石段街逛逛，感受當時文學人士最喜愛的伊香保溫泉鄉。
◎遊逛伊香保神社、關所，買買伴手禮，或是選擇搭上伊香保纜車，到海拔900公尺高的物聞山上俯瞰周邊景色，最後必定不能錯過伊香保溫泉。
◎可於高崎駅、伊香保溫泉搭乘榛名湖・榛名神社定期

觀光巴士(榛名湖・榛名神社コース定期觀光バス)，此為導覽巴士會有導遊帶領介紹當地，限定每年4/15~11/23週六、日、一期間運行；自高崎駅出發行經路線伊香保溫泉、榛名山纜車、榛名湖、榛名神社、少林山達磨寺、高崎觀音。
⏰高崎駅發車：9：00、伊香保溫泉巴士總站發車：10：00、見晴下發車10：02、石段街口發車10：03、案內所發車：10：10；行程結束抵達高崎駅約15：40
💲高崎駅搭乘￥4000、伊香保溫泉搭乘￥2980
🏠JR東日本びゅうプラザ各店舗、JTB、JR東海ツアーズ、群馬バス箕鄉綜合バスセンター、榛名營業所、高崎駅バス綜合案內所皆可購票
🌐www.gunbus.co.jp
❗因疫情暫停營運中，最新營運再開時間請上網查詢

優惠交通套票
◎榛名伊香保溫泉1日券(榛名伊香保溫泉フリーパス)可於1日內自由搭乘高崎駅~榛名湖~伊香保溫泉路線群馬巴士。
💲成人￥1,750、兒童￥880
🏠JR東日本びゅうプラザ各店舗、JTB、JR東海ツアーズ、日本旅行、群馬バス箕鄉綜合バスセンター、榛名營業所、高崎駅バス綜合案內所皆可購票
🌐www.gunbus.co.jp

おすすめ 👍

階梯暗藏溫泉管路，沿途地面上設有12生肖的圖樣，也代表此處是溫泉旅館的所在地。

有400年歷史的石段街，可說是伊香保溫泉街最具代表性的景致。

👁 石段街

📖別冊P.29B2　🚌伊香保溫泉巴士站徒步約5分　☎0279-72-3151(伊香保溫泉觀光協會)　📍渋川市伊香保町伊香保湯本　⏰自由參觀

湯煙四溢的石階梯，最有大正年代的懷舊古道。

　　石段街上有土特產店、溫泉饅頭店、溫泉旅館、公共溫泉湯屋等，深受竹久夢二等作家喜愛之地。隨時光推移街道不斷整頓，現在所見是2010年重修，總共有365階，象徵著365天都能溫泉客盈門、熱熱鬧鬧。**很多人喜歡在清晨或是傍晚在此漫步，傍晚的店家陸續關門，昏黃的路燈亮起，散發著柔和的溫泉鄉魅力。**

神奈川▼山梨▼靜岡▼長野▼埼玉▼千葉▼茨城▼栃木

群馬

伊香保溫泉

⛩ 伊香保神社

（▲）別冊P.29B1　（🚶）伊香保溫泉巴士站徒步約15分　（🏠）渋川市伊香保町伊香保2　（📞）0279-72-2351　（🕐）自由參拜

守護溫泉之神，求子與求緣也相當知名。

西元825年所建造的伊香保神社，在上野國(其範圍約為現在的群馬縣)12社中，居於富岡的貫前神社(一之宮)、赤城山的赤城神社(二之宮)之後，列為三之宮。其建於石段街的最頂端，**充滿著莊嚴寧靜的氣氛**，主要信奉的是大己貴命與少彥名命，為溫泉、醫療之神，這裡也有求子神社之稱。

踏上365階後進入神聖之地，向溫泉之神祈求健康與良緣。

牆上掛滿繪馬是來自各地旅人的祈願。

風呂外的源泉湧出口能觀察到溫泉富含鐵質，一遇空氣就變成褐色。

♨ 伊香保露天風呂

（▲）別冊P.29B1　（🚶）伊香保溫泉巴士站徒步約20分　（📞）0279-72-2488　（🏠）渋川市伊香保町伊香保湯本581-1　（🕐）9:00~18:00、10~3月10:00~18:00(入場至閉館前30分)　（🈶）每月第1、3個週四(遇假日營業)　（💰）大人￥450、小孩￥200

在大自然中泡溫泉，同時享受芬多精。

伊香保溫泉街鄰近有3個公共溫泉，其中又以位於石段街最上端、近伊香保神社的「伊香保露天風呂」最受歡迎。因**此處位源泉湧出口旁，離繁華喧鬧的石段街有段距離，能享受寧靜的泡湯時光**。這裡的泉水引自黃金之湯，浴池是男女分開的露天浴池，浴池都有水溫較熱或較溫兩種，可以選擇適合自己的溫度來泡。

帶你知伊香保溫泉泉質

黃金湯：硫酸鹽溫泉
效能：神經痛、肌肉酸痛、關節炎、動脈硬化、高血壓、慢性皮膚病、易著涼體質。
白銀湯：矽酸單純溫泉
效能：病後恢復期、消除疲勞、增進健康。

◎ 伊香保關所

⚐ 別冊P.29B2　🚍 伊香保溫泉巴士站徒步約10分　📞
0279-22-2873　🏠 渋川市伊香保町伊香保34　🕐
9:00~17:00、11～3月9:00~16:30　🚫 第2、4個週二　💰 免
費參觀

　現今的伊香保關所的建築，是復原1631年當時幕府
所下令設置的伊香保關所，所謂「關所」是過去來往三
國街道的路上所設置的關卡，就像現在的海關；伊香
保關所裡面展示著當時留下來，管理來往旅行者的通
行證、文獻、兵器等古物供遊客參觀，可以藉此了解當
時來往伊香保旅人們的景象。

◎ 河鹿橋

⚐ 別冊P.29B1　🚍 伊香保溫泉巴士站徒步約20分　📞
0279-72-3151(伊香保溫泉觀光協會)　🏠 渋川市伊香保
町伊香保　📋 自由參觀

　紅色太鼓橋的河鹿橋是這裡新建的橋，河鹿橋的
由來據説是過去曾經棲息在這條河流裡、有種名叫
河鹿蛙的青蛙，所以就將這條新橋取名為河鹿橋。這
裡的四季景色各有特色，不論是夏新綠、秋紅葉或
者冬白雪，搭配上紅色太鼓橋，使
景色更顯優美，夜晚的投射燈照
射在橋上更是美麗。

紅色的河鹿橋與
秋季紅葉相映成
趣，更顯其豔麗。

創始的溫泉湯花饅頭，
黑糖滋味濃厚，再配上
一杯茶令人回味。

🎁 湯乃花饅頭 勝月堂

⚐ 別冊P.29B1　🚍 伊香保溫泉巴士站約徒步10分　📞
0279-72-2121　🏠 渋川市伊香保町伊香保591-7　🕐
9:00~18:00　🚫 1月1日、不定休　💰 湯乃花まんじゅ(湯乃
花饅頭)￥880 /6入　🌐 shougetsudo.net

　日本的溫泉饅頭起源就是從伊香保開始的，伊香
保的溫泉饅頭又跟其他地方的不一樣，名叫湯花溫
泉饅頭，因饅頭顏色是仿造湯花的茶褐色，便取為其
名。湯花饅頭的元祖是1910年創業的勝月堂，茶褐色
的饅頭皮有著濃濃的黑糖味，越嚼越香，北海道產
的紅豆內館口感綿密，讓人無法忘懷。

神奈川 ▼ 山梨 ▼ 靜岡 ▼ 長野 ▼ 埼玉 ▼ 千葉 ▼ 茨城 ▼ 栃木

群馬
伊香保溫泉

👁 舊夏威夷王國公使別邸

ハワイ王国公使別邸

🏠 別冊P.29B2 🚌 伊香保溫泉巴士站約徒步10分 ☎ 0279-52-2102 📍 渋川市伊香保町伊香保29-5 ⏰ 9:00~16:30，2樓只於週末、例假日、盂蘭盆節、夏威夷嘉年華期間開放 📅 週二(遇假日順延)、12月28日~1月4日 💴 成人￥200、小中高生￥100

　　這棟當地人稱之為「愛爾文別墅」的舊夏威夷王國公使別邸，昭和60年(1985年)為日本移民夏威夷100週年紀念，群馬縣與伊香保町的文化保護委員會協定，**將此建築作為史跡博物館開放參觀**，裡面展示著**當時駐日夏威夷王國代表Robert Walker Irwin的遺物**，以及當時遺留下來的資料與照片。

木造建築與樹木相互融合，一到夏季更為涼爽。

沉穩木質家具、古味的氣氛，讓人一起沉醉在大正的浪漫情懷裡。

🎁 ☕ 諸國民藝 天手毬

諸国民芸 てんてまり

🏠 別冊P.29B2 🚌 伊香保溫泉巴士站約徒步5分 ☎ 0279-72-2144 📍 北群馬郡伊香保72-6 ⏰ 10:00~17:30；茶房てまり10:00~17:30、週末例假日10:00~18:00 📅 週三 💴 手毬￥158起 🌐 www.tentemari.jp

　　隱身於巷子裡的天手毬相當有氣氛，1樓是咖啡店，感覺就像來到了英國的咖啡店，**深咖啡色的木造家具擺設，店內感覺相當寧靜，可以品嚐店裡特製的烤起司蛋糕與咖啡**。2樓是手工藝品店，店內陳列著許多老闆走訪各地所收集到的工藝品，邀請顧客一起欣賞這些物品的素樸之美。

🎁 民藝 山白屋

おすすめ 👍

🏠 別冊P.29B1 🚌 伊香保溫泉巴士站徒步約5分 ☎ 0279-72-2242 📍 北群馬郡伊香保町伊香保12 ⏰ 10:00~18:00 📅 不定休

　　這裡販售全國各地的**絹、綿、布、木、和紙等所作的小東西，各式各樣的民藝品、手工藝品擺滿了店面，是非常有人氣的一間店**。老闆集合了三間旅館的女將，一起設計當地限定商品，有薰香、伊香保手絹以及黃金白銀湯香皂，還有可愛的小木屐拖鞋護身符，都是最佳伴手禮喔！

各式精緻布作小物，都是最佳伴手禮。

H 木暮飯店

ホテル木暮

🅰️別冊P.29B2 🚌伊香保溫泉巴士站約徒步5分 ☎0279-72-2701 🏠涉川市伊香保町伊香保135 Check-in 15:00、Check-out 10:00 🌐www.hotel-kogure.com

建造石段街的同時,當時的富豪木暮武大夫先生,便建立了木暮武大夫旅館,吸引夏目漱石等多位文學家來這裡住宿療養身體;**黃金溫泉的源泉量有約40%為木暮所有,是伊香保擁有最多溫泉量**,也是附有最先進設備的飯店。飯店內共有26個浴場供住宿者泡湯,更有庭園露天浴池、岩盤浴、SPA等設備。

古色古香的老旅館,親身體驗大正風情。

木製窗櫺與明亮玻璃掛上黑色燈臺,更顯時代交匯的美感。

飯店供應超過20種不同設計的浴場,讓泡湯充滿新鮮感。

露天溫泉的好處就是結合戶外的山光水色,舒服又愜意。

H 橫手館

🅰️別冊P.29B1 🚌伊香保溫泉巴士站約徒步5分 ☎0279-72-3244 🏠涉川市伊香保町伊香保11 ✅Check-in 15:00、Check-out 10:00 🌐www.yokotekan.com

1920年建築的四層樓本館在當時相當少見,整棟建築物都以檜木建造,進入玄關就可以聞到檜木飄香,走上古色古香的樓梯,讓人想像著大正時期的繁華風貌還存留至今。這裡的浴池最早曾經為男女共浴,直至近40年前才改成男女分開的兩大浴池,此外還有3個可以獨立借用的家庭浴池。

群馬 伊香保溫泉

客房與庭園合而為一，氣氛更清幽。

Ⓗ 洋風旅館Pinon

おすすめ

洋風旅館ぴのん

🅐別冊P.29A2 🚌渋川駅3號乘車處搭乘關越交通巴士，約25分至「見晴下」站下車徒步3分 🏠渋川市伊香保町383 ☎0279-72-3308 ⏰Check-in 15:00、Check-out 11:00 🌐www.pinon.co.jp

浪漫大正風格的和洋派旅館，古董家俱更添一絲華麗風采。

洋風旅館Pinon外觀就像是英國的鄉村別莊，大廳裡的壁爐、英國風裝飾品，都讓人有身在英國的錯覺。這裡的餐點都是由老闆娘所精心設計，選用當地農家栽培的無農藥蔬菜，不僅住得開心也吃得安心。遊玩一天下來，還可以去姊妹館松本樓泡溫泉放鬆心情，順便觀賞特製節目松本節的表演。

Ⓗ 千明仁泉亭

おすすめ

🅐別冊P.29B2 🚌伊香保溫泉巴士站約徒步5分 ☎0279-72-3355 🏠渋川市伊香保町伊香保45 ⏰Check-in 15:00、Check-out 10:00 🌐 jinsentei.com

入住文學家最喜歡的古色老旅館，眺望山麓美景。

千明仁泉亭建於1502年，是伊香保首屈一指的老旅館，日本文學家德富蘆花，每次到伊香保都會投宿這裡，小說《不如歸》裡的美麗淒涼愛情故事，就是以千明仁泉旅館為背景。**木造的三層樓建築就佇立在石段街旁，因位於較高的地理位置，所以每間客房及露天浴池都可以眺望到周圍的山麓景致。**

Ⓗ 岸権旅館

おすすめ

🅐別冊P.29B1 ☎0279-72-3105 🏠伊香保町伊香保甲48番地 ⏰Check-in 15:00、Check-out 10:00 🌐www.kishigon.co.jp

感受伊香保悠久溫泉風情的400年歷史旅館。

岸権旅館從室町時代開業至今，位在石段街的中段位置，其入口處地板同樣擁有一個12生肖的圖騰。**在早期溫泉街一帶僅允許12家溫泉旅館的存在，而岸権便是其中一家，因而也能保有源泉的使用權**，更令人驚訝的是，岸権的源泉使用量占了伊香保溫泉的10%，也因此在館內的大小總共13處的溫泉池，幾乎都是以流動的源泉提供給旅宿者，完全不收再利用。

高崎
たかさき Takasaki

高崎市是群馬縣最大、也最熱鬧的城市，可說是群馬商業、交通、購物、文化中心。以達摩生產量居日本第一的高崎，幾乎處處都能看到各式達摩身影外，這裡也是群馬縣串聯北陸、東京大都會及前往草津溫泉區的中間點。上越新幹線、長野新幹線、JR高崎線及JR信越本線等鐵路都在此交匯，也讓高崎發展快速，光鮮的城市面貌外，也隱藏老屋、城垣遺址、榛名神社等文化歷史底蘊。

交通路線&出站資訊

電車
高崎駅JR東日本-上越新幹線、北陸新幹線、上越線、信越本線、高崎線
高崎駅上信電鐵-上信電鉄線
從東京駅搭乘上越新幹線至高崎駅，約1小時。

出站便利通
◎高崎駅搭乘北陸新幹線至長野站，約50分。
◎高崎駅搭乘北陸新幹線至金澤駅，約2小時18分。
◎往草津溫泉，需從高崎駅搭乘上越線往長野原草津駅，約1小時20分。抵達後再轉搭JR巴士前往草津溫泉巴士總站，約25分。

跟三麗鷗合作的Hello Kitty 達摩便當，吃完可以繼續當便當盒使用，也很可愛。

🍴 達摩鐵道便當
だるま弁当

📖別冊P.30B2 🚉高崎駅內2F(改札口入口外旁邊)(車站改札口內也有其他2處)
🕐6:30~21:00 💰達摩便當￥1,200
www.takaben.co.jp/

好吃又實用，搭火車一定要買一個！

從昭和35年就開始販售的這款達摩便當，堪稱大受歡迎又長壽的一款鐵道便當。加入醬油調味的茶米飯為基本，再擺入各式群馬地產美味，像是山菜、雞肉、椎茸等近12種配菜。

☕ 日本茶喫茶・藏のギャラリー棗
おすすめ 👍

📖別冊P.30A1 🚉高崎駅徒步15分 🚌高崎市宮元町223 ☎027-326-1167 🕐11:00~18:00 ❌週二、三 💰茶類￥400起，抹茶(含和菓子點心)￥750 🌐kurakissa.exblog.jp

百年石倉庫變身茶屋與藝展處。

江戶時期就經營米店的店主家族，在**130年前重建**這個石倉庫，但當初不是用於放米反而是用來居住，因此內部裝飾細節較精緻。變成以供應**日本茶**為主的茶屋後，**一樓作為茶屋，二樓榻榻米區則成為藝術展覽區**。在這如果點抹茶，第一杯主人會示範泡法，免費續第二杯後可自己體驗傳統抹茶砌茶。

茶屋與藝廊的石造倉庫「棗」，是主人為留下兒時回憶，特地保留的百年建築。

體驗傳統砌茶

1 放入抹茶粉。

2 自己端茶碗到櫃台邊的熱水處，舀熱水入茶碗中。

3 回到座位，以茶筅抵住碗底先畫「八」，接著一樣貼著碗底，快速來回刷動。

4 直到細緻泡沫鋪滿全碗就算完成。

E'site高崎

おすすめ 👍

別冊P.30B2　高崎駅東口直結
027-324-8292　高崎市八島町222(高崎駅東口)　9:00~21:00，週日及假日9:00~20:00。1F美食區7:00~21:30　不定休　www.e-takasaki.com

集結群馬各地伴手禮，好逛又好買！

位於高崎駅東口的 E'site 商場，因為就與高崎車站緊密結合在一起，包含1~2樓的商場空間，1F則是包含星巴克、藥妝店、便利店等，2樓商場有最受旅人青睞的群馬いろは，能大肆採買群馬特名產，甜點區集結眾多百年老舖，美食區則有超過8間美食店家，提供旅人充電處。

群馬吉祥物群馬將（ぐんまちゃん）各式周邊商品，超可愛！

群馬いろは

おすすめ 👍

高崎駅內(E'site賣場2F)　027-321-0067　9:00~21:00，週日及假日9:00~20:00　www.e-takasaki.com

集結群馬縮影的伴手禮名物大集合！

與高崎車站入口大廳通道同在2樓的群馬いろは，**搜羅群馬縣內的逸品、名品、伴手禮**，像是達摩不倒翁就有滿滿一個櫃位，所有想得到的群馬伴手禮、酒品、地產、各式工藝品等全數羅列，逛個1個小時都嫌不太夠。

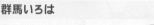

高崎紅到東京的排隊名店GATEAU FESTA HARADA，是大家都想排隊一嚐法國麵包脆餅的好滋味。

再玩遠一點：榛名神社

位在群馬榛名山上的「榛名神社」是有1400多年歷史的古老神社，社內多處建築，像是本社、国祖社、双龍門、神楽殿等，已被指定為國家重要文化財產。佔地15公頃的神社之地，群山綠意環繞格外清幽且帶著原始魅力，也因非凡能量吸引女性前來祈願獲得良緣而知名。
高崎駅西口轉搭往榛名湖方向群馬巴士車程約1小時，至「榛名神社前」站下車徒步約15分　高崎駅發車：8:30、9:30　027-374-9050
高崎市榛名山町甲849　www.haruna.or.jp

榛名神社是群馬縣的賞楓勝地，鑲在巨岩中本殿最具特色。

包圍在樹林之中的神社，展現出自然與建築的神奇能量。

東京都內住宿推薦
Tokyo Accommodation Guide

如 想計劃從東京都心玩到近郊,可選擇住宿東京,能一次感受都市城景及近郊美景。都內住宿地點選擇多,東京車站、新宿、上野等交通及轉乘方便,以下就東京都心各大車站附近的優質住宿地來做介紹。

享用早餐同時,透過特意打造的大片玻璃能看見專屬東京的城市美景。

客房廣闊舒適,夜幕低垂,華燈初上的美景讓人連流忘返。

茶泡飯是最棒的開胃早餐!

東京駅
Hotel Metropolitan東京丸之內

HOTEL METROPOLITAN TOKYO MARUNOUCHI

JR東京駅日本橋口直結,新幹線日本橋札口徒步1分,八重洲北口徒步2分,大手町駅B7出口徒步1分 ☎03-3211-2233 千代田區丸の內1-7-12 Check-in 15:00、Check-out~12:00 marunouchi.metropolitan.jp

　　Hotel Metropolitan東京丸之內就位在東京車站旁,與車站日本橋口直結,地理位置臨近歷史悠長的日本橋人形町、綠意盎然的皇居、瞬息多變的丸之內都會區,多元文化融合且交通位置絕佳,高樓層客房,更有著能眺望東京晴空塔樹與東京鐵塔的絕佳視野。

東京駅

AMAN TOKYO

安縵東京

🚶大手町駅、東京駅徒步8分 📞03-5224-3333 🏠千代田區大手町1-5-6 🕐Check-in 15:00、Check-out 12:00 🌐www.aman.com/resorts/aman-tokyo

　　大廳位在大手町Tower 33樓，景色是明亮天光和有如殿堂的開敞格局，透過挑高落地窗眺望，眼前意外地浮現青蔥森林。臥房同樣享有無敵景觀，日式意象比如和式障子，床之間等進一步融入空間設計，不過在領悟設計師巧思前，早就被東京面積最大的客房感動得驚歎連連，眼下市景有如銀河閃耀，現下的東京美景只有你獨享。

池袋駅

太陽城王子大飯店

🚶東池袋駅6、7號出口徒步3分(經地下道徒步4分)，東池袋四丁目駅徒步6分，池袋駅東口徒步8分 📞03-3988-1111 🏠豐島區東池袋3-1-5 🕐Check-in 15:00、Check-out 11:00 🌐www.princehotels.co.jp

　　太陽城王子大飯店座落在太陽城(Sunshine City)內，無論是交通或是觀光購物都非常便利。飯店總樓層數為38層，其中還有女性專屬樓層，讓單身旅行的女性也可以住的安心。飯店內也有會講中文的服務人員，十分貼心周到。

西口高樓層大樓飯店，可居高坐收城市美景。

飯店內就有各式餐飲美食，深夜不想跑太遠，飯店內就有好選擇。

池袋車站就有機場快線外，飯店也有機場利木津巴士串聯，可向櫃台洽詢購票。

池袋駅

池袋大都會大飯店

Hotel Metropolitan Tokyo Ikebukuro

JR池袋駅西口徒步3分　03-3980-1111　豊島區西池袋1-6-1　Check in-15:00、Check-Out 12:00
ikebukuro.metropolitan.jp/

　　熱鬧的池袋總是旅人最愛的東京住宿點之一，不論購物、美食有太多可以盡情選擇之外，位居重要轉運站點，也讓想前往像是琦玉縣等近郊一日來回，也相當便利。

　　距離池袋西口僅需步行3分鐘的池袋大都會大飯店，就位在東京劇場隔壁、LUMINE購物中心對面，西站口各式美食餐廳超聚集外，連飯店本身也是集美食餐飲於一身。高達25層、800多間客房的4星級飯店，客房設計優雅舒適，高樓客房更可坐收東京美麗夜景優勢，多達10處餐廳、咖啡等的飯店內，最高層25樓就有全部面窗座位的義式餐廳與酒吧，其他樓層尚有日式、鐵板燒、中式、吃到飽、壽司等餐廳可以選擇，一樓大廳商店街也有服飾、伴手禮、沙龍、麵包甜點店等。如果要購物，光在池袋車站體區域內，數家百貨就夠讓人逛到昏頭；東站口還有電器街、最大UNIQLO，集結購物與水族館、美食主題樂園的陽光城等，吃喝娛樂通通都便利。

銀座駅
Hotel Monterey Ginza
銀座蒙特利酒店

有楽町駅徒歩6分，銀座一丁目駅10號出口徒歩1分，銀座駅徒歩4分 03-3544-7111 中央區銀座2-10-2 Check-in 15:00、Check-out 11:00 www.hotelmonterey.co.jp/ginza

　位在東京銀座的繁華中心地帶，Hotel Monterey Ginza以貼心的服務與絕好的地理位置深受旅客歡迎。飯店內部裝潢素樸簡約，沒有豪華地毯與閃亮吊燈，有點古拙卻讓懷舊之心油然而生。比起都內其它飯店，房內空間寬裕且設備應有盡有，全館皆可使用Wi-Fi，且早餐豐盛美味，是觀光商旅的不錯選擇。

新宿駅
新宿王子飯店

JR新宿駅東口徒歩5分，西武新宿駅直結、都營大江戶線新宿西口駅徒歩2分 03-3205-1111 新宿區歌舞伎町1-30-1 Check-in 13:00、Check-out 11:00 www.princehotels.co.jp/shinjuku

　新宿王子飯店就位在新宿東口徒歩5分能達的良好地段，無論是交通或是觀光購物都非常便利，而且從飯店到車站一路上十分熱鬧，牛丼屋、藥妝店、電器行、各大百貨都集中在附近；而與新宿最繁華的歌舞伎町保持一點點距離，卻也是徒步數分即達，晚上要到居酒屋、燒烤店吃宵夜，都十分方便。

品川駅
高輪 花香路
TAKANAWA HANAKOHRO

品川駅高輪口徒歩5分 03-3447-1111 港區高輪3-13-1 Check-in 15:00，Check-out 12:00 www.princehotels.co.jp/hanakohro/ 飯店有提供品川駅接駁車服務，時間8:00~9:27(班次間隔20分鐘)

　鄰近車站的「高輪花香路」可享受到最純粹的和式服務，設施有餐廳「櫻彩」平時提供客人休息，早上則是享用量身製作的豐盛和式早餐的場所。高輪花香路最知名的，即為佔地廣大的日本庭園，種植近20種不同的櫻花木，其中有一棵櫻開花基準木，看它開花就知道櫻花季已到來，櫻花季時也可免費入園參觀，園內超過20種不同的季節花朵，讓客人領略四季不同的自然景色。

飯田橋駅

艾德蒙大都會飯店

Hotel Metropolitan Edmont Tokyo

🚊JR飯田橋站東口約5分,JR水道橋站西口約5分 ☎03-3237-1111 🏠千代田區飯田橋3-10-8 🕐Check-in 15:00,Check-out 12:00 🌐edmont.metropolitan.jp/

艾德蒙大都會飯店座落在飯田橋,鄰近飯田橋駅、水道橋駅,周邊有多條地鐵路線交錯,位置相當便利,加上稍稍遠離鬧區,就連客房也比一般都心的飯店來得寬敞,還有適合全家大小入住的家庭套房,可以享受更好的住宿品質。飯店自開業以來就有著「食的Edmont(食のエドモント)」之美名,料理廣受好評,就算沒有在飯店餐廳用餐的安排,也別錯過飯店豐盛的早餐。

早餐菜單有份量十足的牛肉三明治、玉子三明治和水果優格等。

根津駅
HOTEL GRAPHY NEZU

☎050-3138-2628 ⌂台東區池之端4-5-10 ◉Check-in 15:00，Check-out 11:00 ◉租借腳踏車一小時¥200(一天最多¥1200，時間7:00~22:00) ◎ www.hotel-graphy.com

　近上野公園、離地鐵根津站約3分鐘路程的「HOTEL GRAPHY NEZU」，是體驗下町當地氣氛的最佳居住地，旅店所在地為住宅區，夜晚到來十分寧靜且安穩；HOTEL GRAPHY NEZU提供64間客房，其主要分共用浴室及獨立浴室等房型，房內使用白色基調為設計主軸，簡潔且舒適。旅店一樓可分為兩大區塊：白天是CAFÉ、夜晚則化身為BAR，並且連接著露天陽臺；後半部為STUDIO，含有迷你廚房以及休息沙發區，頂樓則有ROOFTOP陽台。因旅店的房客以外國人居多，員工大多都能用英文溝通，減少溝通上的困擾。

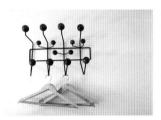

淺草駅
THE GATE HOTEL雷門by HULIC

◉東京メトロ淺草駅(出口2)徒步2分，都營地下鐵淺草駅(A4出口)徒步3分，つくばエクスプレス淺草駅(A1出口)徒步8分，東武鐵道淺草駅(中央口)徒步4分 ☎03-5826-3877 ⌂台東區雷門2-16-11 ◉Check-in 14:00、Check-out 11:00 ◎www.gate-hotel.jp

　開幕於2012年8月的THE GATE HOTEL雷門by HULIC位置相當優越。搭乘電梯抵達13樓的飯店大廳，映入眼簾的是全景式落地窗外的東京晴空塔，從飯店附設的餐廳、露臺與酒吧，也可將淺草與墨田區的下町風情盡收眼底。客房使用高品質的斯林百蘭(Slumberland)寢具，舒適透氣，提供住客高品質的睡眠環境。

> 飯店前的小公園，讓開窗也能享有綠意。

> 面對淺草方向的房間，開窗即可遠眺晴空塔，清晨還能欣賞到太陽從晴空塔升起美景。

> 加大單人床與長形桌，讓商務或旅行都備感便利與舒適。

駒込駅

Hotel Mets Komagome

📍JR駒込駅南口徒步1分　📞03-5319-0011　🏠豐島區駒込2-1-39　🕐Check-in 15:00、Check-out 11:00
www.hotelmets.jp/komagome

　　JR山手線上駒込駅，光一下車在月台上就能看見位於站邊Hotel Mets Komagome的身影。從南口出站，幾乎不用走出車站大門，從票口出來接上一旁的通道經過便利商店後，就能直達飯店，立地的便利又可以不用擔憂天候問題，而且從這裡搭車前往池袋購物、日暮里轉車前往機場，或是往後樂園看球賽、演唱會等，都只需8分鐘車程，即使要前往上野公園也只要12分鐘。沒有大站的喧擾人潮，這裡意外擁有悠閒綠意，尤其過個馬路就是東京知名廣闊庭園-六義園、東洋文庫博物館，往反方向走個15分鐘又是另一個知名庭園-旧古河庭園，鄰近徒步距離內又能逛逛傳統的霜降銀座商店街、熱鬧的巢鴨商店街，光在飯店周邊就能耗掉一天。

　　最棒的是這間設施簡約的商務型飯店，有著車站直結的便利性，房間卻仍能保有難得的舒適空間，即使單人房，行李都能輕鬆攤開整理，大大的長條形桌面，也讓商務或旅行者都很好擺放物品或工作。

新宿駅

京王廣場大飯店

KEIO PLAZA HOTEL TOKYO

新宿駅西口徒步約5分,都庁前駅B1出站即達 新宿區西新宿2-2-1 03-3344-0111 Check in 15:00,Check out 11:00 www.keioplaza.com/tw

緊鄰新宿都廳的京王廣場大飯店,氣派的飯店建築讓高樓層的客房享有新宿璀璨夜景之美。37~41樓為頂級菁英貴賓樓層,不但有專用大廳、禮賓櫃台、餐廳設施等,包含寬敞的菁英貴賓房及總統套房等,讓想享有幽靜住宿及禮遇服務者,可以有不同的選擇。另外一般樓層客房,也有數量有限的和式套房,其中2間HELLO KITTY套房更是家庭旅客的熱門首選。

和室房也適合家庭入住。

菁英貴賓樓層專用公共空間。

青山一丁目駅

亞洲會館飯店

Hotel Asia Center of Japan

青山一丁目駅、乃木坂駅徒步約5分 03-3402-6111 港區赤坂8-10-32 Check-in 14:00、Check-out 11:00 www.asiacenter.or.jp

坐落於地鐵銀座線、半藏門線、大江戶線青山一丁目駅以及乃木坂駅的「亞洲會館飯店」,成立於1947年,在2015年將本館及別館兩棟建築翻新,並提供175間房間,飯店內一樓有製冰機器、微波爐等,本館二樓有酒類、泡麵販售機,早餐則以自助BUFFET形式,供應和、洋式等類型餐點。

網路訂房全攻略

日本最受歡迎的兩個訂房網站就屬「Jalan」和「樂天」，除了擁有眾多旅館選擇，透過訂房網站還能享有折扣優惠，訂房網站每年度由網友票選的住宿排行也相當具有公信力，可以作為選擇住宿的指標。Jalan和樂天兩者都可選擇免費加入會員或直接訂房，加入會員的好處是有消費金額折抵回饋、可提前3個月訂房、並且部分優惠plan也只限會員使用。另外，因為每個訂房網的房價都互有高低，所以也可至比價網看看哪個網站比較划算，再決定從何處訂房。

訂房網
Jalan(有提供繁體中文版) 🔗www.jalan.net

樂天 🔗travel.rakuten.co.jp(日文版)、
　　🔗travel.rakuten.com.tw(台灣樂天旅遊)

JAPANiCAN 🔗www.japanican.com/tw/

Agoda 🔗www.agoda.com/zh-tw

比價網
trivago 🔗www.trivago.com.tw

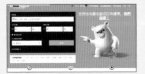

HotelsCombined 🔗www.hotelscombined.com.tw

訂房日文速成班

在櫃台可能的會話
◎我要Check in／Check out。
チェックイン／チェックアウトをお願いします。
Chekku-inn／chekku-au-to wo-ne-gai-shi-ma-su.

◎我叫～，有預約住宿。
予約してあります～です。
Yo-ya-ku shi-te ari-ma-su ～de-su.

◎我沒有預約，想請問有空房嗎？
予約してないのですが、空室がありませんか。
Yo-ya-ku shi-te-nai-no de-su-ga, ku-shi-tsu ga a-ri-ma-sen-ka.

◎可以使用信用卡付帳嗎？
クレジットカードで支払ってもいいですか。
Ku-re-jitto-ka-do de shi-ha-ratte-mo i-de-su-ka.

◎行李可以寄放在櫃台嗎？
荷物をフロントにて預かってもらえますか。
Ni-mo-tsu wo fu-ron-to ni a-tsu-katte mo-ra-e-ma-sen-ka.

入住後有可能會遇到的小問題
◎我想換房間。
部屋を変えたいです。
He-ya wo ka-e-tai de-su.

◎這個壞了。
これは壊れています。
Ko-re wa ko-wa-re-te i-ma-su.

◎沒有熱水
お湯が出ません。
o-yu ga de-ma-sen.

◎房內可以使用網路嗎？
部屋の中でインターネットにつなげますか。
He-ya no na-ka de in-ta-netto ni tsu-na-ge-ma-su-ka.

◎鑰匙不曉得在哪裡弄丟了。
鍵をどこかに忘れてしまいました。
Ka-gi wo do-ko-ka ni wa-su-re-te shi-mai-ma-shi-ta.

◎我想多住一晚。
もう一泊を伸ばしたいですが。
Mo i-chi-ha-ku wo no-ba-shi-tai-de-su-ga.

◎(房間)有附～嗎？
～が付きますか。
～ga tsu-ki-ma-su-ka

東京近郊基本情報

從台灣飛抵關東地區，從台灣直飛可至選擇羽田機場、成田機場，大約2.5小時便可到達，與台灣距離近，且關東地區具豐富多樣化的面貌，更是值得一窺探其魅力所在。

日本概要

◎國名：日本

◎正式國名：日本國

◎首都：東京

◎語言：日語

◎宗教：以信神道教者佔最多數，其次為佛教、基督教、天主教等。

◎地理環境：位於東北亞的島國，由四大島：北海道、本州、四國、九州及許多小島組成，西濱日本海、朝鮮海峽、中國東海，東臨太平洋，主島多陸峭山脈和火山，本州是最大主島，沿海為狹窄平原。

時差

日本比台灣快一個時區，也就是台北時間加1小時。

氣候

◎春天（3、4、5月）

氣溫已開始回升，但仍頗有寒意，有時仍在攝氏10度以下，早晚溫差大，需注意保暖。4月初是東京的賞櫻季節，許多熱門的賞櫻景點在夜間還有賞夜櫻的活動。

◎夏天（6、7、8月）

夏天甚為悶熱，攝氏30度以上的日子不少，7月下旬～8月初旬，甚至可能超過35度。

◎秋天（9、10、11月）

氣候涼爽怡人，套一件薄外套、針織毛衣即可應付。

◎冬天（12、1、2月）

冬天的氣溫跟台灣北部一樣嚴寒，但是偏乾冷，寒流來時甚至會在攝氏零度左右，保暖防風的衣物不可少，但市區內極少飄雪。

習慣

日本的一般商店街和百貨公司，除了特賣期間，通常都從早上11點左右營業至晚間7點到8點之間。行人行走的方向是靠左行走，車輛行駛的方向也跟台灣相反。

貨幣及匯率

◎匯率：台幣1元約兌換日幣4.36圓（2023年5月）

◎通貨：日幣¥。紙鈔有1萬圓、5千圓、2千圓及1千圓，硬幣則有500圓、100圓、50圓、10圓、5圓及1圓。

兌換

出發前要記得在國內先兌換好日幣，雖然各大百貨公司及店家、餐廳等都可使用信用卡，但是像購買電車票、吃拉麵、買路邊攤、住民宿等，都還是要用到現金。國內各家有提供外匯服務的銀行都有日幣兌換的服務，桃園、松山等機場內也有銀行櫃台可快速兌換外幣。

郵政

郵筒分紅、綠兩色，紅色寄當地郵件，綠色寄外國郵件（有些地區只有一個紅色郵筒兼收）。郵局營業時間平日為9:00~17:00，有些大型郵局則會營業至晚上7點或8點，且週六日例假日也照常營業，但非平日會提早打烊。從日本寄一般明信片至日本以外國家，航空郵資一律¥70。

消費稅

日本現行消費稅為10%，2020年退稅計算及退稅方式也有所更新，詳細的退稅條件及方式請見B-14。

🌐 tax-freeshop.jnto.go.jp

小費

日本當地消費無論是用餐還是住宿，都不用特別地額外給小費，服務費已內含在標價中。

購物&自備購物袋

日本的大打折季是在1月和7月，每次約進行1個半月的時間，跟台灣一樣會折扣愈打愈低，但貨色會愈來愈不齊全。1月因逢過年，各家百貨公司和商店都會推出超值的福袋。

另外因應全球環境保護減塑趨勢，日本自2020年7月起，零售、便利店也推行塑膠袋收費制，一個大約1~3日圓不等，建議盡量自備環保袋在身上。

信用卡掛失

◎VISA信用卡國際服務中心

☎00531-44-0022

◎Master信用卡國際服務中心

☎00531-11-3886

◎JCB日本掛失專線

☎0120-794-082

◎美國運通日本掛失專線

☎03-3586-4757

簽證及護照效期規定

2005年8月5日通過台灣觀光客永久免簽證措施，只要是90日內短期赴日者，即可免簽入境。（自2023年4月29日起入境日本免除檢疫規範，因隨時更動規則，請出發前再確認）

◎免簽證實施注意事項

對象：持有效台灣護照者（僅限護照上

記載有身分證字號者)。

赴日目的：以觀光、商務、探親等短期停留目的赴日(如以工作之目的赴日者，則不符合免簽證規定)。

停留期間：不超過90日期間。

➤電話

台灣行動電話和雖日本系統不同，但目前4G、5G手機已可漫遊日本地區。投幣話機可使用10圓、100圓。能打國際電話的公用電話越來越少，請特別注意。

◎打回台灣的國際電話

例：010－886－＊(區碼)－＊＊＊＊－＊＊＊＊

日本國際碼-台灣國碼-區域號碼-受話號碼

◎打回台灣的行動電話

例：010－886－9＊＊－＊＊＊－＊＊＊＊

日本國際碼-台灣國碼-受話行動電話號碼

➤電源

電壓100伏特，插頭為雙平腳插座，和台灣一樣。

➤當地旅遊資訊

◎TIC東京

可索取地圖、住宿及觀光交通等資料。

☎03-5220-7055

🏠東京都千代田區丸之內1-8-1

🕐10:00~19:00

◎成田國際機場旅客服務中心

可索取地圖、住宿及觀光交通等資料，講英文或中文都可以通喔！

☎0476-30-3383、0476-34-5877

🏠成田國際機場第一航廈1樓、第二航站1樓

🕐8:00~20:00

◎台北駐日經濟文化辦事處

遭遇到任何問題與麻煩，如護照遺失、人身安全等，皆可與辦事處連絡。

🚇JR山手線目黑駅徒步10分，或從Metro南北線、都營地下鐵三田線白金台駅1號出口徒步5分

☎03-3280-7811

🏠東京都港區白金台5-20-2

🕐週一～週五9:00～12:00、13:00~18:00

➤交通

在東京近郊旅遊仍以公共交通運輸工具為主，交通網路像是鐵道、巴士都十分方便。

➤旅遊實用網站

日本關東旅遊指南

日本觀光局

🔗www.japan.travel/tw/tw/

GO TOKYO

🔗www.gotokyo.org/tc/

千葉縣觀光物產協會

🔗maruchiba.jp

成田市觀光協會

🔗www.nrtk.jp

水鄉佐原觀光協會

🔗www.suigo-sawara.ne.jp

銚子市觀光協會

🔗www.choshikanko.com

神奈川縣觀光協會

🔗www.kanagawa-kankou.or.jp

橫濱觀光情報

🔗www.welcome.city.yokohama.jp/ja/

鎌倉市觀光協會

🔗www.kamakura-info.jp

箱根町觀光協會

🔗www.hakone.or.jp

群馬縣觀光物產國際協會

🔗gunma-dc.net

草津溫泉觀光協會

🔗www.kusatsu-onsen.ne.jp

澀川伊香保溫泉觀光協會

🔗www.ikaho-kankou.com

栃木縣觀光物產協會

🔗www.tochigiji.or.jp

日光市觀光協會

🔗www.nikko-kankou.org

甲府市觀光協會

🔗www.e-kofu.com

富士河口湖町觀光聯盟

🔗www.fujisan.ne.jp

茨城縣觀光物產協會

🔗tc.ibarakiguide.jp

水戶觀光協會

🔗www.mitokoumon.com

靜岡縣觀光協會

🔗exploreshizuoka.jp/tw/

伊豆市觀光協會

🔗b-izu.com/spot/

熱海市觀光協會

🔗www.ataminews.gr.jp

長野縣觀光機構

🔗www.go-nagano.net/

輕井澤觀光協會

🔗karuizawa-kankokyokai.jp

➤國定假日

12月29日~1月3日	新年假期
1月第二個週一	成人之日
2月11日	建國紀念日
3月20日或21日	春分之日
4月29日	昭和之日
5月3日	憲法紀念日
5月4日	綠之日
5月5日	兒童之日
7月第三個週一	海洋之日
8月11日	山之日
9月第三個週一	敬老之日
9月22日或23日	秋分之日
10月第二個週一	體育之日
11月3日	文化之日
11月23日	勤勞感謝日
12月23日	天皇誕辰

日本入境手續

所 有入境日本的外國人都需填寫入出境表格和行李申報單，如果自由行觀光客在出發前沒有拿到旅行社所發送的表格，請在飛機航班上主動向機組人員詢問索取，並盡可能在飛機上填寫完成，每一個空格都需填寫，以免耽誤出關時間。

入境審查手續

自2007年11月20日開始，為了預防恐怖事件發生，所有入境日本的外國旅客都必須經過按指紋與臉部照相過程才可入境。

↓

❶ 抵達後請準備好已經填寫完成的入境表格，於外國人的櫃檯依示排隊。

↓

❷ 向櫃檯入境審查官提交護照、填寫好之入境表格。

↓

❸ 在海關人員的引導指示下讀取指紋。
請將兩隻手的食指放上指紋機，等候電腦讀取指紋資訊。

請參照 www.moj.go.jp/content/000001945.pdf

↓

❹ 準備臉部拍照，請將臉部正對著指紋機上的攝影鏡頭。

↓

❺ 接受入境審查官的詢問。

↓

❻ 入境審查官審核認可之後，
會在護照上貼上日本上陸許可，並釘上出國表格。
（此張表格於日本出境時審查官會取回）

↓

❼ 等候入境審查官歸還護照，完成入境手續。

不需接受按指紋與臉部照相手續的人

1. 特別永住者。
2. 未滿16歲者。
3. 進行外交或政府公務活動之人員。
4. 受到日本國家行政首長邀請之人員。
5. 符合日本法務省規定之人員。

隨指標抵達證照檢查處後，請在標示為「外國人入境」的窗口前依序排隊，並準備：1.護照 2.填寫好的出入境表格 3.機票存根，在輪到你時交給窗口的入境審查官。檢查完資料後，審查官貼上入境許可，並請你在指紋登記系統留下記錄，完成入國手續。

填寫入國紀錄

❶ 姓（填寫護照上的英文姓氏）
❷ 名（填寫護照上的英文名字）
❸ 出生日期（依序為日期、月份、西元年）
❹ 現居國家名
❺ 現居都市名
❻ 入境目的（勾選第一個選項「觀光」，若非觀光需持有簽證）
❼ 搭乘班機編號
❽ 預定停留期間
❾ 在日本的聯絡處（填入飯店名稱、電話號碼即可）
❿ 在日本有無被強制遣返和拒絕入境的經歷（勾選右方格：沒有）
⓫ 有無被判決有罪的紀錄（不限於日本）（勾選右方格：沒有）
⓬ 持有違禁藥物、槍砲、刀劍類、火藥類（勾選右方格：沒有）
⓭ 簽名
備註：新式入國記錄背面問題即為 ❿~⓬

Visit Japan Web

從 2023 年 4 月 29 日起，日本政府解除所有 Covid-19 入境規範限制，等於入境日本跟疫情前是一模一樣，唯一不同，是新增可事先在台灣，透過 Visit Japan Web 填寫「入境審查單」及「海關申報單」，當然也可選擇到日本下機後再填紙本，一樣可以入境。

相關使用及填寫方式：

在行李旋轉台上找到行李後，還必須通過最後一關行李檢查，才能正式進入日本。如果有需要特別申報的物品的話，必須走紅色通道，如果沒有的話可由綠色通道通關。在這裡請準備：

①行李申報單
②護照

以上物件備齊交給海關人員查驗。

(A面)

税關様式C第5360号

携帯品・別送品 申告書

下記及び裏面の事項について記入し、税関職員へ提出してください。

① 乗機（船舶）名・出発地　BR2198　（出発地 ② Taipei ）

入国日 ③ ２０１４ 年 １０ 月 ２１ 日

フリガナ
氏 名 ④ Wang Da Ming

〒
住 所 ⑤ KEIO PLAZA HOTEL TOKYO
tel ０３ ３３４４ １１１１

職業 ⑥ Student

生年月日 ⑦ １９８０ 年 ０１ 月 ０１ 日

旅券番号 ⑧ １２３４５６７８

同伴家族数 ⑨

※ 以下の質問について、該当する□に ✓ でチェックしてください。

1. 下記に掲げるものを持っていますか？

	はい	いいえ
⑩ 日本への持込が禁止又は制限されている物（B面を参照）		✓
⑪ 免税範囲（B面を参照）を超える購入品・お土産品・贈答品など		✓
⑫ 商業貨物・商品サンプル		✓
⑬ 他人から預かった荷物		✓

＊ 上記のいずれかで「はい」を選択した方は、B面に入国時に携帯して持込むものを記入願います。

	はい	いいえ
⑭ 100万円相当額を超える現金又は有価証券などを持っていますか？		✓

＊「はい」を選択した方は、別途「支払手段等の携帯輸入届出書」の提出が必要です。

⑮ **3. 別送品** 入国の際に携帯せず、郵送などの方法により別に送った荷物（引越荷物を含む。）がありますか？

□ はい （ 個 ） ✓ いいえ

＊「はい」を選択した方は、入国時に携帯して持込むものをB面に記載したこの申告書を2部、税関に提出して、税関の確認を受けてください。
税関で確認を受けた申告書は、別送品を通関する際に免税範囲の確認に必要となりますので大切に保管してください。

《注意事項》

海外で購入したもの、預かってきたものなど、本邦に持込む携帯品・別送品については、税関に申告し、必要な検査を受ける必要があります。申告もれ、偽りの申告などの不正な行為がありますと、処罰されることがありますのでご注意ください。
ご協力ありがとうございました。

(B面)

A面より、記入してください。《申告は正確に！》
（ご不明な点がございましたら税関職員へお尋ねください。）

※ 入国時に携帯して持ち込むものについて、下記の表に記入してください。

（注）個人的使用に供する購入品に限り、1品目毎の海外市価の合計額が1万円以下のものは記入不要です。また、別送した荷物の詳細についても記入不要です。

酒 類		本	＊税関記入欄
たばこ	紙巻	本	
	葉巻	本	
	その他	グラム	
香 水		オンス	
その他の品名	数量	価格	

＊ 税関記入欄

円

⑯ **日本への持込が禁止されているもの**
① 麻薬、向精神薬、大麻、あへん、覚せい剤、MDMAなど
② けん銃等の銃砲、これらの銃砲弾やけん銃部品
③ ダイナマイトなどの爆発物や火薬、化学兵器の原料など
④ 紙幣、貨幣、有価証券、クレジットカードなどの偽造品
⑤ わいせつ雑誌、わいせつDVD、児童ポルノなど
⑥ 偽ブランド品、海賊版などの知的財産侵害物品

⑰ **日本への持込が制限されているもの**
① 猟銃、空気銃及び日本刀などの刀剣類
② ワシントン条約により輸入が制限されている動植物及びその製品（ワニ・ヘビ・リクガメ・象牙・じゃ香・サボテンなど）
③ 事前に検疫確認が必要な生きた動植物、肉製品（ソーセージ・ジャーキー類を含む。）、野菜、果物、米など
＊事前に動植物検疫カウンターでの確認が必要です。

⑱ **免税範囲**
・酒類3本（760ml／本）
・外国製紙巻たばこ200本
＊20歳未満の方は酒類とたばこの免税範囲はありません。
・香水2オンス（1オンスは約28ml）
・海外市価の合計額が20万円の範囲に納まる品物（入国者の個人的使用に供するものに限る。）
＊6歳未満のお子様は、おもちゃなど子供本人が使用するもの以外は免税になりません。
＊海外市価とは、外国における通常の小売価格（購入価格）です。

填寫行李申報單

❶ 搭乘航班編號

❷ 出發地點

❸ 入境日期

❹ 姓名（註：填寫護照上英文姓名）

❺ 日本的聯絡處（請填寫入住之飯店名稱、電話）

❻ 職業

❼ 出生年月日（註：填寫西元年號）

❽ 護照號碼

❾ 同行家屬（請勾選）

❿ 是否攜帶以下申請單B面之禁止入境物品？（填寫右方格：沒有）

⓫ 是否攜帶超過B面免稅範圍的商品、土產或禮品？（填寫右方格：沒有）

⓬ 是否攜帶商業貨物、樣品？（填寫右方格：沒有）

⓭ 是否攜帶別人寄放物品？（填寫右方格：沒有）

⓮ 是否攜帶超過折合100萬日幣的現金或有價證券？（填寫右方格：沒有）

⓯ 除隨身行李之外是否有郵寄送達日本的物品？（填寫右方格：沒有）
註：以上10-15項如果填寫「是」則必須在B面的清單正確填寫物品名稱與數量

⓰ 日本禁止入境物品
(1) 麻藥、類精神藥、大麻、鴉片、興奮劑、搖頭丸等各級法定毒品。
(2) 手槍等槍枝與槍枝的彈藥及零件。
(3) 炸藥等爆炸物品、火藥、化學武器的原料。
(4) 紙幣、貨幣、有價證券及信用卡等的偽造品。
(5) 色情書報雜誌、光碟及兒童色情物品。
(6) 仿冒名牌商品、盜版等損害智慧財產權的物品。

⓱ 日本限制入境物品
(1) 獵槍、空氣槍及日本刀等刀劍類。
(2) 根據華盛頓公約限制進口的動植物及其製品（鱷魚、蛇、龜、象牙、麝香及仙人掌等）
(3) 需事前檢疫的動植物、肉產品（包括香腸、牛肉乾、豬肉乾等）、蔬菜、水果及稻米。

⓲ 入境日本免稅範圍
・酒類3瓶（1瓶760ml）
・外國香菸400支
・香水2盎司（1盎司約28ml）
・境外市價總額不超過20萬日幣的物品
（只限入境者的自用品）

最新退稅手續無紙大進化

2020年4月，新的退稅手續又有大進化，主要是將退稅紙本電子化，無紙環保更輕鬆，以往不論在哪買退稅商品，最後會拿到一疊厚厚的退稅單據，然後釘在你的護照上，回國時才由海關取走，而最新規範則將不會再有這些複雜單據，所有購物紀錄都會被以數據方式上傳，在辦理離境手續時，只要一刷護照，海關就可以從電腦上來確認你的免稅購物明細了。

❶因為是漸進式推行的退稅系統，也有可能遇到還尚未系統電子化的商家，仍維持傳統紙本方式退稅

退稅計算門檻

日本2019年10月再將消費稅一口氣提到10%後，等於買¥1,000就得多付¥100元稅金，唯有搞懂退稅，才能買得開心又划算。以往退稅制度將商品分為「一般品」、「消耗品」，同一天在同一間店、購買同一種類商品達¥5,000以上方可享受退稅。2018年7月以後，不分一般品、消耗品，只要同一天在同一間店裡，未稅前合併消費達¥5,000以上、¥50萬以下，就可以享受退稅。

退稅品不可在日本境內拆封使用

為防止退稅過後的物品在日本被打開，退稅品會裝入專用袋或箱子中，直到出境後才能打開。若是在日本就打開，出境時會被追加回稅金，需特別注意。但如果為了達退稅門檻，而與消費品合併並計算，就會被一起封裝，這時一般品也不能在日本拆開使用。

消耗品(需封裝，不可在日本使用)	食品、飲料、化妝品、藥品、菸酒等
一般品(不封裝，可在日本使用)	百貨服飾、家電用品等

液體要放託運

原則上所有免稅商品都需要在出境時帶在身邊讓海關檢查，但如果買了酒、飲料等液態食品，或是化妝水、乳液等保養品不能帶入機艙，必需要放入託運行李中時，可在結帳退稅時請店員分開包裝，但切記裝入行李箱時一樣不可打開包裝袋或箱子，以免稅金被追討。

認明退稅標章「Tax-Free」

可退稅的店家會張貼退稅標章，若不確定可口頭詢問是否有退稅服務。付款時務必出示護照一起辦理付款&退稅。

ℹ www.japan.travel/tw/plan/

退稅流程

❶ 可退稅商店內選購商品。 ➡ ❷ 同一日同間商店購買a)消耗品 + b)一般品達¥5,000以上。 ➡ ❸ 結帳時表示欲享免稅，並出示護照。短期停留的觀光客才享有退稅資格。

❹ 結帳時，由店員刷護照條碼紀錄，免稅單不再印出，資料雲端電子化。 ➡ ❺ 回國出境，日本海關只需刷護照條碼，便能知道你有無免稅品消費紀錄。 ➡ ❻ 原則免稅品上應於出境時隨身攜帶以利海關檢查，若有液體則需託運。

日本行動上網

台 台灣赴日旅遊的旅客年年超過百萬人，日本榮登台灣海外旅遊最受歡迎的國家。在旅程中，依賴手機的人數也逐年攀升，然而若無網路搭配，手機等於廢了一半，使用Google Map、交通App、社群App、甚至是臨時查詢店家資訊時都需要網路連線。日本4G上網速度快，不論購買的上網裝置串接日本當地哪家電信商，城市中一般通訊都不會太差，以下將介紹幾種旅日的上網方式，讓旅人在漫遊日本時能更加順暢。

➡WIFI分享機

在台灣租借Wifi分享機應該算是最方便的上網方式。由於一台分享機可同時讓多台行動裝置上網，一群朋友共同分享十分划算。而隨著機種更新，現在更有電力持久，有的還可當隨身電源，但要注意上網總流量限制，以及同行親友彼此距離不能太遠。

· WI-HO
🐂 www.telecomsquare.tw

· GoWiFi
🐂 www.gowifi.com.tw/

· 游客邦
🐂 www.unitetraveler.com/

➡上網SIM卡

選擇上網SIM卡優點是輕便，毋需攜帶分享機、也不用擔心分享機沒電，較不方便的地方在於，要使用上網SIM卡必須把手機內原本的SIM卡取出，換上專用SIM卡，雖然這樣一來便無法使用台灣的號碼，但因為有通訊軟體，還是能與親友保持聯繫。

· 飛買家
🐂 www.traveltobuys.com/

· WI-HO
🐂 www.telecomsquare.tw

➡日本免費WIFI

雖然前往日本幾乎都會事先準備好漫遊方案，但有時還是會需要免費的網路支援，以備不時之需。

· TRAVEL JAPAN Wi-fi

這個免費服務，需先下載APP後，就會自動連結至服務的WIFI熱點，全日本有超過20萬個免費熱點。
🐂 japanfreewifi.com/zh-hant/

· FREE Wi-Fi PASSPORT

在日本全國約有40萬個熱點，在速食店、咖啡廳、各大車站、飯店等皆可使用。上網使用前設定較複雜，網路有影片供參考。啟用後可免費使用14天，14天期限過了後，再重覆上述動作即可再次使用。
🐂 www.softbank.jp/en/mobile/special/freewifi/zh-tw/

➡eSIM卡

eSIM是一種虛擬網卡的概念，因不需安裝卡片置換，省了等待寄送跟換卡的麻煩，且原手機門號一樣可以通，只須購買後掃描收到的QR Code、即可在台灣事先設定上網，等到了當地再開啟使用即可。但要注意，僅新型手機才具有支援eSIM功能，目前以Apple機種較齊全。

· 中華電信、遠傳、台哥大：都有提供eSIM漫遊服務

➡國際漫遊

台灣各大電信業皆有提供原機、原號的漫遊服務，只須事先購買並至當地手動開通後即可，費用雖較高，但相對便利也能原號使用，不挑手機，也無設定等複雜問題。

· 中華電信
🐂 www.cht.com.tw/

· 遠傳電信
🐂 www.fetnet.net/

· 台灣大哥大
🐂 disneyplus.taiwanmobile.com/

日文速成班

總之，先說這句

不好意思
すみません。
su-mi-ma-sen.

❶ 不管問什麼，向人搭話時都先說這句比較禮貌。

我不會日文
日本語わかりません。
ni-hon-go wa-ka-ri-ma-sen.

我是台灣人
私は台湾人です。
wa-ta-shi wa Taiwan-jin de-su.

生活日文

早安
おはようございます。
o-ha-yo go-za-i-ma-su.

你好
こんにちは。
kon-ni-chi-wa.

晚安(晚上時與你好同樣意思)
こんばんは。
kon-ban-wa.

晚安(臨睡前)
おやすみなさい。
o-ya-su-mi na-sai.

再見
さよなら。
sa-yo-na-ra.

你好嗎？
お元気ですか。
o-gen-ki de-su-ka.

謝謝
ありがとうございます。
a-ri-ga-tou go-za-i-ma-su.

對不起
ごめんなさい。
go-men na-sai.

是 / 好
はい。
hai.

不是
いいえ。
ii-e.

我知道了
わかりました。
wa-ka-ri-ma-shi-ta.

我不知道
わかりません。
wa-ka-ri-ma-sen.

身體不舒服
気分が悪い。
ki-bun ga wa-ru-i.

好像感冒了
風邪引いたみたい。
ka-ze hii-ta mi-tai.

肚子痛
お腹が痛いです。
o-na-ka ga i-tai de-su.

這裡痛
ここが痛いです。
ko-ko ga i-tai de-su.

衛星導航
カーナビ(car navigator)
ka-na-bi

車禍
交通事故
ko-tsu-ji-ko

92無鉛汽油
レギュラー(regular)
re-gyu-ra

98無鉛汽油
ハイオク
hai-o-ku

柴油
軽油(diesel)
ke-yu

加滿
満タン(まんたん)
man-tan

數字

0	1	2	3	4	5	6	7
れい / ゼロ	**いち**	**に**	**さん**	**よん / し**	**ご**	**ろく**	**なな / しち**
rei / ze-ro	i-chi	ni	san	yon / shi	go	ro-ku	nana / shi-chi

8	9	10	11	20	百	千	萬
はち	**きゅう / く**	**じゅう**	**じゅういち**	**にじゅう**	**ひゃく**	**せん**	**万(まん)**
ha-chi	kyu / ku	jyu	jyu-i-chi	ni-jyu	hya-ku	sen	man

想問路嗎？

我想要去～。
～に行きたいです。
～ni i-ki-tai de-su.

去～的月台乘車處是幾號？
～行きはどのホーム [乗り場] ですか?
～yu-ki wa do-no ho-mu [no-ri-ba] de-su-ka?

直接這麼説！

搭什麼線比較好？
何線でいいですか?
na-ni-sen de ii de-su ka.

請問在哪裡轉車？
どこで乗り換えますか?
do-ko de no-ri-ka-e ma-su-ka.

那一個出口比較近？
何番出口の方が近いですか?
nan-ban de-gu-chi no ho ga chi-kai de-su-ka.

過不了改札口
改札口を通れませんでした。
kai-sa-tsu-guchi wo too-re-ma-sen de-shi-ta.
車票不見了
切符をなくしてしまいました。
kippu wo na-ku-shi-te shi-mai-ma-shi-ta.

東西忘了拿
荷物を忘れてしまいました。
ni-mo-tsu wo wa-su-re-te si-mai-ma-shi-ta.

想退票
払い戻ししたいんです。
ha-rai mo-do-shi shi-tain de-su.

搭錯車
乗り間違えました。
no-ri ma-chi-ga-e-ma-shi-ta.

坐過站
乗り過ごしました。
no-ri su-go-shi-ma-shi-ta.

請寫下來
書いてください。
kai-te ku-da-sai.

想找車站裡的設施嗎？

最近的～在哪裡。
一番近い～はどこですか。
ichi-ban chi-kai～wa do-ko de-su-ka.

車站內設施	廁所	電扶梯	出入口	精算機
観光案内所 **かんこうあんないしょ** kan-ko-an-nai-syo	**トイレ** to-i-re	**エスカレーター (escalator)** e-su-ka-re-ta	**でいりぐち** de-i-ri-gu-chi	**せいさんき** sei-san-ki
	電梯 **エレベーター (elevator)** e-re-be-ta	投幣置物櫃 **コインロッカー (coin locker)** ko-in-rokka	駅員室 **えきいんしつ** e-ki-in shi-tsu	公共電話 **こうしゅうでんわ** ko-syu-den-wa

購物日文

要買嗎？

給我這個
れを下さい。
o-re wo ku-da-sai.

給我看這一個
れを見せて下さい。
o-re wo mi-se-te ku-da-sai.

これ(ko-re)，是「這個」的意思，買東西只要指著物品說これ，店員就會明白你要哪一個了。

直接這麼説！

多少錢？
いくらですか。
i-ku-ra de-su-ka.

可以試穿嗎？
試着してもいいですか。
si-chya-ku si-te-mo ii de-su-ka.

請修改尺寸
丈を直して下さい。
jyo wo na-o-si-te ku-da-sai.

不用了
いいんです。
iin de-su.

只是看看而已
見るだけです。
mi-ru da-ke de-su.

(尺寸)有更大(更小)的嗎？
もっと大きいの [小さいの] はありませんか。
motto oo-kii no [chii-sai no] wa a-ri-ma-sen-ka.

請問有其他顏色嗎？
他の色はありませんか。
ho-ka no i-ro wa a-ri-ma-sen-ka.

保存期限有多久？
賞味期限はいつまでですか。
syo-mi-ki-gen wa i-tsu ma-de de-su-ka.

wagamama no.065

東京近郊攻略 完全制霸
2023～2024

國家圖書館出版品預行編目資料

東京近郊攻略完全制霸. 2023~2024/
墨刻編輯部作. -- 初版. -- 臺北市：墨刻
出版股份有限公司出版：英屬蓋曼群
島商家庭傳媒股份有限公司城邦分公
司發行, 2023.05
464面；14.8×21公分
ISBN 978-986-289-862-8(平裝)

1.CST: 旅遊 2.CST: 日本東京都

731.72609　　　　112005414

作者墨刻編輯部
攝影墨刻編輯部
特約編輯周麗淑
美術設計駱如蘭（特約）・董嘉惠（特約）
呂品禾（特約）・李英娟
地圖繪製墨刻編輯部・Nina（特約）

出版公司
墨刻出版股份有限公司
地址：台北市104民生東路二段141號9樓
電話：886-2-2500-7008／傳真：886-2-2500-7796
E-mail：mook_service@hmg.com.tw
發行公司
英屬蓋曼群島商家庭傳媒股份有限公司城邦分公司
城邦讀書花園：www.cite.com.tw
劃撥：1986813／戶名：書虫股份有限公司
香港發行城邦（香港）出版集團有限公司
地址：香港灣仔駱克道193號東超商業中心1樓
電話：852-2508-6231／傳真：852-2578-9337
城邦（馬新）出版集團 Cite (M) Sdn Bhd
地址：41,Jalan Radin Anum, Bandar Baru Sri Petaling,
57000 Kuala Lumpur, Malaysia.
電話：(603)90563833／傳真：(603)90576622／
E-mail：services@cite.my
製版・印刷漾格科技股份有限公司
ISBN978-986-289-862-8・978-986-289-865-9(EPUB)
城邦書號KS2065 初版2023年5月 三刷2023年12月
定價480元
MOOK官網 www.mook.com.tw
Facebook粉絲團 www.facebook.com/travelmook

執行長何飛鵬
PCH集團生活旅遊事業總經理暨墨刻出版社長李淑霞

總編輯汪雨菁
資深主編呂宛霖
採訪編輯趙思語・唐德容・陳楷琪
叢書編輯王藝霏
資深美術設計李英娟・羅婕云
資深美術設計主任邱茗晨
影音企劃執行邱茗晨

業務經理詹顏嘉
業務副理劉玫玟
業務專員程麒
行銷企畫經理呂妙君
行銷專員許立心
行政專員呂瑜珊

印務部經理王竟為

U0002986